諸暨年鉴 2021

诸暨市地方志编纂委员会　编

方志出版社

图书在版编目（CIP）数据

诸暨年鉴. 2021 / 诸暨市地方志编纂委员会编. --
北京：方志出版社，2021.11
ISBN 978-7-5144-4975-4

Ⅰ. ①诸… Ⅱ. ①诸… Ⅲ. ①诸暨—2021—年鉴
Ⅳ. ①Z525.54

中国版本图书馆 CIP 数据核字（2021）第 250455 号

诸暨年鉴（2021）

编　　者：诸暨市地方志编纂委员会

责任编辑：刘方圆

出 版 者：方志出版社

地　址　北京市朝阳区潘家园东里 9 号（国家方志馆 4 层）

邮　编　100021

网　址　http://www.zgfzcb.cn

发　　行：方志出版社图书经销中心

电　话（010）67110500

经　　销：各地新华书店

印　　刷：绍兴市越生彩印有限公司

开　　本：889mm × 1194mm　1/16

印　　张：25.5

字　　数：675 千字

版　　次：2021 年 11 月第 1 版　2021 年 11 月第 1 次印刷

印　　数：001 ~ 500 册

ISBN 978-7-5144-4975-4　定价：290.00 元

诸暨市地方志编纂委员会

（2020 年 12 月）

顾　　问：徐良平　姚汉松　郭浩良

主　　任：胡华良

副 主 任：潘超英　王孔羽　俞　越

成　　员：陈迪锋　寿海平　方　铭　钟力群　王　琤
郭剑扬　孟国锋　屠永生　冯桢栋　陈文进
寿浩波　孙一江　蒋宏伟　谢　琦　朱玉荣
郭伟锋　杨永水　钱光辉　朱坚阳　陈国锋
杨华凤　张国锄　黄一海　何永钢　楼云成
斯朝阳　章　辉　郦海鹏

《诸暨年鉴 2021》编辑部

主　　编：屠永生

副 主 编：占志锋

编　　辑：张卓杰

工作人员：谢卫星　吴海京　金　星　徐熠利　陈琳瑜

地图绘制：诸暨市自然资源和规划局

编辑说明

一、本年鉴以马克思列宁主义、毛泽东思想、邓小平理论、“三个代表”重要思想、科学发展观、习近平新时代中国特色社会主义思想为指导，坚持辩证唯物主义和历史唯物主义的立场、观点和方法，全面、系统、客观地记载诸暨市年度自然、经济、政治、文化、社会等方面的基本情况，为各界人士了解和研究诸暨提供基本资料。

二、本年鉴分类编辑，百科部分分设类目、分目、条目三个层次。在保持上年度框架结构基本稳定的基础上结合诸暨实际对部分内容作适当调整。卷首彩图根据年度热点和地方特色分类设置。

三、本年鉴所用文字、称谓、纪年、计量单位等，按国家有关规定执行，农田土地面积保留“亩”作为计量单位。

四、本年鉴所采用的稿件由各单位提供，并经各单位审核。文中所列数据，有的因统计口径不同，前后记述不尽一致，以统计部门公布的数据为准。

五、本年鉴设置目录和索引双重检索系统。目录详至条目，索引分为正文索引和图表索引。

诸暨市风景名胜区分布图

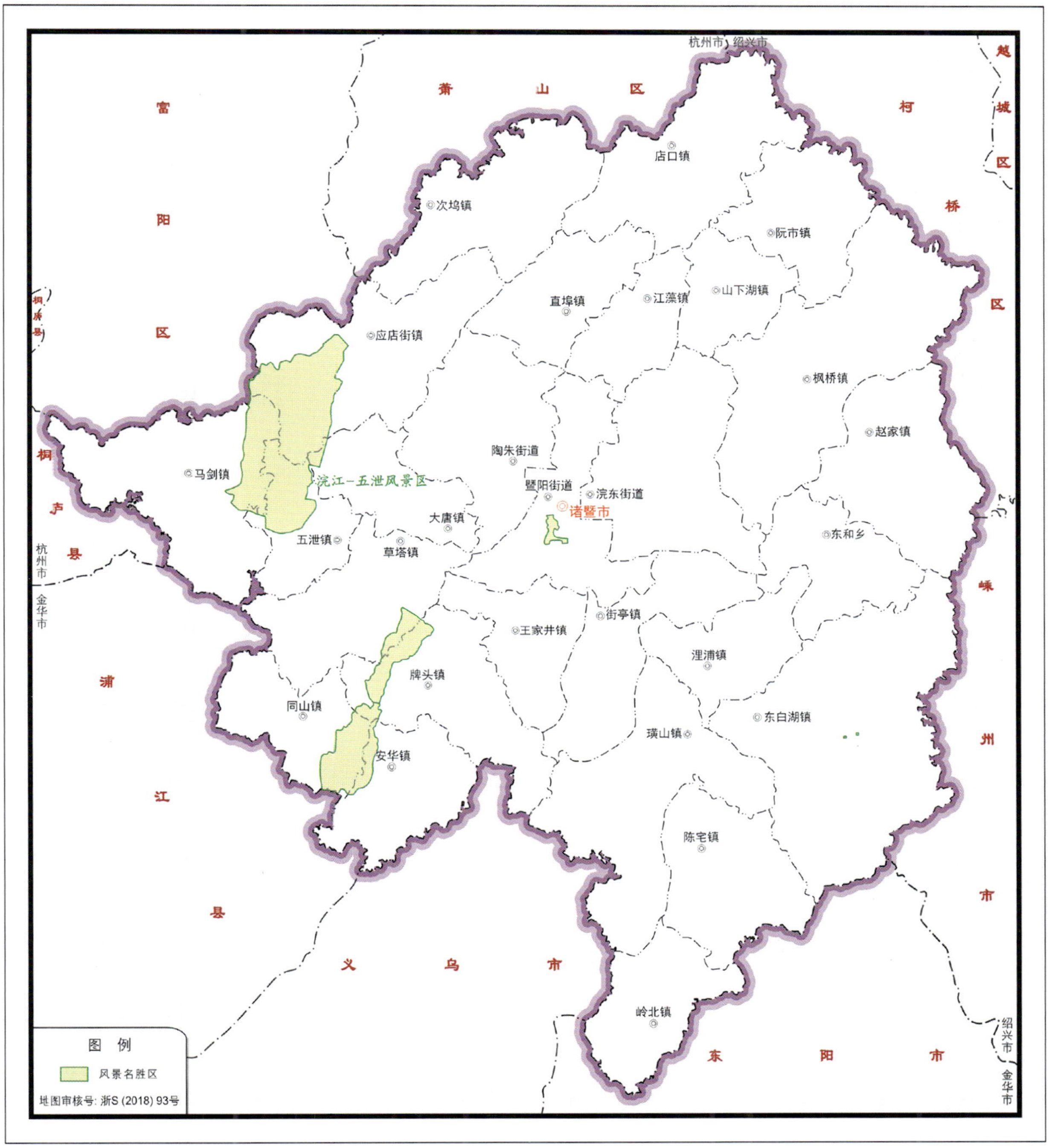

比例尺 1:350000

2020 年 4 月 21 日，诸暨市制造业数字化推进暨省制造业高质量发展示范市创建动员大会召开（融媒体中心提供）

2020 年 7 月 11 日，"同萍共振 荷力共赢"——2020 杭州西湖·诸暨西施荷花会启动仪式暨杭州人免费游诸暨发布会在五泄镇十四都开幕（融媒体中心提供）

2020 年 10 月 12 日，CBA 联盟 2020—2021 赛季新闻发布会上，CBA 联盟授旗诸暨赛区。诸暨赢得 CBA2020—2021 赛季比赛承办权（融媒体中心提供）

2020 年 11 月 13 日，2020 世界珍珠大会在诸暨市山下湖镇开幕（融媒体中心提供）

2020 年 12 月 4 日，诸暨市重大交通基础设施项目集中开工仪式在大唐街道灵水村举行（融媒体中心提供）

2020 年 12 月 18 日，2020 诸暨发展大会之"共谋十四五、聚力新发展"在外乡贤恳谈会举行（融媒体中心提供）

2020 年 12 月 18 日，中国设计红星奖 2020 袜业大赛暨诸暨创新奖颁奖典礼举行（融媒体中心提供）

2020 年 12 月 22 日，市委召开十六届十一次全体（扩大）会议。会议表决通过《关于制定诸暨市国民经济和社会发展第十四个五年规划和二〇三五年远景目标的建议》（融媒体中心提供）

1. 1 月 23 日，浙江省启动重大公共突发卫生事件一级响应后，全诸暨高速出入口排查
2. 1 月 27 日，诸暨市人民医院重症医学科护士赵建忠（右三）、诸暨市中医医院重症医学科护士陈燕君（右二）驰援武汉
3. 1 月 28 日，诸暨市人民医院重症监护科副主任医师周毅（右三）、诸暨市中医医院急诊科副护士长杨丹（右四）驰援武汉
4. 2 月 13 日，诸暨市人民医院感染科副主任医师边金洞（左二）驰援武汉
5. 社会各界积极捐款捐物。图为 1 月 27 日诸暨市百合堂药铺徐红峰捐赠 5 万只口罩

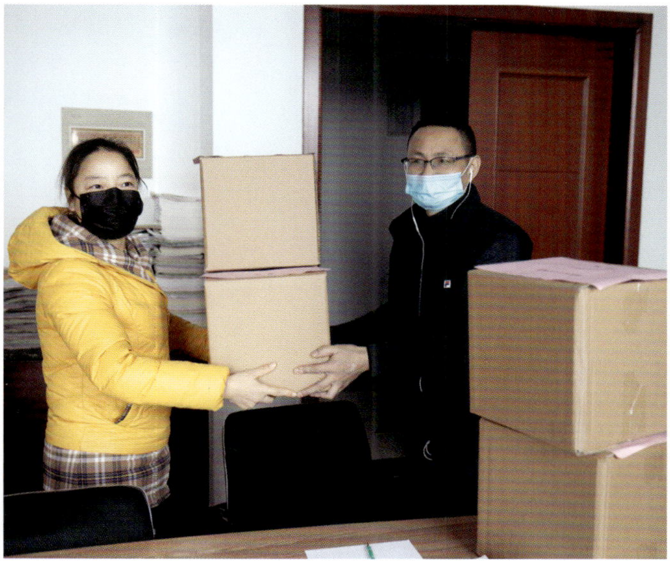

6. 诸暨运用新时代“枫桥经验”，打好基层群防群治阻击战，图为 2 月 1 日红枫义警在社区宣传防疫工作
7. 2 月 10 日，首批通过复工审核的企业既抓复工复产，也抓疫情防控
8. 2 月 23 日，诸暨市首趟复工专列开行，共带回 143 名新诸暨人
9. 3 月 3 日，诸暨市人社局定制工作岗位助力金川市精准就业脱贫

	1	5	6
2			7
3	4	9	8

（本页照片由档案馆提供）

1	2	3	4
5			6
7	8	9	10

2月底，工业企业全面复工，餐饮商贸有序复业，各类项目迅速复建，人民生活逐渐正常（本页照片由档案馆提供）

1. 2月中旬，全市农业开始推进春耕备耕工作
2. 诸暨企业复工后抓紧生产
3. 疫情影响下的网络直播销售不停步，图为2月17日山下湖镇一珍珠直播间主播在售货
4. 疫情期间，超市供货充足，价格平稳，顾客选

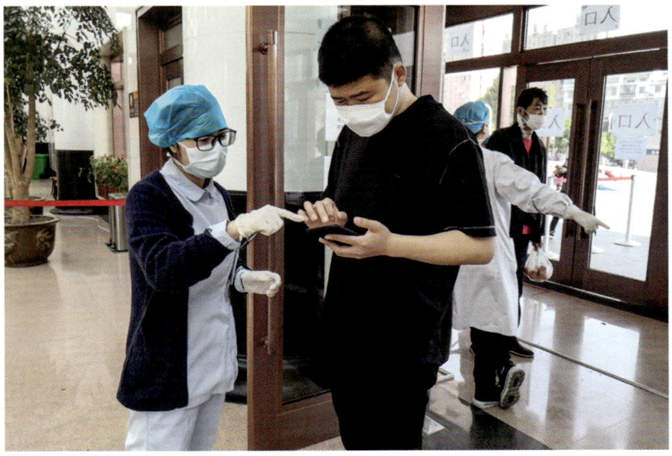

购有序

5.2 月 17 日，诸暨各学校新学期采用快递的方式给学生发书，为复学作准备

6.2 月 18 日，部分公交复运，图为 133 路车厢消毒中

7.2 月 24 日起，诸暨各大医院门诊有限开放，并实行全号源网上实名预约

8.3 月 14 日，诸暨市文旅集团所属 5 个景区开始限时向全国游客免费开放

9. 国内防疫形势持续向好，商场人气越来越旺

10. 生活逐渐正常化，图为路边小吃摊出摊中

目　录

农业·农村

工业

建筑业·房地产业

商贸·现代服务业

旅　游

对外经贸

城乡建设

生态环境

交通运输

信息产业

金融业

财政·税务

综合监督管理

中共诸暨市委员会

诸暨市人民代表大会

诸暨市人民政府

政协诸暨市委员会

中共诸暨市纪律检查委员会 诸暨市监察委员会

民主党派

文 化

医疗卫生

体 育

人力资源·社会保障

社会·民生

镇乡街道

人　物

附　录

索　引

专　题

诸暨市抗击新冠肺炎疫情纪实

2020年，面对突如其来的新冠肺炎（新型冠状病毒感染的肺炎）疫情，诸暨市坚持人民至上、生命至上，坚定信心、同舟共济，科学防治、精准施策，有力有效抓好疫情防控和复工复产工作，取得“两手硬、两战赢”的硬核成果。

诸暨市全力当好严防严控的“守门员”，第一时间落实一级响应，迭代升级“硬核隔离＋精密智控”，严格实施“三清一管好”（重点人员底子清、动态变化清、数据比对清，管好有武汉经历史的人员和有密切接触的人员）、冷链食品管理等各项防控措施，医卫战线冲锋在前，全市上下同频共振，构筑起疫情防控的“铜墙铁壁”。实现了“确保不发生疫情扩散蔓延、力争不发生二代病例、不发生死亡病例、不发生医护人员感染”的目标要求。是浙江省较早纳入低风险管理的县市区之一。

诸暨市全力当好复工复产的“服务员”，实行专班运作，健全“七大机制”（复工备案制、工作推进专班制、服务网格制、主体责任制、物流畅通制、进展通报制、责任豁免制），落实“三张清单”（用电量前300位的企业清单、龙头企业电力增长清单、政府和国企投资项目复工复建清单），强化用工保障，开通“就业专车专列”2200余趟，帮助企业较早实现复工复产。全面开展深化“三服务”活动，组织“百团千员”驻企服务，累计走访企业1.8万余家，解决问题7267个。2月底，工业企业全面复工，餐饮商贸有序复业，各类项目迅速复建，守住经济发展基本面。

诸暨市全力当好纾困政策的“快递员”，精准实施“五减”“两直”（“五减”，即减税、减费、减租、减息、减支；“两直”即新增财政资金直达市县基层、直接惠企利民）稳企助企措施，全面落实共渡难关十项政策，实施财政奖补按季预兑现等一揽子措施，着力畅通人流、物流、资金流，打通务工链、供应链、产业链，扎实做好小微企业和个体工商户纾困工作，累计兑现各类财政奖补资金13.1亿元，减免各类税费57.4亿元，争取专项再贷款58亿元。

在大战大考之年交出了一份“两赢”答卷。全年实现生产总值1362.36亿元，同比增长3.6%；财政总收入和一般公共预算收入分别达145.5亿元和90.3亿元左右，同比增长2.4%、0.6%；城乡常住居民人均可支配收入分别达70740元和42296元，同比增长4.2%和7.4%。

（一）加强组织领导，健全工作机制。疫情发生后，诸暨市委市政府坚决贯彻习近平总书记重要讲话和批示指示精神，第一时间成立由市委、市政府主要领导任“双组长”的市疫情防控工作领导小组（指挥部），下设综合协调组等12个组，均由市领导担任组长。建立集中办公、每日会商、视频连线、专项督查、问题交办等工作制度，及时汇总分析数据、会商研判疫情、协调解决问题、落实防控措施。同时组织1200名机关企事业单位党员干部下沉到防疫一线，广泛发动志愿者、基层群众、社会组织等参与防控工作，凝聚联防联控、群防群治的强大合力，全力以赴开展疫情防控工作。5月15日，为进一步巩固疫情持续向好形势，加快推进经济社会秩序全面恢复，诸暨市下发了《关于常态化抓好疫情防控工作的实施意见》（诸市防控〔2020〕19号），明确了疫情防控进入常态化阶段后，组织领导机制、联防联控机制、“四早”机制三不变；突出重点人员管理、“小门”管控、检测工作、督查指导、宣传引导等重点工作常态化的要求，保证常态化防控的组织架构稳定、人员力量充足、防控机制顺畅。

（二）聚焦管控重点，实现精密智控。严格按照省、绍兴市部署，科学研判疫情形势，依托“大数据+网格化”现代技术和治理模式，因时因势落实好外防输入、内防反弹各项措施。疫情初期，及时公布取消各类人群聚集活动、关闭人群聚集场所的公告，并同步加强社会面宣传和舆情稳控，规范设置集中隔离点，对重点地区来诸人员实施闭环管理；随着国内疫情逐步好转，及时出台复工复产复市激励政策，及时公布各类重点场所防控指引；随着境外疫情蔓延，根据上级统一部署，及时完善境外人员摸排、登记、接机、隔离等流程，确保境外来诸人员接转工作安全、高效、有序；离汉通道打开前后，及时设置综合服务点，提升实验室检测能力，做好武汉来诸人员的闭环管理服务；疫情防控进入常态化阶段后，及时根据国内重点地区风险等级的变化，做好重点地区来诸人员的管控工作，明确常态化核查和摸排工作要求，制定重点地区来诸人员精密智控操作流程，实现精准管控，形成管理闭环，强化商超、宾馆、餐馆、学校、医疗机构、养老院、福利院等特殊重点场所常态化管控，加强冷链食品常态化疫情防控工作，按照“应检尽检、愿检尽检”原则加大实验室检测力度，按照省防控办明确重点人群实验室检测要求严格落实实验室检测。

疫情防控期间，始终把各类重点人员管控作为重中之重，牢牢锁定“三清一管好”管控目标，充分运用“大数据”手段，对所有重点地区（包括境外）来诸人员开展信息精准摸排，对确诊病例和无症状感染者开展精准流调，充分运用“网格化”管理手段，把好各扇“小门”，严格实施亮码、测温措施，做到“健康码”查验全覆盖。慎终如始抓好疫情防控“战时”机制和常态化防控措施，打好疫情防控的人民战争、总体战、阻击战，以有效管控力跑赢疫情传播力，筑牢“外防输入、内防反弹”的“钢铁长城”。

（三）落实“四早”机制，推进科学防治。按照“早发现、早诊断、早隔离、早治疗”要求，推进科学防治。在8家市级医院规范设置发热门诊，为发热、呼吸道感染病人提供24小时挂号、缴费、采样、影像检查、发药、输液全流程服务，确保疑似病人“早发现”。在市疾控中心、定点医院增添病毒检测设备，全市二级以上医院均完成实验室改造或新建工作，使新冠肺炎的监测能力提升到每日3500人次以上，确保疑似病人“早诊断”。在定点医院扩容115间200张床位的发热病人观察病房，非定点医院设置观察病房，基层医疗机构设置隔离点，确保疑似病人“早隔离”。统筹全市医疗专家资源，组建市级医疗救治专家组，及180名相关专业医师组成的医疗救治梯队，确保疑似和确诊病例“早治疗”。

（四）建立“双随机”机制，强化督查问责。建立督查人员随机和督查对象随机的“双随机”督查机制，对疫情防控工作落实情况进行高频次、常态化的督查检查，及时通报存在问题，明确整改要求。一是成立督查人员库。从疫情防控工作成员单位抽调工作人员，组建督查人员库，对疫情防控工作落实情况进行高频次、常态化的督查检查。做到卡点检查全覆盖。二是压实主体责任。要求各镇乡（街道）、各行业主管部门落实专人每周开展自查，对发现的问题及时整改。三是加大问责力度。对督查发现的问题，第一时间通知属地单位进行整改，按照各单位合格率进行排位，对排名后三位的，领导小组办公室进行通报批评。对连续2次排位后三位的，由市委办市府办批评通报。连续3次排位后三位的，由市委市政府主要领导对责任单位的主职进行约谈。

（五）坚持“挂图作战”，抓好复工复产。按照“能快则快、应复尽复”原则，对照企业复工指数图、电力指数图、服务企业复工指数图“三张图”，全力抓好复工复产。一是把恢复产能作为复工复产的重中之重来抓，以深化“三服务”活动为主抓手，聚焦招工用工难、原材料供应难、物流运输难、融资信贷难、外贸订单难等“五难”问题，组织“百团千名”领导干部下沉企业，制定出台帮助企业复工复产政策16条。二是抓实抓好“六稳”“六保”各项工作，根据MEI指数要求，结合复工复产需要，成立综合协调、GDP稳增长、MEI争高分、“321”强激励四个专项工作组，每日监测经济数据，每周召开专班会议商讨，按照“季目标、月评比、专班干、重激励、争高分”要求，持之以恒做好“两手硬、两战赢”各项工作。

（六）积极宣传引导，助力疫情防控。诸暨市统筹宣传力量，立体发声、强势引导，营造“两战赢”浓厚氛围。一是强化正面宣传。及时发布防控举措和指引，引导公众做好个人防护、养成健康生活方式；及时公布抗疫捐赠物资，持续报道防控典型，组织抗击新冠肺炎疫情实物展暨艺术作品展，为打赢“两战”凝聚强大正能量。二是积极推介亮点。聚焦疫情防控，在省级及以上媒体刊播各类诸暨元素外宣报道1000余条。三是及时疏导舆情。针对舆论热点、社会关切点、群众疑点等，及时回应，打谣辟谣，稳定社会情绪。

（七）做好应急储备，提高处置能力。按照上级要求，严格落实各项储备工作。一是核酸检测能力储备。诸暨市具备新冠肺炎核酸检测能力的机构共9个，设置发热门诊的二级以上医疗机构全部具备核酸检测能力，全市日最大核酸检测储备能力达到7000人次，确保能在5～7天内完成人口数量最多的暨阳街道的全员核酸检测工作。出台大规模人群核酸检测工作意见，明确当部分区域疫情达到中高风险等级后进行全员核酸检测的具体处置流程和工作标准。组织开展卫健系统医务人员核酸采样能力及相关检验人员核酸检测培训，有核酸检测资质检验人员49名，核酸采样人员4086名。市级和23个镇乡（街道）均组织大规模人群核酸检测应急演练。二是医疗救治能力储备。全市8家二级以上市级医疗机构发热门诊（儿童发热门诊）均按要求完成升级改造；市人民医院为定点救治医院，中医医院作为后备定点医院，现有新冠肺炎收治床位数达到全市二级以上综合性医院核定床位10%以上。全市共有救护车54辆，其中负压救护车4辆。三是精准处置能力储备。按每个街道（乡镇）至少配备1支流调小分队（不少于3人）的标准组建流调队伍，按每个社区（村）至少储备2名流调协查员的标准建立人员名册、按每个社区（村）3～5人标准建立卫生保洁消杀人员队伍。组织开展突发公共卫生事件现场应急处置管理技术培训，提高流调、消杀人员的应急处置能力。四是医疗应急物资储备。全市医疗机构按照既往医疗机构最大单日使用数量储备30天应急物资。全社会医疗应急物资储备按照满足疫情高峰期30天以上需求。督促相关单位提前做好采购储备，防护类和消杀类物资储备到位。同时制定和完善应急物资保供方案和统一调配制度，根据不同突发公共卫生事件响应级别实施分类保供，明确申领对象及申领调配流程，确保医疗防疫应急物资科学调节、合理调拨、精准调配。

回首抗疫斗争的经验和启示，诸暨之所以能够克敌制胜、化危为机，根本在于党的坚强领导，根本在于制度优势，关键在于群众力量。大战大考面前，108万诸暨人民没有一位旁观者、人人都是战斗员，医务人员白衣为甲、舍身忘我，周毅、赵建忠、边金洞、陈燕君、杨丹5位同志主动请战、驰援武汉；党员干部闻令而动、冲锋在前；公安干警不惧风雨、坚守一线；基层党员干部夙夜值守、日夜坚守；在外乡贤慷慨解囊、无私奉献。此外，还有环卫工人、快递小哥等等，直接和间接投入这场抗疫斗争的群体，几乎包含了全市所有行业、所有职业。可以说，疫情之下，“天使白”“橄榄绿”“公安蓝”“志愿红”都是“战袍”，“黄马甲”“环卫装”“快递服”“安全帽”下都是战士。广大人民群众守望相助、团结奋战，共同谱写了抗击疫情的嘹亮战歌。（根据市委、市政府相关资料整理）

诸暨居民复工后就业及收入情况调研

为了解居民复工后就业及收入情况，国家统计局绍兴调查系统于2月18日至19日开展了复工后绍兴居民就业及收入情况调研调查。本次调查采取网络问卷调查的方式，诸暨地区共回收有效问卷198份，回收结果显示，诸暨居民分行业有序复工，就业形势稳中有忧；复工单位防疫措施有力，未复工居民期待有序复工；四成以上对象认为疫情影响收入，对中低收入户影响更大。

一、样本基本情况

从年龄结构看，调查对象中16～30周岁占19.7%，31～40周岁占41.9%，41～50周岁占23.2%，51～60周岁占12.1%，61周岁以上占3.1%；从居住地分布看，35.9%居住在城区，38.4%居住在镇中心，25.7%居住在郊区；从文化程度看，初中及以下占18.2%，高中/中专占28.8%，大专占28.3%，本科占22.7%，研究生及以上占2%；从就业状况看，有稳定工作占65.2%，打零工或自由职业占24.7%，未就业占10.1%。

二、调查基本情况

（一）分行业有序复工，就业形势稳中有忧。调查结果显示，198名居民中178名为已就业对象，比例达89.9%。从复工情况看，178名就业居民中80名已复工，复工率为45%。分工作状态看，129名稳定工作者中有67位已经复工，复工率为51.9%；49名打零工或自由职业中有13名已经复工，复工率为26.5%。分行业看，在样本数超过5个的行业中，复工率高于五成以上的行业分别为公共管理、社会保障和社会组织(83.3%)，电力、燃气及水生产和供应业(60 %)，卫生和社会工作(71.4%)，居民服务和其他服务业(59.1%)，金融业(57.1%)；复工率低于三成的行业为房地产业（无企业开工），教育业(14.3%)，住宿和餐饮业(16.7%)，软件和信息技术服务业(20%)；介于两者之间的行业为农林牧渔业(42.9%)，建筑业(40.9 %)，制造业(39.4%)，批发零售业(33.3 %)，交通运输、仓储和邮政业(33.3%)。

同时，178名就业调查对象中，有20名调查对象表示所在单位有裁员计划，分别分布在电力、燃气及水生产和供应业（4家），制造业（3家），建筑业（2家），批发零售业（2家），交通运输、仓储和邮政业（2家），

调查对象基本情况表

表1

指标	人数（个）	比重（%）	指标	人数（个）	比重（%）
年龄			文化程度		
16～30周岁	39	19.7	初中及以下	36	18.2
31～40周岁	83	41.9	高中/中专	57	28.8
41～50周岁	46	23.2	大专	56	28.3
51～60周岁	24	12.1	本科	45	22.7

续表 1

指标	人数(个)	比重(%)	指标	人数(个)	比重(%)
61 周岁以上	6	3.1	研究生及以上	4	2
居住地范围			**就业状况**		
城区	71	35.9	未就业	20	10.1
镇中心	76	38.4	打零工或自由职业者	49	24.7
农村	51	25.7	有稳定的工作	129	65.2

分行业复工情况表

表 2

	从事的主要行业	样本人数(人)	复工人数(人)	复工率(%)	有裁员计划单位数(个)
1	农林牧渔业	7	3	42.9	1
2	采矿业	0			
3	制造业	33	13	39.4	3
4	电力、燃气及水生产和供应业	15	9	60	4
5	建筑业	22	9	40.9	2
6	批发零售业	15	5	33.3	2
7	交通运输、仓储和邮政业	9	3	33.3	2
8	住宿和餐饮业	6	1	16.7	1
9	软件和信息技术服务业	5	1	20	
10	金融业	7	4	57.1	2
11	房地产业	5	0	0	
12	租赁和商务服务业	4	2	50	2
13	科学研究和技术服务业	1	1	100	
14	水利、环境和公共设施管理业	3	3	100	1
15	居民服务和其他服务业	22	13	59.1	
16	教育业	7	1	14.3	
17	卫生和社会工作	7	5	71.4	
18	文化、体育和娱乐业	4	2	50	
19	公共管理、社会保障和社会组织	6	5	83.3	
	合计	178	80	0.4	20

金融业(2 家),租赁和商务服务业(2 家),农林牧渔业(1 家),住宿和餐饮业(1 家),水利、环境和公共设施管理业(1 家)。在 178 名就业对象中,有 3 名因疫情更换工作,其中 2 名因"年前外出就业,由于疫情管控,现在选择本地就业";1 名因"年前工作单位未复工,更换工作",说明疫情对诸暨市居民工作变动会有一定影响。

(二)复工单位防疫措施有力,未复工居民期待有序复工。80 名调查对象所处的复工单位中,全部已制定疫情防控相关制度。在具体防控措施上,88.78% 单位提供防护口罩,76.25% 设立测温点,75% 配备专门管控人员,57.5% 分散用餐。

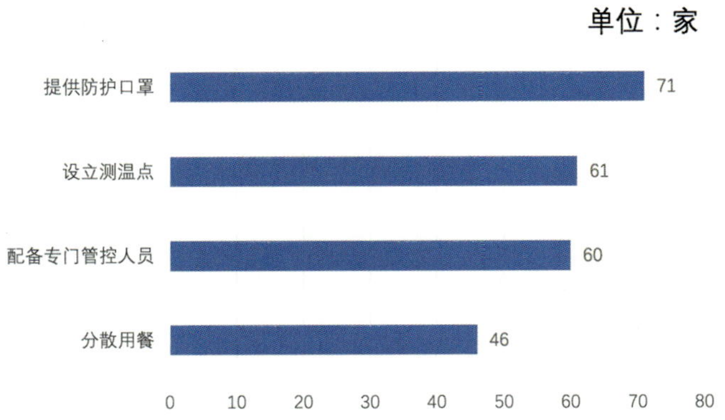

图1 复工单位采取疫情防控措施

在 98 名未复工居民中选择未复工原因时,"担心疫情,对企业防疫环境没有信心"占 42.9%,"年前工作岗位未通知复工"占 36.7%,"年前未就业或想调整工作"占 11.2%,其他原因占 9.2%。表明当前民众对防疫环境仍有较强顾虑。

未复工居民中,复工意愿强烈程度分别为:"强烈希望复工,尽快上班"占 39.8%;"复工意愿不强,可以再等等"占 36.7%;"不希望复工,希望疫情过去后再开工"占 22.5%,其他占 1%。

(三)四成以上对象认为疫情影响收入,对中低收入户影响更大。在对近三个月收入进行预判时,178 名在职调查对象中,85 名认为收入将会持平,占 47.8%;75 名认为将会减少,占 42.1%;18 名判断将会增加,占 10.1%。从收入分层来看,月均收入在"3000 元以下"档,选择收入减少的比例为 55.2%,而月均收入"3001 ~ 5000 元""5000 ~ 10000 元""10000 元以上"三档选择收入减少比例分别为 37.2%、43.5% 和 33.1%,说明疫情对收入影响在中低收入者更明显。问及收入减少的原因时,53.3 % 选择"疫情下,非稳定工作性质工作机会减少",26.7% 选择"疫情下,工作单位绩效奖励下降",8% 选择"工作单位工资发放推迟",6.7% 选择"基本工资下降",5.3% 未说明原因。在问及收入减少对家庭的影响程度时,52% 认为"有一定的影响,但不影响家庭生活品质",41.4% 认为"影响较大,家庭生活品质有所下降",5.3% 未说明,1.3% 认为无影响。在回答收入减少影响家庭支出的主要方面时,42.7% 认为"影响采购延期(如大家

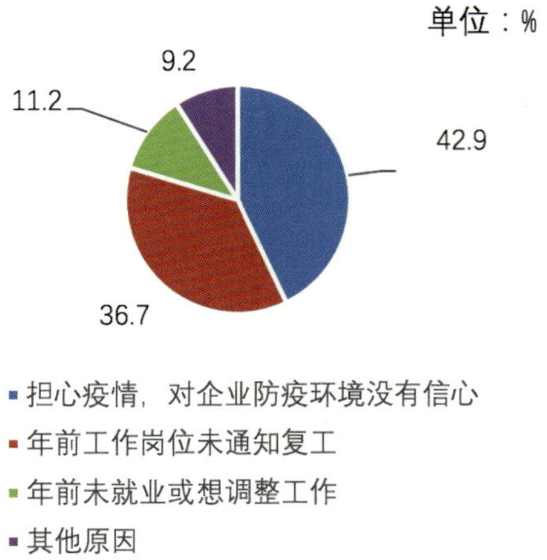

图2 未复工原因

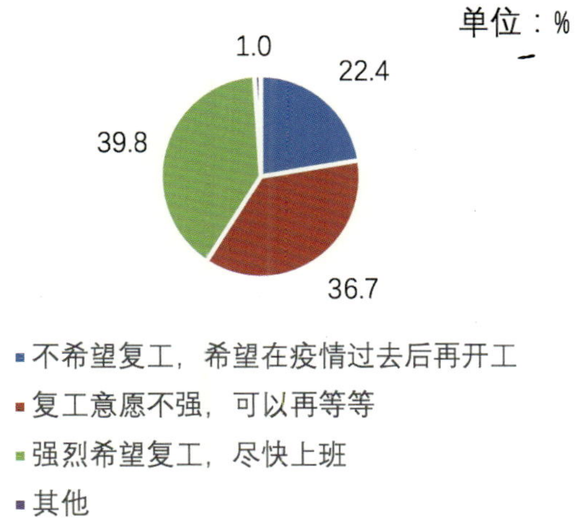

图3　复工意愿

电、手机、交通工具等）家庭耐用品”，40%认为“影响家庭必要开支（如食品等）”，10.7%认为“影响家庭教育支出”，5.3%未说明，1.3%认为无影响。

三、居民反映的期待及建议

问卷调查中，问及居民对近阶段对就业、收入、生活上的期待时，59.55%希望“提供更加充足的防疫物资保障（包括口罩、消毒用品等）”，53.37%希望“用工单位严格管控用工人员，保持健康用工环境”，41.01%希望“政府提高复工批复效率，尽快实现复工”，36.52%希望“尽快恢复县域和市内公共交通运力，满足上下班交通需求”，26.4%希望“稳定物价，保持充足的生活物资供应”，19.66%希望“减轻用工单位税费负担，降低企业运营成本”，8.43%希望“学校开学后，关注教学进度，能够适当补课”。

同时，调查问卷中设置了主观题“您对政府相关部门在节后恢复生产生活上有何其他建议？”，通过对73条回复进行词频分析，主要集中在以下几大类：第一类是政策建议类，共45条，一是“管控”“管理”“监管”（共23条），建议政府通过加强人员管理，坚持每日检查消毒，加快线上信息公开反映等方面加强疫情防控，同时希望给一线的基层工作者给予相关关怀；二是“复工”“恢复”（共11条），希望尽快恢复交通，尽快复工，正常上班；三是“支持”“优惠”“就业”（共11条），希望提供更多就业机会，关注、帮助弱势群体，保障就业、医疗、教育。第二类是评价类，共18条，“满意”(5条)，“好”(11条)，“还好”(2条)，主要反映诸暨市民对诸暨抗击疫情工作的积极评价。第三类是鼓励类，共10条，多为“加油”(8条)，“支持”(2条)，多反映支持国家战胜疫情以及为武汉加油的决心。　（国家统计局诸暨调查队）

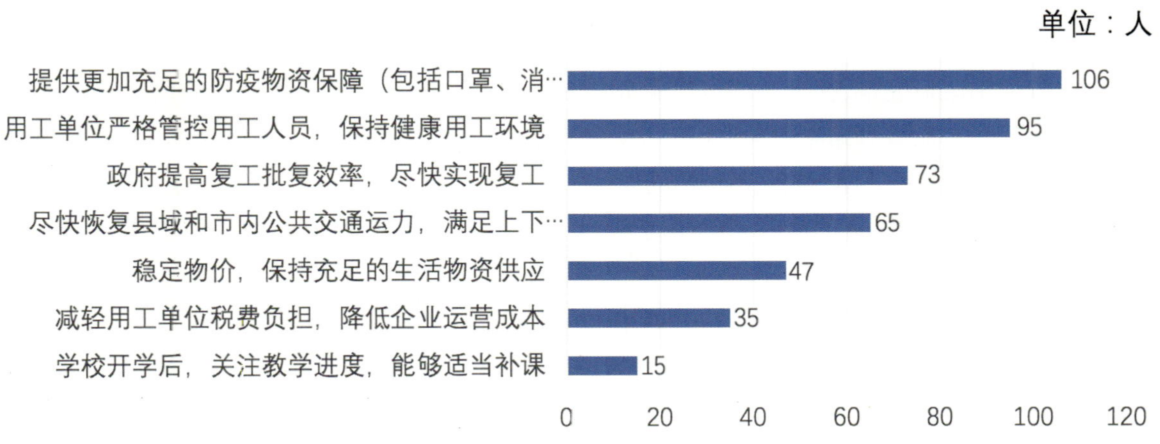

图4　市民期待

大事记

1月

1日，诸暨市生育保险与职工基本医疗保险开始合并实施。

3日，《诸暨日报》报道，萧山至磐安公路（金浦桥至三江口大桥段）快速化改建工程一周前开工。该工程是诸暨市第一条高架公路，也是全省首个采用全过程工程咨询服务模式的交通项目。路线全长6.26千米。全线采用高架桥＋地面道路的形式，高架桥面双向四车道，地面道路双向六车道，项目计划总投资29.9亿元，建设工期30个月。

同日，《诸暨日报》报道，位于暨阳加油站的诸暨首座综合供能服务站改造完毕，往来车辆可在服务站加油或充电。综合供能服务站集电能、天然气及清洁油品等供给服务功能于一体，兼具交通、旅游等配套服务，可满足所有符合国标的新能源汽车的充电需求。

6日，《诸暨日报》报道，全市235个开放式老小区完成首轮改造。2014年，诸暨市启动老小区改造后，经6年逐年分批实施建设，至2019年年底，最后一批34个老小区改造完成。市财政累计投入改造资金11亿元，涉及1594幢房屋、3.89万户居民，累计建设污水管网174千米，雨水管网160千米，新建停车位3560个，改造道路104万平方米。

7日，中国人民政治协商会议诸暨市第十四届委员会第四次会议在西施大剧院开幕。绍兴市委常委、诸暨市委书记徐良平讲话，市政协主席郭浩良向大会作工作报告，市领导胡华良、姚汉松等出席。1月9日闭幕。

8日，诸暨市第十七届人民代表大会第四次会议在西施大剧院开幕。代市长胡华良代表市人民政府向大会作《政府工作报告》。市人大常委会主任姚汉松作市人大常委会工作报告。市领导徐良平、郭浩良等出席。1月10日，市十七届人大四次会议举行第二次全体会议。以无记名投票方式选举胡华良为市人民政府市长。会议还票决产生2020年度市政府十项民生实事。1月10日闭幕。

9—12日，诸暨市第三届农博会暨2020年货节举办，邀请市内外及对口扶贫地区特色农业企业共115家参展，实现销售总额380余万元。

10日，在北京人民大会堂举行的2019年度国家科学技术奖励大会上，诸暨市国伟禽业发展有限公司的“蛋鸭种质创新与产业化”成果获国家科学技术进步二等奖。

22日，中华人民共和国住房和城乡建设部发文，命名诸暨市为国家生态园林城市。成为浙江省内继杭州市后的第二个国家生态园林城市，也是省内首个获此荣誉的县级市。

2月

1日，诸暨市开始降低执行一般工商业及其他电价、大工业电价的电力用户（除高耗能行业用户外）电费，统一按原到户电价水平的95%结算，持续到年底。

同日，（抄见水量）全市企业到户水价（含自来水价格和污水处理费）临时降低10%，时间至4月30日。

10日，诸暨市首批通过复工审核的11家企业陆续恢复生产。企业涉及农业、工业、建筑业等领域。

16日，诸暨市按照全省统一部署，推行“健康码”畅通人员流动。“绍兴健康码”上线。“健康码”以个人真实数据为基础，通过自行在线申报，经后台审核生成属于个人的二维码，根据绿码、黄码、红码作为出入通行的电子凭证。做到“一次申报、动态管理、跨域互认、全市通用”。

17日，绍兴市第一笔央行疫情防控专项再贷款在诸暨市发放。《诸暨日报》报道，由宁波银行绍兴诸暨支行向诸暨“一百超市”发放2500万元专项再贷款。

18日，诸暨人社局与诸暨移动合作，打造免费“智慧招聘”平台以便利用工企业和求职者。

19日，按照全省统一部署，诸暨高速公路撤卡，所有公路防疫检查点撤除。

20日，省委常委、常务副省长冯飞深入诸暨市企业生产和重点项目施工一线，调研指导复工复产和疫情防控工作，深入开展“三服务”活动，帮企业破解难题，为项目排忧解难。绍兴市委书记马卫光，绍兴市委常委、秘书长陆维及诸暨市领导徐良平、胡华良陪同调研。

21日，大唐袜业城、店口镇华东汽配水暖城、山下湖镇华东国际珠宝城3家市场开门营业。

23日，诸暨市为保障新冠肺炎疫情后企业复工复产开行“就业专车专列”。首批乘坐诸暨市“复工复产”高铁专列和大巴包车返岗诸暨的云南昭通籍务工求职人员到达大唐街道永新人才市场。

24日，绍兴市委书记马卫光到诸暨市调研企业疫情防控和复工复产情况。绍兴市委常委、秘书长陆维及诸暨市领导徐良平、胡华良参加。

25日，诸暨市首例新冠肺炎康复患者在诸暨市中心血库捐献血浆300毫升，是诸暨市第一例捐献血浆的新冠肺炎康复者。

同日，《诸暨日报》报道，诸暨发放首张通过“浙里办”APP线上申领的新生儿市民卡。诸暨市实现从出生“一件事”“最多跑一次”到出生“一件事”“零次跑”的升级。从开立市民卡到邮寄仅需15分钟。

27日，省委常委、组织部部长黄建发到诸暨市调研指导企业疫情防控和复工复产工作。绍兴市委书记马卫光，绍兴市委常委、组织部部长徐晓光及诸暨市领导徐良平参加。

3月

1日，诸暨市25个重大项目集中开工，总投资达238亿元，涉及基础设施、航天航空、生物医药、数字经济、纺织服装等领域。

4日，诸暨市妇幼保健院易地新建项目开工，总投资8亿元。项目位于市区育英路以东、展诚大道以南，总用地面积80亩，总建设面积13.1万平方米，按三级甲等妇幼保健院标准投资建设。

5日，市图书馆开展“我的战疫”阅读马拉松线上快闪赛。通过网络分发电子书籍。

9日，《诸暨日报》报道，浙江云雾山矿业有限公司建成尾砂回收降高利用技改项目流水线综合治理尾砂变废为宝，在省内属首例。

9日09时18分，位于陶朱街道望云西路189号泰荣针纺集团仓库发生火灾，市消防救援大队先后调派18车94人到场处置，11时20分，明火被基本扑灭。起火建筑为4层钢筋混凝土框架厂房，过火面积约1300平方米，起火原因为电气线路故障引燃周围可燃物，火灾造成较大经济损失。

13日，《诸暨日报》报道，从2020年1月1日起，上调城乡居民基本养老保险基础养老金，上调后的城乡居民基础养老金由原来的每人每月180元涨到215元，调整幅度历年最大。

20日，诸暨市民政局推出互联网“云端祭扫”平台，云端祭扫一定程度还原现场祭扫，在网站上可送花、上香、摆贡、上传先祖照片等。

24日，诸暨市城乡公交班车线路全线复运。城乡公交班车自1月26日18时停运，2月18日7时恢复14条日间线路，3月11日恢复234条日间线路。

25日，绍兴市委书记马卫光到诸暨市调研乡村经济社会秩序恢复情况。绍兴市委常委、秘书长陆维及诸暨市领导徐良平、胡华良、潘超英等参加。

27日，《诸暨日报》报道，诸暨市首个填埋场沼气发电项目——白毛尖填埋场沼气发电项目竣工，项目总造价1426万元，每日能收集沼气约2.5万立方米，每日发电量能达到4万千瓦时。每日能减少二氧化碳排放250多吨，每年可减少二氧化碳排放近9万吨。

4月

2日，《诸暨日报》报道，2019年度浙江省生活垃圾分类高标准示范小区名单出炉，诸暨市9个小区榜上有名，创成个数居绍兴首位。马剑镇获得省级示范片区称号。至此，全市共有12个小区被命名为省垃圾分类高标准示范小区。

3日起，诸暨市启动“爱满绍兴”行动，向全市城乡特困、低保、低保边缘、社会散居孤儿及事实无人抚养儿童等四类对象，发放面值500元的购物券。凭券到6家疫情期间保供超市消费。4月20日前发放完毕。

7日，诸暨市召开“三大工程、七项行动”动员部署会。“三大工程、七项行动”包括“与杭同城”提升工程、营商环境提升工程、数字诸暨提升工程等三大工程和“双招双引”、项目建设、市场主体培育、美丽城镇建设、农村环境补短板、基层微治理、信访积案化解等七项攻坚行动。

8日，诸暨市11个部门联合倡议“推行公筷公勺，共建文明餐桌”。倡议在单位食堂中、在餐饮行业中、在农村家宴中、在居家生活中推进“公筷公勺”。

10日，《诸暨日报》报道，至4月底，诸暨市司法行政系统开展以“法雨春风”为主题的法律服务月活动，集聚资源、集中力量、集成服务，全面排查化解涉及疫情防控和企业复工复产的矛盾纠纷。

14日，全省建设平安浙江工作会议召开，会议为首批3个设区市、42个县(市、区)颁发一星平安金鼎，诸暨市位列其中。市领导徐良平、姚汉松、郭浩良、潘超英等在诸暨分会场收听收看。市委副书记、市长胡华良代表诸暨市在杭州主会场接受表彰。

同日，市图书馆推出“书香抗疫”线上读书月活动。

15日，诸暨市首次不起诉案件公开听证会在市检察院召开，会议就2起涉企案件进行公开听证。人大代表、政协委员、人民监督员、侦查机关代表等十余名人员受邀参与听证。

20日，《诸暨日报》报道，基层医疗机构首个移动医护系统(掌上电脑系统PDA终端机器)在暨南街道社区卫生服务中心上线。一个二维码实现系统自动叫号、配液核对、生命体征、病历信息等录入。

21日，全市制造业数字化推进暨省制造业高质量发展示范县市创建动员大会召开。绍兴市委常委、诸暨市委书记徐良平讲话，市委副书记、市长胡华良作工作部署。市人大常委会主任姚汉松、市政协主席郭浩良等出席。各镇乡街道设立分会场收听收看。

同日，诸暨市召开国家卫生城市复审动员大会。

23日，第25个世界读书日，诸暨市全民读书活动启动。以“书香点亮人生”为主题，以“书香抗疫”线上读书为主要活动内容。

26日，诸暨市枫桥镇社会组织党校成立，并在镇社会组织服务中心开班。该党校为浙江省首家镇级社会组织党校。

27日，诸暨市委下发关于建立诸暨市融媒体中心委员会的文件。6月10日，下发《诸暨市融媒体中心主要职责、内设机构和人员编制规定》，整合诸暨市广播电视台、诸暨日报社组建诸暨市融媒体中心。10月，浙报传媒控股集团有限公司将持有的51%股权转让给浙江浣江传媒集团有限公司。诸暨日报有限公司于12月底完成股权变更、法人代表变更、章程变更等事宜。

同日，《诸暨日报》报道，诸暨市拥有各种货运船舶 203 艘，水运总运力达 10.8 万吨，首次突破 10 万吨大关。新亭埠集装箱码头投运后完成集装箱吞吐量 1 万多标箱。

5月

6 日，《诸暨日报》报道，诸暨市政务大厅智能排队“取叫号系统”上线，“取叫号系统”上线是政务服务数字化平台建设的阶段性成果。

15 日，《诸暨日报》报道，诸暨市纪委监委推出营商环境监督卡，监督卡以“负面清单”形式列出 10 条监督内容，并载明监督方式，企业通过扫描卡上二维码，即可向市纪委监委反映营商环境问题。

16 日，诸暨市供销社、诸暨电视台等共同举办“疫散花开 情暖暨阳”主题活动，直播推广宣传诸暨次坞打面旗舰店。

17 日，诸暨市的中国首列以关注自闭症群体为主题的公益地铁专列——“星援助计划”专列在杭州开出。

19 日，《诸暨日报》报道，诸暨市出台创建省制造业高质量发展示范市三年行动计划。

20 日，诸暨市委、市政府唯一官方客户端——西施号 APP 上线。西施号 APP 可实现即时播报新闻、一键办理政务、全天服务生活。

21 日，陈宅镇茶业产业农合联成立。为诸暨市首家产品农合联。

22 日，枫桥镇建成绍兴市第一个农村社工站，探索村级社区、社会组织、社会工作者“三社联动”。

23 日，中国第七个“文艺志愿者服务日”，诸暨市摄影家协会摄影志愿小组开展“情暖乡村 · 摄影惠民”活动，赴东白湖、璜山、暨南、马剑等镇乡街道自然村，免费为 70 岁以上老人拍摄个人形象照、金婚纪念照，并制作装框，受惠 600 余人。

25 日，《诸暨日报》报道，诸暨开出首张网络预约出租车线下揽客罚单。

25—26 日，省人大常委会党组副书记、副主任李卫宁一行到诸暨市开展“两法两条例两决定”执法检查暨代表工作专题调研。诸暨市领导徐良平、胡华良、姚汉松等分别参加。

26 日，《诸暨日报》报道，中国水稻研究所研制的水稻精准播种机插新技术首次在诸暨市应用。应用新技术实现杂交稻精准播种机插，降本高产高效。

29 日，诸暨进入梅雨期，至 7 月 18 日出梅，梅雨期共 50 天，为 1971 年有气象记录以来最长的梅雨期。

6月

1 日，诸暨市委政法委、市检察院等十部门推行罪错未成年人社会教育计划，创新一体化未成年人违法犯罪预防治理平台。

2 日，诸暨市人民医院心血管内科成功为 104 岁的老人王长木开展微创手术，更换心脏起搏器，用时半小时，创下诸暨市心脏手术年纪最高病例的纪录。

3 日，诸暨市召开新时代文明实践中心建设“先行试验区”工作部署会。5 月，诸暨市被中宣部、中央文明办确定为全国新时代文明实践中心建设“先行试验区”，6 条文明实践示范线路确定。该试验区为浙江唯一，全国仅 10 个。

5 日，《诸暨日报》报道，诸暨市 155 所学校向新疆阿瓦提县捐赠 13 万余册图书。

8 日，《诸暨日报》报道，自 6 月 1 日起，诸暨市 46 家定点医疗机构全部实现跨省异地就医直接联网结算，省内外异地参保人员在诸暨市住院可直接刷卡结算。长三角地区的浙江、江苏、安徽、上海的参保人员，门诊就医费用也可以直接联网结算。

9 日，绍兴市委书记马卫光到诸暨市调研“六稳”“六保”工作。诸暨市领导徐良平、胡华良参加。

同日，暨阳街道赵石新村村书记赵国信捐献造血干细胞成功。

又，市档案馆举办主题为“诸暨美丽乡镇建设档案展”展览，精选 23 个镇街 205 张照片，展示全市全面建设小康社会的成果。

10 日，新时代“枫桥经验”与数字安防融合发展推进会暨浙江省安防协会第五届理事会第三次全体会议在诸暨市召开。会上，发布《新时代中国安防产业发展报告》。诸暨市分别与省安防协会、海康威视、浙江通信服务、浙大中控信息、浙江中辰城市应急服务管理公司签订战略合作协议。

11日，诸暨市枫桥人民法庭东和巡回审判站在东和乡政府揭牌启用，东和巡回审判站是诸暨市首个镇乡巡回审判站，受理案件范围包括双方当事人住所地均在东和乡，依法适用简易程序审理的民商事一审案件。

11—12日，市委副书记、市长胡华良，市人大常委会主任姚汉松等率考察团赴四川省金川县考察东西部扶贫协作和对口支援工作。金川县委书记卞思发出席诸暨市——金川县东西部扶贫协作和对口支援工作联席会议。

13日，"幸得有'你'，民安泰来——诸暨市抗击新冠肺炎疫情实物展暨艺术作品展"在市博物馆开展。展览8月12日结束。

同日，2020"暨阳英才"创业创新大赛启动仪式在杭州举行。中国科协原副主席、英国工程技术院院士、国际欧亚科学院院士冯长根，省人社厅副厅长陈中，省外专局局长厉勇，诸暨市领导徐良平、金立耿、王琤、陈仁坚、朱红伟等出席。启动仪式后召开人才发展恳谈会。本次大赛以"与杭同城·智汇暨阳"为主题，将在杭州、深圳和西安举办3个分站赛，并于10月在诸暨举办总决赛，遴选32个人才项目角逐一、二、三等奖。优胜者将分别获得30万元、20万元、10万元的个人奖金和300万元、200万元、100万元的项目经费奖励，以及至少40万元的购房补贴。

17日，《诸暨日报》报道，诸暨市推出优化营商环境60条。

18日，《诸暨日报》报道，诸暨法院采取"云上法庭"开庭审理刑事案件，是绍兴地区法院首次采取"云上法庭"对涉黑恶案件进行开庭审理。

20日起，诸暨火车站不再提供纸质车票，所有高铁、动车和普速列车都实行电子客票通行。旅客刷有效身份证件即可进站验票乘车。报销凭证仍可打印。

同日，《诸暨日报》报道，诸暨市优秀青少年科技创新作品在第34届浙江省青少年科技创新大赛中斩获2枚金牌、5枚银牌、5枚铜牌，金牌获奖数量、奖牌总数量分居绍兴各区、县(市)第一。

同日，《诸暨日报》报道，由诸暨市地方海事处投资建造的"浙海巡0469"艇经过系泊、航行试验，投入使用，标志着诸暨市海事首艘全铝合金新型高速海巡艇交付编入诸暨海事执法装备。

21日，装载5100多万元货物的"义新欧"诸暨号中欧班列首次回程，标志着"义新欧"诸暨号中欧班列成功实现往返。

23日，由浙江省体育局主办，绍兴市体育局承办的浙江省第三届女子体育节启动仪式暨趣味定向比赛在西施故里举行，全省12个地市和1个省行业系统代表队共151名运动员参加，绍兴、衢州、温州3个代表队获得比赛一等奖。

24日，省欧美同学会高层次人才"走进诸暨·助推创新""三服务"活动启动。省委统战部副部长张润生，绍兴市委常委、统战部部长叶卫红，诸暨市领导徐良平等参加启动仪式。仪式上，省欧美同学会与诸暨市政府签署合作备忘录协议，举行省欧美同学会"三服务"诸暨基地和省欧美同学会归国留学人员创新创业园揭牌仪式。

同日，诸暨市开发区数智安防产业基地项目一期220亩土地摘牌，当天完成立项并办好建设用地规划许可证和不动产权证，5天后办出施工许可证，10天后开工建设，跑出项目建设诸暨速度。

26日，《诸暨日报》报道，全省首台集人脸识别、指纹采集、电子签名、户口簿打印等功能于一体的枫桥警务——越警管家自助服务机，在市政务服务大厅公安自助服务体验区亮相。首次将居民身份证挂失、市内户口迁移、流动人口登记、证明开具等118项业务整合到同一台机器中，能开具35类电子证明。

28日，《诸暨日报》报道，全省规模最大的农机综合服务中心在诸暨市浣东街道工业园区建成，项目总投资2100万元。中心引进全省首台植保无人机。园区除特色农机智慧农业设备引进外，还提供农机维修、技术培训、信息咨询等服务。中心配有一个应急维修机库，用户可通过电话和云端小程序报修。

30日，由政府和企业界爱心人士联合发起的捐资助学活动在诸暨市斯民小学举行。绍兴市委常委、绍兴军分区政委柴祥群及诸暨市领导胡华良等参加捐赠仪式。浙江理祥大厦董事长、浙江博马资产管理有限公司总裁谢丽娟以慈善捐助的形式,决定每年向斯民小学捐资助学20万元,用以改善教学条件、提高教学质量,提升学生学习生活环境。

7月

4日晚,文明实践好美诸暨——2020“我们的文化”系列活动暨西施大剧院“八喜·打开艺术之门”文艺晚会在西施大剧院举行。为疫情发生后西施大剧院的首场复工演出,也是一场公益晚会,实行1元制公益票价,实名制线上购票。

7日,诸暨市以文明实践好美诸暨、清廉文化为主题的书画作品进文化礼堂巡展活动首场展览在浣东街道盛兆坞村启动,至10月底,完成在全市23个文化礼堂的展出。

8日晚7点30分,市防汛防旱指挥部将防汛应急响应由Ⅳ级提升为Ⅲ级,地质灾害应急响应由Ⅳ级提升为Ⅲ级。

10日,绍兴市委书记马卫光到诸暨市调研村社组织换届和防汛工作情况。绍兴市委常委、诸暨市委书记徐良平,绍兴市委常委、秘书长陆维参加。

11日,“同萍共振 荷力共赢”——2020杭州西湖·诸暨西施荷花会启动仪式暨杭州人免费游诸暨发布会在五泄镇十四都开幕。启动仪式上发布“杭州人免费游诸暨”政策,自7月1日起,凡持有杭州市民卡的市民可在除黄金周和小长假外,免门票费游玩诸暨市五大国有景区。

13日,绍兴市委编办批复同意设立诸暨市社会矛盾纠纷调处化解中心,为市委直属事业单位,机构规格为正科级。

16日,《诸暨日报》报道,诸暨市市场监管局联合市人民检察院、市公安局、市人民法院,在全省范围内制定首个行政审批与刑事诉讼联动工作机制,制定《诸暨市行政审批与刑事诉讼联动工作实施办法》,避免涉案单位通过简易注销等方式逃避法律责任。

17日,《诸暨日报》报道,诸暨市浣江教育集团浣江初中九年级学生朱羿恺作为中国国家队选手之一,在2020年国际初中生信息学竞赛中获得金牌,为诸暨市初中生的首枚信息学国际金牌。

21日,市委召开十六届十次全体(扩大)会议,深入学习贯彻习近平总书记考察浙江重要讲话精神,系统研究部署为全省建设“重要窗口”作出更大诸暨贡献、展现更多“诸暨风采”的思路举措,讨论审议市委《关于深入学习贯彻习近平总书记考察浙江重要讲话精神,当好“重要窗口”维护者建设者展示者的决议》和《关于高水平建设人才集聚高地科技创新强市的决定》。市委常委会主持会议。绍兴市委常委、诸暨市委书记徐良平代表市委常委会向全会报告工作。市委副书记、市长胡华良部署工作。

21日24时止,诸暨市慈善总会通过银行、支付宝、微信等渠道共接收“益起攻疫”基金捐款593笔,计12706376.77元。收到实物捐赠14笔,折合价值1866922元。

22日,诸暨市举行“新时代文明实践银行·实践基金”成立暨“市民文明行为十条”发布仪式。省委宣传部副部长、省文明办主任卢春中,省农信联社党委书记、理事长王小龙为诸暨市新时代文明实践银行揭牌。绍兴市委常委、诸暨市委书记徐良平致辞。

23日,《诸暨日报》报道,诸暨市3支公益救援队,民安救援中心、贵兴山地救援队、飞虎森林消防向市应急管理局申请,于20日下午6点驰援安徽六安遭受洪灾地区,3支队伍41名队员,12艘冲锋舟。于22日陆续回到诸暨。

25日,白塔湖国家湿地公园迎来跨省游恢复后的首个“跨省千人团”。

26日,姚江镇试点完成23个村社党组织换届选举。8月22日至23日,完成村(居)民委员会换届选举,23名村社党组织书记全部一次性当选为村(居)民委员会主任。

27日,市科协与暨阳学院联合启动科技工作者状况调查,深入一线,调查187个单位2000名科技工作者,重点了解职业发展、科研活动、培训进修、思想动态、工作保障等方面的状况。

28日,诸暨市第十六届篮球联赛拉开序幕。共有来自乡镇、企事业单位的54支球队、656球员参赛,比赛历时39天,9月5日结束。

29日,省政协主席葛慧君一行到诸暨市调研。绍兴市政协主席魏伟及诸暨市领导徐良平、胡华良、郭浩良等参加。

30日,诸暨市在经济开发区数智安防产业基地举行重大项目集中开工仪式。标志着诸暨市吹响项目建设百日攻坚行动"集结号"。开工的17个重大项目总投资超200亿元。诸暨数字安防产业基地建设项目是其中最大的项目,总投资100亿元,被列入省"六个千亿"计划中的"实施千亿数字经济工程"。绍兴市委常委、诸暨市委书记徐良平宣布开工。

31日,《诸暨日报》报道,《2020中国县域经济百强研究》在赛迪顾问县域经济研究中心举办的"2020年县域经济创新发展论坛"上发布,诸暨市排名第18位,比2019年上升3位,也是绍兴市唯一上榜的县级市。

8月

1日凌晨,诸暨市千年古桥茅渚埠桥封闭,迎来为期15个月的重建期。

4日,《诸暨日报》报道,公安、检察院、法院、司法四家一体化运作的"速裁法庭"在诸暨市执法办案管理中心成立。7月31日,该"速裁法庭"完成两起危险驾驶案件的判决,从立案到开庭审理、当庭宣判前后只用1天。

同日,诸暨陶朱街道友谊社区鸿远小区开始筹建首个小区党支部。"支部建在小区上"改革试点工作是"枫桥经验"在城市治理的延伸。

5日,绍兴市委书记马卫光到诸暨市检查指导征兵工作,诸暨市领导徐良平、胡华良等参加。

同日,"枫桥经验"与《中华人民共和国民法典》的基层实践活动签约仪式暨浙江省民法典普法讲师团宣讲第四课直播活动在枫源村举行。

6日,国内外52所高校的107名硕博士参加百名硕博士诸暨行活动。全市10家企事业单位参与人才洽谈,提供岗位126个,达成意向106人。

同日,2020浙江省新农村建设题材小戏会演获奖名单公布,诸暨西路乱弹小戏《梅花催春》获得金奖。并且在11月4日"中华颂"第十一届全国小戏小品曲艺大展中获优秀节目和小戏类最佳人气节目奖。

同日,《诸暨日报》报道,诸暨日报、诸暨电视台等统一推出"聚焦"栏目,以问题为导向,全媒体聚焦诸暨项目推进、"三服务"、审批制度、干部作风、政策落地、执行力等存在的问题和短板,用舆论监督的方式推动进步。

8日,诸暨市第十三届全民健身节在陶朱街道联合村文化礼堂启动,启动仪式后举办联合村第二届村运会。

9日,诸暨市枫桥镇骆家桥村,全省首个公专线(公用线路与专线)联络工程——10千伏新枫线与10千伏征水专线联络工程竣工送电。

19日,《诸暨日报》报道,《诸暨市公益林建设与效益公报(2019)》首次公开发布。公报显示,2019年,全市公益林年涵养水源量26903.15万吨,相当于诸暨东白湖年蓄水量的4.3倍。

22日晚上8点,位于暨阳街道环城北路的诸暨市农副产品批发市场关停。

23日,《诸暨日报》报道,全国爱国卫生运动委员会公布关于2019年国家卫生乡镇(县城)复审结果的通报,店口镇继续被确认为国家卫生乡镇。国家卫生乡镇(县城)每隔三年进行复审。店口镇于2016年创建成功。

23—24日,河南省南阳市镇平县委副书记、县长艾进德率领的镇平县党政考察团到诸暨市考察。市委副书记、市长胡华良等参加。考察中,举行诸暨市—镇平县高层工作联席会议,并签订《诸暨市—镇平县缔结友好城市协议书》。

24日,诸暨市承接全国退役军人事务系统学习推广新时代"枫桥经验"现场推进会的观摩点,打造退役军人事务在社会治理领域的"诸暨品牌"。

28日,第13家浣江书房——位于滨江中路28号的融媒体馆对外开放。首个朗读亭同步开放。

31 日，绍兴市委书记马卫光到诸暨市专题调研“枫桥经验”创新发展工作。市领导徐良平、潘超英等陪同。

9月

1 日，全市最大的公办小学明德小学建成开学。

4 日，诸暨市人民政府与长江生态环保集团有限公司在会展中心签署《共抓长江经济带环境大保护战略合作协议》。

6 日，由中央电视台、诸暨市人民政府、诸暨广播电视台共同拍摄的 15 集文化纪录片《诸暨三贤》，在西施故里举行启动仪式。12 月初在中央电视台播出。

7—12 日，诸暨市“常青藤培育计划”第七期研修班举办，全市选派 36 名新生代企业家赴上海复旦大学参加研学。

10 日，诸暨市“2020 年香榧开摘暨千年古树香榧保护计划”启动，并成立全国首个千年古树香榧保护基金。

14 日下午，市政府与华为技术有限公司等 20 家企业重点合作项目签约仪式举行。

18 日，浙江农林大学暨阳学院应届毕业生张江涛成功捐献造血干细胞。

20 日，《诸暨日报》报道，本月起，相关交通运输企业所持的道路运输从业资格证、道路运输经营许可证（客、货运）、道路运输证（客、货运）、内河水路经营许可证、船舶营业运输证、内河船舶证书信息簿等 6 本证照，同步启用电子证照，与纸质证照具有同等法律效力。长三角地区“一市三省”（上海市、浙江省、江苏省、安徽省）交通部门予以共享互认。这标志着诸暨公路和内河航运开启“一证”通行长三角的新时代。

24 日，绍兴市知识产权质押融资工作现场推进会在诸暨召开。诸暨市知识产权质押额破 18 亿元，融资总规模位列全省第一。

26 日，以“网联新时代，同心奔小康”为主题的 2020 诸暨市网络文化主题活动暨网络安全传播联盟启动仪式在山下湖华东国际珠宝城举行。仪式上，诸暨市成立全国首家网络安全传播联盟。

28 日，《诸暨日报》报道，诸暨市与西藏自治区那曲市色尼区签约，在海亮教育集团下属的天马实验学校开办“援藏班”，为全省首个由民办教育机构开设的“援藏班”。首班学生 30 名。

同日，诸暨 1100 万元电子消费券开抢。活动分批持续到 10 月 28 日。

29 日，“诸暨—台北云上共度中秋活动”在十四都周氏宗祠举行，两岸同胞视频对话共叙乡情。

30 日，省级重点工程陈蔡水库加固改造工程举行开工仪式。工程主要包括水库大坝加固改造、库区征迁安置和库区截污纳管，工程计划总投资 10 亿元。工程建设期间，启用应急供水机制，由石壁水库作为备用水源替代供水。

同日，海关诸暨办事处在对进口食品抽样检验中发现，1 批品名为初榨椰子油的商品因食品标签不合格被判定整批不合格，要求其返工整改，这是诸暨辖区首次在进口食品中检出不合格案例。

10月

1 日，五泄风景区开园运营。五泄风景区 2019 年 11 月 1 日闭园提升改造，周期 11 个月。建设提升总面积 7.91 平方千米，主要涉及 8 个工程项目。

9 日，诸暨市被生态环境部授予“第四批国家生态文明建设示范市县”称号。为绍兴市第二个国家生态文明建设示范市县。

11 日，诸暨市全民健身大会暨“最美风景线 你我暨阳行”在市体育中心田径场举办，“全民健身 健康诸暨”全民健身大会系列活动由此展开。

12 日，《诸暨日报》报道，诸暨市香榧产量刷新历史纪录，其中赵家镇香榧产量首次超过 500 万公斤。

同日，CBA（中国男子篮球职业联赛）联盟在北京市竞园艺术中心举行 2020-2021 赛季新闻发布会，宣布 CBA 联赛新赛季将于 10 月 17 日在诸暨开赛。发布会上，CBA 联盟授旗诸暨赛区。

13—14 日，全国农业技术推广服务中心组织的“水稻全生育期轻简化施药技术培训班”在诸暨市举办,来自浙江、江苏、江西、湖北、安徽、湖南等6个省植保(植检)站(局)药械科负责人,水稻大县植保站技术人员以及项目科研单位、农药企业有关技术人员约100人参加培训并现场观摩水稻全生育期轻简化施药技术示范。

14日,诸暨市举行店口港工程开工仪式。店口港工程项目总占地面积431亩,概算总投资7.65亿元。港区拟新建8个500吨级泊位和2个300吨级泊位,预设年吞吐量300万吨,通过能力330万吨。

15—16日,粮油新品种新技术观摩会暨2020年世界粮食日活动在诸暨市召开。农业农村部、中国农业科学院作物科学研究所、中国水稻研究所、浙江省农业农村厅、浙江省供销合作总社以及各地农业农村局、农科院、供销合作社等单位(部门)代表,部分粮油产业农合联、生产企业、农户代表参加观摩会。

17日,以"智汇暨阳、数造未来"为主题的2020诸暨"人才科技创新周"开幕。中国科协原副主席、国际欧亚科学院院士、英国工程技术院院士冯长根,中国科学院院士、浙江省政协原副主席苏纪兰,中国工程院院士、浙江工业大学海洋学院院长高从堦,中国工程院院士周立伟及诸暨市领导徐良平、胡华良、姚汉松、郭浩良等参加。

20日,《诸暨日报》报道,诸暨市水务集团完成《诸暨市暨阳排水管理有限公司企业取排水设备及系统信息平台运维服务采购项目》电子开评标工作,这是诸暨企业首单电子化开评标,也是省内国企首单自主电子化开评标。

22日,四川省金川县委书记卞思发率领的金川县党政代表团到诸暨市考察。市领导徐良平、胡华良等分别陪同。

同日,诸暨市老年门球协会在市体育中心体育场举办协会成立三十周年庆典活动,并举行百队千人门球大赛,邀请绍兴、义乌等市外3支球队与本市97支球队同场竞技。

23日,诸暨市2020劳动模范、第二届"诸暨工匠"表彰颁奖典礼暨劳模工匠风采展示活动在诸暨技师学院举行,20名抗疫卫士被评为诸暨市劳动模范、335名各行各业技能人才获得2020年"诸暨工匠"称号。

同日,诸暨市香榧产业农合联成立。

26日,绍兴市委常委、诸暨市委书记徐良平率领党政代表团赴遂昌考察,参加诸暨—遂昌山海协作联席会议。会上,双方签订年度工作任务书和山海协作乡村振兴示范点共建协议,举行山海协作援建资金捐赠仪式。

同日,海亮中学队在辽宁丹东以95 ∶ 57战胜广东实验中学队,夺得2020年全国U15男篮总决赛冠军。总决赛由中国篮球协会、中国中学生体育协会主办。参加决赛的共有16支球队。

29日,《诸暨日报》报道,人工智能带电作业机器人对诸暨市10千伏大侣支线38号杆进行搭头作业。绍兴地区首个带电作业机器人"上岗"。

11月

1日零时,为第七次全国人口普查标准时点。入户工作时间是10月11日至12月10日。本次普查在传统入户登记的基础上,普查对象还可选择通过手机等移动终端自主申报个人和家庭信息。

同日,位于望云路与环城西路交叉口的客运西站启用,共有进站线路20条,车辆78辆,日发326个班次。线路主要往返大西、陶朱街道西区、姚江镇、马剑镇、安华镇等片区。

2日,《诸暨日报》报道,文化和旅游部民族民间文艺发展中心主办的2020年"非遗记录工作与保护研究"项目委托课题验收会在诸暨市召开。验收通过全国两项项目委托课题,形成试点记录成果,为民间文学和民俗类国家级项目开展填平补齐式记录提供示范文本。诸暨"西施传说"为其中一项。

3日,绍兴市委书记马卫光到诸暨市山下湖镇调研珍珠小镇建设,传达宣传贯彻中共十九届五中全会精神。绍兴市委常委、诸暨市委书记徐良平等陪同。

同日,坚持和发展新时代"枫桥经验"写入《中共中央关于制定国民经济和社会发展第十四个五年规划和二〇三五年远景目标的建议》。

6日，诸暨市第十届书画艺术节启动。本届艺术节共32个展览，展出书画作品近2000幅。

9日，世界淡水珍珠博物馆在山下湖镇建成开馆。

《诸暨日报》报道，9日至11日，中共中央政治局常委、中央纪委书记赵乐际在浙江调研。10日，赵乐际到诸暨市枫桥镇调研乡镇纪检监察工作。

10日，中央文明办公布第六届全国文明城市入选城市名单和复查确认保留荣誉称号的前五届全国文明城市名单，诸暨市经复查确认继续保留全国文明城市的荣誉称号。

12日，《诸暨日报》报道，诸暨市邮政管理局统计，11月11日当天诸暨市外发快递总量310万件，同比增长10%。

13日，诸暨市市长胡华良邀请乌克兰苏梅市和日本仁贺保市参加绍兴第三届国际友城大会视频会议。苏梅市第一副市长弗拉基米尔·沃伊坚科参加视频会议，苏梅市副市长维拉·莫申科和仁贺保市市长市川雄次为大会发出祝贺视频。

同日，中国著名民族交响乐作品《梁祝》的原创作者、作曲家何占豪（诸暨籍）作品交响音乐会暨《越国西施》全球首演在西施大剧院举行。

13—15日，2020世界珍珠大会在山下湖镇举行，开幕式上，世界珠宝联合会会长盖塔诺·卡瓦列里通过视频宣布山下湖镇成为世界珍珠大会永久会址。大会吸引全球20多个珠宝资源国驻华使节、相关国际机构负责人、国际知名珠宝企业代表等832人参加，新华社、中央电视台、浙江日报等国内媒体报道，3天珍珠小镇游客量超30万人次。本次大会还举行"摩登东方"珍珠潮文化论坛及珍珠潮牌联名作品展、2020"山下湖"国际珍珠首饰创意设计大赛颁奖典礼及中国设计红星奖（诸暨）产品设计大赛——珍珠大赛启动仪式、世界珠宝拍卖会、2020云上珍珠节、2020山下湖国际珠宝展、珍珠首饰国际流行趋势展示、世界珍珠发展大会等活动。

18日，2020年时尚袜业智能改造高峰论坛举办，论坛邀请中国工程院院士、东华大学校长俞建勇及东华大学教授张洁、西安工程大学教授孟家光、针织行业办会教授王敏其等把脉产业。

同日，《诸暨日报》报道，中国县域工业经济发展论坛发布《中国县域工业竞争力地图》，并揭晓2020年"中国工业百强县"，诸暨排名第16位，比2019年前进3位。

21日，《诸暨日报》报道，浙江省2019年度县（市、区）教育现代化发展水平监测结果公布，2019年全省县域教育现代化发展水平总体达成度为73.58%，诸暨教育现代化发展水平达成度超过80%。

同日，中国工程院院士李兰娟到诸暨参加2020年浙江省医学会感染病、肝病学术大会，并作题为《新冠肺炎进展与人工肝治疗》的主旨演讲。

24日，2020年全国劳动模范和先进工作者表彰大会在北京人民大会堂召开，海亮集团铜棒项目总设计师冯焕锋是此次受表彰的诸暨市唯一劳模。

25日，《诸暨日报》报道，诸暨市史志研究室和诸暨市融媒体中心共同在西施号APP上推出"掌上诸暨史志"。逐步将现有诸暨史志书籍全部信息化。以便读者在线阅读诸暨党史、地方志和年鉴。

26日，全省不动产处置"一件事"改革现场推进会在诸暨市召开。省高院党组成员、执行局局长魏新璋，省自然资源厅党组成员、副厅长夏晓鸿，绍兴市委副书记、政法委书记陈澄等出席。诸暨市领导徐良平、潘超英等参加。

28日，在前期姚江镇、同山镇试点基础上，除个别村社外，基本完成全市492个村（居）民委员会换届选举工作，书记主任实现"一肩挑"。

12月

1日，水利部发布《关于公布第三批节水型社会建设达标县（区）名单的公告》。诸暨被认定为第三批节水型社会建设达标县。

2日，诸暨市召开镇乡街道"属地管理"事项责任清单编制部署会，汇总审核90个事项责任清单初稿（省定68项，新报22项）。其后保留和微调省定的68个事项，新增最低生活保障管理、农村生活污水管理、禁养区限养区违规养殖整治、农业投入品监管执法4个事项。

4日，诸暨市举行重大交通基础设施项目集中开工仪式。集中开工的共有4个交通项目，总投资近85亿元。市领导徐良平、胡华良、姚汉松、郭浩良等出席开工仪式。

7日，杭湖嘉绍四地妇联在诸暨举行"美丽经济巾帼添彩"第八届杭州都市圈妇女联合会联席会议暨绍兴女性创业创新成果展。省妇联党组书记、主席王文娟，绍兴市委副书记、政法委书记陈澄，绍兴市委常委、诸暨市委书记徐良平等出席会议。

同日，《诸暨日报》报道，中央文明委公布《关于表彰第六届全国文明城市、文明村镇、文明单位和第二届全国文明家庭、文明校园及新一届全国未成年人思想道德建设工作先进的决定》，枫桥镇杜黄新村获"第六届全国文明村"称号。

10日，《诸暨日报》报道，中国信息协会信息化发展研究院等机构发布《中国城市全面建成小康社会监测报告2020》，诸暨市位列"2020中国县级市全面小康指数前100名"榜单第10名，排位比上年提升2位。

12日，一年一度的全国职业院校技能大赛闭幕，诸暨市职教中心以教师技能比武一金一铜的成绩，成为绍兴市唯一。

18日，中国设计红星奖（诸暨）产品设计大赛——2020袜业大赛暨诸暨创新奖颁奖典礼举行。25家企业和个人获得2020袜业大赛红星奖。本次大赛以"世界设计为诸暨服务，诸暨产品为世界所享"的宗旨，是"中国设计奥斯卡奖"——红星奖第一次与地方政府合作。大赛历时13个月。

同日，2020诸暨发展大会系列活动之"共谋十四五、聚力新发展"在外乡贤恳谈会举行，来自全国各地的70多位乡贤共叙友情、共谋发展、共话未来。绍兴市委常委、诸暨市委书记徐良平出席并讲话。

19日，《诸暨日报》报道，浙江农业之最委员会办公室组织专家，对诸暨市姚江镇草湖江口粮食专业合作社王根善申报的125亩单季常规晚粳稻测产验收。测得百亩方平均亩产869.94公斤、攻关田最高亩产891.73公斤，双双打破2019年海宁创造的浙江农业之最纪录。

20日，2020（第四届）中国（诸暨）科技金融暨创投产业集聚发展高峰论坛于和瑞温德姆酒店举办。论坛围绕诸暨新兴产业发展、创投产业集聚、资本市场服务功能，探讨"数字化产融园区（创投小镇）+风险控制+资本市场服务+新兴产业发展"的运作管理路径，推进诸暨新兴产业高质量"融杭"。会上签约项目涉及资金逾80亿元。

21日上午，第二届中国基层领导力论坛在诸暨市举办。全国政协文化文史与学习委员会副主任、中央党校原副校长孙庆聚，全国政协委员、人民日报社原副总编辑张首映等出席。诸暨市领导徐良平、潘超英等参加。

22日，诸暨市委召开十六届十一次全体（扩大）会议。市委常委会主持会议。绍兴市委常委、诸暨市委书记徐良平代表市委常委会作报告，市委副书记、市长胡华良部署当前工作。会议表决通过《关于制定诸暨市国民经济和社会发展第十四个五年规划和二〇三五年远景目标的建议》。

同日，"杭州第二绕城高速"诸暨段通车。

同日，《诸暨日报》报道，浙江省水利厅、省治水办（河长办）公布2020年"美丽河湖"名单，诸暨市五泄水库、永宁水库、大陈江（安华镇段）、五泄溪（五泄水库—合溪口）4处上榜，数量位居浙江省县（市、区）第一。加上黄檀溪赵家段、白塔湖、浦阳江城区段、五泄江，诸暨市共有省级"美丽河湖"8条。

24日，《诸暨日报》报道，占地3200亩、总投资130亿元，集供应链管理、物流仓储、智能分拨等功能于一体的浙中现代化供应链物流中心在诸暨市安华镇交付。标志着诸暨"诸义产业自由港"关键配套成型。物流服务更为便捷优惠。

25日，浬浦垃圾无害化中心建设项目（350吨/天）完成点火。

同日，诸暨市法院开展全国15家法院一站式多元解纷和诉讼服务体系建设直播活动，市人民法院为浙江省唯一直播点。

26日，诸暨市"迎亚运 攀新高"迎新登高活动在陶朱山公园举行，全市登山爱好者、市级机关干部和暨阳街道中心学校教师共约 600 人参加。

28 日，绍兴市委编委批复同意诸暨市设立浙江新时代枫桥经验研究院，为市委直属事业单位，正科级。

29 日，第二届新时代“枫桥经验”高端峰会在诸暨市召开。峰会为期三天，以“在新时代‘枫桥经验’引领下的市域社会治理现代化”为主题。在主旨大会上，浙江新时代枫桥经验研究院揭牌。

30 日，诸暨市举行招商引资重大项目集中签约仪式，27 个项目集中签约，总投资 188.66 亿元。

同日，遂昌县委副书记、县长胡刚率领党政代表团到诸暨市考察，对接交流山海协作工作。

31 日，诸暨市被浙江省农业农村厅认定为 2020 年度农业绿色发展先行县（市）。

同日，浙江省文化和旅游厅发布的浙江省第三批全域旅游示范县（市、区）验收单位公示结束，诸暨市为其中之一。

同日，诸暨市劳动人事争议仲裁院通过省人社厅试点工作验收，成为全省首批、绍兴市首家“三标”（建标准院、开标准庭、办标准案）仲裁院。

市情概要

历史

【市名由来】诸暨为我国古越民族聚居地之一。先秦无诸暨之名，自秦王政二十五年（前 222 年）设会稽郡置诸暨县，除新莽时期(8—23 年)、唐光启年间(885—888 年)、元至正十九年(1359 年)曾一度改为疏虏、暨阳、诸全州以外，均以诸暨之名见于典籍，直至今日，为浙江望县。

关于诸暨县名的来历，历来众说纷纭，向无定说。清乾隆《绍兴府志》及光绪《诸暨县志》对前人陈说作了概括，但未能统一说法。《绍兴府志 · 地理志》载：

“(诸暨)周为越允常之都。《路史》：夏后氏后。诸暨有诸山暨浦，允常之都。春秋时句无地，或曰夫概王之故邑，先名上诸暨，亦曰句吴。《国语》：勾践之地，南至句无，韦昭解：今诸暨有句无亭是也。《水经注》：诸暨县，古越地也，夫概王之故邑，先名上诸暨，亦曰句吴矣。寇仲温《诸暨县记》：诸暨，槠概也，吴王阖闾弟夫概所封之地。”

光绪《诸暨县志 · 沿革表》基本沿袭《绍兴府志》说法。

有一种说法是：县西有山，山上多槠木，所以称为槠山，省而为诸山，又有概浦，省而为既浦，转音为暨浦，诸暨因此而得名。另有一种说法是：境有五泄山、七十二峰、峰峦林立，认为诸山即诸多山峰，又有概浦，因称诸暨。明隆庆《诸暨县志》则曰：“诸者，众义；暨者，及也。或曰禹会计而诸侯毕及也。”意即因禹及众诸侯到达停留于此，故称“诸暨”。此外还有因诸国、暨国得名，因诸物萃聚得名等说法。

【建置沿革】秦王政二十五年（前 222 年）设县，属会稽郡。西汉属扬州刺史部会稽郡。新始建国年间(9—13 年)更名疏虏，东汉建武元年(25 年)复原名。西晋属会稽郡，东晋属会稽国，南朝复属会稽郡。隋文帝开皇中属吴州，大业中仍属会稽郡。唐属会稽郡及越州，唐光启三年(887 年)改称暨阳。五代属吴越国越州东府。吴越王天宝三年(910 年)复名诸暨。宋初属两浙东路越州，绍兴元年(1131 年)属绍兴府。孝宗乾道八年(1172 年)，分东北十乡置义安县，治枫桥。淳熙元年(1174 年)废义安，其地复入诸暨。元属江浙等处行中书省绍兴路。成宗元贞元年(1295 年)升为诸暨州，至正十九年(1359 年)改名诸全州。明洪武二年(1369 年)改诸全州为诸暨县。明、清属绍兴府。

民国元年(1912 年)废府，直属浙江省。民国 3 年(1914 年)省下设道，诸暨属会稽道。民国 16 年(1927 年)废道，直属浙江省。民国 24 年(1935 年)9 月至 37 年(1948 年)4 月属浙江省第三行政督察区，民国 37 (1948 年)年 4 月至 1949 年 5 月 5 日属浙江省第二行政督察区。

1949 年 5 月 6 日诸暨解放，诸暨属中共萧绍诸杭临时委员会领导。6月23日至11月26日归浙江省第十专署管辖，其后属绍兴专区。1952年1月绍兴专区撤销，直属省。1953年2月划归金华专区。1957年9月划归宁波专区。1964年9月，复属绍兴专区。1968年5月属绍兴地区。1983年7月起属绍兴市。1989年9月，经国务院批准，撤销诸暨县，设立诸暨市，由绍兴市代管。

【越国古都】诸暨春秋时属越国，越王允常曾先后在境内埤中（今次坞镇、店口镇、阮市镇一带）、大部（今枫桥镇一带）、勾乘（今牌头镇一带）建都，子勾践迁都会稽（今绍兴）。诸暨为越国古都早于绍兴，诸暨为都时，绍兴为诸暨属地。

【西施故里】西施，本名施夷光，春秋末期出生于诸暨苎萝村。苎萝有东西二村，夷光居西村，故名西施。其父卖柴，母浣纱，西施亦常浣纱于溪，故溪又称浣纱溪。南北朝刘宋孔灵符《会稽记》云："诸暨苎萝山，有西施浣纱石。"

《舆地志》《十道志》《嘉泰会稽志》载："勾践索美女以献吴王，得诸暨苎萝山卖薪女，曰西施。山下有西施浣纱石。"

在当年西施浣纱之处，有一大方石，古朴苍褐，上镌"浣纱"二字，为东晋大书法家王羲之手笔。

西施故里现已辟为旅游区，主要由西施殿、范蠡祠、中国历代名媛馆、鸬鹚湾古渔村、郑氏宗祠、民俗馆等景点组成，是国家级风景名胜区——浣江·五泄景区的重要组成部分。

【诸暨三贤】王冕、杨维桢、陈洪绶被称为"诸暨三贤"。因三人均系枫桥人，故又称"枫桥三贤"。

王冕（1287—1359），元代诗人、文学家、书法家、画家，字元章，号煮石山农，诸暨枫桥栎桥村人，以画梅著称，尤以墨梅见长，亦擅竹石，兼能治印，著有《竹斋集》《墨梅图题诗》等。

杨维桢（1296—1370），元末明初著名文学家、书法家，字廉夫，号东维子、铁厓，诸暨枫桥全堂人，为元末诗坛领袖，"诗名擅一时，号铁厓体"，在元文坛独领风骚40余年。书法以行草最工，有真迹传世。

陈洪绶（1296—1370），明末清初书画家、诗人，字章侯，号老莲，诸暨枫桥陈家村人。一生以画见长，尤工人物画，人谓"明三百年无此笔墨"，有《九歌》《西厢记》插图及《水浒叶子》《博古叶子》等版刻传世。兼擅诗书，有《宝纶堂集》。

地理

【地理位置】诸暨市位于长江三角洲南翼、浙江省中北部、钱塘江流域中段，地处北纬29°21′26″～29°59′5″，东经119°53′3″～120°32′10″之间，东接绍兴、嵊州，南界东阳、义乌，西毗浦江、桐庐、富阳，北邻杭州、萧山。浙赣铁路、杭金衢高速、诸永高速、绍诸高速、金杭公路贯穿全境，距上海200千米、杭州90千米，距萧山国际机场60千米。

【地形地貌】诸暨地处浙东与浙西丘陵山区两大地貌类型的交接地带，有山地、丘陵、河谷盆地3种类型，分别占境内地域总面积的28.96%、43.12%、27.92%。境内最高峰为东南部的东白山（太白尖），海拔1194.6米，最低平原为东北部的白塔湖，平均高度为海拔4.3米，最低高度为3.1米。

山地和丘陵紧密相连，犬牙交错，集中分布在市境东南部（会稽山地）和西部（龙门山地）。

中部为河谷盆地，多沃土良田；北部为河网平原，水资源充沛。浦阳江纵贯南北，境内干流长67.6千米，东西8条支流呈叶脉形展开。

中部浦阳江河谷盆地位于市域中南部，浦阳江中游，南与浦江－苏溪盆地接壤，北至大侣湖，与"诸暨湖田熟"的河网平原接壤，东起高湖，西至筏畈。南北长36千米，东西宽19千米，呈北东狭长槽形。面积83万亩，占市域面积的23.96%。区内地势平缓，海拔8～50米，两侧向中部倾斜，西南向东北倾斜。浦阳江河道弯曲，多河漫滩地，构成冲积平原阶地。盆地两侧为第四纪红土砾石层、白垩纪砂岩地层的基托阶地，和东部、西部丘陵阶地相接。

北部湖畈河网平原位于浦阳江中下游，南起连七湖，北与萧绍平原接壤；东起东泌湖，西至朱公湖。南北长16千米，东西宽14千米，面积33万亩，占市域面积的9.47%。浦阳江自西南向东北、枫桥江由东南向西北穿流全区。河网如织，湖荡密布，田畈多为围湖而成，海拔多为 5.5 ~ 6.5 米，故称“诸暨湖田”。

【山脉水系】诸暨境内主要有两大山脉、两大水系。两大山脉即会稽山脉和龙门山脉；两大水系即浦阳江水系和壶源江水系。

会稽山脉在诸暨境内以会稽山地为主，位于市境东部，呈西南—东北走向，与义乌、东阳、嵊州、绍兴、萧山接壤，属浙东南丘陵山区地貌单元，面积 148 万亩，占市域总面积的 42.47%，其中海拔 500 米以上低山 15.2 万亩，占 10.27%。全区受开化江、枫桥江等大小溪流切割，重峦叠嶂，幽谷深涧，形成众多的河谷盆地和冲积扇。主峰东白山，为诸暨、嵊州、东阳三市交界处。山巅缓坡宽谷，西侧山坡变陡，属于浦阳江河谷盆地东缘，主脉南、北山势渐低。干脉以东白山为起点，分北干脉、南干脉两路。北干脉（东白山—大山坞）由东白山向东北达于诸暨、嵊州市界，主要高峰有螺蛳屁股(900 米)、白玉尖(990 米)、湖塘冈(861 米)、雾露尖(849.5 米)、走马岗(835 米)、龙头顶(737 米)，龙头顶为诸暨、嵊州、绍兴三市（县）界山。并有越大山(679 米)、刻石山(763.8 米)、古博岭。西至大北坞山，为诸暨、绍兴、萧山三市（县）界山，自此入萧山、绍兴界。南干脉（东白山—道人山）由东白山向西南达于诸暨、东阳界，主要高峰有南园尖(1090 米)、菜塔尖(758.5 米)、灵岩山(906.6 米)，灵岩山为诸暨、东阳、义乌三市界山。沿诸暨、义乌界有大坞尖(825 米)、龙花冈(789 米)、青山尖(803 米)、风车(621 米)共 4 口，风车口为诸暨、义乌、东阳三市交道口。经道人山，入义乌境。支脉大体分为 19 路，其中最长的为走马岗—小孤山支脉，长 50 余千米。

龙门山脉位于市境西部，呈西南—东北走向，与浦江、桐庐、富阳、萧山接壤，属浙西北丘陵山区地貌单元，面积 84 万亩，占市域面积的 24.1%，其中海拔 500 米以上低山 6.44 万亩，占 7.6%。全区为龙门山脉所构成。因受壶源江、五泄江、凰桐江等溪流切割，形成众多丘间谷地和冲积扇。龙门山脉属仙霞岭山系，主峰三界尖（海拔 1015.2 米），跨诸暨、桐庐、富阳三市界，为市境西部第一高峰。干脉以三界尖为起点，分东北、东南两路。东北干脉（三界尖—大龙冈）由三界尖向东北达于诸暨、富阳两市界，为浦阳江与富阳江分水岭。主要高峰有龙门冈(700 米)、船坞头(518 米)、双珠形(781 米)、天塘冈(943.6 米)、全泄(826 米)、高泄(882.8 米)、大岭尖(938.9 米)、龙皇山(831 米)、鸭坞大山(839.3 米)、五云岭(714 米)、茶叶岭(749 米)、风桐岭(740 米)、大龙冈(788.4 米)，自大龙冈西入富阳境。东南干脉（三界尖—日入柱山）由三界尖向东南达于桐庐、浦江界。主要高峰有南部岭(840 米)、仰天湾(857.3 米)、龙门大山(824 米)、鹫头山(694 米)，鹫头山为诸暨与桐庐、浦江界山。沿诸暨、浦江有大来山(507 米)、日入柱山(631 米)。支脉大体分为 5 路，其中最长的支脉为天塘冈—杭坞山支脉，全长 40 余千米。

浦阳江发源于浦江县花桥乡高塘村天灵岩南麓，干流总长 151 千米，流域面积 3431 平方千米。诸暨境内干流流长 67.6 千米，流域面积 2194.8 平方千米，常年流量每秒 36.8 立方米。干流呈南北走向，于同山镇界牌宣入境，至安华纳大陈江；向东北至丫江杨，纳开化江；流经苎萝山下至茅渚埠，分东、西两江。西江为浦阳江主流，向北至祝桥，纳五泄江，北流至店口镇，与东江相汇。东江自茅渚埠分流，往东折北经五浦头，至草江村，纳枫桥江；经白塔湖斗门，北流至店口镇，与西江合流。其下，至免石头出境，入萧山区。境内西北部次坞溪、凰桐江亦属浦阳江支流。次坞溪经次坞镇出境，入萧山区；凰桐江经陶湖出境入萧山区。浦阳江上流坡陡流急，中游河道弯曲。古江道原东流绍兴钱清，出三江入海，水势顺畅；自明代麻溪筑坝后，宣泄不畅。境内浦阳江主要支流有 5 条，东部集会稽山脉西麓诸水相汇的有大陈江、开化江、枫桥江；西部集龙门山脉东麓诸水相汇的有五泄江、凰桐江。

壶源江源出浦江县与建德交界处天灵岩西麓，经桐庐县入境，向东北流经市境西部马剑镇境内，至富阳市场口注入富春江。全长 83 千米，境内流程 7 千米，流域总面积 848 平方千米，境内面积 105 平方千米。支流马剑江经马剑小溪口入壶源江。壶源江在境内河段弯曲，坡降大，水流急，水位暴涨暴落，西岸冲刷严重。

资源

【矿产资源】诸暨境内矿藏资源丰富，主要矿种30余个，有金、银、铅、锌、铜、铀、钼、萤石、大理石等，多分布于南部；石煤、石灰石、锰、磷、钾等多分布于西北部；高岭土、石墨、地开石、白云石、黄沙等分布境内各处。有石煤、石灰石矿带6条，黄金矿带3条，为浙江省有色金属及建材矿产主要产地。

【野生动植.物资源】植物资源主要有香果树、浙江七子花、杜仲、天目木姜子、天目木兰、凹叶厚朴、天目紫茎、花榈木等。

常见的主要野生动物有80多科300多种，主要有环节动物门7种，软体动物门14种、节肢动物门4纲88种、脊椎动物亚门5纲139种。

【水资源】境内水资源总量27.75亿立方米，其中自产水资源多年平均为17.2亿立方米，入境水资源量9.8亿立方米，引潮提灌水量0.75亿立方米。境内水能资源因有山高与湖低的有利因素，水力发电蕴藏量4.63万千瓦，已开发2.18万千瓦，占可开发量的58.97%。

【特产】诸暨土特产有枫桥香榧、淡水珍珠、板栗、银杏、短柄樱桃、茶叶等。

诸暨是中国香榧主要产地，产量占全国一半以上，质量居全国之首，尤其是枫桥香榧，壳薄仁满，风味独特，品质优良，驰名中外。“枫桥香榧”获评国家农产品地理标志。枫桥香榧主产于会稽山脉中段的赵家镇相泉、钟家岭、西坑、黄坑、里宣、外宣、杜家坑一带，建成以香榧为主的省级农业综合区1个、省级香榧产业主导示范区2个、省级香榧特色精品园6个。在离枫桥镇东南10千米的会稽山脉深处，建有国家级香榧森林公园。

诸暨有“中国珍珠之都”美誉，山下湖淡水珍珠年产量占世界总产量的73%、占全国总产量的80%，山下湖镇是世界上最大的淡水珍珠产、加、销中心，华东国际珠宝城、浙江诸暨珍珠产业园区均设在该镇。

短柄樱桃是诸暨传统名果之一，因其果柄较短，故称短柄樱桃。与长柄樱桃相比，短柄樱桃具有果形大、色美味甜和成熟期早2～3天、可溶性固形物比长柄樱桃多2%左右等优点。诸暨为浙江省短柄樱桃主要产区，近年以同山、赵家等镇为主要产地，年产量超过4000吨。诸暨市2016年开始申请登记“诸暨短柄樱桃”为国家农产品地理标志，保护地域范围为全市27个镇乡（街道）所有行政村，申请保护面积26万亩。2017年12月22日，中华人民共和国农业农村部正式批准对“诸暨短柄樱桃”实施农产品地理标志登记保护。

西施石笕茶产于西施故里诸暨，以高山茶树鲜叶为原料，按石笕茶工艺制作，定位于中高端茶。其外形挺秀，绿翠显毫，香味鲜嫩，叶底细嫩成朵，汤色嫩绿明亮。西施石笕茶原主产于诸暨市东白山麓，后逐步发展到东白湖镇、陈宅镇、同山镇、璜山镇、浬浦镇、暨南街道、东和乡、枫桥镇等镇乡（街道），总种植面积约4万亩，年产量758吨，年产值1.64亿元，远销杭州、上海、江苏等地。代表品牌有“龙门顶”“东珍”“逸露”“西施银芽”“越江”等。

石笕茶干茶样（市农业农村局提供）

【旅游资源】诸暨旅游资源丰富，风景名胜众多，以西施故里旅游区、五泄风景区、斗岩·汤江岩风景区等组成的浣江·五泄景区为国家级风景名胜区。

五泄寺。坐落于五泄风景区核心地带的五泄禅寺，是越中有名的古刹，由唐五台山高僧灵默禅师初建。17岁的诸暨人良价拜灵默为师，随师研修13年，后云游四方，最终与其弟子曹山本寂同创曹洞宗，成为禅宗五家的重要一派，其影响远及日本，今日本曹洞宗,以永平寺、总持寺为两大本山,据称拥有1000万名信徒,为日本最大的佛教宗派。

小天竺。位于枫桥镇紫薇山西麓的小天竺,始建于明嘉靖十三年(1534年),原为处士骆骖别墅,其子骆问礼(湖广按察使副使)重修。整座建筑凿磐石为基,依山势而建,极林泉之胜。中以"见大亭"为最,亭前有碑廊,壁嵌有陈洪绶、祝枝山、文徵明、董其昌、王守仁等撰写的贴面,水池岩壁上,镌有"海眼""忱流漱石",为海瑞亲笔。

气候

【概况】诸暨市地处浙中内陆,属亚热带季风气候区,四季分明,雨水较多,光照充足,年温差大于同纬度邻县,小气候差距显著,具有典型的丘陵山地气候特征。气温年平均为16.9℃,常年平均降水量约1380.4毫米,降水日年均约156天,相对湿度约79.5%,日照年均约1763.4小时。

2020年,年平均气温18.4℃,比常年同期偏高1.5℃,除7月外其余各月平均气温均比常年同期偏高;年极端最高气温为38.4℃,出现在8月14日和8月15日;年极端最低气温为-5.8℃,出现在12月31日。全年共有日极端最高气温≥35℃的高温天数40天,较常年(26.6天)偏多13.4天,日最低气温低于0℃的冰冻天数为9天。上年度终霜日2月18日,本年度初霜日12月3日,无霜期288天。年降水量1685.5毫米,比常年(1380.4毫米)偏多305.1毫米。年内降水月、季分布不均匀,其中1月、6月、7月降雨量异常偏多,而4月、10月、12月雨量异常偏少。年雨日255天,比常年(156天)偏多99天。年日照时数1298.4小时,比常年(1764.4小时)偏少465小时。全年共有降雪5天,年雾日36天,霾18天,霜7天,大风1天。

【异常气候现象】强对流天气影响严重。受冷暖气流共同影响,3月21日傍晚到22日早晨,全市出现6～11级雷雨大风、强雷电和局地冰雹等强对流天气,全市平均雨量27.5毫米,最大为枫桥大溪56.5毫米,其中中北部镇街小时雨强20～30毫米,最大姚江镇28.9毫米。暨阳街道、浣东街道、东和乡、赵家镇出现10级阵风,最大枫桥永宁11级,陶朱街道、应店街出现冰雹。3月26日傍晚受强对流云团影响,中南部地区出现8～9级雷雨大风、强雷电和短时强降水等强对流天气,其中陈宅镇开化9级阵风,陈宅镇理家、东白湖镇廖宅最大小时雨强18.5毫米。5月5日受低涡东移影响,平均雨量45.7毫米,其中大唐、五泄、马剑、同山等镇乡街道累计雨量超过70毫米,最大五泄镇五泄水库90.4毫米,小时雨强最大为同山镇西源37.2毫米,东白湖、陈宅等镇出现7级大风。5月15日受强对流云团影响,平均雨量22.1毫米,其中岭北、应店街、五泄、大唐、马剑等镇街累计雨量超过40毫米,最大岭北61.4毫米,小时雨强最大为岭北43毫米,东白湖、陈宅等镇出现8级大风。7月28日受强降水云团影响,傍晚到前半夜出现局地短时强降水,最大枫桥镇征天水库60.4毫米(小时雨强59.8毫米)、浣东街道双桥52.9毫米,并且浣东街道双桥出现7级雷雨大风。8月27日下午到夜里,受强对流云团影响,出现强降水过程,全市面雨量32.3毫米,最大陈宅开化95.2毫米,最大小时雨强姚江江藻55毫米。8月28日下午到夜里受强对流云团影响,普遍出现大雨,部分暴雨,全市面雨量40毫米,最大暨南街道街亭85.5毫米,最大小时雨强璜山镇刀鞘坞35.9毫米。

高温时间长。2020年诸暨站共出现40天高温(日最高气温≥35℃),集中出现在6—9月,其中38℃以上的高温日数5天。8月11日至26日出现连续15天35℃以上的连续高温天气。

秋冬连旱。9月下旬开始全市降水量异常偏少,9月25日至12月31日,降水量仅111.4毫米,较常年偏少四成,有4次持续一周以上的连续无降水日。分别出现在10月6日至10月15日、10月23日至11月19日、11月29日至12月9日、12月20日至12月26日。部分山区出现较严重的气象干旱,森林火险等级达到最高等级五级。长时间的干旱给城乡居民用水和农业生产带来影响。

冬季冷空气活动频繁。2020年1月7日至9日受寒潮影响,出现一次明显降温和大风天气过程,48

小时日平均气温过程降温幅度为10.3℃。2月14日至16日受寒潮影响，气温明显下降，48小时日平均气温过程降温幅度12.3℃，15日夜里出现雨夹雪和雪天气，局部山区积雪，17日早晨最低气温 -1.1℃。2月25日至27日受寒潮影响，48小时日平均气温过程降温幅度达11.1℃。3月26日至28日受强寒潮影响，48小时日平均气温过程降温幅度达16.1℃，28日至29日山区1℃～3℃，部分山区出现霜冻。12月13日至14日受冷空气影响，日平均气温过程降温幅度7.6℃，普降雨夹雪或雪，部分山区有积雪，普遍出现4～6级阵风。12月29日至31日受寒潮影响，48小时日平均气温过程降温幅度11.4℃，普降雨夹雪或雪，部分山区有积雪，普遍出现6～8级大风，东白湖出现10级大风，12月31日早晨全市最低气温普遍在 -5℃～ -7℃，山区 -8℃～ -10℃，有严重冰冻，山区有道路结冰。

【重要性灾害性天气】暴雨（日雨量≥50毫米）共5次，分别出现在5月5日、6月19日至21日、7月7日，最大降水量为108.3毫米，出现在6月19日。

梅雨。2020年入梅早、出梅迟，5月29日入梅，比常年(6月10日）偏早12天，7月18日出梅，比常年(7月10日）偏迟8天，梅雨期共50天，为1971年有气象记录以来最长的梅雨期。降雨量特别大，创历史极值。5月28日20时至7月17日20时，全市平均降雨量622.1毫米，是常年同期(311.5毫米，气象局数据）的2倍，创1971年有气象记录以来的历史极值。暴雨过程频繁，强降雨区域重叠。入梅后全市强降雨过程频繁，共出现9轮较强降水过程，分别出现在5月29日至30日、6月3日至4日、6月10日、6月19日至21日、6月25日至27日、6月30日、7月3日至4日、7月7日至10日、7月16日，且强降雨区域重叠于西北部。梅中有伏。入梅以来全市平均气温26.5℃，比常年同期偏高0.7℃，其中6月12日至18日、7月12日至13日出现阶段性高温。梅汛期35℃以上高温日数累计7天，最高出现37.2℃（7月17日）。

台风。2020年只有一场台风对诸暨产生明显影响。8月3日至5日受2020年第4号台风“黑格比”影响，截至5日6时，全市面雨量55.2毫米，其中璜山、岭北、陈宅、东白湖、赵家等镇累计降雨量超过100毫米，最大东白湖镇龙门顶212.7毫米，东和、东白湖等乡镇出现8级大风，陈宅9级。（许金凤）

行政区划

【边界线】诸暨行政区域面积2311.26平方千米。诸暨市边界线总长411.72千米。境内有市际线2条(杭绍线诸暨萧山段长63.1千米、诸暨富阳段长40.3千米、诸暨桐庐段长28.56千米，绍金线诸暨浦江段长55.5千米、诸暨东阳段长41.56千米、诸暨义乌段长61千米)，共290.02千米；县际线2条(诸绍线长73.9千米、诸嵊线长47.8千米)，共121.7千米；市际三交点1个，县际三交点7个，边界线界桩20个。

【行政区划状况】2020年年底，全市共设有5个街道、17个镇、1个乡。分别为暨阳街道、陶朱街道、浣东街道、暨南街道、大唐街道，店口镇、枫桥镇、牌头镇、次坞镇、山下湖镇、璜山镇、应店街镇、姚江镇、安华镇、浬浦镇、东白湖镇、五泄镇、岭北镇、陈宅镇、同山镇、赵家镇、马剑镇，东和乡。有397个村民委员会，116个居民(社区）委员会，共513个群众自治组织。

（民政局提供）

人口·民族

【人口】2020年年底，全市有户籍人口1083000人，出生申报7652人、死亡注销7672人，人口迁入13472人、迁出14787人。人口自然增长率为 -0.2‰。全市60周岁以上老年人口288102人，其中65周岁以上208835，占总人口的19.28%，80周岁以上高龄老人37931人，百岁老人73人（女性53名，男性20名），最长寿老人106周岁，为大唐街道大地村陈美兰（女）。65岁以上老年人的健康管理率达到70%以上。（市公安局、市卫健局提供）

【民族】2020年，常住人口中除汉族外，有少数民族39个，少数民族总人口5429人。（市公安局提供）

诸暨市主要组织机构及负责人名录

中共诸暨市第十六届委员会

书　记　徐良平（绍兴市委常委）

副书记　胡华良　潘超英（女）

常　委　徐良平　胡华良　潘超英（女）　叶伟明　孟国锋　金立耿　钱勇军　王　琤　王孔羽（女）　高　雷　郦小飞　朱　浩

诸暨市第十七届人民代表大会常务委员会

主　任、党组书记　姚汉松

副主任、党组副书记　杨元清

副主任　陈　焕（女）　何鸿成　钱建荣　洪中行

诸暨市第十七届人民政府

市　长、党组书记　胡华良

常务副市长、党组副书记　钱勇军

副市长　朱　浩（挂职）　俞　越（女）　朱红伟　董光辉　陈军卫　楼　闯　谢　琦

政协诸暨市第十四届委员会

主　席、党组书记　郭浩良

党组副书记（兼）　孟国锋

副主席　袁岳军　沈吉明　王祖勇　徐可以（女）

市委部门

市纪律检查委员会（市监察委员会）

书　记　叶伟明

副书记　杨建波　赵　刚

常　委　叶伟明　杨建波　赵　刚　徐剑森　赵亦良　宣　龙　寿玉萍（女）

市监察委员会主任　叶伟明

副主任　杨建波　赵　刚

委　员　赵亦良　宣　龙　许　斌　徐军能

市委巡察办主任　徐剑森

副主任　傅鲁刚

案件审理室主任　周春松

干部室主任　赵　娅（女）

党风政风监督室主任　俞　科

信访室主任　傅晓瑛（女）

办公室主任　胡杨光

第一纪检监察室主任　傅泽军

第二纪检监察室主任　陈　厦

第三纪检监察室主任　张　金

第四纪检监察室主任　黄　斌

第五纪检监察室主任　徐叶龙

派驻第一纪检监察组组长　戚新华

副组长　屠叶芳（女）　杨建清

派驻第二纪检监察组组长　陶志勇

副组长　俞　琴（女）　钱志伟

派驻第三纪检监察组组长　应鲁潮

副组长　俞国桥　章杭芳（女）

派驻第四纪检监察组组长　楼　芳（女）

副组长　俞新初　宣晓临（女）

派驻第五纪检监察组组长　陈国超

副组长　黄桂明　邵小刚

派驻第六纪检监察组组长　余光明

副组长　方　瑜　俞栋泉

派驻第七纪检监察组组长　王建钢

派驻第八纪检监察组组长　陈鉴霖

派驻市教育体育局纪检监察组组长　朱建锋

派驻市公安局纪检监察组组长　柴海平

派驻市人民法院纪检监察组组长　郑江宏

派驻市人民检察院纪检监察组组长　陈仙萍（女）

市委办公室

主　任　陈迪锋

副主任　许晓峰　冯桢栋　吴舒峰　蒋　帅　杨建江　徐　毅　张晓优（兼）　王　跃（兼）

市最多跑一次改革办公室主任　许晓峰

市委机要局（市密码管理局）局长　杨建江

市委市政府接待服务中心主任　毛晓华（女）

市委组织部

部　长　王　琤

常务副部长　骆　强

副部长 何浩明 陈初明 陈九平（女）
杨永水（兼） 杨纪誉（兼）
孟东灼（兼）
市委新经济与新社会组织工作委员会书记 陈初明
市公务员局副局长 翁叶江
市委直属机关工作委员会副书记 赵升平
部务会议成员 孟浙金

市委宣传部
部　长 王孔羽（女）
常务副部长 郭剑扬
副部长 石坚钢 俞　燕（女） 张利虎
市社会科学界联合会主席 郭剑扬
副主席 章飞燕（女）
市政府新闻办公室主任 石坚钢
市互联网信息办公室主任 俞　燕（女）
副主任 王明丽（女）
市精神文明建设委员会办公室主任、市新闻出版局局长 张利虎

市委统一战线工作部
部　长 孟国锋
常务副部长 蒋志军
副部长 周炜平 周高仁 杨学丽（女，兼）
姚江海（兼）
市政府侨务办公室主任 周炜平
市民族宗教事务局副局长 吴伟东 寿杨勇
市政府侨务办公室副主任 梁国其 赵　炜

市委政法委员会
书　记 潘超英（女，兼）
副书记 钱勇军（兼） 谢　琦（兼）
吴建人（主持工作） 朱　蕾（女） 柴小江
市法学会副会长 汤国建
政治处主任 徐　杰

市委机构编制委员会办公室
主　任 杨纪誉
副主任 章建革 周明建

市委台湾工作办公室
主　任 杨学丽（女）
副主任 余燕明 蒋柔刚 周宏伟 邵海潮

市委、市政府信访局
局　长 王　跃
副局长 王宏伟 方建峰 何曙升（驻京）
信访督查专员 李国女（女）

市委老干部局
局　长 孟东灼
副局长 龚建豪 寿武峰 周阳生

市关心下一代工作委员会
主　任 周雪芬（女）
副主任 林　捷（女）

市委党校（行政学校、绍兴枫桥学院）
校　长 王　琤（兼）
常务副校长（副校长、副院长） 田海斌
副校长（副校长、副院长） 丁光飞 何勇武
张　力

市党史和地方志研究室
主　任 屠永生
副主任 占志锋

市档案馆
馆　长 冯桢栋
副局长 寿永江 王　莉（女） 管伟敏 宣迪梁

市融媒体中心
主　任 陈仲明
总编辑 叶淑秀（女）
副主任 宣浩军 毛红卫 周海荣

市人大办公室常委会及工作委员会

人大常委会办公室
主　任 寿海平
副主任 周　威 孙水平（女）

监察和司法工作委员会
主　任 金利顺
副主任 周解荣 张怀斌

财经工作委员会
主　任 戚志军
副主任 陈伯永 王玉英（女）

教科文卫工作委员会
主　任 叶乃坤

副主任 吴江辉 俞淑珍（女）
代表工作委员会
主 任 章新康
副主任 沈立新 陈正羽 孟优娣（女）
农经工作委员会
主 任 何君君
副主任 蒋国辉
城建环保工作委员会
主 任 张小明
副主任 倪敏利（女） 王学平
社会建设工作委员会
主 任 张尧国
副主任 周国忠 杨可锋

市政协办及专门委员会

政协办公室
主 任 钟力群
副主任 何焕军 金六光
研究室
主 任 陈星明
副主任 张 跃 傅建如（女）
委员工作委员会
主 任 方国恩
社会和法制委员会主任
主 任 赵国成
副主任 吴勇浩
提案委员会
主 任 赵 强
副主任 王迪永
经济委员会
主 任 何立炯
港澳台侨委员会
主 任 雷剑锋
教育科技卫生体育委员会
主 任 阮 锋
人口资源环境委员会
主 任 黄文彩（女）
副主任 徐珏燕（女）
农业和农村委员会
主 任 倪永建
文化文史和学习委员会主任
主 任 周秀云（女）

市政府工作部门

市政府办公室
主 任 方 铭
副主任 吴 伟（女） 袁建红（女）
周文彬 周普伟 汪均德
蔡天军 寿晓东 徐林焕（兼）
市政府外事办公室副主任 吴 伟（女）
市发展和改革局
党组书记、局长 陈文进
党组副书记、副局长 黄雁飞
副局长 吕寒平（女） 俞 露（女） 傅春江
陆琪军
市经济和信息化局
党组书记、局长 寿浩波
副局长 周鹏飞 詹晓春（女） 冯晓勇
王仕委
总工程师 蔡暄盛
市教育体育局
党委书记、局长 孙一江
党委副书记 章妙锋（女）
副局长 周建新 戚梦蛟 杨均力 胡伟霞（女）
市科学技术局
党组书记、局长 蒋宏伟
党组副书记、副局长 赵旦丹（女）
副局长 阮志浩 傅宇峰
市公安局
党委书记、局长、督察长 谢 琦
党委副书记、政委 冯建飞
党委副书记、常务副局长 杨叶峰
副局长 詹坚均 石国红（女） 徐岳新 陈军涛
政治处主任 徐岳新
市民政局
党组书记、局长 朱玉荣（女）

副局长　陈　伟　周伟群（女）　汤敏明（女）
钟利伟　洪一爆

市司法局

党组书记、局长　张建平

副局长　卢文荣　黄华江　袁吉苗　赵志万

市财政局

党组书记、局长　郭伟锋

副局长　戚俏新　杨列伟　朱向前

总会计师　斯　巍

市人力资源和社会保障局

党组书记、局长　杨永水

副局长　楼立新　宣森淼　马丽学（女）

市社会保险事业管理服务中心主任　周国苗

市自然资源和规划局

党委书记、局长　钱光辉

党委副书记　陈　勇

副局长　胡建良　寿张松　赵　辉

专职市自然资源和规划副督察　戚张力

总规划师　梁　新

市不动产登记服务中心主任　赵　汫

市住房和城乡建设局

党委书记、局长　朱坚阳

党委副书记、副局长　戴立功

副局长　周大成　蔡国烽　周志其

总工程师　郦　挺

市人民防空办公室副主任　章林科　吕成君

市交通运输局

党委书记、局长　陈国锋

副局长　朱福军　孙国建　戚永欢

总工程师　彭家春

市交通运输综合行政执法队队长　陈叶飞

市交通运输管理中心主任　赵海明

市水利局

党组书记、副局长　杨华凤（女）

局　长　吴国强

副局长　柴铁飞　蔡建根　傅海康

总工程师　章汉军

市农业农村局

党组书记、局长　张国锄

副局长　赵　坚　徐　挺　寿　霁（女）
吴　挺　斯伟峰

市农业综合行政执法队队长　孟秀飞（女）

市商务局

党组书记、局长　黄一海

副局长　姚勇琪　刘建军　张丽敏（女）　周益锋

市文化广电旅游局

党组书记、局长　何永钢

副局长　郑轩扬　毛桂舟　袁　金　骆仁东

总规划师　郑文明

市文化市场综合行政执法队队长　郭　裕

市卫生健康局

党委书记、局长　楼云成

党委副书记　郑　伟

副局长　蔡榆军　何翼浩　俞　明

市计划生育协会副会长　章燕丽（女）

市退役军人事务局

党组书记、局长　陈　勇

党组副书记、副局长　邱国炯

副局长　陈铁焘　王铁路

市应急管理局

党委书记、局长　余海生

副局长　张建烽　王钱江　孙朝江　陈小波

总工程师　杨国贤

市审计局

党组书记、局长　边平浪

副局长　戚圣云　赵　薇（女）

总审计师　孙巍峰

市市场监督管理局

党组书记、局长　斯朝阳

副局长　傅　斌　蒋国勇　陈晓明　郭舜尧
朱利强

总工程师　詹　飞（女）

市市场监管综合行政执法队队长　童文正

市政府金融工作办公室

党组书记、主任　边云峰

副主任　冯　国　卢益刚　斯　晔

市统计局
党组书记、局长 章 辉
副局长 罗伟国 黄美丽（女）
总统计师 刘 凯
市医疗保障局
党组书记、局长 俞海英（女）
副局长 许伟君 钱伟江 侯科红（女）
市综合行政执法局
党组书记、局长 赵益军
党组副书记、副局长 赵申易
副局长 何斌峰 陈 伟 何耿泽
绍兴市生态环境局诸暨分局
党组书记、局长 俞 军
副局长 黄拥冈 俞坚松 陈建锋 周新建
市生态环境保护综合行政执法队队长 应俊杰

市政府其他部门

市机关事务服务中心
党组书记、主任 屠鉴栋
副主任 叶若帆 王 棘
市供销合作总社（市农民合作经济组织联合会执行委员会）
主 任 张凯歌（女）
副主任 李国标
市大数据发展管理中心
党组书记、主任 徐林焕
副主任 阮伯虎 俞 宙
诸暨经济开发区管理委员会（城西工业新城建设管理委员会办公室）
党工委书记 金立耿
党工委副书记、主任 傅海林
党工委副书记、副主任 阮晓辉 赵玉丽（女）
副主任 何勇毅
诸暨现代环保装备高新技术产业园区管理委员会（诸暨临杭产业园管理委员会）
党工委书记 孟国锋（兼）
党工委副书记、主任 吕朝阳
党工委副书记、副主任 郦少刚
副主任 楼 斌 何科家 方向前 张 营（兼）
诸暨商贸城建设管理委员会
党工委书记、主任 郦华辉
副主任 周玉华（女） 应仲九 詹 飞
诸暨城东新城建设管理委员会
党工委书记、主任 张全民
副主任 叶武斌 楼欢燕（女） 骆 超
诸暨高湖建设管理办公室
党工委书记 郦小飞（兼）
党工委副书记、主任 朱坚阳
副主任 寿建江 蒋建新 徐建军
市政务服务办公室
主 任 钱勇军（兼）
党工委书记、常务副主任 徐亚萍（女）
副主任 陆建勇 楼 吉（女）
市公共资源交易管理委员会办公室
党组书记、主任 黄章才
副主任 边黎明 章忠潮 褚丰华
市流动人口服务管理局
党组书记、局长 詹坚均
副局长 孙永祥 许旭明 陈杰锋
绍兴市住房公积金管理中心诸暨分中心
党组书记、主任 孟 龙
副主任 俞建东 何齐永
市国有资产经营有限公司
党委书记、董事长 楼文钢
党委副书记、总经理 斯利灿
党委副书记、纪委书记 刘建军（挂职）
副总经理 张钟亮 金 炯
市城乡投资集团有限公司
党委书记、董事长 蔡利民
党委副书记、总经理 叶鹏飞
党委副书记、纪委书记 楼欢燕（女，挂职）
副总经理 王钢锋 宣建慧（女）
市交通投资集团有限公司
党委书记、董事长 郭剑波
党委副书记、总经理 冯正满
党委副书记、纪委书记 王 莉（女，挂职）

副总经理 黄天宇
市水务集团有限公司
党委书记、董事长 金伯渔
党委副书记、总经理 胡建法
党委副书记、纪委书记、监事会主席 杨利光
副总经理 王海江 金 益 骆 平
市文化旅游集团有限公司
党委书记、董事长 张晓满
党委副书记、总经理 姚东海
党委副书记、纪委书记 骆仁东（挂职）
副总经理 沈徐凯 赵 梅（女）
浙江浣江传媒集团有限公司
董事长 陈仲明
总经理 王建军
副总经理 吴作浩
市金融控股有限公司
董事长 楼文钢（兼）
总经理 张 镛

法、检

市人民法院
党组书记、院长 施华南
党组副书记、副院长 王忠达
副院长 何炯珉 叶 剑 赵敏凯
审判委员会专职委员 王彬礼 郦武亮
政治部主任 赵妍妍（女）
执行局局长 傅铁军
市人民检察院
党组书记、检察长 谢 剑
党组副书记、副检察长 叶建平
副检察长 王建华 叶纯青 陈 勇
政治部主任 孙永武
检察委员会专职委员 毛洪斌 沈佳丽（女）

人民团体、民主党派

市总工会
党组书记、主席 周建江
副主席 王大军 吴旭东 周卓平（女） 陈海裕
共青团诸暨市委员会
书 记 寿浙翔
副书记 何 威 段松长
市妇女联合会
党组书记、主席 杨军燕（女）
副主席 祝俞峰（女） 杜 洁（女）
市归国华侨联合会
主 席 王祖勇（兼）
副主席 陈建红（女） 孟建江
市工商业联合会
党组书记、副主席 姚江海
主 席 赵林中
副主席 章国平 邵永建 丁守智 丁仁元
市科学技术协会
党组书记、主席 孟志康
副主席 余 群（女） 章柏江 周小龙 钱海锋
市残疾人联合会执行理事会
党组书记、理事长 冯伟明
副理事长 徐永达 杨建梁 陈伟龙 戚全均
市文学艺术界联合会
主 席 杨国忠
副主席 蔡 英（女）
市红十字会
执行委员会党组书记、副主任 钟炜颖
执行委员会主任 俞碧超（女）
执行委员会副主任 陈伟东
监事会监事长 俞淑珍（女）
监事会副监事长 傅益江

街道、镇乡

暨阳街道办事处
党工委书记 骆 杰
人大工委主任 孟大善
监察办公室主任 郭雪锋
陶朱街道办事处
党工委书记 应国伟
副书记、办事处主任 柴 锦
人大工委主任 赵佳水

监察办公室主任 蒋鲁嘉
浣东街道办事处
党工委书记 何宇彬
副书记、办事处主任 杨高峰
人大工委主任 孟一薇（女）
大唐街道办事处
党工委书记 楼征三
副书记、办事处主任 何 军
人大工委主任 蒋铁瑛
监察办公室主任 骆 鑫
暨南街道办事处
党工委书记 杨 炬
副书记、办事处主任 陈文鸟
人大工委主任 楼丽环（女）
监察办公室主任 王 明（女）
店口镇
党委书记 杨 雷
副书记、镇长 赵钦华
人大主席 陈 浩
监察办公室主任 侯海英（女）
枫桥镇
党委书记 黄 茹（女）
副书记、镇长 黄伟刚
人大主席 王 增
监察办公室主任 斯咏梅（女）
牌头镇
党委书记 戚中强
副书记、镇长 朱庭传
人大主席 周学军
监察办公室主任 方飞霞（女）
次坞镇
党委书记 徐 庆
副书记、镇长 张 纲
人大主席 骆赵军
监察办公室主任 杨 宇
山下湖镇
党委书记 钟亦飞
副书记、镇长 余灵君（女）
人大主席 何培忠
监察办公室主任 赵继君
璜山镇
党委书记 袁新江
副书记、镇长 吕靖江
人大主席 王少锋
应店街镇
党委书记 郭 昌
副书记、镇长 寿培松
人大主席 周伟永
监察办公室主任 张 佳
姚江镇
党委书记 张 营
副书记、镇长 周少雄
人大主席 张 潮
安华镇
党委书记 郭剑东
副书记、镇长 郑 来（女）
人大主席 陈建平
监察办公室主任 朱 锋
浬浦镇
党委书记 孙陈超
副书记、镇长 何 慧
人大主席 马 沙
监察办公室主任 朱海浪
东白湖镇
副书记、镇长 杨泽南
人大主席 赵大勇
监察办公室主任 陈 霞（女）
五泄镇
党委书记 周 艳（女）
副书记、镇长 许栋海
人大主席 戚伟平
监察办公室主任 周 龙
岭北镇
党委书记 石海斌

副书记、镇长 吴鹏锋
人大主席 周向忠
监察办公室主任 顾杰峰

陈宅镇

党委书记 王其军
人大主席 谢新军
监察办公室主任 兰传亮

同山镇

党委书记 周小峰
副书记、镇长 陈锡均
人大主席 边国建
监察办公室主任 周建儿（女）

赵家镇

党委书记 杨学锋
副书记、镇长 边立松
人大主席 王翠凤（女）
监察办公室主任 陈柳芳（女）

东和乡

党委书记 胡 冰
副书记、乡长 寿军岳
人大主席 王金飞
监察办公室主任 朱建刚

马剑镇

党委书记 徐航锋
副书记、镇长 张宝庭
人大主席 陈兴均
监察办公室主任 宣戈飞（女）

（市委组织部提供）

农业·农村

综述

2020 年，全市农林牧渔业增加值 51.57 亿元，同比增长 2.4%，居绍兴各县市区第一位。农村常住居民人均可支配收入达 42296 元，增长 7.4%，连续 15 年超过城镇居民收入增幅，城乡可支配收入比缩小至 1.67∶1。全面小康指数位居全国县级市第 10 位。

2020 年，全市村集体经济总收入 11.29 亿元，同比增长 8.6%，全市 397 个行政村经营性收入全部达到 30 万元以上，135 个村达到 50 万元以上，顺利完成“消薄”目标。

种植业

【粮食】2020 年，全市粮食播种面积 50.87 万亩，早稻播种面积 3.6 万亩，晚稻播种面积 35.1 万亩，粮食总产量 22.6 万吨，同比增长 1.3%，粮食生产面积和总产量均位列全省县级市第二位。全市共建立百亩早稻示范方 139 个，总面积 2.67 万亩。建立百亩以上春粮示范方 47 个，总计面积 0.81 万亩，建立 100 亩以上晚稻示范方 248 个，面积 4.71 万亩。

茶农在十里坪茶园采茶(摄于 2020 年 4 月，市农业农村局提供)

【茶叶】2020 年，全市茶园面积 11.9 万亩，茶叶总产量 3844.6 吨，同比减产 6.8%，总产值 4.23 亿元，同比减少 1.8%。其中名优茶产量 1849.7 吨，产值 3.94 亿元，分别同比减少 2.8% 和 3.8%。

【蔬菜】2020 年，全市蔬菜播种面积 11.3 万亩，同比增长 3.67%，总产量 16.7 万吨，同比增长 4.38%，总产值 6.5 亿元，同比增长 8.3%。

【水果】2020 年，全市园林水果种植面积 3.66 万亩，总产量 2.66 万吨，同比减少 2.6%，总产值 3.63 亿元，同比增长 7.1 %。

林业

【概况】2020年，诸暨市践行绿水青山就是金山银山的理念，保护、培育并合理利用森林资源，以新修订的《中华人民共和国森林法》实施为契机，推进国土绿化，建设生态文明。完成全市7个自然保护地的优化整合工作。全年完成国土绿化新造林6724.8亩，种植珍贵树32.34万株。全年全市林业行业总产值197.6亿元，其中第一产业35.5亿元，第二产业74.4亿元，第三产业87.7亿元。全市香榧总产量3500吨，产值达10亿元。被省政府评为2020年度森林浙江建设目标责任制考核优秀单位。

【森林城镇村庄创建】2020年，诸暨市成功创建省级森林城镇2个（暨南街道、同山镇），全市省级森林城镇达到12个；成功创建“一村万树”示范村8个（暨阳街道赵家村、陶朱街道西苑村、浣东街道盛兆坞三村、暨南街道龙山村、璜山镇姚王村、浬浦镇五美村、岭北镇孚家湖村、同山镇绿剑村）。

【珍贵彩色森林建设】2020年，完成珍贵彩色森林建设2900亩，其中成片造林1300亩，珍贵树补植改造1600亩；建设珍贵树发展示范点3个，局长示范林3个，示范单位3个，顺利完成年度目标任务。强化赠苗造林机制，在全市11个行政村（单位）完成年度珍贵彩色树种赠苗造林任务3.6万株。

【森林资源保护】2020年，诸暨市开展2020年森林督查暨森林资源管理“一张图”年度更新工作。调查结果显示，至2019年年末，全市森林总面积208.89万亩，生态公益林面积68.80万亩，林木蓄积量为754.97万立方米，森林覆盖率为60.24%。加强林木采伐管理，禁止天然林的商品性采伐，基本完成“十四五”期间年森林采伐限额编制等工作。编制并发布《诸暨市公益林建设与效益公报(2019)》，全市共发放公益林补偿资金1957.42万元。

【野生动物管理】2020年1月23日，浙江省重大公共突发卫生事件一级响应启动后，印发《关于转发省林业局〈关于加强野生动物疫源疫病防控严厉打击野生动物非法经营的紧急通知〉的通知》《关于暂停野生动物经营活动的通知》，全面加强对野生动物相关经营活动的管控。将全市17家野生动物经营利用单位和13家野生动物驯养繁殖单位，以及6个野生动物监测点纳入重点监控范围，并将巡查范围扩至全市所有农贸市场、宾馆饭店、农家乐等野生动物交易易发区域，实行管住山头、管住市场、管住养殖场、管住嘴巴“四个管住”措施，全方位强化新冠肺炎疫情期间野生动物管控。贯彻落实全国人民代表大会常务委员会《关于全面禁止非法野生动物交易、革除滥食野生动物陋习、切实保障人民群众生命健康安全的决定》，全面禁止食用野生动物。至11月中旬，累计出动野生动物疫情防控人员1003人次，检查农贸市场、饭店宾馆等单位1743家次，检查野生动物人工繁育场所58家次，检查野生动物野外活动区域240处，累计登记野生动物从业人员40名，救护收缴野生动物41只，宣传教育9853人次，巡护里程达10220千米。根据浙江省人民政府办公厅《关于全面禁止非法交易和滥食野生动物的决定》，妥善处置在养野生动物，全力做好在养野生动物分类处置工作，在养野生动物养殖场按省里要求全部处置完成。共完成2家野生动物养殖场的妥善处置，完成河麂、豪猪、果子狸等1742只陆生野生动物退养处置工作；另有9家水产、畜禽养殖场按照调整后的管理职责，由市自然资源和规划局移交市农业农村局管理，其余养殖场转型转产。

【有害生物防治】2020年9月，诸暨市开展秋季松材线虫病疫情普查工作，共普查松林608602亩，发现全市有枯死松树面积95381亩，枯死松树73313株，相比去年略有下降。主要涉及23个镇乡街道和2个国有林场，128个行政村。

加强综合防控，有效遏制松材线虫病的蔓延和扩散。建设松材线虫病一体化防治示范区，由市自然资源和规划局与浙江农林大学暨阳学院开展校地合作，在斗岩景区、陶朱山公园等周边地段开展松材线虫病一体化防治示范区，充分利用暨阳学院的技术优势，通过无人机监测、方案设计、实施一体化防控等措施，逐年降低枯死松树数量，确保松树保有量，最终形成一套行之有效的松材线虫病一体化防治措施。开展松材线虫病免疫针剂预防工作，由属地镇乡街道组织专业除治队伍，开展年度枯死松树清除工作，全年共清理疫木285万千克。委托第三方核查机构，在松材线虫除治期间对各除治单位进行实时核查，确保除治质量。在同山、东白湖、陶朱山公园等地建立松墨天牛测报点，挂放松墨天牛诱捕器160套，对松墨天牛进行实时监测。在市级饮用水源陈蔡水库林区以及五泄风景区各释放2万头花绒寄甲，生物防治松褐天牛。

开展“森林医生服务年”活动，通过专题讲座、基地服务、技术培训以及开展诊疗等活动，惠及广大林农，森林医生全年“出诊”50余次，对古树名木、绿化树种、经济林木等发生的病虫害进行诊断和防治，并开展无人机喷药防治古树名木病虫害活动。

【香榧产业发展】2020年，“浙江诸暨香榧良种繁育基地建设项目”顺利通过市级竣工验收；新增香榧种质资源20份；市林业科学（香榧）研究所与浙江农林大学合作开展香榧后熟标准化研究项目1项，主要致力于香榧后熟标准化体系建设。贯彻实施《绍兴会稽山古香榧群保护管理规定》，推进古香榧群保护利用工作。7月下旬始，市香榧博物馆联合市政协农业农村委员会先后实地走访赵家镇宣家山村、榧皇村，东白湖镇里四村、娄东村等香榧主产区的20多户香榧种植大户和10多家香榧加工、销售、衍生品企业及香榧博物馆、香榧产业协会等，就香榧产业发展开展全产业链调研工作。9月10日，2020年香榧开摘暨千年古树香榧保护计划启动仪式在赵家镇香榧森林公园“香榧王”景区举行，诸暨市政府推出“千年古树香榧保护计划”，成立全国首个千年香榧保护基金，并推出“千年古树香榧认养服务”“千年古树香榧定制服务”等，邀请社会各界人士共同参与，首期由马云等8位知名企业家认养古榧树9棵。开展古榧树后备资源调查工作，查清全市古榧树后备资源分布、生境及保护措施等基本情况。

2020年9月10日，2020年香榧开摘暨千年古树香榧保护计划启动仪式在赵家镇香榧森林公园“香榧王”景区举行（赵家镇提供）

【东白山省级自然保护区管理】2020年，完成省“绿盾2020”自然保护地监督检查专项行动任务，完成保护区违规问题监督检查13次，整治违规搭建1处。完成保护区设施设备检查11次；完成东白山省级自然保护区生态红线评估调整；启动保护区总体规划修编；结合自然保护地整合优化，投入82万元，实施东白山自然保护区勘界立标（定标）项目，调整优化保护区边界范围，合理确定保护区各功能分区，建立边界范围矢量化数据库，提高规范化建设管理水平。

加强生态保护宣传教育，发放宣传单页3000张、手册400本，放置宣传展板20块，制作宣传视频1份。投入12万元采购保护区疫源疫病监测设备及防护装备器材，提升保护区野生动物疫源疫病监测能力。开展保护区动植物资源管护、消防等巡查115次；投入资金18.88万元，实施东白山自然保护区木本类植物资源分类调查项目；开展外来物种入侵调查，进一步摸清保护区木本类植物资源发展变化情况。

【森林消防建设】2020年，修订完善《诸暨市森林火灾应急预案》；引导和培育社会应急救援力量，初步形成专业应急救援队伍、社会应急救援队伍相结合和建立共训共练、救援合作机制等方式的应急体系。推动“互联网+”技术与森林草原防火督查深度融合，创新督导检查方式，提高督查工作效率，在五泄林场、陈蔡水库林场推广使用“防火码”和“互联网+森林草原防火督查”系统。五泄林场、陈蔡水库林场、应店街镇、牌头镇、璜山镇、马剑镇等重点地区开展森林防火蓄水池工程建设，获得省级财政资金补助100万元。投入69万元采购补充森林消防物资装备；加大森林消防宣传，组织开展“3·19”森林消防宣传日活动，利用短信平台发布森林消防警示短信20余万条，安装森林防火电子卡通警察 12 只，维修维护森林消防宣传牌 198 块。全年未发生森林火灾，实现"零火灾、零事故、零伤亡"目标任务。

【林业执法】2020 年，全市推进"禁种铲毒""2020 雷霆行动""深化打击整治枪爆违法犯罪专项行动"及"昆仑 2020"专项行动和扫黑除恶专项斗争工作，不断加大打击破坏森林资源和野生动植物资源违法犯罪活动的力度，全力维护林区社会治安稳定。全年共查处涉林行政案件 39 起，办结 38 起(终止调查 1 起)，处罚 37 人次，收缴行政罚没款 45.5 余万元；侦办林业刑事案件 2 起，2 名犯罪嫌疑人被采取刑事强制措施，抓获野生动物案件逃犯 2 名，所有刑事案件均完成侦办和起诉工作。核查群众举报，以及陕西、山东、湖南等省森林公安移交和省公安厅、绍兴市公安局等单位交办的涉野问题线索 16 条，破案 7 起，行政立案 7 起，办结 6 起，收缴罚款 27300 元，缉捕野生动物案件逃犯 2 名，拆除收缴非法猎捕工具 41 件，协助市公安局治安大队、地方所侦办野生动物刑事案件 20 余起。7 月，诸暨市森林公安局荣获集体三等功 1 次。 （马奇锋）

畜牧业 · 渔业

【畜牧业】2020 年年末，全市生猪存栏 10.3 万头，同比增长 4%；出栏 18.39 万头，同比增长 5.1%；年末家禽存栏 194.83 万只，39.6%；出栏 193.03 万只，同比增长 62.6%。

【渔业】2020 年，全市水产养殖面积 49965 亩，实现水产品总产量 26690 吨，同比增长 3.91%；渔业产值 72888 万元，同比增长 2.4%。 （邱珈铖）

水利

【概况】2020 年，市水利局完成水利设施投资 14.98 亿元，争取上级补助资金 1.59 亿元。

2020 年，省级重点工程浦阳江治理二期工程完成主体工程建设；陈蔡水库加固改造工程开工建设，被列为省级重点工程。安华水库扩容提升工程作为优化高湖蓄滞洪区二区方案得到省政府支持。宣家湖电排改造工程、渔村湖泵站改建工程均完工，五泄江中小河流治理工程完成年度任务。农村饮用水达标提标工程完成投资 1.4 亿元，提升 75 个自然村 5.8 万人饮水安全水平，三年行动顺利清盘验收。9 座水库、11 座山塘完成除险整治。《诸暨市水安全保障"十四五"规划》完成初稿。

2020 年，诸暨市获评全省市县水利工作综合考核优秀。8 月，省委书记车俊连线陈蔡水库，对诸暨市各项水利工作作出肯定；11 月，诸暨获评国家县域节水型社会，同月被纳入省水利工程管理"三化"改革试点县，完成石壁水库省级"三化"改革示范工程创建工作；12 月，连续第三年获评全省农业水价综合改革工作绩效评价优秀，永宁水库、五泄水库、大陈江、五泄溪获评省级"美丽河湖"，数量位居全省县(市、区)第一，孝泉江获评绍兴市级"美丽河湖"。

【汛期情况】2020 年汛期为 4 月 1 日至 10 月 15 日，全市平均降雨量为 1181 毫米，较往年同期(998 毫米)偏多 18%，3 次启动应急响应，成功防御"超长梅雨"和 4 号台风"黑格比"正面袭击，浦阳江干流发生超警戒洪水 2 次，共下发大中型水库调度令 87 个，各大中型水库累计泄洪 3.85 亿立方米，全市 20 座国有电排站累计排涝时间 31108 台小时，排出水量约 31526 万立方米；七条橡胶堰坝累计开堰 42 次。

梅雨期降水。2020 年梅雨期从 5 月 29 日入梅至 7 月 18 日出梅，共 50 天，比常年多 20 天，为 1959 年有记录后最长的梅雨期。梅雨期全市平均雨量 622.1 毫米，是常年梅雨量(227.2 毫米)的 2.7 倍，创

2020 年省级"美丽河湖"——五泄水库(水利局提供)

省级重点工程陈蔡水库加固改造工程施工前掠影（郭亮辰、张愉翊摄于 2020 年 11 月，水利局提供）

1959 年后的历史极值。梅雨期强降雨过程频繁，主要经历“6·21”“7·8”两场梅雨洪水。

台风“黑格比”降水。受 4 号台风“黑格比”影响，8 月 3 日到 4 日全市面雨量 55.2 毫米，诸暨站于 5 日 5 时出现最高水位 9.31 米（距警戒水位 1.33 米）。

【水生态治理】2020 年，完成全市水域调查工作，全市水域总面积 122.65 平方千米，水面率 5.31%。完成河道管理范围划界 2855.16 千米，包括县级以上河道划界 208 千米、乡级河道划界 425.49 千米、乡级以下河道划界 2221.67 千米。全年完成河道清淤（污）泥 12.87 万立方米，完成率 107%。打击涉水违法行为，共查处 34 起（立案 10 起）。完成 5 条县（乡）级河道“无违建”创建。加强水保审批技术服务和事中事后监管，治理水土流失面积 6.5 平方千米，收取水土保持补偿费 628.08 万元。完成 46 座小水电站清理整改。9 月 30 日，制定《诸暨市小水电绿色可持续长效管理制度（试行）》。

【节水行动】2020 年，诸暨市大力开展节水行动，强化取用水监督管理，开展取水设施核查登记，完成全市灌区、农饮水源和 245 家企业取用水整治。12 月，《诸暨市节水行动实施方案》经市政府常务会议、市委深改会审议通过后印发，《石壁水库水源地达标建设实施方案》获市政府批复。

【山洪灾害防御】2020 年，加快山洪灾害防御能力提升，对全市山洪灾害点开展补充调查评价，划定危险区范围与预警指标，建立山洪灾害防御对象清单，形成山洪灾害“一张图”。全市共有山洪灾害点 74 处，新增 41 处山洪灾害点视频监控，划定防御区域并完成重要村落横断面测量及预警指标分析，编制防御对象、责任、举措清单。

【智慧水利】2020 年，推进水利数字化转型，投资 5900 万元开展智慧水利（一期）项目建设，整合各类自建应用，完成智慧水利平台搭建，形成各类水利工程信息一张图，实现水旱灾害防御一张网，同时新建或更新 560 个视频监控点、485 套水文遥感设施，基本实现重要水利工程数字化监管全覆盖。

【农业水价综合改革及水资源审批改革】2020 年，加快水资源审批改革，推进 2.0 政务服务系统建设，实现水利申请事项网上办事全覆盖；进一步优化完善“三合一”水影响评价，完成 8 个园区区域评价负面清单梳理，简化企业办理程序。深入落实农业水价改革，完成 17.72 万亩农业水价综合改革任务，实现全市 66 万亩有效灌溉面积改革全覆盖。 （石飞飞）

农业监管与服务

【农业执法】2020 年，共开展“绿剑”系列行动、生猪调运监管“百日行动”、禁限用农药退市行动和“渔政亮剑 2020”等专项执法行动，全年派出执法人员 2312 人次，检查生产经营场所 984 个，查办案件 149 起，办结违法案件 91 起，移送相关单位 4 起，在办 54 起，规定时限内案件办结率达 100%。

【农产品质量监管】2020 年，做好规模农产品质量安全巡查、监测，配合上级部门开展抽样 452 批次，合格率为 98.67%，不合格农产品处置率 100%，完成市本级农产品定量抽检样品 1200 份，其中完成监督抽查样品 600 份，定量抽检合格率为 99.75%，全市农药残留快检 24200 批次，合格率 99.98%。推进“三品一标”认证，新获得绿色食品认证企业 10 家，完成绿色食品续转 4 家，无公害农产品完成复查换证 41 家。

【农机监管与服务】2020 年，通过制定《诸暨市变型拖拉机限行禁入和提前报废淘汰专项治理行动实施方案》，年度变型拖拉机完成报废注销手续共 1435 台。联合公安交警、交通等部门开展拖拉机专项整治行动共 70 多次，派出警农执法人员 800 多人次，检查处罚变型拖拉机 120 多台，查扣拖拉机 30 台，报废拖拉机 50 台，责令整改恢复原状 6 台。加强农机规范化管理，核发拖拉机和收割机驾驶证共 277 本，拖拉机和联合收割机办理注册登记共 34 台。严格拖拉机驾驶人违法记分考试程序，共办理违法行为记分复训考试 5 人。严格规范拖拉机年检，按相关规范共检验上道路拖拉机 1175 台，在年检中查出涉及拖拉机交通违法处罚的有 130 多台。开展农机安全反光贴免费安装推广工作，免费发放反光贴 8000 多条。开展农机驾驶员安全培训教育 7 次，其中拖拉机年检安全教育 6 次，违章复训 1 次，共计 1200 多人次。实施 2020 年农业生产社会化服务项目，完成无人机病虫害统防统治作业服务 18 万亩次、无人机施撒肥作业服务 0.5 万亩次，5 月 10 日验收通过全省规模最大的农机综合服务中心。

【农技推广培训】10 月 13 日至 14 日，召开全国农业技术推广服务中心组织的“水稻全生育期轻简化施药技术培训班”，来自浙江、江苏、江西、湖北、安徽、湖南等六省植保(植检)站(局)药械科负责人，水稻大县植保站技术人员以及项目科研单位、农药企业有关技术人员约 100 人参加培训并现场观摩水稻全生育期轻简化施药技术示范；10 月 15 日至 16 日，召开粮油新品种新技术观摩会暨 2020 年世界粮食日活动，农业农村部、中国农业科学院作物科学研究所、中国水稻研究所、浙江省农业农村厅、浙江省供销合作总社以及各地农业农村局、农科院、供销合作社等单位(部门)代表，部分粮油产业农合联、生产企业、农户代表参加观摩会。

农业现代化和绿色生态农业建设

【农业现代化建设】2020 年，诸暨市完成省、绍兴市级粮食生产功能区提标改造 1.3 万亩(建成 32 万亩)，并加强粮食生产功能区建后管理和保护。1 月 10 日，2019 年度国家科学技术奖励大会在北京人民大会堂举行，诸暨市国伟禽业发展有限公司的“蛋鸭种质创新与产业化”成果荣获国家科学技术进步二等奖。9 月 8 日，浙江省农业农村厅发文公布 2019 年度农业科技奖励项目，诸暨市农技推广中心参与的“水稻叠盘出苗技术模式创新与应用”项目获“2019 年度浙江省农业农村厅技术进步奖”一等奖。11 月 6 日，浙江省粮食安全和推进农业现代化领导小组农业“两区”办公室发文公布第三批省级特色农业强镇，诸暨市姚江果蔬花卉特色农业强镇被认定为第三批省级特色农业强镇。11 月 11 日，浙江省农业农村厅、浙江省粮食和物资储备局、浙江省供销合作社联合社、浙江省林业局联合发文公布省级骨干农业龙头企业名单，经省农业现代化领导小组农业产业化办公室审定，浙江米果果生态农业集团有限公司等 6 家企业继续保留省级骨干农业龙头企业称号，浙江长生鸟健康科技股份有限公司等 3 家企业被新认定为省级骨干农业龙头企业。12月13日，浙江省农业农村厅发文公布2020年度种植业“五园”省级示范基地名单，沁露茶叶专业合作社、东珍生态农业有限公司、大门果蔬专业合作社、浙江蓝美技术股份有限公司、赵家明乐果业专业合作社、泉润食用菌栽培场、浙江恩睿生物科技有限公司名列其中。12月16日，浙江省农业农村厅发文公布2020年浙江省渔业健康养殖示范创建结果。诸暨市被确定为浙江省渔业健康养殖示范县（第一批）。12月30日，浙江省农业农村厅、浙江省粮食和物资储备局、浙江省供销合作社联合社、浙江省林业局公布省级农业产业化联合体名单，诸暨市蛋鸭产业化联合体被认定为省级农业产业化联合体。12月31日，浙江省农业农村厅公布2020年度农业绿色发展先行创建认定结果，诸暨市被认定为2020年度农业绿色发展先行县（市、区）。

游客在诸暨市的一省级高品质绿色科技示范基地内采摘“阿公公”（摄于2020年4月29日，融媒体中心提供）

【绿色生态农业建设】2020年，持续推动农业绿色发展，推进农业“减药、减肥、减污”和“肥药两制”改革，创成省级绿色生态示范县和渔业健康养殖示范县，建成省级示范区3个，“五园一场”（生态茶园、精品果园、放心菜园、特色菌园、道地药园和美丽牧场）7个。全市共推广病虫害统防统治21.8万亩，绿色防控技术推广面积22.9万亩，累计建设绿色防控示范区35个，其中省级绿色防控示范区2个，绍兴市级7个。完成22个化肥定额制示范区建设，推广测土配方施肥88万亩次，减少常规农药施用量15.5吨，减少化肥施用量310吨，回收处置农药废弃包装物近90吨，回收处置率达100%，秸秆综合利用率达96.5%以上。开展病死动物无害化处理监管，共收集处理病死猪50255头。开展诸暨市级农业龙头企业认定和农业产业化示范联合体创建，完成26家市级以上的示范性家庭农场培育。诸暨市沿余家庭农场、诸暨市安华雅迪家庭农场、浙江喜盈天农业开发有限公司、诸暨市赵家马尾巴家庭农场、诸暨市佳旺养殖有限公司入选浙江省高品质绿色科技示范基地；天珍香榧专业合作社、冠军香榧专业合作社、江南畜禽专业合作社、光裕竹木专业合作社、老何香榧专业合作社、绿剑茶业专业合作社、兴成竹木专业合作社入选2019年度省级示范性农民专业合作社；山下湖猕哥猴弟家庭农场、东白湖雾顶家庭农场、安华雅迪家庭农场、山下湖灿苗家庭农场、周恩平家庭农场、蒋柏明家庭农场、胡伯丽家庭农场、江畔头家庭农场被认定为省级示范性家庭农场；郭树苗农资经营部、年华农资经营部、枫桥韩燕飞农资经营部、浬浦伟刚农资经营部、阮市陈志祥农资经营部确定为2020年浙江省“肥药两制”改革农资店；浙江青瓦农业开发有限公司、诸暨市江藻镇阿胖禽类养殖场认定为2020年浙江省美丽牧场。

新农村建设

【美丽乡村建设】2020年，持续深化“千万工程”，巩固新时代美丽乡村示范县创建成果，加快农村垃圾、污水、厕所“三大革命”，实现农村生活污水治理、农村生活垃圾分类行政村全覆盖，完成集镇和城市规划区内生活污水就地生态化治理工程，垃圾资源化利用率和无害化处理率达100%，浬浦镇梅西村、岭北镇金湾村、马剑镇状元村、姚江镇梓尚阁村被评为2020年度浙江省高标准农村生活垃圾分类示范村，东和乡十里坪村春风十里停车场公厕、山下湖镇枫江村横埂市场公厕、浣东街道盛兆坞三村大花园公厕被评为2020年度省级示范性农村公厕，全市37个公厕被评为2020年度省级星级农村公厕。继续推动“五星达标村”巩固提升、3A示范村提质扩面，

山下湖镇枫江村一角（山下湖镇提供）

2020年新增五星达标村80个、3A示范村11个。推进2020年各项美丽创建，完成100个达标村及35个精品村申报建设，璜山镇被评为2020年度浙江省美丽乡村示范乡镇，马剑镇马剑社区、五泄镇西皇村、山下湖镇枫江村被评为2020年度浙江省美丽乡村特色精品村，五泄镇三乡风景线被评为2020年度浙江省美丽乡村风景线，诸暨“古越寻美 榧林茶香”秋游精品线入选浙江省休闲农业和乡村旅游秋冬精品线推介名单。开展新一轮市级历史文化村落备选库申报，新增21个历史文化村落备选村。实施25个省级历史文化重点村和一般村建设项目，推进传统特色古建筑的保护修缮和活化利用，五泄镇十四都村被评为2020年度浙江省历史文化（传统）村落保护利用示范村。璜山镇龙泉村、山下湖镇广山村、山下湖镇枫江村等34个村获评2019年度浙江省善治示范村。

【农村人居环境治理】2020年，农村裸露地面集中整治，通过道路硬化、庭院美化以及共建“邻里菜园”“一米菜园”等方式消除农村裸露地面，累计完成整治2526处，面积83.17万平方米，累计完成投资额1.08亿元。以“一分二清三化”为目标，集中抓好农村关键小事，持续巩固深化农村公厕长效管理和“三线”整治日常管护，首创“亮灯＋亮分”全链条智慧模式，提升农村垃圾分类数字化智能化水平。开展农村人居环境自查自改和常态化评估检查，落实“日常暗访、季度排位、年度奖补”制度，共自查上报问题1414个，全部完成整改。

【农村产权制度改革】2020年，巩固提升全国集体产权改革试点建设成果，提升市、镇两级产权交易平台建设，实现产权交易1666笔，交易额15263.77万元。探索农村金融改革，巩固农村集体产权制度改革试点成果，累计发放各类产权贷款8081户，贷款余额12.51亿元，分别增长21.48%和51.54%。推广农户小额普惠贷款，全市农户小额普惠贷款授信签约数25.32万户，授信覆盖率100%，累计授信金额435.12亿元，新增贷款户数14514户、贷款金额31.22亿元。闲置农房激活694幢，吸引各类投资5.34亿元。栖墅民宿、树女学堂、越庄酒坊、湖山雅苑、越红茶博物馆5个闲置农房激活项目入选绍兴市优秀项目名单，五泄镇、岭北镇被确定为绍兴市农村闲置资源全域激活试点乡镇。

【“三资”管理】2020年，抓好“三资”管理检查和村级财务审计，完成154个村的财务审计，实现第二轮审计全覆盖。开展去现金化改革，村务卡、无现金缴存、资金支付网上审核、银联直付实现村（居）全覆盖，农村集体“三资”管理数字化系统开始试点建设。

（邱珈铖）

工 业

综述

2020年，全市继续围绕工业立市、工业强市，深入贯彻转型发展新理念，抢抓数字经济“一号工程”新风口，精准打好高质量发展组合拳。全市工业实力始终保持省市“第一方阵”。综合实力位居全国工业百强县第15位、浙江工业强市建设第3位。全市1192家规上企业实现规上工业产值1150.08亿元，同比增长3.6%（绍兴排位第三）；规上工业增加值282.9亿元（绍兴排位第三），同比增长6.4%（绍兴排位第一）；规下工业增加值同比增长2.6%（绍兴排位第三）；规上新产品产值504.7亿元，同比增长4.9%（绍兴排位第四）；规上战略新兴产业增加值97.7亿元，同比增长2.5%（绍兴排位第五）；规上高新技术产业增加值123.4亿元，同比增长5.6%（绍兴排位第四）；规上装备制造业增加值139.5亿元，同比增长15%（绍兴排位第一）；固定资产投资同比增速7%（绍兴排位第三）；工业用电量68.1亿千瓦时，同比增速-4.8%（绍兴排位第四）；规上工业数字经济增加值9.52亿元（绍兴排位第五），同比增长3.4%（绍兴排位第五）。

到2020年年末，产值超亿元企业206家，超10亿元企业12家。上市公司15家，世界500强、雄鹰企业各1家。

从六大工业主导行业看，环保新能源、智能装备制造、铜加工及新型材料、纺织服装、袜业和珍珠等主导行业合计产值891.9亿元，同比增长2.8%，占全市规上工业企业总产值的77.5%，其中时尚袜业规上产值170.3亿元，占比14.8%；美丽珍珠产业规上产值4.5亿元，占比0.4%；精密铜材产业规上产值287.6亿元，占比25%；智能装备制造产业规上产值241.5亿元，占比21%；纺织服装产业规上产值118亿元，占比10.3%；环保新能源产业规上产值69.9亿元，占比6.1%。全市工业初步形成六大主导产业及电子信息、生命健康等新兴产业双轮驱动的产业发展格局。六大主导行业合计利润39.6亿元，占全市规上工业总利润的61.2%，同比增长12.5%。

（杨云贵）

全市先后实施袜业腾笼换鸟、工业强市、“中国制造2025”、“两化深度融合”、供给侧改革、传统产业改造、有色金属分行业、铜加工智能化、制造业高质量发展等9项省级试点，累计获取省级资金支持7亿元。

加速数字经济“一号工程”。2020年，数字赋能政策、数字推进大会、数字车间、数智安防产业园等平台载体纷纷落地，全市传统产业数字赋能进入全面落地阶段，基本实现主导产业全覆盖、规上企业上云全覆盖、重点行业企业智能诊断全覆盖。累计创成数字化车间122个、示范企业20家、“上云企业”8227家，数量均居全省前茅；在役工业机器人

2895 台，迪艾智控、全兴精工 2 家企业入选第一批省级工业互联网平台名单，数量均居绍兴第一；互联网普及率 96%，互联网出口带宽为 2050G/ 秒，累计开通 5G 基站 1166 个。

全市坚持“技改是第一风向标、第一生产力”，全力实施“建设一批、策划一批、储备一批”，推动“重点项目示范引领、技改与政策奖补联动、智能化诊断免费服务、镇街考核方向引导”，2020 年实现技改投资增长 11.6%，居绍兴第一；入选省“四个百项”重点技术改造示范项目 15 个，全兴精工年产 20 万套汽车智能电动转向系统总成项目入选 2021 年度省制造业高质量发展产业链协同创新项目，海亮股份、富润印染 2 个项目入围 2021 年度生产制造方式转型示范项目。

全市创成袜业、铜业、珍珠三大创新综合服务体，加速推进“产业研究、创意设计、人才引育、大数据应用、品牌提升”集成服务。全市拥有国家级企业技术中心 5 个，省级企业技术中心 25 家；以核心装备为突破口，实现自主创新替代进口，全市袜业拥有代表全球先进水平的织缝翻一体机生产企业 10 余家，斯特隆科技、润拓科技、飞腾智能等企业实现铜加工薄弱环节红冲智能设备量产；全市拥有国内首台套 4 个，2020 年新增省级首台套 4 个、浙江制造精品 6 个。

系统谋划龙头、成长和小微三级梯队，实施雄鹰、雏鹰行动，加快培育单打、隐形冠军，提升发展百创企业，推送“放水养鱼”优质企业，全面引导中小企业“专精特新”发展。全市拥有国家级单项冠军产品企业 4 家，省级雄鹰企业 1 家、小巨人 1 家、“三名”企业 3 家、隐形冠军培育企业 18 家，市级百创企业 92 家；累计推送省级“放水养鱼”培育企业 30 余家；规上企业数量持续增长，至 2020 年年底达 1187 家；绍兴历史上首家世界五百强企业海亮集团 2020 年居 468 位；全兴精工实现重大突破，进入国家单项冠军示范企业行列。

推动实施“核心平台双轮驱动、功能园区整转撤并、产业园区量身定制、创业平台龙头带动”整合提升战略，兼顾特色，差异发展。开发区“一核一廊五园”空间布局基本形成，数字安防产业园、智能制造产业园及中节能环保产业园等加快推进，高新区范围从 35 平方千米拓展至 73 平方千米，成为工业转型升级的主战场；散落在全市各镇乡的 54 个工业园区、功能区、集聚点整合提升为 14 个园区，集聚发展效应进一步显现。

推进绿色发展，实施六大整治，坚决打破落后坛坛罐罐。腾笼换鸟试点开始后，全市累计淘汰退出落后企业近 6000 家，整治提升“低散乱”企业 1227 家。线上推行亩均评价改革，引导资源科学配置，腾出未来经济空间。按照省有关口径，2019 年全市规上企业亩均税收达 18.36 万元，同比增长 15.3%；亩均工业增加值达到 109 万元，同比增长 8.54%。点上推进绿色制造，累计创成国家级绿色制造系统集成项目 1 个，国家级绿色工厂 3 家、工业产品绿色示范

2020 年诸暨市上市公司一览表

表 3

上市公司名单	备注
浙江富润数字科技股份有限公司	
浙江菲达环保科技股份有限公司	
海越能源集团股份有限公司	
浙江盾安人工环境股份有限公司	
创新医疗管理股份有限公司	
浙江海亮股份有限公司	

续表 3

上市公司名单	备注
浙江大东南股份有限公司	
浙江步森服饰股份有限公司	
浙江万安科技股份有限公司	
露笑科技股份有限公司	
申科滑动轴承股份有限公司	
仁东控股股份有限公司	
浙江金海高科股份有限公司	
海亮教育	
浙江天洁环境科技股份有限公司	
祥生控股(集团)有限公司	2020 年新增

企业 1 家,省级绿色工厂 1 家、节水型企业 59 家,通过自愿清洁生产验收企业 213 家。

特色工业产业

【概况】2020 年,环保新能源产业、智能装备制造业、铜加工及新型材料业、纺织服装业、大唐袜业和珍珠业等六大工业主导产业规上工业企业合计实现工业产值 891.9 亿元,同比增长 2.8%,占全市规上工业企业总产值的 77.5%。

【大唐袜业】袜业数字化改造及产业链创新。袜业是全市区域最广、从业人数最多和提质升级力度最大的特色产业。通过规范整治、内涵提升、数字转型、互联网经济发展,稳固“国际袜都”制造优势,同时持续打响原料基地、装备平台和设计中心三块牌子。2020年,全市共有制袜企业上万家,规上企业303家,年产袜子超 200 多亿双,产业规模超 700 亿元,先后获评国家新型工业化产业示范基地、全国袜业知名品牌创建示范区和首批中国特色小镇。受新冠肺炎疫情影响,即使下半年订单增长较快,然而全年订单仍有所下滑,规上企业完成工业产值 170.3 亿元,同比下降 10.2%。企业生产效益因原料价格下调、数字改造降本、政策扶持等,下降幅度较小,共完成利润 5 亿元,同比下降 2.1%。

【美丽珍珠产业】与海南等地的海珠不同,诸暨市的珍珠主要是淡水珠,其产量约占全国的 80%,仅山下湖镇就有珍珠产业从业人员 10600 余人,被誉为“中国珍珠之乡”。2020 年,全市珍珠业共有规上企业 9 家、上市公司 1 家,拥有阮仕、千足、天使之泪、长生鸟等一批行业骨干企业和国内最大的珍珠交易市场——华东国际珠宝城。形成从养殖加工、到产品设计、衍生品研发等较为完整的产业链。2020 年,珍珠产业受疫情影响较为严重,全行业 7 家规上企业仅完成产值 4.5 亿元,同比下降 45.1%,累计亏损 0.6 亿元,利润同比下降 225.7%。

【铜材精密制造产业】诸暨市是国内重要铜加工研发生产制造基地,拥有规上企业 124 家,上市公司 3 家(海亮股份、盾安环境、露笑科技),世界 500 强企业 1 家(海亮集团)。规上企业完成工业总产值 287.6 亿元,同比增长 18.4%,实现利润 12.8 亿元。全市铜材精密制造产业正从传统的有色金属加工向精密新材料制造提升,由传统制造向数字化智能化迈进。

2020年规上工业主导行业主要经济指标进度情况表

表4

行业名称	企业家数（家）	产值（亿元）	同比 ±%	利润（亿元）	同比 ±%
环保新能源	45	69.9	−5.4	5.8	−5.3
智能装备制造	297	241.5	4.2	13.7	10.6
铜加工及新材料	124	287.6	18.4	12.8	146.5
袜业	303	170.3	−10.2	5	−2.1
纺织服装	220	118	−2.7	2.8	−51.6
珍珠	7	4.5	−45.1	−0.6	−225.7
主导行业合计	996	891.9	2.8	39.6	12.5
主导行业占比%	83.6	77.5	—	61.2	—
2000万元以上企业合计	1192	1150.1	3.6	64.6	22.8

【环保新能源产业】环保新能源产业先后被命名为国家重大技术装备国产化基地、中国环保机械行业眼理事长单位，涵盖大气污染治理、水污染处理、固废处理等领域。新能源产业集中于新能源电池原材料、电控及新能源汽车电子集成线束等配套设备研发生产及分布式光伏电站建设。全市有规上企业45家，实现规上产值69.9亿元，同比下降5.4%，实现利润5.8亿元，同比下降5.3%。

主要产业园区

【诸暨现代环保装备高新技术产业园区】2020年，园区拥有规上工业企业210家，产值超亿元企业56家。上市公司8家，其中海亮集团位列世界500强。园区形成节能环保、金属智造加工和汽车关键零部件三大主导产业。2020年1—11月，实现规上工业总产值387.97亿元。高新区是诸暨"融杭"发展的桥头堡、转型升级的主阵地、招商选资的主平台。高新区以建设"融杭新区诸北新城"为方向，以补全做强产业链为导向，以节能环保、金属智造加工、汽车关键零部件三大主导产业为重点，积极拓展新材料、通信电子、高端装备制造、生命健康等其他战略新兴产业，协同发展一批优质高效服务业，加快构建"3+N+1"现代产业体系。主动承接杭州都市圈外溢项目，2020年，共招引杭州项目29个。通信电子、高端装备制造、生命健康等新兴产业项目相继落户各大片区。

空间拓展。2020年，按照"一核三廊五区"规划（以店口为核心功能区，建设03省道东复线经济长廊、G60高速科创走廊和310省道自然生态文旅长廊三条经济长廊，解放湖、下四湖、姚江、次坞和应店街五大特色产业片区），将空间拓展至35平方千米，涉及杭二绕以北整个诸北临杭区域。委托省城乡规划设计院，与市国土空间规划同步编制高新区五大片区的控制性详细规划。

双招双引。2020年，紧盯产业方向抓招商，着力招引"大新"项目，引进50亿元项目1个、10亿元以上项目2个、沪杭科技型企业5家。总投资13亿元的电子信息产业智造基地项目即将签约。组建招商引资项目推进工作专班，对10个重点项目实行全流程跟踪服务。至年底，荣胜汽车关键零部件生产项目、鸿图减速机整机生产项目、新亿帆智能化环保型阀门生产项目厂房施工，埃里斯克矿山机械项目、星空航空产业园项目基础施工;美固控股项目办理开工前期手续,海亮有色智造产业园二期项目土地挂牌。全年解放湖片区新投产项目6个,在建项目17个,其中厂房主体完工项目12个,基础施工项目4个,等待开工项目1个。同时,积极配合属地乡镇,共同做好项目地块征用和政策处理工作,总计完成18个地块711亩的供地工作,完成5个地块627亩的征地及农转用资料准备,完成建设项目选址3个,办理建设用地规划许可8个,竣工核实项目10个,规划审批项目(含调整)共21个。深入实施"大项目+人才""人才+科创项目"和"A+a"("A":企业总部与生产基地落户在高新区区域内,"a":研发与销售部门设在高新岛内——杭州余杭、滨江,深圳,上海等地的模式)飞地经济模式,加快创新人才引进。重点推进海亮生物科技项目落地见效,做好高端人才申报服务工作。全年联合辖区乡镇共同申报"省级引才计划"人才项目6人、绍兴"海内外英才计划"10人。加大服务保障,积极推进店口镇盾安"悦新城"22套人才公寓购置工作,优化人才落地的生活保障措施。

科技创新。2020年,制定《"三新"科创园企业入驻的若干政策意见》,启动生命健康研发中心和新汽车新材料研发中心两幢大楼建设前期工作,促进"三新"科创园整合提升。三地"飞地经济"平台建设稳步推进。余杭"高新岛"召开3次项目评审会,2个意向入驻项目签约;滨江"高新岛"设计装修,海亮生物科技研发中心入驻;深圳柔性"高新岛"落户深圳宝安区。全面实施创新主体培育工程。鼓励扶持园区企业积极申报高新技术企业与科技型中小企业,新增高新技术企业34家,新培育科技型中小企业83家。

基础建设。2020年,根据全省国土空间规划编制工作部署要求、省级开发区(园区)整合提升带来新一轮调整以及诸暨市融杭发展需求,统筹编制园区各项规划。成立供电专班组,对五大片区近三年电力布置做好专项规划。对接水务集团,为园区供水管网建设的推进做好计划。坚持高效协调,稳妥推进高新区工程项目建设,开工经三路、纵二路延伸段道路等10个工程;解放湖纵二路北段、南段、标准地建设工程、纬一路建设工程4个工程竣工验收。

浙江临杭投资有限公司平台提升。2020年,浙江临杭投资有限公司完成对店口三新科技创业园管理有限公司的全资收购,为高新区招商引资提供有力保障。通过阿里司法拍卖成功竞拍位于店口镇江东社区的两宗工业用地,总面积47.6亩,为公司下阶段做大资产规模、完善解放湖工业园区配套设施提供支持。全年入账租金收入2800万元,取得园区企业税收分成收入2491万元,出让工业用地235亩,可返还土地出让金4500万元,公司成立贸易子公司,全年开展贸易量5000万元左右。全年公司融资任务3亿元,完成银行授信5.9亿元。（章赵丹）

【浙江诸暨珍珠产业园区】浙江诸暨珍珠产业园区是经国家发改委和国土资源部审核通过的省级开发区,园区于2000年3月成立,是浙江省22个循环经济试点园区之一。园区规划面积88公顷。2020年,园区内有企业165家,其中规模以上企业22家,上市公司1家,国家和省级骨干农业龙头企业4家,地市级农业龙头企业5家,拥有自营进出口权的企业55家。在全球50多个国家和地区建有营销网络。实现规模以上工业总产值25.73亿元。

2020年,园区继续实施《诸暨市珍珠产业数字化转型专项行动计划》,推进"互联网+""大数据+""机器人+""标准化+"与珍珠产业深度融合,打造更有活力的珍珠产业创新生态系统,促进珍珠产业高质量发展。引进琥珀产业园、长生鸟生命健康产业园项目等一批重大产业项目,初步构建起以珍珠数字产业、生物健康产业为先导的战略性新兴产业体系。同时引进快手直播电商平台、抖音直播电商平台、阿里拍卖等新零售平台,为珍珠产业数字化转型提供平台基础保障。山下湖共有珍珠网上店铺5000余家,2020年线上销售额达147亿元,同比增长22.5%。

2020年,引进3亿元以上项目1个,生产性服务业5家,引进都市区实到资金2.6亿元,组织企业参加都市区内博览会、展览会13次。新增"小升规"企业7家和"下升上"企业3家。新增个转企36家,完成"产转法"3家,省股交中心挂牌4家。新增国家高新技术企业3家,科技型中小企业5家,实现科技成果转化1个，完成技术市场交易额6750万元。

山下湖镇通过开展“三驻三服务”活动，聚焦企业反映的困难和问题，帮助企业解决经营发展中的痛点难点。2020年，山下湖镇组建企业走访组9个，下派驻企服务员18人，开展企业走访活动172次，摸排问题203件，办结率100%。（赵叶叶）

浙江诸暨经济开发区

【概况】浙江省诸暨经济开发区成立于1992年，1994年升级为省级经济开发区。2020年，浙江诸暨经济开发区规划管理面积122.48平方千米，一级管理区面积52.48平方千米。开发区拥有规上工业企业459家，其中产值超亿元企业93家，高新技术企业172家，上市公司6家。实现规上工业总产值463亿元，同比增长11.7%，占全市的40.3%；规上工业增加值86.8亿元，同比增长25.2%；工业投资79.2亿元，占全市的69.8%；财政收入44.96亿元。

浙江诸暨经济开发区不断推动企业集聚、产业集群发展，“一核一廊五园”初具雏形。“城西智核”活力凸显，启迪之星、路空一体研究院、九栖科创中心等一批创新平台落户，新增绍兴市级及以上众创空间5个，2025创意产业园被评为省级优秀众创空间；累计盘活闲置空间10万平方米，集聚大壹、唐目、新动能直播基地等一批新零售企业。“创新走廊”启动建设，依托G60诸暨创新转化港平台，重点布局建设总投资100亿元、规划用地1500亩的数智安防产业园，投资20亿元、用地420亩的一期项目建设，签约引进企业20家。“五个特色园中园”齐头并进，18个项目被列入省“六个千亿”计划，约占全市的一半，总投资157亿元，新招引项目30个以上。

推动新城集团深化国企体制改革，做大做强融资平台，完成对大唐袜业城及安顺保安公司的吸收合并，扩大资产规模，拓展新业务板块，实现营收5亿元以上，完成融资任务50亿元以上，筛选12个项目投入产业基金6亿元以上。累计出让土地1162亩，其中工业用地800亩，经营性用地362亩，并通过村级留用地置换、退二进三、拍卖收储等方式取得东宸国际广场、祥生未来城商铺等资产，盘活闲置土地337亩、建筑空间10万平方米以上。

抓好疫情防控的同时，开发区会同属地陶朱街道成立企业复工复产专班，通过《企业复工复产指南》《服务企业复工复产六条措施》等文件，组建驻企指导、物资保障等专项小组，帮助近1500家企业有序复工、安全生产，累计为企业、商户减免租金2000多万元。打造“产城融合·服务先行”党建品牌，累计为企业、基层、群众解决问题160多个。

【双招双引】2020年，坚持以产业链理念谋项目、招项目，发挥招商团队、金融机构等第三方专业力量，精准招商。全年新增招商选资签约项目60余个（其中50亿元以上项目1个，10亿元以上项目6个，5亿元项目3个），总投资超200亿元，产业导向符合率达90%以上；全年引进市外到位资金27.2亿元，实际

2020年7月30日，浙江诸暨经济开发区数智安防产业基地举行重大项目集中开工仪式（开发委提供）

利用外资4628万美元，引进合同外资8000万美元。引进省级及以上人才7名（国家级人才2名、国家级青年人才3名、长江学者1名、省级人才1名），申报认定省级人才1名、绍兴“名士之乡”英才计划人才9名、暨阳“533”人才3名。

开发区与省安防协会、海康威视等5家行业单位及头部企业签订战略合作协议，引进“大新”项目7个、总部企业3家、高端现代服务业企业10家以上。会同诸暨市人才办在杭州、西安、深圳等地举行“暨阳英才”创业创新大赛，面向国内外高知识群体靶向发布诸暨人才生态和大赛公告，引进中韩科创中心、一亿中流企业上市加速器等战略合作项目。与浙江大学共建浙江新时代“枫桥经验”研究院。通过举办新时代“枫桥经验”与数字安防产业融合发展推进会暨省安防行业协会相关会议、“聚焦数字·创新安防”高层次人才项目路演等活动，向全国500多家行业单位及企业招商推介。

【项目建设】2020年，重点围绕“一核一廊五园”建设，成立专班挂图作战，举办全市重大项目集中开工仪式2次，推动数智安防产业园、生命科学产业园、光电产业园、新零售街区等特色园区产业项目开工建设。年末，开发区共有在建工业项目110个，其中新建58个，续建52个，新开工10亿元以上项目3个、亿元以上项目13个。艾依诺科技有限公司、浙江宏发五峰电容器有限公司、浙江孚菱机械有限公司等一批重大产业项目建成投产，数智安防产业基地、五浊江文化广场等一批重点项目建设中。6月24日，数智安防产业基地项目，一期220亩土地摘牌后，当天完成立项并办好建设用地规划许可证和不动产权证，5天内办出施工许可证，10天内开工建设，跑出项目建设的加速度，入选全市“最佳项目推进”。

【产城融合发展】2020年，继续加大基础设施投资，商贸、居住人气不断集聚。9月，诸暨市最大的公办小学明德小学建成开学，挂牌为首个高校附属学校。全年开发区共有基础设施投资项目26个，其中续建10个，新建16个，累计完成投资8.16亿元。建成或改造道路10千米，新增绿化面积约6万平方米；完成开发区高速入城口和城区主干道、核心商务区楼宇亮化、艮塔西路周边排水系统改造等提升工程；完成五水共治清淤、污水零直排、绿化养护、市政设施维护、交通安全设施等工程，总投资5000万元。通过四年废气整治提升评估验收，涉气信访投诉由2019年的169件下降到48件，同比下降72%。

【“诸暨岛”建设】2020年，加快“双向飞地”建设。推动“诸暨岛”增点扩面，新设上海“诸暨岛”，提档升级滨江“诸暨岛”，建成投运诸暨“杭州港”，实现诸杭两地企业一体化服务。引进沪杭科技型项目20余个、省级及以上人才7名，“诸暨岛—杭州港”创建成为浙江省首个“飞地型”双创示范基地，“诸暨岛”被认定为省第一批数字经济“飞地”示范基地，“杭州港”获评省数字化示范小微企业园。

【数智安防产业基地建设】2020年7月30日，诸暨市在经济开发区数智安防产业基地举行重大项目集中开工仪式。开工的17个重大项目总投资超200亿元，其中包括9个产业项目和8个基础设施项目，涉及机械制造、新材料、数字经济、城市治理、民生改善等众多领域。诸暨数字安防产业基地建设项目是此次集中开工中最大的项目，总投资100亿元，被列入省“六个千亿”计划中的“实施千亿数字经济工程”。项目总用地1500亩，一期投资20亿元，用地420亩，打造数字安防上下游高端产业集群，主要生产研发社区智能管理产品、虹膜识别人工智能应用产品、全景安防摄像头、智能门禁产品等，将诸暨打造成为国内领先的新型安防产业示范基地。该项目坚持新时代“枫桥经验”与数字安防产业融合发展，把“枫桥经验”的含金量融入数字中、释放到产业里，努力变治理经验为智慧经济、变治理优势为发展胜势。（章江平）

建筑业 · 房地产业

建筑业

【概况】2020 年，诸暨市完成建筑业总产值 1101 亿元，其中省内产值 517 亿元，同比增长 11.5%；实现建筑业增加值 112.02 亿元，占全市 GDP 总量的 8.2%；实际上缴税收 14.29 亿元，占全市入库税收总额的 10.62%，同比增长 39.48%。

【防疫复工】2020 年，全市 368 家建筑业企业、446 个建筑工地全部完成复工，建设领域未发生涉疫情相关情况。全市建筑业企业共计捐款 1200 余万元、口罩 26000 余只；浙江展诚建设集团股份有限公司、浙江诸安建设集团有限公司、浙江万达建设集团有限公司、浙江宏达建设集团有限公司 4 家企业获浙江省建筑业新冠肺炎疫情防控工作先进单位称号。

【品牌建设】2020 年，全市建筑业共创省级及以上优质工程 10 项，其中鲁班奖 2 项、钱江杯 1 项、江苏扬子杯 1 项、上海白玉兰 6 项；创省级及以上优质安装质量奖 9 项。全行业共获授权专利 44 项，获评国家级 QC 成果 1 项、省级 QC 成果 16 项，创成省级工法和省级行业标准各 1 项。BIM 技术推广应用获得初步成果，浙江展诚建设集团股份有限公司、恒中达建筑有限公司两家企业分别建成 BIM 技术中心，浙江中超建设集团有限公司获得 BIM 机电管线相关专利 2 项；浙江展诚建设集团股份有限公司获浙江省首届建筑企业 BIM 应用大赛场布组三等奖；浙江展诚建设集团股份有限公司、越烽建设集团有限公司、浙江耀华建设构件科技有限公司在绍兴市第三届装配式建筑职业技能竞

2020 年浙江省钱江杯项目——诸暨市第四人民医院门诊病房大楼（市建设局提供）

赛中分别获得混凝土构件灌浆组、装配组、制作组团体奖。

【装配式建造和住宅全装修】2020年，推进实施装配式建造和住宅全装修，全市新开工装配式建筑面积216.5万平方米，新开工民用建筑中装配式建造比例达52.26%。3月，制订《诸暨市推进钢结构装配式住宅试点工作方案》，城东“香榧公寓”公租房项目、姚江镇巨堂村农民保障房项目采用装配式钢结构建造方式。推行设计、采购、施工一体化工程总承包模式及发展全过程工程咨询服务。本地建筑企业承建店口高架、G235诸暨段改建工程、枫桥学院、山下湖珍珠小镇等多个重大基建项目，并以股份合作或项目合作方式同大型国企、央企组建“联合体”，承接EPC项目30余个。全市10个新建项目采用全过程工程

2020年诸暨市建筑业创优夺杯项目一览表

表5

工程项目	施工单位	获得奖项
海南兴隆希尔顿逸林滨湖度假酒店1号楼工程	浙江华汇安装股份有限公司	鲁班奖(参建)
湖北华电江陵发电有限公司一期2×660兆瓦超超临界燃煤发电机组工程	浙江菲达环保科技股份有限公司	鲁班奖(参建)
诸暨市第四人民医院门诊病房大楼	浙江宏坤建设集团有限公司	浙江省钱江杯
XDG-2006-67号地块商业办公居住住房8#房	浙江展诚建设集团有限公司	江苏省扬子杯
星港国际中心项目(西塔楼)	浙江省东海建设有限公司	上海市白玉兰(参建)
上海交通大学医学院附属上海儿童医学中心医疗综合楼	浙江省东海建设有限公司	上海市白玉兰(参建)
上海烟草浦东科技创新园区建设项目(南地块)-501号科技实验中心楼(D1)	浙江诸安建设集团有限公司	上海市白玉兰(参建)
上海音乐学院零陵路校区学生公寓及校园配套设施、教学区和音乐创作与实践基地项目	浙江诸安建设集团有限公司	上海市白玉兰(参建)
漕河泾南桥园区“先租后售”公共租赁住房项目一期1#楼	浙江诸安建设集团有限公司	上海市白玉兰(参建)
漕河泾南桥园区“先租后售”公共租赁住房项目一期15#楼	浙江诸安建设集团有限公司	上海市白玉兰(参建)
花园雷迪森大世界机电安装工程	浙江诸安建设集团有限公司	浙江省优秀安装质量奖
西湖高级新技术科研用房E、F楼机电安装工程	浙江诸安建设集团有限公司	浙江省优秀安装质量奖
杭州滨江金茂府项目(一期)综合机电专业分包工程	浙江诸安建设集团有限公司	浙江省优秀安装质量奖
上海市崇明区长兴人民医院新建工程(安装工程)	浙江诸安建设集团有限公司	上海市申安杯

续表 5

工程项目	施工单位	获得奖项
普洛斯外高桥物流园期项目（A-1 仓库）安装工程	浙江诸安建设集团有限公司	上海市申安杯
普洛斯外高桥物流园一期项目（A-2 仓库）安装工程	浙江诸安建设集团有限公司	上海市申安杯
上海金桥啦啦宝都(日 * 三井）商业办公项目安装工程	浙江诸安建设集团有限公司	上海市申安杯
上海轨道交通 18 号线工程航头定修段检修库及综合维修楼安装工程	浙江诸安建设集团有限公司	上海市申安杯
上海轨道交通 18 号线工程航头定修段运用库及配套辅房安装工程	浙江诸安建设集团有限公司	上海市申安杯
袍江新区 G30 号地块商务楼建设工程	浙江祥生建设工程有限公司	绍兴市兰花杯
110 千伏梁家变电站工程	八方建设集团有限公司	绍兴市兰花杯
祥生样园室外环境景观配套工程	诸暨市祥生园林绿化工程有限公司	绍兴市兰花杯（园林绿化工程）
祥生东福春晓室外环境景观配套工程	诸暨市祥生园林绿化工程有限公司	绍兴市兰花杯（园林绿化工程）
诸暨市城东片区城中村改造	浙江建盛市政园林有限公司	绍兴市兰花杯（园林绿化工程）
贺家池(袍江片）水环境综合治理工程三标段	浙江荣泽建设有限公司	绍兴市兰花杯（园林绿化工程）
诸暨商贸城 2017—2020 绿化养护项目	浙江荣泽建设有限公司	绍兴市兰花杯（园林绿化养护）
诸暨市城东初中新建工程	浙江大盛建设工程有限公司	诸暨市珍珠杯
珍珠客厅（博物馆）及珍珠文化街区 EPC 总承包项目	浙江诸安建设集团有限公司	诸暨市珍珠杯
浙江宏发五峰电容器有限公司办公楼；食堂、宿舍	浙江万润建设有限公司	诸暨市珍珠杯
浙江雨濠智能设备有限公司 1# 车间	浙江荣呈建设集团有限公司	诸暨市珍珠杯
浙江祥生尤斯格林新材料科技有限公司食堂办公楼	浙江祥生建设工程有限公司	诸暨市珍珠杯
祥生瑞园室外环境景观配套工程	诸暨市祥生园林绿化工程有限公司	诸暨市珍珠杯

续表 5

工程项目	施工单位	获得奖项
西湖公馆室外环境景观配套工程	诸暨市祥生园林绿化工程有限公司	诸暨市珍珠杯
祥生金地花园室外环境景观配套工程	诸暨市祥生园林绿化工程有限公司	诸暨市珍珠杯
S103 东复线珠宝城支线江藻至山下湖段景观提升项目	浙江诸暨丰元园林建设有限公司	诸暨市珍珠杯
江东区域道路整治工程—永福路(滨江北路—暨东路)和永兴路(滨江北路—高湖路)	浙江久城建设工程有限公司	诸暨市珍珠杯
中南珑悦花园室外景观工程	浙江双林古建园林工程有限公司	诸暨市珍珠杯
中南樾府园林景观工程	浙江双林古建园林工程有限公司	诸暨市珍珠杯
宏发诸暨基地产业园场外绿化景观工程	浙江上匠园林建设有限公司	诸暨市珍珠杯
诸暨市陶朱街道明德小学周边附属工程	浙江宏达建设集团有限公司	诸暨市珍珠杯

咨询服务。

【行业管理】2020 年 1 月，制定《关于促进建筑业企业转型升级加快推进建筑产业健康发展的实施意见》，持续加大政策扶持力度，全年累计兑现政策补助资金超 2000 万元，惠及企业 27 家；采用工程保函代替农民工保证金累计达 1.4 亿元，惠及企业 218 家。全市工程领域突出问题及招投标环境专项整治工作，共检查项目 200 余个、企业 300 余家，其中查办围串标案件 1 起、行政处罚 3 起，下发整改通知书 117 份，取消享受市内企业政策 43 家，暂停投标资格 132 家。落实“蓝天保卫战”“扫黑除恶”“无欠薪”专项工作，开展建设领域质量安全和市场行为检查，累计检查各类工程项目 4800 多项次，下发整改通知书 988 份、停工通知书 132 份，化解欠薪纠纷 100 余起，涉及人员 1100 余人、工资金额 1700 余万元，立案承办行政处罚案件 68 件，涉及项目 54 个，处罚金额 526.76 万元。深化“枫桥经验”在建筑领域的应用推广。9 月，成立绍兴市首家建筑业矛盾纠纷调解中心。

房地产业

【房地产市场规模】2020 年，全市完成房地产投资 147.22 亿元，同比增长 8.13%；销售商品房面积 263.13 万平方米，同比增长 17.3%。房地产从业人员 5663 人，同比增长 12.4%；从业人员工资总额 3.36 亿元，同比增长 20.1%。实现房地产税收收入 30.58 亿元，同比增长 34.42%，占税收总额的 22.72%。全年销售住宅 15635 套，同比上涨 21.9%；住宅销售面积 203.43 万平方米，同比上涨 25.11%。全年批准商品房预售面积 261.16 万平方米，同比上涨 25.11%，其中住宅面积 206.18 万平方米，同比上涨 24.2%。至年底，全市可售商品房面积 204.43 万平方米，同比增长 14.35%，其中住宅面积 122.8 万平方米，同比增长 20.53%。商品房去化周期 10.7 个月，住宅去化周期 7.1 个月。

【房地产市场管理】2020 年，诸暨市坚持“房住不炒”定位和“稳地价、稳房价、稳预期”要求，克服疫情影响，完善调控措施，规范市场销售行为，加大问题楼盘处置力度，房地产市场总体保持健康稳定发展。全面分析监测商品房价格波动，严格实行商品住房价格备案管理及房地产中介机构备案管理，规范房地产市场销售行为，联合媒体及时发布真实准确的市场行情数据。开展房地产市场专项执法检查3次，抽查检查在售及新开网签楼盘案场布置情况497次。全年房地产中介机构备案146家(包括续期备案和新增备案)，物业服务合同备案40宗。加强物业专项维修资金和物业服务市场规范管理工作，拟定《诸暨市物业专项维修资金管理办法》和《诸暨市物业服务企业监督考核办法》。实地检查物业管理住宅小区200余个，通报批评9家在管物业企业并落实问题整改。完成137个小区的地下车库调查登记及信息录入工作。 (徐雨婷)

公积金管理

【概况】2020年，全市归集住房公积金25.92亿元，较上年同期增加5.05亿元，增长24.21%，完成年度计划的157%；归集余额达到50.29亿元，较上年同期增加5.19亿元；办理住房公积金支取27614人，较上年同期增加3491人，支取金额20.74亿元，较上年同期增加5.67亿元，增长37.63%；向全市职工发放住房公积金贷款2998户，贷款额为12.36亿元，比上年同期增加3.12亿元，增长33%，完成年度计划的206%，贷款余额达到49.48亿元，存贷比为98.4%；全年业务收入1.66亿元，业务支出0.95亿元，增值收益7100万元，同比上升17.49%。

【住房公积金扩面】2020年，住房公积金制度覆盖面持续扩大，为配合做好疫情防控工作，选派企业专员驻企服务，及时宣传疫情期间住房公积金阶段性支持政策。加大住房公积金行政执法力度，抓实抓紧规模以上企业催建催缴工作，调查核实企业不为企业职工缴存住房公积金的申诉，以及企业不缴、停缴、断缴的情况。到12月底，职工正常缴存人数97639人，新增职工20693人，净增职工3976人，净增率为4.25%。

【资金风险防控管理】2020年，构建规范化、标准化、制度化长效机制。修订完善《资金管理制度》《公积金资金竞争性存放办法》和《内部稽核工作规定》等，积极通过公转商等方式缓解全市公积金贷款压力，统筹协调全市公积金资金运作，有效提高资金运行效益；健全资金使用审批制度。加强对各科室、各岗位工作流程的检查考核、状态分析和风险评估，严格执行廉政风险防控清单的各项防控措施，确保调查、审核、审批、跟踪各个环节严谨规范，做到审批有据、流程详细；严格落实《绍兴市住房公积金提取业务实施细则》和《绍兴市住房公积金骗提套取行为处理暂行办法》规定要求，对2019年的19起拒不退回本金利息的骗提公积金案件，联合公安、纪委和其所在单位进行了追缴。截至12月底，共追回本金利息736910元。

【服务质效】2020年，坚持用公积金的“小窗口”展示“大民生”，当好“重要窗口”的展示者。积极倡导“非接触式”渠道办理业务。至12月底，线上共收件7417件，办结率达100%，未发生超期件。推行全过程监控、“好差评”闭环。根据企业和群众办事“好差评”数据、“12345”咨询投诉举报平台“最多跑一次”有关数据，对问题、建议进行分析，严格把关，针对差评、投诉案件逐一落实整改，确保回访好评率100%，避免重复差评、投诉件产生。不断提升档案工作管理水平，2020年分中心把创建档案工作目标管理省二级认定作为年度重点工作，不断加大档案室基础建设投入力度，改造提升硬件设施，努力使档案工作规范化、制度化、标准化、信息化，为全市缴存职工提档和查询提供优质服务。 (徐露静)

商贸·现代服务业

综述

2020年，全市实现服务业增加值693.83亿元，同比增长5.3%，增速快于GDP1.7个百分点，占GDP的比重为50.9%，首次超过50%。分行业看，批发零售业、金融业、房地产业、营利性服务业、非营利性服务业、交通运输仓储和邮政业增加值分别同比增长4.9%、4.7%、9.2%、7.2%、3%和3.3%；住宿餐饮业增加值虽仍下降4.1%，但降幅逐季收窄。全年接待游客2342万人次，实现旅游总收入255亿元，分别恢复到上年同期的86%和89.9%。2020年，全年实现社会消费品零售总额462.46亿元，同比下降2.7%。其中限上社会消费品零售总额128.24亿元，同比增长3.7%。全市实现批发业销售额同比增长9.6%，其中限上批发业实现商品销售额758.15亿元，同比增长24.9%；零售业销售额同比增长6.4%，其中限上零售业实现商品销售额129.62亿元，同比增长11.4%。全市网络零售额232.5亿元，同比增长6.5%，总量继续保持绍兴各区（县、市）第一。

全市22个绍兴市服务业重点项目全年完成投资46.73亿元，完成全年度计划投资的108.17%。全年服务业投资完成53亿元，同比增长12.3%。

"小升规"工作。2020年，对其他营利性服务业企业"小升规"工作进行全面部署，提前做好摸排工作，提高"小升规"企业质量，全市年度新增23家企业。

"亩产效益"综合评价。根据省、绍兴市工作要求，诸暨市在服务业企业中开展遴选部分重点行业规上服务业企业"亩产效益"领跑者、服务业企业"亩产效益"综合评价两项工作，绍兴市发改委完成"亩产效益"领跑者评选工作并公布名单；同时对全市142家规上服务业企业走访调研，完成综合评价工作。

（金　科）

供销合作

【概况】2020年，诸暨市供销合作总社（简称"市供销社"）严格按照市委、市政府工作部署，坚持从"三农"工作大局出发，牢记为农服务的根本宗旨，持续开展"三位一体"综合改革，全年总营业收入7.58亿元，供销系统农资销售额6312万元。荣获2020年度绍兴市供销系统综合业绩考评优秀奖和2020年度绍兴市乡村振兴突出贡献集体称号。

【"三位一体"综合改革】7月23日，以市委副书记为组长的诸暨市深化"三位一体"农民合作经济组织联合会改革工作领导小组成立，明确各领导小组成员单位职责分工和重点工作任务，进一步完善市、镇两级农合联组织体系架构建设，推进农民合作经济服务体系建设，提升农合联为农服务能力。按照"一业一联"组建茶叶、香榧等优势产业农合联。诸暨市香榧产业农合联10月23日成立，陈宅镇茶业产业农合联5月21日成立。打造集技术指导、生产加工,品牌运行、生产标准化等功能于一体的专业性服务平台。依托国家现代农业园区,建立市级现代农业综合服务中心和庄稼医院,完成全年农药10吨、化肥2390吨的储备任务。推进以"县城超市—乡镇商贸综合体—村综合服务社"为载体的农村消费服务体系建设,通过摸排选址、多部门合力打造,全年建成145家村综合服务社,拓宽基层服务网络。

【农业农民资金扶持】2020年,用好提升发展现代农业相关政策,争取资金扶持。安排120万元用于组织各类农产品营销节会、150万元用于推进"三位一体"综合改革,落实300万元用于农民素质提升工程,争取1000万元用于"诸暨次坞打面"产业发展和品牌推广。

【"诸暨次坞打面"产业发展和品牌推广】2020年2月,市供销社主要做好次坞打面门店复工复产工作,上门帮扶并听取相关诉求,邀请市场监管局等相关部门对清洗消毒、人员管理、店内管控等环节进行指导,通过"诸暨次坞打面"微信公众号、美团、饿了么等线上平台进行宣传推广,并对接餐需对象,引导门店面向全市企事业单位提供团餐配送服务,实现多渠道复工复产。5月5日,邀请央视财经《生财有道》栏目组再次拍摄并播放次坞打面复产复工专题节目。5月16日,市供销社联合相关部门和诸暨电视台共同举办"疫散花开 情暖暨阳"主题活动,对诸暨次坞打面旗舰店进行直播推广和宣传。5月底,召开全市各镇街工作部署会,将诸暨次坞打面门店创建工作纳入农村环境补短板考核,发动镇街力量推进示范门店建设工作。至2020年年底,建成"诸暨次坞打面"旗舰店2家,示范店门店201家,遍布绍兴、杭州、宁波、南京、大连等10个地市25个县(市、区)。

【农业农村类"诸暨工匠"评选和培育】2020年,市供销合作总社联合人社局、总工会等多部门,面向全市,广泛征集,在农家小吃、非遗技艺、特色产业三大门类评定并授予50人农业农村类"诸暨工匠"称号。同时,结合工匠评定工作,挖掘和培育一批农家特色小吃,包括马剑美食小站、长澜老街、福发团圆饼等,依托省农业厅"云上农博"等一系列活动进行工匠特色小吃专场直播,展示"诸暨味道"金名片。

【农产品供销服务】2020年1月9日至12日,举办诸暨市第三届农博会暨2020年货节,邀请市内外以及对口扶贫地区特色农业企业115家参展,实现销售总额380余万元。同时组织市内农业企业参加第十八届中国国际农产品交易会、浙江省农业博览会、西安绍兴周、深圳绍兴周等省内外知名展示展销活动,企业累计参展达100家次,累计销售额500余万元,订单额1000余万元。依托浙江网上农博、绍兴市云上茶博、2020浙江省知名品牌云展会、新华99助销活动等线上展销平台,开展线上农产品销售,组织30余家农业企业、上百种产品入驻。联合多部门开展"硕果累累"诸暨市农产品助发展促销售大型公益直播活动专场网络直播活动,鼓励企业在各类平台上开展直播销售,打开农产品线上销售渠道。

【农民专业合作社管理】2020年4月,诸暨市人民政府办公室印发《关于开展农民专业合作社专项清理工作的通知》,市供销社联合市农业农村局、市市场监管局、市水务局以及各乡镇(街道)对全市登记在册的1060家农民专业合作社进行摸排筛查,并对经营异常的665家"空壳社""僵尸社"清理整顿,规范合作社经营范式,提升农合联会员质量。

【农民素质培训】2020年,围绕产业特色,因地制宜开展乡风文明巡讲教育和农村实用人才(含新型职业农民)培训,提升农民科学文化素质和专业技术能力,全年累计完成实用人才培训50期,培训2651人;乡风文明巡讲教育50期,培训17500人次。创新培训模式,启动"三农新媒体主播"培育计划,与浙江国际影视中心战略合作,完成首期"三农新媒体主播"培训,培训人数54人,依托"中国TOP直播电商产业园"资源优势,打造电商网红人才队伍,推广短视频、直播带货模式,拓展农民就业增收渠道,创新培训工作还在"浙江卫视"新闻栏目单条播出。

【农合联换届工作】2020年12月28日,"诸暨市农民合作经济组织联合会第二次会员大会暨诸暨市供销合作总社社员代表大会"在诸暨市同方大酒店举办。绍兴市供销合作总社主任董友庆、诸暨市人民政府副市长陈军卫、市人大常委会副主任何鸿成、市政协副主席沈吉明等领导出席。大会选举产生第二届诸暨市农合联理事会、监事会及诸暨市供销社理事会、监事会。同时召开第二届诸暨市农合联理事会第一次全体会议，选举诸暨市人民政府副市长陈军卫为农合联理事长，诸暨市供销合作总社主任张凯歌为常务副理事长，诸暨市供销合作总社副主任李国标为副理事长，并调整、增补部分理事。聘任张凯歌为新的诸暨市农合联执行委员会主任，李国标为副主任。（蔡文珑）

粮油购销

【概况】2020年，诸暨市粮食系统粮食工作坚持以确保粮食安全为出发点，以改善仓储条件为手段，以“广积粮、积好粮、好积粮”为目标，在绍兴市粮食安全责任制专项考核中，连续12年被评为优胜单位。

【粮食安全责任制考核】2020年，继续严格执行粮食安全行政首长责任制，确保粮食播种面积、粮食总产量和粮食生产能力等考核指标全面落实。加强粮食市场的监测预警工作，合理布局粮情监测点，及时分析、掌握粮食市场的动态情况，以每年2次的频率检查全市10家粮情监测点。落实粮食应急保障体系，完善粮食应急加工、应急供应工作，全年2次检查全市2家粮食应急加工点、36家粮食应急供应点。

【粮食轮换和收购】2020年，完成储备粮油轮换计划共计30900吨，其中小麦7700吨、早籼谷10200吨、晚粳谷13000吨。国有粮食收储公司全年粮油销售收入1.26亿元，实现利润61.08万元，资金回笼率100%，年末库贷比例为100%。全年收购采购各类粮食28827吨，加工稻谷6964吨。

【储备粮结构调整】2020年，受新冠肺炎疫情影响，为进一步提高粮食安全保障能力，省“六稳六保”办公室要求调整粮食储备结构，增加储备成品粮3750吨，提高本地口粮的晚稻谷储存比例，规定2021年将继续增加8400吨储备。

【惠农政策及服务】2020年，继续实行小麦、早晚稻最低收购价，小麦、早籼谷和晚粳谷的最低收购价格分别为每50千克112元（中等质量，下同）、124元和133元。继续实行订单粮食奖励政策，小麦、早籼谷的奖励标准为每50千克（下同）30元，晚粳谷为20元。完成市内粮农粮食种植意向和订单意向调查工作，共计调查种粮大户345户。继续开展“五送”（送订单、送定金、送政策、送科技、送信息）活动，发放早稻预购定金49户计款461.5万元；累计与710户种粮大户签订粮食订单37418吨，其中小麦订单128户计2500吨，早稻订单265户计16918吨，晚稻订单317户计18000吨。免费提供19台烘干机为农户烘干小麦、早籼谷和晚粳谷共计3332吨。售粮农户对粮食收购满意度达100%。（骆坚钜）

专卖专营

【烟草专卖】2020年，诸暨市烟草专卖局（分公司）在绍兴全市行业工作业绩考核中连续第十四年获得第一。2020年，实现卷烟销量4.924万箱，同比增长0.45%；单箱销售额5.05万元，同比增长4.04%；累计实现批发销售额24.87亿元，同比增长4.51%；税利7.42亿元，同比增长5.37%。卷烟动销基本平稳，三四类烟库存下降，主销规格市场价均高于上年同期。累计建成现代终端1737户、合作终端71户，共建成3个吸烟亭，安装286个吸烟柱。

卷烟市场监管。2020年，打假破网成效显著，2019年“11·23”特大互联网销售加热不燃烧卷烟网络案被列为省级督办案件。2020年，共查获违法经营案件815起，查获各类违法卷烟43450.9条，案值929万元。其中假私烟案件381起，同比增长364.63%，查获假私烟13686.1条；查获省外烟案件332起，查获省外烟9069.4条，同比增长62.09%。追刑人数44人（本土追刑15人）。查处案值5万元以上或数量250条以上案件60起。累计查获重点籍户案件44起，取缔注销22户；累计查获大户案件64起，取缔18户。至2020年12月底，全市实际烟草专卖零售许可证持证数为7236本。

企业管理。在全省烟草行业“谋划十四五，打造数字浙烟”、“两项试点”建言献策活动中，发布数量位居绍兴地区县级局（分公司）前列。可控费用实际支出 354.2 万元，同比下降 20.6%，剔除福利费后重点费用 54.67 万元，同比下降 49%，实现降本增效目标。2020 年，向绍兴市局申报立项创新项目 1 个、QC 项目 5 个、小改小革 11 个，其中：《基于 BIM 云平台的建设工程智能化管理服务咨询项目》创新项目获全绍兴市系统三等奖，QC 项目分获全绍兴市系统二等奖 1 个、三等奖 1 个，小改小革项目分获全市系统一等奖 1 个、二等奖 2 个、三等奖 3 个，业务科《提高卷烟单车配送效率》QC 成果获全省行业三等奖。

（汤俊杰）

【食盐专营】2020 年，诸暨市盐业有限公司共购入盐产品 7829 吨，同比增加 162 吨，其中小包装口食盐 4423 吨，同比增加 275 吨；食品加工用盐 2455 吨，同比增加 241 吨；工业盐 952 吨，同比减少 353 吨。销售各类盐产品 7541 吨，同比减少 447 吨，其中小包装口食盐 4063 吨，同比增加 185 吨；在口食盐中，澳洲海盐 2402 吨，占 59.1%，精品盐 704 吨，占比 17.3%；食品加工用盐 2542 吨，同比持平；工业盐 892 吨，同比减少 632 吨；销售非盐商品 54 万元。实现销售收入 1941 万元，同比减少 68 万元。

食盐业务经营。2020 年继续把握“渠道为主”思想，提升精品盐占比率，重点抓好商超、配送、零售终端几方面。提升“雪涛”盐品的知名度。扩大超市直接配送范围，与全市 80 余家副食品经营户签订配送协议，尽可能把配送覆盖至全市各个村庄。销售人员坚持每个月走访配送商两次以上，查看配送商库存情况，面对面交流了解市场和价格情况。全年配送盐品 1000 余吨，其中精品盐占比 20% 以上，直配比例占 30% 以上。推进直配终端工作，销售人员分成 3 个组，按区域上门推销盐品的同时，做好食盐专营政策的宣传解释工作。做好食品加工用盐和小工业盐管理。全市小工业用盐用量较少，但销售人员仍坚持每月两次走访食品加工企业，查看企业用盐情况以防大包装盐冲击，保证全市食品加工用盐安全。2020 年新冠肺炎疫情期间，做好盐产品的供应工作，经营及销售人员加班加点，克服因防疫设卡致配送不畅的困难，尽力满足经营户疫情期间不断扩大的需求，稳定盐业市场。

盐政联合执法。2020 年，在经信局、市场监管局的支持下，通过调查取证，配合市场监管局立案查处 7 家未经许可销售未加碘盐的经营户，打击未加碘盐冲销盐业市场的违法现象。

储备盐管理。2020 年，按规定做好市级食盐储备工作，公司与市经信局签订“诸暨市食盐储备协议”，落实储备盐进仓、堆放责任制，每年轮换两次，健全食盐质量、安全和储备管理制度，做到专人管理、专账记载、挂牌明示，确保食盐储备质量良好、存储安全。

（周信忠）

电子商务

【电商创新发展】2020 年，全市网络零售额 232.5 亿元，同比增长 6.5 %，总量继续保持绍兴市第一。成功运作“9610”（海关监管方式代码，下同）首单，率先完成绍兴市下达的目标任务，并推进“9710”“9810”跨境电商相关工作。按要求推进省级电子商务创新发展试点和产业跨境电商集群试点工作，被成功列入省数字生活新服务样板县创建名单（绍兴地区唯一县市）。诸暨市支持企业在阿里国际站、中国制造网、亚马逊等综合跨境平台基础上，布局执御、虾皮等细分平台，深挖中东、东南亚等市场潜力。至 12 月，仅阿里国际站和中国制造网已净增跨境电商网店 164 家。8 家企业成为执御平台的稳定供应链商家，为绍兴地区唯一合作县市。在布局天猫、京东、拼多多等综合性平台基础上，新开拓必要、寺库等垂直平台。至 12 月，全市有活跃网店 8220 家，其中活跃天猫旗舰店 884 家。天猫网店累计上架商品数达 301.6 万件，在绍兴市排名第一。绍兴市天猫平台服饰鞋包类目零售额前 100 强排位中，有 76 家网店入围。诸暨市推进大唐街道邮政公共仓储项目建设，形成日均发单 5 万件左右规模。

【直播售货】抢抓社交电商发展契机，企业纷纷与抖音、快手等直播平台开展全方位合作，全市日均直播达 2000 场次以上，卡拉美拉、浙江袜业、东方缘等一大批企业实现上千万元直播销售额。（孟丹萍）

邮政·寄递

【概况】2020 年，诸暨寄递行业累计业务量超 3.98 亿件，同比增长 45.1%，业务量位居绍兴地区第一，累计业务收入超 9.34 亿元。

2020 年，全市共有村邮站 479 个，信息化村邮站运营率 80%。全市受理各类缴费业务 38.97 万笔，金额 4269.14 万元。邮政传统业务全年累计完成邮务类业务收入 1985 万元，其中集邮收入 410 万元，函件收入完成 440 万元，报刊收入完成 1010 万元。

2020 年，全市共有国有、民营快递品牌 13 个，法人企业或在诸暨的分公司 17 家，分拣中心 11 个，营业网点 174 个（标准化率达 100%），从业人员 2600 余人，人均快件使用量为 352 件（人均快件使用量 = 进出港件总量 / 区域常住人口）。配备自动、半自动化分拣设备 41 台，流水线 21 条，PDA 设备 1083 个，安检机 14 台，智能快件箱 327 个。

2020 年，诸暨邮政分公司实现业务收入 4.12 亿元，同比增长 4.64%，完成省公司计划的 95.88%，列全省县市公司第 3 位；累计完成净利润 3165.34 万元，达成全年计划的 58.37%，列全省县市公司第 2 位。公司发展数字化优质站点 4 项达成数 381 家，完成年计划 142.2%；累计发放开办绿卡 382 张，完成率 178.5%；发展便民服务信息完善且有交易的便民服务点 218 个，完成率 101.9%；发展邮乐购站点累计发展掌柜会员 3.45 万个，完成率 161.1%；发展邮特惠会员年新增数 1.95 万个，完成率 106.7%。

【行业安全生产监管】2020 年 1 月 15 日，组织召开全市邮政业安全生产工作会议，全市 17 家法人企业或在诸分公司的主要负责人及安全员参加，签订《安全生产责任书》，明确责任主体，落实工作措施。

全年开展营业网点例行检查 94 次，出动检查人员 188 人次，检查营业网点 452 家，发现并整改安全隐患 42 处，约谈企业 53 家次，下发责令整改通知书 53 份，立案 6 起；夜查分拣中心 12 次，检查 41 家次，发现并整改安全隐患 8 处；开展视频监控巡查 33 次，检查网点 166 家，发现并整改安全隐患 6 处；购买第三方社会服务开展陌生人包裹试寄 5 轮，检查网点 809 家，发现并整改安全隐患 17 处。

【部门联合执法检查】2020 年，联合烟草专卖局开展执法检查 66 次，查获各类假私卷烟 655.3 条；3 月，在绍兴市局的指导下，与公安部门组成行动小组，在大唐街道成功打击一起跨区域揽件行为，规范快递市场秩序，保障寄递渠道安全稳定。

【农村快递末端配送示范点建设】2020 年，农村快递末端配送示范点建设纳入市政府民生实事项目。项目前期，牵头交通运输局、邮政公司等相关单位成立专题调研小组，深入岭北、陈宅、马剑、东和、赵家、同山、五泄等 7 个偏远乡镇了解“工业品下乡、农产品进城”工作及村邮站运营情况。将村邮站改造提升与农村快递“最后一公里”相结合，联合财政局、邮政公司等单位印发《诸暨市农村快递末端配送示范点建设方案》（诸邮管〔2020〕6 号），由财政全额保障建设资金，明确村邮站改造数量、点位分布、建设标准、服务职责、人员要求等相关内容，于 10 月底完成 19 个偏远乡村农村快递末端配送示范点建设工作。通过改造提升工程，19 个示范点业务范围扩大，服务质量提升。

【绿色邮政建设】2020 年，积极完成国家邮政总局“9571”工作（国家邮政局提出的年底电子运单使用率 95%、50% 以上电商快件不再二次包装，循环中转袋使用率达到 70%、在 1 万个邮政快递营业网点设置包装废弃物回收装置，全面加强邮政行业绿色治理工作），全市 224 个邮政快递网点均设置快递包装绿色回收箱。

【邮政农村电商】2020 年，诸暨邮政分公司实现站点建设 940 个（其中商超型 630 个），农村电商实现自营农产品金额 1207.3 万元，年完成率 253.6%；实现线上自营批销销售额 1507.9 万元，年完成率 133.3%。万单扶贫项目方面，实现全国基地农产品销售额 66.03 万元，完成率 113.84%。思乡月、粽情端午、自营批销共实现分销收入 1669.6 万元，年完成率 123.7%。

【警医邮】2020 年，全市有 33 个邮政网点开通公安交警、医疗机构、邮政寄递三方跨界融合服务，比 2019 年增加 1 个，业务累计完成 4.83 万笔，完成率 125.5%，其中效益类业务笔数占比 82.8%，实现收入 79.57 万元。

（楼麒烽）

旅　游

综述

2020 年，诸暨市以创建省全域旅游示范县（市、区）为总抓手，加快“与杭同城”步伐，推进文旅深度融合发展，努力展现建设“重要窗口”的“诸暨风采”。全年接待游客 2303.05 万人次，恢复到 2019 年的 84.6%，实现旅游总收入 249.25 亿元，恢复到 2019 年的 87.9%。全年全市接待乡村旅游游客 460.72 万人次，实现乡村旅游经营性收入 8.63 亿元。至年末，全市共有 A 级旅游景区 14 家，其中 AAAA 级景区 4 家，AAA 级景区 9 家；共有星级饭店 8 家，其中工星级 2 家，四星级 4 家；等级民宿 7 家，其中浙江省金宿级民宿 1 家、浙江省银宿级民宿 5 家（新增 1 家为诸暨市岭北月亮湾山庄民宿）；旅行社总计 40 家。

旅游资源及建设

【旅游资源】诸暨市是中国优秀旅游城市，至 2020 年年末，拥有 A 级旅游景区 14 处，A 级景区村庄 412 处（其中 AAA 级景区村庄 28 处），国家级风景名胜区 1 处（浣江—五泄风景名胜区），国家级湿地公园 1 处（白塔湖国家湿地公园），全国重点文物保护单位 2 家（斯氏古民居建筑群、东化成寺塔），省级生态旅游

2020 年诸暨市 A 级旅游景区一览表

表 6

景区名称	等级	评定时间	主管部门
五泄风景区	AAAA	2002 年 7 月	诸暨市文旅集团
西施故里旅游区	AAAA	2009 年 1 月	诸暨市文旅集团
华东国际珠宝城	AAAA	2009 年 10 月	山下湖镇人民政府
米果果小镇	AAAA	2017 年 6 月	山下湖镇人民政府
汤江岩风景区	AAA	2010 年 11 月	诸暨市文旅集团
千柱屋景区	AAA	2011 年 12 月	东白湖镇人民政府
裕昌号民间艺术馆	AAA	2014 年 9 月	东白湖镇人民政府

续表 6

景区名称	等级	评定时间	主管部门
白塔湖国家湿地公园	AAA	2014 年 9 月	诸暨市文旅集团
诸暨市香榧森林公园	AAA	2015 年 1 月	赵家镇人民政府
诸暨国际商贸城	AAA	2015 年 12 月	诸暨商贸城建设管理委员会
斗岩风景区	AAA	2016 年 12 月	诸暨市文旅集团
大唐袜艺小镇	AAA	2017 年 12 月	大唐镇人民政府
浙江天使之泪珍珠文化体验园	AAA	2019 年 11 月	山下湖镇人民政府
乐聚星原力机器人主题馆	A	2019 年 2 月	城东建管委

区 2 处(东白湖生态旅游区、白塔湖国家湿地公园),省级旅游风情小镇 1 家(山下湖镇)。

【旅游规划】2020 年 8 月,编制完成“枫和里”乡村旅游示范区专项规划,启动编制诸暨市“十四五”旅游专项规划。

【浙江省全域旅游示范县(市、区)创建】2020 年,“百千万”景区创建工程全面铺开。至 12 月 31 日,浙江省文化和旅游厅发布的浙江省第三批全域旅游示范县(市、区)验收单位公示结束,创建基本完成。12 月 31 日,主城区获评浙江省 AAAA 级景区城。12 个乡镇创成景区镇,其中山下湖镇、同山镇为 AAAA 级景区镇,五泄镇、枫桥镇等 10 个镇创成 AAA 级景区镇;新增 283 个省 A、AA 级景区村庄和 8 个省 AAA 景区村,实现景区村全覆盖。春风十里小镇、沉香湖景区创成国家 AAA 级旅游景区。同山镇于 4 月成为绍兴市研学旅行实施标准试点单位,6 月创成浙江省首批山地休闲度假发展试点单位。7 月,东和乡入选第五批省级旅游风情小镇培育名单,12 月,同山镇创成第四批省级旅游风情小镇。俞秀松纪念馆获评浙江省红色旅游教育基地。推进智慧旅游、咨询服务体系、旅游厕所、标识系统等全域旅游基础设施建设,建成投运游客集散中心、全域旅游大数据中心。

【旅游项目建设】2020 年,推进文旅项目库建设,全年全国文旅项目库入库数量增加至 20 个。其中,“云溪九里”文旅康养小镇项目与春风十里项目入选浙江省“四十百千”文化旅游重大项目四条诗路项目名单,枫桥经验文化旅游项目、珍珠小镇建设项目、秦皇古道开元度假村项目入选浙江省百张文旅“金名片”名单。11 月,世界淡水珍珠博物馆开馆试运行,开元芳草地乡村酒店对外营业。诸暨市鼓励旅游企

2020 年 11 月 9 日,世界淡水珍珠博物馆开馆(融媒体中心提供)

业研发推广具有原创性、主题化、体验型的乡村旅游新产品(线路);鼓励乡村依托资源禀赋、产业基础,利用自然村落、闲置农房,培育发展精品民宿、特色餐饮、文化创意、运动休闲、健康养老、观光农业等新兴乡村旅游业态。

旅游业服务管理

【概况】2020 年,全市继续加强旅游行业、旅游市场的监管力度。对重点景区、星级宾馆和旅行社开展安全生产检查,开展"防风险、保平安、迎大庆"消防安全执法行动、安全隐患大排查大整治百日攻坚行动、夏季旅游市场专项整治工作、2020 年度文化和旅游市场整治工作等系列行动,做好旅游行业"扫黑除恶"、反恐反邪教、防汛防台、文明旅游、法制宣传、森林防火等相关工作。在新冠肺炎疫情发生后,文广旅游局组建工作专班,关停全市所有景区、公共文化场馆、文旅经营场所近 200 家;妥善处理旅游团队取消等疫情相关旅游投诉 52 起,处置率为 100%。

【饭店、民宿和旅行社评级】2020 年,海亮商务酒店通过星级复核。12 月 31 日,诸暨大酒店获浙江省金桂级品质饭店。

【安全培训】2020 年,加强旅游安全宣传、培训和演练工作。开展以"消除事故隐患 筑牢安全防线"为

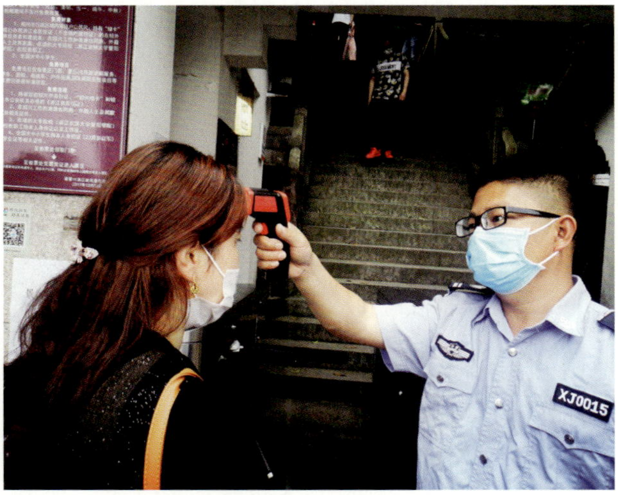

"五一"期间,景区落实防控举措,控制人流密度。图为汤江岩景区工作人员为游客测温(档案馆提供)

主题的"全国安全生产月"活动,多次对全市旅行社、星级酒店、A 级景区等旅游行业服务企业进行业务知识、规范经营、安全管理等培训和消防安全、水上救援、反恐演练等大型应急演练。通过举办安全普法活动和消防安全展览、制作"文明旅游安全出行"视频、宣传折页等方式,做好文旅安全宣传进景区、进企业,建设"平安诸暨"。

【景区管理】2020 年,按疫情防控工作要求严格落实景区防控举措,控制景区人流密度,执行关停、开放 50%、75% 的要求。"五一"、端午、中秋、国庆等假日期间,全市 15 个开放景区均建立预约制度,实现游客间隔入园、错峰浏览,防止人员集聚。9 月,AAAA 景区华东国际珠宝城更名为诸暨珍珠小镇景区。

旅游推广

【推广活动】2020 年,主要针对长三角重点客源市场和杭州都市圈文化旅游城市以及省外成都、西安、深圳、北京等重点市场,开展旅游推广活动。1 月,依托西施故里好美诸暨、美旅诸暨、诸暨发布、在诸暨等各类媒体平台,开展"西施故里过大年"宣传推广,发布"古越寻美"等五条春节主题旅游线路。4 月,市政府主要领导、7 个镇乡街道政府(办事处)主要负责人参与拍摄"西施故里 好美诸暨"系列文旅抖音宣传片,并在"hello 浙江"抖音平台上线。春风十里小镇成为绍兴春季十大网红打卡地,两条茶乡风情游线路(东白山水古村茗香生态游、春风十里小镇春风十里游)成为四月越茶飘香——绍兴 10 条"茶游"风情线。8 月,响应"周游绍兴·互游共通"主题推广活动,香榧、珍珠等商品参加"淘遍绍兴"绍兴特色产品淘宝直播盛典,西施故里等景区入驻"打卡绍兴风云榜"小程序,作为绝佳好去处和线路推荐景点标注在"周游绍兴"地图上,向全市市民推介。9 月,组织参加 2020 绍兴市乡村及民宿伴手礼大赛,获银奖 1 件、铜奖 1 件、优秀奖 5 件。10 月,组织参加 2020"东亚文化之都"绍兴市文化创意产品暨旅游商品大赛,获银奖 2 件、铜奖 3 件、优秀奖 5 件。根据"与杭同城"战略部署,10 月,完成诸暨元素和西

施文化“进地铁”宣传，以“跟着西施游诸暨”为主题的品牌列车、品牌墙、品牌通道等地铁宣推媒体亮相杭州地铁。10—12月，组织参加第15届中国义乌文化和旅游产品交易博览会、上海国际旅游交易会；参与“成都·绍兴周”“西安·绍兴周”“深圳·绍兴周”“上海·绍兴周”等诸暨专场活动和文化旅游推介会，重点推介西施文化和“古越寻美”“西施之眼”等全域旅游精品游线。

【2020诸暨市文化创意产品暨旅游商品大赛】2月，启动2020诸暨市文化创意产品暨旅游商品大赛，全市23个镇乡街道和上海、温州、衢州等地近80家企业参赛，参赛作品共计7类149件(套)，8月4日，完成评选，公布获奖作品30件(套)，其中银奖作品5件、铜奖作品7件、优秀奖作品18件。

旅游节会

【概况】2020年，贯彻落实与杭同城战略，聚焦“杭沪宁”客源城市和目标人群，围绕“西施故里·好美诸暨”整体形象，通过增加品质化、特色化、多元化的节会产品新供给，不断释放文旅市场消费潜力，助推旅游消费稳增长。

【西施文化节和“珍爱生活 珠耀世界”2020世界珍珠大会】2020年11月13日至15日，举办西施文化节和“珍爱生活 珠耀世界”2020世界珍珠大会，世界珍珠大会永久会址落户山下湖镇，期间召开世界淡水珍珠博物馆开馆仪式，举办“诗画浙江·百县千碗·诸暨老味道”——2020第二届诸暨老味道美食节、“浑水摸鱼”——白塔湖国家湿地公园田园生活体验活动、72小时Lovein诸暨心动之旅等文旅活动，并在学习强国、今日头条、网易新闻等20余家媒体报道。世界珍珠大会吸引全球20多个珠宝资源国驻华使节、相关国际机构负责人、国际知名珠宝企业代表等832人参加，3天珍珠小镇游客量超30万人次。

【杭州西湖·诸暨西施荷花会启动仪式暨杭州人免费游诸暨发布会】2020年7月11日，“同萍共振 荷力共赢”——2020杭州西湖·诸暨西施荷花会启动

2020年7月11日，在2020杭州西湖·诸暨西施荷花会上推出“杭州西湖—西施故里”系列旅游套票(融媒体中心提供)

仪式暨杭州人免费游诸暨发布会在千年古村落、宋代理学家周敦颐后裔集聚地五泄镇十四都开幕。以“共绘一幅画、共跳一支舞、共吟一首诗”的形式，推出“杭州西湖—西施故里”系列旅游套票，举行“诗画浙江·百县千碗·诸暨老味道”授牌仪式，开展花样旅行团自驾游、杭州西湖—诸暨西施荷花展、荷塘夜市、国学体验课、西施故里荷花神女纪念仪式等系列活动，连接杭州、诸暨两座城。启动仪式上发布“杭州人免费游诸暨”政策，自7月1日起，持有杭州市民卡的人员在除黄金周和小长假外，可以免门票费游玩五泄风景区、西施故里旅游区、斗岩风景区、汤江岩风景区、白塔湖湿地公园五大国有景区。活动当天吸引40辆自驾游车队、数百位专业主播、旅游达人、抗疫医护人员等共同参与，并通过央视新闻+、今日头条、新浪微博、一直播、浙江+等平台直播，吸引近70万人次线上观看。

东白湖生态旅游区

【概况】2020年，东白湖生态旅游区坚持“保护优先”原则，把生态环境优势转化为旅游资源优势，推动“美丽资源”向“美丽经济”转化。全年接待游客40余万人次。

【生态环境保护】2020年，会同东白湖镇政府、自然资源和规划局、水利局，加大绿色生态屏障建设力度，

运用视频监控系统对东白山自然保护区实行实时监控。加强生态旅游资源保护宣传教育，开展“好美诸暨 旅动金秋”生态文化旅游视影大赛，发放宣传资料2万余份，设置宣传标识牌30余块，全年无森林火灾。生态旅游区范围内景区实施全天候保洁、绿化养护。

【基础设施建设和维护】2020年，继续推进望回山景区建设工程及其周边环境综合整治，对场地进行土方平整，新建两侧排水渠道，对建设区域两侧进行大面积塌方治理，完成对入口区块广电、电信、移动、联通及低压民用线路的入地改造及地质灾害整治工作。东白山、西岩龙潭、香榧公园南园等景点采取维修汀道、养护护栏和修缮公共厕所等措施。（石　飞）

白塔湖国家湿地公园

【概况】2020年，白塔湖国家湿地公园以整合运营、生态保护、研学旅行、生态旅游和疫情防控为工作重点，接待游客14.4万人次，实现旅游收入129.93万元。

2020年6月，创建“诸暨市中小学生研学实践教育基地”，并于7月19日被评为“诸暨市首批中小学生研学实践教育基地(营地)”；10月，完成“无废景区创建”的申报工作；同月完成“国家重要湿地申报”工作。

【“白塔湖湿地公园—山下湖珍珠小镇”整合运营】2020年，筹划部署白塔湖湿地公园与山下湖珍珠小镇整合运营，将珍珠小镇核心区域和白塔湖湿地公园通过风景廊道实现区域资源整合，形成山下湖旅游体验大空间。实现山下湖区域旅游“化零为整”，由单一旅游体验地向复合型旅游目的地发展。9月，以公开招标购买运营管理服务的方式，引入专业景区管理公司对珍珠小镇和白塔湖湿地公园统一实行市场化经营模式和企业化运营机制。10—12月，分别完成珍珠小镇景区和白塔湖湿地公园的运营管理体系优化工作，实现景区标准化管理、专业化经营。

【湿地生态保护】2020年9月4日，诸暨市白塔湖国家湿地公园河道整治工程(二期)项目竣工验收，完成松木桩安插70839根，土工布10958平方米，土方回填8563.3立方米，投放鱼苗92.18万余尾。2020年度协助相关职能部门开展资源保护，收缴钓竿687根，各类鱼袋、鱼斗、桶153只，游丝网43张，电瓶1只，钢板船1艘，抓获偷捕钓人员6名，渔政处理6名，劝导偷钓人员240余名，拆除捕鸟的鸟网37张，清理打桩围湖一处，拔桩50个，流转土地埋设禁示牌80块，劝导非法种植户35户，劝导非法填湖倾倒垃圾17起。2020年6月5日，协助市人民法院布置环境日宣传活动及设立环境资源巡回审判点，目的为向社会倡议共同保护白塔湖湿地公园，严厉打击污染环境的犯罪行为。

【旅游宣传推广活动】2月2日，举办湿地日活动。4月10日，组织白塔湖国家湿地公园爱鸟周活动。6月5日，筹办白塔湖环境资源巡回审判点(绍兴法院环境日系列主题活动)。11月13日，开展白塔湖国家湿地公园旅游达人、媒体采风活动及诸暨摄影家协会白塔湖国家湿地公园摄影活动。

【旅游基础设施建设】2020年，累计采购杉木档等材料1300根用于木栈道维修，累计支付采购材料及施工费用14.5万元，包括水生植物展示岛码头重修、元宝爿木栈道更换成石板路、荷花塘木栈道整改等。

【疫情防控】2020年，因受新型冠状病毒感染的肺炎疫情影响，公园从1月25日12点开始闭园至2月20日开园(共26天)；其间，配合市政府疫情防控部署要求，店口备用隔离点设置在白塔湖江荡滩处，公司组建一支应急小组，负责隔离点防控工作；2月20日对外开放后，严格执行上级部门和集团的疫情防控工作要求，采取疫情限流75%等措施。（孟永鑫）

五泄风景区

【概况】2020年，五泄以提升景区环境品质、完善基础设施设备及疫情防控为重点，推进休闲旅游产业稳定有序发展。五泄景区闭园提升改造至10月1日开园运营。全年接待游客26.68万人次，旅游收入987.3万元，未发生旅游安全事故和重大旅游投诉。

【旅游基础设施建设维护】2019—2020年，投资2亿元，用于五泄景区提升改造。五泄风景区于2019年

11月1日起开始闭园提升改造，周期11个月。建设提升总面积7.91平方千米，主要包括库尾亲水游客广场改造、芦苇荡区块景观打造、桃园景观提升工程、北入口改造等8个项目。完善风景区游赏格局，凸显山水特色，优化设施配置，形成山水风景宜人、自然人文和谐并存，旅游体验活动丰富的国家级品质山水人文景区。同时投资146万元，对五泄舫9号及五泄游船码头6号、7号进行上排检测维修，对30平方米钢结构浮动泵船更换底部钢板。

【五泄北干渠维修】2020年，投资15万元，对北干渠水毁地段进行维修，同时清理渠内垃圾、淤泥，确保渠道安全运行。

【五泄水库维修加固工程】2020年，投资3000万元，完成五泄水库维修加固工程。3月3日，召开诸暨市五泄水库维修加固工程蓄水工作会议；3月16日，绍兴市水利局到现场开展第二次质监活动；4月19日，召开诸暨市五泄水库维修加固工程蓄水安全鉴定报告专家讨论会；5月19日，绍兴市水利局组织对本工程进行蓄水验收工作；12月7日，通过诸暨市五泄水库维修加固工程完工验收工作；12月17日，五泄水库标准化管理通过省级验收。

【森林资源保护】2020年，投资27万元，新建设两只森林防火蓄水池，用于林区日常防火工作；投资4.5万元，对防火道实行一年一度的清理，消除毗邻镇村引发火灾的隐患。

【中华水韭保护】2020年，投资8.7万元，完成洋月岭中华水韭保护基地建设工作，包括水塘改造、田埂堆筑加宽及塑木栈道、台阶建设等。同时投入2万余元，完成基地重点植物梳理与保护工作。

【疫情防控】2020年，五泄景区开启全方位防疫模式，成立疫情防控工作领导小组，干部职工全员参与。在景区5个入口做好疫情防控工作和闭园期间游客劝退解释工作。建立“一人一档”登记制度，科学做好疫情防控工作。

（孟永鑫）

国家香榧森林公园

【概况】国家香榧森林公园核心区位于诸暨市赵家镇。赵家镇古树香榧年产量占全国香榧总产量的60%以上，是国内最大的香榧集聚地。园区总面积约3万亩，拥有香榧古树群126个，其中香榧古树树龄在一百年以上的有2.9万株（订正：2020版年鉴数据有误，应为2.9万株），500年以上的有2.5万株，1000年以上的有2700株，是世界上唯一的原生态香榧自然保护区和国家香榧森林公园。

园内最老的“香榧王”有1360多年历史，被誉为“千年活文物”。树高18米，胸围9.26米，树冠覆盖0.85亩，年产鲜蒲600千克，在2007年以“个体最奇特”入选“浙江农业吉尼斯最古老的香榧树”，2018年获选“中国最美古树”。2020年3月21日，受强对流云团影响，香榧王部分树干被大风刮折。

【2020中国（诸暨）香榧节开摘暨千年古树香榧保护计划启动仪式】9月10日，赵家镇举办2020中国（诸暨）香榧节开摘暨千年古树香榧保护计划启动仪式，仪式现场启动千年古树香榧保护计划，并成立全国首个千年古树香榧保护基金，阿里巴巴创始人马云成为第一位认领千年古树香榧的“保护人”。

【农家乐特色村打造】2020年，赵家镇继续发挥地处国家香榧森林公园核心区的优势，打造农家乐特色村。至年底，全镇有省级农家乐特色村3个（东庄、东溪、宣家山），绍兴市级农家乐特色村2个（榧王、泉畈）。全镇有农家乐经营户35户，床位880个，餐位1650个。受疫情影响，全年接待游客近20万人次，旅游产值3000多万元。

（丁宇君）

对外经贸

综述

2020年，诸暨市进出口总值527.49亿元，同比增长8.09%，其中出口449.79亿元，同比增长7.92%，进口77.7亿元，同比增长9.09%。全市合同外资29670万美元，同比下降49.9%；实到外资11254万美元，同比下降63.6%。全市境外投资6.52亿美元。境外承包劳务营业额4356万美元，同比下降28.59%。服务贸易进出口总额21.78亿元，同比下降5.27%，其中出口17.61亿元，同比下降4.59%，进口4.17亿元，同比下降8.02%。

对外贸易

【主要出口商品和出口额】2020年，全市纺织服装及面料出口159.92万元，同比下降16.07%，占比35.6%。其中，袜子出口69.67万元，同比下降21.91%，占比15.5%；提花布出口22.11万元，同比下降27.43%，占比4.9%；服装出口38.25万元，同比下降25.64%，占比8.5%；五金机电产品出口169.47万元，同比增长20.08%，占比37.7%（机电产品出口147.96万元，同比增长24.51%，占比32.9%；五金产品出口21.51万元，同比下降4.4%，占比4.8%）；珍珠出口8321万元，同比下降58.41%，占比0.2%；化工塑料制品出口38.88万元，同比增长44.88%，占比8.6%，鞋帽箱包家具产品出口30.56万元，同比增长39.35%，占比6.8%。

【进出口国家(地区)】进出口国家（地区）210个，同比增加7个。出口超1亿元的国家（地区）64个，比去年同期增加1个。出口前三位的国别地区是美国、越南、韩国，分别出口74.51万元、23.02万元、19.08万元，增幅分别为7.45%、109.86%和-7.97%；在15个主要出口国家和地区中，增幅排在前三的分别是越南、菲律宾和英国，增幅为109.86%、43.64%和42.88%。

对外招商及外资引进

【对外招商】2020年，全市内资到位资金115.7亿元，完成考核任务（100亿元）的115.7%。继续完善《诸暨市铜材精密制造产业链精准招商方案》，并通过绍兴市政府验收，重点围绕产业的主导产品及其上下游产品进行招商，注重集群化招商，以海亮集团等龙头企业为依托，围绕产业的主导产品及其上下游产品的聚集合成，侧重于垂直的供需链和横向的协作链，吸引更多的垂直和协作关系的企业投资配套与服务。12月30日，由商务局牵头举办“2020全市招商引资重大项目集中签约仪式”，共27个项目上台签约，总投资额188.86亿元。

2020年，将“双招双引”攻坚行动列入“三大提升、七大行动”，以竞赛活动为载体，在考核中重点突出招大导向。全市共引进50亿元以上项目3个，10亿～50亿元项目12个，亿元以上项目56个。发挥开发区、高新区等重大平台主力军作用，深化“与杭同城”发展战略，加大突破“大、新”项目引进短板。开发区聚力打造数智安防产业园，以数字安防产业发展、智慧城市场景建设、社会治理模式创新为重点，招引各类“大、新”项目。9月14日，与华为合作建立华为机器视觉联创中心和新产品发布平台，举行集中签约仪式，共有20个重点合作项目集中签约，涵盖5G应用、AR显示、智慧服务、基金投资、智能制造、生命健康等领域；高新区引进诸暨少海汇有屋智能家居物联生态产业基地项目，打造全国首个集生产、研发、展示、销售、运营于一体的专业物联网智能家居生产基地。

【外资引进】2020年，全市新批外资企业21家，比上年同期减少24家。新设项目总投资平均规模达到2096万美元，比上年同期增加906万美元；合同外资平均规模达到1222万美元，比上年同期增加87万美元。全市累计总投资67313万美元，同比下降2.2%；合同外资29670万美元，同比下降49.9%；实到外资11254万美元，同比下降63.6%。

境外投资及境外劳务承包

【境外投资】2020年，全市新批境外投资项目14个，比2019年同期减少2个项目，投资总额65245.7万美元，其中中方投资额25201.64万美元，同比下降17.53%。

【境外劳务承包】2020年，全市完成境外承包劳务营业额4356万美元，同比下降28.59%。（孟丹萍）

2020年全市各类贸易方式进出口情况表

表7

贸易方式	进出口总额（万元）	同比增长（%）	占比（%）	出口总额（万元）	同比增长（%）	占比（%）	进口总额（万元）	同比增长（%）	占比（%）
合　计	5274924	8.09		4497878	7.92		777047	9.09	
1.一般贸易	4956420	11.47	93.96	4315202	9.23	95.94	641218	29.25	82.52
2.加工贸易	316767	−26.04	6.01	181231	−15.64	4.03	135536	−36.5	17.44
来料加工贸易	70369	3.43	1.33	64165	4.87	1.43	6204	−9.38	0.80
进料加工贸易	246398	−31.6	4.67	117066	−23.81	2.60	129332	−37.4	16.64
3.其他贸易	1737	−67.92	0.03	1445	−45.16	0.03	293	−89.48	0.04

2020年12月全市主要出口地区情况表

表8

地　区	当月出口（万元）	上年同期数（万元）	同比增长（%）	出口额（万元）	上年同期数（万元）	同比增长（%）	占比（%）
合　计	383801	324510	18.3	4497878	4167937	7.9	
亚洲	167854	137206	22.3	1894009	1760930	7.6	42.1
东盟	75722	43467	74.2	754037	563501	33.8	16.8
非洲	45496	40131	13.4	482545	439294	9.9	10.7
欧洲	68569	60386	13.6	848171	749356	13.2	18.9
欧盟	50465	44669	13.0	626033	555487	12.7	13.9

续表 8

地　区	当月出口（万元）	上年同期数（万元）	同比增长（%）	出口额（万元）	上年同期数（万元）	同比增长（%）	占比（%）
拉丁美洲	36557	30799	18.7	345652	377316	−8.4	7.7
北美洲	56125	50134	12.0	836114	764466	9.4	18.6
大洋洲	9200	5854	57.2	91386	76575	19.3	2.0

2020 年诸暨主要商品出口情况表

表 9

商品类别	当月出口额（万元）	上年同期数（万元）	当月增长（%）	累计出口额（万元）	上年同期数（万元）	累计增长（%）	占比（%）
全市总计	383801	324510	18.3	4497878	4167937	7.9	
一、纺织原料及纺织制品	135941	158875	−14.44	1599233	1905357	−16.07	35.6
袜子	53846	69815	−22.87	696691	892120	−21.91	15.5
提花布	18077	32371	−44.16	221084	304666	−27.43	4.9
服装	33033	41520	−20.44	382522	514441	−25.64	8.5
二、五金机电产品	157197	119720	31.3	1694686	1411251	20.08	37.7
五金制品	23106	19478	−2.5	215130	222916	−4.4	4.8
机电产品	134091	100242	33.77	1479556	1188335	24.51	32.9
（绣花机）	11417	13261	−13.91	68443	124790	−45.15	1.5
（环保设备）	2882	2327	23.88	38515	45405	−15.17	0.9
三、珍珠及制品	2250	1069	110.55	8321	20008	−58.41	0.2
四、化工及塑料制品	31605	16428	92.39	388780	268344	44.88	8.6
化工及其制品	13901	5422	156.38	173654	119836	44.91	3.9
塑料及其制品	17703	11005	60.86	215126	148508	44.86	4.8
五、鞋帽箱包家具产品	21821	15986	36.5	305602	219298	39.35	6.8
六、其他	34987	12432	−238.0	501256	343679	−21.9	11.1
全市高新技术产品出口	10141	5012	102.36	121890	81807	49	2.7

城乡建设

城乡规划

【概况】2020年,坚持以“融杭接沪”战略为指引,坚持“多规合一”,坚持生态优先,推进国土空间总体规划编制,为经济社会高质量发展和城市能级提升保障空间。深化完善项目规划审批机制,提升审批效率和服务水平;加快推进基础测绘项目实施及数字化成果应用,强化应急测绘保障能力。

【国土空间总体规划编制】2020年3月,发布《诸暨市国土空间总体规划编制工作方案》,成立市工作领导小组,明确职责分工和工作清单;4月,委托浙江省城乡规划设计研究院开展规划编制工作。国土三调统一时点更新、生态保护红线评估调整等成果通过绍兴市自然资源和规划局和省自然资源厅审查;自然保护地整合优化预案、生态保护红线的划定等成果上报自然资源部审核;生态保护红线勘界定标工作制定出方案,待上级批准。至12月末,《诸暨市国土空间总体规划(2020—2035)》初步成果编制完成。

【专项规划研究】2020年,结合“与杭同城”战略开展杭诸一体化发展先行区规划研究,结合都市区规划将浦阳江生态经济带发展纳入国土空间总体规划。编制完成《诸暨区划调整四镇街及诸北各镇空间布局研究》《杭诸绿色发展先行区规划》等重点区域规划研究及《诸暨市域综合交通空间规划》《诸暨市中心城区道路网详细规划》等专项规划。

【规划项目管理】2020年,为加快项目审批和建设进度,对《诸暨市城乡规划管理委员会及其办公室会议议事规则》内容进行相应调整,明确市城乡规划管理委员会主任、副主任;增设市民政局主要负责人为市规委会委员。加快开发区、高新区项目审批,开发区、高新区管理范围内,总体规划、控制性详细规划、城市设计、城市路网规划,以及重大基础设施、商业服务业和住宅类项目需向市规委会主任汇报,经同意后上报市规委会会议,其他项目均授权相应管委会会议审定。全年共审批项目81个,审批建设规模地上建筑面积约91.8万平方米,地下建筑面积约39.1万平方米;规划验收核实项目24个,验收规模地上建筑面积约56.2万平方米,地下建筑面积约26.8万平方米。组织召开4次局建设项目审查会议,审查项目225个;召开4次市城乡规划委员会办公会议,召开4次市城乡规划管理委员会会议,完成252个项目审查。

【测绘地理信息管理】2020年,修订完善《诸暨市测绘与地理信息应急保障预案》,8月由市府办印发公布。完善地图市场监管工作,4月初制定2020年度地图监管工作计划,10月初市自然资源和规划局联合市房地产管理中心开展房地产领域“问题地图”实地检查。全面开展测绘成果质量监督检查,10月下旬,委托浙江省测绘质量监督检验站对诸暨全市范围内从事测绘生产的14家测绘单位进行测绘成果质量检验，全部合格。加强永久性测量标志的保护和管理，对巡查发现受损的测量标志及时进行维护维修。组织实施 2020 年度基础测绘项目，启动基础测绘"十四五"规划编制工作。该项目通过专家评审。

【**数字诸暨成果共建共享**】2020 年，推广运维数字诸暨地理信息公共平台及"天地图·诸暨"，组织编制《诸暨市公务地图集》和《诸暨市公务用图》[镇乡（街道）]等政务用图。推广三维建模数据、1:500 与 1:2000 数据、地理国情监测与分析数据等基础测绘成果的应用与共享，为市委市政府各部门、镇乡（街道）、企事业单位提供基础测绘相关数据 50 余次，其中提供 1:2000 数据累计 8000 平方千米，三维数据模型数据累计 131 平方千米。（马奇锋）

市政建设

【**美丽城镇建设**】2020 年，完成"一县（市）一计划"和首批 8 个创建镇乡街道及 2021—2022 年度 4 个样板镇的"一镇一方案"规划编制工作，"一县一计划"获评省优秀县域美丽城镇建设行动方案，山下湖镇、店口镇"一镇一方案"获评 2020 年省优秀样板创建乡镇行动方案。下发《诸暨市 2020—2022 年度美丽城镇建设资金保障方案的通知》《诸暨市美丽城镇建设项目管理办法》，明确项目实施主体和资金拨付流程。完成项目实际投资约 3 亿元，基本完成年度投资计划。做好省级项目库入库工作，入库投资金额 58.1 亿元，完成率为 101.72%。牵头完成 8 个镇乡街道创建验收工作。做好明后年创建镇乡（街道）建设项目谋划工作，明确项目清单及资金保障措施。

【**"污水零直排区"创建**】2020 年，完善提升污水零直排及雨污分流工作。推进城区封闭式小区"污水零直排区"建设，启动 58 个小区，完工 40 个。完成 2 个街道 6 个城中村的雨污分流改造工作。

【**"三改"专项行动**】2020 年，累计完成"三改"（城中村、旧住宅区、旧厂区改造）任务约 496.28 万平方米，其中 4 个城中村治理改造项目完成面积 60.43 万平方米，16 个旧住宅区改造项目完成面积 402.97 万平方米，5 个旧厂区改造项目完成面积 32.7287 万平方米。实际完成被征收户签约 1719 户，签约率 99.83%；完成签约腾空 1719 户，腾空完成率 100%；完成签约企业 31 家，完成率 96.88%；累计支付现金 26.87 亿元，开具房票 23.48 亿元。"三改"遗留问题处置中，726 套安置房完成清缴 668 套，清缴率 92%；68 户房屋征收遗留问题完成签约 63 户，完成率 93%；47 户危旧房遗留问题完成处置 14 户，完成率 30%。

【**城区老旧小区改造**】全年通过制定《诸暨市老旧小区综合改造提升工作实施方案》和《诸暨市老旧小区综合改造提升工作三年计划表(2020 年—2022 年)》，完成 8 个老旧小区综合改造提升工作；摸排全市 2005 年以前竣工的老旧小区，完成老旧小区改造 5 年建设计划初稿。做好南门社区改造方案修改和大桥社区花园岭地块"暨阳印记"初步策划方案汇报及深化修改工作。做好既有住宅电梯加装工作，建成完工 30 台。

【**市政设施建设及维护**】2020 年，完成城区排水（雨水）防涝综合规划初稿和城区积水点"一点一策"整治方案编制工作；完成五湖电排站改造工程施工和 4 个电排站双电源用电改造，启动 3 个新建电排站前期工作，实施通天渠拓宽整治工程；完成城区 8 处主要积水点和 72 处零星积水点改造，累计清淤排水管网 350 千米；完成防汛物资仓库施工招标和防涝指挥中心提升改造工作。实施城区道路路面改造长度约 6.9 千米；完成二环东江大桥大修（改造）工程施工、监理招标工作；完成城区景观亮化专项规划评审，出具景观亮化提升设计方案初稿。新建城镇燃气管网 85 千米，改造老旧管网 6 千米，改造表箱 715 个。城区新建及改造供水管网 28.62 千米。新建及改造城镇污水管网 27.806 千米，完成城区 3 家污水处理厂"一厂一策"编制，城市生活污水集中收集率 60%，城市污水处理率 95.4%。完成 280 个农污处理设施标准化运维。

【**城市环境提升**】2020 年，开展城区公园绿化养护、绿地修复工作，推进城市绿道网、春江海绵公园、陶朱山森林公园工程建设。1 月，获评国家生态园林城市，系省内首个县级市；8 月，以全国第一名资格被住建部推荐参评联合国人居环境奖(最终未评上)。完成白毛尖垃圾填埋场沼气资源化利用项目,于3月并网发电;完成城区22座公共厕所设施设备加装工作。完成城区7座垃圾中转站提升改造工作;规范配置垃圾分类清运车辆182辆,超额完成年度目标任务。

【生活垃圾分类处置】2020年,推进生活垃圾处置能力项目建设,至年底,全市总体处置能力达1850吨/天,基本解决生活垃圾处理能力不足问题。6月,餐厨废弃物综合处理和资源化利用项目(300吨/天)建成试运行,并初步建立餐厨垃圾收运体系,城区医疗机构、教育机构、大型酒店及封闭式物业小区的餐厨垃圾纳入收运;浬浦垃圾无害化中心项目(350吨/天)建设有序推进,于12月25日完成点火;八方热电有限公司完成技改,新增处置能力400吨/天,达到1200吨/天。切实提高生活垃圾分类成效,全市党政机关和企事业单位实施强制分类覆盖面达100%,城区生活垃圾分类综合覆盖率95%,无害化处理率100%,回收利用率45.4%,生活垃圾增长率为-3.3%,提前完成年初各项指标任务。基本完成10个垃圾分类省级高标准示范小区建设,做好省、绍兴迎检准备工作。

(徐雨婷)

城东新城建设

【概况】2020年,城东新城全年累计完成投资3亿元。城东建管委实施政府性投资项目10个,其中续建项目6个,新建项目4个。总工会职校工人文化宫及群团培训中心重建工程推进,朝五相片区路网建成通车,城南消防站建设启动。谋划暨东路城市节点建设改造,打造核心最美街区;开展城东区域积水点改造和管道清淤,提升防洪排涝能力。全力做好国家卫生城市、文明城市复查迎检、扬尘污染防控等工作。新增融资21.3亿元,回购村级留置土地168亩,出让商住用地1097.6亩,经营性土地出让收益39.7亿元。重点规范工程管理,加大处罚力度,共发放整改通知书21份,涉及罚款39.2万元。

【招商引资】2020年,新引进10亿元以上项目1个(源盛岚锦中心项目);累计引进市外境内资金3亿元,实际利用外资400万美元;引导不夜城引进新业态产品50个;引进数字企业5家,扶持发展小微企业39家,上云企业119家;楼宇新增入驻面积8.4万平方米。

(沈　方)

商贸城俯瞰(商贸城建管委提供)

诸暨国际商贸城建设

【概况】诸暨国际商贸城位于诸暨市城南，总规划面积13.8平方千米（核心区4.5平方千米），规划控制区北起环城南路、南至南三环线、东临开化江、西界洪浦江，旨在以“特色小镇”理念规划建设，全方位打造“宜业宜居宜购宜游”高品质产业新城。

至2020年年末，诸暨国际商贸城总投资超过130亿元，总建筑面积近231万平方米，在基本形成“一市十一城”市场集群格局的基础上，积极盘活土地资源，拓展城市发展空间，着力路网基础建设，与主城紧密融合，“城南新城”窗口形象基本显现。

【招商选资】2020年，精准摸排资源，建立存量商业数据库，重点洽谈数字经济、跨境电商、智慧物流等土地利用率高的项目，对接互联网企业，做好招商选资文章。至年底，共洽谈京东数字产业园、智慧城市产业园、东正医疗智慧产业园等13个项目，引入二次招商项目9个，引入产转法企业10家、“暨阳533”人才项目1个、完成税收指标的生产性服务业企业5家。

【一期市场转型】2020年，着力解放商位使用权分散在商户的束缚，通过协商解约和委托管理的方式全面开展新一轮市场商位经营权的回收，为下一步引进新零售项目、数字经济产业项目、区块链经济项目等新业态打好基础。加强业态补招，联合暨南街道引进建设暨南农产品超市项目，积极探索新型市场经营和管理模式，畅通新项目的运行“经络”。

【商贸城配套建设】2020年，商贸城配套道路二期工程全年完成投资1504万元；配套道路三期工程商城路（环城东路—开化江）全年完成投资914万元；开化江左岸康复医院外侧堤防加固工程全年完成投资596万元，至年底完工；开化江左岸商贸城段堤防（含游步道）建设工程完成方案设计，其中南三环桥—石佛桥段施工建设完成投资1061万元。

【土地资源盘活】2020年，做好商贸城核心区及周边区域空间规划调整工作，深度融合街道，形成暨南片控制性详细规划方案。加大土地开发利用，提高住宅比重，出让3宗商住用地共计202.3亩，加快形成城南生活区（圈）。（陈　琳）

高湖蓄滞洪区改造工程

【主要工程】高湖蓄滞洪区改造工程主要包括隔堤工程、分洪节制工程、排水站工程、河道整治工程、生态绿化工程和水质处理等六大工程，总投资22.39亿元。

【改造进展】2020年，累计完成投资20亿元。推进蓄滞洪区主体工程扫尾，湖区土方（除高压电塔保护部位）开挖完成，堤顶道路建设完成50%。湖周闸站和分洪节制闸整进度完成约97%。湖区景观方案基本形成“一环两链三岸”的格局。水质处理工程中浦阳东江补水活水和湖区水质提升完成施工运维一体化招标工作，开化江引水工程实施中。数字高湖信息化工程完成招标工作并开始配套软件开发工作。

（何锜琪）

高湖蓄滞洪区远眺（摄于2020年12月27日，高湖建管办提供）

城市管理

【概况】2020年，诸暨市综合行政执法局(简称执法局)深化文明城市建设，持续巩固“无违建”创建成果，推进综合行政执法体制改革。全年共办理简易案件20638起，罚款金额304.94万元，办理一般程序案件2349起，罚款金额1452.9万元。受理各类案件21390起，处理率100%，总体满意率99%以上。

【抗疫复工助力】2020年上半年，执法局严格管控农贸市场周边及各农产品自产自销点，精准布控人员密集小区及火车站等重点区域，共派出执法人员4150人次，取缔流动摊点非法活禽交易135起，查处住宅小区饲养家禽等行为560余起；组织力量共2000余人次引导全市“五小行业”便民服务点、162家铝合金加工店等复工复市。

【餐饮店夜间临时占道许可】2020年6月19日，发布《关于餐饮店夜间临时占用城市道路经营的管理规范(试行)》，在城区11处指定区域，允许餐饮店夜间临时占用门前人行道或公共场地从事经营活动，共有120余家餐饮店申请夜间临时占道，共发出临时占道许可证114家。

【街头经济规范】2020年，为激发市场活力，助推经济发展，鼓励农产品自产自销、鼓励支持流动早餐摊点、允许临街店铺跨门经营、允许流动摊点规范经营、允许大型商超节假日店外促销。全年共开放农产品自产自销疏导点4处，设置摊位400余个；设置时令水果自产自销点8处，报名农户25户；规范早餐疏导点6处；开放特色夜市6处，设置摊位1000余个。

【企业信用修复工作】2020年，主动开展综合行政执法领域信用修复工作，制定《诸暨市综合行政执法领域开展信用修复工作指引》，明确修复对象和条件，简化工作流程，建立企业信用修复信息库，实行一企一档，实时跟踪企业的信用修复情况。全年共完成37家规上名优企业、50家小微企业信用修复工作。

【城管8件“关键小事”攻坚】2020年，选取群众最关心、最直接、最现实的8件民生实事，重点攻坚、集中突破。开展餐饮油烟污染整治，共走访餐饮单位2151家，整改267家，立案处罚15起。开展乱堆乱放整治，整治乱堆乱放问题600余起，立案查处14起。推进住宅小区车库车棚问题整治，整治出租居住、存储燃气等问题312起，小区整改到位436处。深化非机动车停车秩序管理，新增人行道停车泊位2000余个，整治非机动车乱停放1300余起。开展非法小广告整治，共清洗张贴“牛皮癣”小广告5万余处，喷涂“二次污染”卷闸门778扇，约谈违法发布人员13名，立案查处9起。完成城市道路坑洞、井盖修复，共完成零星道路破损坑洞修补约1231处，人行道铺装维修约14560平方米，井盖修复892个，零星积水点改造74处。开展“最美街区”创建及“最乱街区”整治工作，共开展专项整治30余次，整治市容“五乱”问题230处。开展集镇市容秩序专项整治，结合美丽集镇创建，共开展整治50余次，整治集镇市容秩序问题300余处。

【“智慧城管”平台建设】2020年，通过“智慧城管”平台，利用城区关键点位安装137路监控摄像头，自动识别35项市容违法违规行为；在镇乡重要干道和违法行为多发地设置24路高位监控点，第一时间警报秸秆焚烧、渣土偷倒行为。

【非法渣土处置管理】2020年，研究制定《诸暨市工程渣土(泥浆)处置管理办法》，建立渣土管理整治工作专班，组织执法局、公安局、交通运输局等部门开展联合执法检查，在店口、次坞等临近萧山区域设置24小时执勤卡口，重点检查渣土跨区域运输、擅自处置渣土行为，共查获车辆1756辆，立案1002起，罚款813万元。

【“红枫管家”城管志愿服务队】2020年，引导志愿者和志愿组织参与到城市治理中，与10余家社会团体、志愿者组织建立合作关系，吸纳150余名城市治理志愿者参与到城市治理“红枫管家”城管志愿服务队中。

【铁路沿线违建整治】2020年，加快推进沪昆铁路沿线铁路用地整治工作，与上海铁路局等部门现场踏勘并召开铁路用地联合整治协调会，形成会议纪要；对原浙赣铁路沿线铁路用地范围内建筑进行地毯式摸排并建立“一户一档”，共计排查点位240处，涉及违法占地26.2万平方米，违法建筑面积36.5

2020 年诸暨市余热发电企业发电情况一览表

表 10

企业名称	投产时间	装机容量（千瓦）	年发电量（万千瓦时）	最高发电负荷（千瓦）	出现时间	节能减排情况
浙江云石水泥有限公司	2009 年 1 月	4500	—	—	—	—
诸暨水泥有限公司	2008 年 8 月	4500	2311.6	4739	2020 年 1 月 18 日 21:00:00	节标煤 8089.8 吨，二氧化碳减排 18490.4 吨
浙江诸暨八方水泥有限责任公司	2009 年 8 月	4500	—	—	—	—
浙江上峰建材有限公司	2010 年 10 月	4500	2022.96	5238	2020 年 1 月 10 日 23:00:00	节标煤 7079.7 吨，二氧化碳减排 16181.6 吨
合　计	—	18000	4334.56	—	—	节标煤 15169.5 吨，二氧化碳减排 34672 吨

万平方米。

【店口镇综合行政执法改革省级试点】2020 年，根据省指导办意见，梳理 25 个方面、386 项执法事项作下放，由店口镇政府行使行政处罚权；7 月 31 日挂牌成立店口镇综合行政执法队，以店口镇政府名义开展综合执法工作，采用“条块结合”的运行模式，日常管理以“片”为主，重点疑难案件按“线”管理；统一执法文书、标志标识、执法装备等，所有执法队员集中办公、统一考核。

【行政处罚事项划转】2020 年，结合诸暨实际情况，完成 20 个方面 406 项行政处罚事项的划转（共履行行政处罚事项共计 434 项，其中地方性法规授权事项为 28 项）。推动完成与 9 个行业主管部门间行政处罚事项划转备忘录签署工作，确保划转后各事项在审批、监管、执法等各个环节能够平稳、有序运行。

【镇（街）联合执法模式创新】2020 年，全面推行镇（街）联合执法，设立镇（街）综合执法大队，整合镇（街）站办所力量，摸索出一套“活在一起干，巡处两条线”的联合巡查机制，做到“进一次门，查多件事”，探索实现“一支队伍管执法”，2020 年全市共开展联合执法 500 余起。　（赵若含）

供电用电

【概况】国网浙江诸暨市供电有限公司下设暨阳、大唐、草塔、大西、姚江、店口、枫桥、璜山、浬浦、牌头等 10 个供电所，担负着全市 67.95 万名客户的供用电任务。

2020 年，完成供电量 88.8635 亿千瓦时，同比减少 1.38%；售电量 86.7325 亿千瓦时，同比减少 1.47%；最高用电负荷 163.314 万千瓦，同比上升 2.48%，综合线损率 2.4%，供电可靠性 99.9805%，电压合格率 99.973%。2020 年，诸暨市供电最高负荷 156.968 万千瓦，出现时间为 12 月 18 日 10 时 18 分。全社会用电量 92.4315 亿千瓦时，同比下降 2.43%。其中第一产业用电量 0.3315 亿千瓦时，同比增长 0.24%；第二产业用电量 68.6821 亿千瓦时，同比下降 4.66%；第三产业用电量 10.2137 亿千瓦时，同比下降 2.14%；城乡居民用电量 13.2041 亿千瓦时，同比增长 10.67%。

2020 年，公司通过全国文明单位复评，获评诸暨市政府质量奖、“双信”企业，东白安装公司被评为省公司施工企业能力建设标准化单位，店口施工项目部入选省公司十佳项目部，变电运维二班获评绍兴市“青年安全生产示范岗”，黄杰获得国网公司配电专业技能竞赛个人三等奖和“技术能手”称号。2020年,公司建成全省首个智能物联精品台区。绍兴范围内投运首个公专线联络工程,首次开展带电作业机器人现场操作和激光除异物装置清障。枫桥供电所入选省公司首批法制文化示范阵地,电力践行“枫桥经验”获评省公司“红船·光明之路”。全年获得省公司级以上创新奖项6项,科技成果“配网架空线路智能防雷绝缘子研制及应用”被中国电机工程学会鉴定为“整体达到国际领先水平”。

【电力设施】电网。2020年年底,诸暨电网有500千伏变电所2座,变电容量450万千伏安;220千伏变电所8座,变电容量342万千伏安;110千伏变电所35座,变电容量338.6万千伏安;35千伏变电所17座(包含枫钢临时变、斯宅临时变、城东临时变、下塘临时变、街亭临时变5座临时变),变电容量41.15万千伏安。220千伏输电线路37条,总长694.33千米。110千伏变电所37座(含友谊用户变和锦江电厂变),110千伏主变74台,容量347.8万千伏安,110千伏线路76条,总长度697.79千米。35千伏变电所47座(含用户),主变压器105台(含用户),容量74.6665万千伏安,35千伏线路65条(含用户),总长度531.414千米。10千伏变压器16043台(含用户),总容量652.0494万千伏安,10千伏开关站295座、双电源高配客户119个。10千伏线路675条,总长度5542.8千米。低压线路9819.46千米。

电厂。2020年年底,诸暨市共有火力发电厂3座,装机容量86.06兆瓦,比上年增长16.3%,年发电量3.58亿千瓦时,比上年下降18.04%;水电站45座,与上年持平,装机总容量22.995兆瓦,与上年持平,年发电量0.3527亿千瓦时,比上年下降17.46%。

余热发电企业和垃圾焚烧电厂。2020年,全市有4家余热发电厂(详见下表)和1家垃圾焚烧电厂。垃圾焚烧电厂为浙江诸暨八方热电有限责任公司。2020年,装机容量74兆瓦,发电量35816.37万千瓦时,供热量169万吨,发电标煤耗196.12克/千瓦时,焚烧垃圾38.3万吨。至2020年年底,共有供热管道90千米,用热客户145家。

水力发电站。2020年,诸暨市共有500千瓦及以上电站22座,装机容量25.54兆瓦;500千瓦以下电站20座,装机容量5.41兆瓦。年总发电量3527.29万千瓦时,比上年减少745.94万千瓦时。

光伏发电。2020年,新增光伏并网71户、发电容量1.6万千瓦。至2020年年底,总计光伏发电并网5277户、发电容量20.18万千瓦。全年发电量17399.69万千瓦时、上网电量8036.60万千瓦时。

【电网建设】2020年,完成编制全市高压电力设施布局规划,确定“十四五”建设时序及远景发展规模,初步摸排规划站址、廊道,推动电力设施规划纳入国土空间规划;开展“十四五”电网发展规划,制定经济技术开发区、高新产业园区等配套电力方案,明确“十四五”期间配网发展目标,持续推进主城区及重点乡镇目标网架建设。

2020年,完成500千伏诸北变二期扩建220千伏送出工程;推进特高压调相站开工进度和属地化政策处理工作,完成用地规划许可证办理,进入进场施工阶段;完成白塔3号主变扩建工程水保及稳评工作及项目核准;完成220千伏西南部补强建设工程规划许可证办理;全年完成配网投资2.25亿元,建成双环网11组,新建及改造10千伏线路273.45千米,新装及增容配变131台,新增容量5.035万千伏安。

【安全生产】2020年,修订公司安全奖惩实施细则和安全责任清单,做好全员安全责任清单签名背书。推进安全生产专项整治,按照《安全生产专项整治三年行动计划行动方案》做好“一下一上”工作。建立“一张清单”和通报考核、销号管理机制,销号整改省公司安全巡查、市公司安全性评价、春秋季安全大检查发现问题183项。联合诸暨市发展和改革局成立诸暨市电力行政执法中心,建立电力综合执法常态化机制。开展办公大楼消防安全评估并通过消防大队的验收。组织开展无脚本综合应急演练和应急照明拉练,配合市应急管理局完成绍兴市防汛防台应急演练工作。抓好新冠肺炎防控和复工安全管控,建成投运安全风险管控中心,上线使用“i国网”版安全风险管控系统,严格落实“三全”管理,召开“小、散”低压作业安全管控现场会,以计量改造标准作业进一步推进“小、散”低压作业安全管控落地。组织

2020 年诸暨市液化石油气储配站分布和储罐规模一览表

表 11 **单位：立方米**

站名（位置）	储罐规模
浙江海越股份有限公司（市区）	2200
诸暨市浙石液化气有限公司（草塔）	400
浙江省诸暨市湄池液化气有限公司（湄池）	200
诸暨市天兴液化气有限公司（浬浦）	200
诸暨市余达燃气有限公司（店口）	200
诸暨市南光燃气有限公司（牌头）	300
诸暨佳乐燃气有限公司（次坞）	100
诸暨市枫桥煤气有限公司（枫桥）	100
诸暨市应店街煤气站（应店街）	100
诸暨市赵家液化石油气储配站（赵家）	100
诸暨市直埠新桥液化石油气储配站（直埠）	100

开展安全生产“夯基础、除隐患、明责任、促提升”专项行动和“秋检预试、迎峰度冬”百日安全攻坚专项行动，加大对“抓反复”重点问题和“两杜绝、三下降”违章的稽查力度，2020 年累计稽查作业现场 764 个，查处违章 337 起，开展查违纠违能力培训，组织配电工作票抽考 521 人次。

【用电服务】2020 年，实施“业扩一站通”报装模式，严格里程碑计划管控，高压平均接电时长压缩至 24.12 个工作日。推广“网上国网”15 万户，线上缴费、开票、办电比例均创新高，客户服务数字化指数并列全省第一。全面落实 95 折电价优惠政策，联合店口镇政府开展“惠民助企”活动，推广“转供电费码”4000 余个，完成 34 家企业宿舍专变工程改造，减少用电成本 2.7 亿元。

加强服务质量管控，客户信息完善率达 99.60%，停电信息到户率 99.44%，投诉工单同比减少 62.7%。拓展需求响应企业 215 户、响应负荷 16.08 万千瓦，建成秒级可中断负荷 5 户、分钟级可调节负荷 8 户，引导 2200 余户低压用户削峰填谷。推行营业厅值班经理制和员工星级评定，姚江供电所完成绍兴首批“无人化”供电营业厅转型，创成省公司五星级供电所。

2020 年，面对新冠肺炎疫情，公司第一时间组建抗疫保电突击队全力保障医院等 17 个重点单位可靠用电和 30 多个卡点临时接电，300 余人参与社会综合防疫。全天候动态监测 5000 余家企业停复工情况，报送复工指数电力专报 40 期供市领导参考决策。两次走访全市 23 个镇街和重点企业，举办大客户座谈会，帮助企业纾困解难 110 项。成立电力工作专班，落实专人全程对接两区用电需求，127 个项目提前送电。积极配合做好高湖湿地公园、萧山至磐安公路等全市重点项目的线路迁改工作，完成首届世界珍珠大会、CBA 联赛等重要保供电任务 37 次。

（杨　雁）

燃气供气用气

【瓶装石油液化气】2020 年，全市共有液化石油气储配企业11家，总储罐规模4200立方米，总用户数约25万户，实名登记率100%，在用钢瓶数40万只，信息化监管比例99.8%。

【管道天然气】2020年，诸暨市管输气气源为省级管网天然气，有两个管输气气源点，分别为“西二线”的诸暨分输站（接入大唐门站）和“杭甬支线”的临浦阀室（位于萧山区临浦镇，接入店口门站）。应急气源为次坞气源站（LNG应急站）和大唐应急调峰站（LNG应急站）。全市共有管道天然气企业2家，分别为诸暨市天然气有限公司和诸暨余达燃气有限公司。其中诸暨市天然气有限公司建有高压管线6.4千米，管径为815毫米；建有次高压管线36千米；通气中压管线922千米；已通气低压管线678K千米；设有办公大楼2处，场站7处；开发工业公建用户1764户，居民用户11.7万户，年供气量近2亿立方米。诸暨余达燃气有限公司共有次高压17千米，管径219毫米；中压管道110千米，管径89～315毫米；低压管线30千米，管径25～200毫米；现有店口门站1座，工业用户近200户，民用户约7500户，2020年供气量约4300万立方米。

【天然气汽车加气站】2020年，市交通运输局下属交投公司有天然气汽车加气站2座，分别为天天CNG加气站（位于环城东路天天加油站内）和城东公交加气站（位于安平东路与环城南路交叉口的交投集团停车场内）。全市有473辆天然气出租车和277辆天然气公交车，全年用量LNG4165万公斤、CNG3050万立方米。（徐雨婷）

供油

【概况】2020年，全市共有63个加油站（其中2家歇业），正常营业为61家，分布在23个镇乡街道，全年汽油销售25.1万吨，柴油销售5.6万吨。

【新建加油站】2020年，全市在建加油站3个，王家井镇千秋桥加油站、大学城加油站在建，东和加油站单项验收。

【加油站日常监管】2020年，加油站检查138座次。全年指导天天加油站等20个散装汽油销售点推广使用“人证识别”系统，实名登记销售散装汽油。（孟丹萍）

供水排水

【概况】2020年，水务集团全年制水9742万吨，同比增长0.74%，水质全面达标。全年售水8373万吨，同比增长2.19%；全年共检出漏点2145处，完成水表周检31317只，新增用户39857户，供水面积扩展至1742平方千米。完成水费收入1.84亿元；完成污水输送6760.63万吨，同比增长0.5%；完成自备水企业污水处理费收入1047.48万元，完成自备水水资源费收入136.49万元。全年共完成城区15千米污水管道的清淤、疏通、检测，完成运行维护抢修任务4122个，补种绿化约5300平方米，无害化处置清掏物136吨；250个农污处理终端实行标准化运维。全年8个水厂原水和出厂水总计检测9960项次，出厂水9项合格率为100%。全市66个管网样点总计检测18252项次，管网水7项合格率为100%。两项指标均符合城市供水水质标准。每月定时对水厂及供水管网抽样检测一次，出具检测报告144份，总计检测9500余项次，出厂水37项合格率为100%，管网水37项合格率为100%。水质检测室通过省资质认定评审组CMA资质认定扩项评审，检测能力已达158项。完成城南水厂现代化复评。承担185座农村集中式供水站管理运维职责，完成13座千人以上供水站提升改造。以陈蔡水库加固改造及水源地综合治理工程为契机，完成三厂联调，平稳启用石壁水库原水。

诸暨智慧水务全面启动，制水、供水、排水各个模块结合企业实际和工作需要，展示实体初具雏形；水务集团招标办率先在省内国企中推出自主电子化开评标；暨阳勘测设计公司完成给排水设计资质申报、取得行政许可。分区计量（供水管网漏损控制系统）不断推进，三级及以上分区全面建成，四级分区完成1851个。引进1名“绍兴市特聘专家”。3个党（总）支部通过绍兴国资系统“五星双强”考核验收。

【工程建设】2020年，启动陈蔡水库加固改造及水源

2020 年 4 月 14 日，城南水厂原水管线改造现场（档案馆提供）

地综合治理工程 PPP 项目。完成城南水厂原水管线张庄段改造工程。推进萧山至磐安公路店口段给水管道移位工程、浣东再生水厂配套污水管网建设工程，超额完成年度投资计划。通过倒排工期、制定时间计划表、细化项目任务清单，实行挂图作战、责任到人，完成华都印染园区污水管网建设、高湖大桥 DN1200 管移位等市政府临时交办工程。

全年完成 105 个自然村城市供水管网延伸及 35 个外线管网配套工程，惠及农户 2.81 万户。免费为 395 户低收入农户安装自来水。结合旱情实际，完成五泄水厂往应店街方向、店口区域往次坞方向"两项引水工程"，大西片区用水压力得到缓解。

【安全保障】2020 年，强化安全应急保障，落实疫情防控举措，完成中高考、CBA 篮球赛、全市两会、世界珍珠大会等关键节点、重大活动保供水工作；定期检查生产场所安全防护设施及安防监控、消防设施等使用情况，将各类安全隐患消除在萌芽状态；6 月开展"安全生产月"活动，安排安全生产知识学习课程，全年共完成 17 名安管员、9 名企业安全负责人年度培训工作。

【综合服务】2020 年，升级用水报装系统、微信掌上营业厅、支付宝生活缴费等涉水业务办理平台，为用户提供"一站式"服务；对标一流营商环境，推出"221"（用户申请至通水时间不超过 2 个工作日、环节精简至 2 个、申请材料精简至 1 份）工作机制，重点项目设立专职客户经理，开辟"绿色通道"，全年帮助各类重点项目化解问题 600 多个。实施临时水价调整、结算规则优化等措施，助力疫情防控和复工复产。按时完成 11 件跨部门"三服务"交办单，办结率 100%。（蒲　狄）

新能源

【能源"双控"】2020 年，能源"双控"工作方案将任务目标分解到各镇乡（街道）和重点用能企业，加强重点用能单位的节能管理。2020 年，全市规上工业增加值能耗同比下降 5.4%。入选循环经济"850"项目（以"八个一批"为抓手，每年确立并推进 50 项循环经济重大建设项目）10 个。

【充电桩建设】2020 年，建设完成公用充电桩 69 个，完成上级任务的 100%。规范个人充电桩安装程序，超额完成充电基础设施建设任务。

【光伏工程推进】2020 年，完成光伏安装 16.6 兆瓦，做好 130 家光伏企业及 4000 余个自然人的补贴兑现工作以及光伏发电量的补贴兑现工作。

【萧义线工程】2020 年，萧义线工程推进，全年完成投资 3.6 亿元，累计总投资约 8 亿元。（斯梦霞）

生态环境

综述

2020年，以改善生态环境质量为核心，以天蓝、地绿、水清、城美为目标，以提升环境质量、补齐生态短板、确保环境安全为主线，创成国家生态文明建设示范市，打好污染防治攻坚战，建立全天候24小时环境监管执法机制，推进生态环境数字化转型，加强生态环境宣传教育，探索生态文明体制机制创新，生态环境保护各项工作稳步进展，环境污染治理成效显著。全市空气质量优良率为93.2%，同比上升4.4个百分点；$PM_{2.5}$平均浓度为29微克/立方米，同比下降17.1%；浦阳江诸暨段出境水质持续保持Ⅲ类

大陈江安华段（摄于2020年8月，市水利局提供）

及以上水质，出境水质持续优于入境水质，出境断面考核优秀；17 个绍兴市控及以上考核断面达标率 100%，全市集中式饮用水源水质达标率 100%，生态环境质量稳定向好。（严嘉佳）

环境质量

【水环境状况】2020 年，城市集中式饮用水源地水质达标率为 100%，全市饮用水源地水质平均指标达标率为 100%；诸暨市行政区域河流断面水质考核结果为优秀，其中开化江街亭断面、浦阳江安华断面、浦阳江浣纱桥断面、壶源江汤家村断面年均水质均为Ⅱ类，浦阳江湄池断面年均水质为Ⅲ类，其中浦阳江安华断面年均水质由Ⅲ类上升为Ⅱ类，其他各断面年均水质均与 2019 年持平。

【大气环境状况】全年市区环境空气有效监测天数为 366 天，环境空气质量优良天数为 341 天（优 127 天、良 214 天），优良天数占 93.2%，较 2019 年提高 4.4 个百分点；轻度污染天数为 23 天，占 6.3%；中度污染天数为 2 天，占 0.5%；重度污染天数为 0 天。$PM_{2.5}$ 年平均浓度为 29 微克 / 立方米，同比下降 17.1%。城区降尘年平均值为 2.65 吨 / 平方千米・月，较上年上升 0.04 吨 / 平方千米・月，低于浙江省大气降尘控制标准(8 吨 / 平方千米・月)。全年酸雨频率为 3.8%，较 2019 年上升 3.8 个百分点。

【声环境质量】全年城区居民文教区、混合区、工业区、交通干线两侧昼夜等效声级分别为 55.0 分贝、56.1 分贝、57.3 分贝和 57.5 分贝。与 2019 年相比，交通干线两侧等效声级有所上升，居民文教区、混合区等效声级有所下降，工业区等效声级保持不变。交通噪声等效声级平均值为 64 分贝，比 2019 年下降 1.7 分贝，道路交通噪声质量等级为好，主要超标道路为人民南路。城市区域环境噪声 (白天) 等效声级为 53.7 分贝，较 2019 年上升 0.4 个分贝，等级为较好。

【固体废物状况】2020 年，全市工业固体废物产生量 27.67 万吨，其中危险废物产生量为 8.4 万吨。工业固体废物综合利用量为 24.64 万吨，处置量为 3.31 万吨，处置利用率为 98%。全市医疗废物产生量为 1019.78 吨，无害化处置率为 100%。（袁明辉　陈　瑾）

环境监测

【概况】2020 年，开展辖区内地表水、饮用水源地、环境空气、城区噪声、重点流域地表水等环境质量监测工作，共获得水环境质量监测数据 36 万余个，空气环境质量监测数据 51 万余个，声环境质量监测数据 6900 余个；完成废水 320 家次、废气 100 家次的工业污染源监督性监测工作。公开环境空气质量、饮用水地表水源地水质、重点污染源数据信息，保障公众的知情权，共发布空气质量日报 365 期，环境质量月报 12 期。

【实验室监测能力建设】2020 年，共投资 431 万元新增紫外分光测油仪、紫外烟气分析仪、气相色谱仪、全自动阴离子洗涤剂（挥发酚）在线萃取分析仪、电感耦合等离子发射光谱仪、便捷式气相色谱质谱联用仪、便捷式 VOCs 分析仪、便捷式多组分气体检测仪等设备，实验室环境监测能力和应急监测能力进一步提升。

【环境自动监测能力建设】2020 年，积极推进环境自动监测站网络建设，投资 196.8 万元新建次坞镇主要物流通道空气自动监测站；投资 166 万元新建 7 个噪声自动监测点位，完成空气自动站仪器设备更新换代；投资 39.6 万元对街亭水质自动监测站进行升级改造，为打赢污染防治攻坚战提供科学有力的监测数据和技术支撑。（袁明辉）

治理与保护

【概况】2020 年，紧盯重点任务，狠抓关键领域，深入开展碧水、蓝天、净土、清废等污染防治攻坚行动，全面推进“无废城市”建设，积极做好第二轮中央生态环境保护督察迎检和问题整改工作，大力开展排污许可清理整顿和发证登记工作，完成第二次全国污染源普查工作任务，完成主要污染物年度减排任务，全年未发生较大以上环境污染事件和因环境问题引发的群体性事件。（严嘉佳）

【大气污染防治】坚决打赢蓝天保卫战，2020年4月组建治气工作专班，实行实体化运作，对全市范围内涉气主要污染源实施全面管控措施，在两个省控站点周边划定空气质量警示区和严控区，实施“一点一策”精准管控。进一步加强工业废气治理，完成“低散乱”企业整治198家、低氮锅炉改造90台，完成汽配铸造、砖瓦等行业企业废气治理32家。推进移动机械污染治理，2020年10月，发布《关于划定诸暨市区禁止使用高排放非道路移动机械区域的通告》，完成老旧营运车淘汰302辆，重型柴油车OBD联网223辆，完成非道路移动机械编码登记3301辆，开展非道路移动机械尾气检测601辆。2020年6月，制定实施《诸暨市2020年细颗粒物和臭氧“双控双减”实施方案》，确定错峰排放VOCs企业清单61家，精准采取强化减排措施，确保臭氧浓度稳中向好。积极应对气候变化，2020年8月发布《诸暨市重污染天气应急预案》，完成2019年度温室气体清单编制，修订重污染天气应急减排措施清单。

【水污染防治】2020年，深入打好治水巩固战，坚持“五水共治只能加强、不能放松”原则，继续实施工业园区“污水零直排区”建设提升行动，深入开展企业内部和工业园区（工业集聚区）雨污分流改造工作，全面落实雨污水管网长效运维管理机制，12个工业园区完成“污水零直排区”创建并通过验收。2020年12月，发布《浦阳江一河一策实施方案(2021年—2023年)》，落实浦阳江流域水污染防治工作。推进主要涉水行业整治提升，开展11家工业企业清洁生产工作。

【饮用水源地保护】2020年，推进饮用水水源地生态环境保护工作，委托相关单位编制陈蔡水库、石壁水库水功能区水环境功能区调整方案可行性报告，对5个“千吨万人”水源地、2个乡镇级水源地保护区范围重新调整与划分。在陈蔡水库开展生态安全调查与评估，识别陈蔡水库主要生态环境问题，提出陈蔡水库生态环境保护的措施，设计生态环境保护工程，2020年12月编制完成《陈蔡水库生态环境保护方案》，为陈蔡水库生态环境保护提供技术支持。

（杨雨晴）

【土壤污染防治】2020年5月，制定实施《诸暨市土壤污染防治2020年工作计划》。完成重点行业企业土壤污染状况详查工作，共计7家企业统一开展调查工作，另有14家企业自行开展场调工作并提供借力地块数据。全市37家土壤重点监管企业开展土壤及地下水自行监测工作，并主动公开监测结果。强化污染地块部门联动监管，落实建设用地变更前土壤污染调查制度，完成58个地块土壤污染状况调查及评审工作。确认并制定2020年度疑似污染地块名单，共计29家，完成2个疑似污染地块调查并移出疑似污染地块名录。

【固废污染防治】2020年5月，制定实施《诸暨市清废攻坚战2020年工作计划》。强化固体废物网上申报登记、转移计划审批、管理计划备案等制度落实，831家企业完成固废在线申报登记。定期开展危险废物经营单位企业监督性监测，引入第三方机构对生活垃圾焚烧厂进行24小时运行监管。配合完成省市级危废产生和经营单位规范化管理考核。开展小微企业危险废物排查工作，建立小微企业危险废物统一收运体系，印发《诸暨市小微企业危险废物集中收运管理办法(试行)》《关于加强小微企业危险废物规范化管理的告知书》，解决小微企业危险废物处置难、处置成本高的问题。稳步推进危险废物利用处置设施项目建设，完成浙江兆山环保科技有限

2020年6月5日“世界环境日”，市生态环境分局会同市人民法院和市检察院在白塔湖湿地公园开展环境违法案件巡回法庭审判(绍兴市生态环境局诸暨分局提供)

公司3万吨/年水泥窑协同处置扩建项目、浙江科超环保有限公司2万吨/年活性炭利用项目、浙江黑猫神环境科技有限公司2万吨/年废包装桶(包括废机油滤芯)、废乳化液处置项目建设。

【“无废城市”建设】2020年,推进“无废城市”建设工作,按要求完成涉及绍兴市“无废城市”建设试点考核任务中6项强化保障任务、32项重点任务、4项规划引进项目、24项指标体系建设任务。2020年8月,编制《诸暨市创建全域“无废城市”工作方案》,制定《诸暨市创建全域“无废城市”建设目标清单》《诸暨市创建全域“无废城市”建设任务与责任清单》《诸暨市创建全域“无废城市”建设项目清单》,确定重点项目42个。（陈 瑾）

【环境监管执法】2020年,建立全天候24小时生态环境监管执法机制,结合专项检查、“双随机”抽查等方式,将常态化监管与集中式专项行动相结合,先后组织开展安华镇现代包装园区印刷行业企业大气执法、经济开发区VOC废气综合整治等专项行动。2020年12月,制定实施《绍兴市生态环境局诸暨分局行政执法和处罚工作规程》,规范生态环境行政处罚行为,提高案卷办理质量。全年出动执法人员10990人次,检查企业4639家次,立案116件,行政处罚80件,处罚金额663.248万元,查封扣押17件,涉嫌移送公安机关4件6人。健全应急预案体系,更新诸暨市突发环境事件应急预案、操作手册。开展危险化学品事故应急演练,并妥善处置2起突发环境事件,全年未发生重大突发环境事件。

【第二轮中央生态环境保护督察】2020年,做好第二轮中央生态环境保护督察迎检准备工作,8月召开市政府常务会议进行专题研究部署;积极开展第一轮中央环保督察、省生态环境保护督察交办信访件整改“回头看”,全方位排查和整改环境隐患;做好督察期间综合调度、资料调阅、信访办理等各项工作,累计办理转办信访120件,较2017年第一轮中央环保督察信访件数量下降25.5%;有序推动交办信访件整改销号工作,严格按照制定的整改举措,逐条认真落实,逐个对账销号,确保每个信访反映问题整改到点到位。（周 楠）

【环境信访受理调处】2020年,不断健全信访处理工作规程,明确职责划分、办理要求,定期通报环境信访办结情况,提高信访办理质量,加强与信访人沟通联系,减少重复访和越级访。全年共受理各类环境信访539件,同比减少12.9%,调处率、办结率皆为100%,未发生因环境信访问题而引发的群体性事件。（张菲柯）

2020年6月5日“世界环境日”,绍兴生态环境局诸暨分局在白塔湖湿地公园入口处向群众分发宣传手册(绍兴市生态环境局诸暨分局提供)

【环境影响评价】2020年,做好项目环境影响评价审批服务,全年审批备案建设项目1118个,其中报告表(书)项目562个、登记备案556个。深化镇乡(街道)工业园区“区域环评+环境标准”工作,在2019年完成17个集镇区域规划环评的基础上,2020年完成诸暨市山下湖镇(珍珠小镇)工业集聚区规划、诸暨市东和乡局部地块控制性详细规划、诸暨市暨南街道王家井工业功能区控制性详细规划、诸暨市次坞镇大桥工业区局部地块控制性详细规划4个集镇区域的规划环评审查工作。（郭可儿）

【环保数字化建设】2020年,加快智慧环保建设,促进政府数字化转型。11月,在诸暨市开展浙江省2020年度重点排污单位自动监控业务培训及实战演练。12月,完成全市污染源自动监控系统新建、扩建及运行管理工作,及时发布污染源自动监控预警信息。完成次坞电镀园区动态监管系统及原系统升级改造，并投入试运行，物联网和大数据驱动实时动态监管，提高对污染企业实时全过程监管能力。

（寿童华）

【**第二次全国污染源普查**】2020 年，完成污染源普查数据汇总分析、工作报告、固废专题报告和技术报告编制工作，1 月通过绍兴市污染源普查工作验收。统一编排整理档案，普查工作入库档案共计 16809 件。绍兴市生态环境局诸暨分局荣获“全国污染源普查工作中表现突出的集体”和“浙江省第二次全国污染源普查成绩突出的集体”称号。

【**排污许可清理整顿和发证登记**】2020 年 4 月，发布《诸暨市 2020 年排污许可证发证登记工作方案》，建立一科室（单位）帮扶一（多）镇乡街道的工作机制，按照“摸、排、分、清”四项工作任务，多管齐下，借助属地镇街和第三方力量，核发重点管理 77 本，简化管理 144 本，登记管理 11255 家，全面完成排污许可登记任务。

（杨雨晴）

生态建设

【**概况**】2020 年，坚持以绿色发展为本，诸暨市荣获国家生态文明建设示范市县称号，跻身全国“绿水青山就是金山银山”发展百强县第三名，美丽诸暨建设、生态文明建设迈上新台阶。

【**国家生态文明建设示范市创建**】2020 年 5 月，申报材料上报生态环境部；2020 年 6 月，接受生态环境部现场核查；2020 年 10 月 9 日，诸暨市被生态环境部授予“第四批国家生态文明建设示范市县”称号。

【**“三线一单”生态环境管控**】2020 年 9 月 17 日，发布实施《诸暨市“三线一单”生态环境分区管控方案》，作为区域内资源开发、产业布局、战略环评与规划环评落地、项目环评管理的重要依据。

【**生态管理体制改革**】2020 年，深化生态环境损害赔偿制度，全年完成评估和赔偿项目 4 件，赔偿金 57.9 万元。其中 3 件违法建筑生态损害赔偿案件为绍兴首次办理的非环境污染类生态评估赔偿项目，为绍兴作为全国生态损害赔偿试点在生态环境损害赔偿领域扩展做出诸暨贡献。2020 年 4 月，上峰生态警示公园项目被生态环境部、最高人民法院评为“生态环境损害赔偿磋商十大典型案例”。全面推广环境污染强制责任险，在 2019 年试点经验基础上，对保险范围、服务内容、参保企业等方面进行拓展，保险金融服务从“绿色体检”升级为“绿色管家”。2020 年，全市参保企业 63 家，重点排污单位参保率 85.1%，投保金额 105 万元，保险额度约 1.1 亿元。进一步完善环境违法亮牌管理方式，2020 年 7 月，市“环境违法亮牌管理办法”被浙江省人民政府办公厅评为浙江省县乡法治政府建设“最佳实践”项目。

（韩姣囡）

【**市镇两级生态环境状况报告制度**】2020 年，继续全面实施市镇两级生态环境状况报告制度。2020 年 3 月 27 日，市十七届人大常委会第二十八次会议听取和审议市人民政府《关于 2019 年生态环境状况和环境保护目标完成情况的报告》。根据市人大常委会审议意见要求，制定并由市政府行文下发审议意见反馈问题整改工作方案。2020 年 4 月底前，23 个镇乡（街道）完成向镇乡人大主席团（街道人大工委）报告 2019 年度生态环境状况和环境保护目标完成情况。

【**绿色系列创建**】推进绿色矿山、绿色家庭、绿色学校等“绿色细胞”创建工作，2020 年创成绿色矿山 1 家、省级绿色家庭 2 户、省级绿色学校 4 家、绍兴市绿色家庭 10 户、诸暨市绿色学校 7 家。

（许　蓉）

交通运输

综述

2020 年，诸暨市加快构建现代综合交通体系，以“全面加快与杭同城”“全力服务乡村振兴”为重点，为诸暨市经济社会发展提供交通运输支撑。

2020 年，制定《诸暨市高水平建设交通强市的实施方案》《诸暨市高水平推进交通强市基础设施建设三年行动计划（2020—2022 年）》，高湖大桥、官弦线、石东线、兰店线超额完成年度计划。重大基础设施建设投入 20.4 亿元，完成年度计划的 115%。235 国道杭州至诸暨公路萧山河上至诸暨安华段改建工程项目、萧山至磐安公路（金浦桥至三江口大桥段）快速化改建工程、绍诸高速诸暨浣东出口功能提升改建工程、诸暨市店口综合港区建设工程等项目开工。杭诸城际、绍诸城际前期工作启动。2020 年 12 月 22 日，杭州都市高速公路诸暨段建成通车。

“四好农村路”建设紧紧围绕“全域美丽、乡村振兴”战略，做足“公路 + 旅游”“公路 + 文化”“公路 + 体育”文章，完成高水平建设“四好农村路”（2018—2020）三年行动，完成农村公路大中修（三期）共计 100 千米，完成新建和改造提升农村公路 282 千米，新建美丽经济交通走廊 136 千米。2 个“四好农村路”示范乡镇璜山镇和同山镇通过考核验收。积极筹备“四好农村路”国家级示范县创建工作。持续推进“村村通公交”深化工程，完成 35 个较大自然村公交通达任务。加大完善公交基础设施力度，新建候车亭 220 只，5 个运输服务站完成建设。全力做好城乡道路平安畅通提升行动。

持续开展超限超载专项整治活动，共查处超限超载运输车辆 1700 辆次，罚款 255 余万元，扣分 9500 分，卸载货物 6.5 万吨；非现场共计查处违法车辆 46 辆次，罚款 61.95 万元。开展道路危险货物运输安全“铁拳整治”行动，是全省第一批“无挂靠”县市区。加强出租车、网约车市场监管，依法打击非法营运车辆。扎实开展平安交通创建，全年安全生

2020 年 12 月 22 日，杭州都市高速公路（杭二绕）诸暨段通车（融媒体中心提供）

产形势良好。

交通基础设施建设

【公路大中修】2020 年，结合“十三五”全国干线公路养护管理评价考核要求，高标准做好 G235 新海线、S211 诸东线、S308 绍大线国省道大中修、小修保养、路域环境治理，完成国省道大中修工程里程合计 17.6 千米，总投资 2979 万元。完成县道大中修工程涉及 18 条县道计 55.3 千米，总投资 7000 万元。

【路面修补及病害处治】2020 年，共清扫路面 177930 千米；完成路面灌缝 77040 米；使用沥青砼 25983.125 吨；清理边沟 418.47 千米；整理路肩边坡 125276 平方米；清理堆积物 1332.85 立方米；清理塌方 53 处，塌方量 804 立方米，完成路基挡墙修复 35 处。

【交通配套设施管理】2020 年，完善及更换公路标志牌共计 600 余套，漆画标线 63000 平方米，增设及更换减速带 1500 米、爆闪灯 600 盏、凸面镜 120 面，安装信号灯 2 套，维修中间护栏 18000 米。（马杨杰）

城市公共交通

【公交线网优化】2020 年，城市公交线路新增 4 条，优化完善线路 7 条，城乡公交优化完善 45 条。完成自然村公交通达任务 35 个。

【基础站场建设】2020 年，完成建设改造五泄、马剑、客运西站、直埠、江藻 5 个乡镇运输服务站，新增农村物流服务网点 54 个，新建农村港湾式停靠站 24 个。

村村通公交——赵家镇到赵家桃岭村（交通运输局提供）

【新能源公交投放】2020 年，优化公交车辆动力能源结构，新增城市新能源公交 77 辆，用于新增线路、增密班次、更新老旧车辆。城市公交新能源公交车占比达到 84.57%，位列全省县级市前列。

【智能调度系统升级】2020 年，通过 GPS 定位、实时多任务处理等技术，结合公交车辆运营计划、GPS 自动报站、人机交互等功能，实现公交车辆运营的实时监控、调度，推动智慧交通的建设，进一步加强对营运动态的监管力度。（马杨杰）

公路客货运输

【旅客运输】2020 年，全市公路旅客运输企业主要有 9 家，分别是诸暨市公共交通有限公司、诸暨市城乡公交有限公司、诸暨市客运旅游出租有限公司、诸暨市长运汽车运输有限公司、诸暨市长运快客运输有限公司、诸暨市长龙汽车运输有限公司、诸暨市汽车运输有限公司、诸暨市联合旅游汽车出租有限公司、诸暨市长荣城际客运有限公司。有营业性客车 211 辆，8337 个客位（不包括出租车和公交车）；全市营业性汽车客运量 122.64 万人。

【班线客运】2020 年，全市旅客运输从业人员 346 人，拥有营运班线 42 条。跨省 6 条，6 辆，279 个客位；跨市 29 条，52 辆，1822 个客位；跨县 7 条，13 辆，423 个客位。

【城乡城市公交及出租车】2020 年，全市有城乡公交车 525 辆，20800 个客位；城乡客运线路 282 条。拥有市内公交车 350 辆，公交线路 48 条，年运输量近 3478.5 万人。拥有出租车 533 辆（车型为捷达油气两用车，其中 30 辆为纯电动力车）。

【货物运输】2020 年，全市汽车货运从业人员 6237 人，拥有营运货车 3386 辆，45404 吨位，其中个体 1415 辆，占总营运货车的 41.8%，危险品货物运输企业 13 家，拥有危险品运输车辆 123 辆。

【道路运输相关行业】2020 年，共有货运代办经营 115 家。有汽车维修企业 963 家（户），其中一类 14

家，二类 105 家，三类 612 家，摩托车修理 54 户；汽车综合性能检测站 A 级 1 个；全年维修车辆 93 余万辆，检测车辆 6789 辆次。全市有汽车驾驶员培训学校 18 所，拥有教练车 1292 辆，全年培训汽车驾驶员 34749 人。（马杨杰）

水路客货运输

【水路运输】2020 年，共完成水路客运量 21.0269 万人次，完成周转量 133.298 万人千米，同比分别下降 44% 和 58%。完成水路货物运输量 545.4902 万吨，周转量 115031.6983 万吨千米，同比分别增长 2.9%、2%。

【港口吞吐量】2020 年，本港区实现货物进出口吞吐量 575 万吨，同比增长 5.4%，其中出港吞吐量 113 万吨，进港吞吐量 462 万吨。新亭埠码头集装箱吞吐量实现 12000 标箱，同比增长 25.4%。

【水路运力发展】至 2020 年年底，辖区拥有货船 210 艘，同比上升 16.02%，总载重 132135 吨(其中集散多用途船 14 艘、计 600 标箱)，同比上升 34.7%，货船平均吨位 629.2 吨，同比上升 16.06%。货船平均吨位居绍兴市航区首位。辖区水路货运企业 5 家，拥有船舶 23 艘，运力 21902 载重吨，其中集装箱船舶 14 艘，计 600 标箱。（马杨杰）

铁路客货运输

【铁路客运】诸暨火车站位于诸暨市城西工业新城艮塔西路 168 号，为沪昆线上的二等站，隶属中国铁路上海局集团有限公司金华车务段管辖。车站站房占地面积 10 亩，建筑面积 9485 平方米。自 2014 年 12 月 10 日杭长高铁正式开通。有 10 个股道 6 个基本站台，共办理旅客列车 141 列，其中普速列车 54 列(上行往北方向 32 列，下行往南方向 22 列)，高铁列车 87 列(上行往北方向 33 列，下行往南方向 54 列)，高铁往北开通至北京、天津、南京、合肥、上海，杭州等，往南至温州、贵阳、南昌、厦门、福州、广州、长沙、南宁等。高铁到杭州东站平均用时 25 分钟，到上海虹桥平均用时 1 小时 20 分，到南昌 2 小时 38 分，到长沙 4 小时 22 分，到福州 3 小时 21 分，到南京 1 小时 54 分。

2020 年，诸暨火车站日均发送旅客 6320 人，其中高峰日发送旅客 12622 人。全年发送旅客 357.3 万人次（其中高铁旅客 215.2 万人次），收入 31048 万元。车站在售票厅设立人工售票窗口 8 个，8 台自动售取票机，其中 13 号人工窗口和 8 台自动售取票机 24 小时提供售取票服务。一楼候车大厅设身份证临时打印机，进站口配备三台安检仪，以及自动检票设备。车站以管理规范化、作业标准化为重点，推行 6S 现场管理，规范标识标牌和物品定置，加大站内厕所星级考评，改造站台雨棚，提升车站形象。

（黄保明）

【铁路货运】诸暨东货运站位于诸暨市陶朱街道宋家村西二环路 539 号，货场站前大道与千禧路东端连接。本站位于沪昆线，上海方向以下行进站信号机及反向进站信号机为站界，相邻站为湄池站，本站与湄池站的距离为 18.33 千米，株洲方向以上行进站信号机及反向进站信号机为站界，相邻站为诸暨站，本站与诸暨站的距离为 4.85 千米。

货运站总占地面积 322000 平方米，配有 6 条正线和到发线，3 条货物线，7 条专用线，119 个货位，其中标准仓库 6 座，面积 5832 平方米。货运站按技术性质属中间站，按业务性质属货运站，核定等级为二等站。货场内办理整车、集装箱货物到发业务，同时开办长大、笨重和国际联运货物运输。货场配置类型为尽头式货场，货场年设计能力为 130 万吨。按现有设备条件，货场一次可送作业车最多为 203 辆；按装卸能力，货场一次作业 119 车。配有大型门吊 2 座(最大起重能力为 36/16 吨)，专用卸煤抓斗门吊 1 台，8 吨走行电动吊 1 台，20 吨门吊 1 台(5 吨吸铁盘)，3 吨内燃叉车 5 台，1.8 吨内燃叉车 1 台，2 吨内燃叉车 1 台，40E 型货物装载机 1 台。

货场内主要发送货物：钢结构、废钢铁、混装货物、集装箱、海铁联运、国际联运货物等，主要到达货物：化工品、钢铁、化肥、盐、集装箱等。专用线主要到达货物：汽油、柴油、煤炭等。2020 年，装车量 7235

辆,年货物发送量30.67万吨。年到达车数10462辆,货物到达量61.34万吨,全年运输收入4048万元。

2020年,诸暨东货运站在保证正常生产工作同时,积极开展疫情防控工作。货运站购置防疫物资,宣传防控要求,落实值班责任制,每日专人对进入货场的人员测温,对国际联运境外运输到达货物采取全车喷洒消毒的办法,作业人员发放劳动保护防护用品;及时通报上级防疫文件精神;每日上传测温记录。全年未发现携带或疑似病毒者。

封闭式安全管理再次升级。落实标准化货场外美内实管理闭环,保证货场安全生产及岗位作业执标,诸暨东货场在2020年对监控设备再次进行升级,新增26个作业监控视频,对货场实时作业和安保提供技术支持,并可连接货站主要管理负责人员手机,加强货站监管力度。

在营销工作中采取保证重点项目发送上量、积极开拓新客户货源、扩大既有项目增量的方法,提供优质服务,保障客户运输权益。2020年一、二季度,铁路物流运输营收遭到较大冲击。诸暨东货运站在发送量和拓展营销思路上下功夫,根据现实产品结构重点,在道砟发送和海铁联运上做文章。同时将装运钢结构这一品牌产品宣传辐射到周边区域。2020年,货运站将道砟运输量从上年的5万吨提高到15.7万吨,发宁波北仑的海铁集装箱开行专列,新增杭州天晟公司钢结构包量运输。（韩永庭）

客货运行业管理

【危货运输企业整治】2020年,开展路危险货物运输安全"铁拳整治"行动,全面检查危化运输企业、危化运输车辆,排查并整改一般隐患20余处。完成65辆挂靠车辆的清理,是全省第一批"无挂靠"县市区。推广车辆智能安全装置、危化企业司机"安全码"等工作,均100%完成。

【蓝天保卫战】2020年,淘汰老旧营运车辆475辆,完成总任务的140.5%。严格检查各在建工程工地,确保各工程工地达到"8个100%"要求。部门联动落实扬尘污染防治责任制督查,检查街道、镇乡扬尘防治责任机制、动态管理机制、日常巡查机制的落实情况。

【道路平安保障升级】2020年,完成2处省级、2处绍兴市级挂牌隐患点整治、验收,11处诸暨市级隐患点的整治。完成12处共计18.07千米二级加宽公路中间增设隔离护栏的安装;完成绿化遮挡和马路市场排查14处;重点车辆整治875辆工程运输车户籍化管理双证办理工作。

2020年10月14日,店口港工程开工仪式现场(融媒体中心提供)

【港航管理】2020年,在诸暨港新亭埠集装箱码头正式投入试运营基础上,配合政府部门做好店口港码头建设工程前期工作,店口港码头建设项目进入施工阶段。2020年,进一步加强航道航政管理,依法保护航产航权。严查各类航道违法案件,保障航道畅通。积极协助相关单位做好诸暨店口湄池大桥改建工程跨越浦阳江航道通航条件影响评价工作,严格要求建设单位按照航道法规定和内河通航标准、诸暨市水运发展规划要求做好航道航评工作,确保辖区航道通航技术尺度符合国家航道技术标准要求,航道资源不受侵占和损坏。（马杨杰）

信息产业

综述

2020年，全市坚持以数字经济五年倍增计划为引领，扎实推进数字诸暨提升工程，推动经济社会实现高质量发展。

全市以争创省级数字经济创新发展示范区为目标，以数字诸暨提升工程为主抓手，紧扣产业、政府两大领域，大力实施数字新制造、新治理，两化融合发展指数达96.31，位居全省第一梯队行列；数字经济综合评价位次较上年提升21位，增幅居绍兴市首位。政策引领，激发转型活力。贯彻落实全市制造业数字化推进大会精神，结合“三服务”活动广泛走

2020年6月10日，新时代“枫桥经验”与数字安防融合发展推进会在诸暨市召开（融媒体中心提供）

访开展政策宣传推送；落实专人为全市驻企服务员作政策解读培训，提升助企服务员服务水平，助力企业加快发展。受政策引领撬动，以华纬弹簧、百立机械、金海环境为代表的弹簧、汽配、纺织等行业企业数字化转型意识提升明显，成为数字化改造的主力军；至12月，数字经济核心产业制造业和软件服务业分别实现营业收入44.25亿元和13.46亿元，超额完成全年目标任务。广泛开展科技成果转化合作，实施数字经济领域科技成果产业化项目6项，技术合同交易额达6049万元，指导企业主导和参与数字标准化制订16项。

深化数字大转型。强化机构引进，保障服务需求。全市合计引进数字化工程服务公司5家、数字化服务商10家，其中云图科技成为时尚袜艺行业数字化改造服务主力军，自8月以后合计联网改造袜机超过1000台；驻云智造在汽配、弹簧等行业广泛开展数字化改造服务，全年服务改造企业超过10家。实施数字转型，助推提升发展。紧抓省制造业高质量发展示范县市创建契机，推进时尚袜艺、美丽珍珠、铜材精密制造为重点的产业集群化、数字化、高端化改造，合计完成创建数字化车间77个，创建示范企业33家。其中，时尚袜艺行业引进意大利圣东尼公司落户，博忆纺织、涧澜袜业、杨氏实业等袜业企业分别超过200台袜机的改造项目稳步实施；铜材精密制造行业海亮股份投入近2000万元实施全流程信息化迭代升级；美丽珍珠行业天海生公司珍珠自动分拣装备投入市场。深化平台建设，强化示范引领。主动对接邀请沪杭知名机构就工业互联网建设开展合作交流，合计7家企业入围省级工业互联网平台创建名单，全兴精工、迪艾智控2家企业工业互联网平台通过省级验收，均居绍兴市首位；全年新增工业机器人480台，企业上云总数突破8200家，均排名绍兴市第二；规上企业“五化”应用率超过80%；露笑科技连续2年入围省电子信息制造业百家重点企业。

夯实数字产业基础。推动平台载体创新。对标“万亩千亿”新产业平台建设要求，建设“枫桥经验”+“智慧经济”为特色的新时代数智安防产业园，全力打造全国数字安防产业的样板区，累计引进华为等数字经济核心产业项目20个，启动一期建设项目9个，总投资10亿元，规划用地200亩。推动业态模式创新。大力发展新零售等新业态新模式，加快大壹网红等直播基地建设，一期完成投资6000万元，累计入驻网红直播机构近200家、品牌超过500个，以互联网为依托，对线上服务、线下体验及现代物流进行深度融合，加快培育现代电商物流产业，努力打造中国·诸暨新零售产业城。推动数字基建创新。推动实施5G基站建设“一件事”集成改革，加快5G网络、数据中心等数字新基建，新建开通5G基站1129个，超额完成全年目标任务，超驰物流、洁丽雅、沈阳机床等5G工业应用项目有序推进；移动公司数据中心完成投资1.5亿元。

加快融合发展。以农业、服务业、建筑业为重点，着力推进产业融合化发展，积极培育新业态，积聚新动能，构筑新优势。加快农业数字化转型，提升优化智慧农业平台，加快农业经营主体和农业基地数字化转型，完成创建农业数字化产业基地10个。加快服务业数字化转型，深化跨境电商、网络销售、“新零售”三线布局，至12月，实现网络零售额232.5亿元，同比上升12.7%，总量居绍兴市前列。加快建筑业数字化转型，大力推进“智慧建管”建设，实施建筑工业化，加快建筑信息模型集成应用，打造“智慧工地”130个，完成建筑工业化面积175.08万平方米，培育建筑信息模型BIM集成应用企业1家（恒中达建筑有限公司）。

激发数字政府活力。全面提升数字政务水平。“掌上办事”“掌上办公”提升优化，实现全市政务服务事项“掌上办”实现率100%，行政权力运行系统事项“好差评”可评率100%；完成“一证通办”系统迭代升级，可调用涉民证照信息56个，涉企证照信息14个；“诸事通办”微信小程序集成越警管家、诸杭高速免费通行申请等20个应用服务，注册用户达3万余人；机关内部“最多跑一次”稳步推进，完成401项事项上线100%实现网办，完成公务员管理“一件事”上线办理；公共数据归集共享进一步深化，完成59个部门公共数据资源目录梳理工作，年初发布《诸暨市公共数据资源目录(2020 版)》,打通绍兴数据共享平台接口 330 个,完成 55 个部门数据接入,建成市场主体信息、财政补贴、农业数据等 13 个分类数据仓,归集数据 60 亿余条。全面加快数字治理建设。加快推进智慧城市运行管理中心建设;创新城市社区治理模式,推广应用 "平安码",疫情期间,全面推行 "健康码 + 白名单" 制度,创新 "健康码" 多领域场景化应用,完成大数据分析研判 6 万余人次,精准发送招工信息 100 余万条;推进政务信息基础设施整合,提升 "雪亮工程" 建设水平,完成与绍兴市 "雪亮工程" 总平台互联互通建设,建成 "雪亮工程"总平台,接入 28334 个视频点位。（经信局）

电信

【概况】2020 年,中国电信诸暨分公司充分发挥网络强国 "主导者"、数字诸暨 "主力军"、网信安全 "国家队" 的作用,助推诸暨经济社会的数字化转型、高质量发展。全年业务收入达 3 亿元,同比增长 2.47%。

【疫情防控助力】2020 年,新冠肺炎疫情发生后,诸暨电信保障通信畅通,助力复工复产。通过实施精密智控,利用数据(定位)支撑 "健康码" 平稳运作,快速组织 10 多支施工安装突击队,配合各镇乡紧急安装隔离点及卡口监控天翼看家点位 379 个,通过 "天翼看家" 视频监控,协助各医疗机构、镇乡街道做好隔离病房、重点人群的管理。第一时间组成疫情防控通信保障应急突击队,进入隔离病房进行网络安装,支撑医院通过 5G+ 智慧医疗进行远程诊断和治疗,提供医疗设备远程监测,远程云会诊、数据采集等功能、实现新冠肺炎远程诊疗。全面开放中国电信 "云课堂",全力支撑教育系统远程教育,实现 "停课不停学"。开发教育局学生防疫健康申报平台,实时管控每个学生的健康状况,累计为全市 300 所学校提供服务,覆盖师生超 15 万人。推出"96666" 复工复产热线,为中小企业免费提供"云会议" "云办公" 等上门或远程指导服务,优先为制造类企业提供 5G+ 云网协同的网络能力。开发打造 "三返" 平台,累计服务企业超千家、超 10 万名复工人员。

【5G 网络规模化建设】2020 年,诸暨电信紧抓 5G 发展机遇,全面推进 5G 网络建设、平台支撑和产业生态构建。推动与联通开展全市 5G 网络共建共享,双方充分利用 3.5GHz 室外 200M、室内 300M 的频率带宽优势,为客户提供全新的高速体验,200M 带宽峰值达 2.7G,平均下载速率达 800Mbps,处于行业领先地位。全力打造一张覆盖更广、速度更快、成本更低、体验更好的 5G 精品网络。2020 年,全市有 5G 基站 200 多个,实现市区及重点镇乡的连片覆盖。同时紧抓浙江省电信在余杭、滨江分别建设中国电信 5G 创新园、中国电信 5G 创新中心,打造国内领先的 5G 产业创新平台和运营基地的领先优势,在枫桥等地推进数字小镇建设,构建 5G 产业新生态。

【云网融合】2020 年,为推动和加速全社会信息化、网络化、数字化和智能化的进程,推进云改战略和数字化转型。诸暨电信加快新一代千兆光网建设。全市光纤接入端口达 46 万个。在实现全市光网全覆盖的基础上,进一步加快 10G PON 光网升级改造,加厚城区覆盖,加大农村延伸。同时推进云基础设施建设。推进边缘云布局,启动 DC 改造,试点云网边端融合方案,打造 "边缘 +" 云网一体化能力节点,提升产业数字化升级的 DICT 能力。

【信息化项目承建】2020 年,为助力 "数字诸暨" 建设,诸暨电信深入推动 5G、云计算、大数据、物联网等信息化技术在诸暨经济社会的全面应用。在政府数字化转型方面,诸暨电信聚焦 "整体智治",助力 "最多跑一次" 改革,不断健全、完善互联网平台系统建设,构筑政务云。承建市应急管理局避灾场所技术服务项目,建成应急管理可视化调度平台,完成 217 个避灾点监控,超 685 部卫星电话投入应用。加强与各个乡镇街道的沟通合作,对五金、袜业、珍珠等产业园区进行重点传统产业数字化提升试点,打造 "互联网 + 智能园区" 样板。万安集团和露笑集团打造成混合云的省级标杆。承建精准教育平台,对学生成绩、知识点普及和每个学生的掌握情况进行大数据分析,提升对每个学生的个性化精准管控能力。同时,加载教育桌面云、开发应用系统等内容,提升教育信息化程度。投资1100万元升级农林大智慧校园系统，新建校园5G网络和WIFI6无线网络，形成有线无线融合一体的智慧校园网络。开发枫桥镇惠民服务平台。该平台作为四个平台的延伸子平台，面向全镇数千名孤寡、残障群体，提供“一键式”呼叫服务，受理与处置派单全程纳入到四个平台中管控，由村、社区提供就近上门服务，为民生信息化管理提供初步经验。

【网络信息安全保障】2020年，为强化网络信息安全保障，保卫信息基础设施、守护清朗网络空间，提供智能安全服务，诸暨电信全面打造智云护航体系。打造一支专业可靠的团队，自主可控的“两平台一中心”以及全方位的网信安全服务能力。由完全独立自主的专业维护队伍、符合安全认证的维护类产品（云堤等）和后台流程支撑系统组成。电信“智云护航”体系为全市党政军及重要企事业单位客户提供从网络到信息化建设的一站式全程服务。同时诸暨电信开展防范打击通讯（网络）诈骗专项行动。设立语音安全管理中心、“400”安全中心，建设防诈骗平台、重点业务管理系统；推送公安涉诈线索信息，准确率达80%；完成恶意网址预警全市推广，累计预警提醒上百万次。根据“断卡”行动要求，建立“不良信用通信网用户”处理流程，完成九批不良信用用户的号码处置工作。

【“雪亮村居”承建】“雪亮村居”是市政府“雪亮工程”的延伸项目，诸暨电信全年投入资金2000多万元，助力美丽乡村数字化治理。在枫桥镇平安乡镇信息化试点的基础上向全市推开，将建设触点延伸至所有行政村，至年底，完成“雪亮村居”公共点位超1万个。 （董金萍）

移动

【概况】2020年，诸暨移动公司紧随诸暨市政府信息化建设步伐，承建枫桥平安小镇、人口移动普查服务、避灾场所可视化建设在内的多个政府单位的管理平台建设工作，通过软件平台和前端终端的有机结合做到合理调度、科学执法、实时取证、闭环管理。支撑姚江镇实现全市首个村委换届选举智控云平台服务试点，后在全市所有乡镇推广，同步接入“四个平台”，实现“市矛调中心+乡镇四平台+村社选举点”云平台智控三级即时指挥，精密“智”选到位。诸暨移动利用5G先发先行优势，助力企业数字化改造、5G数字车间建设，用信息化手段协助企业降本增效，创建成功1家省级工业互联网平台、3家市级数字车间。承建司法数字卷宗、智慧公厕等多个信息化项目，配合做好诸暨市全国文明城市复评工作，并成功复评省级文明单位。诸暨移动为防疫和复工复学提供来诸人员精准提醒、宽带电视在线教学、复工复产招聘平台、省市县镇四级视联网视频会议等信息化解决方案，主动参与视联网24小时保障省市县镇四级会议270余场次，主动联系教体局上线宽带电视线上课堂330余节，主动对接人社局上线“智慧招聘”平台向30余万名定向人群发布平台招聘信息。与诸暨市统计局、实验小学教育集团、国家电网等单位结对并签订5G战略协议，以“党建和创”推进重点项目提质增效。诸暨移动持续推进校园和教育、公安监控项目、公安“警务通”项目、视联网项目的全年支撑维护。完成诸暨枫桥学院、诸暨世界珍珠大会、诸暨飨街美食节等通信保障工作。

诸暨市在疫情期间开设“互联网+”网上课堂。图为学生通过平台上课学习（摄于2020年2月，市档案馆提供）

【4G网络建设】2020年，公司以“深度有突破、厚度

有保障、广度稳投入，感知为精品”为指导，通过持续开展双层网建设和扩大新技术应用，保障网络容量和提升用户感知，落实 FDD 组网结构调整。全年新建扩容 4G 宏站 142 个，室内分布系统 35 个，小微站 68 个。累计宏站 3268 个，室内分布系统 607 个，小微站 593 个。实现诸暨所有行政村 100% 全覆盖。

【5G 网络建设】2020 年 3 月，启动大规模 5G 基站建设，至 12 月底开通 986 个 5G 基站，完成全年 980 个 5G 基站的建设目标，同时新建 5G 机房 22 个，累计投资超过 3 亿元。开通量占诸暨三家运营商的 77%（电信与联通合建），实现诸暨主城区、百强镇区和高速 5G 全覆盖，非百强镇区部分覆盖。

【家庭宽带驻地网建设】2020 年，继续坚持市场导向，持续推进有线宽带驻地网建设。新增驻地网覆盖数 2.6 万户，累计覆盖达 78 万户，覆盖规模列绍兴地区第二。完成老小区改造 36 个，平移用户 3912 户；完成紫晶首府、轻工技校等 28 个 ODN 区块接入网优化工作；家庭宽带万投比（广义）从 2019 年均的 268 下降到 209，压降 22%；完成大容量 OLT 开通 49 套，在网 OLT 10G 链路完成扩容 98 套，千兆覆盖小区超 450 个；聚焦用户感知，深化网格化管理 + 微格化服务，开展质差整治，清单式质差整治完成率 94%。

【全业务支撑体系建设】2020 年，继续强全业务项目经理的现场支撑能力，按乡镇做好服务对接；结合专业细分，加强全业务项目经理的云支撑能力和 DICT 支撑能力；城域网出口带宽扩容至 1600G，可满足全量客户升级至 1000M。

（朱杭燕）

联通

【概况】2020 年，中国联通诸暨分公司 4G 网络覆盖规模为诸暨城区、各乡镇街道及主要乡村，全市 4G 大网物理基站有 708 个，室分物理点位 157 个。实施 5G 网络共建共享，诸暨联通按照省市公司统一部署，一期 5G 建设完成 256 个物理点位（含 250 个基站 +6 个室分）和 1 个数据中心机房改造，5G 信号保证暨阳街道和城西工业区连片覆盖，大唐街道、浣东街道、陶朱街道、山下湖、店口镇、枫桥镇重点区域覆盖，乡镇营业厅全面覆盖。二期根据业务和区域保障需要，数据中心机房建设和 5G 基站网络建设持续分批推进。2020 年，5G 行业应用面向工业互联网、智慧医疗、智慧教育、智慧旅游、城市管理、智慧园区、网红直播，智能仓库、数字化车间改造等诸多领域，积极打造 5G 行业创新应用标杆。

【固定网 FTTH 建设】2020 年，固定网 FTTH 端口数累计达到 10 万户，光纤资源覆盖全市所有街道和集镇中心，完成全市上联 OLT 设备升级，具备千兆的宽带接入服务能力。作为宽带一级运营商，具有速度优势、品质优势（借助丰富的骨干传输资源和国际互连出口，联通宽带网络体验优）、智能优势（中国联通能够为用户提供智慧家庭、高清视频用智能应用服务）。

【信息化业务保障】2020 年，聚焦党政军、金融、制造、交通、物流等各行业信息化需求，坚持“以客户满意为标准，以客户感动为目标”的服务理念，推行差异化、个性化服务，为客户量身订制信息化解决方案，为集团客户提供专家式服务，满足各行业对通信系统稳定、快速、优质、多样化的要求。完成教育网考试院、河长制等重点信息化项目保障。

【迁改整治项目支撑】2020 年，主要支撑完成老小区线路改造、浦阳江河堤改造、店口高架桥新建等重点项目，及时完成管线迁改和基站搬迁。

（毛林涛）

金融业

综述

2020年，全市在金融改革创新、金融服务实体、资本市场发展、金融生态维护、金融风险处置等方面探索突破。

2020年年末，全市共有银行业金融机构23家，包括政策性银行1家（中国农业发展银行诸暨市支行）、地方性法人银行2家（浙江诸暨农村商业银行股份有限公司、浙江诸暨联合村镇银行股份有限公司）、小微企业专营支行3家（浙江泰隆商业银行股份有限公司绍兴诸暨小微企业专营支行、台州银行股份有限公司绍兴诸暨小微企业专营支行、平安银行股份有限公司绍兴诸暨小微企业专营支行）。有地方金融机构（类金融机构）21家：小额贷款公司8家（浙江海博小额贷款股份有限公司为新三板挂牌企业）、典当行10家、融资性担保公司2家、民间投融资中心1家。其他有农民资金互助会11家、金融创新服务中心1个等特色金融机构。

12月末，全市各项存款余额1837.03亿元，较年初增长165.84亿元，同比增长9.92%；各项贷款余额1538.62亿元，较年初增长143.83亿元，同比增长10.31%。2020年，争取央行三批再贷款、再贴息政策红利，全市累计发放贷款6651笔，共计58.61亿元，节约企业资金成本1.5亿元。

2020年，投向制造业的贷款余额386.61亿元，占比25.13%，1—12月新增30.11亿元。12月末，普惠型小微企业贷款余额535.67亿元，比年初新增92.87亿元，同比增速20.99%。全年，“产权＋信用”贷款规模达12.46亿元，服务农户等各类主体8071家。9月，开放“诸暨市金融综合服务”网络平台，依托“互联网＋”优势，建立线上、线下融资需求对接，引导金融机构提升金融服务能力，加大对普惠型小微企业贷款的倾斜力度。全年累计125家企业在平台成功注册，23家银行累计发布金融产品127个，点击访问量达1万余次，成交14笔，投放金额10726万元。

全年全社会融资新增269亿元，其中直接融资125亿元，直接融资比例46.47%。

全力防范化解金融风险，关注重点企业风险处置推进，明确“四个一点”（企业担一点、银行让一点、政府帮一点、司法快一点）风险处置原则，注重日常协调，强化政策执行，借力转贷基金作用、创新金融服务等手段，合力帮扶化解企业风险。利用财政转贷基金累计转贷企业307家、346次，转贷金额82.47余亿元；协调银企矛盾120家次以上，帮扶企业180家次。

坚持系统处置、灵活处置和分类处置原则，1—12月，辖内银行业机构累计处置不良贷款54.81亿元，其中打包转让18.54亿元，核销16.65亿元，现金清收5.12亿元。不良贷款余额14.75亿元，比率

0.96%，近5年首次降到1%以内。（田 欣）

银行

【概况】2020年，全市存贷款及社会融资总量均创历史新高，金融支持实体经济成效显著，信贷结构持续优化，营商环境不断优化，账面不良风险明显下降。至年末，全市银行各项存款余额1837亿元，同比增长9.92%，比年初增加165.84亿元；各项贷款余额1538.6亿元，同比增长10.31%，比年初增加143.83亿元。

文化金融创新。2020年5月8日，市政府印发《关于试行"五位一体"文化金融评估交易体系 打造文化金融先行区的实施意见》，先后在赵家镇、同山镇举行文化金融示范镇共建签约仪式。为香榧文化、烧酒文化定制特色信贷产品。至年末，诸暨农商银行通过AAAAA信用评级的方式为同山烧酒农户发放信用贷款23265万元，发放香榧文化信用贷款40737万元，发放香榧林权抵押贷款1660万元。出台《推广知识产权质押融资 促进文化产业发展实施方案》，对金融机构向文创企业发放知识产权质押贷款的，按照同期LPR利率的50%予以贴息补助。全年共为3家文化企业办理知识产权质押，发放贷款1880万元。

"三清单三比例"优化金融生态。全市银行业落实"三清单三比例"（授信清单、问责清单、尽责免责清单和首贷户比例、信用贷款比例、无还本续贷比例）考核办法。在诸暨发布上公示诸暨23家银行的"三张清单"，并设立监督热线，督促金融机构履行"三张清单"承诺。全年全市共新增首贷户2148户，累计发放金额33.66亿元。信用贷迅速推广，全市信用贷款余额247.9亿元，比年初增加26.3亿元，同比增长11.9%，占全部贷款余额的比重为14.4%。小微企业审批权限逐步下放，数量不断增加。全市共有9家银行获得小微企业新增授信审批权限。授信审批时限缩短。小微企业平均审批时限为1—2周，存量周转1—2天。

再贷款精准滴灌实体经济。新冠肺炎疫情发生后，中国人民银行发布一系列金融措施，支持扩内需、助复产、保就业，为疫情防控、复工复产、实体经济发展提供精准金融服务。疫情初期，由总行制订3000亿元疫情防控专项再贷款政策，2月17日，绍兴市第一笔疫情防控专项再贷款在诸暨市发放，全市累计发放32笔，合计金额6.1亿元，加权平均利率2.92%，中央财政贴息后，企业实际利率仅1.46%。2020年诸暨市累计投放3000亿元、5000亿元、1万亿元再贷款再贴现资金达58.6亿元，支持企业超过6500户，发挥货币政策工具的精准滴灌作用，中小微企业和各类市场主体平稳健康发展。

两项货币政策创新工具见效。2020年，人民银行总行推出两个直达实体经济的货币政策创新工具——普惠小微企业贷款延期支持工具和普惠小微企业信用贷款支持计划，并对金融机构出台相应激励政策。至年底，诸暨市2家法人机构累计为2808户小微企业实施阶段性延期还本付息政策，延期本息金额24.7亿元；累计发放普惠小微企业信用贷款8987笔，金额19.9亿元。两项创新工具缓解小微企业贷款到期周转压力，通过加大信用贷款投放力度纾解小微企业融资难题，全市小微信贷支持扩面增量。

"枫桥式"金融服务站打造。2020年，开展助农服务点升级工作，推动"助农服务站＋政务服务"和"助农服务站＋宣传阵地"建设，引入医保缴纳、税务办理等相关功能。该服务站"金融服务、政务办理、社会管理"于一体的"枫桥式"服务站。创新调解机制，多维度结合构建综合调解体系，将服务站建成金融纠纷调解室；深化宣传机制，多形式视频宣传丰富工作要素，将服务站建成金融宣传桥头堡；完善培训机制，多部门合作提升培训工作质效，将服务站建成金融业务指导站。"枫桥式"金融服务站建设被市政府列入"诸暨市2020年度十大民生实事工程"。

外汇改革便利化红利增幅扩面。2020年，落实外汇便利化政策，为出口企业免开出口待核查账户922个；取消特殊退汇业务登记8笔，金额11.8万美元；实现服务贸易付汇税务备案电子化10笔，金额1296.95万美元；办理资本项目收入支付便利化41

笔,金额41553.39万美元;办理内保外贷注销业务1笔,金额2000万美元;办理人民币购汇偿还国内外汇贷款4笔,金额31.77万美元。以“订单+清单”系统为平台,银行加大对清单企业的订单项下融资力度,全年为辖内29家涉外企业发放订单贸易融资总计16986万元。（史小猛）

【中国工商银行股份有限公司诸暨支行】至2020年年末,中国工商银行股份有限公司诸暨支行(简称工行诸暨支行)本外币存款时点余额212.88亿元,余额在四大银行占比28.29%,同行业排名第2位;本外币贷款时点余额193.49亿元,比年初增加9.09亿元,余额在四大银行中占比31.04%,同业排名第2位;不良率0.28%,比年初下降1.01个百分点。

不良贷款处置。2020年,累计清收处置不良贷款12.6亿元;全年累计劣变10.68亿元;年末剪刀差余额(个贷余额)0.129亿元,无公司剪刀余额。

外管考核A类。工行诸暨支行在2019年度“银行执行外汇管理规定情况”综合考评中,在全市14家外汇指定银行中再获第一,蝉联“A类”行评级。

收单商户数激增。2020年,收单业务活动竞赛共发展新收单商户1601户,其中POS商户519户,二维码商户1082户。

跨境人民币十周年系列专题活动。2020年,工行诸暨支行根据《中国人民银行杭州中心支行办公室关于开展“浙江自贸区扩区赋能暨跨境人民币十周年”系列宣传活动的通知》(杭银办〔2020〕154号)文件精神,开展“跨境人民币十周年系列专题宣传活动”,重点围绕十年来诸暨跨境人民币政策支持和业务创新、优质企业跨境人民币结算便利化试点等新业态领域开展宣传活动,至年末,活动期间共办理跨境人民币结算57105万元,完成率114.2%。

公积金自助提取系统上线。2020年9月,工行诸暨支行率先推出银行电子渠道(智能柜员机、工商银行APP)的公积金提取业务,涉及各项高频提取业务。个人通过渠道可办理的公积金提取业务包括偿还本市纯公积金贷款、本市纯商业贷款、纯公转商贷款的年还贷提取。工行渠道支持的其他贷款银行有中国银行、建设银行、交通银行、招商银行、农业银行、绍兴银行、中信银行。该渠道还能办理已达到退休年龄且个人账户已封存的退休公积金提取,与单位解除劳动关系、个人账户已封存满五年的离职公积金提取。

驿战严冬暖心活动。2月,工行诸暨支行17个网点开展“工行驿战”严冬暖心服务活动。服务活动以普惠公益为定位,面向环卫工、快递员、交通警察及其他户外作业人员,向他们提供歇脚、饮水、充电、上网等惠民服务。

第三人民医院智慧食堂上线。2020年10月9日,第三人民医院智慧食堂上线,这是绍兴工商银行首个对外的智慧食堂项目。“智慧食堂”是以快捷缴费、支付结算和场景搭建,只需输入银行卡和身份证信息即可实现刷脸支行,付款时快速识别用餐人员身份信息,可以脱离介质和手机。

新开有效结算账户。至2020年年底,工行诸暨支行新开有效结算账户2164户,四大银行占比29.12%,排名第一,与同期占比持平,超农业银行410户,超中国银行457户、超建设银行358户。新开基本户1751户,占比31.35%,排名第一,比同期占比下降2.42%,超农业银行532户,超中国银行354户、超建设银行532户。

辖内首笔“顺丰贷”。工行诸暨支行发展经营快贷业务,丰富经营快贷融资市场,与顺丰物流合作,创新产品“顺丰贷”,主要基于小微企业物流、货运和仓储数据,结合结算、纳税、征信等信息的创新场景。3月,发放首笔“顺丰贷”,金额92万元。

首张“不动产电子证明”办理。6月15日,工行诸暨支行办理诸暨市首张不动产登记电子证明,其登记内容、法律效力与传统的纸质版证明一致。办理该业务的客户只要将资料提供至工行,工行即可办理不动产登记电子证明,完成抵押登记并发放贷款,减少因传统证明存取、遗失、损毁带来的不便,提高审批放贷效率,真正实现民抵押登记“零跑腿”,这也是深入推进“互联网+不动产登记”便民创新举措。（赵洁伶）

【农业银行诸暨市支行】至2020年年底,农业银行诸暨市支行(简称市农行)本外币各项存款余额242.14

亿元，比年初增加29.72亿元；本外币各项贷款余额200.63亿元，比年初增加28.81亿元；拨备前利润4.93亿元。全年累计处置不良贷款39212万元（其中自主现金清收不良贷款金额8649万元，核销处置1460万元，形态回调处置1400万元，批转27703万元）。全行五级分类不良贷款余额为27722万元，比年初减少5025万元；不良贷款率1.38%，比年初减少0.53个百分点，实现不良双下降。2020年5月28日至6月10日，绍兴分行巡察一组对支行开展现场巡察，巡察期为2016年6月至2020年3月31日，巡察后下发《关于对诸暨市支行党委巡察的报告》，市农行成立主要领导任组长的整改领导小组，研究制定《绍兴分行对诸暨支行巡察反馈意见的整改落实方案》《绍兴分行2020年对诸暨支行巡察反馈意见对表整改工作台账》等以分解任务、整改到位。

信贷投放新高。2020年11月25日，市农行贷款历史性突破200亿元。市农行聚焦诸暨融杭战略，围绕政府基础设施项目、社会资本PPP项目、市政府招商引资科技型公司等，及时跟进，全年累计获批“云溪九里小镇”“华都印染产业城”等项目14个，金额50.7亿元。走访摸排企业，了解企业金融需求，想方设法满足企业融资需求，助力企业复工复产、转型升级。2020年，新支持企业396户，累计投放37.8亿元，其中1000万元以下普惠小微企业364户，投放金额11.02亿元。通过按揭中心、分期中心等，线上线下配合，推进个人贷款持续向好。参与楼盘对接营销，以按揭集中受理报批提升办贷专业性和效率，至年末，个人住房贷款累计发放19.47亿元，比上年多6.88亿元。制定非房贷专项考核办法，同时在专业市场以及网点空白区域设立4家惠农金融服务站重点营销经营类贷款，至年末，经营贷款比年初增加7.03亿元，新增网捷贷1.35亿元。

农行服务乡村振兴。2020年，通过精准服务民生项目，推进线上赋能，主动融入乡村振兴，银企、银政合作，融合共赢。打好“服务+宣传+专营”组合拳，4家惠农金融服务站解决农村基础金融服务问题。探索实践金融版“枫桥经验”，网点和村支部结对，青年员工组成“雏鹰战队”，开展进农村、进市场、进企业营销拓展活动。2020年年末，全行农户贷款余额13.31亿元，累计创建金融自治村43个、信用村111个，村民建档70242户，惠农e贷新增2.8亿元。

金融风险防范。2020年，持续推进党建线、纪检线、运营线和队伍网格化“三线一网格”管理，逐级签订员工行为“网格化”管理责任书。加强日常行为监督。加强舆情风险、道德风险、操作风险等防范案件和操作风险防控，坚持常规检查与突击检查相结合、现场检查与监控检查相结合、员工行为摸排与重点员工关注相结合等方式，不断提高合规经营管理水平。（方燕芬）

【中国银行诸暨支行】至2020年年末，中国银行诸暨支行本外币存款余额129.83亿元（含表内理财），较年初增加8.05亿元。其中公司存款余额46.92亿元，较年初增加1.88亿元；个人存款余额82.92亿元，较年初增加6.17亿元。本外币时点贷款余额115.07亿元，较年初增加14.59亿元。其中公司贷款余额46.08亿元，较年初增加293万元；个人贷款余额68.99亿元，较年初增加14.56亿元。本外币贷款市场份额在四大行中占18.74%，较年初上升1.46个百分点，其中公司贷款上升1.06个百分点，个人贷款上升0.72个百分点。不良贷款余额10024万元，较年初下降1579万元，不良率0.87%，较年初下降0.28%，不良余额与不良率均为四大行最低，不良率低于四大行平均水平1.54个百分点。

重点政府项目支持。至2020年年末，全行政府性投融资余额为7.6亿元，自2018年12月至2020年12月，共为城投公司投放8亿元、广电公司投放5亿元资金。2020年12月，获批大唐袜业城经营性物业贷款5亿元，将于2021年1月初投放。同时加强表外项目营销，继2019年以联席全球协调人身份争揽诸暨国资1.89亿美元境外债项目后，2020年，支行为该项目续做境外债结汇业务3450万美元；加大与租赁公司联动，为诸暨交投、新城投资成功撮合投放大额融资租赁10亿元。

重点民营企业支持。2020年第四季度，省行副行长、总审计师，市行党委书记、副行长等领导多次下沉专项调研并现场办公解决问题，支持支行重点民营企业拓展工作。12 月,支行获批大联袜艺小镇项目贷款 4.5 亿元并完成一期 8877 万元投放。

个人住房按揭投放。支行向上级行争取投放额度,主动对接各大房产公司,提供专业金融支持及服务。至 12 月末,房贷余额 57.79 亿元,较年初增加 11.98 亿元,新增额在四大行市占率为 33.68%,排名第一。

不良贷款"双降"。2020 年,全行持续将不良清收化解作为重点工作,主动与上级行沟通,千方百计帮助逾期非不良企业,在存量处置和增量阻击上下功夫。6 月,支行受托管理的"中誉 2016 年第二期不良资产支持证券"项目 DF 环保等 3 户债权在上海联交所完成挂牌转让,成为全省中行系统内首笔通过公开转让完成处置的不良资产证券化项目。至 12 月末,全行完成不良清收化解 4.21 亿元,不良余额、不良率从近 2 年最高点"双十"(不良余额超过 10 亿元,不良率超过 10%)降至"双一"(不良余额接近 1 亿元,不良率 1% 以内)。

普惠金融服务。2020 年 1 月 9 日,支行举办一场普惠金融专场推介会,邀请 150 余家企业参加,介绍中美贸易摩擦背景下分析外汇走势和国际贸易发展,举办 2 场线上推介会,每场约 50 家企业,分析疫情影响下的经济形式、国内外环境、美元避险产品等,为企业在复杂经济形势下提出意见。推广线上产品,以信用贷、银税贷、抵押贷等线上产品和"税务通宝""提质能增效贷""快抵贷"等授信创新线下产品为切入点进行上门推荐,以支持纳税申报良好、亩均效益高的中小企业,为客户提供一定比例的信用额度授信。至 12 月底,支行普惠贷款余额 10.8 亿元,新增贷款余额 3.7 亿元,新发展中小微企业客户数 130 户,其中提质增效贷客户 5 家,纯信用线上贷款 2 家。针对流动资金贷款到期后临时存在资金困难的中小企业,积极推广"无还本续贷"业务,允许企业通过新发放贷款结清已有贷款,继续使用支行贷款资金,共计受惠企业 4 家,金额 2385 万元。

客户拓展。2020 年,明确客户管控与拓展五级联动机制,继续深入推进对公对私客户板块项目经理制度,加强公私联动、普惠金融、ETC、手机银行、市民卡、三方存管等板块,明确目标,加强过程管理。至 12 月末,全行全年对公客户新增 1301 户,合计 8882 户,对私客户新增 18336 户,合计 264084 户。

疫情防控助力。2020 年,面对新冠肺炎疫情,支行建立疫情报告和监控机制,保障疫情期间金融服务。充实城市社区一线力量,支援共建单位"八一"社区防疫工作。组织爱心捐款,累计募集捐款 43940 元,捐赠"中银守护平安天使"专属保险 74 份,同时发动全员购买战役专题债券 873900 元。主动对接企业,提供授信和相关金融服务,帮助企业复工复产。累计为清单内企业发放贷款 7813 万元,其中再贷款投放 4000 万元;为企业申请总量延期 11 家,涉及金额 21700 万元,其中中小微企业 9 户,批复金额合计 8720 万元;为 76 家企业申请利息减免,涉及贷款本金 19.5 亿元,涉及当月利息 184.5 万元;为 23 家普惠金融客户进行延期还款一年操作,涉及贷款金额 4156 万元;为住房按揭客户延长还款宽限期,从 1 天延长至 15 天,惠及客户 9774 户,涉及贷款金额 46.69 亿元。向中小企业提供微信小程序端"快易报"健康监测平台,支持企业动态了解员工健康状况,做好复工防疫监测工作;以网络会议方式定向开展网上沙龙,为进出口企业提供汇率走势分析及避险策略指导,降低汇率风险,全年累计开展线上沙龙 50 余场,覆盖客户近 200 家。（楼文锦）

【建设银行诸暨支行】2020 年 12 月 31 日,建设银行诸暨支行核心存款日均余额 127.68 亿元,较年初新增 14.48 亿元;各项贷款余额 114.20 亿元,其中,个人贷款余额 73.82 亿元,较年初新增 7.33 亿元。

资产质量管控。2020 年年末,系统不良贷款余额 1.02 亿元,比年初下降 1.54 亿元;不良率 0.89%,比年初下降 1.16 个百分点,实现"额率双降",不良贷款额、率均列四大银行第二(还原数),不良降额降率均列四大银行第一。

公共住房租赁深化。2020 年,诸暨市安平小区验收成为全国试点公租房运营服务示范小区,完成公租房在线代收代付功能测试,完成对存量房资金监管系统需求和上线申请。与全民认证等公司联动试点性推进集中式租赁项目受托运营存放业务。

普惠金融。普惠“8+1”贷款余额18.18亿元，较2020年年初新增3.66亿元。其中普惠对公“2+1”贷款余额10.12亿元，较年初新增3.61亿元；个人贷款6项余额8.06亿元。入园贷发放28户，投放金额1.08亿元，成为全省首家破亿元支行。

疫情防控助力。围绕“六稳”“六保”工作，投放专项再贷款2.1亿元，减息让利115万元，实现守护E贷投放超6.3亿元，防疫物资累计支出达12万元；协助政府对近400户企业进行“一企一档”排查，为疫情防控一线工作人员赠送保险及保障服务累计保额5.25亿元，被诸暨人民银行书面表扬。（徐曼舒）

【交通银行股份有限公司绍兴诸暨支行】2020年，交通银行股份有限公司绍兴诸暨支行（简称交行）围绕高质量发展主线，以“提升市场占比”为总目标发展业务。12月末，人民币各项存款余额64.7亿元，比年初增加7.57亿元，市场占比6.66%，比年初上升0.32个百分点；人民币各项贷款余额55.97亿元，比年初增加5.73亿元，市场占比6.21%，比年初上升0.35个百分点；不良贷款余额1093万元，较年初减少2657万元，不良率0.2 %，比年初下降0.54%，全年处置不良资产13558.5万元；实缴地方税收1576万元。

2020年，交行有3人被评为省市分行优秀员工、1人被评为绍兴分行保险销售之星、1人被评为绍兴分行房贷拓客之星、1人被评为绍兴分行优秀客户服务经理、1人被评为绍兴分行优秀营运主管。陈淑丽在诸暨市金融系统技能比武中获机器点钞第一名。

交行聚焦实体经济。主动对接区域经济战略布局，落实保就业、保市场的总体目标，增加信贷投入，拓展融资渠道，把握信贷投放结构，增强金融服务实体经济质效。全年贷款增量排名系统内第2名。聚焦服务民营、制造业、绿色和乡村振兴信贷，年末民营企业贷款余额为18.12亿元，比年初减少2.94亿元；制造业贷款余额为20.89亿元，比年初增加6.85亿元；绿色信贷余额为5.28亿元，比年初减少0.49亿元；乡村振兴贷款35.22亿元，比年初增加12.06亿元。抓好“两增”（单户授信总额1000万元以下的小微企业贷款同比增速不低于各项贷款同比增速，贷款户数不低于上年同期水平）口径普惠业务新增，年末普惠“两增”贷款余额4.47亿元，净增1.7亿元，当年增幅61.37%；个人经营贷贷款余额2.2亿元，净增1.25亿元，增幅130.5%；推广普惠线上产品，依托“线上抵押贷”的线上申贷、在线评估的特点，累计为118户小微企业主提供授信1.45亿元，满足小微企业复工复产的融资需求。组织开展“百行进万企”专项行动，每周联系白名单客户，对有业务需求的客户上门走访，并建立常态化动态管理机制，定期开展“回头看”，提高联系频率，累计与199户目标小微企业进行对接，与41家小微客户达成融资合作意向；针对无贷户和授信银行1家以下（含1家）的小微企业进行走访对接，累计走访企业2000余家，其中线上抵押贷有意向的客户155户，实际发放贷款110户，新增贷款15800万元。

客户基础扩大。围绕客户倍增目标，着力扩大客群规模，优化客户结构，进一步做大客户群体和市场份额，不断夯实发展基础。年末，全行对公客户2470户，较年初增234户；“两增”口径普惠客户数248户，比年初净增86户；AUM为45.05亿元，比年初增2.35亿元；完成有效沃德客户186.9户、有效活跃客户3299.5户。

内控管理。继续抓好案件防范不松懈，开展各类专项排查，查找人员管理、内控制度、业务流程和业务操作方面存在的问题和风险隐患。继续做好“员工八小时”之外管理工作，实现全年安全无事故发生。

（杨　琼）

【中国邮政储蓄银行诸暨市支行】2020年7月25日，中国邮政储蓄银行诸暨市支行从暨阳路108号迁址至暨东路31号（客运中心对面）。全年实现业务收入2.21亿元，实现利润1.48亿元，两项指标均超额完成上级行下达计划目标，且规模排名绍兴全辖第一，全省各一级支行排名第二。支行被绍兴市公安局评为“2020年市级先进平安单位”。

2020年，零售信贷贷款全年净增8.18亿元。其中小额贷款结余净增4.61亿元，消费贷款净增3.88亿元，净增均列全市第一。小企业贷款规模净增1.96

亿元,公司信贷净增 8109 万元。自营储蓄全年日均 28.22 亿元,日均新增 2.29 亿元。非货基金新增 1.18 亿元,全省排名第一。贸易结算量、新增贸易融资额、新增保函、签发全额保证金承兑金额均排全市第一。人行外汇管理年终考核中,支行总分同业排名第四,考评获 B+,是系统内绍兴全辖最高评级。

新冠疫情防控助力。2020 年年初,发放全省首笔抗疫类信用贷款“邮助贷”250 万元,及时为企业提供疫情防控专项信贷支持,在绍兴电视台新闻联播频道报道;全年助力中小微实体经济,新授信发放小企业贷款 91 户,户均授信发放 450 万元。助力公立医院抗疫,向诸暨市人民医院授信并发放流动资金信用贷款,是疫情期间全省首笔公立医院授信。

拥军惠民。2020 年,为诸暨市退役军人事务局提供开放式缴费平台产品,方便退役士兵足不出户完成缴费事宜,也是全省首笔缴费平台社保代收项目。为诸暨市首个经诸暨市人民政府办公室批准的停车场民生项目提供 ETC 场景应用,助力城市停车场管理服务水平提升。

不良处置。严格执行贷前调查、贷前会商、贷后检查、客户分层走访、客户分类管理等各项制度要求,加强客户准入、严控新增逾期。同时,通过上门清收、法院诉讼、协商还款、不良化解等手段,加快不良资产处置,全年累计清收不良贷款 3123 万元,核销不良贷款本息 532.5 万元,向法院提起诉讼 74 笔,金额 2942 万元,不良率比年初下降 0.12 个百分点。

内控管理。强化合规管理,提升员工合规意识。5 月 15 日,辖内店口镇支行通过省分行组织的中国邮政储蓄银行营业场所安全管理标准化达标验收工作,5 月 16 日支行营业部顺利通过省分行安保专家组对安全管理标准化达标网点回头看验收。履行反洗钱义务,全年上报重点可疑报告 4 篇,成功堵截诈骗事件 5 起,避免客户经济损失 12 万元。积极维护消费者权益,全年举办各类宣传活动 100 余次,发放宣传折页 1000 余册,惠及人数近 2000 人。(袁凯宇)

【招商银行绍兴诸暨支行】2020 年 12 月末,招商银行绍兴诸暨支行各项存款余额为 26.62 亿元,其中对公存款余额 16.11 亿元,储蓄存款余额 10.51 亿元;各项贷款余额 23.98 亿元,其中公司贷款 7.76 亿元,个人贷款 16.22 亿元。不良贷款余额 1371.63 万元,不良率为 0.57%。

个人业务拓展。利用厅堂营销、上门服务为客户提供专业金融服务。截至 2020 年 12 月,金葵花客户存量 1138 户(月日均资产达到 50 万元),比年初新增 131 户;金卡客户存量 3556 户(月日均资产达到 5 万元),比年初新增 347 户;新增零售有效基础客户 4707 户;新增信用卡 1370 户;新增代发工资客户 3943 户。

公司业务拓展。持续加大小微企业信贷支持。支行在合规经营的基础上,以客户为中心,围绕客户需求提供全面综合服务。尤其注重提高小微企业信贷业务管理专业化水平,提升民营经济和小微企业的金融服务能力,针对小微企业的信贷业务特点,优化信贷审批流程,提高信贷业务审批效率。持续做好公私联动、全行联动,加强公司业务宣传,同时提供上门开卡、上门工资卡激活、上门预开户、上门激活企业网银等便民服务。

“千佳”服务网点创建。全面提升服务,创建千佳网点。2020 年,支行在“五星级”网点的基础上,向中国银行业协会申报了创建“千佳”服务网点的需求,制定服务提升方案,全面提升服务质量,打造最佳客户体验银行,2020 年 7 月通过中银协组织的“千佳”服务网点验收。

公益活动。履行社会责任,积极参与公益。支行每年向云南省武定、永仁两县捐款捐物,至 2020 年已 11 年;全体员工连续两年参与政府部门发起的为环卫工人捐“爱心早餐”活动;常年开设“爱心避暑点”,向环卫工人敞开“清凉门”;员工坚持每年参加无偿献血;遇到因病或行动不便的客户,支行主动提供上门服务。(金琼慧)

【诸暨农商银行】2020 年,诸暨农商银行围绕建设“三最银行”(做业务最实、与民企最亲、离百姓最近)的战略目标,全力克服疫情影响,主动策应“六稳”“六保”,继续深入实施“1+6”(“1”即“三最银行”三年发展战略规划;“6”即党建引领、做实基础金融业务、银政合作、人力资源赋能、数字化转型、“好美家园”建设等六大三年行动计划）发展体系积极探索以金融力量融入城乡社区治理体系，不断推动以人为核心的全方位普惠金融做深做实，地方金融“小冠军”地位进一步稳固。至12月末，各项存款余额476.16亿元，比年初增加59.97亿元，增幅14.4%；各项贷款余额339.56亿元，比年初增加62.67亿元，增幅为22.6%。全行涉农贷款余额304.38亿元，比年初增加45.14亿元。个人贷款余额179.06亿元，新增32.77亿元，增幅22.4%，户数为70174户，比年初增加11764户。五级不良贷款余额为4.24亿元，不良贷款率为1.25%；拨贷比为7.1%；贷款损失准备充足率1312.54%，拨备覆盖率566.43%。累计实现收入26.27亿元，支出控制在22.17亿元；账面利润为4.1亿元；收入成本比为27.05%，比年度控制目标低9.65个百分点。

基础业务增长。客群持续壮大。开展万户送贷、价值客户提升等专项攻坚行动，并对核心存款客户进行差异化分层考核，带动增量客户扩面和存量核心客户升档，全力提升覆盖面。至12月末，全行核心客户数24.19万户，比年初增加0.42万户；有效客户数46.16万户，比年初增加1.86万户。小微提质提量。强化抗疫信贷保障，助力企业复工复产，发放“战疫贷”2798户，金额35.94亿元。加大首贷户拓展力度，新增首贷户264户，金额5.36亿元。利用再贷款政策，着力降低小微企业融资成本，累计发放再贷款4296户，金额43.83亿元。推进小微企业“伙伴银行”试点，开发小微企业名单制管理系统，实现4万多家小微企业无感授信。产品体系不断完善。推出“商惠贷”“红色信用贷”等贷款新产品，对知识产权质押贷款、“转贷易”等制度进行完善，提升服务能力。

普惠金融服务发展。三资代理全面铺开，在全市23个乡镇的484个行政村推广应用“三资系统”。将推广农户小额普惠贷款与文明实践银行建设有机结合，至12月末，全市已授信农户25.32万户，授信总额430.38亿元，授信覆盖率从年初的41.17%达到100%。通过拆分、重组，优化网点布局，其中5家二级支行升格为一级支行，6家分理处升格为二级支行，提升与地方政府的对接效率。

数字化转型。2020年，成立数字化转型实验室，开展首届数据挖掘创新大赛，培育全行数字文化。推出电子名片，嵌入线上线下场景，汇接客户需求。推广智能外呼系统，积极探索“数据挖掘+智能AI”大数据营销新模式，累计完成74320户无贷户营销任务。开发线上贷款新模式。上线省版“小微易贷”—“税银通”产品，推进小微企业融资纯线上化。持续提升数字贷款比例，浙里贷授信户数4.16万户、金额56.26亿元，分别比上年增3.43万户、44.59亿元。拓展场景新生态。构建全方位应用场景体系，智慧校园合作学校达10家，智慧医疗覆盖全市所有21家镇级卫生院，智慧旅游覆盖全市五大国有景区；深化小微商户生态圈，丰富收单工具，建立适应各类商户的收单体系。开展商户专项外拓营销活动，至12月末，全行商户20879户，其中核心收单户16476户，分别比上年末增长14271户、11809户，商户日均存

2020年7月12日，诸暨市“新时代文明实践银行”成立（农商银行提供）

款余额29.33亿元,比上年末增长近21.4亿元。推进丰收联盟应用,自建积分系统,通过丰收互联售出各类卡券15万张。

城乡治理合作。广泛建立党建联盟,至12月末,与政府部门、镇乡(街道)等建立党建联盟611个,把组织优势转化为工作优势。深化与政府部门的战略合作,与46家党政单位和所有23个镇乡(街道)签订合作协议,并加强督导,推动协议落地,推进最多跑一次改革。紧抓诸暨被确定为全国十个、浙江唯一的新时代文明实践中心建设"先行试验区"契机,与诸暨市委宣传部开展深度合作,积极打造"新时代文明实践银行"。探索建立文明实践与金融治理深度融合的工作体系,制定"小微企业信用赋值"评价规则,通过"信用+金融"模式,推进全市社会信用体系建设。

风险防控。严控信贷风险,加强疫情期间信贷风险和隐性风险监测,摸排主要风险隐患,提高预警有效性。进一步完善平行作业流程,强化源头把控。改革资产保全中心,提高不良资产处置力度。今年累计化解不良贷款2亿元。严控资金风险,严格执行监管指标,合理控制资金业务杠杆率及同业负债规模指标,有序压降存量理财规模。至12月末,资金业务杠杆率为1.17,符合监管要求;理财规模1.33亿元,较年初压降8.43亿元,压降比例为84%。严控道德风险,高度重视风险背后"人"的问题,组织开展"正风肃纪"专项活动,加大对涉及重点岗位、重要人员、重大风险的监测和预警,进一步传递从严治行导向。

法人治理机制建设。进一步将党建工作总体要求纳入经营管理全过程、嵌入公司治理全流程。深化精细管理,树立"精打细算过紧日子、苦日子"的思想,围绕"增效益、降成本、强管理",开展增收节支专项行动。推进扁平化管理。优化组织架构及岗位设置,拆分原市场营销部,强化前台职责;调整督查、党群等后台部室,调整后机关减员25人;单设微贷事业部、分期业务中心和资产保全中心。培养年轻干部,35周岁及以下中层干部占比达25.45%,比上年提高5.45%,在三季度末省联社深化比学赶超通报中居绍兴农信第一。　　(何吟咏)

【绍兴银行诸暨支行】绍兴银行诸暨支行成立于2007年,2020年共有5个营业网点,下辖大唐、店口、安华、枫桥等4家二级支行,其中枫桥小微专营支行2020年10月份新开立。2020年,绍兴银行诸暨支行是开拓创新的一年,优化结构的一年。全行平均年龄32岁。2020年,围绕"2+5"战略(以大零售和普惠金融为方向,推进小微金融、集镇金融、社区金融、政府金融和数字金融)和"稳存增存、结构调整、不良清收"三大攻坚战,积极推进普惠金融,加快业务转型,强化风险防控,落实从严治行,取得较好的工作成效。

至2020年12月末,各项存款余额38.96亿元,较年初增加8.48亿元,增长率27.82%,各项贷款余额53.4亿元,较年初增加10.59亿元,增长率24.74%。其中制造业贷款余额20.68亿元,占比37.82%,增速17.79%,民营企业贷款37.8亿元,增速10.2%。账面利润9452.56万元同比增加825.48万元。

资产和负债业务。资产业务方面,加强重点客户和分层营销服务。公司业务坚持回归本源、精准营销、主动授信,积极支持实体经济、民营企业和小微企业发展,并带动发展大中型龙头企业。特别是将1000万元以下普惠型小微业务作为普惠金融发展的重点,全力将其打造成特色产品,确保实现"两增两控"目标,同时充分运用百分贷、兴保贷等新产品,为小微营销提供有力抓手;运用物业、物产贷等适度发展优质中型客户;对公司存量客户和已结清客户开展二次营销,挖掘潜力,虽然年初因利率较高流失了如八方热电等一批客户超3亿元贷款,但依靠绍兴银行"短平快"的优势资产业务仍旧能保持良好的发展势头。至12月末支行新增公司贷款148户,计12.8亿元。个金业务发展势头迅猛,其依托集镇支行优势以及金积贷、兰花易贷、满分贷、二抵贷、英才贷、村村乐等贷款产品,充分利用"白名单""整村授信"以及按揭等业务的加快资产投放,保证支行零售贷款业务的突飞猛进,12月末支行个金新增贷款1342户,合计8.97亿元。负债业务方面,扎实做好吸储的各项活动,全力以赴拓展存款业务。

完善激励机制，强化工作责任。调动员工的积极性和潜力。抓重点客户营销。继续坚持公私联动、政府平台类存款的营销以及存量客户的挖潜等手段拓宽吸存渠道，充分发挥市民卡、集镇支行网格化等特色，并以贷促存，利用2020年良好的资产业务投放带来的大量低成本存款，至12月末支行公司存款新增4.62亿元，存蓄存款新增3.85亿元，实现了两条线存款业务齐头并进的良好态势。

推动小微金融助力经济发展。全年落实上级行普惠金融战略和央行抗击疫情再贷款政策，加大普惠小微营销力度，全力支持诸暨当地小微企业复工复产和地方经济社会发展。落实5000亿元复工复产和1万亿元再贷款小微扶持政策，根据央行5000亿元和1万亿元再贷款财政贴息支持小微企业发展的政策，在3月总行举办的"决胜战役 普惠送暖"专项竞赛活动中共为199户小微企业发放45172万元贴息贷款。从5月开始的"精准滴灌 两战必赢"活动，至12月31日支行共投放47411万元，总户数457户。拓展首贷户，积极响应人行发起"全面深化小微企业金融服务暨首贷户培植春风行动"，对上级行下发的10批次的无贷户清单下发至全体客户经理和中层干部，要求客户经理每日定量摸排走访，尽早锁定目标客户，抢占市场先机，至12月末支行新增首贷户67户，新增金额13010万元，其中人行"春风行动"无贷户名单19户，新增金额15239万元。发展小微企业信用贷款，积极使用上级行出台的兰花易贷、金税贷等信用类贷款产品的同时对优质企业主动发放信用贷款，努力改变信用类贷款投放量较少的状况，至12月31日，经营性信用贷款余额11893万元，共计444户，较上年新增4605万元，新增359户。帮扶困难企业，积极响应上级行关于小微企业延期还本付息、强化稳企业保就业支持等政策，缓解企业尤其是小微企业年内还本付息资金压力。全年支行为220户小微企业和个体工商户小微企业主通过无还本续贷形式转贷金额7.63亿元。此外还为6户公司和个人贷款展期或延期支付相关利息。创新业务为企业解困，2018年开始诸暨支行首创"解保贷"业务，通过提高抵押率等类信用办法帮助企业解决担保圈问题，至12月末支行共发放"解保贷"贷款26100万元，为企业减少担保金额10045万元。

"红色益"+品牌打造。2020年下半年开始，诸暨支行每周三推出"金秋感恩季·公益理发"活动；支行联合国家电网诸暨市供电公司、相关乡镇社区共同开展"惠民金融、光明电力"致力于将文化送下乡。全年将公益电影带到市区及大唐、枫桥、店口、安华、枫桥共计40个行政村和社区，累计放映电影40场次，观影群众超6000人；在银行大厅开展"便民服务进银行，联合义诊暖人心"义诊活动，给客户提供量血压、测心跳、测血糖服务。（张　华）

【杭州银行绍兴诸暨支行】至2020年12月末，支行各项存款余额21.67亿元，日均存款23.35亿元，较年初增加5750万元；表内贷款余额24.99亿元；表外融资余额24.69亿元。支行实现营业净收入12108.68万元，实现分摊前经济利润5012.53万元（神鹰拍卖款2470万元已清收未计入）。财富销售25亿元。支行各项不良贷款余额2478万元，不良率0.99%。2020年，支行荣获绍兴市先进"平安单位"暨市级"智慧安防"单位；支行提升网点服务、操作水平、业务技能，被总行评为运营A级行；支行参加"邮储银行杯"诸暨市金融系统职工业务技能比武，并获得团体第三名；支行篮球队获第八届"绅仕镭杯"银企篮球联赛第二名。

城建类国企和市重大项目融资。继续加大对市政府重大项目建设的支持力度，通过表内、表外结构化产品和购债，合计授信61亿元。

民营企业发展助力。支行2020年年初制订公司基础客户专项营销活动方案，助力"产品有市场、发展有前景"的民营企业和科技型企业，其中恒久传动8000万元授信单笔落地，海亮2亿元票据池使用，华纬科技1亿元票据池使用，一百超市5000万元疫情再贷款、向阳超市1800万元疫情再贷款发放。

高效服务创新。让企业获得更便利、更高效的金融服务，少跑腿甚至不跑腿，支行提供"e开户"登门办业务；积极搭建和优化金融服务平台，加强政府、企业多层次合作交流，推出"税金贷""云抵贷"；

推出 WE 理财(小程序)移动终端,为客户提供高效智慧的服务体验。

风险防控。2020 年,支行通过各类措施共收回不良资产 4595 万元,其中账面不良清收 1653 万元,核销后清收 2689 万元,转化压降清收 253 万元。5 月 9 日,神鹰集团存量大额风险资产经 64 轮竞价后以 7030 万元的价格成功拍卖。6 月 30 日清收入账 2470 万元(95%),另有 5% 待取得法院裁定后入账。支行以重点环节风险防控为抓手,全面落实岗位轮换、员工行为失范排查、强制休假等案防措施,管控重要岗位人员。开展各类业务检查,规范银行业务操作,加强操作风险把控。新冠肺炎疫情期间守好“小门”,被诸暨市文明办推文表扬。(张海霞)

保险业

【中国人民财产保险股份有限公司诸暨支公司】2020 年,中国人民财产保险股份有限公司诸暨支公司下属营业部 4 个、营销服务部 13 个,在编职工 134 人。全年实现全险种保费收入 4.5 亿余元,上缴税收 4 千万元。

政保合作新服务。2020 年,公司继续开展政保合作推出新服务新险种,将传统的单一保险模式逐渐转变为保险 + 服务 + 金融 + 科技的发展新模式。联合诸暨市生态环境保护局试点环境责任保险“保险 + 服务 + 科技”运行方案,为企业上门开展“环境体检服务”专门问诊把脉,排除分险隐患,提供建议方案;开创“科技 + 保险”防范措施,为诸暨市 200 户城镇危房户进行动态检测安全巡防服务的同时提供房屋财产保险和第三者公众责任保障;参与诸暨市应急管理局安全生产防范工作,为辖区 28 家矿山、烟火爆竹、金属冶炼、危险化学品企业提供安全生产保障,累计保额 4.3 亿元;为全市钢瓶燃气安全生产提供风险保障累计 100 万元;陆续在诸暨市多个乡镇开展政府救助与扶贫保险,提供 1.4 亿元风险保障,实际支付赔款金额共计 35 万元;为诸暨的建筑企业提供 1200 多件工程保函,释放 5.41 亿元担保押金,盘活企业资金降低企业负担;参与公共资源交易中心线上化电子保函试点工作,推动投标保证金电子化、线上化、保函化,探索保险创新金融措施,积极响应保证金改革制度与政策精神;在疫情期间为诸暨出口贸易企业提供信用风险保障累计 21.64 亿元,完成理赔约 1100 万元。公司还开拓文化(体育)产业财产保险、艺术品综合保险、展览会责任保险、美食地摊保等多个创新险种为诸暨重要会议如世界珍珠大会和美食节等文旅产业发展保驾护航。此外,人保财险诸暨支公司采取预防为主的保险服务,严格控制企业风险,2020 年共完成企财险新保和续保验险 500 余起,完成工程险验险 17 家,企财险防汛防台企业 87 家、防火防爆企业 76 起。

农村保险业务。农村保险业务涵盖全市 23 个镇乡街道、486 个行政村、30.79 万农户。2020 年政策性农业保险可承保品种达到 25 个,居全市首位,开办地方特色险种 3 个,商业险种 3 个,重点险种 4 个,提供风险金 8.08 亿元。为提高农户种菜积极性,稳定市场叶菜价格,公司出具全市首单疫情期间叶菜价格指数保险,为全市 430 亩叶菜提供价格保障;为确保茶叶低温气象指数保险顺利续保,公司创新承保方式承保茶叶 5605 亩;此外,公司新增商业性能繁母猪保额扩展保险,为农户提供生猪风险保障 1033.2 万元;新增商业性水稻收获期补充保险,为农户提供水稻风险保障 127.5 万元。同时公司积极推广政策性农村住房保险及室内财产保险,全市 23 个乡镇街道,307930 农户参保,全面实现农村住房保险及室内财产保险全覆盖,承保率达 100%,为全市村民提供住房风险保障 92.38 亿元。

农险理赔科技化。借助无人机技术开展灾后地块查勘与定损,实现种植业的精确承保与精准理赔,大力推广使用农险 A 平台,养殖险实现 100% 远程查勘定损,提高案件处理率和结案率。

警保合作服务。2020 年,公司创新“交通事故处理一件事”服务,将“警保联勤”、“两站两员”(“两站”;交通管理站和重要路段、关口交通安全劝导站。“两员”:乡镇专职交通安全员和行政村聘用交通安全协管员)融入交通管理,实现公司“在线理赔”和“交管信息”资源共享。开展“在线理赔”工作,全面搭建"警保 + 在线""协赔 + 在线"小额快速处理模式；利用远程视频，实现在线人员、客户及第三方的视频沟通交流，减少沟通障碍，在精准送修、人伤调解、事故定责等应用场景进行推广。"在线理赔"一体化实现理赔线上线下无缝对接，实现从"最多跑一次"到"一次也不跑"的全新效果。（俞莎莎）

【中国人寿保险股份有限公司诸暨市支公司】2020年，中国人寿诸暨市支公司实现总保费7.22亿元，市场份额占比32.36%，位居全市同行业第一。其中新单首年期交1.28亿元，短期险4086.03万元。全年累计支付7179人次，赔款3127.65万元。

高效理赔服务。公司提升工作效率、扩大服务外延、简化工作流程、提供线上及个性化服务。公司派员赴诸暨市姚江镇、大唐街道等地的低收入农户家中，上门开展低收入农户健康保险理赔服务，让群众零跑腿，让理赔更高效。

扶贫攻坚助力。投入各类扶贫活动、拓展涉农保险，共计为13214名低收入农户提供9.25亿元保障，为996位失独者提供2788.8万元保障，为25823名残疾人士提供2.32亿元保障。

共建慰问活动。参加暨阳街道下江东社区"迎新春，送温暖"共建活动，慰问下江东社区部分低收入家庭；走访慰问诸暨市赵家镇赵家新村、花明泉村等低收农户家庭。全年慰问困难群众10户，发放慰问金及慰问品4000余元。新冠肺炎疫情期间，开展"向战役英雄致敬，为重振国寿加油"等防疫主题活动。参与社区防疫，号召员工捐款捐物。

经营风险防范。公司将每月8号定为风险防范宣传日，1月8日，邀请诸暨市公安局刑侦大队到公司开展"你我同心、反诈同行"宣讲活动，进一步普及金融诈骗和非法集资相关知识，提高风险识别和防范的能力。公司通过营业大厅电子屏、易拉宝，设点咨询宣导，下镇乡流动讲解等方式，向群众宣传反非法集资、反洗钱、扫黑除恶等。（施　方）

【太平洋财产保险股份有限公司诸暨支公司】2020年，中国太平洋财产保险股份有限公司诸暨支公司实现保费收入2.12亿元，同比增长2.41%，2020年度市场份额17.67%。2020年度综合赔付率66.7%，同比上升6.5个百分点；综合费用率28.45%，同比下降2.93个百分点。

车非联动。续保是公司车险业务最大支柱，2020年车险续保率同比提升3个百分点。同时，宣导"车险管温饱，非车奔小康"（非车险即除车险以外的保险）的新理念，加强车非联动，不定期开展产品培训与推广，实现非车渗透率的极大提升。

线上平台服务。2020年，公司丰富线上服务渠道，推广自营APP、微信公众号等网络平台，推广线上投保、支付、查询，提升保险业务可获得性和服务便利性。随着案件量的攀升，线上化操作成为理赔以及公司发展运作的重要方向，作为线上化试点单位，支公司结合理赔客服推动官微增粉，从销售前端出发到出险理赔全流程触客粘客，做好客户信息的核实完善，促进业务发展。

银保业务巩固。银行保险一直是公司保费贡献的重要渠道，针对2020年出现的负增长，公司深化银保专业队伍建设，提高专员专业素质，以老带新，传授经验促进专员快速成长，利用银行中小微企业客群占比高的实际，推出产品组合，提升优质业务，如推广企业企财险，车险，员工意外险，员工家财险等。同时梳理合作银行，制订"一行一策"合作方案，选择合作基础牢固的银行，挖潜扩面、创新求变，增强银保渠道整体作战能力。在时点存款支持、银行卡协助办理等融合支持项目上，实现有效益的产出。

防灾救灾。汛期防灾、冬季防火工作均提前3个月开始布置，通过企业走访，提出整改报告。落实防灾演练工作，切合实际修订防灾预案。3月21日晚突遇大风，理赔部迅速召回理赔队伍，进入紧急抗灾状态。台风"黑格比"袭击金华永康期间，诸暨支公司派出两位理赔骨干驰援，协助永康公司抗台救灾。

（俞晶晶）

【中国太平洋人寿保险股份有限公司诸暨支公司】2020年，中国太平洋人寿保险股份有限公司诸暨支公司实现规模总保费31994.3万元，其中个险保费31578.45万元，团险保费415.85万元。

分娩无忧保障计划。2020年，公司本着打造"卓越的民生综合保障服务提供商——政保服务最全面”发展要求，与市妇联和计生协会合作共向本市育龄群众赠送“分娩无忧保障计划”1500余份。

抗疫理赔案例。2020年3月21日17时30分，在陶朱街道汪阁村新冠肺炎防疫执勤点值守的村干部刘小丽被倒塌的凉亭砸中头部重伤去世。3月23日刘小丽家属到公司申请理赔于2018年投保的“安行宝”两全保险，保额为普通意外伤害10万元。公司领导与陶朱街道领导及村干部商议后报请上级公司，决定赔付100万元以致敬抗疫英雄。

免费午餐基金捐助。从7月1日起，公司每位业务人员在各自服务的长险合同生效后向中国社会福利基金会免费午餐基金捐出3.8元，将保单化为爱心午餐。至年底，共有361名业务伙伴捐出14345元。（章连军）

证券期货

【证券期货营业部数量】2020年年末，全市共有证券期货营业部19家，开户数250551户，较上年同期增长1.2%。

【交易规模】全年累计交易金额9010.49亿元，较上年同期增长60.32%；累计营业收入1.72亿元，较上年同期增长47%；累计缴纳税费4.118亿元，较上年同期增长56.22%。（郭珂宇）

资本市场

【上市挂牌企业】2020年年末，全市共有上市公司16家(其中国内A股上市13家、香港联交所H股上市2家、美国纳斯达克上市1家)，新三板挂牌企业11家，省股交中心挂牌449家，IPO辅导备案企业5家。

【资本市场融资】2020年，上市公司未发生股票再融资；市内企业发行银行间债券市场非金融企业债务融资工具3项，募集资金金额13亿元，发行公司债9项，募集资金金额112亿元。

【基金管理人及基金】1—12月，新成立股权投资企业26家，其中当年在中国证券基金业协会备案的基金11家。浙江诸暨转型升级产业基金有限公司参股子基金12个，总规模达58.99亿元，其中政府基金认缴出资9.08亿元，撬动社会资本49.91亿元。

（王海江　郭珂宇）

监督与管理

【企业金融风险监管】2020年，不断健全风险预警防控制度，持续完善“天罗地网”系统，进一步加强企业风险防控，通过各类经营异常信息汇总梳理，对全市“两链”（资金链、担保链）风险涉及的重点区域、行业、担保圈、企业等情况分析研判，针对性提出处置化解方案。

【失信打击】2020年，始终保持对恶意逃废债及其他非法金融行为的高压打击态势。至12月末，全市共立案查处逃废债案件34起，采取强制措施63人，其中抓获31人、上网追逃7人，挽回经济损失18151万元。

【金融信用环境清理整顿】金融办开展投融资类企业专项清理整顿行动，与公安、市场监管等部门联合做好平安建设行动中扰乱经济秩序打击治理工程相关工作，加大互联网金融风险整治力度，对发现的“非吸”线索进行会商研判并明确处置措施。深化逃废债黑名单公示和管理工作，助推扫黑除恶专项行动。创新发展“枫桥经验”，建立金融纠纷多元化解机制，开展多元参与、协同互动、集约高效的金融纠纷化解工作，达成调解协议案件43件。

【各类地方金融组织监管服务】2020年5月，开展金融放贷行业领域整治净化金融环境专项行动；6月，组织落实小贷公司年度审计和考核审计工作，组织典当行年审和整改工作；8月，开展融资担保行业规范检查发现问题整改工作；9月，开展非持牌机构开展典当业务专项整治工作；10月，开展清理地方金融组织开展“租金贷”业务工作。

（以上内容由金融办蔡妙奇、孙斌提供）

【银行信用风险防控】2020年，银保监诸暨监管组深入推进银行业信用风险防控工作，有序化解信用风险，打好防范化解重大风险攻坚战。认真贯彻落实绍兴银保监分局风险防控攻坚活动方案工作要求，要求银行业机构全面摸清风险企业和贷款情况，重点掌握辖内银行信贷资产风险真实水平。科学制定和分解落实全年信用风险处置目标，落实每家银行年末控制数，不断创新不良贷款处置方式，提升多元化风险处置能力。2020 年，辖内银行业机构累计处置不良贷款 55 亿元，不良贷款率创五年来新低。根据市委市政府的工作要求和任务分解，配合政府做好企业风险处置。2020 年，联合会商帮扶企业 5 家、涉及贷款近 3 亿元。会同市金融办、人行定期开展对辖内银行业机构、小贷公司和投融资中心的考核，督促落实监管工作要求，确保不出现系统性和区域性风险。

【银行保险业经营乱象整治】推进乱象整治，实现银行保险业回归本源，合规经营。贯彻落实分局治乱象活动要求，进一步加强窗口指导，压实银行保险业主体责任，加大风险提示，有效维护辖内金融秩序。做好信访维稳工作，切实加强对金融消费者权益保护，减轻银行声誉风险。实施金融消保“提质增效”行动，压实银行保险机构主体责任，根据银保监会信访举报投诉分类处理要求，理顺信访工作机制。会同相关部门共同推进金融纠纷多元化解行动，推进银行业保险业人民调解委员会成立。2020 年，累计对 4 起银行实名信访举报投诉、71 起政务督查、5 件省委巡视组交办信访件进行核查反馈。

【金融服务实体经济】2020 年，深入推进服务经济提质年活动，着力破解制约金融服务实体经济的体制机制障碍，不断提升金融服务实体经济的质效。深入开展“三服务”走访活动，积极配合分局按季走访企业听取意见建议。2020 年，累计走访企业 10 家次，协调解决“三服务”交办事项 2 件，参与省经信厅企业帮扶 4 次。引导银行机构积极支持民营企业、小微企业高质量发展。督促两家法人机构完成“两增两控”等小微企业贷款指标，完善支农支小金融服务。积极开展经济秩序整治和减轻企业负担行动，严格执行信贷“四公开”“七不准”政策。防控新冠肺炎疫情，支持企业复工复产，服务“六稳”“六保”大局。推进双保应急贷款，及时摸底辖内机构推进情况，督促机构推进“双保”（保就业、保市场主体）应急贷款。配合市委市政府落实银行机构减免利息、延期还本付息和“双保”等政策，开展统计监测、摸底、督促推进等工作。2020 年，配合生态环境分局建立诸暨市环境污染责任险共保体，深化环境污染责任险试点工作；配合交通管理部门实施交通事故处理一件事改革，在建立警保联勤机制的基础上，丰富交通事故快速处理模式。

【属地监管】强化法人机构监管，提升法人治理水平。认真做好重要会议参会、监管报告撰写、监管谈话、报表统计审核等非现场监管工作，配合督促两家法人机构完成监管指标、重要监管任务。配合行政许可工作，严把市场准入关。完成董事、高管任职资格初审 4 次、任职谈话 13 次，机构营业场所验收 7 次。做好属地机构现场检查工作。对诸暨农商银行、诸暨联合村镇银行、浦发银行诸暨支行、宁波银行绍兴诸暨支行开展各类现场检查、督导 6 次。做好属地保险公司分支机构监管工作。根据分局季度保险监管分析会议，走访辖内保险公司，了解经营管理和市场风险情况。配合分局，联合公安经侦等部门做好天安财险托管工作。

（以上内容由银保监诸暨监管组王豪盛提供）

财政·税务

财政

【概况】2020年，诸暨市实现财政总收入145.47亿元，同比增长2.4%，其中一般公共财政预算收入90.32亿元，同比增长0.6%，占财政总收入的62.1%。一般公共预算收入中税收收入完成73.63亿元，占财政总收入比重为50.6%。全年收缴非税收入114.71亿元，同比增长18.69%，其中纳入一般公共预算收入中的非税收入达16.69亿元，同比增长10.3%。

全年一般公共财政预算支出117.65亿元，同比增长6.7%。民生支出88.65亿元，同比增长2.8%，占一般公共预算支出比重达75.4%。全年社会保障和就业支出21.29亿元，同比增长15.8%；卫生健康支出19.35亿元，同比增长42.8%。教育支出24.68亿元，同比增长6.3%；文化支出1.36亿元，同比增长0.4%。财政收支运行和预算执行情况基本良好。

【财政服务地方经济发展】2020年，一方面通过政策助推发展。支持数字经济五年倍增计划和科技人才新政，统筹打好财政政策组合拳，助推传统企业提质升级，全年累计兑现各类财政奖补12.45亿元，人才专项资金1.45亿元，科技专项资金9645.33万元。加快应急转贷资金运作，助企业纾困解难，全年服务企业307家，提供应急转贷资金80.68亿元。另一方面，通过基金撬动发展。深化全国首个县级创投改革试验区建设，加快产业基金运作，全市产业基金共参股设立18只子基金，4个直投项目。子基金总规模达到132亿元，投向数字经济、环保、高端装备制造、大健康等八大万亿元产业项目169个。举办第四届科技金融高峰论坛，数字化产融园区、重大产业项目基金、创投经济研究与实践基地、双向飞地与资本市场服务合作等五个项目签约落地，涉及资金规模逾80亿元。

【重点支出保障】2020年，坚持公共财政导向，聚焦支持惠民实事，在发展中补齐民生短板。完善社会保障。对因突发意外、重大疾病、新冠疫情影响的低保、低边、特困以及基本生活陷入困境的群众给予临时救助，及时启动物价联动机制，发放基本生活价格补贴。全年累计发放最低生活保障金9219.23万元，惠及低保对象共计9291户10685人。新冠肺炎疫情发生后，连续发放困难群众物价补贴1976.07万元，惠及159207人次。助跑文教发展。加大公办学校建设，全年投入资金1.24亿元。推动教育民生实事工程实施，全年投入860万元用于安装幼儿园新风系统702台，投入413万元改造614间中小学教室照明系统，投入424万元更换中小学可调节式课桌椅15135套。始终把义务教育作为投入重点，累计拨付4853.61万元用于发放义务教育免费教科书。完善落实学生资助政策，提高资助保障水平，全年累计发放学生资助726.62万元。助推乡村振兴。扎实做好乡村振兴资金保障，落实强农惠农政策，争取到陈蔡水库除险加固改造项目省级补助资金 5000 万元、农村饮用水工程省级奖补资金 3000 万元、乡村振兴产业发展示范建设项目补助资金 8000 万元、村级一事一议财政奖补 2000 万元。

【财政改革深化】2020 年，全面实施预算绩效管理。落实《诸暨市全面落实预算绩效管理三年行动计划(2019—2021 年)》，开展政府采购绩效管理、政府投资基金等特定领域的绩效管理，全年实施财政组织绩效评价项目 139 只，涉及财政资金 6.72 亿元。深化投融资体制改革。按照“规范科学、多元创新”的原则，组织协调各国有企业做好融资计划，逐步形成长短匹配、品种丰富的新型融资结构。至 2020 年年末，综合融资成本为 5.06%，较 2020 年年初下降 0.83 个百分点。做大做强国有企业。加快梳理和排摸行政事业单位经营性、闲置资产注入国企，注入资产 33 亿元，转增资本公积 30.93 亿元。支持鼓励国有企业开展市场化运作，做大企业经营收入，2020 年全市国有企业资产总量达 2085.28 亿元，同比增长 26.3%。

【财政监管】2020 年，防范化解债务风险，严肃执行监督审查。坚定不移实施防范化解地方政府性债务风险专项行动，稳妥有序化解存量债务，确保风险控制在合理区间，全年累计化解债务 20.18 亿元。认真落实政府性投资项目概算审核、结算造价审核和标底审核工作，全年累计完成结算造价 2626 只，核减金额 4.9 亿元，核减率为 11.29%；完成标底审核项目 140 只，综合调整率为 2.17%。

【2020（第四届）中国(诸暨)科技金融暨创投产业集聚发展高峰论坛】2020 年 12 月 20 日，2020（第四届）中国(诸暨)科技金融暨创投产业集聚发展高峰论坛于和瑞温德姆酒店举办。省科技厅原党组副书记、副厅长，省创业投资协会常务副会长邱飞章；中国投资协会副会长、创投委会长沈志群出席并致辞。论坛围绕诸暨新兴产业发展、创投产业集聚、资本市场服务功能，探讨“数字化产融园区(创投小镇)+风险控制 + 资本市场服务 + 新兴产业发展”的运作管理路径，推进诸暨新兴产业高质量“融杭”。本届论坛共有 5 个项目正式落地，分别是数字化产融园区(创投小镇)项目，高新区同东方证券产业基金合作项目，以及深圳市创新投资集团、平安生命健康基金、中关村股权投资协会与诸暨市人民政府重大产业基金签约项目，涉及资金总规模逾 80 亿元；创投经济研究与实践基地、双向飞地与资本市场服务合作平台等 2 个金融平台正式揭牌。（骆泠霏）

2020 年 12 月 20 日，2020（第四届）中国(诸暨)科技金融暨创投产业集聚发展高峰论坛举办(市财政局提供)

税务

【概况】2020 年，全市一般公共预算收入累计完成 90.32 亿元，其中税收收入 73.63 亿元，增幅 -1.4%，税收占比 81.5%。2020 年度，共完成社保费收入 75.11 亿元，比上年同期增长 14.88 亿元，增幅 24.7%。完成 2021 年度城乡居民医疗保险集中征缴 62.98 万人，入库金额3.26亿元。

市税务局按季度编写《诸暨市税收经济分析资料》，从全市税费收入分产业、分行业、分镇街等角度对税费收入开展深度分析，围绕市委市政府经济发展战略部署，在培育新经济、新税源上当好参谋，发挥好作用。全力落实支持“六保”（保居民就业、保基本民生、保市场主体、保粮食能源安全、保产业链供应链稳定、保基层运转）税收政策，全年全市累计减免各类税费（不含社保费）41.48亿元，累计落实阶段性减免社保费11.88亿元。累计办理出口退税7740户次，退税金额22.85亿元。

【税收执法规范化】2020年，严格实施行政执法公示制度，利用税务行政执法信息公示平台进行公示，已公示准予行政许可的结果5714条，税务行政一般处罚程序结果140条。持续开展税收执法督察和内部财务审计自查工作，共下发22个指标3907条疑点。全年与公安部门协同开展云端行动涉案发票处置工作，对涉嫌虚受发票的362户企业追缴税款、滞纳金合计4041.8万元。参与市法院“百只破产案件百日攻坚行动”，全年完成死欠核销3573.3万。2020年，收到破产企业债权申报通知66件，完成有欠税申报46件，获得分配3件，入库税款164.3万元。

【税收征管】2020年年初，成立“强基础、补短板、促提升”工作专班，出台36项工作任务清单。全年开展工程领域突出问题整治专项行动，共有外来有税款入库企业880家，合计入库税款1.11亿元左右。扎实推进税收共治，针对五大方面内容（基础信息共管、涉税数据共享、征管协作共治、经济税源共育、信用体系共建）形成细化方案，与17个部门建立征管协作保障机制，累计查补税收入库2230余万元。针对减税降费、疫情期间税收优惠政策执行过程中存在的内部风险，开展重点风险应对，共核查7批次共759条疑点数据，合计退税（费）388万元。依托风险管理系统，完成1132户企业风险应对，入库税款滞纳金合计346.1万元。持续加强企业所得税汇算清缴后续审核，累计调整应纳税所得额6.61亿元，补缴所得税0.33亿元。全年对平台公司及其下属公司开展系统全面“税收体检”，补缴入库企业14户合计税款1.06亿元。全年对建筑企业所得税税负预警进行风险评估，累计自查补税77户合计801.8万元。

【纳税服务】2020年，持续推进网上办税，全市网上办税率提升至95.26%。全面推广使用增值税电子普通发票，2020年全市共核定增值税电子发票票种49360户，开具增值税电子普通发票2857308份。1月起，参与搭建“诸暨市司法拍卖‘一件事’云平台”，实现司法拍卖不动产申报纳税“一次都不跑”，共联审不动产422宗，其中103宗已拍卖成交，入库税款2914.57万元。4月税收宣传月期间，举行“局长在线访谈”活动，持续1小时的访谈视频获点击关注共计10万人次；设计制作4组税收消费券，深入大型超市、商场等人流相对密集场所开展税法普及活动；开展“大篷车乡镇行”活动，覆盖东白湖、陈宅、岭北等8个山区乡镇的富余劳动力和用工需求较大的企业，现场跟进解决纳税人、缴费人疑难问题；举办“合力战‘疫’税费政策及办税途径讲解”全网直播，分税种讲授最新政策，实时回答线上提问，共计5万人次点击观看。疫情期间开辟社保费缓缴“极速办理通道”，单户最快时长可缩短为1天，已通过“线上”为受疫情影响的困难企业办理社保费延期缴纳322户，金额2990.5万元。推进“民生实事工程”，组建“银税联盟”，借力农商银行“丰收驿站”、信用付，实现城乡居民基本医疗保险缴费“不出村”，全市418个服务点业务系统已全部开通，安装270台新型移动POS终端。

（屠丹阳）

综合监督管理

宏观经济管理

【概况】2020年，诸暨市位居县域经济综合竞争力全国第11位、全面小康指数全国县级市第10位，获评中国宜居宜业城市。全市生产总值(GDP)1362.36亿元，按可比价计算，同比增长3.6%。第一产业增加值50.91亿元，同比增长2.3%；第二产业增加值617.62亿元，同比增长2.4%；第三产业增加值693.83亿元，同比增长5.3%。

【项目投资】2020年，全市固定资产投资同比增长7%。从投资结构看，一、二、三产投资比例为2:29:69；从重点领域看，工业投资下降4%，基础设施投资增长25.6%，房地产开发投资增长8.1%。四个结构性指标"二升二降"：生态环保、城市更新和水利设施投资增长20.3%，交通投资增长27.1%，民间投资下降1%，高新技术投资下降6.5%。全市商品房销售面积263.13万平方米，同比增长17.3%。5个市县长项目6月底落地率达100%。绍兴市重点基础设施项目完成投资67.5亿元，完成率118.6%；12个项目进入省重点建设项目计划。全年省重点建设项目完成119.4%、"4+1"重大项目完成124.3%、"六个千亿"项目完成132.1%、新型基础设施重大项目完成124.3%、绍兴重点基础设施项目完成118.6%。向上争取奖励中，市华都纺织基地项目被列入省特别重大产业项目、星空通用航空基地项目被列入省重大产业龙头项目，可争取土地指标奖励约1036.8亩，诸暨市老旧小区改造提升一期工程被列入省保障性安居工程2020年第三批中央预算内投资计划，获中央预算内投资805万元。

【"与杭同城"七大行动】2020年，紧扣高质量发展主题，推进"与杭同城"七大行动。规划大融合：众多诸暨元素纳入《杭绍甬一体化实施方案》等上位规划；交通大建设：12月22日"杭二绕"诸暨段通车。柯诸高速、G235诸暨段、店口港开工建设；产业大招引：引进沪杭"大新"项目12个，科技型、高端现代服务业企业分别为12家、20家。平台大开发：谋划萧诸绿色发展先导区，创成"诸暨岛杭州港"为省级双创示范基地；公共服务大互动：诸杭高速通行免费政策扩面、杭州人免费游诸暨政策发布，所有医疗机构开通异地就医直接结算，43个行政事项实现长三角"一网通办"；干部大交流：选派百名镇街、部门干部赴杭跟岗学习，与拱墅开展干部联合培训；宣传大推介：开展跨区域大型主题采访活动——长三角调研行，5月11日，在电视台开设全年性新闻栏目——"与杭同城"进行时。

【"六稳六保"工作部署】2020年，根据全省争先创优活动要求和绍兴"六稳六保"工作部署，发改局作为市"六稳六保"领导小组办公室单位，制定《办公室工作方案》《争先创优考核办法》等一系列文件，对经济运行周监测、月分析、季总结。编发《"六稳""六保"

工作专报》54 期,推荐《诸暨市布局袜业贸易新渠道推动国际国内双循环》成为二季度省级最佳实践。

【营商环境优化】2020 年,牵头编制《诸暨市优化营商环境实施意见(试行)》《诸暨市优化营商环境 60 条》《诸暨市营商环境评价办法(2020 年修订)》《2020 年诸暨市优化营商环境主要指标及标准》以及《营商环境评价实施细则》;谋划营商环境指数发布工作,对接省经济信息中心、上海德勤、深圳维度等权威评价机构,学习了解营商环境指数评估工作和各先进地区先进方案,开展营商环境现状评价。争取国家试点。诸暨市被列入国家发改委关于加快开展县城新型城镇化试点,并按市委主要领导批示要求起草新型城镇化试点实施方案;申报破除市场准入隐性壁垒的相关案例和经验做法,争取成为破除市场隐性壁垒国家改革试点市。

【"最多跑一次"相关改革】2020 年,深化投资在线审批平台 3.0 应用,力推一般企业投资项目从赋码备案到竣工验收审批"最多 80 天",力争实现开工前审批"最多 50"天,竣工验收审批"最多 30 天"实现率达 100%,并发文明确工作要求和具体任务。通过座谈会、培训、发文的方式,将实现 4 个"100%"[投资项目事项 100% 通过 3.0 平台网上申报、100% 通过 3.0 平台网上审批、100% 通过 3.0 平台出具批文(包括电子印章、电子证照和电子归档)、100% 全流程项目审批覆盖省市县三级部门]要求落实各部门。3.0 平台运用被省发改委投资专班列为推广经验。

【社会信用体制建设】2020 年,积极申报信用 + 基层治理省级试点,完成申报方案初步方案编制;信用 + 政务服务稳步推进,已完成市公共信用平台财政奖励资金兑现信用核查模块程序编制工作,全面开展调试;完成信用修复企业 1386 家。

【粮食物资储备和应急保障】2020 年,做好储备粮、成品粮、成品油、冻猪肉以及经营企业库存等最基本的生活保障物资保供工作,启动应急加工厂诸暨开元米业有限公司加工稻谷 382 吨,采购防疫大米 2000 吨,协调全市粮油批发户,促使经销户多下订单,多备库存,并配合做好粮食运输顺畅保障。加强粮食收储,设早稻收购网点 10 个,落实收购资金 3500 万元;全年收购小麦 926.765 吨,早稻 2078.97 吨,合计 12359.1 吨。

(金　科)

国有资产监管

【制度体系建设】2020 年,强化资产管理"全生命周期"体系,规范"入口"管理,推进资产配置管理与预算管理、政府采购的有机结合,增强预算的约束力和政府采购的计划性,减少超编制、超标准资产配置支出;严控"出口"管理,落实先核实再评估后处置的原则和最低使用年限的要求,全面规范资产处置申报审批程序,确保处置过程公开、公平、公正,处置收入依法足额缴入国库。全面建立资产管理全覆盖动态体系,实现两个"全覆盖",即对资产卡片、资产报表等功能全覆盖和资产使用、处置、收益等管理环节全覆盖。

【资产监管路径拓展】2020 年,搭建产权交易服务云平台,通过网络公开竞价处置行政事业单位房地产资产,打造公开公平公正的资产交易环境,实现资产保值增值。全年进行 24 件竞价标的(主要涉及房屋租赁)网络竞价,成交标的 18 件,成交率为 75%,总成交款为 91.45 万元,平均溢价率 2.51%。建立运行"行政事业单位资产管理信息系统",将全市 221 个行政事业单位资产通过财政专网纳入"全省行政事业单位管理信息系统"平台(简称"资产云"),建立完善全市资产数据库,实现全市行政事业单位资产管理基础数据的全口径、全覆盖。

【综合统筹管理】2020 年,推进"定点企业上门回收集中处置"模式实施,实现全市国有报废资产处置提质增效和国有资产的规范处置,为"最多跑一次,服务零距离"改革提供政企合作样板。

(骆泠霏)

市场监管

【工商行政管理】商事登记制度改革。2020 年,深化企业开办全流程"一件事"一日办结工作,设立工作专窗,优化"六个一"(一门进出、一窗受理、一套材料、一次采集、一网通办、一日办结)服务模式,实现申请企业设立、公章刻制、银行开户、发票领取四环节一站式办理，提交材料环节减至 2 个、全流程材料减至 6 份、办理时间压缩至 6 小时，并提供一小时送章、银行现场开户、税控设备远程或上门安装、证照发票 24 小时内寄递全套服务。全面推行“证照分离”改革全覆盖试点工作。在省级证照分离改革项目清单的基础上，按照直接取消审批、审批改备案、实行告知承诺、优化审批服务的方式分类推进改革工作，全面梳理更新市一级涉企经营许可事项 94 项，其中实行告知承诺 13 项、优化审批服务 81 项，解决企业“办照容易办证难”“准入不准营”等难题，有 2773 家企业享受政策红利。创新降低市场主体住所（经营场所）登记门槛。在 2014 年商改的基础上，经充分调研论证，市政府制定《市场主体住所（经营场所）登记管理办法》，采取负面清单管理，放宽住所（经营场所）登记条件，进一步降低创业门槛，超前于绍兴其他县（市、区），2020 年有 2.3 万余家市场主体获得登记便利。推进“最多跑一次”改革向市场延伸。市 3 家农贸市场、1 家专业市场创成全省首批“五化”市场，草拟《诸暨市新一轮农贸市场提升发展实施意见》，推动市场改造提升一揽子政策的制定，为改革延伸提供保障。

“放心消费”建设。围绕“放心消费在诸暨”主题，深化示范建设，全年新培育消费示范单位 3428 家，其中放心工厂 1273 家，无理由退货单位 1299 家，放心消费示范街区 2 家，其他类型放心单位 856 家。积极开展浙江特色“伴手礼”征集工作，提高诸暨特色产品的知名度和影响力。认真开展投诉举报处置工作，2020 年共受理投诉举 15109 件，投诉 5178 件，举报 9931 件，咨询 162 件，为消费者挽回经济损失 245.89 万元。

农贸市场创建改造提升。2020 年，以国卫复审、文明城市创建复评、平安创建等工作为抓手，进一步提升市场管理水平。制定新一轮农贸市场改造提升政策，定期开展农贸市场长效管理考评，巩固市场环境长效管理机制。全年共创成省“五化”市场 4 家、“省放心农贸市场”8 家，省星级文明规范市场 6 家，高质量完成浙江省十方面民生实事和绍兴市十方面

2020 年 3 月 19 日，诸暨市市场监管局工作人员正在对水产品进行抽样检测（张杰摄　市市场监管局提供）

民生实事赋予的市场创建改造任务，实现全市城乡星级农贸市场全覆盖。

执法办案。以“办铁案、强执法”为核心，重拳打击破坏民生、食药安全、破坏放心消费环境、影响公平竞争尤其是影响企业复工复产和特色块状产业整体发展的各类违法行为。以高速公路、国道和省道沿线、城乡接合部为重点区域，严厉查处打击非法从事成品油销售和经营不合格油品等各类违法行为，共取缔非法窝点 9 处，立案查处 13 起，查扣无合法来源证明的成品油 30 余吨。开展“亮剑 2020”重点领域消费安全综合执法行动，重点打击教育培训、房产租赁、汽车销售、美容健身等重点领域侵害消费者个人信息、虚假宣传、违法广告、价格欺诈等违法违规行为。开展“扫黄打非”专项行动，以出版物市场、印刷复制企业、非法报刊、网络侵权盗版等为对象，对城乡接合部、校园周边等重点区域开展专项检查。开展“亮剑 2020”燕窝集群战役执法行动，严厉打击燕窝销售乱象，查获无合法来源燕窝案件 9 起。开展旅游市场综合执法专项行动，聚焦游客服务集散中心、客运站和高铁站等重点地段，依法查处旅游市场中制假售假、虚假宣传、缺斤少两等违法行为，严打“黑导”“黑社”“黑店”“黑车”等旅游涉黑活动。加强反不正当竞争执法，聚焦民生消费、互联网等重点领域，坚决查处虚假宣传、混淆冒用、网络刷单等违法违规行为共查处反不正当竞争案件 13 起。加强对网络舆情的值守监测，发现舆情即时应对处

置，最短时间内调查处置并回复，共妥善处置各类舆情79条。与诸暨市检察院联合成立公益诉讼、刑事、行政检察工作协作实践基地，进一步强化行刑衔接、发挥联动优势，积极打造“共建共享、双赢多赢”的良性互动协作监督关系。共办结各类行政处罚案件1073件，其中大要案221件，罚没款1396.49万元，移送公安追究刑事责任26件。

疫情防控。完成20953家公共场所“五小”行业市场主体、24家城区废品收购点、63家农贸市场和435家药店的“一企一档”摸底工作；关闭全市活禽交易，督促63家农贸市场、435家药店严格执行管控规定，劝阻农村家宴9000余桌。做好常态化疫情防控工作，督促做好药店、农贸市场“小门”管控工作，牵头成立疫情防控冷链食品物防专班，全面落实物品、人员、环境“全链条”闭环管理，推进“浙冷链”食品追溯系统推广应用，累计赋码18494个、扫码30007个，重点食品经营单位激活率、“浙冷链”重点食品扫码率、赋码率均为100%，处置4起疫情防控突发事件。重点加强对哄抬物价、生产销售假冒伪劣防疫物资等违法行为的查处，坚决守牢食品安全和特种设备安全防线，切实维护经济社会稳定，共查处哄抬口罩价格案件7件、防疫物资及原料不合格案件16件，涉案金额261.4万余元，移送问题熔喷布刑事案件2件，刑事拘留6人，其中2件哄抬防疫物资价格案件分别入选全国典型案例和省典型案例，1件熔喷布案件入选省十大案例；查办各类食品药品特种设备案件280件，罚没款308.23万元，移送公安追究刑事责任9件。

复工复产服务。深化开展“三服务”活动，由38人组成的“三服务”队伍入企走访调研，加强政策宣传解读，全面摸清企业受疫情影响出现的困难和问题，研究确定工作着力点。组织开展各类培训活动，帮助企业协调解决在复工复产和日常经营中的难题。全年走访企业300余家，收集疫情防控和企业发展类问题14个，均已帮助企业解决。按照市防控办要求，积极协助镇乡（街道）做好小微企业备案及汇总工作，在落实防控措施的前提下有序推动小微行业市场主体恢复营业，为全市工业企业复工和居民生活提供便利。开展小微企业疫情防控及复工复产网上培训，编制抗击疫情惠企政策汇编。认真做好疫情期间信用修复和信用赋能工作，对全市80多家受疫情影响信用受损的企业实施信用修复。对转产、增产、新建防疫用品的企业开辟绿色通道，开展一对一上门指导服务，从注册审批、现场改造入手，进行针对性帮扶指导，助力防疫物资生产企业尽快取得相关审批备案，共现场指导企业20余家，2家防护服生产企业和6家口罩生产企业列入省局应急审批通道。制定全市专业市场复业指导意见，制定农贸市场疫情防控应急预案、农贸市场复业流程，指导市场按要求复业。号召全市商品交易市场举办方主动落实减租免租政策，共有18家商品交易市场参与减租，共减免摊位租金1934.8万元。制定实施“首违不罚”执法制度，对25种轻微违法行为实行“以教代罚”，责令经营者限期整改，不予立案处罚，寓服务于监管之中。

（常　昊）

【食品药品监管】“双安双创”工作。召开全市食品安全工作会议，市委常委会、市政府常务会议、市人大先后专题听取汇报，市委书记、市长以及分管领导等多次开展专题调研和检查。“双安双创”工作持续纳入对市政府考核内容以及部门、镇乡街道食品安全工作清单。将食安委调整为食药安委，并重新明确成员单位的工作机制和职责分工，加大组织协调，深化“双安双创”创建工作，配合完成绍兴市争创浙江省食品安全市的资料上报，9月顺利通过省创跟踪评价。以第一名成绩获评绍兴2019年度考核

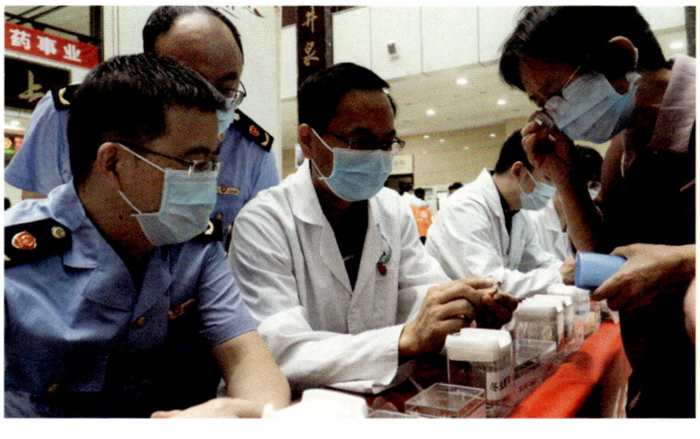

2020年9月28日，市场监管局邀请中药专家开展中药材知识宣传（周璟摄　市市场监管局提供）

优秀，被省食药安委通报表彰为 2020 年浙江省食品安全工作成绩突出集体。

食药安全检测。全年完成食品安全监督抽检 5896 批次，发现不合格 162 批次，全部完成闭环处置，完成风险监测 1223 份。农产品快检体系深入推进，2020 年完成批发市场、城区农贸市场、第三方检测机构共快检 41.7 万批次，县级农产品专项监督抽检 826 批次，药械抽检 197 批次。制订《诸暨市改进食品安全抽检监测工作提升质量效益的实施方案（试行）》，成立 162 人组成的抽样队，完成抽检分离 40 批次。

食药安全监管。结合疫情防控，诸暨市组建由分管副市长牵头的高风险进口冷链食品物防专班并纳入市防控办统一领导，抽调各部门业务骨干实体化运行。严控农村集体聚餐风险，结合疫情防控劝阻劝退农村家宴 9000 余桌。深化开展“三服务”活动，做好食品生产经营单位和餐饮单位关停以及复工复产指导和培训工作，全面落实疫情防控和食品安全“两个主体责任”。建立以 1 个系统（浙冷链）、4 项举措（闭环管理、溯源倒查、滚动推进、强化规范）、7 项工作制度（存量备案制、增量申报制、首站责任制、企业经营承诺制、专人联络制、健康管理制、快惩严处制）为内核的冷链食品物防精密智控体系，运用技术手段加强高风险冷链食品全链条管控。深入推进食品安全放心工程建设八大行动，组织开展防疫物资、高风险冷链食品、积压食品、保健食品、网络订餐等专项整治，加强农村假冒伪劣食品、校园周边食品、重点地产食品等排查治理。严格落实药剑行动计划，大力开展中药饮片质量集中整治行动；对珍珠粉药品生产企业，以批生产记录、成品检验为重点，加强监督检查；以新开诊所为主，对口腔诊所进行专项检查；推进疫苗、中药饮片、特殊药品、网络销售药品和零售药店百日整治五大专项整治；对全市防疫医疗器械企业进行规范提升整治，开展医疗器械“清网”、无菌和植入性医疗器械专项行动。持续保持对违法行为的严打高压态势，制假售假等药品安全突出问题得到有效解决 2020 年，全市共查办各类食品药品行政案件 1339 起，移送公安刑事侦办 19 起，法院审结各类危害食品安全违法犯罪案件 20 起，涉案 27 人，判刑 20 人。

民生实事工程。打造符合“5S 管理”的省级名特优食品作坊和小微食品量化达标企业 10 家，创建省级放心肉菜示范超市 1 家、省级城乡放心农贸市场 8 家。培育放心消费餐饮示范单位 329 家，食品放心工厂 80 家，推荐紫阆黄公糕入选 2020 年浙江特色“伴手礼”。完成农村家宴改造提升 17 家，并结合新时代文明实践中心建设“先行试验区”，把文明实践、移风易俗融入农村家宴中。持续深化千万学生放心饮食工程建设，建成升级版智慧“阳光厨房”55 家，推行校（园）长定点定时陪餐制，定期组织开展学校食品安全事故应急演练和培训，全方位守护校园食品安全。强化“放心消费在浙江”行动，培育药械放心工厂 3 家。科学布点、精心规范，采用药店联合配送企业的便民服务点设置模式，建成“送药上山进岛便民服务点”6 个；确定 6 家经营管理较为规范且具有一定规模和配送能力的连锁门店，建成 24 小时“网订店送”药房。

食药安全社会共治。对药械生产经营企业开展行政约谈，落实企业作为药品质量安全第一责任人的责任，促进企业自律。完善应急管理体系，完善《诸暨市药品（医疗器械）安全事故应急预案》和应急管理制度，开展应急培训和处置演练。23 个镇街全部通过三星级食安办省级考核验收，重新调整村级食品安全网格员 1168 名，配备基层食安办专兼职干部 35 名。完善《诸暨市食品安全事故应急预案操作手册》，制订《诸暨市冷链食品疫情防控应急预案（试行）》，健全“1+11”部门组成的应急组织指挥体系，相关工作获国家药监局高研院调研肯定。完善市镇乡三级科普宣传体系，结合食品安全“五进”等活动，立体式构建食品安全宣传网。（周海玲　蒋熠琼）

【市场主体培育】市场主体总量。全市共有市场主体 178915 家，同比减少 3%，注册资本（金）4556.7 亿元，同比增长 10.3%。其中内资企业 49877 家，同比增长 10%，注册资本（金）4167.8 亿元，同比增长 6.8%；个体工商户 127568 家，同比减少 7.2%，注册资金 176 亿元，同比增长 7.4%；农民专业合作社 933 家，同比减少 12.2%，出资总额 64859 万元，同比减少 0.1%；外资市场主体 537 家，同比减少 2.7%，注册资本（金）

206.4 亿元，同比减少 1.1%。

市场主体新增情况。2020 年，新增各类市场主体 29174 家，同比增加 81.7%，注册资本（金）487.4 亿元，同比减少 0.4%。其中新增内资企业 8389 家，同比增长 1.5%，注册资本（金）431.1 亿元，同比减少 4.5%；新增个体工商户 20785 家，同比增加 121%，注册资金 33.8 亿元，同比增加 19%；新增农民专业合作社 3 家，同比减少 57.1%，出资总额 0.02 亿元，同比减少 75%；新增外资市场主体 28 家，同比减少 45.1%，注册资本（金）22.5 亿元，同比增加 134.4%。

市场主体活力指数。按照市委主要领导批示要求，积极探索创新，精心设计数据分析平台和不同类型市场主体调查问卷方法，在对全市市场主体全面调查分析基础上，编订《诸暨市市场主体活力指数分析报告》并正式对外发布，成为全国第一个发布市场主体活力指数的县（市）。

2020 年诸暨市新增各类市场主体情况表

表 12

市场主体类型		新增数（家）	同比 (%)	新增注册资本（金）（亿元）	同比 (%)
内资企业	含个转企	8389	1.5	431.1	−4.5
	不含个转企	7707	4.3	—	—
个体工商户		20785	21.8	121.0	33.8
农民专业合作社		7	3	−57.1	0.02
外资企业		51	28	−45.1	22.5
内资市场主体	含个转企	29174	82.0	464.9	−3.1
	不含个转企	28482	85.7	—	—

市场主体注销情况。严把市场主体退出关，完善市场退出机制，坚定不移挤泡沫、斩劣质存量，优化市场主体的整体结构，对两年未年报企业依法吊销，开展农民专业合作社“空壳社”清理工作。2020 年共注销各类市场主体 35556 家，同比增长 223%。其中内资企业注销 3959 家，同比减少 30.6%；个体工商户注销 31597 家，同比增长 367.2%；农民专业合作社注销 62 家，同比减少 18.4%；外资市场主体注销 45 家，同比减少 79.1%。清理家庭工业户 15547 家。

内资企业发展情况。全市内资企业 49877 家，同比增长 10%，注册资本（金）4167.8 亿元，同比增长 6.8%。其中非私营企业 2924 家，同比增加 10.7%，

2020 年诸暨市内资企业情况表

表 13

企业	数量（家）			注册资本（金）（亿元）		
	2020 年	2019 年	同比 (%)	2020 年	2019 年	同比 (%)
非私营企业	2924	2641	10.7	1085.4	1034.2	5.0
私营企业	46953	42714	9.9	3082.4	2867.4	7.5
合　计	49877	45355	10.0	4167.8	3901.6	6.8

注册资本(金)1085.4亿元,同比增长5%;私营企业46953家,同比增长9.9%,注册资本(金)3082.4亿元,同比增长7.5%。内资企业数在绍兴市各县、市(区)居第二位,注册资本(金)居第一位。从注册资本(金)看,全市企业仍以中小企业为主。内资企业平均规模为注册资本(金)836万元,注册资本(金)在100万元以下的企业24629家,占49.4%;100万~1000万元(含)的企业16639家,占33.4%;1000万~1亿元的企业7749家,占15.5%;注册资本(金)在1亿元以上的企业860家,占1.7%。

至2020年12月底,市内资企业第一产业993家,同比增加7.6%,注册资本(金)59.6亿元,同比增加7.6%;第二产业19395家,同比增长8.1%,注册资本(金)1119.8亿元,同比增长11.1%;第三产业29489家,同比增长11.3%,注册资本(金)2988.4亿元,同比增长5.3%。三次产业结构比例与上年同期相比,分别增长0、-0.7个、0.7个百分点。从内资企业累计数看,排在前三位的是制造业、批发和零售业、科学研究和技术服务业,分别为16063家、13907家、5122家,分别占内资企业总数的32.2%、27.9%、10.3%。

2020年内资企业三次产业数量及注册资本(金)分布情况表

表14

产业类型	数量(家)			注册资本(金)(亿元)		
	2020年	2019年	同比(%)	2020年	2019年	同比(%)
第一产业	993	923	7.6	59.6	55.4	7.6
第二产业	19395	17946	8.1	1119.8	1007.7	11.1
第三产业	29489	26486	11.3	2988.4	2838.5	5.3
合　计	49877	45355	10.0	4167.8	3901.6	6.8

内资企业新设情况。2020年,全市新设内资企业8389家,同比增长1.5%,注册资本(金)431.1亿元,同比减少4.5%。其中私营企业7894家,同比增长0.5%,注册资本(金)360.5亿元,同比增加4.3%;非私营企业495家,同比增长22.2%,注册资本(金)70.6亿元,同比减少33.3%。新设内资企业普遍规模较小,平均规模为注册资本(金)514万元,其中新增内资企业中注册资本(金)1000万元(含)~5000万元(含)的有1061家,同比增加4.5%,注册资本(金)5000万~1亿元的有172家,同比增加68.6%,1亿元及以上的有42家。

2020年诸暨市新设内资企业情况表

表15

内资企业	数量(家)	同比(%)	注册资本(金)(亿元)	同比(%)
私营企业	7894	0.5	360.5	4.3
非私营企业	495	22.2	70.6	-33.3
合　计	8389	1.5	431.1	-4.5

新设内资企业产业分布。2020年,三次产业新增内资企业数量分别为116家、2542家、5731家,所占比重分别为1.4%、30.3%、68.3%,产业结构持续优化,第三产业增长趋于平稳;新增注册资本(金)分别为34543万元、1182150万元、3093947万元,所占比重分别为0.8%、27.4%、71.8%。

2020 年诸暨市新设内资企业三次产业数量及注册资本(金)分布情况表

表 16

产业分布	新增数(家)	所占比重(%)	新增注册资本(金)(万元)	所占比重(%)
第一产业	116	1.4	34543	0.8
第二产业	2542	30.3	1182150	27.4
第三产业	5731	68.3	3093947	71.8

2020 年,随着商事登记制度改革的持续深入推进,大部分新登记企业,选择了"船小好调头"的第三产业,产业结构进一步优化。第三产业的发展壮大,为全市加快转变经济发展方式、促进就业奠定坚实的基础。批发和零售业、制造业依然为投资热选。2020 年,全市新设批发和零售业内资企业 2589 家,制造业内资企业 1761 家,占新设内资企业的 30.9%、21%,位列第一、第二位。第三位的为科学研究和技术服务业,占比 12.9%。

个体工商户发展情况。2020 年,全市共有个体工商户 127568 家,同比减少 7.2%,资金数额 176.0 亿元,同比增长 7.4%,个体工商户总量和资金总额居绍兴市各县、市(区)"双第一"。全年新登记个体工商户 20785 家,同比增长 121%;新增出资 33.8 亿元,同比增长 19%。

2020 年诸暨市个体工商户发展情况表

表 17

个体工商户	期末总量	
	数量(家)	资金数额(万元)
2020 年	127568	1759509
2019 年	137395	1638250
同比 (%)	-7.2	7.4

2020 年诸暨市农民专业合作社发展情况表

表 18

农民专业合作社	期末总量	
	数量(家)	资金数额(万元)
2020 年	933	64859
2019 年	1063	64923
同比(%)	-12.2	-0.1

全市个体工商户中,一产 2458 家,二产 31663 家,三产 93447 家,分别占总数的 1.9%、24.8% 和 73.3%,三次产业结构比例与去年同期相比,分别增长 0.2 个、-7.9 个、7.7 个百分点。个体工商户新增数量居前的行业为批发和零售业新增 8885 家,制造业新增 4126 家,住宿和餐饮业新增 2551 家。个体工商户总量列前三位的行业依次为:批发和零售业 63768 家,制造业 31438 家,住宿和餐饮业 11915 家,

以上 3 个行业占个体工商户登记总量的 84%。

农民专业合作社发展情况。2020 年，全市累计注册登记农民专业合作社 933 家，同比减少 12.2%；出资总额 64859 万元，同比减少 0.1%。在绍兴市各县、市（区）中农民专业合作社总数居第二，出资总额居第三。从合作社的出资规模来看，平均出资规模为 69.5 万元。其中出资总额 100 万～500 万元的有 184 家，500 万～1000 万元的有 18 家，1000 万元以上的有 7 家。农民专业合作社经过前几年的高位运行，增速有所趋缓。全年新增农民专业合作社 3 家，同比减少 57.1%，出资总额 200 万元，同比减少 75%。出资 100 万～500 万元（含）的有 1 家。

外资市场主体发展情况。2020 年，全市共有外资市场主体 537 家（其中分支机构 92 家，常驻代表机构 7 家），总注册资本（金）316318.5 万美元。全年新增外资市场主体 28 家，同比减少 45.1%，注册资本（金）34473.2 万美元，同比增长 134.4%，注销 45 家，同比减少 79.1%。在绍兴市各县、市（区）中外资市场主体总数居第三位。从产业分布看，一产 7 家，占比 1.3%；二产 242 家，占比 45.1%；三产 288 家，占比 53.6%。从外资企业行业分布看，列前三位的行业依次为制造业、批发和零售业、科学研究和技术服务业，分别为 239 家、112 家、100 家，分别占比 44.5%、20.9%、18.6%。 （徐　琼）

小微企业培育发展。建立精准培育库，完善筛选机制和升降级机制，实施动态管理去劣存优，全年入库各类小微企业 4015 家。拓展培育库辅助功能，将培育库作为升规备选、科技型、转股、外贸出口、金融"白名单"等优质小微企业的后备库，构建发展跟踪联络机制和个性化成长辅导机制，助推小微企业向"专精特新"发展转型。

小微企业和个体工商户纾困。2020 年，成立由分管市领导任组长、市场监管局牵头，全市 16 个部门为成员单位的诸暨市小微企业和个体工商户纾困专班，实行集中办公、实体化运作。建立数源部门比对核查、镇街实地核实、专班比对筛查的"三查三核"工作机制，在 7 天内完成对"拟补"对象的数据比对、实地核查和"不补"名单的数据核实工作，确定市"两直"资金补助名单为 9334 家，其中小微企业 3945 家，个体工商户 5389 家（含 51 家个转企），并在《诸暨日报》、诸暨发布等渠道公示。2020 年 7 月 25 日 11 时至 7 月 31 日 15 时，纾困专班按照小微企业补助标准 2 万元 / 家，个体工商户 0.6 万元 / 家的标准，兑付纾困资金 1.11 亿元，兑付率 100%。

"个转企"工作。2020 年，"个转企"工作稳步推进，全年共办理个转企 682 家，其中转为公司 655 家，转为个人独资企业 27 家。从产业看，第一产业个转企 12 家，占 1.8%，注册资本（金）1045 万元。第二产业个转企 224 家，占 32.8%，注册资本（金）24742 万元。第三产业个转企 446 家，占 65.4%，注册资本（金）36038 万元。 （何俏也）

质量技术监督

【质量提升行动】2020 年，发布《诸暨市政府质量奖评审管理办法》，全市 10 家企业被评为"政府质量奖"和"质量创新奖"，培育 6 家"品字标"品牌企业。全域推进放心工厂建设，督促企业建立成品出厂检验制度，新增放心工厂 1272 家。围绕民生和安全重点产业，开展各类产品质量监督抽查及风险监测活动，完成各级监督检验和风险监测 431 批次，全市制造业产品合格率达到 99.3%，产品质量整体平稳可控，未发生区域性行业性质量问题。开展防疫物资产品质量专项整治，组织开展非医用口罩专项监督抽查，指导企业规范口罩、熔喷布生产。开展珍珠产业专项整治，在企业和电商中对珍珠产品的标准、质量、检验、标识等进行培训，推进珍珠块状产业高质量发展。 （赵　汀）

【特种设备安全监管】2020 年，积极构建特种设备双重预防机制，指导和督促企业按要求做好分类评价工作，在绍兴地区率先超额完成全年分类评价工作目标任务，全市完成分类评价 1895 家，完成重大风险隐患排查日志应用 484 家。强化特种设备安全隐患排查治理，全面推进全市特种设备安全专项整治三年行动计划。突出重点设备、重点时段、重点风险隐患，聚焦涉危险化学品、公众聚集场所等容易造成群死群伤的特种设备。深化特种设备安全风险管控和隐患排查治理，进一步压实特种设备属地、行业、企业“三个责任”。深入开展护航复工复产特种设备领域安全攻坚行动和各类特种设备专项整治及联合检查行动。全年累计排查企业4566家，排查隐患302余条，下发《特种设备安全监察指令书》129份，立案8件，行政处罚6件，重大安全隐患整改率达100%。全市未发生重大质量安全事故。（寿杨桂）

【标准计量工作】2020年，指导重点企业开展“浙江制造”标准制定工作，全年新增“浙江制造”标准立项14项。推进数字经济标准化工作，指导铜加工、袜业、珍珠行业龙头企业参与上级标准制（修）订工作，全年发布数字经济标准13项。指导规上企业采用国际先进标准，全市规上工业企业数1184家中采用国际先进标准的企业达933家，采标率达79.5%。指导行业龙头企业积极参与制（修）订国家标准、行业标准，全年共制（修）定国家标准9项，行业标准11项。开展“品字标浙江制造”重点企业培育和认证工作，共获得“浙江制造”品字标证书6张、国际互认证书1张。（潘东宝）

安全生产监管

【概况】2020年，全市共发生各类生产安全事故18起（均为生产经营性道路交通事故），死亡11人，同比分别下降28%和45%，未发生工矿商贸事故；发生火灾173起，同比下降22.8%，无人员伤亡；未发生自然灾害伤亡事故，未发生较大及以上事故和有较大社会影响事故。

【安全生产工作责任落实】根据“党政同责、一岗双责”要求，2020年3月市政府分别与23个镇乡（街道）、29个部门（单位）签订2020年度安全生产和消防工作目标责任书。全年市委常委会、市政府常务会议7次专题听取研究安全生产和应急管理工作情况。深化安委会“1+X”组织体系建设，修订完善市安委会和6个专业安委会及办公室的工作运行规则，充分发挥安委办综合协调作用，督促检查全市重点行业领域主管部门安全生产情况。10月，印发《诸暨市安全生产巡查工作制度》，启动全市安全生产第一轮巡查工作，以巡查问题推动责任落实。11月，市安委办完成对4个部门、镇街的安全生产巡查工作，发现问题22条，相关问题整改落实。

【重点安全领域专项整治】2019年10月至2020年6月组织开展小微企业安全生产和消防安全综合整治行动、2020年3月至4月组织开展护航复工复产安全生产攻坚行动、4—11月开展高温熔融金属作业安全专项整治、8—12月组织开展危化品企业道路运输充装安全“铁拳整治”专项行动、12月起开展“小化工”打非治违专项整治行动等，组织危化品运输安全联合检查、危化品储存场所专项检查、涉爆粉尘企业安全生产等专项检查，累计检查企业45234家次，排查整改隐患67315项。13家危化品生产、带储存经营和使用重点企业严格落实每日风险承诺制度，全覆盖检查507家危化品使用企业，开展4轮危险化学品、矿山企业和2轮“三场所两企业”重点企业社会化服务隐患排查整治工作。2020年，安全生产重大事故隐患挂牌督办单位省级1家、绍兴市级7家、诸暨市级15家，共23家均通过诸暨、绍兴两级验收销号。

【第二轮安全生产综合治理三年行动】7月底，市安委会印发《诸暨市第二轮安全生产综合治理三年行动计划》。8月，召开全市安全生产综合治理三年行动部署会，启动全市安全生产综合治理三年行动，共分3个专题、10个专项整治。9月，组建三年行动工作专班并实体化运作，工作专班组织两轮专项督查，发现各类问题隐患共145条，各责任单位完成整改形成闭环。应急管理局牵头开展危化品安全专项整治三年行动，累计排查整改问题隐患825条，全面推进企业安全风险管控体系建设，2020年全市建设完成的企业818家，园区7家；经信局联合相关部门检查园区（企业）235家次，排查隐患70余条并完成整改；公安局开展道路交通安全专项整治三年行动，交通运输局会同公安等部门开展危化品道路运输“铁拳整治”行动，联合巡查“两客一危”车辆4591辆次，查处违法348起；市场监管局排查整治特种设备2715台（套），排查发现整改安全隐患116

条;消防救援大队开展“打通生命通道”专项行动,完成489个老旧小区及消防安全重点单位的消防车通道画线工作。

【安全生产监管执法】2020年,诸暨市应急管理局执法检查生产经营单位1274家次,下发责令限期整改指令书173份,现场处理措施决定书86份、行政处罚决定书174份,日常检查执法立案率15%。全年立案行政处罚174起,罚款355.35万元,事故类案件3件,罚款67.86万元;非事故类违法类案件171件,罚款289.69万元。全年共接到各类举报案件216件(其中安全生产类14件,消防202件),均在规定时间内办结,办结率100%。6月,制定《诸暨市一般工贸企业安全生产轻微违法违规行为容错机制》,主要适用本市范围内除矿山、危险化学品的生产、经营、使用单位和三场所两企业以外的其他生产经营单位,且最近三年未发生生产安全责任事故的一般工贸企业。

【安全生产惠民工程】7月,印发《诸暨市企业百万员工安全大培训实施方案》,全面实施全民安全素养提升计划,以企业负责人、安全管理人员、从业人员为主要对象实现“三个全覆盖”,通过线上线下培训2.6万人次,完成率166%。邀请安全生产、消防救援等领域专家开展重点领域安全知识“送教上门”讲座19场。（陈曙明）

公共资源交易管理

【概况】2020年,市公共资源交易平台累计完成各类交易641场,成交金额165.71亿元,其中建设项目73.7亿元,政府采购2.81亿元,土地(采矿权、采砂权)公开招标、拍卖、挂牌等89.2亿元,累计增效节资23.87亿元。

【建设项目交易】2020年,完成各类建设工程公开招标343场,其中施工公开招标129场,中标价73.7亿元。与2019年相比,工程进场交易数量增加12.17%,交易额增加91.28%。2020年度工程建设项目交易进场登记单位1699家,其中施工单位1411家,监理单位237家,招标代理51家。年度交易单位数量比上年增加287家,增长20.32%。

【政府采购交易】2020年,完成政府集中采购108场次,采购金额2.81亿元。节省资金2553.25万元,节资率9.05%。

【要素资源交易】2020年,在交易网上发布公告,土地交易共拍卖、挂牌交易190宗,起拍价71.01亿元,成交价89.2亿元,增幅25.61%,比上年总成交额增加14.45亿元。

【疫情防控服务】2020年,按照全市疫情防控工作统一安排,管好小门、走访一线,参与全市疫情防控。同时,优化服务保障发展,开通招投标“绿色通道”,对应急工程项目“紧急办”,将安置区建设项目按应急工程处置,在市建筑企业中的航母企业中选择EPC(工程总承包)实施单位,确保安置区建设工程如期投用;民生实事招标“网上办”,开展零障碍服务,网上超市正常运行,实现不见面操作下单,供应商接单送货上门,完成采购订单720单,金额389.48万元;配套服务招标“创新办”,创新采用微信投标方式代理招标,在规定时间通过微信提交下浮率报价单,上传开标全过程视频至微信群接受监督,实现项目全流程“不见面”。

【重点项目跟踪服务】2020年4月,发布《关于实施“325”工程 深化“三服务”机制的通知》,按照助力全市重大政府性投资项目高效推进、着力基层小额工程招标有效提质、聚力优化营商环境公正效能三大目标,组建5个分片指导小组,每个分片指导小组由1名责任领导和3名联络人组成,跟踪服务全市103只800万元以上政府性投资项目及十大民生实事工程的招投标工作,通过开展百只重点项目跟踪服务、百人次分片业务指导交流,全面组织开展深入服务企业、深入服务基层、深入服务本地制造、深入服务项目一线、深入服务部门(国企)的“五深入”服务。组织走访服务镇乡(街道)、部门国企43次,上门解决网上开标设备配置、年度入围项目经理在建情况认定等51个问题。

【工程总承包模式探索】2020年,走访调研市重点项目,起草《诸暨市政府(国有)投资项目工程总承包实施办法(试行)》,规范政府(国有)投资项目工程总承包招投标,明确工程总承包项目适用的范围,明确各阶段管理责任，指导项目业主有序开展项目建设，提高政府（国有）投资项目工程建设水平和投资效益，发挥工程总承包的效果。全年实施235国道杭州至诸暨公路萧山河上至诸暨安华段改建工程等4个重大项目总承包招投标模式，交易额49.77亿元。

【农村工匠库模式试点】2020年，在浬浦镇试点工作基础上，与市财政局、税务局、农业农村局、建设局等单位重点对接，明确属地和行业管理要求，12月发文并推广《诸暨市农村建筑工匠及招投标实施细则（试行）》，提高资金使用效率。

【网上招投标推广】2020年，继续完善公共资源交易电子化平台，持续深化公共资源交易领域“最多跑一次”改革，让群众少跑路，让数据多跑路。建设工程全流程网上招投标纵向延伸，在工程施工项目全流程网上招投标市域全覆盖的基础上，部署推进全流程网上招投标纵向延伸拓展工作，实现代理、监理项目全流程网上招投标，完成网上监理招标109场次、网上代理招标105场次。建立建设工程项目电子保函平台，降低企业交易成本，2020年实施电子保函项目63个，累计代替投标保证金32000万元。

【政府采购体系建设】2020年，打造“互联网+政府采购”体系，依托云平台全面推进政府采购网上电子招投标，从招标文件制作到开评标全过程均通过电子交易系统完成，进一步优化业务流程，提高采购效率，实现企业参与政府采购“零跑腿”，全年全市完成政府采购项目全流程网上招投标项目624个。做大做强做精“政采云”网超平台，开放市场主体准入条件，实现供应商库、商品库全省共享，全市已上线办公用品、家具用具、机电设备等14个大类共8.25万余件商品，至12月底共完成网超交易23044单，交易额超18059.6万元。

【政府购买服务推进】2020年，扩大定点采购范围，完成工程配套服务、保安服务定点采购、物业管理服务定点采购等项目的入围工作，方便采购人选择。推进诸暨地方精品馆建设，引导市内各采购单位优先采购精品馆商品，发挥政府采购在扶持中小企业、支持地方企业发展政策激励上的作用，助力诸暨制造走出去、走上去。共有126家制造商入驻诸暨精品馆，上架产品1199个。

【镇村工程督查指导】2020年，加强对村级工程实施管理的检查指导，规范村级工程实施管理工作。根据《2019年清廉建设专项行动实施意见》要求，重点做好“五清”村居建设村级工程实施督导考核工作，6月、7月以及8月底至9月初分三次对全市23个镇乡街道开展村级工程实施管理指导工作，发现问题九大类，下发检查情况通报3份。11月30日至12月11日，集中开展全市“五清”村居考核，对申报村的村级工程实施管理情况考核并通报。积极配合公安局、建设局等相关职能部门，加大对串标、转包等违法违规行为打击力度，净化村级工程招投标领域市场环境。

【建设工程项目施工发包与承包违法行为专项整治】2020年，深入开展全市建设工程项目施工发包与承包违法行为专项整治行动，有效遏制违法发包、转包、违法分包及挂靠等违法行为，4月下旬，联合建设局、交通局、水利局、公安局对全市范围内建设工程进行集中督查。共抽查在建项目31个，其中水利10个、交通7个、房建及市政14个，下发整改通知书29份，移交行业主管部门涉嫌转包线索5件。

【工程领域突出问题及招投标环境整治】2020年10月下旬，按照市委市政府主要领导调研招投标工作指示精神，全面部署开展工程领域突出问题及招投标环境整治工作。依据“坚持问题导向、重抓集中整治、完善工作机制、增强监管能力”的总体要求，调研完善《工程领域突出问题及招投标环境整治工作方案》，组织召开工程领域突出问题及招投标环境整治工作部署会议，建立领导小组和工作专班，集中开展工程建设项目招投标工作专项检查、企业信用和投标承诺履行情况专项检查、市外市政房建监理备案企业专项检查。至年底，会同公安、建设、交通、水利、税务等部门检查项目200余个，查办围串标案件1起，行政处罚3起，下发整改通知书117份；对不符合相关待遇享受条件的175家企业分批作出处理，进一步净化市场环境。（周　凌）

物价管理

【"五减"工作】2020年，为统筹推进全市新冠肺炎疫情防控和经济社会发展，根据浙江省和绍兴市实施"五减"（减税、减费、减租、减息、减支）工作决策部署，3月市发改局起草《诸暨市大力实施减税减费减租减息减支共克时艰行动方案》，经市新冠肺炎疫情防控领导小组发文实施。行动方案明确疫情防控期间"五减"优惠政策、目标任务、保障措施和兑现服务清单，是疫情防控期间系统性的惠企稳企助企活企暖企政策，最大程度对冲疫情带来的不利影响，帮助企业复工复产。

【用水用电用气价格优惠政策】2020年，按照市委市政府"共渡难关十项政策"工作部署，市发改局制定《转发省发展改革委关于新冠肺炎疫情防控期间临时降低企业用气用水用电价格的通知》《关于阶段性降低企业用水价格有关事项的通知》《关于降低非居民生活用天然气销售价格有关事项的通知》等政策文件，降低企业用能成本。用电价格方面：2月1日至12月31日，降低执行一般工商业及其他电价、大工业电价的电力用户（除高耗能行业用户外）电费，统一按原到户电价水平的95%结算；2月1日至6月30日，实施支持性两部制电价政策。用水价格方面：2月1日（抄见水量）至4月30日，企业到户水价（含自来水价格和污水处理费）临时降低10%；5月1日至12月31日，企业自来水价格阶段性降低0.5元/立方米，企业污水处理费下调10%。用气价格方面：三次下调企业管道天然气最高销售价格，累计降低企业用气价格0.63元/立方米，降幅约18%。企业用水用电用气优惠政策惠及企业（含个体工商户）约12万家，全年累计降低企业用能成本47000余万元。

【教育收费】2020年2月，市发改局会同教育、财政部门制定《关于做好2020年春季学期教育收费工作的通知》，明确2020年各中小学校及幼儿园春季学期学费（保教费）、住宿费、服务和代收代管费等费用收费政策，统一部署全市中小学校（幼儿园）退费工作，确保疫情防控期间教育收费工作平稳有序。

【转供价格监管】2020年3月23日，市发改局会同市场监管部门印发《关于严格落实疫情防控期间转供环节企业用户水电气等价格扶持政策的提醒告诫函》，进一步规范转供主体收费行为，组织开展转供电环节收费专项检查，将惠企政策红利传导到终端用户。

【阶段性价格补贴"提标扩围"】2020年，督促相关单位及时完成困难群众基本生活价格补贴发放工作，贯彻落实阶段性价格补贴"提标扩围"工作。3—6月，将领取失业补助金人员纳入补贴范围，并以现行机制测算的补贴为基础提高每月补贴标准1倍。

【城区道路停车收费】2020年，按照"路内高于路外、地面高于立体、地上高于地下"的原则，依法依规核定城乡投资集团、浣江传媒集团等投资管理的停车场和西施大剧院地下停车场停车服务收费标准，发挥价格杠杆引导车辆停放从道路向公共停车场迁移，从地面向地下转移，缓解城区交通拥堵和停车难问题。（以上由发改局朱建洪提供）

【防疫物资物价管理】2020年，诸暨市全面动态监测全市防疫物资价格，落实源头治理，通过外围调查、实地走访等方式对防疫物资生产企业的购进成本、配送费用、销售价格、产品库存等调查摸底，及时跟踪防疫物资的价格水平，掌握市场价格变动情况，处理2起哄抬防疫物资价格的案件分别入选全国典型案例和省典型案例。

【重点专项检查】2020年，对涉企、涉民的垄断行业价格收费实施重点专项检查，对滥用行政权力排除、限制市场准入等行为开展集中整治，对于捏造、散布涨价信息、非法囤积和利用其他手段哄抬价格的违法违规行为开展重点检查。及时跟踪社会热点及敏感问题，回应社会关切，全年价格类信访投诉举报案件办结率及满意率均达100%。

（以上由市市场监管局袁建高提供）

审计

【概况】2020年，市审计局共组织实施审计项目27个，审计查出主要问题金额70357万元，其中查出违规金额 318 万元，管理不规范金额 70039 万元；审计期间整改金额 47 万元。上报审计专报 7 篇和信息 34 篇，被省厅采用 12 篇，各级领导批示报告和专报共 12 篇次。被采纳审计建议 155 条，推动市政府和被审计单位制订完善制度 69 项。

【预算执行和财政决算审计】2020 年，在市本级预算执行审计中，同步开展 3 个部门的预算执行审计和 5 个乡镇的财政决算审计，对全市一级预算部门的预算执行情况运用计算机数据采集、分析进行“全覆盖”审查。注重审查分析财政政策体系构建、预算绩效和防范财政运行风险等情况方面存在的问题，坚持“花钱必问效”，加快推动政策措施落实、规范财政预算管理，促进公共财政规范高效可持续。审计发现财政年度预算调整方案欠精细化、部门三年滚动预算编制不到位和结余资金未有效盘活、乡镇涉农补贴未发放到位等问题。7 月 24 日，市十七届人大常委会第三十次会议听取并通过《关于 2019 年度市本级预算执行和其他财政收支的审计工作报告》。

【跟踪审计和专项审计调查】2020 年，紧盯新冠疫情、营商环境、残疾人保障、扶贫攻坚等社会保障资金和关系群众切身利益的问题，实施科技创新重大政策落实、促进优化营商环境政策落实、残疾人社会保障情况、人才工作经费管理使用情况 4 个政策跟踪审计，以及新冠肺炎疫情防控资金和捐赠款物、企业职工基本养老保险基金 2 个专项审计，参与了绍兴市局的东西部扶贫协作审计项目。重点关注疫情防控款物接收管理、分配使用，查找各项经济发展和惠民政策在贯彻执行当中存在的问题，推动完善政策制度。

【经济责任审计】2020 年，对 10 个部门、2 个乡镇的 21 名领导干部开展经济责任审计。加大审计方式、审计结果报告等方面的创新力度，把落实中央“八项规定”精神和厉行节约要求等作为重点领域深化审计内容，从贯彻落实市委市政府重要部署、重大经济决策情况等方面完善评价指标，注重客观真实地反映领导干部的工作业绩，评价经济行为，界定经济责任，为市委市政府决策和组织部门任用干部提供参考依据。贯彻中央及省自然资源资产离任审计有关文件精神，组织实施浬浦镇领导干部自然资源资产情况审计。完成 22 名市级部门和镇街主要领导干部经济事项离任交接审核。

【内部审计】2020 年，推进国家审计与内部审计协同机制，组织开展村级集体经济消薄情况审计项目。做好内审培训工作，组织部门、镇街内审人员 60 余人参加上级内审协会的各类业务培训。以走访交流、现场辅导、开展经责审项目等方式对公安局、浬浦镇、水务集团、安顺保安公司、海亮集团、诸暨市农商银行等 16 家单位开展内审指导，参与帮助内审项目实施，规范内审工作。

【政府投资审计】2020 年，加强对财政性资金投入的重点工程、重点项目的监督检查，审计绍兴枫桥学院建设项目预算执行情况和诸暨市实验小学教育集团荷花小学扩建及人防工程竣工决算。

【审计整改工作】2020 年，抓好省厅整改落实情况“回头看”工作，在市委审计委员会议中专题汇报近三年来审计整改工作。及时更新审计整改台账，对被审计单位上报的整改情况进行逐条逐项核实，严格落实挂销号制度。全年共发出审计整改督办函 58 份，督促 47 家被审计单位落实问题整改事项 220 项，并对 7 家被审计单位整改情况进行现场督查，推动 18 家被审计单位在政府门户网站上主动公告审计整改结果 22 篇次。

（蔡　琰）

统计

2020 年 10 月 20 日，第七次人口普查工作人员在山下湖镇开展普查工作（市统计局提供）

【人口普查推进】2020年，第七次人口普查工作继续推进，市统计局通过召开市"七人普"（第七次人口普查）领导小组全体会议、全市人口普查业务会议，督促指导各镇乡街道组建镇级机构23个。加强业务调研，完成对镇乡街道的业务调研和工作督导。加强教育培训，通过"线上＋线下"方式对"两员"（普查指导员和普查员）的综合业务培训，全市共选调普查员和指导员5369人，落实两员补助预算120余万元，累计组织培训6586人次。加强宣传发动，落实专项宣传经费20余万元。7月，承办在大唐街道举办的"七人普"绍兴市级综合试点工作，稳步推进人口普查清查摸底和入户登记工作。

【第四次经济普查】2020年，继续抓好第四次经济普查登记后续工作。抓好课题开发，落实相关专业人员撰写四经普调研分析文章，完成《从四经普数据看诸暨工业经济的发展》《从四经普看诸暨市商贸行业就业吸纳能力》《浅谈如何利用经济普查进一步完善基本单位名录库》三篇四经普调研文章，并与浙江农林大学暨阳学院合作，以改革开放、高质量发展为着力点共同开发四经普课题。做好档案整理，按照四经普资料存档要求，做好四经普资料的整理归档工作。

【统计监测预警】2020年，开展报数期间每日经济指标"一汇总一分析一预测"。加强疫情影响下经济形势分析研判，参与全市"六稳""六保"专班工作，会同相关部门研究MEI指数评价体系，分析研判短板指标与形成原因，提出高质量对策建议。坚持做到在每月末，对GDP以及核算相关22个基础指标实施月度分析，全年共发布GDP核算相关指标通报11期。完成《2019年诸暨经济社会发展统计公报》和全年统计监测报告。全年撰写统计数据分析13篇、调研12篇、公报1篇。其中撰写的《诸暨市防疫防护物资生产及出口状况调研分析》被省局采用，省局修改后被省委办公厅采用并获国务院领导批示；《诸暨与义乌经济发展比较分析》被国家统计局内网全文录用；撰写的《疫情对诸暨市小微企业影响的调研分析》获绍兴市委常委、诸暨市委书记徐良平批示。

【统计资料共享】2020年，继续向社会公众和市委、市政府领导及有关部门发布和提供经济社会发展统计数据。编印《2020诸暨统计年鉴》《2019今日诸暨市》，编发月度《诸暨统计信息》小册子11期，《统计信息专报》80期，在《诸暨日报》统计专版共发布全年统计公报及"七人普"信息4期。同时在微信"诸暨发布"发布统计信息。强化两网建设与交流，做好省内强县市交流网与沿海交流网相关工作。

【日常统计稽查】2020年，继续坚持处罚与教育相结合、管理与服务相统一的执法理念，注重事前预防、事中检查和事后整改相结合。围绕统计中心工作，结合统计造假专项整治行动，开展局内各专业自查工作，对重点行业、重点企业及重点指标开展核查。采取专项检查和"双随机"抽查方式开展执法检查，加大违法行为查处力度。全年执法检查企业（单位）65家，其中立案16家，罚款15.81万元。

【统计基层基础建设】2020年2月28日，市委办、市府办印发《关于推进统计基层基础建设 提高源头统计数据质量的若干意见》的补充通知，进一步完善制度，提高制度执行效率。结合市统计局《诸暨市企业统计人员岗位奖励评分表》，实现企业统计工作量化评价。对市"四上"企业统计人员实名信息库，通过实时备案，定期更新，确保对辖区内统计人员进行实时动态管理，保持企业统计队伍的稳定。组织实施"以奖代补"评价工作，并按要求按季发放奖励。同时组织年度评价工作，确保优秀奖励和合格奖励发放到位。以"三驻三服务"为契机，指导投资项目建设单位完善"一项目一档案"工作，开展一对一"体检式"帮扶。通过《各专业数据质量管控办法（试行）》加强统计数据管控，围绕重点领域、难点问题加强数据质量审核，对数据异常波动、有异常修改痕迹、指标数据不匹配的源头数据，逐一核实到每家企业、每个项目，坚决杜绝虚假、空壳调查单位和投资项目。采取市镇上下联动模式，对新增非目录企业开展全覆盖核查，确保企业真实存在。推进市统计诚信企业的评定工作，全年共9家企业推荐评选绍兴市级诚信单位，其中4家成功入选。按照"重抓业务骨干、覆盖镇街（企业）"的思路，推进多层次、多形式的统计业务培训工作。对全市2159家"四上"企业和

615 个 500 万元以上投资项目统计员分专业分批次进行面对面统计业务培训。依托组织部在线教育平台，对全市驻企(社)服务员进行工业、贸易等专业的在线统计业务培训。组织全市基层统计员参加绍兴市统计局组织的在线教育活动。全市统计在线教育培训工作，累计参加学习共计 1219 人。统计专业技术资格考试报名，报名人数 41 人，其中初级 12 人，中级 26 人，高级 3 人。（赏 威）

海关

【概况】2020 年，海关诸暨办事处共审核报关单 995 份，征收税款 1.7208 亿元，备案加工贸易手册 248 份，备案金额 37498 万美元，签发原产地证书 9722 份，签证金额 41655.75 万美元，涉及的考核指标中，报关单无纸化率保持在 99% 以上，规范申报贸易统计、业务统计数据保持“零差错”。

【核查检验监管】2020 年，落实多查合一改革，统筹使用人力资源，做好保税中期核查、退货调查、出口食品年度备案检查等。对有资质要求的核查作业，联系相关部门协助核查，做到核查作业无超期。全年共完成各类核查作业 39 个，同比增长 66.66%，其中有效作业 25 个，查发率 64.1%。核查工作按时完成率和随机派单率均达 100%。对核查中发现的问题，指导并督促企业改进。根据海关总署企管司提请关注加工贸易风险的文件要求，海关诸暨办在做好帮扶企业复工复产的同时，开展加工贸易风险排查。利用好海廉、综平等信息化系统，关注企业进出口及内销变化动态，梳理长期未出口等风险企业 12 家，采用加贸核查和实地走访相结合的方式，了解保税料件使用和企业生产经营情况，对一些运行情况不佳，租赁厂房的予以特别关注。

宣传国门生物安全知识，向群众发放有关国门生物安全知识宣传手册，介绍禁止携带、邮寄进境的动植物产品目录，普及国门生物安全知识，引导群众增强国门生物安全知识。加强进出口食品安全监管。全年对 4 批次出口食品进行抽样检验，产品全部合格。9 月 30 日，在对进口食品抽样检验中发现，1 批品名为初榨椰子油的商品因食品标签不合格被判定整批不合格，要求返工整改，这是诸暨辖区首次在进口食品中检出不合格案例。

【企业复工复产助力】2020 年，指导企业开展加工贸易无纸化申报、原产地证无纸化申领、退运货物延期复出运申请等业务事项，减少企业相关贸易风险和损失。利用“杭州海关进出口企业复工复产关企互动平台”、电话、微信等线上方式主动了解企业复工复产动态、困难与需求，并帮助其反映、解决实际困难。在抗击疫情、助力企业复工复产工作中，诸暨办事处支持企业复工复产的先进事迹，被中央电视台新闻频道、浙江卫视、浙江新闻频道等多家主流媒体报道。

【外贸平台建设】2020 年，支持诸暨市海关监管场所建设，参与项目立项、设计、建设、联网监管等各个环节。7 月 15 日，由诸暨市商务局、交投公司、海关共同参加的监管场所建设推进会，分析研讨场所建设遇到的困难和问题，同时邀请杭州海关口岸监管处到诸暨实地调研监管场所，争取上级海关的政策支持。

【外贸企业服务】2020 年，落实减税降费政策，落实国家对美国加征关税商品市场化采购排除政策，梳理诸暨辖区符合条件的企业，安排专人一对一开展政策辅导，帮助辖区企业获得进口税收减免累计 1800 余万元。进一步压缩整体通关时间，召开 50 余家企业参加的外贸企业座谈会，介绍关税保证保险、两步申报等海关便利政策。推广原产地证自主打印，2020 年企业自助打印原产地证书 1534 份，占比达 26%。（赵列超）

中共诸暨市委员会

综述

2020年，市委常委会认真学习贯彻习近平总书记考察浙江重要讲话精神，按照中央和省市的总体要求，统筹推进疫情防控和经济社会发展，全面抓好“六稳”“六保”（“六稳”即稳就业、稳金融、稳外贸、稳外资、稳投资、稳预期；“六保”即保居民就业、保基本民生、保市场主体、保粮食能源安全、保产业链供应链稳定、保基层运转）工作，深入实施“三大工程、七项行动”（“与杭同城”提升工程、营商环境提升工程、数字诸暨提升工程和“双招双引”、项目建设、市场主体培育、美丽城镇建设、农村环境补短板、基层微治理、信访积案化解七项攻坚行动），坚定不移推进全面融、全力稳、全域美，经济社会发展取得了极为不易的成绩，“十三五”规划主要目标任务圆满完成，高水平全面建成小康社会胜利在望，在大战大考之年交出了一份“两赢”答卷。全年实现生产总值1362.36亿元，同比增长3.6%；财政总收入和一般公共预算收入分别达145.5亿元和90.3亿元左右，同比增长2.4%、0.6%；城乡常住居民人均可支配收入分别达70740元和42296元，同比增长4.2%和7.4%。

面对突如其来的新冠肺炎疫情，诸暨市坚持人民至上、生命至上，坚定信心、同舟共济，科学防治、精准施策，有力有效抓好疫情防控和复工复产工作，取得“两手硬、两战赢”的硬核成果。全力当好严防严控的“守门员”，第一时间落实一级响应，迭代升级“硬核隔离 + 精密智控”，严格实施“三清一管好”（重点人员底子清、动态变化清、数据比对清，管好有武汉经历史的人员和有密切接触的人员）、冷链食品管理等各项防控措施，慎终如始抓好常态化疫情防控工作，医卫战线冲锋在前，全市上下同频共振，构筑起疫情防控的“铜墙铁壁”。全力当好复工复产的“服务员”，实行专班运作，健全“七大机制”，落实“三张清单”，强化用工保障，开通“就业专车专列”2200余趟，帮助企业较早实现复工复产。全面开展深化“三服务”活动，组织“百团千员”驻企服务，累计走访企业1.8万余家，解决问题7267个。全力当好纾困政策的“快递员”，精准实施“五减”“两直”（“五减”，即减税、减费、减租、减息、减支；“两直”，即新增财政资金直达市县基层、直接惠企利民）稳企助企措施，全面落实共渡难关十项政策，扎实做好小微企业和个体工商户纾困工作，累计兑现各类财政奖补资金13.1亿元，减免各类税费57.4亿元，争取专项再贷款58亿元。

诸暨市以争先创优行动为抓手，全力以赴稳企业、增动能、补短板、调结构，经济发展呈现出“半年稳、三季进、全年赢”的良好态势。立足在数智赋能上争先，扎实推进省制造业高质量发展示范县市创建，加快传统产业数智化改造，珍珠、铜材精密制造产业创新服务综合体基本建成，成功举办世界珍珠大会、中国设计红星奖 2020 袜业大赛，数智安防产业园加快建设，新增数字车间 77 家、"上云企业"1133 家，1129 个 5G 通信基站投入使用。在线经济迅猛发展，现代服务业复苏回升，引进数字服务公司 10 家，4 家企业入选中央服务业发展资金项目。举办"人才科技创新周"和"暨阳英才"创业创新大赛，开展首届创新奖评选，成立博士专家联谊会，创新创业团队引进培育实现零的突破，28 名国家和省引才计划人才落户诸暨，新增国家高新技术企业 122 家、省级科技型中小企业 324 家。着力在融杭发展上争先，深入实施"与杭同城"三年行动计划，杭州都市高速诸暨段建成通车，金浦桥至三江口大桥段快速化改建工程顺利推进，G235 国道诸暨段、诸柯高速、店口港开工建设，诸杭高速双向免费通行范围扩大。"义新欧"班列回程首开，海铁联运专列首发。出台优化营商环境 60 条，新赋码投资项目"最多 80 天"实现率达 100%，100 个以上事项实现杭绍甬三地可办，新引进沪杭项目 64 个。G60 诸暨创新转化港加快建设，上海、深圳、杭州"诸暨岛"（在市外设立的招商引才、科创孵化和智商集聚的创业园或平台，吸引技术、人才、资本和投资项目等要素，柔性支持诸暨经济创新转型的桥梁基地）落地运行。重点在项目投资上争先，大力推进项目建设百日攻坚行动，新引进亿元以上项目 65 个、总投资达 523.7 亿元，42 个重大项目集中开工，第三代半导体光电产业园、海亮生物科技、华为机器视觉联创中心签约落地。"个转企、小升规、下升上、产转法、科孵高、企改股"（个体工商户转为企业；小微企业升级为规上企业；限下企业升级为限上企业；产业单位转为法人单位；省科技型中小企业孵化为国家高新技术企业；企业改为股份制公司）成效明显。

诸暨市更加注重城市品质提升，城东生态高湖加快建设，城西"七大客厅"（城西交通、教育、商业、医疗、科技、文化、运动等基础设施工程）初具雏形，山下湖镇、同山镇通过省级美丽城镇样板镇创建验收。开工建设二环线快速路改造、绍诸高速浣东互通改扩建工程，统筹推进城市防洪排涝、老旧小区改造、陈蔡水库加固项目，浦阳江治理二期工程主体基本完工，完成"三改"353 万平方米。建筑业和房地产业稳健发展。更加注重乡村振兴提效，深化省部合作共建乡村振兴示范县创建，创成第三批"五星达标村"80 个、"3A 示范村"11 个，行政村年经营性收入 30 万元以上实现全覆盖。部署开展农村人居环境补短板行动，完成"四好农村路"建设，激活农房 694 幢。培育发展基础农业、特色农业、生态农业，抓实抓好生猪保供工作，全力保障"米袋子""菜篮子"。更加注重生态环境提质，坚决打好污染防治攻坚战，高标准抓好中央生态环保督察反馈问题整改，建成浬浦垃圾焚烧、垃圾填埋场沼气资源化利用、餐厨废弃物综合处理等项目。打好蓝天保卫战，开展"无废城市""污水零直排区"建设，加强渣土运输和生活垃圾治理，水质考核保持优秀，空气质量优良率达 92.9%，创成国家生态文明建设示范市。

诸暨市强化民生保障，高质量办好十大民生实事，城乡居民基本养老保险、医保提质扩面，饮用水提标达标工程顺利完成，拓宽低收入农户增收渠道，加强农村住房困难户保障，完成既有住宅电梯加装 30 台、职业技能培训 5 万人次。全面做好东西部扶贫协作和对口支援、对口合作任务。优化服务供给，深入实施文化惠民工程，成功举办西施文化节，"三贤"文化馆开工建设，华夏金石学馆开馆，新增文化礼堂 74 家、浣江书房 3 家。深化新时代文明实践"先行试验区"建设，通过全国文明城市复审。深入开展"教体质量提升年"三大行动，明德小学、城东初中建成投用，成为首个 CBA 联赛落户的县级市。加快"三医联动""六医统筹"（"三医联动"，即医保、医药、医疗改革联动；"六医统筹"，即医疗、医保、医药、医院、医生、中医统筹发展）改革，健康诸暨建设富有成效。深化社会治理，坚持发展新时代"枫桥经验"，全面推广"枫桥式"派出所、司法所、退役军人服务站建设，与浙江大学合作共建新时代"枫桥经验"研究院，完成绍兴枫桥学院主体工程。高标准开展"枫桥经验"巡视专项整改，镇村社会矛盾纠纷调处化解中心实现全覆盖，信访秩序进一步好转。纵深推进"扫黑除恶"专项斗争，五类恶性案件、刑事立案数分别下降 17.6%、9.2%，法治诸暨、平安诸暨建设取得新进展。

诸暨市突出政治导向，通过召开市委理论中心组学习会等方式，认真学习研讨习近平总书记考察浙江重要讲话精神、《习近平谈治国理政》第三卷等系列重要讲话、重要文章，全面落实习近平总书记对诸暨工作重要指示批示精神“四张清单”，有力地推动了“四个意识”“四个自信”“两个维护”往深里走、往心里走、往实里走。加强政治监督和政治巡察，扎实开展“一主三联动一专项”(在省委巡视整改中，统筹抓好巡视反馈意见整改，联动推进意识形态、选人用人、巡察工作专项检查反馈意见整改，认真开展关于运用“枫桥经验”化解信访矛盾不够有力有效、存在“墙内开花墙外香”问题专项整改)巡视整改，严格落实“六见”要求，不折不扣抓好问题整改，举一反三推进建章立制，不断推动全面从严治党向纵深发展。突出基层导向，深入实施组织力提升工程，坚持“五好两确保”(选出忠诚担当好头雁、堪当重任好班子、创业奋进好气象、风清气正好生态、干群齐心好局面和确保换届过程平稳、确保换届后高效运转)目标，全程全面高质量完成村社组织换届，村社两委会主职实现“一肩挑”。统筹抓好各领域“五星”系列创建，开展在职党员“亮旗”行动，“先锋微家”获评全省机关党建工作最佳创新成果。突出担当导向，制定促进“两个担当”良性互动若干意见，扎实推进全省容错裁定试点，为 8 名党员干部澄清正名，查处诬告陷害 1 起 3 人。坚持正确选人用人导向，开展不担当不作为专项整治，组织跨部门中层干部交流，47 名抗疫一线优秀干部得到提任或职级晋升。突出清廉导向，统筹推进“四个规范化”建设(纪委监委机关工作规范化、派驻工作规范化、巡察工作规范化、乡镇(街道)纪检监察工作规范化建设)，推动纪律、监察、巡察、派驻“四项监督”有机贯通。开展基层微治理专项行动，深化“五清”村居(建设党风清正、作风清新、权力清源、干部清廉、乡风清朗的村居)建设，打造基层监督“枫桥样板”相关做法得到中央政治局常委、中央纪委书记赵乐际同志考察肯定。始终坚持“严”的主基调，持续整治基层“八多”问题，有力推动中央八项规定精神落细落小。精准运用监督执纪“四种形态”，专项开展警示教育活动，加强土地审批、工程建设、酒驾醉驾等领域治理，全市共立案 547 件、党纪政务处分 524 人，风清气正的政治生态不断巩固。 (王晖晖提供)

重要会议

【市委全会】中共诸暨市委十六届十次全体(扩大)会议于 7 月 21 日上午召开。全会高举习近平新时代中国特色社会主义思想伟大旗帜，全面贯彻中共十九大和十九届二中、三中、四中全会精神，深入学习贯彻习近平总书记考察浙江重要讲话精神，按照省委十四届七次全会、绍兴市委八届八次全会重大决策，系统研究部署为全省建设“重要窗口”作出更大诸暨贡献、展现更多“诸暨风采”的思路举措，讨论审议市委《关于深入学习贯彻习近平总书记考察浙江重要讲话精神，当好“重要窗口”维护者建设者展示者的决议》和《关于高水平建设人才集聚高地科技创新强市的决定》，进一步动员全市上下强化硬核担当，致力攻坚突破，奋力推动诸暨在建设“重要窗口”新征程上继续走在前列。市委常委会主持会议。绍兴市委常委、诸暨市委书记徐良平代表市委常委会向全会作题为《深入学习贯彻习近平总书记考察浙江重要讲话精神 全面展现建设“重要窗口”的“诸暨风采”》的工作报告。市委副书记、市长胡华良部署当前工作。市委常委、委员、候补委员；市纪委委员；市级党员领导干部；暨阳学院主要负责人；担任过副市级以上领导职务的离退休老同志代表；市人大常委会专职委员，市政协专职常委、研究室主任；各镇乡(街道)党(工)委书记和镇乡长(办事处主任)；市级各部门正职(主持日常工作的副职)；市纪委、市监委各派驻纪检监察组组长；党委建制的事业单位书记；市党代表代表；市委巡察员；2019 年度高质量发展突出贡献单位(发展类)企业负责人；高新技术企业、科技型中小企业代表；海内外高层次人才代表；外来投资者代表；党外市级领导干部、民主党派主要负责人参加了会议。

中共诸暨市委十六届十一次全体(扩大)会议于12月22日上午召开。全会以习近平新时代中国特色社会主义思想为指导,认真学习贯彻中共十九大和十九届二中、三中、四中、五中全会精神,全面落实省委十四届八次全会、绍兴市委八届九次全会决策部署,回顾总结2020年以来工作,审议通过《关于制定诸暨市国民经济和社会发展第十四个五年规划和二〇三五年远景目标的建议》,进一步动员全市上下紧扣忠实践行"八八战略"、奋力打造"重要窗口"主题主线,凝心聚力、担当作为,砥砺奋进、继往开来,努力在建设社会主义现代化先行省中走在前列。市委常委会主持会议。绍兴市委常委、诸暨市委书记徐良平代表市委常委会向全会作了《凝心聚力谋新篇 砥砺奋进开新局 在建设社会主义现代化先行省中走在前列》的工作报告。市委副书记、市长胡华良部署当前工作。市委委员、候补委员,市纪委(监委)委员,浙江农林大学暨阳学院主要负责人,南华大学长三角研究院主要负责人,担任过副市级以上领导职务的离退休老干部代表,市人大常委会专职委员,市政协专职常委、主任,各镇乡(街道)党(工)委书记和镇乡长(办事处主任),市级各部门正职(主持日常工作的副职),有关金融机构负责人,市党代表代表,党外市级领导干部,市委市政府决策咨询委员会负责人,市各民主党派主要负责人参加会议。

【市委常委会】2020年,中共诸暨市委共召开市委常委会会议和市委常委会(扩大)会议27次,就有关重要工作进行研究和作出决定。

1月17日,会议传达学习省十三届人大三次会议、省政协十二届三次会议精神;听取书记徐良平率团出访德国、日本的报告;听取并原则同意市公安局党委关于2019年工作情况和2020年工作思路的汇报;听取并原则同意市司法局党组关于2019年工作情况和2020年工作思路的汇报;讨论并原则同意《关于促进建筑业企业转型升级加快推进建筑业发展的实施意见(审议稿)》;讨论并原则同意《关于加快数字诸暨建设的实施意见(2020—2022年)》(审议稿);讨论并原则同意《诸暨市职业技能提升行动实施方案(2019—2021)》(审议稿);讨论并原则同意《2020年市委市政府工作要点(审议稿)》;讨论并原则同意2019年度高质量发展突出贡献单位和个人等名单;讨论并原则同意中共诸暨市十六届纪律检查委员会第四次全体会议建议方案及工作报告(审议稿);讨论并原则同意全市经济工作会议方案。

1月23日,会议传达学习习近平总书记关于新型冠状病毒感染的肺炎疫情的重要指示精神、李克强总理批示精神和国务院、省、绍兴市各级防控工作电视电话会议精神,以及省防控工作领导小组会议、绍兴市委常委会有关会议精神,听取诸暨市贯彻落实情况的汇报,并进行讨论;会议听取并原则同意2019年镇乡(街道)、市级机关工作目标责任制考核结果的汇报。

1月27日,会议传达学习中央政治局常务委员会、浙江省委常委会和绍兴市委常委会有关会议精神,听取诸暨市新型冠状病毒感染的肺炎疫情防控情况和下一步工作部署的汇报。

2月2日,会议传达学习习近平总书记重要指示和省委、绍兴市委常委会会议精神,听取诸暨市疫情防控情况和下一步工作部署,以及机关单位节后上班疫情防控工作安排的汇报。

2月11日,会议传达学习习近平总书记在中央全面依法治国委员会第三次会议上关于依法防控疫情的重要讲话精神和省委、绍兴市委常委会扩大会议精神,听取市联防联控指挥部关于疫情防控、企业复工复产、"三清一管好"工作等情况汇报,讨论并原则通过《关于严格做好疫情防控 帮助企业复工复产的若干政策》,研究部署下阶段诸暨市疫情防控和企业复工复产等工作。

2月17日,会议传达学习中共中央政治局常务委员会、中央深改委第十二次会议精神和省委常委会会议精神、袁家军省长在绍兴调研时的指示精神,听取诸暨市疫情防控和复工复产工作汇报,研究部署下阶段工作。

3月2日,会议传达学习中央政治局常务委员会会议和省委常委会会议精神,听取诸暨市疫情防控和复工复产工作汇报,研究部署下阶段工作。

3月12日,会议传达学习中央有关文件精神;会议传达学习中共中央政治局常务委员会会议和省委有关会议精神；传达学习习近平总书记在中央政治局第十九次集体学习时的重要讲话精神；传达学习中央政治局“不忘初心、牢记使命”专题民主生活会精神；传达学习全国宣传部长会议、全省宣传思想工作会议精神；传达学习全国、全省统战部长会议及全省民族宗教工作会议精神；传达学习贯彻全省深入落实中央八项规定精神持续发力纠治“四风”工作视频会议精神；传达学习车俊书记、马卫光书记在党委（党组）书记抓基层党建和人才工作述职评议会上的讲话、点评精神，听取诸暨市贯彻落实意见的汇报；传达学习全省扫黑除恶专项斗争视频会暨省扫黑除恶专项斗争领导小组第八次会议精神，听取诸暨市贯彻落实意见的汇报；传达学习省委政法工作会议精神，听取诸暨市贯彻落实意见的汇报；传达学习省委农村工作会议精神，听取诸暨市贯彻落实意见的汇报；传达学习省委常委、常务副省长冯飞、省委常委、组织部部长黄建发来诸调研时的讲话精神；讨论确定并原则同意镇街部门领导干部2019年度考核等次；还投票表决通过和通报有关人事事项。

3月24日，会议传达学习中共中央政治局常务委员会会议、省委常委会会议和绍兴市委常委会会议精神，听取诸暨市复工复产复市、疫情防控工作开展情况和下阶段工作建议的汇报；传达学习省制造业高质量发展大会和绍兴市制造业集群发展推进大会精神；听取关于贯彻落实习近平总书记对诸暨工作重要指示批示情况“四张清单”的汇报。

4月3日，会议传达学习习近平总书记在浙江考察时的重要讲话精神及中央政治局会议、省委常委会扩大会议、绍兴市委常委会会议精神；传达学习《中共中央印发〈关于在全党开展“不忘初心、牢记使命”主题教育总结报告〉的通知》；传达学习中央和省委有关巡视巡察重要文件和会议精神；传达学习全国组织部长会议、全省组织部长会议暨干部监督工作会议、全省党校校长会议、绍兴市组织部长会议精神；传达学习副省长王文序到诸暨调研时的讲话精神；听取中央、省生态环境保护督察交办信访件及问题整改情况的汇报；听取2019年对口工作情况和2020年对口工作安排的汇报；听取诸暨市机关党建工作情况汇报；听取诸暨市社会组织工作情况汇报；讨论并原则同意《关于深入学习习近平总书记重要指示批示精神传承弘扬驻村指导员、民情日记、社区党建“契约化”共建等制度高质量深化“三服务”的意见（审议稿）》；讨论并原则同意《诸暨市2020年打赢蓝天保卫战攻坚行动实施方案（审议稿）》；讨论并原则同意《2020年市委理论学习中心组学习计划（审议稿）》；讨论并原则同意《2020年镇乡（街道）工作目标责任制考核办法（审议稿）》《2020年市级机关工作目标责任制考核办法（审议稿）》。

4月13日，会议传达学习中央政治局常务委员会会议精神；传达学习十四届省委第九轮巡视工作动员部署会精神；传达学习省反恐怖工作领导小组会议暨全省反恐怖工作电视电话会议精神，听取诸暨市贯彻落实意见的汇报；传达学习副省长成岳冲到诸暨调研时讲话精神，听取诸暨市复学工作情况的汇报；会议讨论并原则同意《诸暨市配合省委巡视准备工作方案（审议稿）》；讨论并原则同意《上一轮巡视以来诸暨市委工作情况汇报（审议稿）》《上一轮巡视以来纪检监察工作情况汇报（审议稿）》《上一轮巡视以来组织工作情况汇报（审议稿）》；讨论并原则同意《诸暨市融媒体中心组建框架方案（审议稿）》；会议还通报和投票表决通过有关人事事项。

4月30日，会议传达学习中共中央政治局会议精神和习近平总书记关于安全生产工作重要指示精神，听取一季度经济运行和社会稳定情况的汇报；传达学习全省建设平安浙江工作会议、绍兴市建设平安绍兴工作会议精神；传达学习省政协“请你来协商”平台建设工作经验交流会精神，听取诸暨市贯彻落实意见的汇报；听取绍兴市纪委对诸暨市2019年度履行全面从严治党主体责任检查评议情况的反馈意见的汇报；讨论并原则同意《诸暨市创建省制造业高质量发展示范市三年行动计划(2020—2022年)》（审议稿）、《诸暨市数字经济2020年度行动计划》（审议稿）、《关于数字化赋能制造业高质量发展的若干政策意见（审议稿）》讨论并原则同意《诸暨市创建省制造业高质量发展示范市三年行动计划(2020—2022年)》(审议稿)、《诸暨市数字经济2020年度行动计划(审议稿)》、《关于数字化赋能制造业高质量发展的若干政策意见(审议稿)》;讨论并原则同意《诸暨市生态保护红线调整方案(审议稿)》。

5月14日,会议传达学习中共中央政治局会议精神;传达学习《中共浙江省委关于加强各级领导班子政治建设的若干意见》精神;传达学习《中共中央办公厅关于持续解决困扰基层的形式主义问题为决胜全面建成小康社会提供坚强作风保证的通知》精神;传达学习书记车俊在全面推进高水平交通强省建设动员大会上的讲话精神并听取诸暨市贯彻落实意见的汇报;传达学习绍兴市八届人大五次会议和绍兴市政协八届四次会议精神;听取诸暨市八项规定执行情况的汇报;听取诸暨市农村工作情况的汇报;听取诸暨市安全生产工作情况的汇报;听取诸暨市食品安全工作情况的汇报。

5月27日,会议传达学习中央政治局常务委员会会议精神;传达学习习近平总书记对打击治理跨境赌博工作的重要指示精神并听取诸暨市贯彻落实意见的汇报;传达学习全国公安机关深入学习贯彻习近平总书记在全国公安工作会议上的重要讲话精神电视电话会议精神;传达学习习近平总书记在打好精准脱贫攻坚战座谈会上的讲话精神;传达学习全国巡视工作会议暨十九届中央第五轮巡视动员部署会精神;传达学习全国新时代文明实践中心建设重点联系县(市、区)工作部署视频会议精神,并原则讨论通过《诸暨市新时代文明实践中心建设"先行试验区"工作方案(审议稿)》;传达学习全省县级社会矛盾纠纷调处化解中心(信访超市)工作会议精神并听取诸暨市贯彻落实意见的汇报;传达学习全省开发区(园区)改革提升推进会议精神并听取诸暨市贯彻落实意见的汇报;传达学习书记许罗德在扶贫工作调研督导座谈会上的讲话精神;传达学习书记王昌荣到诸暨调研时的讲话精神并听取诸暨市贯彻落实意见的汇报;会议讨论并原则通过《疫情防控和复工复产工作奖励对象名单(审议稿)》。

6月24日,会议传达学习习近平总书记在中央政治局第二十次集体学习时的讲话精神;传达学习《中共中央国务院关于加快推进社会治理现代化开创平安中国建设新局面的意见》精神;传达学习国务院联防联控机制会议精神,听取诸暨市贯彻落实意见的汇报;传达学习省委常委会会议精神,听取诸暨市安全生产工作情况的汇报;传达学习全省生活垃圾治理攻坚大会精神,听取诸暨市贯彻落实意见的汇报;传达学习全省禁毒工作电视电话会议精神,听取市禁毒工作情况的汇报;听取中央、省生态环境保护督察整改工作进度情况的汇报;听取诸暨市与金川县扶贫协作进展情况的汇报;会议讨论并原则通过《诸暨市突发事件总体应急预案(审议稿)》。

7月14日,会议传达学习习近平总书记在中央政治局第二十一次集体学习时的重要讲话精神;传达学习习近平总书记对防汛救灾工作的重要批示精神,书记车俊在7月3日上午视频连线时的讲话精神和省长袁家军批示精神,听取诸暨市贯彻落实意见的汇报;传达学习《中共中央办公厅关于印发〈党委(党组)意识形态工作责任制实施办法〉的通知》精神;传达学习浙江省第六次民族团结进步表彰大会精神,听取诸暨市贯彻落实意见的汇报;传达学习全省县级矛盾纠纷调处化解中心建设互学互比视频交流会精神,听取诸暨市贯彻落实意见的汇报;传达学习书记车俊、省长袁家军等省领导关于防范和惩治统计造假的指示批示精神,听取诸暨市贯彻落实意见的汇报;传达学习绍兴市委八届八次全体(扩大)会议精神,并进行了讨论;传达学习《中共绍兴市委办公室关于2019年度全市各级党委(党组)落实意识形态工作责任制综合情况的通报》精神,听取关于落实绍兴市委检查组意识形态工作主体责任反馈意见整改情况的汇报;传达学习省、绍兴市村(社区)组织换届试点工作动员部署会精神,听取市村(社区)组织换届准备工作情况汇报,讨论并原则同意《诸暨市村(社区)组织换届试点工作方案(审议稿)》;会议讨论并原则同意市委十六届十次全体(扩大)会议方案、报告提纲;讨论并原则同意《中共诸暨市委关于深入学习贯彻习近平总书记考察浙江重要讲话精神当好"重要窗口"维护者建设者展示者的决议（审议稿）》；讨论并原则同意《中共诸暨市委关于高水平建设人才集聚高地科技创新强市的决定（审议稿）》；会议讨论并原则同意《诸暨市 2020 年上半年政治生态建设自查自评报告》。

7 月 27 日，会议讨论并原则同意《省委巡视反馈意见整改责任分工方案（审议稿）》；传达学习《关于对诸暨市委选人用人工作专项检查情况的反馈意见》《关于诸暨市委意识形态工作责任制落实情况专项检查的反馈意见》精神；会议讨论并原则同意市委常委分工。

8 月 11 日，会议传达学习车俊书记在省委常委会上半年形势分析会上的讲话精神；传达学习省政协主席葛慧君在诸调研时的讲话精神；传达学习全省巡视巡察工作会议暨十四届省委第十轮巡视动员部署会精神；传达学习《关于嵊州市、桐乡市、乐清市、临海市有关领导干部在防范统计造假工作中失职失责问题的通报》；听取诸暨市半年度党风廉政建设情况的汇报，并进行了讨论；听取农村困难家庭危房治理改造工作推进情况的汇报；讨论并原则同意《诸暨市上市公司质量提升工程实施办法（审议稿）》；讨论并原则同意《关于落实省委巡视组反馈意见的整改方案（审议稿）》；讨论并原则同意《关于巡察工作专项检查反馈意见的整改方案（审议稿）》；讨论并原则同意《关于选人用人工作专项检查反馈意见的整改方案（审议稿）》；讨论并原则同意《关于意识形态工作专项检查反馈意见的整改方案（审议稿）》；讨论并原则同意《全市党员干部警示教育系列活动方案（审议稿）》；听取有关违纪人员处理情况的汇报。

9 月 1 日，会议传达学习习近平总书记在企业家座谈会上的重要讲话精神；传达学习书记车俊在省管领导班子政治建设座谈会上的讲话精神；传达学习全省各级人大常委会主任学习会精神；传达学习车俊书记在"十四五"规划建设重点课题研究成果汇报会上的讲话精神；传达学习书记车俊在"绿水青山就是金山银山"理念提出十五周年理论研讨会上的讲话精神和全省高水平建设新时代美丽浙江推进大会精神，听取诸暨市贯彻落实意见的汇报；传达学习省疫情防控工作领导小组会议精神，听取诸暨市贯彻落实意见的汇报；传达学习书记王昌荣在专题会议上的讲话精神，听取诸暨市贯彻落实意见的汇报；传达学习院长李占国在全省法院院长座谈会上的讲话精神并听取市法院党组半年度工作汇报；听取市公安局党委半年度工作汇报；听取市检察院党组半年度工作汇报；听取诸暨市农村工作情况的汇报；听取关于路空一体研究院筹建情况的汇报；讨论并原则同意《诸暨市"三线一单"生态环境分区管控方案》；讨论并原则同意《诸暨市深化医药卫生体制改革"三医联动""六医统筹"试点工作实施方案》；听取有关违纪人员处理情况的汇报。

9 月 14 日，会议传达学习省委书记袁家军在省委党校秋季开学典礼上的重要讲话精神。

9 月 29 日，会议传达学习习近平总书记在扎实推进长三角一体化发展座谈会上的重要讲话精神，并听取诸暨市贯彻落实意见的汇报；传达学习习近平总书记在经济社会领域专家座谈会上的重要讲话精神；传达学习习近平总书记在全国抗击新冠肺炎疫情表彰大会上的重要讲话精神；传达学习全国"无废城市"建设试点推进会精神，并听取诸暨市贯彻落实意见的汇报；传达学习书记袁家军在嘉兴南湖瞻仰红船时的讲话精神及研究浙江省迎接中国共产党成立 100 周年相关活动筹划工作专题会议精神；传达学习书记袁家军在嘉兴南湖瞻仰红船时的讲话精神及研究浙江省迎接中国共产党成立 100 周年相关活动筹划工作专题会议精神；传达学习全省乡镇（街道）纪检监察工作规范化建设推进会精神，听取诸暨市贯彻落实意见的汇报；传达学习书记王昌荣在诸暨市委常委会专题民主生活会上的讲话精神；听取巡视整改情况汇报；讨论并原则同意《关于加强行政诉讼败诉案件过错责任追究与容错免责工作的通知（审议稿）》；听取村（社）组织换届试点情况汇报，讨论并原则同意《关于高质量做好村（社区）组织换届选举工作的意见（审议稿）》。

10 月 23 日，会议传达学习习近平总书记在科学家座谈会上的重要讲话精神；传达学习习近平总书记在教育文化卫生体育领域专家代表座谈会上的重要讲话精神；传达学习习近平总书记对新时代民营经济统战工作的重要指示、全国民营经济统战工作会议精神；传达学习习近平总书记在十九届中央政治局第二十三次集体学习时的重要讲话精神及省、绍兴文物安全工作会议精神，并听取诸暨市贯彻落实意见的汇报；传达学习十九届中央第六轮巡视工作动员部署会、中央第四巡视组巡视浙江省工作动员会、巡视指导督导工作专题培训会精神，并听取诸暨市贯彻落实意见的汇报；传达学习中央、省信访联席会议精神，听取十九届五中全会信访保障工作情况的汇报；传达学习中宣部新时代文明实践中心试点工作座谈会精神，听取诸暨市贯彻落实意见的汇报；传达学习袁家军书记在浙江文化研究工程实施十五周年座谈会暨省文化研究工程指导委员会会议上的讲话精神；传达学习全省村（社区）组织换届工作会议精神；传达学习省十三届人大四次会议精神；传达学习副省长陈奕君到诸暨调研时的讲话精神，讨论并原则同意《诸暨市第二轮中央环保督察整改方案（审议稿）》；讨论并原则同意《关于推进新时代民政事业高质量发展的实施意见（审议稿）》；讨论并原则同意《关于组建市委市政府决策咨询委员会的方案（审议稿）》。

11月20日，会议传达学习习近平总书记在中央第七次西藏工作座谈会上的重要讲话精神；传达学习习近平总书记在第三次中央新疆工作座谈会上的重要讲话精神；传达学习习近平总书记在中央政治局第二十四次集体学习时的重要讲话精神；传达学习赵乐际同志在浙考察时的重要讲话精神；传达学习《中国共产党中央委员会工作条例》；传达学习《中国共产党基层组织选举工作条例》；传达学习袁家军书记在探索构建新发展格局座谈会上的讲话精神；传达学习十四届省委第十一轮巡视工作动员部署会精神；传达学习省委常委、组织部部长黄建发在省村（社区）换届工作领导小组第四次会议暨督导情况汇报会上的讲话精神；听取关于诸暨市人民政府接受汪英森相关捐赠的情况汇报；讨论并原则同意《关于促进“干部为事业担当、组织为干部担当”良性互动的若干举措（审议稿）》；讨论并原则同意《关于省委巡视组反馈意见整改落实情况的报告（审议稿）》；讨论并原则同意《关于巡察工作专项检查反馈意见整改落实情况的报告（审议稿）》；讨论并原则同意《关于选人用人工作专项检查反馈意见整改落实情况的报告（审议稿）》；讨论并原则同意《关于意识形态工作专项检查反馈意见整改落实情况的报告（审议稿）》；听取绍兴市纪委市监委给予宣方乐开除党籍开除公职的处分决定的通报。

12月4日，会议传达学习习近平总书记在第三届中国国际进口博览会开幕式上的重要讲话精神；传达学习习近平总书记在中央全面依法治国工作会议上的重要讲话精神；传达学习习近平总书记在浦东开发开放30周年庆祝大会上的重要讲话精神；传达学习习近平总书记在全面推动长江经济带发展座谈会上的重要讲话精神；传达学习李克强总理在研究分析当前经济形势和部署下一步经济工作的讲话；传达学习省委常委、省委秘书长陈金彪在国安办主任培训会议上的讲话精神；听取诸暨市人防巡察整改工作情况的汇报；听取浙江新时代“枫桥经验”研究院筹建工作情况的汇报；会议还通报和投票表决通过有关人事事项。

12月11日，会议传达学习习近平总书记在全国劳动模范和先进工作者表彰大会上的重要讲话精神；传达学习习近平总书记致世界互联网大会·互联网发展论坛的贺信精神并听取诸暨市贯彻落实意见的汇报；传达学习《浙江省党委（党组）意识形态工作责任制问责实施办法（试行）》主要精神，听取诸暨市贯彻落实意见的汇报；传达学习推动长江经济带发展领导小组会议、省委常委会会议精神，观看警示片，并听取诸暨市贯彻落实意见的汇报；传达学习全省深化“千万工程”建设新时代美丽乡村现场会精神，听取诸暨市贯彻落实意见的汇报；传达学习省委党的群团工作会议精神，并听取诸暨市贯彻落实意见的汇报；传达学习副省长刘小涛到诸暨调研时的讲话精神，并听取诸暨市贯彻落实意见的汇报；传达学习省管主要领导干部学习贯彻中共十九届五中全会精神集中轮训会议精神；传达学习绍兴市委八届九次全会精神；讨论并原则同意《诸暨市推进

“六稳”“六保”工作暨争先创优行动考核办法(审议稿)》;讨论并原则同意市委十六届十一次全体(扩大)会议方案、报告提纲;讨论并原则同意《关于制定诸暨市国民经济和社会发展第十四个五年规划和二〇三五年远景目标的建议(审议稿)》。

12月14日,会议传达学习省、绍兴有关会议精神并听取诸暨市贯彻落实意见的汇报。

12月30日,会议传达学习李克强总理在政协第十三届全国委员会常务委员会第十四次会议开幕会上的报告精神;传达学习省委经济工作会议精神;传达学习《中共浙江省委贯彻〈中国共产党宣传工作条例〉实施办法》精神,听取诸暨市贯彻落实意见的汇报;传达学习书记袁家军在中国(浙江)自由贸易试验区建设推进会上的讲话精神;听取市人大常委会、市政府、市政协、法院、检察院党组关于2020年工作情况及提交市“两会”审议工作报告的汇报;听取并原则同意关于市十七届人大五次会议、市政协十四届五次会议总体安排、筹备工作情况和各项建议名单草案的汇报;听取并原则同意关于市十七届人大五次会议和市政协十四届五次会议中共临时党委组成人员建议名单的汇报;听取并原则同意关于诸暨市2020年国民经济和社会发展计划执行情况与2021年国民经济和社会发展计划草案的汇报;听取并原则同意关于《诸暨市国民经济和社会发展第十四个五年规划和二〇三五年远景目标纲要(草案)》的汇报;听取并原则同意关于诸暨市2021年基础设施投资项目计划的汇报;听取并原则同意关于诸暨市2020年财政预算执行情况和2021年财政预算草案的汇报;会议还通报和投票表决通过了有关人事事项。

(何泽龙提供)

2020年12月22日,市委召开十六届十一次全体(扩大)会议。会议表决通过《关于制定诸暨市国民经济和社会发展第十四个五年规划和二〇三五年远景目标的建议》(融媒体中心提供)

调研决策

【重点热点关键问题调研】2020年,围绕高水平全面建成小康社会、“十四五”规划编制等重大问题,重点对“与杭同城”、创新型城市建设、现代产业体系构建、营商环境提升、城乡统筹发展、市场规模主体培育等事项进行调研,并撰写相关调研文稿;扎实开展“摸清存量、找准短板”专项调研,进一步摸清底数、掌握情况、提出对策,并形成调研报告。牵头做好市委、市政府领导年度调研课题的汇总联络工作;完成绍兴市领导干部优秀调研成果申报;配合做好上级调研工作。

【年度重点改革任务落实】2020年,按照中央、省委和绍兴市委改革办有关要求,紧扣“1+8”改革总体框架,组织召开市委全面深化改革委员会第四次、第五次、第六次会议,牵头制定《2020年诸暨市委全面深化改革“最多跑一次改革”工作思路》《各专项小组2020年工作计划》等文件,统筹实施30项年度重点改革项目、34项“最多跑一次”改革升级版重点工作清单,组织实施144个“微改革”“微创新”项目。“最多跑一次”改革持续深化、拓展延伸,经济体制、民主法制和社会治理、文化体制、社会体制、生态文明体制、纪检监察体制、党的建设制度、群团等八大领域改革有序开展、顺利推进,如期完成各项改革年度目标,其中司法拍卖“一件事”改革做法在《浙里改(领跑者)》《浙里改(专报)》刊发,获省委、省政府主要领导和有关省领导表扬肯定,全省不动产处置“一件事”改革现场推进会在诸暨市召开;交通事故处理“一件事”改革、数字赋能公益慈善等做法在《浙里改(改革实验室)》刊登,其中交通事故处理“一件事”改革获省委主要领导及多位省领导表扬肯定;护航开学复课、企业承诺制改革、村级便民服务体系建设等做法获省《竞跑者》栏目推介;“四个规范化”建设、村级监察议事会等做法获中央政治局常委、中央纪委书记赵乐际表扬肯定;袜企转型、退役军人服务、探索“三大银行”模式等多项做法获相关省领导批示肯定;出口领域有关做法入选2020年三季度争先创优行动“最佳实践”项目;“先锋微家”项目入选全省党建工作最佳创新成果;《“大数据”练就基层监督“火眼金睛”》入选2020年“基层清廉建设(浙江)十大创新经验”;被确定为新时代文明实践中心建设试点工作“先行试验区”,新增医药卫生体制“三医联动”、“六医统筹”改革、产业链“链长制”、“信用+基层治理”、容错裁定等一批省部级以上改革试点。

(何泽龙)

组织工作

【领导班子政治建设】2020年,严把政治首关,抓实领导班子政治建设日常管理办法,建立政治素质档案,优化考察规程,对市管干部开展政治素质考察。深入走访考察,开展走进班子、走进干部、走进基层、走进档案“四走进”活动,按照“周走访、月汇总、季报告”模式梳理信息,形成“一单位一表”。强化结果运用,科学实施领导干部岗位目标责任制考核、实绩(评议)考查、年度考察等“三考合一”综合考评。

【年轻干部培养锻炼】2020年,实施年轻干部“三服务”能力提升工程,开展百名导师结对、百家村企调研、百场培训赋能、百名干部交流、百个项目赛比等“五个一百”系列活动。加强年轻干部培养区域协作,与杭州拱墅区建立干部互派交流机制,选派38名干部赴拱墅区对口部门、基层一线跟岗学习,两地68个镇街部门建立常态化交流合作关系,并于9月举办两地年轻干部“融合提升”专题研修班。创新年轻干部培养锻炼载体,选派20名年轻干部赴省部级机关挂职,选派95名干部人才赴拱墅区跟岗学习,选派镇街部门双向挂职干部38名,选派25名新录用公务员(事业人员)到农村一线“墩苗”锻炼,抽调252名年轻干部参与全市性重点工作,实施选调生村干部到信访、便民服务窗口轮流挂职锻炼机制。

【干部教育培训】2020年,围绕市委、市政府中心工作和建设高素质干部队伍要求,深挖干部教育资源,建立干部“大培训”工作机制。聚焦“理论铸魂”,按照“全覆盖”要求开展十九届四中全会精神轮训。聚焦专业能力提升,赴同济大学开展创新城市发展专题研修班,37名正科级领导干部参与培训;结合干部岗位职责和履职能力提升需要,分层分线举办宣传、组织、城建、计生等各类系统性业务培训,全年举办主体班次15个,培训干部876人次。聚焦培训方式创新,与杭州拱墅区联合举办两地年轻干部“融合提升”培训,区域联合培养干部的做法经验得到《浙江日报》《中国组织人事》报等媒体报道;以网络直播形式举办“周末学堂”6期,培训乡科级领导干部2570人次。

【干部履职担当激励】2020年,激励表彰疫情防控期间表现突出干部,晋升公务员职级38人,记功嘉奖105人,4名医务工作者得到绍兴市嘉奖。评选产生市级“实干担当好干部”40人,获评“绍兴市担当作为好干部”5人,“绍兴市‘五强’好班子”1个。

【“五星”系列创建】2020年,制定《“点对点、面对面”精准指导服务方案》,系统推进“五星达标、3A争创”迭代升级。全年创成“五星达标村”80个、“3A示范村”11个。4月16日,发布第二批“五星达标、和美家园”创建资金奖补办法,全年创成“五星达标”社区4个、“和美家园”社区3个。建立“五星达标”社区常态长效巩固机制,加大对未创建社区的指导力度。

【基层组织建设】2020年,落实48个换届重点村社“四个一”[一名市级领导班子成员联系、1名镇乡(街道)领导班子成员包干负责、一个市级部门结对帮扶、1名市级派驻“第一书记”驻村指导]联系帮扶机制,全程全面高质量完成村社组织换届选举工作,全市492个村社平稳选出两委班子成员3439名。构建城市社区1个党支部+1个网格+N个党小组的“1+1+N”网格化治理机制,统筹推进“社区党组织+业委会+物业企业”三方协同治理、“支部建在小区”工作,推进农村社区社会组织“5+X”(在村两委会领导下,通过构建乡贤参事类、平安巡防类、乡风文明类、志愿服务类、矛盾调解类等五类基础型社会组织，医村制宜培育“X”类个性化社会组织）体系建设。

【基层队伍建设】2020年7月17日，发布《建设农村基层“四大员”伍助推乡村振兴和乡村治理现代化的意见》，全市460个村（社区）共吸纳“四大员”（发展咨询员、科技指导员、村务评议员和法律服务员）3996人。制定农村党员“五带头”（带头勤劳致富发展经济、带头整治环境美化家园、带头参与治理化解矛盾、带头移风易俗践行文明、带头热心公益服务群众）评价办法和考评体系，评选表彰2020年度百名农村“五带头”党员。优化村级班子结构，5月20日，组织全市50名优秀村党组织书记参加浙江大学乡村振兴与基层治理研修班。

【基层党建工作】2020年，对标组织工作“提质增效年”要求，制定市委书记抓基层党建问题整改落实工作清单。完成基层党建规范化标准化实施意见初稿，完善基层党建“三张清单”和基层党建述职评议考核制度，制定《2020年度镇乡（街道）基层党建工作质量考核评价办法（试行）》。进一步细化“三会一课”、主题党日、党员发展、党务公开等十项基础工作。

【公务员精准招录】2020年，以《诸暨市行政机关事业单位工作人员招录（2020—2025年）规划》为导向，结合各用人单位需求，坚持“公开、平等、竞争、择优”的原则，共招录35名公务员（参公人员）和12名诸暨市级选调生。5月，市公务员精准招录的相关做法在全省公务员推进工作会议上作为4个县市区代表之一作交流发言，并在中国组织人事报刊登。11月，省委组织部副部长胡旭阳一行到诸暨专程就公务员工作开展专题调研。

【两新组织和国有企业党建】2020年，继续落实“助企八条”，联动组建“百团千员”服务保障队伍，组织开展“防疫复工当先锋”活动和社会组织“红色驰援”专项行动，帮助指导全市9000余家企业有序复工复产。选聘退职干部担任专职驻企服务员，选聘新生代企业家到市级部门挂职锻炼，举办“常青藤培育计划”第七期研修班。扎实推进“三整一全”建设，研究发布园区非公企业党建工作指导性文件，新单建两新党组织22个，创建绍兴市“五星示范、双强争先”两新组织21家、国有企业5家。升级打造社会组织党建云平台2.0系统，建立全省首个镇级社会组织党校，建成党建引领“1+3+N”乡镇社工站7个。（梁　栋）

宣传工作

【干部队伍理论宣传】2020年，通过市委常委会、全委（扩大）会议、领导干部大会、中心组理论学习、周一“夜学”等形式，深入学习习近平新时代中国特色社会主义思想和中共十九届五中全会精神等思想理论，引导广大干部群众增强“四个意识”，坚定“四个自信”，做到“两个维护”。制定《“一起学习”理论宣讲行动方案》，组建“最美人物”“草根网红”“村（社）书记”等12支基层宣讲团，联动基层党校、新时代文明实践中心、“两微一端”等网上网下阵地，开展分众化、互动式理论宣讲。

【主题宣传活动】2020年，组织开展暨阳论坛4次，围绕“习近平赴浙江考察精神”“省委十四届七次全会精神”“枫桥经验”“乡村振兴”“党的十九届五中全会精神”等主题开展各类宣讲800余场次。打造《暨阳·微时论》系列短视频栏目，策划推出“致敬英雄”“田埂上的梦”“我为‘枫桥经验’代言”等短视频6期，全网点击量均近百万人次。推出“一起学习 金句接力”系列活动，连续推出《一个村的“梦想改造家”》《让荒废良田“活”起来》等融媒体作品20余期。强化“学与思”理论专版，全年推出理论专版15期，刊发有思考性、理论性和实践性的理论文章70余篇。围绕“决胜小康，奋斗有我；共享小康，幸福有我”主题举办全市微宣讲大赛。

2020年，紧扣市委市政府中心工作，聚焦高水平全面建成小康社会和“十三五”规划圆满收官主基调，精心部署开展“决胜全面小康 决战脱贫攻坚”“建设重要窗口 展现诸暨风采”“用好新时代‘枫桥经验’打赢防控阻击战发展总体战”“聚焦聚力‘三大工程、七项行动’”等重大主题宣传，组织实施“走向我们的小康生活”“与杭同城进行时”“迎难而上 砥砺前行”等多场大型融媒体新闻行动，新冠肺炎疫情期间，累计刊播重点稿件3100余篇，其中新媒体2100余篇，“10万+”26篇，“50万+”2篇，总阅读量超3600余万人次；制作短视频76个、专题片16个、电视讲话2个，“诸暨发布”增粉近5万人。运用短视频、动图、Vlog、直播等多种手段，创作一系列“刷屏”新闻、爆款产品，“诸暨西施号”微信公众号发布“10万+”作品13件。

【对外宣传】2020年，围绕疫情防控、复工复产、数字经济、与杭同城、“枫桥经验”、乡村振兴等重点选题，累计在绍兴市级以上媒体平台刊登稿件3300余篇，其中《人民日报》、新华每日电讯、《经济日报》等央媒200余篇、头版30余篇，新华社通稿137余篇。形象宣传方面，发布西施主题MV《如此美丽》；拍摄30秒形象片搭乘CBA联赛每日央视直播；拍摄书记市长专题短视频向全国“招才引智”“旅游推介”；诸暨的“珍珠”“香榧”首登湖南卫视综艺节目，收看量超1200万人次；完善新闻发言人制度，98位新闻（网络）发言人集体亮相，举办2020世界珍珠大会、中国设计红星奖（诸暨）产品设计大赛新闻发布会。

【融媒体中心建设】2020年，制订《诸暨市融媒体中心组建框架方案》，启用市融媒体指挥中心，上线运营“西施号”APP、“诸暨西施号”微信号，印发市融媒体中心“三定”方案，完成浣江传媒集团组建方案、市融媒体中心（浣江传媒集团）人事调配方案，制定完善内部运行管理考核等各项制度，做好诸暨日报回归地方管办工作，签署转让协议，完成各项交割手续并与浙报集团签订战略合作协议。

【全国新时代文明实践“先行试验区”】2020年5月，诸暨被中宣部、中央文明办列入全国新时代文明实践“先行试验区”，相关经验做法在4次中宣部组织的全国会议、5期中宣部新任县市委宣传部长培训班及部2次全省会议上作交流介绍，并获省委常委、宣传部部长朱国贤批示肯定，人民日报、新华社、央视、浙江日报、浙江卫视等主流媒体予以重点报道。

全面提升“全城志愿”能级。深化推广“镇镇联盟、村社走亲、部门结对、社团结亲”服务模式，精心培育“环卫工人 爱心早餐”“我为老人烧餐饭”等精品公益项目，上线运行“越文明”志愿云平台。

壮大文明实践基金。依托农商银行5000万元冠名基金建立市级文明实践发展基金，实施村级关爱基金提质增效五年行动计划，村级关爱基金总额超过6400余万元，累计使用2600余万元，惠及群众11.7万人次。

巩固移风易俗成果。开展专项督查和第三方评估，进一步压实镇村主体责任，激发红白理事会主力军作用，盯紧抓实每一个村社、每一场红白事，确保不反弹、不回潮。开展“公筷公勺”“制止餐饮浪费”等文明行动，征集发布“市民文明行为十条”，推荐入选浙江好人5名、绍兴好人8名，深入实施文明城市“一月一主题”专项整治，顺利通过全国文明城市国测复评，成绩位列全省第二。（傅焙斌）

【文化建设】阵地建设。2020年，以新时代文明实践中心建设“先行试验区”为契机，着眼“建设全覆盖、管理全星级”，打造星级城市文化综合体。建强文化阵地，全年完成新建文化礼堂67家，社区文化家园3家。印发《诸暨市农家书屋提档升级实施方案》，推动全市农家书屋提档升级，做好农家书屋流动图书下乡活动、建设“光明书吧”，在全市机关干部及中小学生中开展“我为书香暨阳添本书”捐书活动，累计捐书17.2万册。优化考核平台，布置落实“活跃指数”考核，推出西施号APP文明实践相关模块。疫情期间，文化礼堂“关门不打烊”，加大文化礼堂活动的线上传播力度，利用抖音、微信平台推送微课视频，共推出抖音直播课程、微信平台推送微课视频24期。有序开展“送文化下乡”“科普讲师团进礼堂”“健康素养进文化礼堂”系列活动。组织开展绍兴市文化礼堂巡演活动8场。

产业扶持。2020年，加大文化企业扶持力度，配合浙江省文化产业促进会做好疫情影响调研，做好2019年度全市文化企业奖补政策兑现工作，做好绍兴文化产业疫情专项补助申报工作，上报企业293家，补助176.19万元。完成2020年度省文化产业1000万元资金切分方案，并对2019年度文化产业发展资金使用情况进行绩效评价。摸排全市重点在建、拟建文化产业项目情况，完成绍兴市文创大走廊三年发展计划项目摸排上报，重点跟踪山下湖珍珠小镇建设及珍珠产业创意创新服务综合体建设项目、枫桥古镇建设项目、大唐袜业创新服务综合体项目等 11 个项目。组织 20 余家文化企业参加 2020 深圳线上文博会、长三角文博会、绍兴市文化产业发展大会暨文创展、绍兴市示范文化企业路演评审会。做好绍兴市文化产业促进会换届相关工作。

文化服务。2020 年,新冠肺炎疫情期间创新载体做好线上公共文化服务活动,推出“各美其美画家乡”美术作品微信展、抗疫主题书法作品微信展等线上展览 10 个,展出作品 300 件,文化馆微信平台点击阅读 30 多万次,浙江新闻客户端、国画家、学习强国等微信平台转发点击阅读达到 30 万次,充分发挥文化文艺鼓舞人心提振信心的作用。后疫情时期,完成“文明实践 好美诸暨”文化下乡巡演 100 场次、文化走亲 10 场次,书画、非遗下乡展览 50 场次。深入推进“书香暨阳”建设,开展以“线上为主、线下为辅”的全民读书活动,举办 2020 诸暨市全民读书节,线上直播参与人数达到 15 万人次,全年举办大型线下图片展 8 场、各类阅读推广活动 110 多场。深入实施文化精品工程,打造一批文化精品力作,推动全市文化精品高产量产。完成 2019 年度诸暨市文化精品奖励及 2020 年度诸暨市文化精品创作扶持项目审核兑现工作,累计奖励优秀文化精品项目 65 个,8 个项目列入年度重点扶持项目。组织发动文艺界人士积极开展抗疫作品的创作,共征集到各类作品 470 件次。牵头完成央视纪录片《枫桥三贤》开机仪式,邀请何占豪创作古筝协奏曲《越国西施》。

【网络信息管理】2020 年 5 月,召开市委网信委第二次全体会议,传达学习省委、绍兴市委网络安全和信息化委员会第二次全体会议精神,听取全市网信工作情况、数字经济“一号工程”和打击网络违法犯罪情况的汇报,讨论确定《诸暨市党委(党组)网络安全工作责任制重点责任清单》和《诸暨市 2020 年网信工作要点》。

网上疫情防控。2020 年,共监测新冠肺炎相关信息 2.5 万余条,推送辟谣文章 11 次。指导全市网络媒体开设专题,运用 H5、短视频、动漫等形式反映全市上下众志成城抗击新冠肺炎决心。每日通过论坛、微博、微信群、客户端等多渠道收集整理网民意见建议,为疫情联防联控指挥部决策参考。并根据网上疫情相关线索,联合纪委、组织部等实地走访督查 20 次。

网络文化和舆论阵地建设。策划 2020 网络文化主题活动,9 月 26 日联合公安局、山下湖镇、网联会成立全国首个“网络安全传播联盟”,创新载体宣传网络文化、文明实践、电信反诈。拓展“1963 法润”直播平台功能,丰富基层宣传模式,全年共播出节目 45 期,观看逾 761 万人次,评论 38 万余条。深化政民 e 线“3 小时网上回应,48 小时限时办理”机制,网帖回复落实率达 98.7%。更新全市核心网评员队伍,实行常态化导控演练,参与绍兴大练兵大比武活动并夺得冠军,网络舆论引导和实战对抗能力进一步提升。

网络综合治理。加强网信、公安、市场监管、新闻出版等部门间的联动,形成合力查处打击网上重要政治类、淫秽色情、网络谣言、非法煽动聚集、侮辱诽谤等有害信息。网络综治创新做法在全省网信行政执法工作现场会作典型交流。建设网络生态“瞭望哨”工程,网络生态“瞭望哨”工程是浙江省在互联网时代加强基层网信工作和意识形态工作的重要创新探索,2020 年诸暨市设置 168 个哨点及哨兵。做好十九届五中全会、抗美援朝 70 周年、CBA 联赛等重要节点期间网上舆情管控工作,全年未发生影响社会稳定的重大网络舆情事件。

网络安全防护。落实网络安全常态化巡查执法机制,联合公安局、保密局、大数据管理中心开展清理网络安全风险隐患专项行动。实地检查网站和信息系统安全 610 家次,发放《隐患整改通知书》304 份,发放《责令限期整改通知书》9 份,全部漏洞和隐患按要求落实整改,全年未发生重大网络安全事件。将网络意识形态工作责任制和网络安全工作责任制落实情况纳入常态化巡察内容,并以省委第十巡视组开展意识形态专项巡查为契机,对 23 个镇街、15 个重点部门开展专项检查。（金乔杰）

统战工作

【概况】2020 年,诸暨市统战工作贯彻落实中央和上级对统战工作的各项方针政策,推动全市经济社会发展凝聚共识、汇聚力量。优化全市统战工作领导小组、民族宗教工作协调小组、市委对台工作领导小组。推动市委将统战工作纳入重要议事日程,在全市党建工作会议部署统战工作。细化考核指标,把基层统战工作纳入镇乡街道工作目标责任制。4月,发布《诸暨市委统战部关于开展年轻干部能力素质提升工程的实施意见》。全年开展统战讲堂6期,完成调研课题6项,参加"三服务"活动90人次,市中心工作专班锻炼6人次,在浙江统战、绍兴统战、诸暨发布等微信公众号,《情系中华》杂志、浙江新闻客户端等媒体,刊发宣传报道100多条,中办参阅信息录用1则,省委办录用2则,获省委领导批示1则。2020年度,统战系统考核位居全绍兴第一位。市民宗局获2020年度全省民族宗教工作成绩突出单位。乌鲁木齐诸暨商会、杭州诸暨商会、诸暨市江西商会入选2020年度全国"四好"商会。

【疫情防控助力】2020年,全市统一战线特别是各地商会和企业累计捐款捐物超6600万元。各民族、宗教团体累计募集资金近80万元助力疫情防控。"助企抗疫情、联企复生产"专项行动共收集并反馈企业意见建议50余条,为70余家企业解决物资采购、融资需求、法律咨询、商事纠纷等问题,联合司法局成立"同心律师服务团",71位律师和法律工作者累计开展服务近5000人次。牵头开展境外人员健康信息预申报、境外来诸人员接机保障和口岸入境人员核查工作,至12月底,统战系统在省健康信息预申报平台共申报1.5万余人,接返境外人员近1400人。各党派成员针对疫情防控和复工复产中存在的问题和薄弱环节,上报相关社情民意10余篇。1月23日至6月2日,民族宗教领域执行"双暂停"要求,民宗系统派出约5万人次对全市132处宗教活动场所开展督查。

【脱贫攻坚助力】2020年,推进东西部扶贫和村企结对帮扶工作,引导产业投资企业18家,投资总额9.6亿元,带动脱贫人口2404人,帮助贫困人口就近就业1589人。成立诸暨市慈善总会上峰水泥浙江富润联合扶贫基金会和诸暨市慈善总会总商会扶贫基金,在全市会员企业、直属商协会、新企联中发动扶贫捐资捐赠活动,累计捐赠500万元。全年统战系统向少数民族贫困家庭送温暖,涉及家庭48户,慰问资金7.2万元。结对共建龙游县少数民族乡、村,落实帮扶资金85万元。

【民主协商活动】4月,协助市委发布《2020年政党协商计划》。全年共组织党风廉政建设和反腐败工作情况通报、经济社会发展运行情况党外人士通报会2次,法检两院重点工作专题协商座谈会2次,市委全委会重大决策、政府工作意见征求和"开放诸暨"专题会议协商等活动6次,各民主党派、无党派人士对市委市政府中心工作、经济社会发展重大事项提出建议、意见百余条。组织民主党派、无党派人士开展年度重点课题调研,推出包含15个重点调研课题、123个其他选题的方向性参考菜单。

【党外知识分子和新的社会阶层人士统战工作】2020年,完成2019年度党外知识分子社团"同心指数"评价工作,兑现奖励资金9万元。协助市知联会、网联会完成人事调整工作。9月25日,协助网联会开展2020诸暨市网络文化主题活动,建立全国首个网络安全传播联盟。新增新的社会阶层人士(网络人士)统战工作实践创新基地4个,统战工作联络站3个,统战工作联系点2个。

【新乡贤统战工作】2020年,启动实施乡贤回归三年"千人计划",至12月底,各类乡贤回归合计464个。其中,人才回归117名,90%为研究生以上学历;投资项目回归52个,总额近60亿元;教育体育回归7个,5000万元教育基金项目1个;医疗回归103个;回归乡贤认领村级实事185项,直接投入资金2000多万元。12月,牵头举办以"携手同心 共创未来"为主题的2020诸暨发展大会,召开"共谋十四五 聚力新发展"在外乡贤恳谈会。健全完善3000余人的在外乡贤信息库。联合农商银行推出"乡贤丰收卡"和"乡贤·惠系列产品",开展在外知名乡贤父母市内医院就医对接服务活动。

【新生代企业家培养】2020年6月至7月,指导完成新企联换届工作。9月,联合组织部举办"常青藤培育计划"第七期研修班,选派36名新生代企业家赴上海复旦大学参加研学。联合市委两新工委启动政企联络专员部门挂职工作，选派15位新生代企业家分两批到市发改局、经信局等市级部门挂职。

【平安宗教场所建设】2020年9月，配合省委巡视组完成对诸暨市民宗领域意识形态工作全面巡视任务。进行安全隐患大排查大整治，利用“浙江掌上宗教”APP推动“互联网+监管”，开展专项和双随机检查29场次，完善突发事件应急预案。落实镇村两级责任制，执行“五人驻堂”（包村领导、村书记、驻村干部、片警、网格员）制度，完善“四个平台一张网”网格管理，实行场所量化考核管理，累计对“不称职”场所负责人、教职人员进行约谈处置5次。

【民间信仰场所提质控量】2020年，借助“民间民俗·多彩浙江”提质控量工作，对民间信仰场所加强网格化、清单式、精细化管理，超额(15处)完成民间信仰场所控量目标(10处)，规范提升2处。

【统一战线普法工作】2020年，以“十百千万”普法工程为载体，成功创建省级宗教法治宣传教育基地1个(诸暨市城关基督教堂)，开展国家安全日、反恐宣传月等活动20余场。

【民族团结进步工作】2020年，联合公安局探索建设少数民族服务管理中心。协助浙江洁丽雅纺织集团有限公司获得省级民族团结进步模范集体称号。推进民族团结进步创建工作，大唐柱山小学被命名为全国民族团结进步创建示范单位，店口镇明诚小学被命名为省级民族团结进步重点培育单位。

【联谊交流】2020年6月，组织台资企业参加绍兴台办组织的绍兴市金融支持台企台商发展对接活动，共办理“台融卡”3张，授权帮扶资金300万元。9月29日，结合市台联会成立三十五周年，开展诸暨台北“云上”共度中秋活动。联合市台商协会、市台胞台属联谊会等组织，组织在诸暨市就业创业的台湾青年参观大唐袜艺小镇、电商园及新农村建设。9月，成立尼日利亚诸暨同乡会，至年底共有海外侨团9个，基层侨联组织6个。

【为侨服务】2020年，推进涉侨行政审批“最多跑一次”改革，推进“互联网+政务服务”，实现为侨服务“一网通办”，完成16名高考和5名中考“三侨生”的审核确认工作。牵头开展“侨资企业服务年”活动，深化“四个一百”工程，建立健全服务侨企长效工作机制。在春节等重要节日，慰问全市困难侨眷和重点侨眷100余户。

【涉侨法律法规政策系列宣传活动】2020年8月至12月，在《诸暨日报》副刊《诸暨人》上开辟涉侨法律法规政策解答专栏4期，在全市23个镇乡街道重点区域内开展现场普法活动，共计张贴侨法宣传海报300余张，发放宣传折页6000余份、宣传物品2000余份。

【“平安共铸·五教同行”活动】2020年9月29日，由市委统战部(民宗局)主办，市消防救援队、店口镇人民政府协办的“平安共铸·五教同行”活动在视瞻禅寺举行，全市各宗教团体班子60余人参加。活动期间，开展消防应急疏散演练和消防灭火演练，并签订《宗教活动场所安全管理责任书》。

【省欧美同学会高层次人才“走进诸暨·助推创新”三服务活动】2020年6月，牵头开展省欧美同学会高层次人才“走进诸暨·助推创新”三服务活动，促成诸暨市政府与省欧美同学会签订备忘录，合作建立省欧美同学会“三服务”诸暨基地和归国留学人员创新创业园。

【“党外人士之家”建设】2020年12月，诸暨市“党外人士之家”场馆建设完成。场馆位于城西暨阳财富大厦七楼，占地约1000平方米，为全市民主党派、无党派人士的服务阵地。

【朱公湖社区统一战线社情民意直通点建设】2020年4月，牵头组织6家单位与朱公湖社区开展“和美家园 同心共建”项目，在社区设立统一战线社情民意直通点。

（俞钢阳）

编制工作

【概况】2020年，全市行政机构83个(其中党委工作部门11个、政府工作部门26个、绍兴市级部门派出机构1个、政府派出机构10个、群团机构7个、人大机关1个、政协机关1个、民主党派机关1个、政法机构2个、镇乡街道23个)，总行政编制数3802名，实有3592名。事业单位305个，事业编制数18001名，实有16963名。

【**事业单位改革**】2020年，根据《诸暨市机构改革方案》和省深化事业单位改革的统一要求，认真落实除教育、医院及镇乡（街道）外的事业单位清理规范工作，重点撤并设置过于分散、公益职能弱化、规模较小的事业单位，优化整合职能相近的事业单位。合计精简45家，精简后事业单位为189个，减少股级领导职数38名，调整规范32个事业单位的类别和19个事业单位的经费形式。高质量印发事业单位机构编制规定，同步完成涉改事业单位的挂牌、人员转隶、领导班子配备、实名制数据更新和法人登记等相关工作。

【**行政执法体系建设**】2020年，按照"大综合、一体化"方向，完成交通综合行政执法队人员转隶工作。根据已公布的《浙江省综合行政执法统一目录》，制订科学合理的行政处罚事项调整中涉改人员编制划转方案。落实森林公安管理体制调整工作，进一步规范森林公安机关工作和队伍建设。继续推进自然资源领域改革，将自然资源部门的执法职责进行整合，于4月组建市自然资源行政执法队。

【**三定一评履职体系建设**】2020年，42个机构改革涉改部门全面完成"三定一评"履职体系建设，共设定工作岗位2744个，梳理职责任务21633条，构建完善运行机制771项，确立"人人要干事、个个要担责"的工作机制，推进部门机构职能的优化协同和高效运行。

【**镇乡街道"属地管理"事项责任清单**】2020年12月2日，召开镇乡街道"属地管理"事项责任清单编制部署会，汇总审核90个事项责任清单初稿（省定68项，新报22项）并下发镇街，走访听取11个镇街的意见建议，邀请纪委监委、组织部、政法委、司法局、改革办等部门对清单事项开展合法性审查，编制形成《诸暨市镇乡（街道）"属地管理"事项责任清单》。保留和微调省定的68个事项，新增最低生活保障管理、农村生活污水管理、禁养区限养区违规养殖整治、农业投入品监管执法4个事项。

【**机构调整设置**】2020年12月28日，绍兴市委编委批复同意设立浙江新时代枫桥经验研究院，为市委直属事业单位，机构规格为正科级。2020年7月13日，绍兴市委编办批复同意设立诸暨市社会矛盾纠纷调处化解中心，为市委直属事业单位，机构规格为正科级。制定市融媒体中心"三定"规定，优化职能配置，重新核定编制和领导职数，调整优化基层站所设置。重新核定高新区管委会"三定"规定，优化机构设置和编制配备。按照派驻纪检组建设要求，将18个派驻纪检监察组调整为12个。以市委党校为依托，优化设置"枫桥经验"教研室等机构，进一步推动绍兴枫桥学院建设。

【**统筹优化编制使用**】2020年，收回交通局行政编制22名统筹用于党政机关，将上级批复同意的48名街道行政编制调剂到市级党政机关，进一步充实党政机关力量配备。注重对重要领域和民生事业的保障力度，增加基层治理、大数据管理等领域事业编制21名。进一步加强"基层治理四平台"派驻员额管理，分别增加综合行政执法局、司法局派驻员额5名和4名。

【**编外用工管理**】2020年6月，开展编外用工专项检查整治，会同组织部、人社局、财政局对23个镇乡（街道）和11个部门进行联合检查，督促21镇乡（街道）、8个部门完成问题整改，进一步健全完善编外用工规范管理制度，巩固检查成果。结合国有企业管理体制调整，核减建设局等部门编外用工控制数205名。

【**实名制信息完善**】2020年，开展实名制系统质量压力测试，将行政事业21368条人员数据与养老保险系统数据比对，筛选并修改完善信息182条，进一步提升数据质量。及时更新台账文件，上传事业单位机构编制规定文件85个，更新完善机构信息、编制数、职数等信息7300余项，确保数据的准确性。

【**镇乡（街道）权力清单调整**】2020年，根据省委编办新《乡镇（街道）权力清单指导目录》，将140项通用行政权力事项统一纳入浙江政务服务网权力事项运行库，并完善25个基本要素的信息填报工作。对新增的108条权力事项和32条监管事项统一分发至23个镇乡（街道），实现清单库常态化动态调整。

（寿张涛）

党校

【概况】2020年，中共诸暨市委党校完成科局级领导干部十九届五中全会精神轮训班、新提任市管领导干部任职培训暨党风廉政教育专题培训班、数字乡村建设专题研修班等16个主体班次25期次8374人次的培训任务；开展社会宣讲65场次，受众近18000人次。获得2020年度省委党校系统中国特色社会主义理论体系研究中心第二十二批规划课题5项、绍兴市哲学社会科学研究“十三五”规划课题3项；递交决策参阅8期，获得领导批示6篇次，其中《对标拱墅区打造“新零售”的对策建议》获全省党校（行政学院）系统决策评比三等奖。中共诸暨市委党校坚持党校姓党根本原则，以建设绍兴枫桥学院为着力点，以教育培训为发力点，以服务县域经济发展为落脚点，全力打造红色学府，倾力建设新型智库，办学水平走在全省县级党校前列。至2020年年底，全校共有在职教职工29人，离退休教职工22人。

【党校教育工作】2020年，完成十九届四中全会轮训班，新提任市管领导干部任职培训暨党风廉政教育专题培训班，数字经济赋能传统产业高质量发展专题研修班，数字乡村建设专题研修班，全市部门组工干部专业化能力提升班，全市镇乡（街道）组工干部专业化能力提升班，坚持发展“枫桥经验”提升县域治理现代化专题研修班，全市市管干部周末学堂（六期），诸暨—拱墅年轻干部政治素养和专业素养双提升专修班，海内外高层次人才国情研修班，推进全域美丽、建设好美诸暨专题培训班，领导干部创新城市建设专题研修班，公务员初任培训班，年轻干部枫桥经验轮训班，党员发展对象培训班，科局级领导干部十九届五中全会精神轮训班等16个主体班次25期次8374人次的培训任务。设置各类主体班次的培训方案，把习近平新时代中国特色社会主义思想、中国共产党党史等课程贯彻于全班次。继续聚焦“用学术讲政治”，进一步完善党的政治理论和党性教育教学，紧扣“不忘初心、牢记使命”主题教育、新时代“枫桥经验”与基层治理、新中国成立70周年、中国共产党一百年等主题组织开展集体备课、新课试讲8次20课次；推出《全国两会精神解读》《党的十九届四中全会精神解读》《学习党的十九届五中全会精神》《长三角一体化战略解读》《中国共产党党史》《重温经典：毛泽东与实践论》《新时代“枫桥经验”与社区治理现代化》《新时代“枫桥经验”与应急管理现代化》等课程，其中《长三角一体化战略解读》获得全省党校系统精品课竞赛“优秀课程”，《新时代“枫桥经验”与社区治理现代化》《新时代“枫桥经验”与应急管理现代化》分获绍兴党校系统精品课竞赛“精品课程”和“优秀课程”。持续推进“暨阳红色讲台”志愿服务队“红色宣讲”项目，发挥红色布道者作用，组织教师到全市乡镇、部门、村居、企业、诸暨东西部对口扶贫的金川县等，面向党员干部群众开展新时代“枫桥经验”、全国“两会”精神、十九届五中全会精神、乡村振兴、《中国共产党党史》、《中国共产党支部工作条例（试行）》、

绍兴枫桥学院主大门（摄于2020年12月，党校提供）

中华人民共和国成立70周年等主题社会宣讲65场次，受众近18000人次。

【党校科研工作】2020年，聚焦市委、市政府中心工作开展课题研究，2020年度，获省委党校系统中国特色社会主义理论体系研究中心第二十二批规划课题5项和绍兴市哲学社会科学研究“十三五”规划课题3项。在绍兴市党校系统理论研讨会中获一等奖1名、二等奖1名、三等奖2名；在省委党校理论研讨会中获二等奖3篇，三等奖2篇，入选1篇。向市委、市政府递交决策参阅8期，获得领导批示6篇次。其中，《关于推进绍兴枫桥学院高质量发展的几点建议》《拱墅区优化政务环境的经验与启示》《对标拱墅区打造“新零售”的对策建议》得到市委书记徐良平的批示肯定。《对标拱墅区打造“新零售”的对策建议》获全省党校（行政学院）系统决策评比三等奖。开展科研蹲点活动，组织教研组成员走进基层，“零距离”学习掌握诸暨市情。优化科研管理考核和激励机制，制定《〈中共诸暨市委党校、诸暨市行政学校、绍兴枫桥学院教研奖励基金使用管理办法〉解释》，规范奖励条款，为科研工作提供制度保障。

【省内外干部培训】2020年5月始党校逐步恢复办班，克服场地资源限制等困难，与陶朱商学院开展培训合作，全年共承接来自省内外的社会培训班次24期，参训人员1200余人次。其中，承接浙江省委党校和绍兴市委党校赴诸现场教学共8期；并首次与特大央企中远海运集团开展合作，举办信访维稳主题培训班，并与其达成长期培训战略合作意向。在顺利保障办班的同时，党校重新梳理和完善“枫桥经验”与基层社会治理、党建引领乡村振兴、特色小镇与专业市场、革命传统与党性教育和文化传承六大现场教学专题，编印完成绍兴枫桥学院宣传册，向全国各地特别是长三角地区的党校系统寄发共计300份。另外，党校着重挖掘本地特色和亮点开发新的现场教学点，2020年主推诸暨市社会矛盾纠纷调处化解中心现场教学，完成开发录制线上课程；新纳入五泄镇西皇村、十四都村，大唐街道柱嵩社区、镇级矛调中心，枫桥镇“红枫义警”、退役军人服务站等站点；同时向绍兴周边延伸，在班次中开设周恩来祖居、黄酒小镇、鲁迅故里等现场教学，并借编写《新时代“枫桥经验”现场教学案例教程》教材的契机，提升现场教学的规范性建设水平。

【绍兴枫桥学院建设】2020年，工程项目“硬件”建设方面，绍兴枫桥学院继续锚定“一中心三基地”的目标定位，全力以赴做好绍兴枫桥学院建设现场管理和工程推进工作。至12月，所有建筑单体结顶，生活区A、B组团和教学区教学楼、科研楼等完成场外配套工程施工图设计。在调研考察基础上，探索学院后勤第三方服务外包模式、智慧校园管理模式。按照体现党校红色底蕴、“枫桥经验”特色及绍兴地方文化特色原则，着手启动校园文化的规划设计工作，计划于2021年7月前完成整体搬迁。培训体系“软件”建设方面，继续推进师资库、教材库、基地库、课程库“四库”建设。师资队伍建设上，学院在全国范围内先后两次选聘91名党政领导干部、专家学者、基层先进典型等担任兼职教师，其中专家学者38名、党政领导干部36名、基层先进典型17名。教材建设上，启动“枫桥经验”“1+N”教材体系编写，其中“1”《“枫桥经验”概论》、“N”《新时代枫桥经验实践案例》教材提纲已出版发行，《新时代枫桥经验现场教学基地教程》教材正在修改编写中。基地建设上，建成市内外现场教学基地38个，涵盖“枫桥经验”与基层社会治理、党建引领乡村振兴、“最多跑一次”改革、特色小镇和专业市场、小城市培育、红色教育等六大主题，其中省级现场教学基地8个，绍兴市级5个。课程建设上，绍兴枫桥学院开设政治理论与党性修养、法治素养、社会治理理论与实践、“枫桥经验”、基层治理实务等五大类67门专题课程，并根据实际需求开设1～10天不等的培训菜单，让培训学员可以“点菜吃饭”。

【党校教职工队伍建设】2020年，绍兴枫桥学院在岗专任教师13名，其中博士研究生1名、硕士研究生7名、高级讲师4名。学院制定《教职工全员培训制度》《新任教研人员导师帮带制培养实施方案》等培养管理制度，实施名师、名课、名班“三名”工程。实行年轻党员教师工作实绩“亮晒比”，完善并实施绩效考核、科研奖励、导师帮带、中层干部选任等前后衔接的制度体系，建立“亮晒比”平台。开展“三服务”活动，选派2名退职校领导驻企，2名年轻干部驻村社跟岗锻炼；走访企业682家，村（社区）8个；有500多人次参与疫情防控、维稳安保、文明劝导、抗台救灾、信访接待、美丽村镇建设等工作。（杨婷婷）

信访工作

【**概况**】2020年，诸暨市深入学习贯彻中共十九大、十九届四中全会精神，习近平总书记关于信访工作的重要指示精神，坚持和发展“枫桥经验”，把信访维稳作为政治大事、发展要事和民生实事来抓，全年信访形势平稳，进京赴省上访持续下降，未发生非访和影响较大的信访事件。全年进京上访4人次，同比下降81%，赴省上访174人，同比下降61.9%，四级信访总量从2018年2444人次下降到2020年1141人次，降幅达53.3%；到市上访498批933人次，同比分别下降41.5%和66.8%；来信1347件，同比下降29.6%；网上信访（含网上投诉、领导信箱及人民网留言）3241件，同比上升2.8%；来电41279件，同比上升15.8%。

【**信访矛盾源头治理**】2020年，推动群众信访“最多跑一次”改革，完成23个镇乡（街道）、全部行政村矛盾调解中心建设，构建三级矛调中心，提升本地吸附效应，县级走访占比数从2018年的62.1%提升至81.8%。压实信访代办制。压实工作责任，转变工作作风，将“送上门的群众工作”转变为“送到门的服务工作”。2020年，共收到信访代办件745件，代办率达56.3%，按时办结率100%，满意率100%。提升办理质量。起草《关于进一步加强和规范初信初访办理工作的实施意见》，建立初信初访分级处置制度，提升一次性化解率，2020年全市初次走访化解率96.91%，初次来信化解率93.37%，初次网信化解率98.75%。

【**疑难积案化解攻坚**】2020年，持续开展重点疑难信访问题的化解攻坚，针对历时5年以上70件重点信访积案开展专项化解，累计化解61件，化解率达87.1%，47件2～5年信访积案化解34件，化解率为72.3%。国家、省交办督办重点信访事项33件，累计化解32件，化解率达到96.9%，67件农村建房专项交办问题实现100%化解，成功创建国家“三无县（市、区）”，连续两年成功创建“无信访积案县（市、区）”。抓好违法信访的打击，严格落实公安部指导意见及省公检法两个指导意见精神，累计追究各类违法上访行为22人次，树立正确法治信访导向。发挥好市信访联席会议牵头作用，及时召开市信访联席办协调会议，妥善处置各类群体信访问题。2020年，共接待到市集访107批1334人次，针对涉众型信访问题及时召开协调会议76次，解决一批涉及民生的信访问题。

【**信访工作体系建设**】2020年，坚持以制度推动责任落地，倒逼作风转变，建立长效常态的信访工作体系。坚持做好市领导每日值守接访工作，持续优化每月集中下访工作机制，市领导进一步下沉信访矛盾一线，从原先在镇乡（街道）接访改为到重点村社接访，实现现场办公，同群众的“零距离”沟通。着眼长效常态的信访制度建设，建立越级访分级约谈机制，坚持“稳控化解并举、考核追责并重”的原则，对越级访登记情况，分类采取约谈镇街、有责调查、向常委会说明情况等办法，累计约谈镇街主职领导5人次，镇村干部23批90人次，下发督查通报10期。建立标准化、规范化的信访流程，形成规范标准手册，强化干部队伍建设，开展全市信访系统三年培训计划，制定《业务规范指南》《实务操作指南》，拍摄典型案件规范化办理解析视频等，重点制定越级上访和违法信访事件处置流程，明确初次去京赴省办理要求，通过提示预警、实地督查、整改落实，解决矛盾症结。（郭轩宏）

史志编研

【**《诸暨市志》编纂完成**】2020年6月底，《诸暨市志（1979—2012）》完成出版印刷项目公开招投标，由浙江古籍出版社印刷出版。10月27日，经呈送市委、市政府领导审定同意，通过市志终审。12月，古籍出版社取得书号，并完成三审三校流程，全志46编约400万字，全面系统记述诸暨1979—2012年间的历史变迁和社会状况。

【《诸暨年鉴(2020)》编纂完成】2020年4月，启动《诸暨年鉴(2020)》编纂工作，本卷年鉴参考上级纲目同时根据诸暨市改革发展情况，调整部分篇目。10月，基本完成年鉴书稿的统稿和修改工作，并通过公开招投标确定出版印刷单位。12月底出版。

【诸暨党史资料征集】推进《热血铸辉煌》相关资料征集。以《中共诸暨历史》第一、二卷，《中共诸暨历史简明读本》，《诸暨党史大事记》第一、二、三卷，《诸暨改革开放40年纪事》和历年《诸暨年鉴》大事记为基础，通过查阅市档案馆、图书馆及有关部门档案资料等方式，共查阅、征集和核对基础资料200余万字，基本完成资料征集工作。

《寿松涛纪念文集》资料征集和文稿录入完成。提交寿松涛后代审稿，将作为建党100周年党史成果出版。

【《印象·西施》系列丛书】2020年，市史志研究室确定出版《印象·西施》系列丛书，以发掘和宣传西施文化。丛书共分八辑，将在5年至8年内完成，以史志研究室为主体进行研究编撰，个别专辑外请编撰者。6月，《苎萝西施志》点校本出版。

【党史和地方志宣传教育方式创新】2020年9月，市史志研究室开发"掌上诸暨史志"微信小程序，分设"党史、地方志、年鉴"三个子模块，在"西施号"APP上发布。逐步将全市相关史志资源整合进小程序，形成方志掌上书柜。至年底，小程序收录党史、地方志、年鉴书籍5本。

推进党史(红色)教育阵地建设，联合绍兴党史室共同对璜山镇黄家店村"金萧支队陈列馆"展陈设计进行踏勘，并提出建议。10月，邀请省委党史研究室领导和业务科室专家到黄家店村考察指导"金萧支队陈列馆"建设布展工作。市史志研究室利用单位办公场所，改建方志馆藏室和党建活动室，完善阵地建设。（市史志研究室提供）

老干部工作

【概况】2020年，诸暨市离休干部人数为113人，其中易地安置7人(省外来诸暨3人，市外来诸暨4人)，平均年龄90周岁，年龄最大的103岁、最小的85岁。由老干部局服务管理的实职副处级以上老领导49人。

【老干部政治和生活待遇保障】继续落实离休干部的政治和生活待遇。1—11月，落实规定慰问离休干部3次，合计走访慰问离休干部378人次，投入资金31.1万元;发挥"绿色通道"作用，为40位住院的离退休干部及副处以上老领导提供优质医疗服务，投入资金1.95万元。为每位离休干部发放体检卡，提供便利体检，为副处以上老领导提供集中体检服务1次。新冠肺炎疫情期间，无因疫情导致离休干部去世病例。

【"四就近"服务经费提高】2020年，"四就近"（就近学习、就近活动、就近得到关心照顾、就近发挥作用）服务经费得到大幅提高，从每人每年400元提高至900元。2020年，将166名离退休干部及副处以上老领导的133200元服务经费发放至相应17个镇街及21个城市社区。协同卫健局，为副处以上老领导提供流感接种服务。

【老年大学银发志愿服务队】2020年，老年大学日常教学工作因新冠肺炎疫情暂停，但老年大学银发志愿者们仍投身志愿服务工作，全年共开展志愿活动7次，共计参加103人次。老干部局搭建"银耀诸暨"志愿者联盟平台，汇聚全市1万余名离退休干部力量，打造诸暨银发志愿服务招牌。

【"弘扬新时代枫桥经验，老干部助力市域社会治理现代化"现场会】2020年11月19日，诸暨市老干部局承办绍兴市"弘扬新时代枫桥经验，老干部助力市域社会治理现代化"现场会。提炼老干部参与社会治理的经验，挖掘一批先进工作典型，展示诸暨市老干部牢记初心使命的政治风貌。（石天申）

诸暨市人民代表大会

重要会议

【概况】2020 年，依法召开市十七届人大四次会议，召开人大常委会会议 6 次、主任会议 16 次，听取和审议“一府两院”工作报告 14 个，听取专题汇报 6 个，作出决议、决定 11 项。依法任免国家工作人员 67 人次、人民陪审员 3 人次，组织宪法宣誓 19 人次，补选出缺代表 4 人。

【市十七届人大四次会议】诸暨市第十七届人民代表大会第四次会议于 2020 年 1 月 8 日至 10 日在市区西施大剧院举行。会议共举行 3 次全体会议、4 次主席团会议，听取和审议市人大常委会、市人民政府、市人民法院、市人民检察院的工作报告；审查诸暨市 2019 年国民经济和社会发展计划执行情况及 2020 年国民经济和社会发展计划草案的报告，批准诸暨市 2019 年国民经济和社会发展计划执行情况的报告及诸暨市 2020 年国民经济和社会发展计划；审查诸暨市 2019 年预算执行情况及 2020 年预算草案的报告；批准诸暨市 2019 年预算执行情况的报告及诸暨市 2020 年预算；选举市人民政府市长 1 人，市第十七届人民代表大会常务委员会副主任 1 人、委员 9 人；票决确定诸暨市人民政府 2020 年民生实事项目。

会议共收到代表 10 人以上联名提出的议案 2 件，建议、意见 253 件，合计 255 件，其中涉及经济建设方面 61 件，占 24%，主要建议有发展“枫桥经验”，推进经济高质量发展；做好“与杭同城”文章；优化营商环境，促进企业平稳发展；挖掘区域特色，加快发展旅游经济等方面。涉及社会管理和民生保障方面 148 件，占 58%，主要建议有开展农村危旧房和城市老旧小区整治工作；推进“医养结合”养老服务体系建设；优化公交线路和强化道路建设；构建多元化纠纷解决机制等方面。涉及文化建设和生态文明方面 46 件，占 18%，主要建议有深化文明城市创建成果；优化教育资源配置，稳定教育生态；开展饮用水水源地生态化治理；提高垃圾分类的处置能力和管理水平等方面。大会主席团决定将本次会议收到的代表议案作为代表建议处理，会后由市人大常委会交市人民政府和其他有关国家机关办理，办理结果由承办单位在交办后三个月内负责答复代表，并报告市人大常委会。

【人大常委会会议】3 月 27 日，召开市十七届人大常委会第二十八次会议，听取和审议市政府关于 2019 年生态环境状况和环境保护目标完成情况的报告；审议市法院关于要求增加人民陪审员名额数的议案；审议决定有关人事任免事项。

5 月 29 日，召开市十七届人大常委会第二十九次会议，听取和审议市政府关于数字诸暨提升工程情况的报告；听取和审议市政府关于食品药品安全监管工作情况的报告；听取和审议市检察院关于公益诉讼检察工作情况的报告；审议有关提请许可事项;审议决定有关人事任免事项。

7月24日,召开市十七届人大常委会第三十次会议,听取和审议市政府关于2019年财政决算和2020年上半年财政预算执行情况的报告;听取和审议市政府关于2019年度市本级财政预算执行和其他财政收支的审计工作报告;听取和审议市政府关于村级集体经济"消薄增收"工作情况的报告;审议决定有关人事任免事项。

8月31日,召开市十七届人大常委会第三十一次会议,听取和审议市社会矛盾纠纷调处化解中心(信访超市)建设运行工作领导小组办公室关于深化"最多跑一次"改革、推动矛盾纠纷调处化解"最多跑一地"情况的报告;审议通过市人大常委会街道工作委员会有关规则、办法;听取和审议市政府关于2020年上半年经济社会发展情况和下半年政府重点工作的报告;审议市政府关于2020年上半年国民经济和社会发展计划执行情况的报告;审议决定有关人事任免事项。

10月30日,召开市十七届人大常委会第三十二次会议,听取和审议市政府关于2019年度行政事业性国有资产管理情况的专项报告;审议市政府关于2019年度国有资产管理情况的综合报告;听取和审议市政府关于市十七届人大四次会议代表建议办理情况的报告;审议决定有关人大代表辞职和人事任免事项。

12月11日,召开市十七届人大常委会第三十三次会议,审议关于提请作出《诸暨市人民代表大会常务委员会关于召开诸暨市第十七届人民代表大会第五次会议的决定》的议案;听取和审议市政府关于全域旅游发展情况的报告;审议2020年财政预算调整方案(草案)的议案;审议决定有关人事任免事项。

【主任会议】3月5日,召开市十七届人大常委会主任会议第五十五次会议,讨论通过市人大常委会2020年工作要点(草案)和市人大常委会2020年监督工作计划(草案)。

3月20日,召开市十七届人大常委会主任会议第五十六次会议,讨论通过《诸暨人民代表大会常务委员会街道工作委员会委员提名和任免办法(试行)》(草案)。

7月2日,召开市十七届人大常委会主任会议第六十一次会议,听取市政府关于全市新冠肺炎疫情防控和公共卫生体系建设情况的汇报。

7月31日,召开市十七届人大常委会主任会议第六十三次会议,听取市法院关于行政审判工作情况的汇报。

9月4日,召开市十七届人大常委会主任会议第六十五次会议,听取市政府关于城市综合执法工作情况的汇报。

9月27日,召开市十七届人大常委会主任会议第六十六次会议,听取市政府关于加强诸暨市社会保障体系建设,提升群众幸福感工作情况的汇报。

11月5日,召开市十七届人大常委会主任会议第六十八次会议,讨论通过《人大代表联络站基本规范(草案)》。

11月26日,召开市十七届人大常委会主任会议第六十九次会议,听取市政府关于数字诸暨工作审议意见落实情况的汇报;听取市政府关于审计发现问题整改落实情况的汇报。 (郦建龙)

重要活动

【视察活动】6月5日,市人大常委会组织视察学前教育工作情况。市人大常委会驻会成员实地视察苎萝幼儿园、西子幼儿园规划地块、白马墩小区配套幼儿园,听取市政府关于学前教育工作情况的汇报,并提出意见和建议。

6月29日,市人大常委会组织视察应急救援体系建设情况。市人大常委会驻会成员实地视察应急管理局、消防救援大队,听取市政府关于应急救援体系建设情况的汇报,并提出意见和建议。

8月10日,市人大常委会组织视察新时代文明实践中心建设情况。市人大常委会驻会成员实地视察同山镇边村文化礼堂、五泄镇十四都村文化礼堂、陶朱街道友谊社区文化家园,并提出意见和建议。

8月28日,市人大常委会组织视察深化"最多跑一次"改革、推动矛盾纠纷调处化解"最多跑一地"

工作情况。市人大常委会驻会成员实地视察江新社区、诸暨市社会矛盾纠纷调处化解中心(信访超市),并提出意见和建议。

9月25日,市人大常委会组织视察高新区建设情况。市人大常委会驻会成员实地视察下四湖片区、解放湖片区、店口核心区、店口综合港区,听取市政府关于高新区建设情况的汇报,并提出意见和建议。

10月28日,市人大常委会组织视察融杭大通道建设情况,市人大常委会驻会成员实地视察杭二绕与G235交叉点位、浣东高速互通,听取市政府关于融杭大通道建设情况的汇报,并提出意见和建议。

11月30日,市人大常委会组织视察高湖蓄滞洪区改造工程推进情况,市人大常委会驻会成员实地视察象鼻山闸站、章金新闸站、骆家山闸站,听取市政府关于高湖蓄滞洪区改造工程推进情况的汇报,并提出意见和建议。

12月21日,市人大常委会组织视察优化营商环境推进情况,市人大常委会驻会成员实地视察政务服务大厅、市法院,听取市政府关于优化营商环境推进情况的汇报,并提出意见和建议。

12月31日,市人大常委会组织视察2020年民生实事项目完成情况,市人大常委会驻会成员实地视察暨阳街道人民南路74号和大桥东路52号(老小区加装电梯工程)、浣江幼教集团城西幼儿园和城东幼儿园(公办学校教室功能提升工程)、五泄镇狮象—西青公路和枫桥镇新王公路(城乡道路平安畅通工程)、五泄社区气排球训练场馆和枫桥镇海角村原茶厂(集体经济消薄攻坚工程)、五泄水库和永宁水库(水治理深化工程),并提出意见和建议。

【疫情防控专题监督】2020年,新冠肺炎疫情发生后,市人大常委会领导带队分小组开展统筹推进疫情防控和经济社会发展专题监督。在疫情防控阶段,常委会第一时间贯彻市委决策部署,执行上级人大决议决定,主动下沉一线开展摸排工作、参与执勤值守,监督隔离管控机制,并及时向在诸暨的代表发出动员倡议,据不完全统计,投身疫情防控的各级代表达1387人,捐款捐物956人次,合计3350万元。在复工复产阶段,结合"三服务"活动,走访企业200余家,宣传惠企政策,协调解决实际困难,先后向市委报送《关于加强疫情防控工作的建议》《关于企业复工复产的调研情况》《化危为机、乘势而上,奋力推动诸暨经济转型提升的调研和思考》等专报。7月,市人大常委会主任会议听取市政府关于全市新冠肺炎疫情防控和公共卫生体系建设情况,并提出意见和建议。

【督查活动】3—12月,市人大常委会领导带队分小组开展2020年民生实事项目专项监督。在总结往年监督经验基础上,建立"一事一小组""一季一督查""半年一报告""一年一测评"等工作机制,每季度形成建议专报报送市委,12月组织视察民生实事项目完成情况,年底开展满意度测评。2020年,民生实事项目按要求全面完成。

4—11月,市人大常委会领导带队分小组开展"三大工程、七项行动"专题监督。按照每月有活动、每季有重点,责任落实到时到点到人的要求贯穿全年进行监督,并就相关项目推进情况形成督查专报报送市委。

9—11月,市人大常委会领导带队分小组开展全市重大项目"百日攻坚"专项监督,就项目建设情况存在困难认真分析原因,提出问题清单,形成监督专报报送市委。

【执法检查】4月,市人大常委会按照省人大统一部署,三级联动对《中华人民共和国公共文化服务保障法》《浙江省公共文化服务保障条例》"一法一条例"贯彻执行情况进行全面检查。

【代表建议督办】6月,市人大常委会会同市政府召开市人大代表建议办理工作"回头看"活动,实地视察2019年部分代表建议办理落实情况,听取2019年部分代表建议承办单位办理情况的汇报、领衔代表意见、市政府领导和市人大常委会领导对办理工作的点评。

6月,市人大常委会会同市政府召开市人大代表重点建议办理面商督办活动,听取2020年重点建议承办单位办理情况的汇报、领衔代表意见、市政府领导和市人大常委会领导对办理工作的点评。

【代表活动指导和服务】2020年,主动为代表履职设定主题、搭建平台，组织发动代表监督2020年民生实事项目、“三大工程、七项行动”、重大项目“百日攻坚”、推动矛盾纠纷调处“最多跑一地”等工作推进情况，组织开展“局长·代表面对面”、助推“四大建设”助力“十四五”规划等活动，定期向代表通报市人大常委会和“一府两院”主要工作，全年邀请代表参加各类履职活动1739人次，为代表知情知政、依法履职创造条件，提供保障。

【镇乡（街道）人大工作指导】6月，根据省人大高水平推进新时代街道人大工作的统一部署，制定《诸暨市人大常委会关于推进街道人大工作和建设的实施方案》，组建有关领导小组，发布《市人大常委会街道工作委员会工作规则》等12个制度规则。

8月，制定《2020年镇乡（街道）人大工作评价办法》，采用平时记录、抽查、督查和年终考核相结合的方式对镇乡（街道）人大基层基础工作、代表联络站工作、民生实事票决制工作、本级人大建议意见办理工作、代表小组活动以及协助配合市人大常委会完成相关工作等进行考核。

全年指导召开乡镇人代会和街道议政会，每季度召开一次镇乡（街道）人大联席会议，总结推广基层创新做法和先进经验。邀请镇乡（街道）人大参与市人大常委会视察、调研和执法检查，列席市人大常委会会议，增强市镇两级人大之间的沟通和联系。

（郦建龙）

议案办理

【代表建议督办】市人大代表在市十七届人大四次会议期间共提出建议258件。至7月底，代表建议均办理完结，满意率100%，问题解决和基本解决的达88%。从答复和落实情况看，建议办理的结果满意率持续维持高位，问题解决率得到提升。

【代表建议重点件】2020年，市人大代表建议中，由市人大常委会领导督办代表建议重点件8件，市人大常委会工委督办代表建议重点件18件。（郦建龙）

2020年市人大常委会领导督办代表建议重点件一览表

表19

案号	建议内容	承办单位	领衔代表	领办领导	督办领导
26	关于优化金融环境助推实体经济的建议	金融办	方益军	胡华良	姚汉松
228	关于多举措提高诸暨市大学毕业生留诸就业的建议	人力社保局	刘伯茹	钱勇军	张振华
170	关于珍珠小镇建设要高度重视全域水系水质的建议	水利局	詹明华	宣方乐	杨元清
41	关于山区教育发展的建议	教育体育局	戴林明	俞　越	陈　焕
127	关于切实解决中小企业融资难问题方面的建议	金融办	郦国庆	朱红伟	钱建荣
3	关于精准扶持特色农业发展的建议	农业农村局	姚纪松	陈军卫	何鸿成
270	关于加大对建筑垃圾及渣土违法倾倒问题整治力度的建议	综合行政执法局	应国伟	郦小飞	洪中行
91	关于促进城市夜经济发展的建议	商务局	骆　杰	楼　闯	钱建荣

2020年市人大常委会工委督办代表建议重点件一览表

表20

案号	建议内容	领衔代表	承办单位	督办工委
50	关于为小微企业提供法律顾问服务 促进其健康发展的建议	王　增	司法局	监察和司法工委
78	关于要求继续加大综合力度、联合打击“套路贷”的建议	郦　飞	公安局	
226	关于加强诉源治理，构建多元化纠纷解决机制的建议	刘伯茹	政法委	
53	关于优化营商环境，防范和化解企业风险，促进企业平稳健康发展的建议	陈国光	金融办	财经工委
184	关于完善诸暨新建社区商业配套的建议	王　琦	商务局	
231	关于重视产业龙头企业引领作用的建议	冯亚丽	经信局	
2	关于加快推进诸暨市中小学校医务室设置 和专职医生配备工作的建议	孙利燕	教育体育局	教科文卫工委
80	关于要求将诸暨城乡医保卡纳入杭州省级医疗机构结算系统，真正实现“与杭同城”的建议	俞方均	医疗保障局	
205	关于进一步推进“医养结合”养老服务体系建设的建议	洪国丽	卫生健康局	
87	关于重新调整香榧国家森林公园总体规划的意见建议	骆　洲	自然资源和规划局	农经工委
24	关于开展饮用水水源地河道生态化治理的建议	赵大勇	水利局	
200	关于挖潜引资推进村集体经济的持续发展的建议	陈林芳	农业农村局	
93	关于要求出台村级留置用地开发相关扶助政策的建议	王正浩	自然资源和规划局	城建环保工委
89	关于要求将赵家镇集镇—坑口—上郭岭乡村道列为县道公路的建议	王翠凤	交通运输局	
172	关于加强城区垃圾分类管理工作的建议	魏永江	建设局	
181	关于解决企退人员体检难问题的建议	孟一微	人力社保局	社会建设工委
225	关于建立“爱心驿站”服务户外劳动者传递城市关爱和文明 深化诸暨市全国文明城市创建的建议	马洪港	民政局	
252	关于进一步加强安全生产社会化服务体系建设的建议	赵林中	应急管理局	

诸暨市人民政府

综述

2020年，诸暨市政府统筹推进疫情防控和经济社会发展，全面抓好“六稳”“六保”工作，深入实施“三大工程、七项行动”，坚定不移推进全面融、全力稳、全域美，着力防疫情、稳企业、增动能、补短板、保平安，经济社会发展取得“全年赢”的胜利战果。

诸暨市慎终如始抓好疫情防控。建立全域覆盖的防控体系，因时因势调整防控重点和应对举措，迭代升级“源头查控 + 硬核隔离 + 精密智控”的“战时”机制和常态化防控措施，打好疫情防控的人民战争、总体战、阻击战，以有效管控力跑赢疫情传播力，筑牢“外防输入、内防反弹”的“钢铁长城”。全市实现确诊患者全治愈、医务人员零感染，成为全省较早纳入低风险管理的县市区之一。

诸暨市精准施策助推复工达产。建立复工复产工作机制，开展“百团千员”驻企服务，开通就业专车专列。出台复工复产16条政策、共渡难关十项政策，实施财政奖补按季预兑现等一揽子措施，着力畅通人流、物流、资金流，打通务工链、供应链、产业链。累计兑现各类财政奖补资金13.1亿元，减免各类税费57.4亿元，争取专项再贷款58亿元。2月底，工业企业全面复工，餐饮商贸有序复业，各类项目迅速复建，守住经济发展基本面。

诸暨市争先创优抓好六稳六保。不断优化“六稳六保”工作机制，大力推进营商环境、数字诸暨提升工程，开展项目建设、双招双引、主体培育攻坚行动，以稳保进、以进促稳，全年GDP增长5%。全市引进10亿元以上项目15个，其中50亿元以上项目3个，固定资产投资增长7%。全市规上工业增加值增速6.4%、工业技改增速11.6%，均位列绍兴第一。新增规上企业150家、限上企业106家、高新技术企业122家，入选省制造业高质量发展示范县市创建名单。年末不良贷款率为0.96%，首次降到1%以内，创“十三五”规划以来新低。粮食、生猪稳产保供。世界珍珠大会成功举办并永久落户山下湖。

诸暨市主动对接推进与杭同城。深入实施“与杭同城”提升工程，萧诸一体化协同板块、市域（郊）铁路等更多诸暨元素纳入都市区建设计划。“杭二绕”顺利通车，G235诸暨段、诸柯高速连接线、店口高架和综合港区全面开工。总投资100亿元的数智安防产业园启动建设，“诸暨岛 · 杭州港”获评省级双创示范基地。扩大诸杭高速双向免费通行范围，出台杭州人免费游诸暨政策，举办西湖 · 西施荷花会。赢得CBA2020—2021赛季比赛承办权，成为CBA联赛历史上唯一承办全赛季所有比赛的城市。

诸暨市内外兼修建设好美诸暨。统筹推进美丽城镇建设和农村环境补短板攻坚行动，打好污染防治攻坚战，做好国家卫生城市复评迎检工作，加快美丽建设、美丽生态、美丽经济、美丽人文“四美”融合。完成“三改”353 万平方米，获评美丽城镇省级样板 2 个。建设“污水零直排小区”40 个，启动陈蔡水库加固改造工程，提升农村饮水管网 24.2 千米，激活闲置农房 694 幢。抓好中央、省生态环境保护督察问题整改，创成国家生态园林城市、国家生态文明建设示范市。蝉联全国文明城市，成为全国新时代文明实践中心建设“先行试验区”。

诸暨市持之以恒增进民生福祉。坚持把民之所望作为施政所向，加大民生补短力度，提升高水平全面小康成色。全面完成十方面民生实事项目，有序推进“三医联动”“六医统筹”省级试点，建成绍兴枫桥学院主体工程，投用城东初中、明德小学，全年财政民生支出达 88.7 亿元。高质量完成村社组织换届工作，深入开展第二轮安全生产综合治理三年行动，加强行政争议和信访积案化解，捧得全省首批“一星平安金鼎”。（市府办）

重要会议

【市政府全体会议】3 月 20 日，市政府召开第五次全体会议。市委副书记、市长胡华良指出，各级各部门要紧扣市委“三大工程、七项行动”工作重点，紧盯“两手硬、两战赢”目标，聚焦聚力抓落实，担当实干促发展，以高品质的营商环境推动经济社会高质量发展。市委常委、常务副市长钱勇军主持。市领导陈仁坚、俞越、朱红伟、陈军卫、郦小飞、田国栋、楼闯、马朝琴参加。

胡华良指出，营商环境是竞争力，也是生产力。建设高品质的营商环境是落实“六稳”，实现“两手硬、两战赢”的重要保障；是适应区域激烈竞争，加快推进高质量发展的必然选择；是加快政府自我转型，提升现代治理体系与治理能力的内在要求。各部门、各镇街务必统一思想、凝聚共识，以自我革命的勇气推动营商环境建设，为高质量发展增添动力和活力。

胡华良强调，当前全市营商环境还存在不少问题短板和薄弱环节。各部门、各镇街要聚焦短板、剖析成因，进一步发挥政府的主导作用，处理好企业与政府、企业与企业、企业与社会的关系，向懒政宣战、向企业倾听、向市场问计，在开办、开工、要素保障、相关配套等重点领域提供高质量的服务，加快推动诸暨营商环境迈上新台阶。

胡华良强调，优化营商环境，是攻坚战也是持久战，需要久久为功、持之以恒地整体推进、持续推进。要紧盯“一个目标”，围绕“审批事项最少、办事效率最高、投资环境最优、企业获得感最强”要求，坚决打破影响市场活力和主体培育的“坛坛罐罐”，全面打造市场化、法治化、国际化、便利化的一流营商环境，全力打造营商环境最优城市。要贯穿“四个导向”，坚持精简主线，释放市场活力；坚持法治基石，稳定市场预期；坚持数字赋能，适应市场需求；坚持良性互动，重塑市场风气。要狠抓“六大重点”，着力提升投资贸易环境、创业创新环境、产业发展环境、政务服务环境、公平法治环境，完善工作落实机制，在激发市场活力、培育和服务市场主体、保障市场配套、稳定市场预期、争创诸暨经验上走在前列。

胡华良强调，各级各部门特别是涉企涉商涉服务的单位，要进一步增强优化营商环境的责任感、紧迫感和使命感，尽心尽力尽责，合心合力合拍，为诸暨经济社会高质量发展提供强有力保障。

会上，钱勇军通报市政府各线 2020 年牵头重点工作清单和国有企业重点工作清单；市自然资源和规划局、建设局、商务局、税务局、供电局、政务服务办分别作表态发言。

市金融机构负责人和有关部门负责人收听收看主会场会议。

【市政府常务会议】2020 年，市政府共召开常务会议 11 次，就有关重要工作进行研究和作出决定。

1 月 16 日，学习《中华人民共和国大气污染防治法》；审议《关于加快数字诸暨建设的实施意见(2020—2022 年)》；审议《诸暨市职业技能提升行动实施方案(2019—2021)》；审议《2020 年诸暨市节会活动总体方案》；审议《关于促进建筑业企业转型升级加快推进建筑产业发展的实施意见》；审议《诸暨市农村饮用水工程运行管理办法》；听取关于经济工作会议布置工作材料提纲的汇报；听取关于2019年度“突出贡献单位”评选情况的汇报等。

3月13日，学习《中华人民共和国传染病防治法》、《突发公共卫生事件应急条例》；学习《中华人民共和国食品安全法实施条例》；审议《诸暨市2020年打赢蓝天保卫战攻坚行动实施方案》；审议《关于加快镇乡（街道）应急管理基层基础建设的实施意见》；听取疫情防控期间制定出台的规范性政策情况的汇报；听取疫情防控期间财政资金拨付情况的汇报；听取2019年对口工作情况和2020年对口工作安排的汇报等。

4月24日，学习《重大行政决策程序暂行条例》；审议《诸暨市物业专项维修资金管理办法》；审议《诸暨市“三改”专项行动涉及的城区集体土地上房屋征收补偿安置办法（修改稿）》和《诸暨市“三改”专项行动涉及的农村集体土地上房屋征收补偿安置办法（修改稿）》；审议《诸暨市试行“五位一体”文化金融评估交易体系 打造文化金融先行区的实施意见》；审议《诸暨市创建省制造业高质量发展示范市三年行动计划(2020—2022年)》和《诸暨市数字经济2020年度行动计划》；审议《关于数字化赋能制造业高质量发展的若干政策意见》等。

5月28日，传达学习中央政治局常务委员会会议精神；传达学习《中共中央办公厅关于持续解决困扰基层的形式主义问题为决胜全面建成小康社会提供坚强作风保证的通知》精神；传达学习车俊书记在全面推进高水平交通强省建设动员大会上的讲话精神并听取诸暨市贯彻落实意见的汇报；传达学习全省开发区（园区）改革提升推进会精神；传达学习《中共浙江省委关于加强各级领导班子政治建设的若干意见》精神；学习《中华人民共和国土地管理法》；审议《诸暨市“两创”园区建设若干意见》；审议《诸暨市突发事件总体应急预案》；学习习近平总书记关于扶贫工作的讲话精神并听取诸暨市市内扶贫开发工作情况；听取关于2020年市政府领导拟领办市人大代表建议和政协提案情况的汇报；听取关于制定加速兑现市级财政奖补政策工作制度的汇报等。

7月2日，传达学习习近平总书记在中央政治局第二十次集体学习时的讲话精神（民法典）；传达学习《中共中央国务院关于加快推进社会治理现代化开创平安中国建设新局面的意见》精神；传达学习全省生活垃圾治理攻坚大会精神并听取诸暨市贯彻落实意见的汇报；传达学习国务院联防联控机制会议精神并听取诸暨市贯彻落实意见的汇报；传达学习省委十四届七次全体（扩大）会议精神及绍兴市委、诸暨市委相关会议精神；学习《中华人民共和国社区矫正法》；学习《生产安全事故应急条例》；传达学习省委常委会会议相关精神并听取诸暨市危化品运输车辆专项检查情况的汇报；传达学习上级扶贫工作会议精神并听取诸暨市扶贫工作指标完成情况的汇报等。

7月29日，传达学习习近平总书记在中央政治局第二十一次集体学习时的讲话精神；传达学习《中共中央办公厅关于印发〈党委（党组）意识形态工作责任制实施办法〉的通知》精神；传达学习习近平总书记对防汛救灾工作的重要批示精神，车俊书记在7月3日上午视频连线时的讲话精神和袁家军省长批示精神并听取诸暨市贯彻落实意见的汇报；听取农村困难家庭危房治理改造工作推进情况的汇报；学习传达省领导有关批示精神和国家统计局约谈精神；学习《最高人民法院关于行政负责人出庭应诉若干问题的规定》；学习《浙江省饮用水水源保护条例》；审议《诸暨市工业固体废物污染环境防治工作规划(2020—2025)》；审议《诸暨市“三线一单”生态环境分区管控方案》；审议《诸暨市创建全域“无废城市”工作方案》等。

8月28日，审议《浦阳江沿岸及中心城区主干道户外公益广告提档升级方案》；听取关于市城乡规划管理委员会议事规则调整的汇报；听取路空一体研究院项目筹备情况的汇报；学习《中华人民共和国城市房地产管理法》；听取秋冬季疫情防控工作情况的汇报；审议《培育支持社会应急救援力量发展的实施意见》；审议《全市交通事故防范“百日攻坚”专项行动方案》；听取关于加强行政应诉、推进法治政府建设情况的汇报等。

9月24日，学习《浙江省城市市容和环境卫生管理条例》；审议《关于划定诸暨市区禁止使用高排放非道路移动机械区域的通告》；审议《诸暨市工程渣土（泥浆）处置管理办法》；审议《诸暨市综合行政执法事项统一目录》；审议《关于推进新时代民政事业高质量发展的实施意见》；审议《关于改革完善医疗卫生行业综合监管制度的实施意见》等。

10月30日，学习《中华人民共和国农村土地承包法》；审议《诸暨市节水行动实施方案》；审议《诸暨市生活垃圾再生资源回收体系建设行动方案》；审议《中国（绍兴）跨境电子商务综合试验区诸暨园区实施方案》；审议《关于进一步加强政府投资项目规范化管理的意见》；审议《关于推进税收共治工作的实施意见》；听取2020年1～3季度全市安全生产工作情况的汇报；听取关于钱塘江247#和251#水功能区环境功能区调整情况的汇报等。

11月30日，学习《绍兴市村庄规划建设条例》；审议《诸暨市房地产市场平稳健康发展长效机制的实施方案》；审议《石壁水库水源地安全保障达标建设实施方案》；审议《诸暨市政务信息化项目管理办法》；听取关于对胡建林见义勇为事件记个人三等功情况的汇报；听取关于与浙江大学合作共建浙江新时代"枫桥经验"研究院情况的汇报；听取诸暨市集成电路产教融合基地、浙江（诸暨）电子信息职业学院战略合作情况的汇报等。

12月29日，学习《中华人民共和国固体废物污染环境防治法》；审议《诸暨市"千吨万人"及其他乡镇级饮用水水源地保护区划分方案》；审议《关于学前教育深化改革规范发展的实施意见》；审议《关于农贸市场新一轮提升发展的实施意见》；审议《关于进一步做好进口冷链食品"全受控、无遗漏"闭环管理工作的通知》；审议《浙江诸暨白塔湖国家湿地公园总体规划（2020—2025年）》；审议《关于进一步加强文化遗产保护的实施意见》；审议《诸暨市10座（含）以上客车交通安全"铁腕"整治专项行动方案》等。（市府办）

政务服务

【概况】2020年，诸暨市政务服务办围绕重点领域和关键环节，多举措推进涉民服务、涉企审批、数字政府和基层政务建设提质增效。6月，被浙江省人民政府办公厅授予2019年度全省"最多跑一次"改革先进集体称号。

【民生领域"一件事"工作】2020年，牵头抓好民生领域改革深化工程，被列入2020年度全市十大民生实事工程，投入350万元，重点推进出生、入园入学、结婚生育、社会救助、扶残助残、养老、身后、军人退役等8个"一件事"办理工作，至12月20日累计受惠50539人次。创新身后"一件事""一表申请、一窗受理、一站服务"村级联办模式，推动公安、卫健等7部门12个事项联审联办，居民身份证、市民卡等18类信息互认共享，累计办件5870例。开展"互联网+医疗""互联网+护理"服务37366人次，8家市级医院实现医学检查检验结果共享。构建"15分钟"人社服务圈，131个事项下放镇、村便民服务中心，8家合作银行164个网点开通社保业务办理；46家定点医疗机构开通长三角地区跨省异地就医直接结算，实现惠民、优抚一站式结算，累计结算653.7万人次，结算金额2060.17万元。

【基层政务服务建设】2020年，持续推动政务资源向下延伸，7月23日，重新梳理并调整公布镇、村两级"无差别受理"事项清单(2020)，其中，镇级事项751项，村级便民服务事项252项。各镇街按照"354个基础事项+397个自选事项+镇乡特色事项"进行镇本级事项梳理公布。全面拓宽"县域通办"事项范围，围绕省级下发目录事项，涉及全市事项284项中，实现"县域通办"226项，实现率达79.2%。至11月，全市23个镇乡街道中心全部完成6S标准化现场管理。稳步推进百个村级便民服务示范平台创建，3月25日，下发《关于百个"一站式办理"村级便民服务示范平台创建及复核的通知》，明确考评标准。9月–11月，集中开展实地验收。12月28日，发文《关于公布第三批百个"一站式办理"村级便民服务示范平台的通知》，确定暨阳街道双福村等103个村为第三批“一站式办理”村级便民服务示范平台，创建达标率为94.5%。全市累计67%的村（社区）中心已创建“一站式办理”示范平台。加快自助服务向公共服务领域延伸扩面。4月，在客运中心设立政务服务专区，提前完成客运中心“顺路可办”。2020年，全市镇级办件达93.64万件，村级办件总量达13.2万件；镇乡街道“最多跑一次”满意率达99.9%。

【优化投资项目审批】2020年，推进一般企业投资项目从赋码到竣工验收审批“最多80天”，强化投资项目在线监管平台3.0系统应用，企业通过3.0平台上报审批事项5071项，新赋码投资项目“最多80天”实现率达100%。承诺制项目从土地摘牌至施工许可“最多30天”实现率95%以上，审批时限最高可压缩85%以上。全年竣工验收项目161个，一般企业投资项目从赋码备案至竣工验收审批“最多80天”实现率100%。10月23日，印发《诸暨经济开发区工业“改扩建”投资项目优化审批流程实施方案》。12月24日，发布《关于进一步深化企业投项目承诺制改革的实施意见》，明确推进“承诺制”向高新区、开发区延伸扩面；进一步做实承诺制项目跟踪服务，完善细化项目联合验收细则，升级优化承诺制管理平台，并以大数据运用、多系统对接为支撑，推进项目信用评价及结果应用。承诺制涉及建筑许可改革做法在省“最多跑一次”《竞跑者》刊登。7月，水电气窗口入驻经济开发区行政服务中心，共计入驻部门10个，人员40名，进一步优化开发区营商环境，实现企业办事不出开发区。

【商事登记改革】2020年4月，创新企业开办“零成本”，针对新开办企业推行“政府买单送章”，在“首次申领发票”时赠送税控设备及首年服务费，累计核准减免2769家新办企业费用合计近64.226万元。深化证照联办“一件事”，涉及卷烟销售、美容美发等25个联办事项，实现全流程线上办理，共收件办理1717家。统筹推进第二批“证照分离”改革，结合诸暨实际，选取94项属市、县级事权事项，其中，实行告知承诺制13项，优化审批服务81项，纳入第二批分类改革。深化商事登记“无差别受理”，涉及15个部门420个事项实现“一窗受理、集成服务”，全年窗口总办件量达10240件。

【中介服务管理】2020年，以2014年进驻行政服务中心中介机构类别为基础，开展涉审中介服务事项专项清查，10月27日，下发公布《诸暨市行政审批中介服务事项清单》，明确行政审批中介服务事项清单43个，其中，涉及投资项目行政审批中介服务事项31项，事项精简率高达82.3%。推行省、市两级投资项目中介业务网上比选，强化中介服务在线管理与应用，全市涉审中介265家、中介联合体4家，网上公布覆盖率达100%，上线8个涉审投资项目在线比选，平均每个中介服务业务办理时限缩短11.25天。

【“1+9”政策兑现】2020年，推进“1+9”（“1”即《关于民营经济高质量发展的若干意见》，简称“民营经济42条”；“9”为农业、工业、服务业、建筑业、科技、文化、人才、金融和开放型经济9项政策）政策兑现平台建设，按期完成134项诸暨市本级惠企政策上线并全面应用，信息数据与“浙里亲清”、浙江省企业服务综合平台等省级平台实现对接。全市上线总政策数达731条，可在线申报项目数342条，其中，诸暨市本级惠企政策134项146条，核定办件1074件次，核定金额达1.765亿。

【政务数字化转型建设】2020年，推进政务服务2.0建设，启用政务服务2.0智慧大厅工作台，完成市本级大厅认领事项数1373项、镇乡中心204项、村级中心152项。升级改造完成市级政务服务大厅涉及一楼社保、医保综合自助服务体验区与二楼不动产综合自助体验区，推进网上办、掌上办。3月，完成“一证通办”3.0系统迭代升级，涉及个人及企业证照的88个证明实现互认共享（其中24个、40个分别实现全省、全绍兴市数据调用），证明信息数据抓取7秒完成，信息查询提速近45倍；将“刷脸办”功能与“一证通办”系统对接，推行实名认证取号，只需取号时输入身份证号码，窗口通过前端设备进行第三方人脸识别认证，实现群众办事由“一证办”向“无证办”跨越。2020年，2072项政务服务事项中，“网上办”开通率97.8%，“掌上办”开通率96.7%。全市政务服务“网上办”总量达459.7万件，“掌上办”总量达9.4万件，网办率达94.11%，超期率0.05%，政务服务2.0

网上受理率、大厅受理率均达到80%以上，政府数字化转型整体考核位于绍兴第一。

【**政务服务机制建设**】2020年，推进大厅标准化现场管理长效机制建设，加大选树典型力度，12月，评比产生5个“五星”市级政务服务区块和5个“五星”镇乡便民服务中心，并完成政务服务礼仪规范省级团标制定。11月16日，制订容缺审批改革，下发《诸暨市政务服务容缺审批事项清单》，明确10个部门涉及50项政务服务事项，通过直接取消、网上核验、告知承诺、现场填报等4种方式推进改革，致力提高审批服务效率。开展交通运输局窗口“政策一本通”试点，优化完善“道路班线客运经营集成服务手册”。12月，新增设涉企服务热线，强化“兜底窗口”保障服务效能。全年按时开展全市系统办件数据样本抽取，及“最多跑一次”改革实现率、满意率回访统计，共抽样回访15329件，未发现群众跑多次和不满意的情况。

【**政务服务大厅数字化管理**】2020年，加快政务服务大厅数字化管理平台建设与应用，通过大厅服务系统、管理系统、决策系统、镇乡联动管理系统的建设，推进市政务服务大厅审批服务的精准化、大厅管理的标准化、领导决策的科学化。完成市级大厅所有部门窗口的统一取叫号、统一好差评、统一人员管理等模块建设，并全面应用政务服务掌上预约、掌上取号、智能抽样回访、咨询投诉全过程闭环处理、行风效能管理数字化全覆盖等功能。通过智能决策系统应用，对大厅政务服务数据进行采集、整合分析和南门大屏可视化展示。坚持试点先行，12月，启动“政务服务数字化管理平台镇村延伸项目”建设，牌头镇等试点镇乡街道上线应用。（戚梦萍）

数字政府

【**概况**】2020年，深化“最多跑一次”改革推进政府数字化转型，政务服务办件网上受理率达到94.11%，477项部门间非涉密办事事项接入机关内部“最多跑一次”系统，3个多业务协同应用入选浙政钉多业务协同“观星台”。

【**掌上办事**】2020年，迭代升级“一证通办”系统，可调用涉民证照信息56个，涉企证照信息14个；完成“诸事通办”小程序上线应用33个；完善“浙里办”诸暨分平台，上架“政务服务取号”“诸暨实时公交”“财政补贴”“高速免费通行”4个特色应用。

【**掌上办公**】2020年，迭代升级协同办公系统，完成会议人脸签到、网上请假等一体化提升。部署机关内部“最多跑一次”系统上线，上线非涉密事项477项，100%实现网办，累计办件97474件。

【**掌上治理**】2020年，完成“雪亮工程”总平台建设，接入视频点位34335个，打通绍兴市“雪亮工程”总平台。推进县域治理数字化、公务用车一件事、个人数据宝、协同办公2.0建设等改革创新工作，以“诸事我呼”为载体将“基层治理四平台”延伸至社区。

【**3个多业务协同应用入选省多业务协同“观星台”**】2020年，加快应用创新，市生态环境分局企业生产与污染物治理实时关联精准监管系统、政务服务办企业投资项目承诺制管理协同应用、法院司法拍卖系统3个多业务协同应用入选省多业务协同“观星台”。

【**数据归集共享**】2020年，统筹推进城市数字平台、智慧水利、智慧教育等20个数字诸暨信息化项目建设。完善大数据平台，梳理33个部门自建业务系统101项。5月，发布《诸暨市公共数据资源目录（2020版）》，打通绍兴数据共享平台接口350个，完成55个部门数据接入，完成公共安全、交通出行、环境保护、文化旅游、医疗卫生、教育科技、生活服务、社会救助、“三农”服务、信用监督十大重点领域数据归集，建成13个分类数据仓，归集数据70亿余条。

【**政务信息化项目管理**】2020年12月22日，市政府发布《诸暨市政务信息化项目管理办法》，规范政务信息化项目管理。全年开展电子政务预审，共审核61个单位197个项目，累计节约政府资金5200余万元。（王　成）

退役军人事务

【**退役军人事务“诸暨品牌”打造**】2020年3月27日，全省“新时代枫桥式退役军人服务站”建设推进会，

2020 年 8 月 24 日，全国退役军人事务系统学习推广新时代"枫桥经验"现场推进会（枫桥镇提供）

因疫情影响改为视频会议，诸暨市作为县级代表交流发言，为全省创建"新时代枫桥式退役军人服务站"提供样板经验。8 月 24 日，承接全国退役军人事务系统学习推广新时代"枫桥经验"现场推进会的观摩点，打造退役军人事务在社会治理领域的"诸暨品牌"。同时，总结提炼镇级"四全保障"模式和村级"四微服务"机制，2020 年 6 月经验材料《诸暨市践行新时代"枫桥经验"全力打造退役军人事务"诸暨品牌"》得到副省长王文序的批示。2020 年，共接待周边省市地区参观考察 91 批次 1000 余人。

【退役军人服务体系建设】2020 年，在退役军人服务体系建设覆盖全市的基础上，全面推开全市基层服务站规范化创建活动，切实打通服务退役军人"最后一公里"。经验收，全市建成新时代枫桥式达标型乡镇（街道）退役军人服务站 23 个，占比 100%；建成新时代枫桥式达标型村（社区）服务站 241 个，占比 46.3%；建成示范型乡镇（街道）退役军人服务站 22 个（含绍兴市双示范型服务站 4 个），占比 95.7%；全部达到考核要求。

【抚恤优待】2020 年，全市共向优抚对象发放各类抚恤金 1.26 亿元。发放临时性困难救助 70 人，共 13.18 万元，解决全市优抚对象因患病、自然灾害、突发性事件等不可抗因素造成的生活困难；给予 2273 名享受定补的部分优抚对象医疗救助 50.78 万元，一站式结算 89.5 万元；发放丧葬补助费 100.16 万元。

【接收安置】2020 年，共发放退役士兵退役后经济补助费 1195.72 万元；开展退役士兵"直通车"模式职业技能培训，共 3 批次，安置率 100%。

【服务优待】2020 年，继续开展全市退役军人优先优惠服务活动，在全社会营造尊重退役军人，服务退役军人的浓厚氛围。将全市 20 ~ 65 周岁退役军人团体小额人身意外险投保保额提高至 14.4 亿元，联合开启"关爱退役军人眼健康 助享光明幸福生活"爱眼公益项目、"你好老兵"医疗义诊等公益性活动；在"诸暨人才交流网"网站、"掌上诸暨"手机 APP 等上线退役军人网络就业服务平台，探索创新退役军人社会化服务模式，有效解决退役军人的多样化需求。同时，继续落实军人和退役军人移动通信专项优惠套餐、中石化加油优惠卡、金融服务专属卡等优惠内容；对接做好惠民医疗优待服务保障，以及提供参战退役人员参加城乡居民医疗保险时免除个人缴费，免交有线电视主终端基本收视维护费，免费乘坐城乡公交等便民服务。

（蒋　超）

应急管理

【概况】2020 年，全市有消防救援队伍 1 支 169 人，危险化学品、矿山、森林消防、地质灾害、防汛抗旱、气象灾害、卫生应急、环境污染、交通应急保障、电力设施、通信保障、公用事业保障（供水供气）等专业救援队伍 12 支，蓝天、民安、红十字、飞虎、贵兴社会救援队伍 5 支，镇村应急抢险救援队伍 503 支 6000 余人；交通、水利、电信、自然资源、建设局等专家队伍 7 支，市级应急管理专家库入库151人；避灾安置场所规范化建设80个。成功防御台风“黑格比”和“7·8”梅雨洪水，平安度汛，全市无森林火灾、强降雨等自然灾害伤亡事故发生。

【应急管理工作机制建设】2020年2月，制定应急信息报送工作规定，建立应急信息报送管理和考核制度。3月，成立突发灾害天气临时应急指挥部，统筹处置应对突发灾害天气；印发防汛防台抗旱应急预案，修订防汛防旱指挥部工作规则。4月，调整公布各级防汛责任人名单。5月，编制防汛防台应急工作指南。6月，建立军地抢险救灾协调联动工作机制，联合应对重大灾害。9月，印发《关于加强诸暨市森林消防队伍建设的实施意见》，在局火灾防治科增挂森林消防科牌子，完善森林消防体系建设。10月，完成修订《诸暨市突发事件总体应急预案》和59个专项预案并汇编成册。

【应急管理基础建设】4月，市政府下发《关于加强应急管理基层基础建设的实施意见》，各镇街根据实施意见全部挂牌设立应急管理站，明确分管领导和从事应急管理工作人员。6月，卫星电话、发电机、水泵等重要应急装备全覆盖配备全市各镇村，摸排出需转移人员8470人并完成安全码赋码，对全市412个避灾场所进行安全鉴定。11月，完成避灾场所80个规范化建设任务，12月，完成409个避灾场所可视化设备全覆盖安装。4月，启动“数字应急”建设，打造可视化、信息化、扁平化的应急指挥体系，同时，成立信息化建设工作专班。7月，启动市应急指挥中心基建工程。12月，应急管理综合应用平台完成招投标开始建设。

【应急演练及比武竞赛】6月，承办绍兴市防汛防台应急演练，12月，组织全市矿山应急救援演练，每季度开展应急联动拉练1次，全年组织市级预案演练30场，全市应急演练600多场，参与人数20万余人。

5月，承办绍兴市应急管理系统执法技能比武活动并获团体一等奖，2名干部获比武竞赛标兵。7月，组织海亮、富润两家企业参加绍兴市企业安全隐患排查技能竞赛，2支参赛队伍包揽前两名，应急管理局获得优秀组织奖。9月，3名干部参加全省应急管理系统安全生产执法技能比武，分别获第三、第四、第六名。10月，举办全市森林消防队伍技能比武竞赛暨应急演练，12月，组织参加绍兴市森林防灭火比武竞赛，获得一等奖。12月，诸暨市被评为2020年安全生产月活动浙江省级优秀单位。

【十五分钟应急救援圈建设】2020年，诸暨市十五分钟应急救援圈建设根据综合性应急救援力量布点规划，按照“六有”标准建设14个综合应急消防救援站，建立基层综合性应急救援队伍，提升“救早、救小”能力。全年建设提升枫桥、大唐、里浦3个已建站点，改建五泄、次坞、姚江、牌头、店口5个站点，启动陈宅和城南2个站点建设任务，制定《诸暨市镇乡（街道）综合应急消防救援站运行实施方案》，统招80名队员投入站点运行，并启动第二批队员招募工作。

（以上内容由应急管理局陈曙明提供）

【消防救援】2020年，诸暨市消防救援大队（简称“大队”）共接处警1624起（其中火警930起），发生火灾173起，出动车辆2511辆，出动人员16576人次，抢救被困人员105人，疏散被困人员79人，保护财产价值3.44亿元。同比接警数持平，火警数下降2.9%，火灾数下降22.8%。成功扑救“3·9”泰荣针纺有限公司火灾、“4·6”诸暨市华海集团有限公司火灾、“6·20”诸暨市黑猫神控股集团火灾、“10·23”诸暨市次坞镇鼎恒电镀园区火灾，圆满完成枫桥经验系列安保和CBA全国篮球职业联赛、国际珍珠节的消防安保工作。

2020年，大队获评浙江省“文明单位”。大队夺得绍兴市级消防系统篮球赛冠军，大队下属浣东站荣获全省“先进基层党支部”称号并取得绍兴市级夏训交叉考核第一名，大队1人在全省岗位大练兵比武竞赛中获个人单项第一，1人荣获个人二等功，2人荣获个人三等功，1人被评为全国执勤训练先进个人，3人获得支队优秀共产党员，2名消防员考入中国消防救援学院。大队创作拍摄《守文明初心 做文明先锋》公益宣传片获绍兴市“越文明、越风尚”公益微视频比赛二等奖，在全市范围内广泛开展消防“蓝聚星”巡演等多种形式的“火焰蓝”系列活动。

火灾防控。2020年，大队共检查单位1280家次，发现并督促整改隐患792处，行政处罚99家，临时查封38家，责令“三停”(停产、停业、停止使用)42家，罚款118.1万元。全市17个公安派出所共检查单位4957家，发现并督促整改隐患328处，行政处罚8家、247人，罚款7.1万元，行政拘留89人。大队坚持重大火灾隐患挂牌和党政领导牵头督办机制，挂牌绍兴市级重大火灾隐患单位4家(其中区域3处，单位1家)、诸暨市本级挂牌单位15家，并由市党政领导牵头督改。深入推进“三年翻身仗”收官年战役，相继开展打通生命通道、工业企业、小微企业、危化品、高层建筑、老旧小区等专项整治行动，累计排查工业企业6144家、小微企业6576家、危化品重大危险源企业2家、高层建筑951幢、老旧小区264个，停业整改工业企业39家、小微企业29家，住宅小区施划消防车通道标线230个。市消防安全办公室保持现有工作模式和人员不作调整，并将工作时间延续至2022年，消安办全年共下发督办文件104份，印发工作简报5期，推动消防责任落实落地。

消防救援应急联动建设。2020年，大队共开展实地熟悉演练360余次，多部门联合演练11次。更新重点单位预案90家，数字预案上传195家，实地拉动专职消防队216次，电话和实地拉动微型消防站4752次。对辖区1454个消火栓进行定期熟悉检查和保养。大队新购泡沫输转车、32米高喷车、48米多节臂高喷车、78米登高车等车辆装备全部投入执勤。推动“15分钟应急救援圈”建设，协调推进7个综合应急救援站改造升级；不断加强专职消防队“四个平台”建设，17个镇乡(街道)专职队全部纳入“119”接处警系统和互联网对讲机互通，9支二级以上专职队完成视频会议系统和4G图传系统建设，16家重点单位微型消防站和企业专职队配备互联网对讲机实现联勤联动，延伸消防救援应急联动的触角。

消防宣传。大队借助诸暨市人力资源和社会保障局开展的“职业技能提升行动”年度重点工作，通过政府购买服务形式培训1万名符合“上岗”资格的消防安全管理员。联合诸暨市融媒体中心开设“暨阳119”专栏，每周播出1期以科普为主的消防专题节目。拍摄公益广告微视频，提醒群众文明吸烟；推出大队宣传片《奉献》，全方位展示队伍新形象新风貌。11月，在大队内建成诸暨市级消防宣传教育馆，同月在郭家停车场建成消防主题公园，推动建成5个镇街级、16个村社区级消防示范宣传体验室(点)，宣传展示隐患排查、火灾起因、灭火方式和逃生自救等消防知识。2020年11月的“119”消防宣传月期间，开展消防“蓝聚星”巡演、“蓝朋友”消防安全教育活动、“蓝精灵”火灾逃生演习、“蓝同学”消防志愿服务、“蓝老师”知识大擂台、“蓝频道”线上直通车等多种形式的“火焰蓝”系列活动。在巡演中融入消防元素，发放小小灭火器钥匙扣，消防元素文化贴纸，印有“小小消防员”优秀文创作品的帆布包等小礼品，邀请小朋友担任“消防安全小宣传员”；开发“消防器材知多少”的游戏APP，开展竞技比赛，将独立式火灾烟雾报警探测器作为奖品推广。

队伍建设。2020年，暨阳消防救援站进行整体提升改造，并于11月9日回迁执勤。望云路消防救援站公寓房改造、陶朱消防救援站明亮厨房改造完成并交付使用；浬浦消防救援站完成整体装修及设备采购，并于12月中旬入驻；城南消防救援站建设工程计划于2021年11月竣工。

典型灭火救援案例。2020年3月09日09时18分，位于陶朱街道望云西路189号泰荣针纺集团仓库发生火灾，市消防救援大队先后调派5个消防救援站、1个消防专职队共计18车94人到场处置，11时20分，明火被基本扑灭。起火建筑为4层钢筋混凝土框架厂房，建筑面积约12800平方米，起火部位为三层成品仓库，燃烧物质为服装成品，过火面积约1300平方米，起火原因为电气线路故障引燃周围可燃物，火灾造成较大经济损失。2020年4月6日18时25分，位于大唐街道华海大道98号诸暨华海氨纶有限公司纺丝车间发生火灾，市消防救援大队先后调派5个消防救援站、3个消防专职队共计23车125人到场处置，柯桥调派2车12人增援，19时50分，明火被基本扑灭。起火建筑为3层框架厂房，单层面积6000平方米，起火部位为纺丝生产车间1层东南角原料起火，过火面积约1000平方米，起火原因为甬道内可燃气体遇明火发生轰燃，造成4人受伤。2020年10月23日20时许，位于诸暨市次坞镇红旗村诸暨市鼎恒电镀有限公司发生火灾，市消防救援大队先后调派4个消防救援站、4个消防专职队共计21车116人到场处置。起火建筑为4层厂房，单层面积约1200平方米，起火部位为第4层生产线及塑料制品，过火面积约1000平方米，起火原因为气割产生的高温火星（遗留火种）引燃可燃物起火，火灾造成较大经济损失。

（以上内容由消防大队孙晨超提供）

人事管理

【机关事业单位人事调动】2020年，市外调入11人，市内调出11人，市内跨部门调动112人。

【机关事业单位工资福利管理】2020年，落实全市16599名事业单位人员工资正常晋升，对1510名事业单位人员岗位等级变动后的工资进行审核，完成492名事业单位新进工作人员工资核定，完成9名事业人员更改工龄审批。

【2020年公务员考试】2020年，公务员考试共有缴费考生4429人，在诸暨技师学院和诸暨市职业教育中心两个考点设置148个试场。分别于2020年7月26日、8月29日完成公务员考录笔试面试。

【机关事业单位工作人员招录】2020年，参与绍兴市2020年第一次事业单位工作人员公开招聘，共推出面向应届毕业生的10个镇乡岗位，11月人员分配到位。组织诸暨市2020年事业单位工作人员公开招聘，共推出71个岗位（部门62个，镇乡9个），计划于2021年1月底分配到位。

【招聘工作指导监督】2020年，指导监督教体局、卫健局、人民医院、绍兴护士学校、青少年宫、文化艺术中心、民政局等部门开展工作人员公开招聘（选调）。其中教育系统聘用196人，卫生系统聘用194人，青少年宫聘用2人，文化艺术中心聘用2人，民政局聘用44名社区工作者。

【紧缺型储备人才“三年百名”行动计划】2020年，计划通过三年时间，面向国内重点高校公开招聘100名左右应届高校优秀毕业生，通过事业入编、企业锻炼、跟踪管理、系统培养、双向选择的模式，选拔培养一批专业精、懂管理、有思想的高素质专业化人才，为党政机关和企事业单位人才队伍建设提供优质储备。

【事业人员定向培养】2020年，会同文化旅游局做好乡镇文化员定向培养，由浙江艺术职业学院承担，共定向培养2人，公共文化服务与管理专业。会同卫健局做好基层卫生人才定向培养，共定向培养61人，中医学、预防医学专业。

【事业单位工作人员职业生涯全周期管理“一件事”】2020年，通过完成省人事工资服务系统平台上线，至年底共办理“一件事”业务3000余件，办件量居绍兴第一。

【抗美援朝70周年纪念章发放】2020年10月至年底，会同组织部、老干部局、退役军人事务局等单位，严格按照上级口径在全市范围内认真摸排和审核，符合抗美援朝70周年纪念章发放条件共351人，全部发放到位。

（何夏萍）

外事工作

【概况】2020年，因新冠肺炎疫情影响，邀请外国人来华人次锐减，全年共审核各类企业邀请外国人来华材料2批3人次，为尼日利亚、巴基斯坦客商到诸暨从事经贸活动。

【市委外事工作委员会第二次会议】5月22日，中共诸暨市委外事工作委员会第二次会议召开，深入学习贯彻落实习近平外交思想，贯彻落实2020年省委外事工作委员会和绍兴市委外事工作委员会会议精神。全面总结过去一年涉外管理服务、国际交流和友城建设、“一带一路”建设、对外宣传和涉外维稳等工作，审议确定《2020年外事工作要点》。

【外国使领馆外交官参加2020世界珍珠大会】11月13日，哥伦比亚、斯里兰卡驻沪领事馆总领事及津巴布韦、阿富汗、多哥、泰国、赞比亚、乌拉圭使领馆参赞等共11位外国外交官受邀参加在山下湖镇举行的2020世界珍珠大会开幕式及世界珍珠发展大会等相关活动。

【云上庆典】9月7日，应友好交流关系城市乌克兰苏梅市市长亚历山大·李森科邀请，诸暨市通过传送电子照片的形式参加“苏梅日”友好城市摄影展活动，送展照片主要反映诸暨日新月异的城市面貌和欣欣向荣的经济发展态势，同时副市长俞越为苏梅市成立360周年拍摄祝贺视频。11月13日，市长胡华良邀请乌克兰苏梅市和日本仁贺保市参加绍兴第三届国际友城大会视频会议。苏梅市第一副市长弗拉基米尔·沃伊坚科参加视频会议并表示愿意加入《绍兴倡议》，进一步加强友城间的交流合作。苏梅市副市长维拉·莫申科和仁贺保市市长市川雄次均为大会发来祝贺视频。

【互助抗疫】新冠肺炎疫情发生后，诸暨市友好交流关系城市日本仁贺保市、芬兰波里市和乌克兰苏梅市均发来慰问邮件，日本仁贺保市捐赠口罩5000只。境外疫情形势严峻之后，诸暨市分别向日本仁贺保市和芬兰波里市捐赠口罩1万只；依托诸暨市友协力量，在诸暨市某企业驻乌克兰办事处的帮助下向乌克兰苏梅市捐赠防护服30套，口罩5000只。三市市长回信感谢，其中日本仁贺保市还将诸暨捐赠一事在《秋田县日报》上进行报道。（斯金洁）

台湾事务

【概况】2020年，对台工作继续突出以巩固深化诸台交流联络为主线，以全力做好台湾“青年一代、基层一线”工作为重点，以确保涉台安全稳定为目标，抓好对台各项工作任务的落实，推动和促进对台工作发展。

【对台经济工作】2020年，继续开展“三服务”活动，确保台企台商正常复工复产。年初台办深入台企进行调研，了解企业复工复产、员工到位、物资进出、金融服务、政策解读和兑现等情况，梳理台企存在的困难并尽力帮扶。同时为更好贯彻落实“惠台26条”、助力台企“11条”，组织台资企业参加绍兴台办组织的绍兴市金融支持台企台商发展对接活动，开展“金融抗疫”，帮助台资企业渡过难关。全市台资企业共办理“台融卡”3张，授权帮扶资金300万元。

【对台交流】2020年，受疫情和两岸关系影响，两岸交流互访暂停。但疫情期间，市台联会理事仍主动与在台亲属联系，寄送口罩等防疫物资，为台胞送去家乡的问候。

9月29日下午，在十四都村开展诸暨台北“云上”共度中秋活动。两岸亲人通过视频连线的方式进行互动。活动中，诸暨市向在台亲人展示赵家拳棒等非遗文化以及诸暨传统食品麻糍制作过程。此次活动得到绍兴台办的支持与表扬，并在中新网、绍兴电视台《绍兴新闻》栏目和诸暨电视台宣传报道。

【对台宣传】2020年，深入暨阳街道、大唐街道、安华、斯宅、同山、阮市、浬浦等镇街拍摄乡情片，通过台北诸暨同乡会、高雄南部联谊会向在台诸暨籍台胞宣传推介诸暨。

【台联会成立三十五周年座谈会】9月29日上午，在温德姆酒店召开庆祝市台联会成立三十五周年座谈会，邀请绍兴台办处长袁国仁作两岸交流经验介绍，新老理事交流两岸交流心得。（骆春玲）

机关后勤保障

【小额采购和工程规范管理】2020年10月，发布《关于进一步规范小额采购和信息化设备租赁流程的通知》《关于进一步规范维修工程程序的通知》《关于明确制作类物品的经费支出的函》，对小额采购、小额工程和小额制作的流程进行规范。

【公共机构节能】2020年6月29日至7月5日，全国公共机构节能宣传周发起“绿水青山 节能增效”倡议。6月29日，市机关服务中心发起“节能增效、机关先行”倡议签名。6月30日，市机关事务服务中心走进下江东社区进行节能宣传活动。7月2日，“全国低碳日”市机关服务中心倡导机关工作人员低碳生活、低碳办公、低碳出行，体验能源紧缺，支持节能降耗。从2016年7月26日并网至2020年12月31日，市府大院光伏电站累计发电71.09万千瓦时。

【会务及重要活动服务保障】2020年，完成市两会、绍兴市两会诸暨代表团、全市经济工作会议、上级领导诸暨调研、省委巡视组、2020世界珍珠大会、中央生态环境保护督察、市委十六届十次全体(扩大)会议、考试录用公务员面试、义务植树活动等重大会议活动的服务保障工作。全年完成会展中心 512 场 27900 余人次的会务服务工作和市府大楼的市委常委会、市政府全会的会务服务工作。

【**机关事业单位垃圾分类**】2020 年,全市 194 个党政机关和企事业单位 100% 覆盖垃圾分类,其中有 96 个单位设置可回收物回收点,完成率 49.5%,完成 44 个单位创建生活垃圾分类示范机关单位,完成率 20%。

【**杜绝餐饮浪费工作**】2020 年 8 月 26 日,市机关服务中心面向全市机关食堂发出《关于机关食堂带头杜绝餐饮浪费行为的倡议书》。2020 年 9 月 8 日,市机关服务中心与中共诸暨市委直属机关工作委员会联合向市级各部门(单位)机关党组织下发《关于机关单位食堂带头杜绝餐饮浪费行为的通知》。2020 年 9 月 15 日至 9 月 30 日,市机关事务服务中心配合第七纪检监察室和第三纪检组,对全市镇乡(街道)、市级机关和国企的 51 个食堂就落实杜绝餐饮浪费工作进行督查和指导。

【**公务用车保障**】2020 年,公车平台完成 18520 单(含执法车 3296 单,镇乡 1588 单),大、中巴 1629 单(联合 862 单,长运 767 单)共计 20149 单的派车服务工作。2020 年 10 月 16 日,根据《党政机关公务用车统计报告管理办法》(国管办发〔2019〕373 号)和《关于开展 2019 年度党政机关公务用车统计报告工作的通知》(国管办发〔2020〕7 号)有关要求,组织 28 个单位召开全市党政机关公务用车统计报告工作培训会议。（凌　怡）

对口合作支援

【**东西部扶贫协作**】2020 年,25 个扶贫基础指标任务完成率 100%。财政援建资金累计 2565 万元,社会捐赠物资 1521 万元,派驻专技干部 41 人,开展党政培训 7181 人次,开展专技培训 3805 人次,实现消费扶贫 1389 万元,引导中西部 22 个省贫困人口到诸暨市就业 9148 人,引导 4 个省贫困人口到诸暨市就业 3692 人,开展贫困人口劳务培训 1370 人,开展校校结对 16 家,医院结对 20 家,村企结对 48 家。

【**对口支援**】2020 年,制定《2020 年诸暨市消费扶贫助力对口地区脱贫攻坚实施方案》,全年扶贫大礼包消费 600 万元,完成考核任务;慈善总会募集财物 1400 万元。诸暨和金川远程医疗会诊进入常态化运行;支持鼓励“海亮雏鹰高飞”“海亮贫困少年英才”培养,海亮融爱康复(自闭症儿童救助)计划等招生在同等条件下,向金川籍贫困学子倾向。

【**山海协作**】2020 年,诸暨—遂昌山海协作产业园投入基础设施建设资金 36 亿元,集聚各类企业(含在建)90 余家,带动就业 5857 人,实现工业总产值 96.56 亿元,上缴税收 4.15 亿元。此外,诸暨—遂昌生态“飞地”产业园在诸暨落地,招引企业 4 家,累计投入基础设施 1.5 亿元,投产后园区项目地方留存税收 80% 归遂昌、20% 归诸暨。（袁伟娟）

政协诸暨市委员会

重要会议

【概况】2020年，市政协召开全体会议1次，先后召开常委会会议4次，党组会议14次，主席会议13次。

【政协常委会会议】1月8日，市政协召开十四届十三次次常委会会议，听取各小组对“两会”报告及大会决议（草案）等讨论情况的汇报；讨论通过提案受理情况报告（草案）和大会决议（草案）。市政协主席郭浩良，副主席袁岳军、王培光、沈吉明、王祖勇、何平光、徐可以和秘书长钟力群等出席会议。

6月15日，市政协召开十四届十四次常委会会议，专题学习全国政协十三届三次会议精神；听取市政府关于当前全市“六稳”“六保”工作情况的通报；审议《政协诸暨市委员会提案工作规则》。市政协主席郭浩良，副主席袁岳军、王培光、沈吉明、王祖勇、何平光、徐可以和秘书长钟力群等出席会议；市委常委、常务副市长钱勇军应邀参加会议。

9月2日，市政协召开十四届十五次常委会会议，专题学习《习近平谈治国理政（第三卷）》，传达学习袁家军书记在省委党校2020年秋季学期开学典礼上的讲话、全省政协主席暑期读书会暨市、县（市、区）政协工作经验交流会精神；就“开放诸暨”建设情况专题协商。市政协主席郭浩良，副主席袁岳军、王培光、沈吉明、王祖勇、何平光、徐可以和秘书长钟力群等出席会议；绍兴市委常委、诸暨市委书记徐良平、市委常委朱浩应邀参加会议。

12月31日，市政协召开十四届十六次常委会会议，听取市政府关于市政协十四届四次会议提案办理落实情况的通报；通报市政协十四届五次会议筹备工作情况；审议市政协常委会工作报告（草案）和提案工作报告（草案），并确定报告人；审议市政协2021年工作要点（草案）；审议市政协十四届五次会议有关事项；讨论确定有关人事事项。市政协主席郭浩良，副主席袁岳军、沈吉明、王祖勇、徐可以和秘书长钟力群等出席会议，市委常委、常务副市长钱勇军应邀参加会议，市府办有关负责人列席会议。

【政协党组会议】1月20日，市政协召开党组（扩大）会议暨理论学习中心组专题学习会议，传达学习习近平总书记在“不忘初心、牢记使命”主题教育活动大会上的讲话精神、省政协十二届三次会议精神。

2月18日，市政协召开党组（扩大）会议暨理论学习中心组专题学习会议，传达有关疫情防控和复工复产会议精神，传达学习中央纪委四次全会、省纪委十四届五次全会精神。

4月13日，市政协召开党组（扩大）会议暨理论学习中心组专题学习会议，传达学习习近平总书记在浙江考察的重要讲话精神，传达学习省政协主席葛慧君与新任专委会主任、副主任任职集中谈话精神，研究确定市政协2020年重点议题，通报2019年度市政协委员履职考核情况。

5 月 6 日，市政协召开党组（扩大）会议暨理论学习中心组专题学习会议，传达学习绍兴“两会”精神。

6 月 5 日，市政协召开党组（扩大）会议暨理论学习中心组专题学习会议，传达学习全国“两会”和全市领导干部会议精神。

7 月 3 日，市政协召开党组（扩大）会议暨理论学习中心组专题学习会议，传达学习习近平总书记在十九届中央政治局第二十次集中学习时的讲话精神，传达学习省政协委员会客厅建设培训研讨会精神。

7 月 21 日，市政协召开党组（扩大）会议暨理论学习中心组专题学习会议，传达学习市委十六届十次全体（扩大）会议精神。

7 月 31 日，市政协召开党组（扩大）会议暨理论学习中心组专题学习会议，集中学习《党委（党组）意识形态工作责任制实施办法》。

9 月 4 日，市政协召开党组（扩大）会议暨理论学习中心组专题学习会议，传达学习全国地方政协工作经验交流会精神，专题学习《党委（党组）落实全面从严治党主体责任规定》。

11 月 3 日，市政协召开党组（扩大）会议暨理论学习中心组专题学习会议，传达学习党的十九届五中全会精神，研究确定市政协班子分工调整。

11 月 9 日，市政协召开党组（扩大）会议，研究讨论相关人事事项。

11 月 20 日，市政协召开党组（扩大）会议，通报绍兴市纪委、监委给予宣方乐开除党籍和公职的处分决定。

12 月 3 日，市政协召开党组（扩大）会议暨理论学习中心组专题学习会议，研究意识形态有关工作，传达学习省委十四届八次全会精神，研究市政协十四届五次全体会议有关事宜。

12 月 31 日，市政协召开党组（扩大）会议暨理论学习中心组专题学习会议，传达学习中央和省委经济工作会议精神，通报有关人事事项。

【政协主席会议】2 月 18 日，市政协召开十四届第三十九次主席会议，传达有关疫情防控及复工复产的会议精神；部署下阶段重点工作。会议由市政协主席郭浩良主持。

4 月 13 日，市政协召开十四届第四十次主席会议，部署年度协商计划和重点议题；听取市政协办公室、研究室及专委会工作汇报；部署下阶段重点工作。会议由市政协副主席王培光主持。

5 月 6 日，市政协召开十四届第四十一次主席会议，听取市政协办公室、研究室及专委会工作汇报；完善规范“请你来协商”平台有关工作部署；部署下阶段重点工作。会议由市政协副主席王培光主持。

6 月 5 日，市政协召开十四届第四十二次主席会议，传达学习全国“两会”精神、全市领导干部会议精神。会议由市政协副主席王培光主持。

7 月 3 日，市政协召开十四届第四十三次主席会议，听取市政协办公室、研究室及专委会工作汇报；部署下阶段重点工作。会议由市政协副主席王培光主持。

7 月 31 日，市政协召开十四届第四十四次主席会议，听取市政协办公室、研究室及专委会工作汇报；部署下阶段重点工作。会议由市政协副主席王培光主持。

9 月 4 日，市政协召开十四届第四十五次主席会议，审议《诸暨市政协“请你来协商”平台实施规则》；听取市政协办公室、研究室及专委会工作汇报；部署下阶段重点工作。会议由市政协副主席王培光主持。

9 月 29 日，市政协召开十四届第四十六次主席会议，听取市政协办公室、研究室及专委会工作汇报；部署下阶段重点工作。会议由市政协副主席王培光主持。

11 月 3 日，市政协召开十四届第四十七次主席会议，听取市政协办公室、研究室及专委会工作汇报；部署下阶段重点工作。会议由市政协副主席袁岳军主持。

11 月 9 日，市政协召开十四届第四十八次主席会议，履行相关人事变动程序。会议由市政协主席郭浩良主持。

11 月 20 日，市政协召开十四届第四十九次主席会议，通报绍兴市纪委、监委给予宣方乐开出党籍和公职的处分决定。会议由市政协主席郭浩良主持。

12月3日，市政协召开十四届第五十次主席会议，听取市政协办公室、研究室及专委会工作汇报；部署下阶段重点工作。会议由市政协副主席袁岳军主持。

12月31日，市政协召开十四届第五十一次主席会议，听取市委统战部有关人事事项的说明；讨论常委会工作报告（征求意见稿）和提案工作报告（征求意见稿）；审议2019年度重点议题安排；审议大会发言安排；审议市政协2021年工作要点（草案）；审议确定2020年度市政协优秀提案、优秀承办件和社情民意信息工作先进个人；审议确定大会其他有关事项。会议由市政协副主席袁岳军主持。

重要活动

【专题调研和视察】2月中旬，市政协就“两手都要硬两战都要赢”开展专项调研。调研组先后赴部分镇街及企业进行实地调研，听取实际情况、存在的困难问题以及意见建设，并形成专项调研报告。市政协副主席王培光参加。

4月开始，市政协组织政协委员，先后实地走访市应急管理局、自然资源和规划局、水利局、消防救援大队、编办、暨阳街道、牌头镇、同山镇等部门、镇街，并赴柯桥区学习考察。6月4日下午，在“请你来协商”总平台召开专题协商会，与会的政协委员、智库成员和基层代表等围绕“应急管理运行”议题，与应急管理局、自然资源和规划局、水利局、消防救援大队、编办等相关部门开展互动协商，并利用“请你来协商”分平台开展远程协商。大家畅所欲言，提出一些针对性强、操作性强的意见建议。根据前期调研和会议协商形成的意见建议，汇总梳理形成报告。市政协副主席沈吉明、徐可以参加，市委常委、市政府常务副市长钱勇军应邀参加。

5月上旬开始，市政协农业和农村委员会牵头组成专题调研组，会同市美丽办等部门赴山下湖、同山、枫桥、马剑、店口、牌头6个近三年创建省级美丽城镇样板镇和陶朱、璜山、应店街、姚江、赵家、浬浦等6个2020年创建省级美丽城镇一般镇（街）开展实地走访调研，听取工作情况介绍，深入了解全市美丽城镇创建工作推进情况、存在问题，并提出建议意见，形成调研报告。市政协副主席何平光参加。

5月中旬，市政协专题调研城市品位提升情况。调研组先后赴建设局、综合行政执法局、自然资源与规划局、大数据发展管理中心、开发委等单位，围绕区块协同发展、城市功能提升、城市精细管理等重点内容进行实地调研，细致分析存在问题，广泛听取意见建议，研究提出对策建议，形成专题调研报告。市政协副主席王祖勇参加。

6月1日，市政协组织部分政协委员视察诸暨市美丽城镇建设情况。视察组实地踏看环布谷湖特色项目、珍珠小镇核心区建设项目。视察组在充分肯定全市前期工作的基础上，从注重“内涵”，充分挖掘各地人文元素，打造各具特色的美丽城镇；确保质量，牢固树立时间服从质量的意识，按要求完成建设任务；融入产业，把美丽环境转化为美丽经济，让老百姓有更强的获得感和幸福感；广泛动员，鼓励全社会支持和参与美丽城镇建设，共享美丽城镇建设成果等四个层面提出意见建议。市政协主席郭浩良，副主席王培光、沈吉明、王祖勇、何平光、徐可以及秘书长钟力群参加。副市长郦小飞陪同。

6月8日，市政协视察全市重大项目进展情况。视察组先后实地视察浙江海亮股份有限公司年产40万吨汽车铜配件及铜合金棒材智能化节能减排移地改扩建项目、全兴精工集团有限公司年产50万套新能源电控助力转向系统总成项目、艾依诺科技有限公司年产1.08亿支气雾剂成品及3.3亿支马口铁、铝制空罐项目、浙江华展新材料有限公司年产3万吨差别化氨纶纤维生产线技改项目。委员们立足项目引进和项目建设两手抓，从建立健全项目招引与落地的会商机制，成立项目工作专班开展全过程服务，做好兑现政策和承诺后半篇文章等方面提出意见建议。市政协主席郭浩良，副主席袁岳军、王培光、沈吉明、王祖勇、何平光、徐可以及秘书长钟力群参加。副市长朱红伟陪同。

6月10日上午，市政协专题调研西施故里改扩建项目建设，实地视察西施故里二期项目地块，并召开专题座谈会，听取市文旅集团关于项目推进情况的汇报。座谈会上，参加调研的政协委员、文化文史和学习委员会特邀成员针对如何规划西施故里改扩建项目积极发言，围绕文化内涵挖掘、基础设施建设、特色景点设计等方面，结合各自领域畅所欲言、建言献策。市政协主席郭浩良、副主席袁岳军参加，副市长楼闯陪同。

6月，市政协专题视察全域旅游发展推进情况。视察组先后赴文广旅游局、文旅集团和大唐镇、山下湖镇、五泄镇、枫桥镇等单位开展实地调研，认真听取景区城、景区镇、景区村创建情况，实地视察全域旅游十大产业项目、十大基础设施建设项目推进进度，广泛听取意见建议，细致分析存在问题，研究提出对策建议，形成专项视察报告。市政协副主席王祖勇参加。

自7月下旬开始，市政协农业和农村委员会成立专题调研组，先后赴赵家镇宣家山村、榧皇村，东白湖镇里四村、娄东村等香榧主产区的20多户香榧种植大户和10多家香榧加工、销售、衍生品企业及香榧博物馆、香榧产业协会等，就香榧产业发展开展全产业链调研。通过实地走访、座谈交流等方式，深入了解全市香榧产业发展情况、存在问题，广泛听取意见建议，形成专题调研报告。市政协副主席何平光参加。

8月，市政协专题调研“与杭同城”规划融合和交通建设情况。调研组先后赴省发展规划研究院、杭州市和萧山区规划与自然资源局、杭州市诸暨商会，以及市发改局、自然资源与规划局、交通运输局等单位，详细咨询“开放诸暨”规划融合推进情况，广泛收集意见建议，细致分析存在问题，研究提出对策建议，形成专项调研报告。市政协副主席王祖勇参加。

9月28日，市政协开展学前教育公共服务体系建设专项视察活动。视察组一行先后实地踏看梓豪幼儿园、东望幼儿园、城东实验幼儿园，听取市教育局负责人和各幼儿园负责人的情况介绍。委员们立足当前实情、聚焦体制建设、着眼为民惠民，提出聚焦城乡均衡发展、促进二元协调发展、注重政策刚性落实、致力提高普惠比例等意见建议。市政协副主席袁岳军参加。

9月30日，市政协在社会治理委员会客厅举行“大数据应用平台提升完善”专题协商活动。会上，市政协社会和法制委员会负责人介绍前期调研情况，王忠达、杨建清、陈胜利、金顺新、宣卫忠等委员分别就运用大数据系统提高法院审判效率、大数据背景下社区多元化服务建设、公共数据资源共享等方面提出意见和建议。市大数据发展管理中心、政务服务办、发改局、经信局、公安局等部门单位负责人作积极回应。会后，汇总梳理形成协商报告。市委常委、市政府常务副市长钱勇军，市政协副主席沈吉明参加。绍兴市政协社法委主任阮建明、副主任葛波儿应邀参加。

【民主监督】5月中旬，市政协开展关于环境治理深化民主监督活动。市政协成立专项民主监督小组，分别赴市建设局、生态环境局、综合行政执法局、大数据发展管理中心等部门和大唐街道、山下湖镇、五泄镇等镇街，详细了解环境治理深化各项工作推进情况，系统分析存在不足及原因，广泛听取意见建议，并形成民主监督报告。市政协副主席王祖勇参加。

7月份以来，市政协组成专题调研组，分别赴市委政法委、市社会矛盾纠纷调处化解中心、政务服务办、信访局、暨阳街道、枫桥镇开展前期调研，详细了解社会治理领域“最多跑一地”改革推进情况、存在问题，广泛听取意见建议。7月27日，市政协就“最多跑一地”改革推进情况组织专项视察。在前期调研和专题视察的基础上，形成专项视察报告。市政协副主席沈吉明参加。

8月上旬，市政协就“市场主体培育”开展专项民主监督。民主监督小组先后赴相关部门及企业进行实地调研，听取实际情况、存在的困难问题以及意见建议，并形成专项民主监督报告。市政协副主席王培光参加。

8月21日，市政协开展公共卫生服务体系建设专项民主监督活动。视察组一行先后实地踏看卫生应急物资仓库、疫苗冷链仓库、微生物实验室、理化实验室。在随后的座谈会上，听取市卫健局负责人关于全市公共卫生体系建设的情况汇报，并从补短板，完善体制机制；强弱项，夯实基层基础；常态化，坚持平战结合等三个方向提出意见建议。市政协副主席袁岳军参加。

9月17日，市政协开展重大项目推进情况专项民主监督活动。视察组一行先后到尧舜度假养生谷、建筑垃圾资源化利用项目(一期)、高湖片区道路建设工程、启迪科技有限公司等工地现场，实地踏看项目进展情况，认真听取项目负责人汇报介绍，深入了解项目推进的堵点难点问题，并会同有关部门、镇乡面对面协调一些政策处理、电力线路移位等问题。市政协主席郭浩良，副主席王培光、沈吉明、王祖勇、何平光、徐可以及秘书长钟力群参加。

【协商议政】6月17日，绍兴市政协在全市枫桥经验陈列馆围绕“以‘最多跑一地’理念推进社会治理现代化”主题，举行“请你来协商”活动。会上，市县两级政协委员、界别群众代表与相关部门负责人面对面开展协商。大家从治理体制现代化、工作布局现代化、治理方式现代化三个方面，提出“要破解发展不平衡、事项涉及面不够广、专项资金和协商人才缺乏等问题，丰富完善城乡社区民主协商制度”“在深入推进扫黑除恶专项斗争的同时，要从治本角度加强顶层设计，完善长效机制，常抓不懈，从而优化基层治理”“要从领导重视、科学决策、舆情监控和矛盾化解等方面入手，加强突发群体性事件预防”“在村级换届中，要重视加强治保调解组织建设”等诸多建议。绍兴市委政法委、组织部、信访局、文明指导中心、公安局、民政局、司法局、应急管理局等部门负责人作回应。绍兴市政协主席魏伟主持并讲话，绍兴市委副书记、政法委书记陈澄，绍兴市政协副主席陈国阳，诸暨市委副书记、政法委书记潘超英，市政协副主席沈吉明参加活动。

6月19日，市政协在“请你来协商”总平台就“职业教育产教深度融合”进行专题议政。会上，市政协教科卫体委员会负责人介绍前期调研情况；与会政协委员、职校代表、企业代表从优化顶层设计、完善机制建设、强化支撑保障、注重宣传引导等四个方面提出意见建议；市教体局、市发改局、市人社局等相关部门立足部门职能给予认真回应。本次议政会在钉钉群进行首次直播，不少网民朋友不但直接参与提问，还提出不少意见建议。市政府副市长俞越，市政协副主席袁岳军参加。

6月30日，市政协“请你来协商”总平台开展“好美诸暨”建设专题协商。会上，市政协人口资源环境委员会、农业和农村委员会负责人首先介绍城市品位提升、环境治理深化、美丽城镇建设、农村环境补短板等议题视察调研情况。随后，委员们围绕专题作发言，市建设局、农业农村局、自然资源和规划局、生态环境局、美丽办等部门单位负责人作回应。委员们建议，要结合实际情况，有效承接利用原有建设成果，因地制宜制编项目清单及投资概算，倒排时间节点，明确建设目标。要紧抓各项创建，保质保量推进工程建设，力争把疫情造成的时间损失夺回来。要加强市级统筹，形成各相关部门齐抓共管的创建工作格局。市美丽办要做好业务培训和日常技术指导，及时纠正工作偏差，避免创建工作“返重工、走回头路”，确保高质量完成各项目标任务。

7月27日，港澳台侨界别分平台开展20号重点提案“关于开展市级茶叶公用品牌建设的建议”提案办理情况专题协商会。市政协副主席何平光参加。

8月27日，农业农村界别分平台开展89号重点提案“关于要求盘活存量资源、增加集体收入的建议”办理情况专题协商会。市政府副市长陈军卫、市政协副主席何平光参加。

8月28日，市政协“请你来协商”总平台就“新零售业态下袜业产业转型升级”开展专题协商。此次协商活动在市会展中心设主会场，在大唐街道设分会场，线上线下同步协商。政协委员和相关企业、新零售电商、直播平台负责人代表等就合力补齐短板、加快袜业产业转型升级等问题提出意见建议，商务局、经信局、人才办、市场监管局等部门负责人一一进行回应。与会人员建议，全市作为中国袜业之乡，当前尤其是在“十四五”规划编制的谋划当中，要对袜业产业进行兜底地梳理，形成一本账；要对产业进行理性的分析和定位，形成一盘棋；要在筛选的基础上，形成一个产业核心团队；要在比对产业链和价值链的基础上，强化核心关键环节，形成一个强链、补链的计划；要健全机制制度，形成一套经常分析和解决问题的日常机制，切实推进新零售业态下诸暨袜业高质量发展。市政府领导指出，以专题协商的形式办理重点提案，能够落实保障人民的知情权、参与权、表达权和监督权，也是政府常态化接受政府民主监督的必然要求，有助于提高政府决策民主化、科学化的水平。此次协商，委员们点问题精准，提建议高质，既有战略谋划思考，又体现战术上的真招实招。市委副书记、市长胡华良，市政协主席郭浩良，副市长朱红伟，市政协副主席王培光、徐可以参加。

10 月 21 日，市政协“请你来协商”总平台就“老小区加装电梯”在暨阳街道江新社区开展专题协商活动。在协商活动中，与会人员首先观看视频专题片，受邀的政协委员代表、相关社区负责人及市民代表与有关单位负责人面对面，就老小区加装电梯中存在的各种难点问题进行深入探讨，并交换意见看法。此次专题协商是“请你来协商”平台首次走进基层社区。市委副书记、市长胡华良，市政协主席郭浩良，市委常委郦小飞，市政协副主席王祖勇、徐可以参加。

【委员会客厅活动】7 月 24 日，市政协举行诸暨社会治理委员会客厅揭牌仪式，并开展以“充分发挥农村法律顾问作用，创新村社治理方式”为主题的首场活动。省政协常委、文化文史和学习副主任、广宇集团董事长王轶磊，绍兴市政协副主席陈国阳，诸暨市政协主席郭浩良、副主席王祖勇参加。

【市政协企业家之友社活动】9 月 10 日，市政协企业家之友社开展“爱心助学”活动。委员企业家代表与牌头镇、安华镇、同山镇学校负责人座谈交流，详细了解学校办学情况，并为三镇 98 名贫困学生送上爱心助学金。市政协主席郭浩良、副主席王培光，副市长俞越参加。

【“五下乡”服务活动】11 月 17 日，市政协组织到安华镇东街开展“五下乡”活动，70 多位医疗专家、农技专家、书画家、法律专家、非遗传承人、摄影师为当地群众送去医疗养生、农技指导、书画赠予、法律咨询、金婚摄影等贴心服务。市政协主席郭浩良，副主席袁岳军、沈吉明、王祖勇、徐可以和秘书长钟力群参加活动。

提案办理

【概况】市政协十四届四次会议期间，共收到以提案形式提出的意见建议 228 件。经提案审查委员会审查，立案 123 件，其中委员个人或联名提案 94 件，各民主党派、工商联、人民团体、政协专委会提出的集体提案 29 件，有 44 件意见建议作为来信转送有关部门处理。经分类统计，有关经济建设方面的提案 40 件，占总数的 32.7%；有关文化建设方面的提案 21 件，占总数的 17.3%；有关社会建设方面的提案 48 件，占总数的 38.9%；有关生态文明方面的提案 14 件，占总数的 11.1%。

【重点部门走访】5 月 27 日，市政协提案委对教体局、建设局和交通运输局等提案办理重点部门开展走访活动。市政协副主席徐可以参加。

【实地督查】7 月 31 日，市政协举行提案办理情况督查活动。委员们对“建筑企业扶持”“社区养老”“食品安全监管”“接沪融杭建设”等方面提案的办理落实情况进行实地督查。市政协主席郭浩良，副主席袁岳军、王培光、沈吉明、王祖勇、徐可以和秘书长钟力群等参加督查，市政府党组副书记宣方乐应邀参加。

【提案办理成果专项视察】11 月 12 日，市政协对 2020 年提案办理成果进行专项视察。委员们对“垃圾分类”“危房改造”“袜业转型”“数字经济”“篮球文化”等方面提案的办理落实情况进行实地视察。市政协主席郭浩良，副主席袁岳军、沈吉明、王祖勇、徐可以和秘书长钟力群等参加视察，市委常委、常务副市长钱勇军陪同。 （鲁才铭）

中共诸暨市纪律检查委员会
诸暨市监察委员会

综述

2020年,诸暨市纪委市监委有纪检监察干部68人,12个派驻机构有派驻纪检监察干部61人,23个乡镇纪委监察办有纪检监察干部123人,其中专职干部56人。诸暨市纪检监察系统一体推进“三不”机制,推进清廉诸暨建设,坚定不移正风肃纪反腐,全市纪检监察工作高质量发展。11月10日,中共中央政治局常委、中央纪委书记赵乐际到枫桥调研乡镇纪检监察工作规范化建设,对诸暨市运用新时代“枫桥经验”强化基层监督治理工作给予肯定。全市清廉满意度98.3%,居绍兴第一。

2020年1月21日,诸暨市纪委召开第十六届纪律检查委员会第四次全体会议。会议深入学习习近平新时代中国特色社会主义思想,全面贯彻中共十九大和十九届四中全会精神,按照十九届中央纪委四次全会、省纪委十四届五次全会、绍兴市纪委八届五次全会和市委十六届九次全会部署,把握新时代纪检监察工作的正确方向,回顾总结2019年工作,部署2020年任务。会议审议通过叶伟明代表市纪委常委会所作的《坚持高效能履职推动高质量发展为高水平推进县域治理现代化提供坚强保证》报告。

政治监督

【监督检查落实】2020年,聚焦贯彻落实习近平总书记对诸暨工作的重要指示批示精神和考察浙江时的重要讲话精神,制定监督清单,跟进督查评估,推动一贯到底。在新冠肺炎疫情防控最严峻时刻,纪检监察机关深入走访排查,靠前跟进督查,协同解决基层实际问题73个,查纠履责不到位问题22个,党纪政务处分18人。紧盯落实“六稳”“六保”任务,加强减税降费、惠民惠企等政策措施落实情况监督检查,督促整改问题57个。聚力脱贫攻坚、“双招双引”、营商环境等方面联动监督,查纠问题53个。制定政治监督任务书,落实“四清单”“两档案”“两报告”,政治生态信息采集、联合鉴评、成果运用体系不断健全。一体推进“四责协同”,分层明确主体责任履责清单,开发掌上督考平台,实行线上线下动态督查,同向发力的责任落实格局进一步形成。严把干部选拔任用廉洁关,回复党风廉政意见20批232人次。

【主体责任压实】2020年,贯彻《党委(党组)落实全面从严治党主体责任规定》,健全“四责协同”机制,夯实从严管党治党基层基础。组织开展主体责任落实情况专题报告,全覆盖听取镇乡街道党(工)委履责情况报告,面对面指出问题,实打实传导压力。细化党风廉政建设主体责任履责清单,分层列明 39 项重点事项，优化专项考核办法，明确 41 项考评指标，进一步推动党组织主体责任、书记“第一责任人”职责、领导班子其他成员“一岗双责”落细落实。开发主体责任落实情况掌上督考平台，省内率先形成“电脑 + 手机”端双向填报体系，查纠问题 61 个，对 51 个单位党组织予以年度考核扣分。推动履责常态化、监督精准化。

2020 年 4 月，大唐街道纪工委监察办工作人员依托“三位一体”数字纪检监察平台进行相关数据分析（冯佳丽摄 市纪委监委提供）

【巡察质效强化】2020 年，紧扣“三个聚焦”，统筹开展三轮常规巡察、“推磨式”村级巡察和信访积案化解、优化营商环境专项巡察，发现问题 1056 个，移交问题线索 28 件，挽回经济损失 1602.8 万元，常规巡察和村级巡察覆盖率分别达 89.1% 和 96.8%。以巡察专项检查反馈意见整改为契机，加强巡察机构建设，健全 16 项制度机制，形成以操作规程为核心的制度管理体系，做深做实巡察“后半篇文章”，推动巡察监督与各项监督贯通协同。认真配合抓好中央巡视有关工作，配合做好省委巡视联络协调和信访举报办理、问题线索处置，同向发力推进巡视巡察上下联动。

正风反腐

【基层监督规范化建设】2020 年，推进乡镇纪检监察工作规范化建设，提档升级公权力监督平台，强化片区协作、网格管理，全覆盖建立村级监察工作联络站，试点推行村级监察议事会，探索形成专责监督与群众监督相结合的基层监督治理新路径。全年乡镇纪委监察办处置问题线索 1149 件，自办案件 117 件。加强和改进信访举报工作，深入开展“三清三提升”行动，实现信访举报总量、检举控告量、重复举报量、越级访量“五年五连降”。护航村社组织换届，严格资格联审，否决 7 人，严肃选风选纪，查处拉票贿选案件 11 件，党纪政务处分 21 人。严明新任村社干部纪律规矩，市镇联动开展纪律教育，制定清廉治村八条、村社党员干部日常行为负面清单等监督制度，厘清 43 项重点村务及操作流程，编发农村党员干部警示教育读本，推动基层组织全面过硬。

【正风肃纪】2020 年，深化廉政风险排查防控，健全防控清单，抓实问题整改，累计排查廉政风险点 2163 个，制定防控措施 2139 条。落实中央八项规定及其实施细则精神，综合分析近年来状况，针对性落实巩固深化措施，紧盯违规发放津补贴、违规使用办公用房、违规出入高档娱乐场所等问题。开展餐饮浪费、“烟票”背后“四风”问题、违规收送礼品礼金礼卡、公共资源中私人会所“回头看”、统计领域数字造假等专项整治，一项一项抓落实、一步一步促长效。会同“1+X”成员单位深化正风肃纪，查纠违反中央八项规定精神问题 27 个，党纪政务处分 34 人，通报典型案件 6 起。聚焦工作台账多等基层“八多”问题，开展整治形式主义专项督查，严肃查处形式主义典型问题，推动基层减负落地见效，累计查纠问题 48 个。

【反腐工作】2020 年，保持惩治腐败高压态势，运用“四种形态”（处理党员干部的四种方式）处理党员干部 1520 人次，其中第一、第二种形态分别占 62.10% 和 29.67%；立案 549 件，党纪政务处分 570 人，留置 10 人，移送司法机关 8 人。圆满完成“扫黑除恶”专项斗争收官之年任务，查处涉黑涉恶腐败和“保护伞”9 人。派驻监督“探头”作用更明显，全年开展监督检查 377 次，查纠问题 462 个，处置问题线索 233 件，运用“第一种形态”处理 182 人次，立案 57 件，党纪政务处分 57 人。加强追逃防逃工作，开展公职人员因私出国（境）专项检查。制定以案促改实施办法，发出纪检监察建议书 22 份。推进警示教育常态化制度化，分市四套班子、市管干部、普通党员干部三个层面开展警示教育。认真做好受处分党员干部回访教育，为 9 名党员干部澄清正名，严肃查处诬告陷害行为 1 起 3 人。

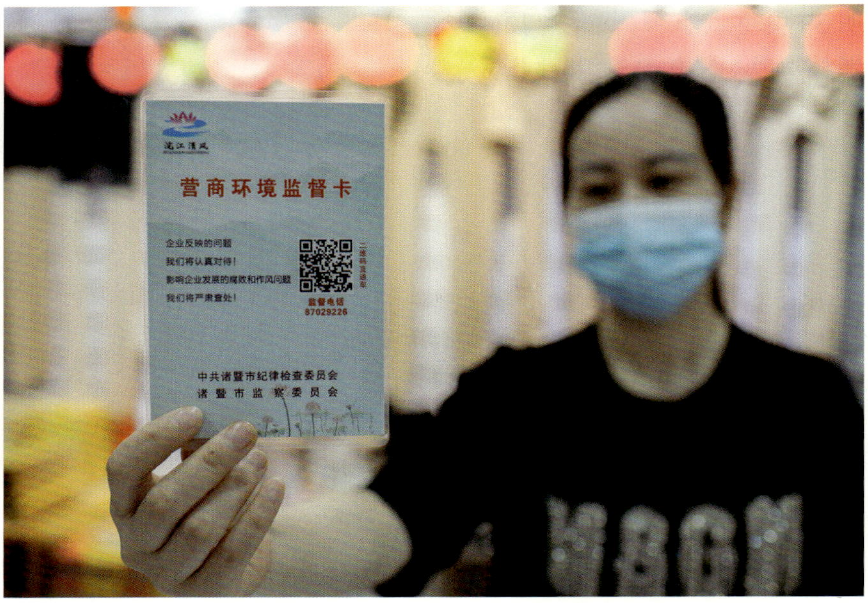

2020 年 5 月 12 日，大唐袜业市场一经营户展示“营商环境监督卡”（郭斌摄 市纪委监委提供）

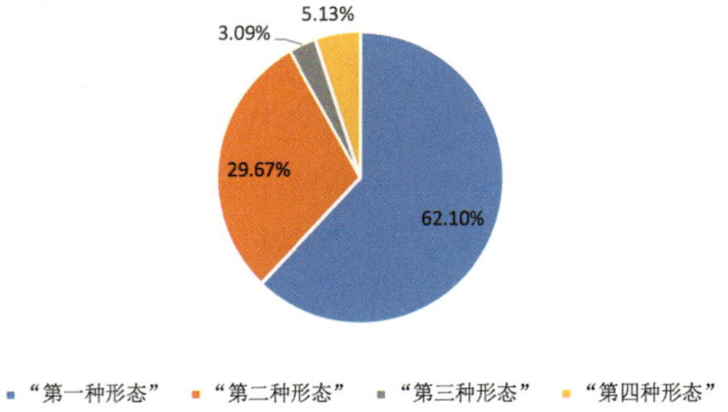

2020 年诸暨市“四种形态”运用情况占比图

清廉建设

【清廉共建】2020 年，以清廉机关、清廉村居、清廉企业、清廉学校、清廉医院等清廉细胞建设为重点，发挥部门主抓、乡镇主力、单位主体作用，集中打造示范清廉机关 3 个、清廉学校 4 所、清廉医院 2 家、清廉村居 6 个，带动清廉建设全域推进、全面共进。坚持向农村基层覆盖，开展强化“五清”村居建设有力推动基层治理专项行动，压实共建责任，量化评价办法，推动第三批 106 个村居建设。规范村级小微权力，细化 43 项事项清单和操作指南，健全常态化指导、监管、通报、整改机制。坚持向重点领域聚焦，监督推动构建“亲”“清”政商关系，明确政商交往 10 类负面情形，运用营商环境监督卡和监督码，开通监督直通车，受理服务企业存在的形式主义、官僚主义，吃拿卡要等问题，督促整改问题 14 个，党纪处分 1 人。

【廉政教育】2020 年，聚焦规范用权廉洁自律，协助市委开展全市党员干部警示教育活动，分市四套班子成员、市管干部、基层党员干部三个层面同步推进，组织学习忏悔录 790 余人次、职务犯罪案件旁听庭审 350 余人次、党风廉政专题宣讲 40 余场次。紧盯重点领域，会同市政府组织城建交通线违纪违法案例剖析会，10 个部门中层以上干部和 23 个乡镇街道城建线负责人共 230 人参加，强化以案示警。深化清廉文化建设，打好挖掘、建设、创新、提升、传播“组合拳”，打造“浣江清风”知行专线，拓展农村文化礼堂清廉内涵，改造提升市级廉政教育基地，营造尊廉崇廉爱廉氛围。

监督保障

【“智慧纪检监察”建设】2020 年，推广市纪委市监委机关、乡镇纪委监察办和派驻机构的“三位一体”数字纪检监察平台。“一人一档”收录全市 1.5 万名监察对象、8.6 万名党员的基础数据，并联通农村“三资”管理、社会救助、公共资源交易等信息系统，实现足不出户查阅各类材料，为审查调查提供基础保障。推动核心业务在线流转，实现信访举报、问题线索、案件审理、党风政风监督、巡察监督等业务线上交办转办、审批审核，片区协作事项申请、会商、处置等在线办理，提升工作效率。聚焦基层监督治理，设置村级政治生态评价 7 个方面 26 项指标，分类采录、分村汇集数据信息，“一村一图”画像成图并分色预警，深入探索解决基层党员干部廉政档案如何建、基层党组织尤其是村级党组织政治生态状况如何评等问题。

【纪检监察队伍建设】2020 年，始终把自身建设放在突出位置，大兴实干之风，组织乡镇纪委监察办、派驻机构、委机关室负责人开展“年初亮承诺、年中比实干、年末晒业绩”活动，推动形成一批有实效的工作成果。坚持以实绩说话、用先进引领，评比季度“实干先锋”“岗位能手”，比学赶超氛围浓厚。注重专业发展，强化业务培训、实践锻炼，推进能力素质建设。纪检监察系统“七个一”警示教育，强化日常监督管理，把队伍建强，让干部过硬。（柴光丰）

2020 年 7 月 22 日，枫桥镇枫源村监察工作联络站成员向村民征集村级监察议事会议题（周岳锋摄　市纪委监委提供）

民主党派

综述

2020年，全市共有民主党派市级组织5个，其中市委会1个，基层委4个，总成员人数547人。2020年“两会”期间，各民主党派共提交集体提案20个，个人提案21个。其中6个提案被列为2020年市政协重点提案，占总数的42.9%。8个提案被评为2020年度市政协优秀提案，占总数的53.3%。（俞钢阳）

民革诸暨市基层委

【**概况**】2020年，民革诸暨市基层委共有3个支部，有民革党员60名，新发展民革党员1名。有省人大代表1名，绍兴市人大代表3名，绍兴市政协委员1名，诸暨市人大代表1名，诸暨市政协（特邀）委员10名，其中政协常委3名。

2020年9月11日，民革诸暨市基层委召开全体民革党员会议，进行支部换届推荐。9月26日，基层委一支部、二支部、三支部完成换届，并召开民革诸暨市基层委全体委员会议。12月26日，召开民革诸暨市基层委换届大会，选举产生新一届委员会。

2020年2月，民革诸暨市一支部被绍兴市委会评为2019年度思想宣传特色支部。6月，民革党员李柳萌获杭州市十大青年科技英才称号，她的“蛋鸭种质创新与产业化”项目摘得国家科学技术进步二等奖。9月，民革党员俞岚被推荐为2020浙江民革骄傲人物，年底获全省律师行业抗击新冠肺炎先进个人。民革党员楼旭东被评为绍兴仲裁会优秀仲裁员。民革党员何晶骏编写的《暨阳乡土特色钩编》被评为“2020年绍兴市精品课程”，“巧手线艺”钩针编制拓展微课程获诸暨市中小学（幼儿园）微课程大赛一等奖。孟琼晖参与编剧的小戏《梅花催春》获浙江省新农村建设题材小戏会演金奖，其主持的国家级课题——非遗记录工作与保护研究项目——《西施传说》通过文化和旅游部民族民间文艺发展中心验收。梅艳芳导演、表演的小品《深夜站台》获绍兴市戏剧小品邀请赛金奖。宣利清的剪纸作品《九龙图》获得2020年绍兴市工艺美术行业协会“艺展”金奖。

【**参政议政**】2020年，民革诸暨市基层委15位人大代表、政协委员参加浙江省、绍兴市、诸暨市人大、政协会议，共提交集体提案1件，个人提案14件，涉及实体经济发展、基层治理、乡村建设、垃圾分类、数字经济等方面。民革党员孟琼晖在诸暨市政协十四届四次会议上代表民革诸暨市基层委作题为《加速风险企业土地流转，激发实体经济发展活力》大会发言，集体提案《关于推动刺绣机产业升级，提升产业核心竞争力》被评为2019年政协优秀提案，陈煜桦《关于在城区及部分乡镇开设放学后托班的建议》被评为个人优秀提案。俞岚在参加省十三届人大三次会议期间提交《关于加快制定〈浙江省业主自治条例〉的议案》《关于发展“枫桥经验”优化基层社区治理的建议》《关于进一步重视和加强老年人与青少年体育锻炼场所建设的建议》《关于加强对我省阳光房规范化管理的建议》等1个议案4条建议，其《关于发展“枫桥经验”优化纠纷化解机制的建议》获2019年度浙江省人大代表团优秀建议。

【调研活动】2020年1月，民革诸暨市基层委班子及副科级以上民革党员参加2019年度党外人士通报会。3月，俞岚作为“浙江律师妈妈保护未成年人权益法律服务团”成员赴诸暨市人民检察院、东盛社区、江新社区调研青少年法治教育。5月，基层委委员和支部委员赴绍兴参加绍兴市委会十二届十一次扩大会议。俞岚《关于建立判决导向型诉源治理模式、减少法院受案数量的建议》和张凯歌《疫情防控背景下新型农产品营销模式的思考和实践》两篇调研材料入选民革省委会参政议政研讨会。俞岚《加快优化智能化系统进一步促进法院系统网上办案》《当前我省业主自治存在四个问题亟待加快制定〈浙江省业主自治条例〉》被市政协、民革省委会录用，《关于中华人民共和国外国人永久居留管理条例（征求意见稿）的几点建议》《疫情造成法院审理案件堆积，建议分类进行网上视频办案》被绍兴市政协录用。汤谊《加强事中事后监管促进“地摊经济”可持续发展》被绍兴市委会录用。

【祖统联谊】2020年7月22日，民革党员、诸暨市台联会会长钟俭和一支部民革党员王益琳赴诸暨市璜山镇燕窠村看望冯根法等台属。9月29日，“诸暨—台北云上共度中秋活动”在十四都周氏宗祠举行，两岸同胞视频对话，共叙乡情，民革党员宣利清向台胞捐赠剪纸作品《西施浣纱》。10月20日，民革党员、诸暨市台联会会长钟俭看望台北诸暨同乡会监事王时力先生亲属。

【社会服务】2020年，民革诸暨市基层委继续把法律援助服务作为社会服务的重要工作。新冠肺炎疫情期间，民革党员俞岚、楼旭东分别担任诸暨市防控新型冠状病毒肺炎疫情公益法律服务团的副团长和民商事合同类组组长，参与编写《诸暨市企业应对疫情法务手册》，为企业纾解困难。号召民革党员投身抗疫事业，民革党员李柳萌从乌克兰筹集10万口罩支援国内疫情，事迹在民革绍兴公众号、绍兴统战公众号宣传。民革党员宣利清以抗击疫情为主题，发挥剪纸艺术特色，创作《以（衣）抗疫》，致敬奋战在一线的医务人员和广大工作人员。民革党员何晶骏发挥自身优势，创作绒线钩编作品《逆行者》《托举春天的希望》等助力抗疫战争。

民盟诸暨市基层委

【概况】2020年，民盟诸暨市基层委员会（简称基层委）共有盟员98名，主要分布在教育、文化、科技、医卫、行政事业单位及新社会阶层。盟员中有绍兴市人大代表3名、政协委员3名，诸暨市政协副主席1名、政协委员11名。新发展盟员5人，其中公务员2人，教育界2人、科技界1人。

【参政议政】2020年，基层委向诸暨市政协十四届四次会议提交提案17件，其中集体提案5件，联名提案11件，个人提案1件。向诸暨市政协第十四届五次大会提交集体提案3件。全年共上报社情民意14则，被民盟省委会录用社情民意4则，分别为《关于定点投放口罩的建议》《对肺炎疫情结束后的思考》《应对防汛形势变化加紧完善防汛物资储备》《学生研学旅行热引发的三方面问题亟须关注》。基层委提交的集体提案《完善教师绩效考核制度，助力诸暨市教育质量优质发展》、何国霞领衔的联名提案《关于助推接沪融杭先行区城镇集成化的建议》《关于进一步深化医保惠民的建议》被诸暨市政协评为市政协优秀提案，占市政协十四届四次会议优秀提案总数的20%。叶礼盟员代表政协人口资源环境委员会在诸暨市政协十四届四次会议上作大会发言。

【各级调研活动】2020年4月9日，浙江省副省长、民盟浙江省委会主委成岳冲调研诸暨教育，督查复工复学情况，基层委负责人陪同调研；4月11日，基层委组织盟员赴东白山开展“茶产业振兴”调研督查活动；7月24日，委员会客厅揭牌仪式暨“发挥农村法律顾问作用，提升村社社会治理水平”专题协商在盟员之家进行，浙江省、绍兴市和诸暨市政协领导参加；7月27日，诸暨民盟三个支部联合组织开展乡村经济振兴调研活动；8月19日，绍兴市政协副主席、民盟绍兴市委会主委凌芳一行到诸暨调研社会治理情况，走访矛调中心，召开座谈会；9月20日，民盟教育一支部、二支部、机关支部联合开展"做强乡村特色旅游，助推乡村全面振兴"调研督查活动；9月30日，诸暨社会治理委员会客厅在"盟员之家"举行"大数据应用平台提升完善"专题协商活动，诸暨市常务副市长钱勇军等领导参加；10月25日，组织退休盟员及新盟员赴永宁水库开展调研督查水库管理及水质安全活动；10月28日，委员会客厅与诸暨市法学会联合主办新时代"枫桥经验"与"基层治理四平台"建设研讨会；11月21日，承办盟省委"盟声议政"民生法治研讨会；12月3日至4日，赴教体局、教体局信息技术中心开展"校园智慧云平台建设"专题调研；12月15日，赴湄池中学、浣江中学、诸暨中学专题调研"校园智慧云平台建设"情况。

【**对外交流**】2020年5月12日，民盟上虞区基层委方静主委一行14人，到诸暨民盟"盟员之家"参观交流；6月7日，中青年骨干班成员与基层委委员一行赴兰溪盟员之家考察；10月19日，云南蒙自市委常委、统战部部长许斌、蒙自市工商联主席付云红等一行10人到民盟诸暨市基层委"盟员之家"考察交流；11月19日，民盟绍兴市委会主委凌芳、民盟省委会秘书长何志芬、民盟省委会机关部室负责人及各地市专职副主委到访诸暨民盟"盟员之家"，开展考察交流活动；12月11日，市政协社会科学界委员一行15人到盟员之家考察、调研。

【**社会服务**】2020年，继续深挖"同心助力·民盟在行动"社会服务品牌价值。赵福英等盟员11月送教下乡；基层委为东白湖镇中捐赠口罩；盟员许绍满继续开展送书法到斯民小学活动；基层委与盟省委对接，给斯民小学捐款捐物。"陈元良社会服务工作室"持续开展社会服务。

新冠肺炎疫情期间，基层委倡议盟员投身抗疫防疫。疫情期间基层委共收到71位盟员的捐款47500元，另有盟员通过其他途径捐款共计36800元。基层委向诸暨市人民医院捐赠一次性医用口罩2000只，盟员何国霞联系弟弟何国强在1月31日向诸暨市卫生健康局捐赠一次性医用口罩10万只。何国霞、周海军被盟省委评为"省抗疫先进个人"。盟员何杨伟、陈丽丹、钱江、赵叶飞，坚守在医疗第一线。盟员金顺新、方炼编辑《诸暨市企业应对疫情法务手册》，并发起成立诸暨市防控公益法律服务团，金顺新任团长，为150余家企业提供相关疫情法律服务，分发《法务手册》2500余册。（郦海燕）

民建诸暨市基层委

【**概况**】2020年，民建诸暨市基层委共设2个支部，共有会员22名，其中市政协常委2名、委员2名、人大代表1名。会员来自各行各业，经济界人士占多数。政府经济工作部门工作人员3名、企业家11名，工程师2名、经济师2名、律师2名、医生1名、教师1名。本科以上学历18名，占总人数的81.8%。

【**参政议政**】2020年，会员走进社区和企业开展调研，从群众反应比较强烈的热点和难点中发掘撰写社情民意，履行党派成员的参政议政职能，为本地民生和社会经济发展建言献策。全年共提交3篇提案，其中《新零售业态下的袜业产业转型升级建议》《推进西施故里二期建设，打造诸暨旅游金名片》被市政协评为优秀提案；全年共提交社情民意信息16篇，其中《关于统一司法解释以确保各省市"楼市新规"平稳推行的社情民意》被中央民建录用，被省委会录用4篇，绍兴市委办录用3篇，绍兴市委统战部录用2篇，绍兴市政协录用1篇。

【**社会服务**】2020年，因疫情影响，采用"线上+线下"结合的方式，全年组织学习、调研、联谊、下社区活动共13次。其中基层委2次，一支部组织开展活动5次，二支部组织开展活动6次。内容有组织会员参加习近平到浙考察讲话精神；企业疫情后复工复产调研；对外来务工人员子女"六一"节慰问活动；学习全国两会精神；参加朱公湖社区轮值活动，近距离贴近基层，关注民生，加强与社区对接，共接受群众建议10条，及时上报市委统战部。基层委参加扶贫工程，支持丰宁扶贫消费工作。

新冠肺炎疫情期间，诸暨市基层委助力抗疫，1月28日，基层委向全体会员发出支援抗疫的倡议书，捐赠钱物累计115.58万元，其中会员蔡函烨向慈善总会“益起攻疫”基金捐赠100万元；楼建纬向暨阳街道、派出所等机关单位捐赠价值6.7万元口罩；赵齐鸣向市抗疫领导小组捐赠价值3.5万元额温枪。

（傅黄莺）

民进诸暨市基层委

【概况】2020年，民进诸暨市基层委共有会员34名，主要分布在教育、文化传媒、行政事业单位以及新的社会阶层，其中教育文化传媒界占32.4%、新的社会阶层占23.5%。会员中有诸暨市政协委员1名。新发展会员5名、调入会员1名。

【参政议政】2020年，按照民进中央“履职能力建设主题年”部署要求，集智聚力发挥整体优势，提升履职能力。“两会”期间，基层委共提交集体提案3件、个人提案3件，其中集体提案《关于整合资源重新打造西施故里旅游区的建议》被评为2020年度诸暨市政协优秀提案。认真开展调查研究，完成民进绍兴市委会关于无废城市建设的委托课题调研，关于提升浦阳江流域防洪保障能力的调研报告被转化为民进绍兴市委会集体提案，关于打造普惠优质学前教育服务体系的调研文章获得民进浙江省委会开明教育论坛征文活动二等奖。积极报送社情民意信息，《下好浦阳江治理“一盘棋” 打造群众满意“幸福河”》获副省长彭佳学批示。

【组织活动】2020年6月，组织会员赴“枫桥经验”陈列馆参观学习；7月，举办《中华人民共和国民法典》学习讲座；8月，组织支部积极参与“纪念绍兴民进成立35周年，助力绍兴高水平全面建成小康社会”先进事迹宣讲活动；9月，召开“做新时代合格民进人”座谈研讨会；12月，开展“我向民进献祝福”主题活动，并组织全体会员重温入会承诺。

【会员培养教育】2020年5月，组织20名会员参加绍兴社情民意信息培训；7—8月，推荐1名会员赴杭州市拱墅区祥符街道交流锻炼2个月；全年共组织5名会员参加民进省委会、绍兴市委会、市委统战部开展的参政议政能力提升班。2020年，基层委机关支部获评绍兴市级先进支部，杨甜、赵春英、周凯琳等3名会员获评优秀会员，王迎春会员获评参政议政先进个人。

【社会服务】2020年，突出界别特色和优势，创立“开明暨阳”公益品牌公众号。8月，基层委教育支部赴姚江镇学生暑期公益夏令营开展为期3天的“送教下乡”活动，为夏令营的孩子送去“手工制作衍纸书签”“有趣的对联”“会读书的孩子 爱写读书笔记”3堂精彩纷呈的公益课；同月，综合支部与机关支部共同赴省重点诸暨市浦阳江治理二期工程看望慰问奋战在一线的劳动者，并赠送消暑品。

【疫情防控助力】2020年，新冠肺炎疫情发生后，基层委响应号召，发布倡议书，动员全体会员踊跃捐款捐物，共捐款1.7万元、捐赠口罩1.2万余个、防护服20套。

（王霞露）

农工党诸暨市委会

【概况】2020年，中国农工民主党诸暨市委员会(简称市委会）下辖1个总支、14个支部，共有党员332人。其中，医卫界党员占29%，教育界占29%，人口资源与环境界党员占1%，新的社会阶层占13%；具有中、高级职称的党员占89%，具有本科以上学历的党员占92%，女党员占42%，离退休党员占20%，平均年龄49岁。农工党党员中任人民政府副市长一名；担任绍兴市人大常委会委员1名、绍兴市人大代表1名，诸暨市人大代表4名；担任绍兴市政协委员4名，诸暨市政协副主席1名、常委4名、委员19名。2020年年底，市委会发布《基层组织换届工作意见》，完成所有基层组织换届选举工作。

2019年11月，农工党浙江革命活动史料陈列馆被列为浙江省首批多党合作传统教育基地，2020年5月，市委会举办揭牌活动。2020年7月，农工党浙江省委会在诸暨举办纪念李士豪120周年诞辰座谈会。

2020年8月，市委会被农工党中央评为先进地市(县)级组织,12月,人民医院支部、枫桥总支被农工党浙江省委会评为先进基层组织,陶朱支部被农工党浙江省委会评为社会服务工作先进基层组织。冯永才获浙江高层次特殊支持领军人才称号,享受国务院特殊津贴;毛伟洪获评“省优秀乡镇卫生院院长”;舒恒兴小戏《梅花催春》获“浙江省现代小戏调演”金奖、全国小戏小品曲艺大赛云端展演优秀节目奖(一等奖)和最佳人气奖,小品《鸡亲家》获浙江省戏剧小品邀请赛银奖;卓琳丽创作《梅花催春》,荣获浙江省新农村建设题材小戏金奖、“中华颂”第十一届全国小戏小品曲艺大展演优秀奖和最佳人气奖;赵文燕摄影作品《银河天马》,参加庆祝中国农工民主党成立90周年暨第二届“美丽中国”美术摄影作品展获四等奖。

【疫情防控】2020年,农工党党员共向慈善总会“疫”起攻疫基金捐款8万余元。95岁的老党员骆攸臣主动联系组织,捐款1000元;袁越和其夫人一起当起了跨国志愿者。还有很多党员通过诗歌、散文、书法、美术等作品为抗疫助威。市委会共有90余名医卫界党员奋战在抗疫前线,楼赟、周海英的先进事迹被浙江省委统战部微信公众号报道。

【参政议政】全年上报社情民意40篇,被省级以上组织录用3篇,吴镇呈撰写的《关注“落选村长”,及早“未雨绸缪”》被全国政协录用。杨健撰写的《抓紧完善我省建筑工地动力车使用管理办法,助力项目推进》获中共绍兴市委办录用、绍兴市政协报省政协。吴镇呈撰写的《“地摊经济”要放更要管》被农工党浙江省委会录用。刘畅撰写的《建议开发利用“地摊码”,助力马路经济数字化监管》被农工党浙江省委会录用、绍兴市委办转·上报参阅信息·综、绍兴市政协转局办。刘畅撰写的《关于加强监管“社会师资”进入公立小学教授“公益课程”的建议》被绍兴市政协专报省政协。市政协第十四届四次会议上,市委会共提交集体提案4件,其中《关于创新融资手段,优化金融环境的建议》《关于加大推进力度,迎接5G时代的建议》和《关于完善企业破产协同工作机制,优化营商环境的建议》入选大会发言材料,党员毛建萍和冯永才分别代表市委会和市科协作大会口头发言。市委会提交的集体提案《关于破解老年大学“一座难求”问题的建议的提案》,赵月皎、刘畅、马燕、周梦榧等人提交的《关于重视和保护“浣纱石”的提案》被评为优秀提案。刘畅、蔡月军、冯永才、赵月皎被评为社情民意信息工作先进个人。枫桥一支部撰写的调研报告《强化县域基层卫生防疫救助体系建设的思考》被农工党浙江省委会立项。

【调研工作创新】2020年10月至12月,市委会首次通过信息化手段由党员自愿报名形成十个调研小组,开展调研工作,该活动被称为“十团大战”活动,活动扩大参政议政参与面,提高参政议政工作的科学性、系统性、有效性。最终形成调研报告7篇,其中3篇入选2021年政协会议大会发言材料。

【社会服务】2020年,市委会共组织开展义诊、送医下乡、结对助学等各类社会服务22次,受益人数1000余人;全年各类捐助金额共计9.2万元。“青少年职业生涯规划”和“农工党·医讲堂”两个社会服务品牌持续推进。教育支队继续用“公益讲座+一对一指导”的方式开展高考志愿填报社会服务工作,公益讲座点击阅览人数达11.4万人,线上辅导考生450余名。

【世界环境日线上科普】2020年6月5日,第49个世界环境日,市委会首次尝试用直播讲座的方式开展环保知识科普,线上观看人数近5万人。

【党史研究】2020年,市委会借助诸暨市农工党党史研究会力量,以宋益大为带头人,开展农工党党史研究工作。提交从农工党党史角度阐述的党派理论研究文章2篇,1篇被农工党中央评为三等奖。通过与革命先辈家属、兄弟县市联络,搜集到珍贵照片30余张。通过与社会力量合作,搜集到可用于陈列馆“二五减租”的陈列品10余件,李士豪著《中国渔业史》3本,相关农工党党史书籍20余本。

【党派信息化建设】2020年,在“诸暨农工党”企业号基础上,聘请专业开发团队,研发基于钉钉系统的“诸暨农工党”工作台。该平台定位于“网上党员之家”,通过“家里有货”“党派日历”“自身建设”“家庭成员”“党派活动”等模块,实现党员联络便利化,党派管理扁平化,文件流转正规化等目的。(刘　畅)

群众团体

市总工会

【概况】2020 年，全市共有 17 个镇乡街道总工会，6 个乡镇工会，2 个产业工会，9 个系统工会，14 个直属工会。基层工会 1240 家，其中单建工会 1011 家，联合工会 229 家，工会会员 20.8 万人。

【职工经济技术活动】2020 年，结合新时代诸暨产业工人队伍建设改革，鼓励镇乡街道、产业系统和市直企业工会开展形式多样的职业技能竞赛，全市共组织各类竞赛 417 场，参与职工 21205 人次，其中市级层面共开展 10 个项目的比赛。开展职工职业技能培训，累计培训 27719 人次。加强企业安全生产和职工劳动保护工作，收集合理化建议 80 条；组织开展高温慰问活动，市总本级慰问重点企业和重点行业职工 300 名，参与工矿企业伤亡事故调查 5 起。

【劳动模范评选与管理】2020 年，各级劳模先进推评，全市获评全国劳模 1 名，全国安康杯优胜班组 1 个，绍兴市五一劳动奖状 2 个、奖章 4 名，绍兴市工人先锋号 7 个，发动劳模工匠主动参与疫情防控和企业复工复产，选树诸暨市疫情防控专项劳动模范 20 名；获评绍兴工匠 10 名，联合市人社局、市经信局、市供销合作社评选出“诸暨工匠”385 名。优化劳模服务，走访慰问绍兴市级以上劳模 216 人、困难劳模 10 人，累计发放慰问金 30 余万元。宣传各级劳模先进，开展“百名工匠人才展绝技”、名师带高徒签约等活动。10 月 23 日，牵头组织“致敬匠心 传承匠艺”第二届诸暨工匠表彰颁奖典礼暨工匠风采展示活动。

【职工维权机制建设】2020 年，开展工资集体协商规范化培育，宣传《浙江省集体合同条例》，规范协商程序，提高集体协商工作质量，做好第七批绍兴市劳动关系和谐企业创建活动，协助开展劳动法律法规实施情况的监督检查工作，共督查 50 余家单位。处理好职工咨询投诉，累计受理职工来电来访 37 件，办结 37 件。

【职工困难帮扶活动】2020 年，推进职工互助医疗保障活动，全年报销和慰问的支付金 460.93 万元，共 1770 人次受益；全市 602 家企事业单位 8.96 万名职工参保，参保数居绍兴市第一位。元旦、春节期间，开展“送温暖”活动共慰问困难职工 600 人，发放慰问金 90 万元。开展深度困难职工救助工作，帮扶慰问困难职工 93 人，发放帮扶金 42.34 万元。

【职工培训教育及文体活动】2020 年，以市总工会职校和企业学院为阵地组织各类技能、文化艺术培训 500 余人，新招大专、本科学生 200 余人。按照职工文化活动阵地三年全覆盖的要求，创建完成暨南街道、姚江镇、安华镇、五泄镇、东白湖镇、璜山镇、陈宅镇、马剑镇 8 家职工文化活动中心。新创建全国职工书屋补配点 1 家、浙江省职工书屋 1 家，劳模书架 1 只、便利型职工阅读站 1 个。4 月，与诸暨市孝德文化研究会联合举办“凡心所向，孝为家国”全市职工书画篆刻比赛系列活动。活动共收到作品300余件,由书画界专家组成的评审会经初审、复审,共评出一等奖5名、二等奖19名、三等奖30名、优秀奖68名,并将获奖作品在市博物馆及基层工会巡回展出。10月18日,举办全市职工乒乓球比赛,全市各级工会共32个代表队,134名运动员参加比赛。

【工会基层基础建设】2020年,实现工会经费总收入1469.87万元(其中拨缴经费收入930.42万元),总资产3128.07万元,净资产2640.81万元。以委托会计师事务所第三方审计的方式,实现全市27个镇乡街道工会财务收支情况全覆盖实地审计,对10家产业、系统工会实施送达审计,同时对3家基层工会开展巡视审查。（钱玉莲）

共青团诸暨市委

【概况】2020年,全市14～35周岁青年25.2万人,团诸暨市委目前有基层团委88个,团工委5个,团总支18个,团支部2601个,团员56130名,团青比例22.3%。2020年,获诸暨市抗疫先进基层党组织称号。

【基层团组织建设】2020年,精心做好村级团组织换届工作,9月率先在姚江镇和同山镇开展团组织换届试点工作,总结试点换届过程中的问题和经验。12月,在暨南街道新合村党群服务中心召开村(社)团组织换届现场观摩会,至12月底,全市村级团组织换届工作顺利完成。换届后全市村社团支部书记平均年龄为31.3周岁,团支部委员平均年龄28.3周岁,其中82.7%村社团支部书记进入村社两委班子。联合各级团代表组建团代表联络站,开展活动40余场,服务青年1000余人次。在网红主播、外卖小哥等群体中开展建团工作,凝聚外来青年。对标对表相关要求,认真做好团(总)支部“对标定级”、2020年新团员发展录入、“学社衔接”工作,全年新建两新组织300余家,不断扩大团组织有效覆盖面。

【团员青年思想建设】2020年,积极利用互联网平台,依托新媒体大力开展青年思想教育工作。引导团员常态化参与“青年大学习”网上主题团课;青年节期间利用“1963法润”直播平台,线上线下同步开展“绽放战疫青春·坚定制度自信”主题宣传教育实践活动,直播观看逾34万人次;组织各乡镇街道、市直部门单位和学校、相关企业的青年以及志愿者团队优秀青年代表105人组成青年讲师团,开展宣讲活动逾600次,覆盖青年超2.5万人,通过青年之声推动党的创新理论进入千家万户;组织开展“红船杯”党团知识竞赛。加强核心网评员、网宣员队伍建设,坚持做好网上舆论管理,引导青年旗帜鲜明地参与到网上舆论斗争中。

【团员青年助力抗疫】2020年,新冠肺炎疫情期间,招募青年志愿者1000余人,累计服务4个月13000余人次;推广“12355”心理咨询热线,为青年在疫情期间提供心理疏导;组织成立青年突击队,全力投入卡口执勤、后勤保障等各类疫情防控和助企复工复产工作;号召各级团组织,组织青年志愿者参与卡口管控、疫情宣传等工作;发动青年志愿者开展网络直播助农10余场,着力解决农产品销售难问题;筹措资金,联系青年企业家协会捐赠物资及款项3160余万元;联合妇联发动社会资源向5户援鄂医护人员家属及1名一线医护人员送上慰问,慰问物资合计价值10余万元;依托“亲青筹”等团属基金会实施公益活动资金募集,筹集到款项6.8万元,用于抗击疫情和困境儿童帮扶。

【人才引育助力】2020年,以大学生“返家乡”社会实践活动全国试点工作为契机,联合人社局向全市68家机关、企事业单位征集暑期业见习岗位180余个,岗位人数需求达1400人,共有500余名大学生参与暑期见习实习;邀请北大、清华、浙大等10余个高校暑期社会实践团队到诸暨调研“枫桥经验”“农村危房改造”等项目;摸排返乡学子参与村级事务、开展志愿服务的意愿,组织开展“美丽集镇验收”“净滩行动”等志愿服务活动400余场;组建“C9”(九校联盟)大学生招才引才团,聘请首批C9招才团负责人4名、引才大使9名,开展特色专场活动4场;组建“暨YOUNG”人才政策宣讲团,150余名成员每月进企业、高校、基层开展人才政策宣传活动。推出“暨YOUNG易贷”低息金融产品,累计有800余户青年申请贷款近1.2亿元。

【团属社会组织合作模式探索】2020年，参与社会组织培育孵化，孵化全国青年志愿服务金奖项目1个，力推枫桥派出所夺得中国五四奖章(集体)荣誉，培育出青年汉服、新青年乐队等2个兴趣社群，开展“汉服花朝节”、公益音乐会等活动30余场；探索政府购买服务、联合运营、引领带动三种与社会组织的合作模式，成功购买“检馨”青少年司法社工服务、“青鸟守护·爱在暨阳——新居民子女关爱行动”等多个服务项目，累计为重点青少年提供帮扶服务4000余次；合作运营诸暨青年发展中心，为青年群体提供交友婚恋、就业指导、兴趣培育等全方位服务；统筹引领公益社会组织参与疫情防控、垃圾分类、文明实践和助困济贫等服务上万次。

【志愿服务】2020年，围绕全国新时代文明实践中心建设“先行试验区”工作，重点在移风易俗、志愿服务、公益慈善等方面的品牌建设。在乡村、机关企事业单位、非公民营企业等青年群体中广泛开展简婚倡议活动，发挥简婚婚车志愿服务队宣传作用，引导青年树立健康向上的婚恋观。深化志愿者协会实体运作，开展核心志愿者团队的品牌化建设，先后为垃圾分类引导、“一带一盔”、全国文明城市建设、世界珍珠大会等活动提供志愿者600人次。2020年4月，联合文明办全面启用“志愿汇”系统，诸暨志愿汇平台共有注册志愿者23.8万人次，其中青年志愿者10万人，诸暨青年志愿者每年服务超15万人次。持续开展中高考关怀行动、快递小哥助力文明实践行动和青年志愿者驿站等10余个团属精品化志愿服务项目，并引导优秀项目参与青年志愿服务项目大赛，其中“红枫义警”群众性社会自治项目获全国金奖；“青春筑梦·扶智兴农”项目获省银奖。扩大青少年服务阵地，开展艺术巴士下乡项目为近500名贫困、留守以及随迁子女等儿童提供优质的艺术公益课程，面向偏远乡镇160余名困难家庭小学、初中学生开展公益夏令营4场。

深化“村村都有好青年”工作，全市挖掘“好青年”504名，凝聚“好青年”力量助力乡风文明提升、乡村治理创新、乡村产业振兴。乡镇村级团组织换届结束后，全市共有152名“好青年”成功当选为村(社区)团支部书记、委员。推报30余名优秀青年参选“寻访新时代脱贫攻坚浙江优秀青年网络主播”活动，4名选手入选省赛100强。号召青年企业家参与爱心早餐募捐活动，募得善款近10万元。(陈家骏)

市妇女联合会

【概况】2020年，诸暨市妇联配合市委、市政府中心工作开展美丽庭院创建、女性创业创新、家事工作室建设等工作，重点打造美丽庭院示范镇2个(璜山镇、同山镇)、示范村20个，新增美丽庭院示范户12000户，4000多名城乡妇女通过女性技能培训，15个“西施娘家人”工作室有序运行，家庭教育工作深入城乡家庭。

【妇联助力防疫】2020年，妇联全力助力防疫。联系服务，传递爱心接力棒，发挥“联”字优势，开展“七彩玫瑰”巾帼志愿服务行动。学习并转发全国妇联倡议书《千万家庭行动起来，为打赢疫情防控阻击战贡献半边天力量》，通过微信、钉钉等形式下发至村(社区)妇联。市级维权热线“12338”持续24小时开通，女性社会组织发起线上公益讲座、安心禅绕画等公益活动，开展抵御“疫郁”心理援助。联合市教体局在家庭教育指导站开设“心灵伙伴”服务热线，为广大学生和家长提供防疫期间调适情绪方面的电话咨询及家庭教育指导服务。各级女企业家、爱心人士多方联系寻找捐赠医用防护服、口罩及净化器等紧急物资，为武汉定向捐款捐物。联动联防，架起姐妹连心桥。通过三级妇联组织纵向联动机制，畅通市、镇、村线上信息沟通、反馈通道。各级妇联将工作力量下沉到网格，开展排查工作。市妇联本级严格执行各项值班值守制度，镇、村组建“巾帼代跑团”服务居家隔离观察的居民，提供跑腿买菜送餐、购置物品等暖心服务。陈宅镇“碧湖娘子军”组建“村嫂车队”、枫桥镇“枫桥大妈”组建“大妈侦查队”，一大批“跑腿”主席、“喇叭”执委走村入户、走街串巷展开劝导、排查工作。联心关爱，拉紧家庭防疫线，开展“守护家庭行动”。利用暨阳女性平台推出抗“疫”系列栏目，宣传防疫知识及妇女抗“疫”、家庭战

"疫"典型，用活微信、微博、抖音等平台号召广大家庭快乐"宅"家，筑牢防控疫情的家庭防线。

【第八届杭州都市圈妇女联合会联席会议暨女性创业创新成果展】 12月7日，杭湖嘉绍四地妇联在诸暨举行"美丽经济 巾帼添彩"第八届杭州都市圈妇女联合会联席会议暨绍兴女性创业创新成果展。省妇联党组书记、主席王文娟，绍兴市委副书记、政法委书记陈澄，绍兴市委常委、诸暨市委书记徐良平等出席会议。会议由绍兴市妇联党组书记、主席杨娣主持。来自杭湖嘉绍四地妇联主席、分管副主席、相关部室负责人，四地各区、县（市）妇联主席，创业女性代表，绍兴女性创业追梦之旅代表，青年女企业家代表参加本次会议。绍兴市委常委、诸暨市委书记徐良平介绍诸暨市经济社会发展等情况。绍兴市委副书记、政法委书记陈澄介绍绍兴发展情况，充分肯定各级妇联组织在疫情期间积极作为，助推复工复产，激发美丽经济新活力。省妇联党组书记、主席王文娟讲话，充分肯定近年来杭州都市圈妇联联席会议机制对助推妇联组织在参与都市圈经济社会融合发展方面的积极作用，并提出三点希望：加强引领、担当作为，在夺取"经济高分报表"中凝聚巾帼之力；敢于探索、奋发有为，在创业创新事业中激扬巾帼之志；统筹谋划、主动善为，在推进区域融合发展中彰显巾帼之能。会上，杭湖嘉绍四地市妇联共同达成杭州都市圈妇女发展与女性创业创新三方面共识：加快妇女创业创新，是落实性别平等必不可少的重要体现；当代广大创业女性，是建设"重要窗口"不可或缺的有生力量；深化区域交流合作，是推动妇女事业发展行之有效的共赢之举。

【美丽庭院创建】 2020年，妇联成为美丽庭院创建工作牵头单位，并联合诸暨市乡村振兴暨"五星达标、3A争创"领导小组办公室发文《诸暨市"美丽庭院"创建实施方案》，把创建工作列入镇（街）年度目标责任制考核，成功争取500万元专项奖励资金。创建期间，设计编印《美丽庭院创建指导手册》等宣传资料，因地制宜进行庭院改造提升，实现"一镇一品"；联合诸暨在线、"西施号"等线上平台开展"花样庭院靓诸暨""美丽庭院伊课堂""庭院美化微倡议"等线上活动，赢得较好的社会反响，其中"花样庭院靓诸暨"在抖音、微信等平台同步开展，共有1733名选手参与本次活动，在线参与人次达463887人次。力争35%以上的农户达到美丽庭院标准。

【家庭教育宣传服务】 2020年10月，完成家庭教育研究会换届工作，至年底有团体会员84个，覆盖全市所有中小学、幼儿园；个人会员43名，涵盖教育、社会、心理、医学等多个领域。充分发挥家研会的资源优势和组织优势，深入开展家庭教育宣传、普及和指导服务，联合教体、关工委等多部门举办各项活动，走进学校、社区、农村、机关、企业等广泛传播正确家教观念和知识。全年共举办家庭教育科普活动300余场，发放宣传资料万余册，受益家长达5万余人。通过"家庭教育大讲堂""和美家教"微信平台等，广泛传播正确的家教观念和知识，共开展省级家庭教育大讲堂40余场。和美家教平台累计推送家庭教育精品文章580篇，累计阅读量超130万人次；开设家庭教育、心理健康直播讲座4场，场均收看人数达10万人次以上，累计服务家长超60万人次。5月，邀请全国著名家庭教育专家、诸暨乡贤边玉芳教授做"读懂孩子"家庭教育系列直播讲座，累计观看量达155.77万人次，评论达21.2万条。

【"西施娘家人"工作室】 2020年，市家调委3名专职调解员驻点市妇联本部和市矛盾调解纠纷化解中心，每天接访，加强诉调对接，全年共接受咨询285起，调解纠纷71起，调解成功66起，调解成功率为93%。发布《关于进一步加强全市家事调解工作的实施意见》（诸妇〔2020〕7号），培育"西施娘家人"区域品牌工作室。指导跟进枫桥镇、璜山镇等镇街新建子品牌工作室，枫桥镇的"枫桥大妈"工作室旗下律政玫瑰承接妇孺维权项目；璜山镇的"安家"工作室整合乡贤和律师资源，为妇女儿童提供法律培训、咨询和心理疏导。

【"平安家庭"创建】 2020年年初，以"枫桥大妈为辖区老人维权"为主题拍摄《谁来给我养老》专题片，在浙江经视频道播出，收看人数超15万人次。"三八"节，邀请律师俞岚就疫情期间如何维权开展线上直播，收看人数达10万；6月26日国际禁毒日、11月

25日反家暴日、12月4日宪法日等宣传活动，各级妇联开展线上线下宣传达386次；7—9月，共组织502名基层妇联主席及执委参加市级婚姻家庭辅导员专项能力培训，推动参与婚姻家庭纠纷化解，夯实基层治理基础；9月，发动基层妇联执委、网格员力量，摸排梳理受侵害、残疾、困难妇女等重点关注对象244户，建档立册，实现分级分类动态管理，确保底子清、情况明；开展"让爱回家"公益社工项目，由"向日葵"社会组织为50名受家暴妇女开展心理帮扶服务；开展"西施娘家人"护家行动，由诸暨市心起点家庭指导服务中心承接，为基层婚姻家庭辅导员开展系列"增能"服务，为50户受家庭矛盾困扰的家庭开展化解、咨询服务。

【**困难妇女儿童关爱**】2020年，开展"暖秋关爱计划"，重阳节前慰问20名生活困难的老妇代会主任、困难"两癌"妇女、农村困难留守妇女、困境儿童等特殊困难群体；为295名低保女性统一投保康乃馨健康保险；开展"童阅计划"公益项目，为15位贫困儿童免费提供书桌椅一套，开展为期一年的"伴读导读"志愿服务；开展"阳光少年大声说"、游学等公益活动。"六一"前夕徐良平、胡华良等市领导分别到小学、幼儿园看望慰问少年儿童及教职工，"六一"期间，全市共捐资40.61万元，结对贫困儿童154名。

【**妇儿两规推进**】2020年，多次召开指标任务分析、研判会议，努力推进各项指标达标。全市"十三五"妇女儿童发展两个规划各项指标总体向好，妇女儿童发展环境进一步改善，合法权益得到有效维护。推动"十四五"妇女儿童发展规划编制，委托杭州市之江经济信息研究院负责编制，多部门实地开展调研，初稿完成。9月开始，诸暨市妇女儿童服务中心由诸暨市伊创女性就业指导中心正式承接运营，开设女性素质培训、形体瑜伽、古典舞、亲子阅读等课程60余节，致力于提升女性素质。

【**特色家庭成果**】2020年新冠疫情期间，市妇联通过社会推荐和组织推荐的方式，寻找2户省级抗疫最美家庭、30户绍兴抗疫最美家庭、46户诸暨抗疫最美家庭，同时对接12家本地爱心单位开展礼遇抗疫最美家庭活动。全年推荐1户为全国最美家庭（科学教子），4户家庭获得省级最美家庭荣誉（包括2户抗疫最美家庭）。特色家庭成果中，1户家庭被评为全国文明家庭，3户家庭被评为省级文明家庭，2户家庭被评为省级绿色家庭，10户家庭被评为绍兴绿色家庭。与文明办联合开展百名市级文明家庭评选活动，同时继续推行"好家庭信用贷"，促进形成礼遇好家庭的社会风气。12月，在全市开展"家风家训我来说"短视频拍摄活动，共征集226个短视频，组织基层妇联开展好家风宣传教育活动424次。

【**诸暨市青年女创客联盟伊创社换届**】6月12日，诸暨市青年女创客联盟伊创社第二届社员大会在耀江开元大酒店举行，会议主题"新时代新女性新征程"。诸暨市妇联主席杨军燕、副主席祝俞峰出席会议并讲话，伊创社社长徐菊飞作工作报告，新一届名誉社长顾国莉作讲话。大会还特别邀请政协妇联界别委

2020年3月26日，"西子佳游"古越人文之旅站点之一越红博物馆研学体验（市妇联提供）

员参加。全市共有 50 余名青年女企业家参加会议。大会选举产生新一届领导班子。

【女性技能培训】2020 年,在各镇乡广泛开展普惠型免费技能培训,先后举办巾帼村播、电商就业指导、家政、母婴护理等普惠型技能培训,开展各类线上线下培训 48 期,受惠妇女 4000 余人,其中家政培训项目中有 3 人入选浙江省"最美家政人"。

【"西子佳游"古越人文之旅入选浙江省十大"美丽乡村家庭游网红路线"】2020 年,集中挖掘出一批本地"妇"字号民宿、美食、休闲农场,串点成线打造"西子佳游"古越人文之旅,包含越红博物馆、春风十里、大门蓝莓庄园、爰吾庐山庄、华东国际珠宝城、裕昌号民间艺术馆、溪北古建筑群等巾帼优选站点。经网友投票与专家评审,该人文之旅入选浙江省十大"美丽乡村家庭游网红路线",为绍兴市唯一入选的路线。

【基层妇联组织建设】2020 年,以村社组织换届为契机,深化"八大破难行动",指导推动妇女参与基层民主管理、同步进行村社妇联换届,确保基层妇联班子配齐配强,将村级妇联换届纳入村社换届工作的总体布局之中。全市 23 个乡镇(街道)均完成村级妇联组织换届工作,13054 名妇女代表选举产生 513 名妇联主席、3627 名妇联执委,实现 100% 村委会有女性成员,村妇联主席 100% 进村"两委"的目标。

【妇联助力来料加工业】2020 年,妇联助力诸暨市来料加工业,促进农村闲置妇女劳动力家门口创业增收。全市共 4 个专业村、5 个经纪人获得绍兴市来料加工项目立项。来料加工专业村为暨南街道沿山新村、安华镇霞丽村、东和乡友谊村、东和乡大林村。来料加工经纪人为安华镇霞丽村陈菊仙、东和乡龙溪村蔡吉文、安华镇湖头村楼学芳、暨南街道新旭村宣建红、岭北镇梅坞村周偶英。（郭珈冰）

市科学技术协会

【概况】2020 年,市科学技术协会(简称市科协)通过"5·30"全国科技工作者日等系列活动,围绕"走访慰问、表彰激励、建言献策、志愿服务、知识竞赛、科普宣讲、解忧排难"七个主题,争做弘扬科学家精神表率。开展创新争先行动,开展"战疫情、促发展"科技先锋岗、青年科技英才等评选,人民医院、心理协会获评绍兴市科技先锋岗,申发轴瓦、长生鸟药业获评浙江省百家企业科协。讲好"百名优秀科技工作者"创业故事,营造尊重劳动、尊重知识、尊重人才、尊重创造的氛围。制订"深化三服务、展示新作为"工作方案,常态化走访企业、学会、基地,深入一线服务科技创新需求,通过实施"金桥工程",牵手浙大专家与东白缘联合攻破食用菜籽油双低标准技术。把"排忧解难"作为首要目标,推行"一线工作法"和"新媒体工作法",帮助基层答疑解惑、排忧解难 150 多次,牵线乌克兰院士巴索克助力新金辰机械参与微通道换热器项目的开发。建立主席联系走访制度,听取基层科协组织意见建议,与一线科技工作者谈心交友、牵线搭桥,提升科协组织的凝聚力。清理 1 家沉默学会,构建现代学会治理体系。深化星级学会创建活动,开展多层次、多模式、重实效的科技为民服务活动,心理学会、计算机协会、营养学会分别达到五星级标准。围绕市委、市政府中心工作,把市科协年度工作项目化、项目清单化、清单责任化,形成"小机关、大服务、强基层"的工作格局。

【科普工作】2020 年 9 月 19 日至 25 日,组织全国科普日系列主题活动,青少年心理健康讲座和走进绍兴科技馆活动直播点击率分别在 10 万人次以上,科协连续四年被评为全国优秀组织单位。全年组织青少年科技创新大赛、16 场中科院老科学家进讲堂、120 场科普讲师团进文化礼堂、15 场科普大篷车进乡校、2 场公民科学素质竞赛等科普活动,公民科学素质知识竞赛参加答题 5 万人次以上。

继续优化科普宣传栏、科普 60 秒、致敬科技工作者、科学解码、科普专栏等大众媒体科普阵地,拓展科普中国、科普 E 站等新兴媒体传播应用,全市注册 1100 名科普信息员,实现注册量和活跃度绍兴地区两项第一。制定科普教育基地认定和管理办法,制定科普讲师团管理办法,认定同文少年农科院所等 28 个市级科普基地、3 家绍兴市基层特色科普馆、5 家绍兴市科普示范基地。按照"疫情不解除,科普不掉线"要求,从线上线下组织"疫情防控、科技工作者在行动”活动，在科普 E 站、电子显示屏、公交电视等播放防疫科普专题视频。

【协同创新平台建设】2020 年，搭建与院士专家资源“零距离”沟通平台，新建帕瓦新能源等 9 家院士（专家）工作站，柔性引进顶尖人才 6 名、国家级领军人才 3 名、绍兴市领军人才 2 名，创新团队专家 53 名。新建国家级、省级学会服务站 3 家，为建站单位柔性引入各类专家 155 名。围绕决策咨询、技术攻关、成果转化、引才育才、学术交流等内容，制定绩效评价体系，促进平台建设规范化、制度化、长效化，院士（专家）工作站建设在绍兴市考评中优秀率达到 60%。

【企业技术交流助力】2020 年，市科协共开展 31 场“百名专家进百企”活动，帮助企业解决一批科技创新难题，推动一批科技成果转化。长生鸟药业在罗贤俊院士指导下，快速改进一条化妆品生产线，生产复工复产紧缺的消毒液。组织一批科技项目交流对接活动，帮助企业落实人才创业项目，全年组织申报绍兴“330”项目 6 个，暨阳英才项目 2 个，帮助企业引进人才创业项目 5 个。

【农村实用人才培育】2020 年，培育农村科技示范户、农民技术人才，全年认定 8 家绍兴市农村科技示范户，评定和晋升农民技术职称 2403 人，申报认定浙江省农民高级技师 6 人。

【“院士专家诸暨行”活动】2020 年，市科协扩大以高层次人才、学会组织、高校院所为依托的科技智库体系，开展主旨报告、学术交流、上门请教等活动。10 月 17 日，邀请冯长根、周立伟、苏纪兰、高从堦、杨树锋、陈宗懋、宫先仪 7 名院士开展院士行活动，院士高从堦为东大环境水业膜处理技术把脉开方，院士陈宗懋为茶产业提质问诊。11 月 18 日，举办 2020 年时尚袜业智能改造高峰论坛，邀请中国工程院院士、东华大学校长俞建勇，东华大学教授张洁、西安工程大学教授孟家光、针织行业协会教授王敏其等把脉产业，与企业开展合作。

【科技工作者状况调查活动】2020 年 7 月 27 日，市科协与暨阳学院联合启动科技工作者状况调查，深入企业一线、教育卫生一线，调查 187 个单位 2000 名科技工作者，重点了解职业发展、科研活动、培训进修、思想动态、工作保障等方面的状况，倾听一线科技工作者的意见建议和要求，了解评估政策环境、社会环境实施情况，科学收集分析调查数据，建立相应的数据库，提出问题解决方案，为部门决策提供更多参考。

【基层科协组织建设】2020 年，坚持面向基层、重心下移、接长手臂，扩大基层科协组织工作覆盖，完成全市村（社区）科普协会换届，加强基层科协组织建设。4 月 26 日，制定镇乡街道科协组织工作规则，制定企事业单位科协组织建设通则，明确组织建设“八项”主要职能，从会员、组织、管理等方面制定工作标准。12 月 8 日至 10 日，举办基层科协秘书长培训班，从科普、学会、人才等方面加强业务培训，提升基层科协组织活力。

（王建锋）

市工商业联合会

【概况】2020 年，市工商联坚持“信任、团结、服务、引导、教育”的方针，紧扣“两个健康”工作主题，强化服务，团结引导民营企业家，积极发挥工商联桥梁纽带和助手作用。获评浙江省工商业联合会 2019—2020 年度“五优”县级工商联、全省工商联系统专项工作先进单位。《探索实践“枫桥经验”构建民企社会治理新格局》案例获评 2020 年度全省工商联服务“两个健康”工作最佳案例。

推动直属商（协）会规范化建设，完成 2019 年度直属商（协）会规范化建设考核，诸暨市江西商会获评 2019—2020 年度全国“四好”商会。指导商（协）会完成换届选举工作，12 月 26 日诸暨市温州商会召开二届一次会员大会，12 月 30 日诸暨市装修业协会召开三届一次会员代表大会。

【疫情防控助力】2020 年 2 月至 4 月，号召市工商联会员企业、直属商协会、新生代企业家联谊会等捐款捐物支援武汉及本市防控一线，至 2 月 29 日 24 时，诸暨市企业抗击疫情捐资捐物累计约 5483.35 万元。开展“助企抗疫情、联企复生产”专项行动，向会员企业发布市疫情防控信息和开复工政策指引，收集并反馈企业意见建议 50 余条供市委、市政府决策参考。

在防疫物资紧张时，主动对接京东集团等应急物资平台，为企业提供防疫物资采购渠道20余条，为21家企业代为采购平价口罩、测温仪等复工物资。组织律师会员，编写《浙江省疫情期间涉外法律问题汇编》，联合市司法局按行业产业特点成立市疫情防控公益法律服务团，联合诸暨市人民检察院编写民营企业风险法律智库复工防疫手册，进行线上线下宣传。

【教育培训】2020年1月至2月，向全市企业先后发出《关于新型冠状病毒感染的肺炎疫情防控的倡议书》《关于企业复工的倡议书》。7月3日，邀请市委党校教师向各商会支部宣讲《扛起建设"重要窗口"的使命担当——习近平浙江考察重要讲话精神解读》。12月11日，邀请新时代民营企业家宣讲团成员赵林中作《贯彻落实党的十九届五中全会精神 坚持和发展新时代"枫桥经验"》宣讲，80余位民营企业家参加。组建民营企业家"创业者"宣讲团在陶朱街道、璜山镇等村（社区）文明实践示范点开展草根创业、合伙创业经验和茶文化等宣讲活动4场。

【参政议政】2020年1月6日至9日，政协诸暨市第十四届委员会第四次会议召开。杨荣代表工商联在大会上作《大力实施数字经济"一号工程" 全面推进数字诸暨建设》的发言。会议期间，工商联界别委员共向大会提交提案27件，其中集体提案1件，委员单独或联名提案26件。先后对民营企业参与社会治理、民营企业货车限行难题、企业被恶意打假及恶意诉讼、工业企业流动资金等形成专题报告，以基层建议、社情民意等方式向市委、市政府、市政协及上级部门专题反映。专项开展民营企业"十四五"规划意见征集，选取30家优秀企业参与征求意见稿修改建议。围绕深化发展新时代"枫桥经验"，深入细致开展民营企业参与社会治理工作调研，并向市委提出"民营企业在内部'做好自己的事'，做到安全不出事，矛盾不上交，在外部主动承担社会责任，做到角色不缺席、担当不缺位"的新时代民营企业参与社会治理新格局的工作建议。

【企业调研申报】根据全国工商联统一部署，2020年3月开展第22次上规模民营企业调研的组织和申报工作，通过调研和申报，海亮集团、祥生实业集团、天洁集团3家企业入选"2020中国民营企业500强"。3家企业入选2020中国民营企业制造业500强。1家企业入选2020中国民营企业服务业100强。

【公益活动】2020年，动员和组织全市民营企业和非公有制经济人士以实际行动参与精准脱贫和乡村振兴。开展村企结对帮扶，建立总商会扶贫基金，发动富润和上峰成立"诸暨市慈善总会上峰水泥浙江富润联合扶贫基金会"，结对市2家挂牌督战村。超额完成东西部扶贫工作中产业合作板块基础指标任务，引导产业投资企业18家，完成任务率475%；投资总额9.6亿元，完成任务率436.36%；带动脱贫人口2404人，完成任务率910.6%；帮助贫困人口就近就业1589人，完成任务率1914.45%。同时，配合市级其他部门完成筹集东西部扶贫社会帮扶资金和物资170余万元。

【企业服务】2020年，依托前期成立的"律所＋镇街＋园区＋商会"法律服务网络，联合市司法局、绍兴律师协会诸暨分会印发《浙江省民营企业发展促进条例》手册400份及政策解读宣传折页2000份，4月23日，在"1963"法润直播平台推出《浙江省民营企业发展促进条例》公开课，直播点击率破14.3万，互动留言超1400条。创新"枫桥经验"，继续打响总商会调解委员会"商事纠纷找商会"的调解品牌，2020年，商调委共受理各类民商事纠纷案件68件，调解成功67件，调解成功率为98.53%，涉案金额共计832.55万元。在结对的朱公湖社区设立"民商事纠纷调解服务"社区共建品牌。

2020年1月17日，与诸暨农商银行达成战略合作协议，由农商银行为工商联会员企业现场授信放贷，5家企业授信1.16亿元，3家企业现场签约放贷2050万元。开展"百地千名行长助企业复工复产"专项行动，先后二轮推动央行再贷款再贴现低息资金落地工作，摸排会员企业、直属商协会企业贷款需求，传达诸暨市农商银行、浙江泰隆商业银行诸暨支行相关金融产品政策，解决20余家企业资金需求。2月，联合人民银行诸暨支行试点"键对键"线上服务，建立"疫情期信贷资金需求银企对接服务平台"，引导需求16家企业进入平台对接，3家银行落实贷款。

2020年4月15日，与检察院联合开展涉企不起诉公开听证会活动，推进涉企案件宽泛化处理进程。认真梳理和上报搜集到的意见建议，通过本部门解决和跨部门协商方式，为110余家企业解决物资采购、融资需求、涉企环保、法律咨询、商事纠纷等个性、共性问题，进一步落实亲清政商关系工作机制。全年分别联合市发改局、市生态环境分局、市检察院等单位召开“亲清直通车·政企面对面”专题恳谈会3场，共30多名民营企业家出席，协调解决问题建议40余个。同时，靠前帮助联系村企协调和解决发展中遇到的困难和问题，走访洋湖、新华、新胜、许村等7个行政村，调研25家企业，收集整理18个困难问题，交属地镇乡街道办理。

【人才服务】2020年4月22日，会同团市委组织召开诸暨市大学生到诸暨就业见习实习工作会议，在全市乡镇(街道)商会、直属商(协)会，新企联等商(协)会组织中推动大学生实践基地申报工作。诸暨市大学生就业见习实习基地2020年第三批17家企业获得认定。

【调研交流】2020年，赴东西部协作结对省份四川省、贵州省开展实地调研。4月，赴重庆、成都、凉山彝族自治州对接产业扶贫工作;6月，与绍兴工商联调研组赴凉山州布拖县火烈乡、基只乡对接结对村工作;9月，赴四川成都对接产业扶贫工作。全年先后接待新疆和田地区调研组、云南蒙自市工商联、宁波市北仑区工商联以及省、绍兴市工商联到诸暨走访交流。

【新生代企业家联谊会】2020年，诸暨市新生代企业家联谊会(新企联)共有理事131名。以“浙商青蓝接力工程”为抓手，培育新生代高素质创新型诸商队伍。9月7日至12日，联动市委统战部、组织部举办“常青藤培育计划”第七期研修班，选派36名新生代企业家赴上海复旦大学参加研学。联动市委两新工委，启动政企联络专员部门挂职工作，选派15位新生代企业家分两批到市发改局、市经信局等市级部门挂职。（沈　彬）

市文学艺术界联合会

【概况】市文学艺术界联合会有8个直属协会:作家协会、书法家协会、美术家协会、摄影家协会、民间文艺家协会、诗词楹联学会、音乐舞蹈家协会、戏剧协会。有7个管理协会:浣纱文学读书会、油画家协会、诸暨印社、王冕研究会、五泄诗画研究会、濂溪文化研究会、望烟书画院。2020年，市文联和所属各文艺团体协会团结文艺界积极投入抗击新冠肺炎疫情工作，并全力做好文艺服务、文艺创作工作，履行文联联络、协调、服务职能，推进文艺工作，贡献文艺力量。

【文艺抗疫】2020年疫情期间，市文联下属协会和文艺工作者秉承“到人民中去”的工作理念，以人民群众为中心进行创作，以服务广大群众为宗旨开展实践，以精品奉献人民，以明德引领风尚，将意识形态工作延伸至基层。市文联下属各协会在疫情期间用文艺形式致敬一线工作者，鼓舞广大群众，共创作书法作品70余件，美术作品30余件，现代诗歌30余

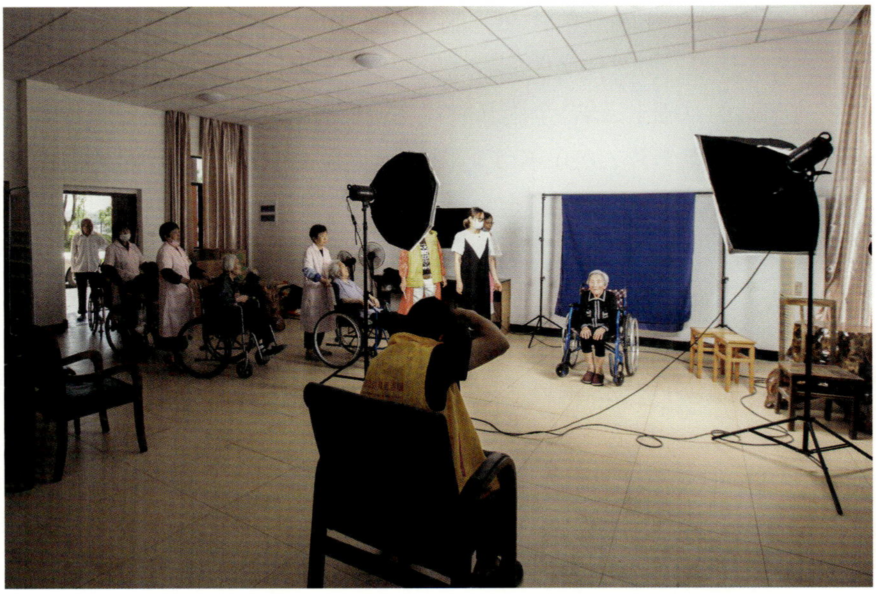

2020年5月23日摄影惠民走进农村养老院(市文联提供)

首,创作歌曲《集结号》、越歌《钗头凤·战役吟》等,通过文艺的形式传播正能量。其中市美术家协会发动55位美术家创作63幅作品,并将义拍募捐所得38000余元全部捐献给市慈善总会。

【四县市书画联展】2020年9月9日,诸暨、义乌、浦江、桐庐四县(市)书画联谊会成立十周年暨第十届书画联展在诸暨博物馆开幕。联展由市委宣传部、市文联主办,市博物馆、大唐街道办事处、五泄书画研究会承办,共展出作品151幅。诸、义、浦、桐四县(市)书画家、书画爱好者以及相关领导共100多人参加开幕式。四县(市)联谊会通过每年一次的会员作品联展,把不同地域的文化群体联成一家,推动浙中文化繁荣。通过十年的活动累积,逐步打造成浙中的"文化板块",打造成浙江的一个"文化窗口"。

【"乡村振兴·暨阳风采"主题摄影大赛】2020年5月9日至8月31日,市文联联合市农业农村局举办"乡村振兴·暨阳风采"主题摄影大赛,文联下属协会摄影家协会承办,共收到参赛作品1000余幅。全面展示诸暨农业农村发展成果,图说美丽乡村的精彩故事。

【新时代文明实践文艺服务】新时代文明实践活动是近年来文联系统的创新工作,是服务社会、服务群众的主抓手,也是文联工作的重头戏。市文联依托"乡村艺站"围绕"艺创乡业、艺写乡景、艺育乡风、艺暖乡情"四个方面,开展点单式文艺服务。在2019年建立"艺美诸暨"新时代文明实践中心、设立全省首个乡村艺站的基础上,结合全国新时代文明实践"先行试验区"试点工作,2020年市文联对新时代文明实践再谋划、再部署,启动"行走乡村 文艺润民""艺美诸暨"等主题活动,常态化开展志愿服务,包括作家协会的"一个村庄一首诗"活动,书法家协会的"书法门诊"活动,美术家协会的"传帮带"活动、诗词楹联学会的"西施外婆家"采风活动等。5月23日,中国第七个"文艺志愿者服务日"当天,文联下属摄影家协会"艺美诸暨"文艺志愿服务"走进农村养老院"惠民拍摄活动启动,免费为全市20多个农村养老院的800多位老人拍摄形象照。摄影志愿小组扩大服务人群,开展"情暖乡村·摄影惠民"活动,赴东白湖、璜山、暨南、马剑等镇乡街道各个自然村,免费为70岁以上老人拍摄个人形象照、金婚纪念照,并制作装框送给受惠老人,受惠人数达600余人。7月31日,组织市摄协、书协骨干到诸暨武警中队送文艺、致节日慰问。8月8日,走进同山启动"美丽乡村,诗意诸暨"项目,牵手各街道镇乡并联合市融媒体中心在电视旅游栏目《向快乐出发》开设"美丽乡村,诗意诸暨"文学主题电视节目。9月29日,在璜山镇读山村开展"行走乡村 文化润乡"基层巡演。10月20日,在璜山镇璜山社区开展"行走乡村 文化润乡"集中采风、惠民服务活动。

【青年书法"王冕奖"和青年美术"老莲奖"】2020年11月20日前,第二届青年书法王冕奖、美术老莲奖从100多位青年书画作者中评选出10名书法王冕奖和10名美术老莲奖并展出。

【"西施故里——好美诸暨"文学笔会】2020年8月28日至30日举办2020年度"西施故里——好美诸暨"文学笔会,邀请《诗刊》《星星》《十月》《天涯》《雨花》主编或编辑参加诸暨文学作者作品"一对一"点评和指导,共有60余位作者带作品参加,包括小说、散文、诗歌等体裁。

【文艺创作成果】2020年,文学2人入选省"新荷计划",协会会员获地市级以上奖项、入展入选、发表作品共计185件。其中,获国家级奖项、入展入选、发表作品30件,获省级奖项、入展入选、发表作品95件,获地市级奖项、入展入选、发表作品60件,编撰出版文学书籍6本。

【"我们走在大路上"征文比赛】2020年3月1日至10月30日,举办"我们走在大路上"征文比赛,收到参赛作品50多件,《浣纱》开设专栏刊登优秀作品。

【书画展】7月1日,网上艺术馆"清廉诸暨"书法开展,展出作品60幅;9月23日,"一个村庄一首诗"书法作品展览,展出作品30余篇;9月30日,庆国庆、迎中秋主题书法展,展出作品62幅;10月1日,"情暖国庆、爱满中秋"主题美术展,展出作品60幅;12月30日,诸暨青年书法"王冕奖"青年美术"老莲奖"专题,展出作品50幅。

【送展送书下基层】2020年,共开展送春联、送展、送书、送戏、送讲座进村、社区等各类活动共计 50 余场次，送春联 1 万余对，送书 500 余册，开展书法美术“专家指导”10 次。为基层创作歌词 8 首，为村庄写诗（歌词）30 余首。

【《浣纱》杂志编印】全年共编印 6 期。2020 年度“浣纱文学奖”共评出 10 件优秀文学作品。12 月 18 日，举办《浣纱》读者见面会暨 2020 年度“浣纱文学奖”颁奖仪式。会上，读者、作者、编者围绕“新发展，新《浣纱》”主题讨论未来五年《浣纱》杂志发展方向。

【诸暨人文大讲堂】2020 年，邀请王伟平、张巧慧、周云娟等文艺名家到诸暨讲学，共举办文学、书法、美术、摄影、戏剧、音乐等各类讲座 20 期，听讲人次达 1000 人。

【西施文化研究】2020 年 5 月，完成《西施文献汇辑》（宋元部分）内容初稿编辑。10 月，完成《西施文献汇辑》（先秦至唐代部分）三校三审。11 月，《西施文献汇辑》第一版第一次印刷 2000 册。（楼海霞）

市社会科学界联合会

【概况】2020 年，市社科联发挥社科研究、社科普及和地方文化研究等方面的职能作用，获浙江省社科联研究立项课题 1 项；举办重大学术交流座谈会 2 场；成功申报绍兴市级科普基地 2 家；以社科之家为阵地，开展“浣江雅集”系列社科普及活动 18 场。在 2020 年度全省社科工作测评中，诸暨市社科联再获优秀等次，实现省级社科测评优秀单位四连冠。

【课题研究】2020 年，继续实施北京师范大学“百村社会治理调查”项目。在完成首批子课题的基础上，继续开展枫源村子课题研究，为国家智库提供乡村社会治理的诸暨经验。积极申报上级研究课题，市社科联牵头申报的《冲突与整合：“二元社区”结构下流动人口治理路径研究》被列为 2021 年度浙江省社科联研究课题。继续推进《清华简越国历史研究》项目，借力华东师范大学历史学科的研究力量，合作开展古越国历史研究，探寻古诸暨的源头历史。

【传承弘扬俞秀松精神座谈会】2020 年 7 月 17 日，召开传承弘扬俞秀松精神座谈会，会议邀请上海中共

2020 年 7 月 17 日，传承弘扬俞秀松精神座谈会（社科联提供）

党史学会、上海中共党史人物研究中心，以及同济大学、华东师范大学等 11 所高校马克思主义学院的领导和专家学者共 30 余人参加会议。会上举行上海中共党史学会等 14 家单位在诸暨的实践教学基地挂牌仪式，推动诸暨红色文化的研究。新华网、杭+新闻等 5 家媒体刊发相关报道。

【纪念冯契105周年诞辰座谈会】2020年10月31日，市社科联组织召开纪念冯契 105 周年诞辰座谈会，邀请华东师范大学专家团到冯契的故乡诸暨，与浙江农林大学暨阳学院的学者，以及诸暨当地哲学社科界人士共同交流研讨，进一步了解冯契的生平和学术成就。座谈会期间，组织专家参观冯契故居及其老师金岳霖的祖居。文汇网、杭+新闻等 5 家媒体刊发相关报道。

【“浣江雅集”社科普及品牌】2020 年，依托社科之家，继续做强“浣江雅集”社科普及品牌，开展社科讲堂、新书分享、专题悦读、艺术鉴赏、学术沙龙等多个子项目社科普及系列活动。邀请诸暨名人乡贤的后人、省内外文化学者等走进社科之家，举办“顾志坤《阻击英雄沈树根》创作谈”“诸暨浙东唐诗之路”及“端午之夜”诗歌文化沙龙等主题活动 18 场。

【绍兴市级社科普及基地申报】2020 年，根据绍兴市社科普及基地申报命名工作要求，市社科联推荐的俞秀松纪念馆和诸暨市博物馆，通过资料申报、现场考评等环节，成功晋级为第五批绍兴市社科普及基地。至年底，诸暨市拥有省级社科普及基地 2 家，绍

兴市级社科普及基地11家，诸暨市级社科普及基地40家。

【《2019诸暨社科集粹》出版】《诸暨社科集粹》是市社科联定期编撰的社科研究文集，每年出版一辑，至今已出版6辑。《集粹》主要梳理诸暨本土历史文化方面的研究成果，为地方文化研究提供交流和展示的平台。《2019诸暨社科集粹》分“三贤研究”“史海钩沉”“人物春秋”“诸暨古籍”“暨邑故实”“风物民情”6个栏目，共计16.5万字，2020年12月由中国文史出版社出版。

【“社科著作出版资助”项目创设】2020年，首次设立社科著作出版专项资助，筛选具有较高价值的作品给予全额或部分资助。通过申报、评审，2020年《杨维桢传稿》《楼藜然集》《徐淡仙文存》3部专著获得专项资助。

【《浙江文史记忆丛书》诸暨分册编撰项目】2020年，根据省文史馆在新时代条件下讲好浙江的人文历史故事总体要求，组织诸暨本土专家学者认真梳理诸暨本地历史文化重要事件、重要人物和重要贡献，召开两次编撰工作座谈会，修订完成编撰目录，落实写作班子，开始资料收集初稿撰写。

【《诸暨文丛》历史文献整理项目】2020年，参照省、绍兴市文化研究工程，通过收集整理诸暨市现存古籍文献，出版一套高质量的地方文献集成。至年底，完成《王厚之集》等第一批著作的资料整理收集工作，并推进《余重耀未刊稿选粹》等第二批资料整理等工作。

【市社科联一届九次理事会议】2020年12月22日，市社科联召开一届九次理事会，总结2020年工作，提出2021年思路，并根据市委提名，选举新一任主席。经理事会议选举，郭剑扬当选为市社科联第一届理事会主席。（孟建阳）

市残疾人联合会

【概况】2020年年底，全市有各类持证残疾人26118人，其中视力残疾2632人，听力残疾2512人，言语残疾1276人，肢体残疾12264人，智力残疾2979人，精神残疾3654人，多重残疾801人。2020年，诸暨市残疾人工作获评绍兴市2020年度区、县(市)残联工作目标考核第一名。全年通过镇乡街道行政服务中心预约的方式组织评残活动33次，其中对154名重度肢体残障人士提供上门评残服务，共计核发残疾人证1621本，补发、换发4475本，对200名持证残疾人的残疾等级进行复核。全市配有残疾人专(兼)职委员515人，每年走访残疾人家庭不少于2次，累计发放工作补贴120.3636万元。

【残疾人兜底保障】2020年，不断健全信息共享机制，与民政局、教体局、人社局、医保局等部门共享信息，核对低保、殡葬、户籍、社保、学籍等数据，动态更新清册，按月通报补贴发放情况，不断提升“两项补贴”(困难残疾人生活补贴、重度残疾人护理补贴)发放管理水平。全年残疾人两项补贴累计发放44832888元，惠及残疾人19530人次；助学补助发放392954元，惠及76名残障学生、贫困残疾人子女和残疾人大学生；残疾儿童康复救助102人次，残障人士康复训练救助212人次，累计发放救助金240余万元；残疾人社会保险补贴惠及所有持证残疾人；发放残疾人机动轮椅车燃油补贴71500元，惠及下肢残疾人275名。

【残疾人就业创业】2020年，将“职业技能提升工程”列入诸暨市政府民生实事项目，联合人社局做好技能培训内容和人员对接，形成残疾人职业技能线上线下培训年度计划，全年共计培训425人，其中线上培训323人、线下培训102人。参与民政局的公益创投项目申报活动，为全市范围内有工作能力的残疾人开设项目——残疾人线上技能培训，并落实项目经费8万元，借助社会组织的力量走访并帮助450余名残疾人，开展每月两次的线上培训，教会使用手机钉钉和线上学习，不仅充实残疾人职业素养、提升残疾人实际职业技能，还能帮助残疾人就业。5月18日至25日开展残疾人网上招聘会，共计参会企业11家，发布招聘岗位130多个，帮助3家企业注册信息参加绍兴市残疾人专场网络招聘会。经协调，市场监管局定向招录公务员岗位残疾大学生1名；经审核，全市用人单位按比例安置残疾人就业企业469

家，安置残疾人职工1500名。

【残疾人康复服务】2020年，指导诸暨市融爱学园康复中心建设，推动其成为绍兴市残疾儿童定点康复机构，同时推荐成为儿童康复机构意外保险省级试点单位；督促指导各级康复中心做好疫情防控工作，推动0～7周岁残疾儿童、7～18周岁贫困重度残疾少年、有康复指征并有康复需求的残障人士等的基本康复服务工作和救助金发放工作。结合残疾人共享小康工程，实施精准康复服务，假肢适配44条，助听器验配107只，盲人智能眼镜77副，评估残疾人轮椅、拐杖辅具193人次。

【文化助残】2020年4月至5月，开展主题为“助残脱贫、决胜小康”全国助残日系列活动，为海亮融爱学园和特殊教育学校的孩子送去爱心防疫包，为重度残疾人送上握力球和象棋等康复体育用品；协助浙江海亮慈善基金会出品自闭症公益微电影《大海小雨》，并在全国助残日期间登陆各大主流视频网站，全网可统计观影超1200万人次，该影片获第十六届中美电影节“年度最佳微电影一等奖”。5月17日，中国首列以关注自闭症群体为主题的公益地铁专列——“星援助计划”专列在杭州开出。大唐街道、店口镇等走进重度残疾人家庭进行慰问，为残疾人之家的残疾人朋友集体庆生；富润宠物用品公司为残疾人朋友义诊。康复体育用品进家庭531户；组建市特殊教育学校冰壶运动队，并在浙江省第二届残疾人旱地冰壶锦标赛中获得季军。

【“残疾人之家”建设】2020年，全面走访、督查、指导全市23家“残疾人之家”防疫复工运行情况，为全市所有“残疾人之家”投保机构综合险，给予正常运营的“残疾人之家”发放星级评定补助金224.4万元，完成4家省政府民生实事项目的“残疾人之家”星级提升工作，并对15家“残疾人之家”进行星级复核，发放运营补助和管理人员补助170多万元，促进残疾人辅助性就业393人。

【无障碍环境建设工作】2020年，根据省政府民生实事项目要求，结合市残联“十三五”规划，为601户困难残疾人家庭进行无障碍设施改造。指导浣东街道和济社区的无障碍环境建设工作，创建成为第三批省级无障碍社区。

【扶残助残“一件事”】2020年，以姚江镇为试点乡镇，以残疾人证申办为突破口，推进“最多跑一次”改革向助残服务领域延伸，多次实地进行系统测试和流程真人体验，完成扶残助残“一件事”联办指南，被省残联确定为绍兴市“扶残助残一件事”示范点。结合上门评残服务，对暨南街道、璜山镇、陈宅镇、岭北镇等地进行现场系统操作培训，熟悉残疾人证首次申领、变更、省内迁移、重度残疾人护理补贴、困难残疾人生活补贴等事项办理。

【东西部对口帮扶】2020年，利用2020年浙川东西部扶贫协作帮扶资金30万元，帮扶金川县从事种植业、养殖业的贫困残疾人28名，发放发展生产资金补贴5万元；购置残疾人无障碍设施设备25万元，惠及有需求的残疾人66名；委托社会组织海亮融爱康复中心为金川县特需儿童提供免费精准的康复训练服务，承担受助儿童的康复费用、基本测评费用、受助对象和监护人的食宿费用、受助对象及监护人往返交通费用等。携手中国人寿保险股份有限公司绍兴分公司，为金川县全县639名贫困残疾人赠送一份大病医疗和意外伤害保险，每人最高可获得9万余元的赔付。

【自闭症患者关爱】2020年，助推海亮集团组建诸暨市自闭症家庭关爱互助协会，海亮慈善基金会设星家人社群项目基金3亿元，建立“线上”+“线下”的家长资源中心，以“关注家庭、全面支持”为宗旨，为自闭症患者家庭提供多元化的支持系统。提供云图书馆、云课堂、云测评等线上自闭症患者家长资源平台；提供专业人士讲座、相关文献资料、心理疏导服务、家长课堂服务等线下自闭症患者家长资源；开展针对其他自闭症人士及其家庭的酷走、画展、音乐会等文体类长效公益活动，让自闭症患者及其家庭在获得尊重。

（杨柯君）

市红十字会

【概况】2020年，市红十字会发扬“人道、博爱、奉献”的红十字精神，围绕“三救”（救灾、救助、救护培训）、

“三献”[无偿献血、造血干细胞捐献以及器官遗体(组织)捐献]核心工作业务,发挥好党和政府在人道领域的助手作用。全年共收到捐赠资金1283.68万元、物资1194.87万元,发放捐赠资金1452.65万元、物资1202.15万元。

【公共场所AED配置管理】2020年,继续落实“公共场所AED(自动体外除颤仪)配置”三年行动计划,向各有关单位下发《关于征求2020年公共场所配置AED需求的通知》,走访听取相关意见建议,并会同市卫生健康局、市应急管理局对申报的56个设置点进行研究,并根据财政保障情况确定2020年公共场所配置AED设点单位为30家。加强与各设点单位及主管部门协调联系,同步完成设点单位救护员培训。强化AED智能化管理,落实第三方巡检管理机制。全市公共场所AED配置数量达到88台。

【“健康诸暨”工作】2020年,依托红十字应急救护志愿师资队伍和培训基地,通过应急救护培训“五进”(进社区、进农村、进学校、进机关、进企事业单位)活动,落实“关爱生命 救在身边”公益培训项目。继续在新增的76个村级文化礼堂开展应急救护知识宣传。利用红十字部分重要节日,在各中小学和暨阳学院等处,结合主题活动和疫情防控形势,开展新冠肺炎防控和应急救护知识宣传。发挥生命安全教育馆、救护培训体验教室等场所的作用,吸纳更多的校内外人员参加安全教育体验,提高防患意识。1—12月,共完成救护普及培训45638人次,占户籍人数的4.23%;完成救护员培训2203人,占户籍人数的2.04‰,提前超额完成健康诸暨相关指标。

2020年6月9日,赵国信捐献造血干细胞成功(市红十字会提供)

【扶贫协作】2020年,落实东西部扶贫协作百日攻坚行动,提前走访爱心企业,实地了解掌握捐赠资源与捐赠意向事,宣传动员社会力量支持脱贫事业。加强与金川红十字会的对接,提高扶贫项目的针对性实效性。2020年,向四川结对地区捐款捐物共计53万余元,其中资金25万元,超额完成协作单位下达的结对扶贫任务。

【“三献”工作】2020年,积极响应“最多跑一次”改革,研究红十字会工作流程,开通“三献”工作咨询热线,一次性告知捐献登记流程,捐献登记表格可在红会官网上直接下载或以“邮寄”方式获取。同时,利用主题活动和博爱行活动等,加大“三献”业务宣传。1—12月,遗体器官捐献登记志愿者突破992名,造血干细胞登记入库志愿者229名。继2019年诸暨市首位社会人士钟舒展成功捐献造血干细胞后,2020年暨阳街道赵石新村村书记赵国信、浙江农林大学暨阳学院应届毕业生张江涛成功捐献造血干细胞。

【“红十字”精神宣传】2020年,组织和参与世界红十字日、世界献血者日、全国安全生产月主题日宣传活动,宣传“人道、博爱、奉献”的红十字精神。突出网络传播,实时更新诸暨市红十字会网站,开发红十字会微信公众号实用性功能。2020年,在诸暨日报、诸暨电视台刊登信息17则,在诸暨发布刊登信息5则,在省级及以上媒体刊登信息4则。

【基层组织建设】2020年,结合村级组织换届选举,推进红十字会基层组织建设,将村级红十字组织纳入村级配套组织建设的内容,在全市398个行政村成立村级红十字会建设,同步开展人员培训。选择东和乡十里坪村等基础较好的5个行政村及1个城市社区,申报绍兴市级博爱家园,打造红十字基层服务阵地。积极发展成员会员,在技师学院、暨阳学院开展学生会员登记,共有两千余名学生加入红十字组织,成为会员。

2020 年 9 月 18 日，张江涛捐献造血干细胞成功（市红十字会提供）

【疫情防控助力】2020 年，红十字会根据上级组织总体部署，应对新冠肺炎疫情，1 月 28 日发布捐赠公告，全力做好款物接收与调拨，以捐赠物资“零库存”、协调对接“零距离”、收支监督“零盲区”的“三零”工作法，通过银行转账、支付宝扫码、微信扫码和手机捐赠平台等渠道，共接收社会定向捐赠款 2404 笔、捐赠物资 40 批，累计接收捐赠款物 1984.28 万元，其中资金 815.75 万元，物资价值 1168.52 万元；累计拨付款物 1980.88 万元，其中资金 812.36 万元，物资价值 1168.52 元，全市捐赠物资全部拨付到位。

（俞玉颖）

市慈善总会

【概况】2020 年，诸暨市慈善总会共收到 2300 笔慈善捐赠，收入合计 7189 万元，其中市本级捐赠收入 5334 万元（含冠名基金收入 4520 万元，日常和定向捐赠收入 814 万元），镇乡、系统基金捐赠收入 681 万元，本金保值收入 1174 万元。

全年慈善公益服务支出 3660 笔，总额 5732 万元，其中市本级支出 5073 万元（含冠名基金支出 3435 万元，定向支出 581 万元，慈善政策救助、慈善项目活动支出 1057 万元），镇乡、系统基金支出 659 万元。2020 年共惠及群众约 78 万人次（不含省外援救助人数）。

【抗疫款物接收】至 2020 年 7 月 21 日 24 时，诸暨市慈善总会通过银行、支付宝、微信等渠道接收“益起攻疫”基金捐款 593 笔，计 12706376.77 元。收到实物捐赠 14 笔，折合价值 1866922 ／元。累计收到捐款捐物 14573298.77 元。

【慈善基金】2020 年，新建慈善冠名基金 14 个。至 12 月底，基金收入 4514 万元，历年累计结余 6190 万元。其中由宣传部发起的关爱环卫工人的“爱心早餐”基金，共收到社会各界捐款 543 万元。17 个系统互助基金规范运作，按照“谁的基金谁做主”原则进行资金筹募和救助帮扶。

【对口定向捐赠】市慈善总会是诸暨市东西部扶贫工作社会帮扶款物募集的牵头单位，除承担 250 万元的捐赠任务外，还通过召开联席会议、做好数据统计、核对捐赠物资等工作，助力东西部扶贫。全年对口支援四川的社会资金款物捐赠总额超 1521 万元，另有支援贵州 23 万元，支援湖北 534.9 万元。做好山海协作定向援助遂昌工作，向遂昌县慈善总会捐赠 200 万元用于建设项目。

【政策性救助】2020 年，政策性助医支出 333.9 万元，救助 595 人次；政策性助困（含“善行 365”临时性帮扶）支出 116.4 万元，救助 108 人次。

【慈善项目】慈善助学。2020 年，向 110 名历届大学生发放爱心助学款 55 万元；为 2020 年度 76 名大学新生发放助学金 38 万元；9 月初向全市 741 名困境儿童发放每人 3000 元的慈善助学金，总金额 222.3 万元。慈善助学共计发放助学金 315.3 万元，救助人数 927 人。以上资金除少部分由爱心人士结对捐助外，其余由祥生圆梦公益基金支出。

“九九重阳善行夕阳”项目。2020 年重阳节前携手部分社会组织开展“九九重阳善行夕阳”之“我和老兵有个约会”活动。慰问中华人民共和国成立前入党的无固定收入的农村老党员、老游击队员和老交通员，以及无固定收入的农村抗战老兵，并送上每人 5000 元的慰问金。共走访 47 名老人，支出善款 235000 元。

“慈善春暖”助困项目。年初携手多个社会组织在腊八节当天开展“情暖腊八善行暨阳”慈善施粥活动；此外各镇乡公益基金、系统互助基金开展年终帮扶慰问活动。

“清凉益夏”“温暖益冬”环卫工人关爱项目。8月5日，由吾欣公益服务中心承办“清凉益夏——橙色微心愿”活动，为大唐街道222位环卫工人送上他们的微心愿礼物。12月9日，由店口镇义工协会承办“温暖益冬”活动，慰问店口镇辖区250名环卫工人。

“9·5”慈善日“慈善＋益起行”主题活动。9月5日，启动“慈善＋益起行”主题活动。以慈善为基础，结合故事分享、公益课堂、网络直播、慈善夜市、文娱表演等多种形式，营造“人人慈善处处慈善”的氛围。浙江工业大学法学院副院长、法学博士吕鑫教授作题为“慈善力量参与抗击疫情的法律思考”的线上讲座。晚7点首届“暨阳慈善夜市”在青悦城广场开市，同时开通线上义卖，现场有20多家爱心社会组织和商家设摊义卖，活动吸引上千市民到现场参与。全程网络直播观看量达12万人次，点赞量超10万人次。当天活动直播连线浙江省慈善嘉年华主会场向全省展示诸暨慈善风采。

“我愿益”公益性社会组织培育项目。以“我愿益”公益性社会组织培育项目为依托，通过项目合作，密切各类社会组织与慈善总会的联系，逐步推动慈善总会从单纯运作型慈善组织向枢纽型慈善组织转型升级。

浙江省级慈善基地——诸暨市慈善组织孵化基地外景(慈善总会提供)

【慈善网络建设】爱心驿站。2020年，与市慈善事业指导中心共同发布《2020年诸暨市爱心驿站建设意见》，联合社区和社会组织，以“资金援助新站点，评优奖励好站点”的方式，重点建设社区(村)型爱心驿站。11月，委托第三方开展全市爱心驿站评估工作，评出优秀、良好各5家，分别给予1万元、5000元的奖励。

慈善基地。至年底共建成6个市级慈善基地。第五人民医院开展关爱精神疾患“心灵花园”项目，改善日常伙食、提供住院服装，支出54万元；市特殊教育学校开展关爱残障儿童“同一片蓝天”项目；大唐镇柱山小学培育发展校园足球队；斯民小学培育建设书香校园；在诸暨市社会组织服务中心和枫桥镇社会组织服务中心，利用“我愿益”项目扶持公益性社团。由省民政厅挂牌的省级慈善组织孵化基地(诸暨市社会组织服务中心)通过年度评估。(赵珈瑜)

法　治

法治政府建设

【概况】2020年，诸暨市全面落实重大行政决策目录化管理，推进镇乡街道合法性审查全覆盖工作，不断优化重大行政决策机制；严格落实负责清单制度、证明事项告知承诺制等涉及政府工作效能提升的一系列改革；落实上级减税降费纾困等惠企政策。化解行政争议，2020年一审行政诉讼案件败诉率为7.9%，同比下降58.9%。2020年，法治诸暨（法治政府）在绍兴市年度考核中排名第一。

【政府职能履行】2020年，严格执行全国统一的市场准入标准。禁入清单之外的行业、领域、业务等，各类市场主体皆可依法平等进入，不另设市场准入行政审批，推进“非禁即入”普遍落实。制定《市场主体住所（经营场所）登记管理办法》，降低准入门槛，为2.3万余个市场主体提供便利服务。

全面推行证明事项告知承诺制。取消342项证明事项、625项证明材料，全面梳理更新涉企经营许可事项94项，其中实行告知承诺13项、优化审批服务81项，有2700余家企业享受政策红利。落实上级减税降费纾困等惠企政策，累计降低企业水电气成本26526万元。

全面落实《优化营商环境条例》《浙江省民营企业发展促进条例》。严格执行《企业投资项目核准和备案管理条例》，对生产工艺不确定、资金来源不落实的尚不具备实施条件的项目，结合企业实际情况提出可行性建议，相关条件落实后，指导企业申请赋码、备案或核准。在服务过程中主动宣传《浙江省民营企业发展促进条例》。开展涉两个条例的规范性文件清理工作，清理政府、部门规范性文件262件，其中废止和修订各1件。

推进县级社会矛盾纠纷调处化解中心规范化建设。诸暨市社会矛盾纠纷调处化解中心整合矛盾纠纷多元化解中心、诉讼服务中心、公共法律服务中心等7个工作平台，吸纳法律调解、交通调解、医疗调解等13个专业调解委员会，常驻、派驻、轮驻各类部门机构21家，工作人员180余人。

落实重点领域执法及疫情防控。2020年，市公安局、自然资源和规划局等部门共立案查处重点领域执法案件4324起，罚没款3381.72余万元。疫情期间，诸暨市组织开展防疫物资产品质量和市场秩序专项整治行动，共查处哄抬口罩价格案件7件、防疫物资及原料不合格案件16件，涉案金额261.4万余元，移送问题熔喷布刑事案件2件，刑事拘留6人。

【行政决策程序】2020年，落实重大行政决策目录化管理。制定2020年市政府重大行政决策事项目录清单，《白塔湖国家湿地公园总规修编》等5件事项作为市政府重大行政决策事项予以公布。同时制定重大行政决策流程图，对列入清单的决策事项实行全流程管理。23个政府部门及所有镇乡街道均制定当年度重大行政决策事项目录清单。

履行行政规范性文件管理职责。2020 年，共向绍兴市政府及本级人大常委会报备市政府规范性文件 21 件，受理部门备案规范性文件 18 件。开展涉及《中华人民共和国民法典》等行政规范性文件的清理，共清理各类 366 件，其中废止 11 件，修改 1 件。

推进镇乡合法性审查全覆盖。通过《关于推进镇乡（街道）合法性审查全覆盖工作的实施意见》《关于印发诸暨市镇乡（街道）合法性审查工作实施细则的通知》，实行“党政办 + 司法所 + 公职律师 + 法律顾问”的审查人员队伍模式。并结合诸暨实际，将依申请政府信息公开答复、重大疑难信访处理纳入合法性审查范围。12 月底，实现镇乡街道合法性审查的全覆盖。

【行政执法体制改革】2020 年，落实综合行政执法改革各项任务。成立生态环境等 5 支综合执法队。在绍兴市范围内率先完成事项划转工作，2020 年 11 月 15 日起《诸暨市综合行政执法事项统一目录》施行。省政府批复店口镇开展镇乡综合行政执法工作。

【社会矛盾化解】2020 年，推进行政复议规范化建设。诸暨市行政复议咨询委员会已成立。2020 年，新受理行政复议申请 134 件，审结 137 件，其中直接纠错（以确认违法、撤销、责令履行等方式结案）19 件，纠错率为 13.9%；终止（以调解或撤回行政复议申请等方式结案）45 件，调撤率为 32.8%；维持（以驳回行政复议申请或维持原具体行为等方式结案）共 73 件，维持率为 53.3%。

行政争议。2020 年，绍兴市各级法院累计新收以诸暨市行政机关为被告的一审行政诉讼案件 196 件；累计审结以诸暨市行政机关为被告的一审行政诉讼案件 214 件，其中共败诉 17 件，败诉率为 7.9%；诸暨市级部门和镇乡街道负责人一审出庭应诉率为 100%。

完善行政调解、行政裁决制度。全年制定《建立健全行政调解与人民调解衔接机制的意见》《诸暨市部门行政裁决事项目录清单（第一批）》。（陈红军）

政法委与综治

【疫情防控助力】2020 年，全市政法系统坚持“两手抓、两战赢”工作相继制定履行职能、发挥优势、保证疫情防控顺利进行的具体意见、办法和措施，开展

2020 年 12 月 29 日，第二届新时代“枫桥经验”高端峰会暨浙江新时代枫桥经验研究院成立仪式在诸暨举办（政法委提供）

优化营商环境专项行动，打击各类涉疫违法犯罪和敌对势力破坏活动，没有发生涉疫重大刑事、治安案件，维护全市社会大局稳定。注重运用新时代“枫桥经验”，依托“一中心四平台一网格”社会治理体系，动员1203名网格员广泛开展地毯式排查、全天候值守、精细化服务，筑牢“外防输入、内防扩散”防控网。

【“枫桥经验”治理实践创新发展】2020年，诸暨市始终把坚持发展新时代“枫桥经验”作为头等大事来抓，开展学习大讨论、积案大化解、机制大健全、源头大整治、作风大转变、治理大创新、基础大提升“七大行动”，推动政法系统、信访部门开展“争当坚持发展新时代‘枫桥经验’排头兵”大讨论活动。推进绍兴枫桥学院建设，与浙江大学共建浙江新时代枫桥经验研究院，12月29日承办第二届新时代“枫桥经验”高端峰会暨浙江新时代枫桥经验研究院成立仪式。持续推进“枫桥式+”系列示范创建工作，工业新城派出所创成全省“枫桥式公安派出所”，枫桥司法所获评全省唯一“枫桥式司法所”创建工作示范所。运行东盛共享社区试点，完善富润集团“枫桥经验”与企业治理规范，鼓励社会组织参与基层治理，推动新时代“枫桥经验”与数智安防产业融合发展。

【平安诸暨建设】2020年，实施“铸墙”“净土”“攻心”工程，打好反颠覆、反渗透、反邪教主动仗。实施城乡道路平安畅通提升行动、消防安全综合整治行动和民转刑案件专项整治行动，推动扫黑除恶专项斗争决战决胜。全年生产安全事故同比下降28%、刑事警情下降36.5%、治安警情下降34.8%、电信网络诈骗案件下降13.4%、交通事故同比下降4%；2018—2020年三年累计侦办各类涉黑涉恶案件646起，查封、扣押、冻结涉案资产2.51亿元。推进社会矛盾纠纷调处化解中心建设，全市23个镇乡街道和492个村（社区）实现矛调中心建设全覆盖。开展信访积案大起底大化解行动，全市进京上访4人次，同比下降81%；赴省174人次，同比下降61.9%，赴省走访全省排位15位；百万人口走访比排名下降到全省77位；创成国家级“三无”县（市、区）。

【政法领域“最多跑一地”改革】2020年，开展执法司法规范化水平提升年活动，以系统自查、案件评查、专项督查等方式，共排查梳理各类问题504个，逐项制定整改措施，实现问题销号清零。推进“雪亮工程”建设，建成执法办案管理中心，全面应用一体化单轨制办案系统、浙江检察APP、视频开庭“三位一体”。实行交通事故处理“一件事”，打造路上“枫桥经验”，效率同比提升80%。探索司法拍卖不动产“一件事”，从拍卖成交至权证办妥仅需5个工作日，11月26日举办全省不动产处置“一件事”改革现场会，得到上级领导的肯定。落实政法系统“八个排头兵”指标体系评估办法，持续深化政法机关党组织建设，进一步压实从严管党治警责任，铸牢铁血忠魂。（郭松涛）

公安

【概况】2020年，诸暨市公安局有内设机构25个、直属机构4个，辖派出所18个，实有民警972名、协辅警2248名。全年“110”有效接警总量33.8万余起；共立刑事案件4381起，侦破1694起，移送起诉犯罪嫌疑人2532名，抓获逃犯512名；查处治安（行政）案件2641起，人员5814人。市公安局被评为绍兴市优秀公安局、现代警务模式组织体系改革优秀公安局。4月17日，交通事故处理“一件事”改革得到省委书记车俊表扬肯定，公安“信访超市”建设等7项工作得到地市级以上领导批示肯定，9个警种创建“枫桥式”打防管控服模式在全绍兴试点和推广；共79个集体、338名个人获得表彰，其中89人荣立个人三等功以上奖励，46个集体荣立三等功以上奖励。诸暨市公安局火车站卡点荣立集体二等功，杨叶峰获评全国公安系统二级英模、一等功。

【疫情防控措施】2020年1月26日，启动社会治安二级响应，市公安局成立新冠肺炎疫情防控工作领导小组。派员常态入驻市级防疫指挥部，开展24小时值守。全面落实“五抓五防”要求，启动55个环诸卡点，日均投入警力690名，累计检查车辆13.7万余辆，筑牢外部防线。配合属地镇乡街道，落地管控涉疫重点人员1.1万余名。执行“大数据+情指行一体化＋网格化”措施，对境外来诸暨、国内中高风险地区来诸暨人员落实精密智控。严打涉疫违法犯罪，共打处违法犯罪嫌疑人39名。

【重大活动安保】2020年，严格执行重点人员分级分类管控、情报信息日调度、日报告制度，圆满完成全国“两会”、中共十九届五中全会以及村社基层组织换届选举等安保、警卫任务67次，特别是完成11月10日中纪委书记赵乐际到枫桥调研的一级警卫任务，得到上级肯定。

【政治安全维护】10月26日，国保大队更名为政保大队。推进无邪教村、社区创建，全年完成241个“无邪”村（社区）创建工作。打击诸暨本土邪教活动，全年打处邪教违法犯罪人员23名，办理诸暨“Q20邪教全能神”专案，共抓获邪教人员19名。落地查处一起网络涉恐案件，并发起全国集群战役，共打处犯罪嫌疑人147名。

【社会稳定维护】2020年，基层基础大会战共梳理各类风险隐患60条，集中化解54条，对4条涉房涉企风险落实常态关注，稳妥处置“2·3”专案等重大涉稳案事件20起，妥善处置各类群体性事件14起。开展“五清双创”活动，制定信访工作五项机制，越级访专项治理信访积案化解率达97.1%，伤害纠纷类案件办结率93.24%。严打非访、缠访、闹访，累计打击各类违法犯罪嫌疑人22名。

【网络安全保护】2020年，建立“1234”舆情工作模式，组建228人的网评员队伍和904人的网宣员队伍，强化舆情处置能力。会同诸暨市网信办建立联合执法办案点，强化部门联动协作。运维微信公众号2个、政务微博号2个、抖音号1个，发布各类信息4920条，吸纳粉丝30余万名。借助越警管家平台，接收、查证网民举报投诉的违法事实35起，打处各类违法嫌疑人8名。9月25日，成立全国首家网络安全传播联盟，吸纳网络主播10名。探索网上“枫桥式社区警务”，在海亮集团、金海集团、诸暨在线、电信公司四家单位设置“网安警务室”，提供网络安全服务。保护本地网络安全，开展执法检查900余次，隐患告知451家次，行政处罚132家次。

【经济发展护航】2020年，继续开展“三服务”活动，办结企业复工复产问题26个，办结率、满意率均100%；开辟货车应急绿色通道19个，核发通行证290张，解决企业经营类问题48个；落实“健康码”“白名单＋通行证”制度，保障企业员工安全返岗复工；全市逐步放开公共场所管理，全市旅馆、酒店、电影院等行业逐步恢复营业。推进涉众型、逃废债、涉税、侵犯知识产权等经济犯罪打击，侦破各类经济金融犯罪71起，打处犯罪嫌疑人91名，追缴挽回经济损失3.7亿余元，其中立案查处涉众型经济犯罪35起，破案33起，抓获犯罪嫌疑人36名。推进猎狐行动、云剑行动，成功劝投境外逃犯8名，抓获“云剑”在册逃犯17名。

【违法犯罪打击】推进“雷霆行动”，全年共采取刑事强制措施2879人，行政处罚5814人次。扫黑除恶方面，破获各类涉黑涉恶类案件178起，抓获涉黑涉恶犯罪嫌疑人627名，捣毁犯罪团伙19个，查封、扣押、冻结涉案资金4519.8万元；跨境网络赌博方面，破获案件150起，打处犯罪嫌疑人441名，扣押涉案资金2394万元；电信诈骗方面，全年共抓获电信诈骗等新型犯罪嫌疑人540名，同比上升10.68%。

【惠民服务】2020年，全市继续推广户籍事项“全留痕无纸化”办理，6月被省厅确定为户籍档案电子化管理和应用试点单位；推进车辆检测“一件事”集成改革，6个检测站全部完成提升改造；搭建完善“警医邮”绿色平台，设置“警医邮”网点33个，业务办理量全绍兴第一。初步建成运行“网办中心”，高频民生事项“网办率”达到64.03%。开展市镇村三级公安服务窗口标准化建设，全省首推户口簿补领自助打印，共建成村级代办点316个，群众满意率99.5%以上。

完成文明城市复评“国检”。构建共建共治禁毒格局，获评全省禁毒示范城市。推广居住出租房屋智慧门锁，累计安装3.8万余把；自主研发“到家了”手机服务平台，平台注册流动人口达27万人，注册率达69%，枫桥镇红枫居、大唐街道中兴社区获评全市居住出租房屋十佳“旅馆式”管理总台。

【“枫桥经验”发展】2020年，推进“枫桥式公安派出所”“枫桥式交警中队”创建工作，枫桥派出所被评为第24届“中国青年五四奖章集体”，枫桥交警中队被评为“全国公安机关执法示范单位”。开展“枫桥式监管场所”创建活动，探索“教育人、感化人、挽救人”的“枫桥监管模式”，教育转化不认罪、认罪不彻底人员353个，化解司法拘留矛盾221起。开展“枫桥式刑警队”创建活动，确定大唐、店口两个专业打击队为试点单位。开展“枫桥式窗口”创建活动，市政务服务大厅公安户籍窗口、枫桥便民服务中心公安户籍窗口完成“枫桥式窗口”创建。将“110”警情与基层“四个平台”联通，实现“110”警情常态推送。完善共治格局，推动部门联治，打造“信访超市”，建设运行大唐市场、万风广场两个联勤警务站；深化社会共治，做精做强义警平台，吸纳专业义警力量，实行降级退出制度，保持运行活力；组织群众自治，推广物联自治模式，推动成立暨南街道、浣东街道物联会。

【公安体制改革创新】2020年，继续按照“1+6+18”框架推进情指行一体化改革，设立情指行合成作战中心党支部；“1+6”中心落实警种常态入驻、实体运作，“技网图数”同步进驻侦查(反诈)中心。做实刑侦体制改革，设置四个专业打击队(城中、城东、大唐、店口)，落实专业打击队与派出所“双向捆绑、双向考核”，专业打击比例达73%。做实派出所警务机制改革，14个一、二类所推行“两队一室”模式，4个三类派出所推行“N组(站)一室”模式，升级改造综合指挥室。推动社区民警专职化专业化，社区民警数量已达派出所警力45.3%(173名)并配备辅警664名，做到“一社区两辅警”“一村一辅警”。做实街(路)面勤务机制改革。在城区试点实行“交巡所”三警混编巡处机制，推广“滴滴式”事故处理模式。

【智慧警务建设】2020年，开展“雪亮工程”建设，全年新增视频监控点位2463路(累计20248路)；安装卡口电子警察1810组，日均过车抓拍1400余万张；新建人脸识别1100路，MAC探针2000套，RFID2000套；联入公安网社会监控10592路。开展智安建设，完成前期建设智安小区79个、智安学校9所、智安医院8家。推进实战应用，自主开发“金册子”网站，实现信息化平台全面整合、一站应用。

【法治警务建设】2020年，办理行政诉讼案件32起，同比下降31.9%。严密执法监督，下发办理伤害案件的若干规定、涉案财物管理的若干规定和执法突出问题追究的试行办法；对执法问题开展每周巡查，共下发每周通报51期，发现问题1222个，整改率100%；执法办案群众满意度社会化访评，首访评满意率98%以上。提升执法质效，推进执法办案管理中心建设，刑事快办率达25%，行政快办比例达72%，认罪认罚案件办理占比达到90%以上，办案时间平均缩短30%，周判决、决定数量居全省前列。

【道路交通管理】2020年，全口径事故死亡96人，死亡人数同比下降21.95%，实现“百人县”摘帽目标。全年现场查处交通违法行为33.2万余起，同比增长20.5%。全市42家工程车运输企业、816辆工程车、3109辆重中型货车全部实行户籍化管理。排查治理各类安全隐患6426处，投入整治资金超8000余万元，并推动安装信号灯74套、斑马线抓拍系统68套、中央隔离护栏18千米、波形护栏15千米、封闭路口26个、机非隔离路口196个。

【户籍人口管理】2020年，全年共办理出生申报7652人、死亡注销7672人，年内人口迁入13472人、迁出14787人，办理居民身份证62168人。全市有户籍人口1083000人，其中男性为540399人，女性为542601人，城镇人口为464891人，乡村人口为618106人。

【机动车与驾驶员管理】2020年，全市机动车保有量423501辆，其中汽车390986辆，同比均上升7%；摩托车32515辆，同比上升2.3%。全市机动车驾驶人554800人，同比上升3.8%，其中汽车驾驶人529238人，同比上升3.8%。

【特种行业许可办理】2020年，共办理旅馆业特种行业许可证45本、危险物品运输787起(民用爆炸物品和烟花爆炸)，备案单位和机构刻制公章25753枚。完成18家金融机构安全防范审核验收工作，发放互联网上网服务营业场所安全审核意见书2本。

【出入境及往来港澳台管理】2020年，共受理、审批出国出境材料8028件，同比下降88.58%，其中护照3762件，同比下降88.27%；内地居民往来港澳通行证 1691 件，同比下降 90.63%；大陆居民往来台湾通行证 354 件，同比下降 94.14%。受理并制作再次港澳签注 2217 件，同比下降 84.23%；报备各类法定不准出境人员 3354 人次；报备国家工作人员 3070 人次，撤销 1823 人次；清理核销境外人员 1867 人次。至 2020 年年底，全市共有 332 名境外人员；共查处涉外案（事）件 35 起，打击处理境外人员 42 人，遣送“三非”外国人 7 人。（赵恩辉）

检察

【概况】2020 年，诸暨市检察院自觉对标“重要窗口”建设，全力服务保障中心工作大局，努力将政治自觉、法治自觉、检察自觉转化为社会治理效能，各项工作继续走在全省前列，6 个案件被省检察院评为精品案件，1 个案件被最高检评为典型案例，有 20 个集体和个人被党委和上级检察院记功、表彰。

【疫情防控服务】2020 年，面对突发新冠肺炎疫情，全力配合党委政府做好疫情防控，第一时间抽调 3 批次 65 名干警协助社区，对 2000 余家企业、住户开展疫情摸排防控。紧盯特殊时期社会稳控，依法从严惩治利用疫情形势进行口罩订单诈骗、恶意骗货等侵害群众权益犯罪 12 人，提前介入、源头把关，防范疫情防控中轻微冲突升级处理、公民隐私保护不到位等问题，切实引导依法抗疫。全面排查疫情防控风险点，疫情初始即向监管场所提出在押人员疫情防控检察建议，督促有关部门开展医疗废弃物等危险生活垃圾专项检查，向党委政府报送涉野生动物案件分析报告，源头防范涉疫隐患。

【平安稳定维护】2020 年，认真履行批捕、起诉职能，审查逮捕案件 454 件 674 人、审查起诉案件 1553 件 2519 人，批准逮捕 510 人、提起公诉 1956 人。打好扫黑除恶专项斗争收官战，聚力开展“六清”行动，始终坚持“不拔高、不降格”，批捕涉黑涉恶犯罪 34 人、起诉 137 人，案件诉判一致率 100%。积极应对传统犯罪网络化发展态势，对网络“黄、赌、毒、骗”犯罪提起公诉 233 件 799 人，铲除违法平台 31 个、黑灰产业链 11 条，推进清朗网络空间建设。办理的利用

检察院通过民营企业风险管理法律智库组织安全生产专题会商（摄于 2020 年 7 月，检察院提供）

网络论坛群组贩卖毒品案，督促有关部门封堵寄售毒品漏洞，被最高检评为“毒品犯罪检察治理”典型案例。助力换届选举，配合完成全市 7000 余名候选人的资格联审，指派 20 余名干警协助联系镇乡街道开展相关工作，保障换届选举依法有序开展。

【民营经济发展保障】2020 年，贯彻“六稳”“六保”工作要求，落实市委“三大工程、七项行动”部署，扎实开展“三服务”活动，以专门走访、主题座谈等形式问需企业 139 家；选派 14 名干警担任驻企服务员，帮助企业解决问题 22 件次。突出保市场主体，在复工复产关键期，对 43 名涉企案件负责人、业务骨干依法相对不起诉或建议适用缓刑，并落实跟踪回访，保障企业快速恢复经营。密切关注疫情背景下企业面临的新情况，依托民营企业风险管理法律智库，组织安全生产专题会商，向 9 家企业发送经营风险提示函，引领企业开展合规建设。严惩利用合同诈骗企业、侵犯企业知识产权、侵占挪用企业资金等犯罪 54 人，帮助企业挽回损失 3000 余万元，为企业管理筑牢“防火墙”。

【矛盾化解新模式】2020 年，对接入驻矛调中心，实行举报、信访、维权一体化办理，化解矛盾 48 件，确保群众信访“件件有回复”落到实处。推行检察听证，打造“听证 +”工作模式，邀请人大代表、政协委员、律师、行业协会代表等参与听证，增强检察参与化解矛盾透明度。杨某信访案通过组织听证，让人大代表、律师等作为评议员向双方当事人释法说理，促进

矛盾顺利化解，被最高检作为典范介绍。落实信访“代办员”制度，由领办检察官代为跑腿“走流程”，想方设法为群众排忧解难。

【未成年人司法体系建设】2020年，坚持宽严相济，对犯罪性质恶劣的30名未成年人提起公诉，对犯罪情节轻微的87名未成年人依法作出不起诉决定。引导青少年树立法治观念。当好未成年人公共利益守护人，打击侵害未成年人权益犯罪58人，发送检察建议4份，监督保护学生个人信息案获评“全国检察机关办理维护妇女儿童权益优秀案例”。在市委政法委支持下，2020年6月1日，联合十部门推行罪错未成年人社会教育计划，首创一体化未成年人违法犯罪预防治理平台。11月18日，承办全国未成年人检察智能化研讨会。深化未成年人法治教育，借助青少年法治教育基地和“法润直播”等平台，普法面涵盖全市所有中小学校。市检察院获评2020年“法治进校园”全国巡讲活动表现突出单位。

【刑事检察】2020年，全面推进刑事案件速裁程序适用，45%的案件在市执法办案管理中心实现快速办理。依托浙江检察App，实现疫情期间“无接触”办案。通过提前介入引导侦查、自行补充侦查，努力将“案—件比”指标降到最低，提升办案质效。健全认罪认罚从宽制度，规范量刑权行使，创设量刑释明机制，认罪认罚适用率达到89.82%。助力反腐工作，受理监委移送审查起诉案件7件10人，调查核实司法人员职务犯罪线索8件，移送党纪政纪处分6人，查处绍兴市院交办的职务犯罪案件1件。不断深化刑事侦查、审判和执行监督，督促立案11件、撤案9件，追加漏捕漏诉28人，3件案件经审判监督获改判，协助法院督促391名罪犯履行财产刑，防止“纸面服刑”，监督24名违反规定或者暂予监外执行原因消失的社区矫正人员收监执行。

【民事检察】2020年，联合法院开展虚假诉讼专项打击，系列“套路贷”、重大劳资纠纷案件背后90余件民事虚假诉讼案件获得改判，共同维护司法权威。强化金融领域检察监督，与人民银行诸暨支行及全市商业银行联手，共建防范化解金融风险协作中心，建立线索移送、联防联动机制，切实防范金融风险。合力破解执行难，针对多发、易发的程序类瑕疵，提出民事执行监督检察建议14份，助推民事案件规范执行。加强民法典学习和宣讲，走访相关行业、部门，有针对性地帮助梳理注意事项，保障民法典顺利实施。

【行政检察】2020年，着力防止行政处罚决定成为“空罚空裁”，通过行政非诉执行专项监督，与法院共同推进77件行政处罚案件执行到位。联合法院、司法局等部门共同开展行政争议实质性化解，参与化解工伤认定、行政赔偿等领域案件10件。深入推进行政执法与刑事司法衔接，联合召开府检联席会议，制订“行刑联动”机制，其中封堵涉案单位利用简易注销逃避罚金刑责漏洞的做法，获省委政法委书记肯定。

【公益诉讼检察】2020年，扎实落实市人大常委会加强检察公益诉讼的决定，与市场监管、应急管理等部门建立健全支持配合、联动响应机制，办理公益诉讼案件53件。关注民生公益热点，协助政府解决农村留守儿童校车监管缺失、网络点餐平台失管、工程渣土偷倒乱倒等问题。积极探索公益损害磋商机制，23件案件经诉前磋商，问题解决率达到100%。探索“检察+网格”工作模式，依托基层检察室，吸纳网格员协助收集公益损害线索，做法获《浙江日报》报道。

【执法司法规范化水平提升年活动】2020年，聚焦执法司法规范化。深入开展执法司法规范化水平提升年活动，广泛听取意见建议，全面排查问题，健全完善制度21项，完成各项整改措施。强化案件流程监督，深入开展案件评查，确保“放权不放任、用权受监督”。深化律师权益保障，切实解决疫情防控常态化下律师会见难等问题。

【社会捐助型司法救助模式】2020年，首创社会捐助型司法救助模式，在市慈善总会设立“检馨”救助基金，社会捐款与财政救助多维联动，开展司法救助56人次，最大限度防范“因案致贫”，工作经验获省检察院检察长肯定。（郦方家）

法院

【概况】诸暨市人民法院（简称市法院）位于诸暨市

城东新城行政中心，占地面积30亩，总建筑面积近5万平方米，有中央政法专项编制213名，实际在编干警208名，其中员额法官91人，司法警察35人；事业编制29名，实际在编28名；其他审判辅助人员42人，编外人员132人。设政治部（机关党委）、综合办公室、立案庭（诉讼服务中心）、民事审判一庭、民事审判二庭、民事审判三庭、刑事审判庭、行政审判庭、综合审判庭、审判管理办公室（研究室）、执行局、执行实施科、司法警察大队，下辖枫桥、店口、大唐、牌头、璜山5个人民法庭，另有全额拨款事业单位——审判保障服务中心。2020年，共受理各类案件38447件，近6年首次实现负增长，办结39742件，收结案数分别居浙江省各级法院第三、第四位；一线法官人均结案459.71件，高出全省均值155.93件。

【疫情防控助力】2020年2月，编制《新冠肺炎疫情下企业法律风险提示书》，选派员额法官开展“三驻三服务”。履行刑事审判职能，依法从严从快打击涉疫情犯罪案件。2月10日，审结全省首例殴打疫情防控执勤人员案。贯彻善意执行理念，综合运用多元调解、活扣活封等措施助力企业。支持政府严格落实疫情防控措施，化解一起因疫情防控引发的行政争议。

【刑事审判】2020年，审结一审刑事案件1239件，判处2152人。决战“扫黑除恶”专项斗争，审结涉黑涉恶案件65件291人，92人判处五年以上重刑，提前完成“案件清结”任务。深入开展“伞网清除”，核查反馈市扫黑办移交的25条线索；排查并移送“保护伞”线索4条、涉黑涉恶线索9条，其中查实立案3条，审结黑社会性质组织保护伞案件1件1人。落实“黑财清底”，强化“打财断血”，执行到位退赔、罚金等1378.37万元。依法审结妨害社会管理秩序、侵犯人身财产安全的案件811件。11月20日，审结全市首例洗钱案。卞某某等贩卖毒品案入选全国法院十大毒品犯罪典型案例。

【民商事审判】2020年，审结一审民事案件6837件，其中涉及教育、医疗等领域民生案件3160件。司法救助发放救助金71.33万元。1月10日，二审审结老人超市“顺菜”被查后发病索赔案，判决超市不担责，坚决防止“和稀泥”的做法，7月7日被《人民日报》等媒体报道。审结一审商事案件11465件，注重防范化解金融风险，民间借贷收案同比下降18.79%。落实知识产权“三合一”审判工作，审结知识产权案件179件。全年受理破产案件176件，审结169件，处置资产18.57亿元，盘活土地690.91亩、房产44.88万平方米，浩英纺织破产清算案入选全省破产审判十大典型案例。

2020年7月30日，市法院对4个黑恶势力犯罪集团的9个案件、53名被告人进行公开集中宣判（市法院提供）

【行政审判】2020年，新收行政诉讼案件219件，审结199件。监督、支持行政机关依法行政，驳回行政相对人起诉或诉讼请求68件，行政机关败诉率同比下降4.2个百分点。注重行政争议的实质性化解，调解撤诉85件，调撤率42.7%。联合市检察院、司法局制订行政争议调解中心工作细则，推动中心规范运转，调解成功35起纠纷。推动将行政机关负责人出庭应诉情况纳入法治政府考评项目，出庭应诉率达100%。深化司法与行政的良性互动，推动制定容错免责机制，定期召开府院联席会议，连续6年发布行政审判白皮书，每月通报全市行政机关在绍兴全市涉诉情况。

【执行工作】2020年，新收执行案件15242件，结案16070件，执行到位58.12亿元，有财产可供执行案件法定期限内实际执结率97.81%，同比上升4.8个百分点。巩固“基本解决执行难”成果，推动市委依法治市委员会发布《关于加强综合治理从源头切实解决执行难问题的实施意见》，深化全市执行工作大格局。探索执前和解机制，健全“自动履行为主、强制执行为辅”的长效工作机制，民商事案件自动履行率54%，同比上升4.3个百分点。开展保障“六稳”“六保”专项执行行动，组织涉民生、强制腾房及凌晨执行等集中执行活动4次，共计司法拘留142人次，罚款2203人次970.2万元，腾退不动产48宗，执行到位金额11.86亿元，移送拒执犯罪50件59人次。

【基层社会治理参与】2020年，“一庭一品”建设，坚持力量下沉，主动延伸服务触角，在未设法庭的乡镇设立巡回审判站，探索乡镇、村(社)智慧诉讼服务点新模式。增设旅游巡回审判点和环境资源巡回审判点，创新旅游纠纷和环境资源案件审判机制，保障“美丽诸暨”建设。推动矛调中心建设，完成诉前调解指导和速裁团队整体入驻工作，帮助建立矛盾纠纷两次分流机制。试点开展天平调解，遴选16名退休政法干警组成“专家门诊”，处理纠纷1043件。完善调解员考核办法，推动制定关爱调解员文件，“以奖代补”激发调解员积极性。9月4日，联合市金融办等部门启动金融纠纷多元化解机制，探索运用公证、仲裁、调解等方式多元解纷。打击虚假诉讼专项行动，全年共审查虚假诉讼线索11件，移送公安机关2件3人，司法拘留、罚款4人。信访积案“大起底、大化解”集中攻坚行动，5年以上信访积案全部化解。全年收案同比下降8%，全市万人成讼率同比下降6.25%。12月25日，市法院作为浙江省唯一直播点，开展全国15家法院一站式多元解纷和诉讼服务体系建设直播活动。

【体制改革】2020年，推行互联网司法，开展网上立案、调解、开庭等诉讼活动2万余次。全面实现案件办理全流程无纸化，“让数据多跑路，让群众少跑腿”。探索司法辅助事务集约化工作，提高电子送达率。深化政法一体化单轨制协同办案，刑事案件简案团队入驻执法办案管理中心，实现简单案件集中立案、开庭。“质效大攻坚”，省高院考核的“七升五降”指标中的10个主要质效指标同比优化。长期未结案清理专项活动中，未结案件同比下降23.61%，长期未结案件同比下降77.78%。

【司法拍卖“一件事”改革】2020年，利用司法拍卖全

2020年11月26日，全省不动产处置“一件事”改革现场推进会在诸暨召开(市法院提供)

流程智慧协同平台，联合多部门开展“部门联审”“集成服务”，解决司法拍卖标的物瑕疵不明、拍后办证难、腾空难等拍卖难题。4月始，拍卖前调查时间、拍卖后权证办理时间从至少1个月分别压缩至5个工作日和面签后2个工作日。改革后第一宗工业用地溢价率高达145%，为诸暨市新高。11月26日，全省不动产处置“一件事”改革现场推进会在诸暨市召开，相关经验被《浙里改（领跑者）》刊发，得到省委、省政府主要领导批示肯定。（陈　薇）

司法行政

【概况】2020年，诸暨市展专项法治宣传活动235场次，送法下乡活动102次，普法讲师团宣讲133场次。全市累计接收社区矫正对象524人，期满解矫483人，签发训诫决定书74人，警告处罚54人、提请治安处罚1人、收监16人；在册845人，重新犯罪0名，重新犯罪率0；接受法院审前社会调查302件，监狱假释前调查101件，接收检察院委托调查34件，接收公安机关委托调查18件，暂予监外执行前调查0件。诸暨市公共法律服务中心成建制进驻诸暨市社会矛盾纠纷调处化解中心。全年市公共法律服务中心累计化解各类矛盾纠纷2426起，涉及金额共计人民币3057.63万元，提供法律援助1797次、法律咨询5625人次，提供司法鉴定服务480次。各镇乡街道公共法律服务站点累计化解矛盾纠纷4986起，涉及金额共计10366.42万元，开展各类法治宣传活动300余次。市公证处共办理各类公证案件4327件，其中办理国内公证3771件，涉外公证556件，收费490.13371万，较上年同期增长2.57%。市法律援助中心共解答法律咨询5625批次，同比减少27.3%，其中接听来电4117人次，同比减少6.2%；接待来访群众1508人次，同比减少55%。代拟法律文书13件。累计办理法律援助案件1797件，同比减少15.6%，其中民事案件939件，同比下降18.63%；刑事案件858件，同比减少11.7%；行政案件0件；值班律师提供刑事法律帮助1309件，帮助受援人挽回经济损失2291.42万元。1月，诸暨市法律援助中心被司法部评为“全国法律援助工作先进集体”。全市共有27家律师事务所，13家基层法律服务所，在册法律服务备案人员412人，其中律师284人、实习律师44人；基层法律服务工作者79人，实习5人。律师队伍中有省人大代表1名，绍兴、诸暨两级党代表、人大代表、政协委员9名。全市律师事务所共办案件13650件，业务总量19547.93万元，同比增长9.19%；基层法律服务所办理各类案件3417件，业务总量2141.53万元，同比增加4.75%。全市建有各类人民调解组织779个，专兼职人民调解员3144名。共受理矛盾纠纷12201件，调处成功12139件，调处成功率99.49%。

12月2日下午至3日上午，浙江省人民政府副省长刘小涛一行到诸暨市调研法治政府建设。浙江省司法厅厅长马柏伟、绍兴市副市长俞流江、诸暨市委书记徐良平等陪同调研。

【法治宣传】3月30日，中共诸暨市委全面依法治市

2020年8月5日，“枫桥经验”与《中华人民共和国民法典》的基层实践活动签约仪式暨浙江省民法典普法讲师团宣讲第四课直播活动（市司法局提供）

委员会办公室正式印发《诸暨市 2020 年普法依法治理工作要点》（诸委法办发〔2020〕2 号），公布 37 家市级部门普法责任清单，并将普法依法治理工作纳入镇乡街道、市级机关岗位目标责任制考核。

普法重点工作提示函制度。落实普法重点工作月提示制度，不断推进普法工作与日常工作同部署、同落实。2020 年，下发工作提示函 9 次，梳理普法重点工作 100 余条。

“七五”普法验收工作。6 月 1 日，诸暨市普及法律常识办公室印发《关于开展“七五”普法督导验收工作的通知》（诸普法办〔2020〕1 号），明确镇乡街道、市级部门验收标准，7 月 28 日至 8 月 7 日，完成对全市 36 个市级部门、23 个镇乡街道的“七五”普法总结验收和“八五”普法规划调研工作。

防疫宣传。根据市委市政府防控疫情要求，以线上普法为主要方式开展普法活动，利用“诸暨普法”微信公众号、“1963 法润”直播平台、“诸暨日报”普法专栏持续开展“防控疫情 法治同行”和“法雨春风七个一”专项法治宣传活动，其间全市累计走访企业 200 余家，发放宣传资料 2 万余份，推送《浙江省民营企业发展促进条例》宣讲云课堂 8 次，开展主题宣讲 125 场，提供各类法律咨询 315 次。

《中华人民共和国民法典》宣传。2020 年 8 月 10 日，成立诸暨市《中华人民共和国民法典》普法讲师团，共有 27 名专业人士。编印《中华人民共和国民法典》宣传资料 2 万余份，先后推出《〈民法典〉解读》《一张借条引发的事件》等直播活动，累计点击量 50 余万次。8 月 5 日，在枫源村举行“枫桥经验”与《中华人民共和国民法典》的基层实践活动签约仪式暨浙江省民法典普法讲师团宣讲第四课直播活动，累计收看量 62.1 万人次，并持续推动民法典宣传进基层、进家庭活动，累计进村入企开展《中华人民共和国民法典》主题宣讲 102 场。

“法律明白人”“尊法学法守法用法示范户”评选活动。根据《绍兴市普法办关于开展 2019 年“法律明白人”评选活动的通知》（绍市普法办〔2019〕2 号）、《绍兴市普法办关于开展“尊法学法守法用法示范户”评选活动的通知》（绍市普法办〔2018〕14 号）文件要求，在全市范围内开展“法律明白人”“尊法学法守法用法示范户”评选活动，共评选出“法治带头人”527 名，“法律明白人”869 名，“尊法学法守法用法示范户”888 户。

诚信守法示范企业和民主法治村（社区）建设。持续推进“诚信守法示范企业”和各级“民主法治村（社区）”创建，2020 年成功创建省级“民主法治村（社区）”8 家，绍兴市级“民主法治村（社区）”68 家，全市现有全国民主法治示范村 2 个，省级 35 个，绍兴市级 216 个 ；5 月 20 日，联合市市场监管局印发《关于开展“诸暨市信用示范企业”“诸暨市诚信守法示范企业”公布活动的通知》（诸信用办〔2020〕1 号），部署开展企业“双信”联评工作，共评选诸暨市级“诚信守法示范企业”31 家。

重点对象普法。深化领导干部学法用法工作，全年，政府常务会议学法 10 次，11 名人大任命领导干部、79 名市管领导干部全部参加并通过任前法律

诸暨市法治宣传教育基地——和济小学（摄于 2020 年 9 月，市司法局提供）

知识考试。9月，开展第十八个青少年法治宣传教育月活动，完成诸暨市法治宣传教育基地（和济小学）建设工作。持续推进送法进校园活动，组织开展法治晨会210余次，法治主题班会500余次，法治黑板报、法治手抄报分享活动10余场。加强法治文化建设，拍摄诸暨市“七五”普法专题片，征集上报省法治微视频参赛作品8个，持续在公交车载电视和广播电台投放法治公益广告。

2020年12月4日，宪法日主题宣传活动（市司法局提供）

【社区矫正和安置帮教】9月17日，诸暨市人民政府正式印发《诸暨市人民政府办公室关于成立、调整和撤销有关议事协调机构的通知》（诸政办便〔2020〕13号），成立诸暨市社区矫正委员会，诸暨市社区矫正委员会主任由副市长、公安局局长担任，司法局局长、政法委副书记任副主任，政法委、司法局、公检法等相关单位为成员单位。

电子监管。根据《中华人民共和国社区矫正法》关于电子定位监管的规定，部署落实电子腕带“双管控”措施，2020年配备电子腕带180套。为提高社区矫正信息监管精准度，探索推广“浙里矫”自主矫正软件和“浙政钉”软件作为社区矫正信息化监管的辅助手段，在手机端实现社区矫正对象签到打卡、人脸识别、请假审批预报等，弥补社区矫正综合管理平台手机定位不精确、信号漂移的问题，能实时核查社区矫正对象行动轨迹。

全市社区矫正执法监督检查。根据《中华人民共和国社区矫正法》贯彻实施要求，围绕社区矫正领域“执法司法理念、执法司法行为、相互协调配合、制约监督机制、执法司法作风”等重点内容，开展全市社区矫正执法监督检查工作，联合市检察院组织各类专项执法监督检查7次。

远程视频会见。建立远程视频会见点24个，为省内各监狱342名罪犯提供远程视频会见服务。

政法办案一体化。推进政法办案一体化工作和案件电子卷宗工作，23万元一体化办案设备投入使用，案管室基本建设完成，8万余元电子卷宗相关工作设备采购到位，全市通过一体化系统办理矫正对象入矫396人，办理调查评估案件48件。

【法律服务】公共法律服务站点建设。结合“枫桥式”司法所建设工作，对枫桥、浣东、店口、浬浦、安华等镇乡街道公共法律服务站场所建设进行提升，同时铺设智能服务终端。

公证服务。2020年，市公证处为农村房屋登记发证换证涉及的公证事项提供法律服务，共办结该类公证事项1538件。开展企业复工复产帮扶服务工作，帮助企业化解在运营资金、产品专利等生产经营中遇到的难题瓶颈，累计为170家企业提供保全、送达、委托等公证服务。基层治理协助参与，为应店街镇、浬浦镇等30余个行政村的312户村民提供危旧房保全公证服务，累计为200户住房困难户的保障性住房择房提供现场公证服务。实行25项公证事项“最多跑一次”，提供绿色继承公证调查代办服务，累计提供涉“最多跑一次”服务407次。参与、协助法院执行工作，参与法院强制腾房执行工作6次，受法院委托开展刑事涉财产案件的被执行人财产调查、下落调查的司法辅助案件336件。

法律援助。专项法律援助服务，2020年全年，针对民工、残疾人、老年人、军人军属、妇女等特殊群体开展法律援助专项行动6次。继续落实绿色通道、上门服务等惠民举措，其中，市法律援助中心共受理民工讨薪法律援助案件723件，涉及欠薪金额1023万余元。11月30日，诸暨市财政局、诸暨市司法局联合发文《诸暨市法律援助经费使用管理办法》（诸司〔2020〕26号），规范和加强法律援助经费的使用、管理和保障工作，提高财政资金使用效益。

律师工作。1月17日，召开2020年第一次绍兴律师协会诸暨分会会长办公（扩大）会议，完成分会班子换届工作。1月30日，诸暨市司法局下发《捐款倡议书》，法律服务工作者向诸暨市红十字会和浙江省红十字会等捐款平台共计捐款361250元。2月13日，为充分发挥法律服务行业专业优势，及时为疫情防控和后续经济社会平稳发展提供法律服务，诸暨市司法局统筹全市法律服务资源，精心挑选骨干力量成立防控疫情公益法律服务团。2月，诸暨市司法局组织一批专业律师和基层法律服务工作者，就疫情防控期间企业关心、关注的法律问题进行研讨、收集和整理，现以问答的形式，编撰成册，以及时宣传法律，依法规范推进疫情防控，共计发放8000册。1月起，全市在法律服务行业开展为期一年的教育整治年活动。进一步规范法律服务行业执业秩序，教育警示法律服务机构和法律服务人员依法规范诚信执业，增强法律服务队伍的综合素质和竞争实力。5月21日，制订律师行业“扬帆行动”方案，加强中小律师所建设、青年律师培养和律师人才培养，开展大所与中小所结对帮带活动、实习律师和新执业律师专题业务培训，组织律师尤其是青年骨干律师参加省厅和绍兴市举行的业务培训，继续与法院金融庭联合每季度召开破产管理人工作交流座谈会，推进律师与司法人员互动常态化。9月21日，司法部官网公布全国优秀律师事务所和全国优秀律师名单，浙江浣纱律师事务所被评为全国优秀律师事务所。全年按照“五星双强”（“五星”即党建星、实力星、人才星、文化星、和谐星，“双强”即党建强、发展强）的创建目标，浙江越晖律师事务所成功创建诸暨市级“五星双强”党支部，浙江永大律师事务所和浙江振邦律师事务所党支部成功创建绍兴市级“五星双强”党支部。浙江浣纱律师事务所党支部被确定为浙江省律师行业“三强双进”（“三强”即党建强、发展强、服务强，“双进”即政治引领力和法律服务能力并进）创建单位。落实政府法律顾问清单式管理制度，指导聘请法律顾问的24个乡镇街道、30个政府部门建立政府法律顾问管理清单。深化“律所+镇街+园区+商会”法律服务网格化建设。在2019年的基础上，将镇乡街道的结对比例提高至100%。通过免费一对一结对提供法律顾问、法律体检、法律讲座等专业法律服务，助力民营企业、小微企业发展。

【人民调解】3月27日，诸暨市人民政府办公室印发《关于加强“枫桥式”司法所建设的实施意见》（诸政办发〔2020〕12号），明确以后三年“枫桥式”司法所建设的总体目标、主要工作和奖励标准。7月2日，市司法局举办2020年度人民调解骨干培训班，全市23个镇乡街道调委会、13家行业性调委会以及调解社会组织的100余名人民调解骨干参加培训。指导各镇乡街道开展人民调解员培训10余次。8月10日，诸暨市人民政府办公室印发《关于进一步激励关爱人民调解员的意见》（诸政办发〔2020〕32号），对全市调解纠纷奖励标准进行提高，扩大奖励范围，特别是把信访积案化解和律师调解纳入奖励范围。9月28日，在原有13家市级行业性、专业性人民调解委员会的基础上新建建筑业矛盾纠纷人民调解委员会。（何可晨）

军 事

国防教育

【组织调整】2020 年，国防教育委员会主任由市委副书记、市长胡华良担任并主持工作，市教体局安排 1 名专职人员到市人武部实行军地联合办公。坚持国防教育纳入党管武装工作考评，纳入党政机关目标绩效管理体系，纳入领导干部绩效考核体系。

【国防主题教育】2020 年 9 月 19 日起，按照“奋进新时代、聚力强军梦”的主题、“基本 + 特色”的思路，开展第 20 个全民国防教育日和全省第 9 个国防教育周系列活动。11 月，组织“最美民兵”评选和“优质国防教育课”评选活动，暨阳街道吴水苗、陶朱街道傅建民 2 人被评选为绍兴市“最美民兵”，暨阳小学作品《铭记历史、不忘国耻》、第二高级中学作品《铭记历史、缅怀先烈》被评为绍兴市“优质国防教育课”。百年名校斯民小学 2 次接受绍兴市委常委、绍兴军分区政委柴祥群的检查指导，传承国防教育工作。大唐街道红色庄余霞陈列馆、中兴社区红色陈列馆和马剑镇石门村“金萧支队成立旧址”3 个点位被评为绍兴市国防教育示范单位，浬浦中学被教育部认为第三批国防教育特色学校。

【征兵宣传教育】2020 年 6 月 12 日，根据“两征两退”改革整体计划，召开市本级征兵宣传工作会议。调整全市年度征兵宣传安排，建立报纸、电视、微信公众号、户外视频媒体等宣传模式，发放《征兵宣传手册》2 万册，落实“征兵宣传教育进校园启动仪式”，指导基层武装部同步做好政策咨询周、征兵宣传月、入伍欢送和退伍返乡欢迎等活动，形成全方位、立体式宣传。

（邵朝岳　杨　新）

民兵

【战备建设】2020 年，开展“四个秩序”建设，依据浙江省军区新修订的战备工作规定和绍兴军分区基层武装部“五星达标”建设标准，制订建设方案，系统规范部本级、镇乡街道武装部、民兵应急营（连）“三级三类”典型单位战备秩序，指导镇街升级改造战备库室，确保建设达到“标准、快速、实战、管用”，陶朱街道武装部、大唐街道武装部、山下湖镇武装部被评为 2020 年度绍兴军分区“五星先进基层武装部”。

【民兵整组工作】2020 年，按照权威、精干、融合、高效的原则，加强平战结合国防动员组织指挥机构建设，结合军地人事变动，组织人员调整，健全平时“八办”办事机构，完善战时动员指挥体系，组织各类潜力数据核查。

【应急抢险】2020 年，落实军地协调联络工作机制，全年出动民兵力量参与新冠疫情防疫工作、先后派出民兵参加 2020 年绍兴市和诸暨市防汛防台应急演练、驰援姚江镇山火扑救、协助公安搜山追捕逃犯、参加防汛抢险、参与跳江人员救援打捞、参加森林消防演练，锤炼民兵应急行动能力。

双拥工作

【概况】2020 年，诸暨市进一步加强军民共建，扎实开展双拥活动，依法开展征兵工作，组织新老兵迎送以及节日走访慰问活动，营造拥军拥政的浓厚氛围，通过悬挂光荣牌、"最美退役军人"评选、登报表彰等各种形式广泛宣传双拥，树立崇军爱军的正确导向。

【征兵工作】2020 年，市镇乡(街道)两级开展法制化征兵，严格落实征兵规定和奖惩政策。全市大学生士兵占比 94.4%，大学毕业生占比 28.1%。

【新老兵迎送活动】8 月底，全市各镇乡(街道)举行老兵欢送新兵入伍活动。11 月 17 日，全市统一组织退役士兵欢迎仪式暨就业招聘会，为退役士兵返乡创(就)业提供平台，50 家企业参加，提供 768 个岗位。

【走访慰问及英烈祭扫】2020 年春节、"八一"期间，走访慰问驻诸部队和退役军人，慰问金额 1160 余万元。3 月，开展"致敬·2020 清明祭英烈"专题宣传活动，向社会各界发出网络祭扫倡议书，动员全社会积极参与网络祭扫活动。疫情期间，专门赴陶朱街道、次坞和牌头镇走访慰问 3 名诸暨籍赴武汉疫情一线军队人员家庭。9 月 30 日，举行烈士纪念日敬献花篮仪式，市四套班子以及全市各界代表共 200 余人参与。

【双拥宣传】2020 年，继续落实上门悬挂荣誉"光荣牌"工作；发放抗美援朝出国作战 70 周年纪念奖章 300 余人，并于 11 月 18 日召开抗美援朝老干部座谈会；7 月 29 日，退役军人徐立波、蔡国清获评绍兴"最美退役军人"；8 月 1 日，在《诸暨日报》刊载优秀退役军人先进事迹，并表彰通报年度 48 名荣立三等功及 1 名荣立二等功人员。　（蒋　超）

人民防空

【概况】2020 年，诸暨市人民防空办公室按照"长期准备、重点建设、平战结合"的人防建设方针，履行战时防空、平时服务、应急支援职能使命，完成人防宣

2020 年 11 月 17 日，诸暨市召开退役士兵返乡欢迎仪式暨就业招聘会(市退役军人事务局提供)

传教育、人防教育基地建设、人防工程建设和指挥通信设施、人防工程审批监管、警报设备维护管理等方面工作。12 月，诸暨市中心城区人民防空专项规划(2019—2035)的编制工作通过专家评审。

【人防宣传教育】2020 年，紧抓重要节点开展宣传活动，在"3·1"国际民防日、"5·12"防灾减灾日、"9·18"防空警报试鸣等人防节点，开展多样主题宣传活动；运用诸暨日报及网络有奖问答等多种形式开展"国

2020 年 7 月 30 日蔡泽冰获个人二等功喜报。图为给蔡泽冰家人送喜报(退役军人事务局提供)

际民防日"宣传及"五进"宣传教育工作。

【人防指挥通信与演练】2020 年，继续抓好人防指挥通信联络员队伍建设，完成地面指挥中心高清升级改造工程，提高视频通信的整体水平；完成"浙江金盾—20"演习工作及应急指挥车跨区域拉练工作。

【防空警报器管理与试鸣】2020 年，完成市防空警报

器数字化改造工作，市域范围内新增防空警报器3台；组织实施"5·12"防灾警报和"9·18"防空警报试鸣活动，警报器完好率和鸣响率均达100%。

武警诸暨中队

【概况】中国人民武装警察部队绍兴支队执勤大队诸暨中队主要负责诸暨市看守所的外围武装警戒任务，逮捕、押解犯罪嫌疑人，追捕逃犯，处置突发事件和抢险救灾等。2020年，中队完成上级安排的各项任务，实现连续25年执勤无事故。

【思想政治建设】2020年，紧跟时代前沿、紧贴形势任务、紧扣思想脉搏开展思想政治教育，牢固树立政治首位意识，培育新时代"四有"革命军人。开展"传承红色基因，担当强军重任"主题教育和党史学习教育，认真组织课后讨论，教唱红色革命歌曲，培塑身边标兵典型，引导官兵坚定理想信念，争当强军先锋。注重用习近平主席讲话精神武装头脑，用上级党委决策明确方向，夯实忠诚精锐的思想根基。坚持把学习贯彻中共十九大精神和习近平新时代强军思想作为首要任务，进一步强化"听习主席的话、做习主席的好战士"的政治自觉，同时推动党的创新理论在基层扎根。

【实战训练】2020年，聚焦应对强敌背景下的执勤战备工作，紧盯中心任务，狠抓常态执勤，加强实战化训练，提高部队官兵履职执勤能力，以打赢三场维稳战役为牵引。教育官兵牢固树立"危险就在身边，战斗随时打响"的意识，修订完善战备方案，落实战备制度，完成全年战备执勤工作，先后派出官兵完成诸暨马剑抗洪抢险和备战台风任务。贯彻执行《新军事训练与考核大纲》和《武警部队军事训练"八落实"标准》，坚持按纲施训，科学组训，正规训练秩序，提高训练水平，在支队组织的群众性比武中荣获团体第一。

【后勤保障】2020年，始终以官兵是否满意为工作的出发点和落脚点，围绕服务大局、服务中心开展工作，提升后勤保障综合效益，加强后勤规范管理，科学编制预算，严格开支程序，合理使用经费。贯彻落实习主席勤俭节约重要指示和分餐制度，确保官兵吃饱、吃好。发扬后勤民主，炊事人员每周征求官兵伙食意见并加以整改。加强装备科学化、制度化、经常化管理，严格静态枪弹管控，落实每日检查、每周擦拭保养、每月专题分析等制度，结合"装备安全大检查"活动，盘点装备器材，查找安全隐患，逐条逐项抓好问题整改，确保枪弹和装备器材不失管失控。做好疫情期间营区管理和任务防控工作，实现零感染。

预备役修理营

【营政治工作】2020年，始终将政治建设摆在首位，常态化落实习近平新时代中国特色社会主义思想和习近平强军思想学习活动，强化不忘初心、牢记使命，担当强军重任意识，促进教育实践活动向预备役官兵延伸。工作中继续发挥营连预任干部作用，组织预任干部与官兵见面，听取预备役战士对单位建设的意见，改进工作方法。结合各类训练开展创先争优活动，提升预任官兵参训热情。

【军事工作】2020年，继续聚集军事训练工作的中心地位，严格落实东部战区陆军和师军事工作指示，采取目标推动、任务牵引的方法，结合营实际，推进军事工作落实。合力推进整组工作。4月中旬至5月底，按照调查摸底、制订方案、组织实施三个阶段组织整顿工作，通过整组预编人员200余人，按要求建立30人的应急分队，完善通用车辆装备预征预储工作。从严落实应急分队训练。加强与诸暨市应急管理局的联系沟通，及时了解掌握全市汛情险情。加强应急抢险演练，7月15日至29日，按照"预有准备、应急能用"的要求，结合汛情实际和可能担负的任务，采取分课题展开，分内容细训的方式，依托廿里牌民兵训练基地组织30人应急力量，开展反恐维稳、防汛抗洪和森林扑火等课目训练。

【保障工作】2020年，始终坚持保障先行的理念，严格按标准要求管理好物资装备，确保随时能动、能保。加强应急作战物资器材储备，做到专物专用，集中存放，每月定期清点，及时补充更换。推进"日检查、周保养、月发动"制度落实，确保装备始终处于良好的战备状态。

（陈连鑫）

科学技术

综述

2020 年，全市实现高新技术产业投资 63.14 亿元，同比增长 –6.5%；实现战略性新兴产业增加值 97.73 亿元，同比增长 2.5%；规上工业企业高新技术产业产值 461.35 亿元，同比增长 3.4%；高新技术产业增加值 123.41 亿元，同比增长 5.6%。

实现技术市场交易额 18.3 亿元，同比增长 103%，实现高新技术产业增加值 123.41 亿元，使用科技创新券 650.12 万元，兑现科技奖补经费 5809 万元。完善“揭榜挂帅”机制，发榜卡脖子难题 24 项，揭榜总金额 1400 万元，带动全社会研发投入 1.5 亿元。组织市内企业参加国内外成果、人才等对接活动 23 场，引进可产业化项目 40 项，发布科技成果 500 多项，实现技术市场交易额 18.3 亿元，同比增长 103%。新增科技型中小企业 297 家，获批浙江省高成长科技型中小企业 45 家。全年申请 PCT 国外专利 62 件，授权发明专利 818 件，万人发明专利拥有量达 19.05 件，同比增长 18.01%。

科技管理服务

【科技管理】2020 年，落实浙江省、绍兴市科技新政，并修改完善科技创新强市政策意见 25 条，优化部门、镇乡的科技、人才工作考核评价体系，全年实现本级财政投入 1.014 亿元，获省财政科技专项资金 3089.3 万元；优化金融支持科技型企业和人才创业企业发展的实施意见，全年累计发放科技金融贷款 2400 万元，兑现政策奖补资金 7316 万元。6 月 15 日，制定《诸暨市全社会研发投入行动计划(2020—2022)》，做好 2019 年 R&D 经费数据质量跟踪，2020 年规上工业研发实现 31 亿元，同比增长 40.9%。开展规上企业研发机构全覆盖行动，新增高企研发中心 12 家、省级企业研究院 1 家(新增省级研发机构数居全绍兴市第一)。获 2019 年国家科技进步二等奖 1 项、省科技进步三等奖 3 项，2020 年新产品试制计划立项 168 项。

【科技服务体制改革】2020 年，落实“一件事”数字化转型要求，实现科技政务、技术转移、成果交易、产业孵化一站式服务，外国人来华工作业务办理、“认定类”政策资金兑现均实现百分百网上办、掌上办。

科技创新主体培育与产业升级

【科技创新主体培育】2020 年，实施科技型企业“双倍增”(高新技术企业、科技型中小企业数实现倍增)计划和“科孵高”主体培育工程，构建“微成长、小升高、高壮大”的梯次培育机制，新增国家高新技术企业 120 家，较上年增长 48.1%，新增省科技型中小企业 297 家，同比增长 116.5%，这两个指标均居全绍兴市第一。

【科技产业升级】2020 年，围绕 G60 诸暨创新转化港［G60（诸暨）创新转化港是诸暨市委市政府为全面对接长三角经济一体化和 G60 科创走廊、全面融入杭州都市圈的战略布局。规划范围从“一核一廊五园”延伸开来，建设一个智核、一条创新走廊、五大产业园的空间格局。计划总投资 50 亿元，占地面积 10.2 平方千米］建设完成年度投资 38 亿元。“城西智核”初步形成金融服务、创意设计、研发孵化、商贸住宅等业态配套的综合体；“创新走廊”投资 20 亿元用地 420 亩的数智安防产业园开工建设，签约引进包括华为公司在内的产业项目 16 个；“五个特色园中园”（人才创业产业园、第三代半导体光电产业园、智能制造和节能环保产业园、生命科学产业园、军民融合产业园）累计落户项目近 100 个。

2020 年 9 月 15 日，诸暨市人民政府和华为技术有限公司项目签约仪式（融媒体中心提供）

科技研发机构和成果

【科技研发机构】2020 年，提质拓量特色产业创新平台。完成大唐袜业、珍珠产业服务综合体 2019 年度绩效考核工作，浙江省诸暨铜材精密制造产业创新服务综合体被列入省级创建名单，总数量居全省同类县市第一。新增省级众创空间 3 家、绍兴市级众创空间 5 家［弹簧智造众创空间、璜山创新创业综合体、诸暨 ONE 医药产业园、华泉微众创空间、启迪之

2020 年诸暨市浙江省级众创空间一览表

表 21

众创空间名称	认定时间
诸暨 2025 创意产业园	2018 年绍兴市级 2018 年省级 2020 年省级优秀
诸暨城东跨星中心	2017 年绍兴市级 2018 年省级
翠溪创新创业空间	2017 年绍兴市级 2018 年省级
陶朱商学院	2017 年绍兴市级 2018 年省级
诸暨六和桥众创空间	2018 年绍兴市级 2018 年省级
袜业智库	2018 年绍兴市级 2018 年省级
幼发拉底众创空间	2018 年绍兴市级 2019 年省级
联合农创众创空间	2018 年绍兴市级 2019 年省级
山下湖珍珠众创空间	2018 年绍兴市级 2019 年省级
ACME 众创空间（艾克米）	2019 年绍兴市级 2020 年省级
造否文化	2019 绍兴市级 2020 省级
诸暨奇创众创空间	2019 绍兴市级 2020 省级

星（诸暨）众创空间]，2025 创意产业园获评省级优秀众创空间，“诸暨岛·杭州港”获评省级双创示范基地。

【主要科技研发成果】浙江赛飞普诺科技发展有限公司的消防员化学防护服（一级）成果性质替代进口；浙江申发轴瓦股份有限公司的第三代百万核电轴承成果性质替代进口；中科金绮新材料科技有限公司的高性能 PBO 纤维产业化及其复合材料批量化应用研究成果性质“进口替代”及“前沿技术”。

科技合作交流

【产学研合作】2020 年，加大与浙江农林大学暨阳学院、南华大学、浙江大学、上海交通大学等高校院所深化产学研合作，新建浙江长三角路空一体研究院和绍兴文理学院机电研究院（诸暨），2020 年 12 月，总投资 11.2 亿元的诸暨市集成电路产教融合基地暨浙江（诸暨）电子信息职业学院签约落户市经济开发区。

【区域合作】2020 年，推动区域合作，分别与上海教育委员会科技发展中心、中科院上海国际技术转移中心（杭州）达成战略合作协议并开展合作；通过园区互通对接松江临江科技城、正泰启迪智电港，承接溢出孵化企业及成果；参与 G60 科创走廊系列活动，承办新时代枫桥经验与数字安防产业融合发展推进会、2020 高校院所先进科技成果诸暨对接会，组织 120 家沪杭企业诸暨行，促成第三代半导体光电产业园、华为视觉联创中心、海亮生物科技等一批高新项目落地。

【智力引进管理】2020 年，通过组织诸暨创新奖评比活动，吸引一批科技人才要素落户诸暨。10 月 23 日，2020 高校院所先进科技成果诸暨对接会开幕。12 月 18 日，历时 13 个月的 2020 袜业设计大赛颁奖。全年柔性引进海外工程师 57 人，入选省领军型创新创业团队 2 家（全绍兴市第一）、省级海外工程师 11 人。

（刘春燕）

知识产权

【概况】2020 年，诸暨市知识产权工作紧紧围绕省委省政府、绍兴市委市政府关于强化知识产权工作的决策部署，以强化知识产权创造、保护、运用为核心，不断激发创新活力、推动构建新发展格局。全年共授权发明专利 807 件，有效发明专利拥有量达 2249 件，万人发明专利拥有量达 19.05 件，同比增长 18.01%；新增核准注册商标 3122 件，申请注册商标 4340 件；申请 PCT（专利合作协定）国外专利 62 件，通过“企业知识产权管理规范”国家标准认证的企业 25 家。

【知识产权创造】2020 年，树立有利于自主创新的知识产权政策导向，引导企业加大对有效知识产权的创造力度，力争取得更多以发明专利为代表的核心技术知识产权。对知识产权创造、运用和保护给予财政奖补，降低企业创新成本，帮助企业建立适应经济社会发展的知识产权管理体系，不断新增通过“企业知识产权管理规范”国家标准认证的企业。逐步建立企业知识产权运营体系，发挥知识产权指导产业发展方向、明晰技术创新路径、应对国际知识产权纠纷等方面的重要作用，加快推进知识产权（专利）联盟组建和专利导航工作。培育区域公用品牌，上报“诸暨短柄樱桃”地理标志证明商标 1 个。融合产业特点和优势，新建“诸暨大唐袜业品牌指导服务站”和“诸暨东白湖品牌指导服务站”，为市场经营主体解读各项知识产权扶持、创建、优惠政策。

【知识产权运用】2020 年，围绕“摸底数、建机制、防风险、抓考核、快推广”工作要求，积极探索“银行贷款 + 政府担保 + 企业质押 + 财政补贴”知识产权融资诸暨模式。通过《知识产权质押融资贷款贴息操作办法》，全市贴息额度达每年 300 万元，与诸暨市金融办、人民银行、银保监会和 10 家商业银行进行座谈，进行知识产权质押融资业务推广，初步搭建风险补偿机制的总体框架。全年共有 44 家企业，通过 7 家商业银行进行质押融资，融资规模突破 19.9 亿元，同比增长 642%，其中专利质押 14.156 亿元，商标质押 5.744 亿元。

【知识产权保护】2020 年，完善知识产权纠纷多元化解机制，开展“双随机、一公开”专利真实性监督检查专项行动，严厉打击知识产权假冒侵权行为，提高知识产权保护震慑力。强化商品流通领域知识产权保护，复核认定国家级知识产权保护规范化市场1家（诸暨第一百货）。对企业专利诉讼维权提供政策和资金帮扶，企业在国内（含港澳台）通过司法途径进行专利维权胜诉的，给予司法判赔金额20%的资助。

【知识产权宣传服务】2020年，加大对知识产权法律法规的宣传力度，积极开展“426知识产权宣传周”等普法宣传活动，结合“三服务”走访企业200余家，发放宣传册3000余份，举行培训会6次，惠及企业200余家。（顾文彬）

气象·地震

【气象服务】2020年，预报预警信息精细到镇乡，晴雨预报准确率84.3%，极端最低（≤5℃）预报准确率67.9%，极端最高（≥35℃）预报准确率73.9%，准确预报1次暴雨天气过程。全天候高频次监测灾害性强天气，预警信号发布113次。制定落实“叫应”等五项制度，启动应急响应9次，恶劣天气主动叫应部门、乡镇（街道）分管领导160人次。防汛响应期间24小时入驻防汛抗旱指挥部办公室提供精准预报。主要饮用水库放水大修实施8轮次人影作业，减少其对市民生产生活的影响。发布各类气象服务材料460期，重大气象灾害影响评估5期，短信服务750余条500万人次。完成气象观测站标准化改造，新建5套灾害高风险区自动气象站、10套城市水位监测站，梅汛期强降雨期间开展城市积涝预测业务试运行。继续推进枫桥镇智慧气象防灾平台、浙政钉“智慧气象”系统开发工作。浙江省气象局青年科技项目《诸暨市暴雨洪涝风险区划研究》通过专家验收，1人被纳入浙江省气象局“青年英才”行列，1人通过高级工程师评审。2020年，诸暨市气象局创作的气象短视频《守护一生》获第二届全国气象短视频创作大赛全国总决赛二等奖和最佳创意奖，首届长三角一体化气象短视频创作大赛一等奖。在省市气象行业监测预警职业技能竞赛中，市气象局获市级团体第一名，2人获得绍兴市全能二等奖，1人获省级个人全能三等奖。8月，推荐评定诸暨五泄风景区为“浙江省乡村氧吧”。9—11月，同山镇绿剑村和五泄镇十四都村创建成为绍兴市“气候宜居村落”。

恶劣天气叫应。市气象局联合政法部门、应急管理部门制订紧急恶劣天气“预警+应急+网格”叫应实施细则。建成防灾减灾救灾“一键通”，实现气象灾害“秒叫应”。“气象灾害防御”纳入乡镇应急工作站和综合应急消防救援站职责，延伸大应急管理基层“微触角”，实现气象灾害“秒处置”。

气象安全监管掌上执法。全市公布135家防雷安全重点单位，实现掌上执法率100%，抽查事项覆盖率100%，抽查事项完成率100%，监管事项检查主项覆盖率91.67%，应用信用规则率57.14%，跨部门监管率22.22%。

气象行政审批。全年继续推进行政审批和“最多跑一次”改革，按照一般企业投资项目“最多80天”要求，防雷等各项审批事项均实现即办件。办理施放无人驾驶自由气球或者系留气球活动审批37件，防雷装置设计审核6件，防雷装置竣工验收3件，提供气象证明50份。

融媒体平台气象服务。2020年，借助“越牛新闻”平台直播人影作业。开展“品非遗味道、享53度温度”省市县三级联合直播、“诸暨优选”公益直播等气象主播直播带货活动，累计成交量超过3万单。

新冠疫情防控助力。2020年疫情期间，建立疫情防控专项气象服务机制，发布《疫情防控专题气象服务》273期。组建“守夜人”党员先锋团队，参与结对社区、乡镇疫情防控工作，入选中国气象局战“疫”故事，《中国气象报》党建版头条宣传报道。

防灾减灾和气象知识普及。利用诸暨发布微信公众号、微博等载体和气象日、防灾减灾日、全国科普日等时间节点，开展气象科普宣传，发放科普宣传资料2000余份，在23个镇乡街道69个村播放气象科普电影近300场，接受群众咨询2600余人次。

（许金凤）

【地震测报】2020年5月，开展建设工程地震安全监管大检查，6月完成东和地震观测站三化改造，2020年诸暨市在省级防震减灾工作中，考核为绍兴市唯一优秀县市。（刘春燕）

教育

综述

2020 年，诸暨市锚定“率先高水平实现教育现代化”总目标，持续聚焦“质量、安全”两大要务，开展教体高质量发展“五个年”行动，增创“学在诸暨”新优势。市教育体育局获评 2020 年度全省教育工作业绩考核优秀单位和全省职业教育发展考核优秀单位，县域教育现代化发展水平总体达成度超过 80%（全省 17 个之一），连续三年位居全省第一方阵。

2020 年，全市共有中小学（幼儿园）280 所，其中普通高中 17 所、中职学校 4 所、初中 37 所、小学 101 所、幼儿园 120 所、特殊教育学校 1 所。在校中小学生（幼儿生）18.36 万余人，在职教职工 1.66 万余人。

疫情防控。诸暨市始终把全体师生生命安全和身体健康放在第一位，以最迅速行动最硬核举措统筹打好校园内外疫情防控阻击战，统筹抓好疫情防控和线上教学，统筹推进疫情防控和开学复课，夺得“两手都要硬，两战都要赢”的阶段性胜利。积极支持防疫一线。组建 43 支党员先锋志愿队、1523 名党员干部教师投身社区防疫一线，选派 8 名机关干部开展“三驻三服务”，组织 944 名中职实习生返岗实习、支持 382 家企业复工复产。全力开展线上教学。架构“1+3+N”的线上教育教学平台，全覆盖高质量推进“停课不停教，停课不停学”。累计推送免费教学视频 18566 个、其他学习资料万余件，录制名师优课 680 余节，开展市级“云”教研 100 余次，开通“心灵伙伴”服务热线，统一快递配送新教材到学生。精心组织开学复课。制订开学前后“1+6+6”的工作预案和规范，组建由 2044 人组成的“一校七员”联防联控力量，保障全市所有学校安全顺利复学。复学后，着重抓好校园疫情防控常态化机制建设，重视对师生心理辅导和干预，邀请北京师范大学教授边玉芳开设 5 场“读懂孩子”家庭教育系列直播讲座，两次邀请省心理卫生协会理事长赵国秋教授到诸暨作《学生心理危机识别与处理》专题讲座。

教育“与杭同城”。全面推进教育“与杭同城”三年行动计划，致力深化和发展全方位、多层次、宽领域的交流与合作，构筑教育融杭新高地。注重规划衔接。紧密衔接诸暨市“十四五”规划目标定位，承接杭城溢出效应，科学编制“十四五”教育现代化发展规划及中小学（幼儿园）专项布局规划。注重合作交流。深化两地人才共育、资源共享等机制建设，明德小学成为诸暨市首个高校附属学校（浙江外国语学院附属小学），与杭州合作共建学校 20 余所，与浙江建设职业技术学院等合作开设高职大专班 27 个，与杭州电子科技大学等共建研学基地 5 个。选派 30 余名校（园）长、骨干教师开展“与杭同城”浸入式挂职培训、200 余名教师赴杭州培训学习。注重模式创新。创新工作室移植、项目化复制等模式，邀请杭州名师到诸暨开设工作室 20 余个，吸收研修员近200名，围绕课程、课题、课堂推进教育教学研究与实践，提升本土教师水平。在上海和杭州的高校指导下，诸暨技师学院成为绍兴地区首个获批电子竞技运动与管理专业的学校，完成首届51名新生的招录工作。

教学质量提升。坚持“突出重点抓质量、立足课堂抓质量、坚持系统抓质量”，扎实开展“教育质量提升年”行动。党建引领行动，为提质铸魂。加强和改进党对教育工作的全面领导和高位引领，制定实施《关于深化中小学校党组织领导下的校长负责制改革的实施意见》《诸暨市中小学校党组织领导下的校长负责制工作规则（试行）》，理顺学校管理体系、职责范围和议事流程，全域推进“党组织领导下的校长负责制”试点，并顺利完成学校党组织统一换届工作。深入开展第三批绍兴市“五星三名”创建，率先完成“五星达标”全覆盖。荣怀学校成立全省首家民办教育集团党校。管理创优行动，为提质赋能。不断完善质量考核管理制度。修订《普通高中质量考核办法》，制定《2020年普通高中质量管理考核奖励制度》。继续开展全市域义务教育段学生学业水平监测。不断加强统筹与衔接。加强高中与高校的紧密联系、高中与初中的紧密衔接以及产教深度融合，组建初中教育共同体5个。加紧高考试题研究，组建命题研究团队，编写高中各学科、初中部分学科市级统编作业，实施中小学“品质课堂”深化行动，推进学生生涯规划教育。技师学院产教融合工程项目入选浙江省2019—2020年度产教融合“五个一批”名单（绍兴市仅2个）。不断落实“五育并举”。改革学年德育考评方式，开发诸暨市中小学德育考核系统。推进文明校园、绿色校园等创建，中小学文明校园实现全覆盖，新创成省中小学心理健康教育示范点学校6所（全市达25所）、浙江省绿色学校4所（全市达37所），实验幼儿园入选首批省节水宣传教育基地名单（全省仅12个），与相关单位共同认定市级中小学生研学实践教育基地（营地）11个、乡村振兴中小学劳动教育基地（村）23个、共建“枫桥经验”青少年传承基地。2020年高考，全市高水平大学录取115人，其中浙江大学录取63人。素质教育成绩斐然，2020年第36届全国中学生数学奥林匹克竞赛中斩获4金1铜，金牌数占全省1/5，其中1人入选国家集训队；2020年全国职业院校技能大赛师生斩获4金1银1铜，金牌数占全省44.4%；浣江初中两名学生荣获北京大学举行的信息学冬令营一等奖（全国初中生获此殊荣不足10人），其中1名学生代表国家队参加2020年国际初中生信息学竞赛获得金牌（绍兴市唯一、全省仅4人）；获第34届省青少年科技创新大赛金牌2枚，银、铜牌10枚，金牌数和奖牌数均列绍兴市第一；成功入选2020年全国青少年校园篮球“满天星”训练营名单（全省唯一），海亮中学队夺得2020年全国U15男篮总决赛冠军。智慧教育行动，为提质助力。投入3078万元实施智慧教室改造提升项目，更新3000多个教室多媒体系统，为优化信息化教学打下基础。深化精准教学平台建设与应用，新增题库系统、教学资源系统和体质健康监测系统，全面支持各教育共同体精准教学应用，累计进行各类考试858次、采集学生学业数据302万条。新增“桌面云”项目2000多个点，建设新型教学空间56个，助力薄弱学校质量同步提升。

教师队伍建设。深入贯彻落实中共诸暨市委 诸暨市人民政府《关于深化新时代教师队伍建设的若干意见》，打好“选练活”组合拳，加快师资队伍整体实现“三优三提升”。加强遴选。坚持德才兼备、以德为先原则，实施教体系统“源头工程”，2020年选定第一期“源头工程”培养对象47名。完善后备干部推选机制，发现和储备一批德才兼备、具有较强发展潜力的好苗子。加大全国知名高校应届优秀毕业生“校园招聘”力度。注重培养。制订年轻干部成长激励计划，实行“一人一档、精准滴灌”，选派1名局机关干部下校挂职锻炼、3名学校干部上挂局机关锻炼。建立新入职教师培训“双导师制”，对196名新教师开展入职教育。组织全市7611名45周岁以下教师学科专业素养“大练兵大比武大提升”活动，举办班主任基本功大赛，完成124个“三名”工作室三年一轮考核。开展校园故事交流评比活动，讲好诸暨教育“师德故事”“管理故事”，进一步凝聚正能量、提振精气神。优化激励。健全干部选拔任用监督管理机制，下发《关于进一步规范学校中层干部岗位设置和选拔任用工作的通知》,暑期选配年轻的业务型普高校长3名,竞争性选拔局任副职年轻干部5名。加快推进中小学教师职称自主评聘改革试点,试点学校增至9所。设立班主任专项考核奖,不断增强班主任岗位吸引力。完善高层次教育人才奖补和农村名优教师津贴发放办法,2020年发放高层次教育人才奖补217人次228.95万元、农村名优教师津贴174人次113万元。蒋春凌老师荣获2020年全国“最美教师”称号(全国十名、全省唯一),9名校长、教师入选2020年浙派名师名校长培养对象,19名教师入选第二届“绍兴名师”,2位教师获得第三届“最美绍兴人”提名奖。获评省优质课一等奖5个、二等奖4个,绍兴市优质课一等奖21个,第九届长三角班主任大赛一等奖1名、三等奖1名,省班主任大赛一等奖2名、三等奖1名。

2020年9月15日,海亮学校开设全省首个民办“援藏班”,招收第一批西藏那曲地区学生30名(教体局提供)

教育发展环境建设。致力构建高水平教育公共服务体系,实现优质资源全员共享,不断提升人民群众的教育获得感、满意度。注重优质资源拓展。建成投用城东初中、明德小学等一批校舍新建工程,完成诸暨中学等一批校舍改扩建工程,加快推进西子小学、枫桥镇中、湄池小学及城区幼托一体普惠园等重点工程建设,完成年度投资额3.64亿元。成立滨江初中教育集团,全市中小学(幼儿园)教育集团已达12个,完成“互联网+义务教育”结对帮扶扩面提质工作,结对学校增至41对,城乡教育一体化水平不断提升。超额完成公办学校教室功能提升工程年度任务,改造全市中小学普通教室照明系统614间,更换中小学可调式课桌椅15135套,安装幼儿园新风系统702台。创成省现代化学校7所、绍兴市现代化学校16所、省义务教育标准化学校6所、省特殊教育标准化学校1所。优化服务效能提升。局机关组建48个“三服务”活动小组,问题办结率100%。深化教育领域“最多跑一次”改革,2020年秋季义务教育、幼儿园新生网上报名录取实现全覆盖,完成高考综合平台建设。“公民同招”政策平稳顺利实施,进一步优化教育生态。做好“山海协作”和东西部对口支援工作,选派12名骨干教师赴新疆、四川、西藏等地支教,技师学院、职教中心两所中职学校接收云南、四川两地贫困学生28名,海亮学校开设全省首个民办“援藏班”,招收第一批西藏那曲地区学生30名。深化平安校园建设。全面落实校园安保防恐“四联三防”机制,6所学校被列为省、绍兴市安保防恐标准化建设示范点。试点构建幼小初高一体化安全网格管理体系,启动实施中小学心理健康“幸福行动”计划,建立家校社联动机制,不断提升学校安全综合治理现代化水平。持续清风校园建设。不断压实“清廉教育”“清廉学校”建设主体责任,新认定诸暨市级“清廉学校”12所,培育“清廉学校”示范点4个。开展教师员工赌博、酒(醉)驾等问题专项整治行动,保持正风肃纪高压态势。 (姚伟均)

学前教育

【概况】2020年，全市有各级各类在册幼儿园120所（公办80所、民办40所，其中普惠性民办27所；省一级园13所、省二级园52所、省三级55所），教学点30个。全市在园幼儿29983人，3 ~ 6岁幼儿毛入园率为101.6%，普惠园在园儿童27005人，覆盖面90%。全市幼儿园教职工3987名，其中专任教师2386名（含园长），持证率100%，事业编制占比21%（含报备员额制），高学历比例99.7%，职称评定率92%。另有托儿所31家（均为民办）、早教基地35个（民办2个），拥有初级及以上育婴师1696名。

2020年6月5日和9月28日，由诸暨市人大常委会主任姚汉松和市政协主席郭浩良分别带队，实地视察苎萝幼儿园、东望幼儿园、梓豪幼儿园以及西子幼儿园规划地块、白马墩小区配套幼儿园，听取市政府关于推进学前教育事业发展的情况报告。视察组就下一步城区资源供给和机会公平、群众期盼、规划落实、幼师人才资源等方面提出希望和要求。

【保障政策制定】12月23日，印发《关于学前教育深化改革规范发展的实施意见》（市委〔2020〕15号），首次以市委、市政府名义发布推动区域学前教育优质普惠发展的政策性保障文件。邀请第三方编制学前教育中长期专项规划，优化近远期城镇园点布局，推进诸暨学前教育事业高质量发展。

【办园模式创新】2020年，通过“交投集团建、教体局办”的模式，计划投资2.34亿元，新建托幼一体普惠园5所，新增幼儿学位1980个、托儿学位300个。至12月底，全部完成立项，其中2所开工建设。

【普惠性民办幼儿园奖补】全年用于普惠性民办幼儿园各项奖补经费共计642.98万元，惠及幼儿园11所、师幼2910名。用于小区配套幼儿园民办非普转普专项治理奖补经费88.26万元（不含移交公办幼儿园的拨款经费），惠及4所普惠园、1139名师幼。

【公办幼儿园新风系统全覆盖】实施全市公办幼儿园新风系统安装工程，投入890万元，为全市80所公办幼儿园教室、午睡室安装新风系统732台，实现公办幼儿园全覆盖。

【疫情防控】2020年，组建47个分片包干督查验收组，抽调122名驻校工作人员，建立健全教体、卫健、市场监管、公安和镇乡（街道）“一校七员”驻校联防联控机制。全市幼儿园储备口罩10万个、测温仪1398个、消毒液4280千克、防护服（隔离服）800套、临时隔离房221间等。落实民办幼儿园疏迁解困扶持政策，落实社保费用减免、防疫物资资助、人员工资补助等一系列举措。

诸暨市幼儿园做好开学疫情防控工作。图为幼儿园开展“上学、放学秩序”现场演练（摄于2020年3月，市档案馆提供）

【秋季幼儿园新生全部网上报名录取】2020年，响应省政府“最多跑一次”号召，2020年秋季全市幼儿园新生全部实行网上报名录取，并统一接入浙江政务服务网、“浙里办”APP，让入学更公平、家长更便利，较好破解“招生高峰年”矛盾。

【“名园+”模式拓展】2020年，进一步拓展“名园+”模式，全市共组建幼教集团7个（公办5个、民办2个），共有园区27个，可提供优质学位9000余个。新开办优质园4所（公办1所、民办3所），新增省二级园3所，省二级及以上优质幼儿园在园儿童覆盖面达75.2%。同时对规模在50人以下小规模幼儿园进行优化，提档改造15所，注销撤并19所。

【民办学前教育机构年检年审】2020年，对全市70余家民办学前教育机构进行年度考核，评定合格58家、基本合格1家、不合格1家，另有新许可设立免检2家（星朗德幼儿园、海亮森林幼儿园），变更项目许可不参加年检2家(和泰幼儿园、博爱幼儿园),自动上缴办学许可证、停办6家。

【**幼教队伍建设**】2020年,推进"三名"工作室、"诸暨市骨干校(园)长复旦培训班"等工作,助推园长、教师专业成长。新增报备员额制48人、编外合同制64人。落实各项人员奖补政策,投入资金近1.2亿元,惠及1979名公办幼儿园编外教职工和110名普惠性民办幼儿园编外教师。2020年,公办幼儿园编外教师人均工资待遇市级财政核拨金额达7.3万元,缩小与在编教师收入差距。

【**课程建设**】2020年,不断提升开放合作水平,确定浣江幼儿园教育集团、浣东街道和济幼儿园与杭州拱墅区蓓蕾幼教集团联谊结对,暨北幼儿园和上虞爱弥儿幼教集团联谊结对,以挂牌成立"特级教师工作室""园长骨干教师挂职跟岗""专家蹲点指导"等方式共享优质教育资源。利用"互联网+"模式,尝试疫情背景下云课程探索工作,遴选7所优质幼儿园近70名骨干教师录制教学视频,推出"亲子宅家乐"云课程共享资源包。组织幼儿教师专业素养大练兵大比武大提升活动,全市所有幼儿园(点)在册1900余名40周岁及以下的幼儿园教师参加。组织系列评比,举行以"品质生活·润美童年"为主题的百家论坛活动,汇编印发《"品质生活·润美童年"幼儿园课程研究与实践案例集》,"品质生活·润美童年"生活化课程的研究与实践有新的提升。

【**成绩荣誉**】2020年,全市幼儿园获得省级集体荣誉7项、绍兴市级集体荣誉6项,教师获奖省级荣誉6人次、绍兴市级荣誉19人次。暨北幼儿园、应店街镇中幼课改经验在省、市级课改工作研讨会上交流,四所幼儿园(浣江、浣纱、实验、牌头中幼)的课程方案入选绍兴市教育局《幼儿园课程园本化范式》成果集。(阮云飞)

义务教育

【**概况**】2020年,全市共有小学101所,初中37所(其中九年一贯制学校5所),在校小学生69636人,在校初中生38559人。义务教育学龄儿童少年入学率和巩固率均为100%;初中毕业生升入高中段各类学校比例为99.53%。贯彻落实市政府关于外来建设者随

2020年9月,陶朱街道明德小学建成开学(教体局提供)

迁子女入学的相关政策，保障符合条件的外来建设者随迁子女享受公平教育权利，挖掘学位资源，尽最大努力解决随迁子女入学问题，义务教育段随迁子女入学达22530人。

【教学质量】义务教育加快优质均衡和现代化发展步伐，入学率、巩固率和“三残儿童”（视力、智力、听力残疾）入学率均为100%。实验小学教育集团城东小学、陶朱街道西湖小学、店口镇弘毅小学、浣东初级中学、大唐镇初级中学创成第一批省现代化学校，实验小学教育集团庆同小学、暨阳街道浣纱小学、浣东街道城新小学、暨南街道暨南小学、店口镇阮市小学、次坞镇中心小学、赵家镇中心小学、马剑镇中心小学、陶朱街道陶朱初级中学、暨南街道王家井初级中学、大唐街道草塔初级中学、璜山镇初级中学、安华镇初级中学、姚江镇直埠初级中学、浬浦镇中心学校、岭北镇中心学校等16所学校创成绍兴市现代化学校。因学校调整，2020年全市138所义务教育学校均通过省义务教育标准化学校验收，创建率达100%，居全省前列。东和乡创成绍兴市教育优质均衡示范乡镇，全市创建率达95.65%。不断深化义务教育段全市域全方位教育质量监测工作。继续实施“阳光招生”，2020年秋季全市义务教育段学生均通过“浙里办”系统实行网上报名录取。新冠疫情延迟春季开学期间，组织全市学校通过钉钉、微信等多种手段开展线上教育教学。

【民生实事工程】2020年上半年，受新冠肺炎疫情影响，暂停开展学生放学后托管服务工作，11月9日后各校继续实施该项工作，采用信息化手段优化托管申请、资格审核、缴费等服务环节，托管服务工作涉及暨阳街道、陶朱街道、浣东街道13所学校，参与晚托学生共计1549人，人均托管57天。放学后托管服务工作提升疫情防控常态化下的教育服务水平。投入1.2亿元建成城东初中(36班)，投入1.95亿元建成陶朱街道明德小学(48班)，城东初中与滨江初中组建滨江初中教育集团，明德小学成为浙江外国语学校附属小学（诸暨首个高校附属学校），优质教育资源进一步拓展。实施公办学校教室功能提升工程（第一期），投入约950万元改造教室照明系统并更换可调节式课桌椅。推进“互联网＋义务教育”扩面提质，结对帮扶学校55对，实现全市所有乡村中小学结对帮扶全覆盖，进一步提升农村教育质量，促进教育公平。（王先均）

普通高中教育

【概况】全市共有普通高中17所，其中公办普通高中8所、民办普通高中9所（含十二年一贯制学校1所），在校学生34205人。

【学科竞赛】2020年，参加中学生数学、物理、化学、生物、信息技术“五大学科”竞赛，获国际级金牌1人次，亚太地区金牌2人次、银牌1人次；国家级金牌4人次、银牌1人次、铜牌1人次；省级一等奖31人次、二等奖100人次、三等奖62人次。诸暨中学获高中生物全国联赛浙江赛区团体优胜奖，海亮高级中学获高中数学、物理全国联赛浙江赛区团体优胜奖。

【高中招生】2020年，普通高中总录取7832人，其中普高5304人、职校2528人。继续实行诸暨中学招生名额按50%的比例分配至全市各初中学校。

【高考成绩】2020年，全市普通类第一段（含提前批）录取1474人，继续保持全省前列。其中北大、清华录取3人（均为诸暨中学），上海交大、复旦大学录取9人，浙江大学录取63人。（王先均）

中等职业技术教育

【概况】2020年，全市共有中职学校4所，其中国家级重点中职学校3所、省中职改革发展示范学校3所、省中职名校1所、省中职高水平学校立项1所。拥有中央财政扶持实训基地2个、省示范实训基地7个，省示范专业10个、省骨干专业3个、省品牌专业2个、省优势特色专业2个、省高水平专业立项6个。在校生10910人，在编教职工658名，专任教师602名，其中专业教师336名，“双师型”（具有教师资格证、专业技术资格证书）专业教师314名，“双师型”专业教师比例为93.45%，具有技师及以上资格证专业教师218名，占“双师型”专业教师比例为

69.43%。

【项目推进】2020年，与杭同城相关项目推进：新设电子竞技运动与管理专业，招收培育电竞专业新生51名；与3所杭州高校（浙江建设职业技术学院、浙江长征职业技术学院、浙江经贸职业技术学院）合作开展中高职一体化培养，招收培育新生185名。民生实事项目推进：完成大学生创新创业培训527名（其中取证492名）。对口帮扶项目推进：接收云南瑞丽10名贫困新生、四川金川18名贫困新生到诸暨就读中职学校。

【创建成果】2020年，创成省级中职项目9个：省中职高水平学校立项1所（职教中心）、省中职高水平专业立项6个（职教中心汽车运用与维修、园林工程，技师学院电子商务、机电技术应用，绍兴护校护理、助产），省中职校企合作共同体项目1项（绍兴护校“四尚”护理人才培育校企合作共同体）、省产教融合项目1项（技师学院产教融合项目）。创成绍兴市级中职项目5个：绍兴市级优势特色专业1个（职教中心幼儿保育）、绍兴市级示范职教集团1个（职教中心诸暨市建筑业教育联盟）、绍兴市级现代学徒制示范项目1项（技师学院电子商务）、绍兴市级创业基地1个（技师学院“清荷”非遗创业园）、绍兴市级创新实验室1个（职教中心非遗文创园）。

【教学质量】2020年，中职生3项目（绍兴护校护理技能项目，技师学院机器人技术应用项目、电气安装与维修项目）夺得省赛第一名，并全部夺得国赛金牌，金牌数占全省国赛金牌数(6块)的一半，列全省第一；2020年省中职学校职业能力大赛信息化教学赛项中，教师3个项目（职教中心专业技能课程组、公共基础课程组，绍兴护校专业技能课程组）夺得省赛一等奖，在国赛中，职教中心专业技能课程组夺得金牌、公共基础课程组夺得铜牌，绍兴护校专业技能课程组夺得银牌，国赛金牌数占全省(3金)的三分之一。2020年，升学率不断提升，通过中职高考、中高职一体化培育等形式，升入高校2021名（其中本科110名），升学率达59.8%，较2019年提高4个百分点。全年取得中级工技能证书3277名，占比达96.9%。

【社会服务】2020年，共有944名中职生在疫情期间返企顶岗实习，服务企业复工复产382家，深入调研企业16家，校企合作洽谈项目2个；开展线上职业技能（育婴师、电工）培训137名，面向乡镇开展防疫员培训1000余人。配合万安集团、海亮集团、越隆绣机等企业，开设新型学徒制高技能培训班7个，培训员工317名；服务地方特色餐饮，开展次坞打面培训96名；配合江藻镇政府“农民变蓝领”三百工程，完成农产品种植技能培训100人、农村电商培训100人、机械铸造类培训100人；开展大学生创业培训298人、高技段毕业生创业培训229人。全年中职学校开展各类职业技能培训合计19039人次。

（徐志洪）

浙江农林大学暨阳学院

【概况】浙江农林大学暨阳学院位于诸暨市城北教育园区，占地面积542.54亩，校舍建筑总面积26.7万平方米，总投资13亿元，其中暨阳体育中心总建筑面积3.8万平方米，集篮球馆、游泳馆、网球馆为一体，能承担国际性体育赛事，实验教学大楼面积1.9万平方米。暨阳学院设本科专业32个，面向全国13个省（市、自治区）招生，2020年有全日制本科生6794人。学院有省级一流学科(B类)2个（农业工程、风景园林学），绍兴市重点学科4个（机械电子工程、园林植物与观赏园艺、宪法学与行政法学、计算机科学与技术）；省级重点专业1个（工商管理）、省级新兴特色专业3个（机械制造及其自动化、中药学、计算机科学与技术）、省“十三五”特色专业2个（园林、会计学）、省一流专业3个（机械设计制造及其自动化、园林、会计学）、绍兴市重点专业2个（中药学、环境设计）。建有3900平方米的产学研中心，拥有中国香榧研究院暨国家林业局香榧工程技术研究中心、生态环境发展研究中心、浙江农林大学诸暨创新发展研究院、陶朱商学院、中国大唐袜艺学院、中国珍珠学院等产学研机构。有专兼职教师478人，专任教师378人；专任教师中博士学位113人，占29.89%，硕士以上学位比例达92.59%，高级职称比例达40.74%。学院拥有共享院士1人，全国优秀教师1人，浙江省高等学校教学名师1人，浙江省优秀辅导员3人，浙江省万名好党员1人，浙江省“三育人”先进个人1人，浙江省教育系统“事业家庭兼顾型”先进个人1人，浙江省“151人才工程”第二层次培养人员1人、第三层次培养人员5人，浙江省中青年学科带头人3人，绍兴市最美教师1人，绍兴市拔尖人才1人，绍兴“330海内外英才计划”4人，绍兴“名士之乡英才计划”2人，诸暨市暨阳“533英才计划”5人。

2020年，学院制定《“暨阳红”党建工程实施方案》《基层党务干部轮训工作方案》《关于进一步加强“课程思政”工作的实施意见》《中层干部教育培训规划(2020—2022年)》。发布外媒报道73条，其中在新华社、浙江新闻、学习强国等5家媒体发布20余条；深化“双带头人”培育工程，实现教师党支部“双带头人”100%全覆盖。持续落实《学院“清廉校园”建设实施方案》；落实《“作风建设提升年”实施方案》，完善作风建设长效机制。

新冠肺炎疫情期间，研发“我是校园”进出码；编制《防控工作简报》6期，印发《疫情防控流程一本通》，应用各种平台载体发布疫情防控宣传报道、视频动画等70余条；做好“停课不停学，停课不停教”，480名教师开设在线课程1722门次，累计在线学习学生678964人次。涌现线上教学优秀案例60个，推荐高等学校在线开放课程共享联盟的优秀案例5项，完成在线教学专项项目10项。

【教育教学工作】2020年，园林、机械设计制造及其自动化、会计学3个专业获批省一流专业建设点，电子商务概论等5门课程获批省一流课程；《广告设计》等3本教材获得省“十三五”新形态教材立项；《基于短视频的农特产品新零售创业训练营》入选2019—2020年度浙江省产学合作协同育人项目。完成计算机科学与技术、中药学2个省级新型特色专业；获浙江省高教学会教学改革项目3项，绍兴市高等教育教学改革项目4项，获批绍兴市精品在线开放课程3门，培育精品在线开放课程4门，线上线下混合式课程9门；获2020年“互联网+”教学优秀案例特等奖1项、一等奖1项、二等奖1项。并获2020年浙江省“挑战杯”三等奖。打造学院首批智慧教室样板区，建筑面积超1000平方米，实现常态化录播、教学互动、精品课程录播、在线直播、远程授课等智慧教室功能；《建设智慧教室，打造智慧学习空间》等两个案例获2020年浙江省高校教育信息化优秀案例成果奖。

【应用型人才建设成果】2020年，学生一类竞赛获省级以上奖项54项，其中，国家级二等奖2项、优秀奖2项，省级一等奖6项、二等奖8项；省一等奖以上获奖数量比上年上升66.7%；学生共授权专利39项，比2019年增长12倍，其中，发明专利11项，软件著作权1项；省级星创天地和绍兴市大学生创业园考核验收。获国家级大学生创新创业训练计划项目立项15个，获浙江省大学生科技创新活动计划(新苗人才计划)项目立项2个，全年新立项校级创业团队6支，新注册公司3家。“授人以渔”团队受到新华社报道，点击浏览量突破130万，并获2020年浙江省“挑战杯”三等奖。

【教师科研成果】2020年，学院教师首次承担国家科技重点专项课题，主持省部级科研成果奖3项；发明专利数量比2019年增长120%，实用新型专利数比上年增长94%，获得美国授权专利1项，实现国际高水平专利新突破；学术论文SCI一区数量较2019年翻一番，SCI三区较2019年增长29%；EI收录论文较2019年增长50%；学术著作较2019年增长75%，其中，一级出版社著作比2019年增长33%；1篇咨询报告获得省委常委、杭州市委书记周江勇批示。“植物纤维功能材料实验室”获批为绍兴市培育建设重点实验室。“乡村振兴研究院”“数字枫桥与治理创新研究中心”“晨晓色彩研究院”三个院级研究平台成立。

【师资队伍建设】2020年，学院制定《学院教师挂职锻炼管理办法》《学院“双师双能型”教师管理办法》《学院教职工进修学习管理办法》等管理办法。共引进专任教师18人，其中“省151第二层次人才”计划1人，博士14人(教授4人、副教授5人)；入选“浙江省高校领军人才培养计划”5人，入选绍兴“海内外英才计划”4人，进入“省级引才计划(海鸥计划)”终审1人。开展百名教授和博士教师进机关、进企业、进田间“三进”专项行动，首次组织选派16名教师到诸暨市机关事业单位、企业等挂职锻炼，认定首批“双师双能型”教师83人。组织教学沙龙和教学示范课等50余次活动，3个线上教学群，邀请不同领域专家10名开展讲座10场。组织教师参加各级各类培训20次。通过《学院关于进一步加强“课程思政”工作的实施意见》，推出地方特色思政课程“新时代枫桥经验”，立项建设课程思政示范课程10门。逐步推进辅导员职业素质提升工程，12月15日，举办第三届辅导员素质能力大赛；开展辅导员思享会3期，提升辅导员思政工作水平。

【学生社区管理】2020年，完善学生社区管理制度，建立“三员”育人学生社区服务体系和四级学生社区自治组织建设，完成社区管理信息化基础建设，进一步改善社区生活设施。丰富社区文化活动，开展2020“色彩暨阳·和谐社区”社区文化节暨寝室安全“五个一”活动月系列活动。参加绍兴市第五届大学生“寝室文化节”最美寝室评比，3个寝室获得“最美寝室”荣誉称号。

【校园文化活动】2020年，推进阳光共青团“六大体系”体系建设，充分发挥凝聚学生、引领学生、服务学生的桥梁和纽带作用。以六大实践育人平台为依托，开展假期社会实践活动，主动服务乡村振兴战略，提高学生社会责任感和实践探索能力。开展“学院杯”篮球赛，五四、迎新、毕业、元旦等四大晚会，丰富大学生校园生活。近千名阳光志愿者活跃在学院开学返校防疫、CBA浙江广厦篮球队主场等志愿服务现场。1000余人参加无偿献血活动，献血总量高达25万多毫升。

【招生与毕业生就业情况】2020年，丰富招生宣传形式，开展招生直播活动，累计观看超150余万次，共招录新生2409人。创新就业服务方式，开展“大学生职业生涯规划大赛”。毕业生年终就业率为90.05%，诸暨就业率5.01%，研究生录取率为7.88%，考取公务员6人、事业单位6人、参军9人、自主创业22人（创业率1.27%）。

【社会合作与国际化交流】2020年，联合诸暨市人民政府发布2020年校地合作项目清单，与次坞镇等4家镇乡街道、局委办签订全面战略合作协议，与2025创意产业园等20余家行业企业签订合作协议。创新发展研究院更名为浙江农林大学诸暨科技研究院有限公司。与34家单位合作，开展乡村振兴培训项目、企业专项能力提升培训项目46项，服务覆盖6489人。承办首届中国农特产品短视频新零售论坛，“打造校地合作协同育人品牌助力乡村振兴”获绍兴市德育成果二等奖。新华社客户端以让手机成为“新农具”为主题专题报道暨阳学院金川县农村致富带头人专题培训项目，点击浏览量达到110万人次。中国大唐袜艺学院建立55个大学生实习实训基地，组织参加“中国设计红星奖（诸暨）产品设计大赛——2020袜业大赛”，2件作品获得优秀入围奖，学院获优秀组织单位荣誉称号。举办主题为“家国情怀 国际视野”的第三届国际教育宣传月活动，拓展海外合作院校，与韩国牧园大学、澳大利亚埃迪斯科文大学签订合作备忘录。海外硕士研究生项目申请18人。

【暨阳学院办学20周年纪念大会】2020年11月8日，暨阳学院举行办学20周年纪念大会；举办学院校友会成立暨第一届校友代表大会、“最好的年华”院庆文艺晚会、学生公寓新建工程奠基仪式、院庆日升国旗仪式、《浙江农林大学暨阳学院志》发布仪式等院庆系列活动，各级领导嘉宾、海内外校友、社会各界人士及校友代表等500余人参加活动。

【中国珍珠学院揭牌成立】2020年6月9日，中国珍珠学院揭牌成立。学院建成总面积7800平方米的校外办学场地，完成3个产业班的人才培养方案，首届“珍珠产业班”招生113名，打造中国珍珠学院学术品牌——“珠玑讲堂”。推动校地合作，成为“中国珠宝玉石首饰行业协会”会员单位，珍珠分会理事单位，完成省农广校第一期培训等校外职业技能培训，成立师生创意创业中心，与中国美术学院签署校校教育合作框架，与5家珍珠行业企业开展校企合作。

（蒋漾漾）

成人教育

【概况】2020年，全市拥有市级成教中心1个、社区学院 1 所、镇乡(街道)成人文化技术学校 23 所、村级成人培训教学点 398 个、社区教育学校 23 所、老年开放大学镇乡(街道)分院 23 所;新建老年学堂 1 所;有设置成人学历教育教学点的中职学校 3 所。

【成人教育和社区教育内涵提升工程】2020 年,继续深入实施诸暨市成人教育和社区教育内涵提升工程,巩固和扩大“十三五”期间成校建设成果,利用好镇乡(街道)文化中心资源,加强校舍建设,落实校园文化,完善设施设备,务实推进省、市两级现代化成校建设工作;深入实施《诸暨市关于推进社区教育进农村文化礼堂三年行动计划(2019—2021 年)实施方案》,围绕年度任务目标,着力做好社区教育进农村文化礼堂工作;根据镇乡(街道)经济特色与现有中职学校专业布局,做好职成教学校技能培训的对接与融合,构建完善市级层面的成人(社区)教育师资库;制定《关于推进诸暨市 2020 年老年建设工作的通知》,不断完善老年教育长效机制,确保成人(社区)教育工作开展。

【平台建设】2020 年,继续开展诸暨市成人(社区)教育内涵提升工程有关项目评审、诸暨市“百姓学习之星”“终身学习品牌项目”评选等活动,组织诸暨市全民终身学习活动周。全面开展老年教育,充分利用“诸暨社区教育网”和微信公众号、“浣江讲堂”等构建终身学习平台,自主创建和提供在线学习资源,市民知晓率和学习率逐年提升。

【社会培训】2020 年,圆满完成各类成人(社区)教育培训任务,并全部录入省学分银行。开设 29 个学分银行受理点,年度录入学分银行平台系统培训成果 256120 人次,培训成果占当地常住人口数比例的 21.58%,超额完成省定指标。开展扫盲教育,超额完成 490 名扫盲工作任务。完成老年学位新增指标。充分利用农村文化礼堂,全力办好家门口老年教育,完成年度新增老年学位 15735 个,超额完成上级下达的任务。开展职业技能培训。利用现有职成教资源,全年开展职业技能培训 23290 人次,其中家政服务类培训达 10213 人次。

【社区教育进文化礼堂】2020 年,进一步完善诸暨市社区教育进农村文化礼堂文艺演出联盟、讲师联盟,吸收成员 90 多人(团队),征集菜单式活动项目 20 多个。在 286 个农村文化礼堂开展 857 场次教育活动,有 65876 人次参加各类活动。

【创建成果】2020 年,成功创建省级成教项目 3 个:大唐街道成校、牌头镇成校创建为省现代化成校,马剑镇成校的“马大嫂”传统美食创意培训被评定为省成教品牌项目。同时,大唐街道成校、牌头镇成校创建为绍兴市现代化成校,马剑镇成校的“马大嫂”传统美食创意培训、次坞镇成校的“诸暨次坞打面”富民培训工程、东和乡成校的“休闲”农家乐培训项目被评为绍兴市成教品牌项目。

【新建老年学堂 1 所】2020 年,省政府将老年大学(学堂)建设列为十方面民生实事内容之一。按照省政府要求,诸暨市完成 1 所老年学堂建设任务。该学堂坐落于大唐街道江北路 11 号,由大唐镇文化站投资 30 余万元改造而成,设有电脑室、舞蹈室、书画室、健身活动室、图书电子阅览室等多间培训教室。

【开办社会体育(太极拳)指导员培训班】2020 年 11 月 28 日至 29 日,由市教体局主办、市武术协会协办的 2020 年诸暨市社会体育(太极拳)指导员培训班在市社区学院举办,最终 24 名成人学员获得“诸暨市社会体育(太极拳)指导员”证书。 (*方爱君*)

民办教育

【民办教育规模】2020 年,坚持抓增量、存货量,实行“多条腿”走路。新增全日制民办中小学校 5 家、民办幼儿园 1 家、民办教育机构 31 家。至 2020 年年末,全市共有全日制民办中小学 21 家、民办幼儿园 40 家、民办托儿所 31 家、民办早教机构 2 家、民办非学历教育培训机构 244 家(其中营利性机构 232 家、非营利性机构 12 家)。全日制民办中小学(幼儿园)在校生总数超过 5.5 万人,约占全市基础教育在校生数的 32.4%。

【民办教育培训机构监管】2020 年,进一步规范校外培训机构办学行为,提高机构办学水平。实行网格化管理,依法开展执法检查,坚决取缔非法培训机构。建立校外培训机构“黑白名单”公开制度,加大公告宣传力度，将年检结论及时向社会公开，并上墙公示，加强舆论正面引导。将机构日常监管贯穿到年检工作中，日常检查发现问题在信用评价体系中加以体现。实施部门联动机制，通过“浙江省行政执法监管（互联网 + 监管）平台”对监管对象开展抽查巡查工作，督促校外培训机构及时整改存在的问题。畅通举报渠道，发动社会力量共同参与监管工作。

（周丹洁）

特殊教育

【教育规模】2020 年，全市有特殊教育学校 1 所，专任教师 52 名，在校学生 138 名，其中小学段 69 名、初中段 51 人、高中段 18 人。

【所获荣誉】2020 年，学校荣获 2020 年全国残疾人跳绳线上挑战赛团体花样混合组第四名、浙江省第二届残疾人旱地冰壶锦标赛智力混合组第三名，成功创建浙江省第二批特殊教育学校标准化学校，被评为绍兴市“五星三名”达标学校。

【特殊教育融合教育】2020 年，继续做好特殊教育融合教育，深化特殊教育学校与浣江幼教集团城西幼儿园、陶朱街道城西小学、暨阳初中和诸暨技师学院的融合教育。新增暨阳街道暨北幼儿园和店口镇弘毅小学资源教室 2 个，确保招收残疾学生 5 人以上的普通学校建有资源教室。（宣奇琴）

师资队伍建设管理

【概况】2020 年年底，全市中小学在职教职工 16626 人（专任教师 13641 人），其中普通高中 3139 人、中职学校 1241 人、初级中学 3497 人、小学 4703 人、幼儿园 3987 人、特殊教育学校 59 人。由教体局任命的学校干部共 229 名，其中正职 50 人、副职 179 人；女性 68 人，占 29.7%，本科以上学历 227 人，占 99.13%；副高及以上职称 135 人，占 59%。

全市中小学专任教师的学历结构：幼儿园教师专科及以上学历比例为 99.69%；小学专科及以上学历比例为 99.85%，其中本科以上学历比例达 92.56%；初中教师专科以上学历达 100%，其中本科以上学历比例 98.14%；高中教师本科以上学历达 100%，其中研究生学历（含硕士学位）比例 14.24%；中职教师本科以上学历比例为 98.67%，其中研究生学历比例 5.98%。

【干部队伍建设】2020 年，始终坚持把党风廉政建设作为“一把手”工程，不断落实《教体系统党风廉政建设责任制考核办法》，量化细化五大类 24 项职责，开展季度报告制度、“1+X”专项督查，“一票否决”考核等，压紧压实主体责任。2020 年，开展新提拔局任命干部任前集体谈话 4 次，四种形态提醒谈话 29 人次，警示谈话 16 人次，诫勉谈话 2 人次，给予党政纪处分 25 人次。

强化党性修养，锤炼过硬本领，全面提升学校干部能力素养。2020 年，组织开展第四期中小学校党务干部培训，183 名学校党组织书记和党务干部参加培训。选派 16 名书记参加绍兴市中小学校党组织书记示范培训，36 名学校党组织书记参加全国中小学校党组织书记网络示范班培训，学校党务干部能力素养有力提升。创新开展党务工作师资质认定，经资格初审、理论测试、综合评定，认定初级党务工作师 137 名、中级党务工作师 3 名，该项工作成功入围全省中小学校党建工作精品案例，同时被评为 2020 年度诸暨市组织工作“微改革微创新”项目。持续优化干部队伍结构，在全市竞争性选拔 5 名局任中层副职干部。聚焦初中质量提升，选派 7 名校长（其中城区初中 3 名、农村初中 4 名）参加省初中校长素质提升计划培训。着力提升校长队伍管理水平，组织 16 名高中校长参加绍兴市高中校长任职资格培训，8 名校长参加绍兴市教育优质均衡发展专题研修班培训，分学段组织全体局任干部开展“我的管理故事”现场讲述活动，分享管理经验，提升管理智慧。

【教师队伍建设】师德教育。将“铸魂育人”作为 2020 年系统师德专题教育活动主题，组织全体教师开展“我的师德故事”交流分享活动。选取 5 位优秀教师代表，从“坚守、专业、情怀、奉献”视角，拍摄“有你，真好”短视频庆祝第 36 个教师节。择定 10 所学校教师参加2020年度全省中小学教师信息技术应用能力提升工程2.0培训。实施“双导师”制，创新开展为期一年的2020年度新教师入职培训。组织3名职高新教师参加2020年度省中等职校非师范类新教师入职培训。组织13名教师参加教育部中小学德育骨干、班主任和心理健康教育教师网络示范班培训。教育研究中心黄锡光、教师进修学校斯怡安、荣怀学校荣博幼儿园黄蔓3人参加2020年度“国培计划”示范项目培训。

业务培训。2020年诸暨市教师专业发展贯彻落实《诸暨市中小学教师培训“十三五”规划》，结合当年开展的扎实调研，及时了解中小学教育教学情况和教师培训需求，构建多层次的培训目标体系，建立明晰、系统的教师分层培训策略和机制。2020年，分学科规划82个不同层次的教师培训项目，100多个培训班期，其中，90学分培训项目34个，24学分及其他短期培训48个。2019学年，全市平台教师注册数为13010人（包括民办学校），2019年完成培训总学时超过98.5万时，其中，自主选课学时66.6万多时，占培训总学分的比例67.61%，90学分培训人数3281人次，教师自主选课后实际参训率98.7%，“教评学”完成率100%，“学评教”满意率99.44%，各培训项目的满意度评价均在98%以上。

人才培育。持续加强124个“三名”（名校长、名师、名班主任）工作室建设与管理，经考核，评出优秀名班主任工作室10个、优秀名师工作室12个，共发放考核奖22万元。学勉中学冯洪明、浣东初中陈琼、特殊教育学校田永江被确立为2020年度浙派名校长培养对象；浬浦中学谢惠阳、暨阳初中周吉平、马剑镇中邱亦斌、牌头镇小赵娜、姚江直埠小学徐磊、实验幼教杨徐燕6位老师被确立为2020年度浙派名师培养对象。2020年，发放高层次人才奖励补助资金 243人次共计252.95万元。

交流合作。持续推进教育“与杭同城”行动计划，拓宽与拱墅区教育局的友好合作平台，共享优质教育资源，诸暨中学等8所普高以及滨江初中、暨阳小学、浣江幼儿园等单位的30名校（园）长、骨干教师，分别进入学军中学、大关中学、拱宸桥小学、卖鱼桥

2020年9月10日，诸暨市特殊教育学校蒋春凌老师荣获2020全国最美教师称号（全国共十名、浙江省唯一）（市教体局提供）

小学、蓓蕾幼儿园等杭城名校，开展为期3个月的浸入式跟岗培训。诸暨中学暨阳分校副校长孙田宇参加为期半年的长三角地区骨干教师交流挂职学习。

教师整体素质提升。拓宽人才招录渠道，面向全国知名高校应届优秀毕业生开展“校园招聘”，共招聘录用2020年应届生66人，其中双一流高校15人、硕士研究生13人、大学本科50人、专科3人。以赛促学，着力提升教师业务素养，组织7611名45周岁以下教师开展学科素养“大比武大练兵大提升”活动。诸暨中学暨阳分校姚尚春老师被评为正高级教师。

【所获绍兴市级以上荣誉】2020年，特殊教育学校蒋春凌老师被评为全国最美教师，学勉中学冯洪明、滨江初中蔡仁洧、浣东初中杨慧、岭北中心学校周卫伟、暨阳小学张英、荣怀学校蔡陆定获评浙江省春蚕奖，暨阳分校沈宝伟被评为浙江省第六届师德先进个人，店口镇党委书记杨雷获评省绿叶奖。诸暨中学陈钢兴获长三角中小学班主任基本功大赛一等奖，诸暨中学陈钢兴、牌头中学楼雁获得省中小学班主任基本功大赛一等奖。19名教师被评为绍兴名师，东和乡中心学校竺建江、浣江幼儿园陈娜佳被评为绍兴市最美教师，诸暨中学陈建伟、牌头镇小赵娜、职教中心丁发获提名奖。此外，在2020年全国职业院校技能大赛教学能力比赛中，诸暨教师获金、银、

铜牌各1枚。（李建儿）

教育教学研究

【研究成果】2020年，在上级教研部门组织的评优活动中，主要获得成果：浙江省优质课评比一等奖5节、二等奖4节；浙江省教学论文评比一等奖5篇、二等奖5篇、三等奖22篇；浙江省教研课题成果评比二等奖1个、三等奖2个；浙江省教科研优秀成果评比三等奖1个；浙江省教科院“三全育人”典型案例评选入选1个；浙江省精品课程评比获奖2门；浙江省先进教研团队评比获奖4个；浙江省五大学科竞赛中进入国家队1个、全国奖6金1银1铜、省级赛区一等奖25人。绍兴市优质课评比一等奖21节(共32门学科参赛)；绍兴市教学论文评比一等奖52篇、二等奖86篇、三等奖146篇；绍兴市基础教育成果评审一等奖1个、二等奖2个、三等奖4个；绍兴市教研课题成果评比一等奖15个、二等奖13个、三等奖33个；绍兴精品课程评比获奖14门；绍兴市先进教研团队评比获奖10个；绍兴市中小学生研究性学习成果评比一等奖8个、二等奖14个、三等奖27个。

【教育研究】研究全面育人。聚焦构建德智体美劳全面培养的教育体系，健全立德树人落实机制，围绕如何突出德育实效、提升智育水平、强化体育锻炼、增强美育熏陶、加强劳动教育等方面重点问题，强化学科整体育人功能，深入开展内容、策略、方法、机制等的研究。研究课程育人。应对新课程、新教材的实施，加强对课程性质、课程目标、课程内容等的研究，指导学校和教师准确把握课程标准，加深对新教材的理解，探讨“依标施教”“依标施考”的策略与方法。结合高考、中考综合改革，提出学科新课程实施建议。研究过程育人。加强对课程、教学、作业和考试评价等育人关键环节研究，发挥教育研究中心在推进区域课程教学改革、教学诊断与改进、课程教学资源建设、培育推广优秀教学成果等方面的重要作用，做到重心下移，深入学校、课堂、教师、学生，紧密联系教育教学一线实际开展研究，为教学质量提升提供有力支撑和保障。

【教学研究】2020年，重点实施“五大行动”，即品质课堂研究行动、校本作业优化行动、学习评价改进行动、教学常规建设行动和教师素养提升行动，着力构建“课堂教学、学习方式、科研行动”三合一的教学研共同体。主要研究内容为关注学习过程、解决教学关键点、构建课堂新样态、重构研究新机制。关注学习全过程：立足课堂，从课前预习、课后学习、作业设计、学习评价等各个环节拓展延伸，实现学习过程的全面优化。解决教学关键点：围绕学科核心素养，聚焦“构建教、学、评一体化的课堂改革”“技术与教学的深度融合”“精准作业的实施”等重点难点问题开展研讨；针对不同学段解决关键点，小学重点解决课堂教学质量，初中着重解决作业布置，高中着重解决评价问题。构建课堂新样态：以学科素养为导向，关注品质课堂七要素为指引，建立“教”“学”“评”一体的课堂模式。重构研究新机制：重振校本教研，组织“优秀校本教研”“先进教研组”等评比；采取“评、研、训”三位一体的课堂教研法。（俞立永）

教育装备

【概况】2020年，全市普通中小学教育装备技术经费总投入14084.63万元，其中教育技术装备财政经费投7238.72万元，生均教育技术装备经费投入989.38元。新增计算机4063台，至2020年年底已拥有计算机38357台，使用7年以上的计算机总台数12204台。新增班级多媒体1749套，班级多媒体总数7923套，多媒体进普通班级的配套率达100%，100%的中小学校拥有校园网，100%学校校园骨干网带宽和校园网出口带宽千兆以上，100%学校理科教学仪器达标。净增图书1083695册，投入经费2284.32万元，总藏书量为7990376册(不含电子图书)，生均藏书量56.13册。全市各校图书、仪器实现数字化管理。全市建有中小学图书馆(室)藏书室196个，面积22696.57平方米，资料室126个，配备常规阅览室369个，面积41691.93平方米。学校当年建有创新实验室160个，有65所学校配有移动学习终端，建成可管、可控、高速的无线网络和诸暨教育“空间云”平台。

【基于大数据的区域信息化整体推进模式宣传】2020年12月18日至20日，为期3天的“2020教育信息化大会暨第七届国际智慧教育展览会”在北京国家会议中心开幕，诸暨市教体局“基于大数据的区域信息化整体推进模式”在展览会上推出。主要展示诸暨市区域教育大数据及其应用建设的先进模式，围绕教育大数据开展精准教学、智安校园建设、学生体质健康监测、智慧校园等应用案例。（张镇潮）

学校后勤保障服务

【概况】诸暨市教育发展中心主要负责学校食堂大宗物品配送、学生伙食质量与卫生、校园店规范经营等校园食品安全管理；监管学校校服和床上用品的质量和采购程序；健全以校（园）方责任险为重点的校园风险管理服务体系；负责纸张、簿本等学校后勤大宗物品采供工作；指导全市劳动教育实践基地的建设工作。

【校园食品安全管理】2020年，遵循“安全重于泰山、平安高于一切”的食品安全管理理念，不断规范学校食堂经营管理，以学生伙食质量提升工程为抓手，确保学生在校安全、营养、健康用餐。抓好校园超市食品销售质量认证，及时调整完善校园超市经营管理制度，杜绝“三高”、伪劣、不洁食品进校园。关停全市所有小学校园内的连锁超市，全年共有初高中校园连锁超市41家，连锁超市经营实现“零投诉”。全面完成全市各校直饮水工程，督促服务机构及时有效维护好机器设备的正常运转，监督学校安全和规范使用直饮水，确保全市学生饮水健康安全。

【校（园）方责任保险】2020年校（园）方责任险继续实行“责任险8元+无过失险2元”方案，责任险保障个人最高额度130万元，附加无过失险保障个人最高额度25万元。全市参保学校（幼儿园）276所，参保学生总数180030人（其中校方责任保险学生数180030人，职校学生实习保险学生数687人，无过失责任保险180030人），共投入保险资金（以学年计）182.7万元，参保面覆盖全市所有公办民办学校，参保率达100%。2020年，共计报赔案件82件，理赔到位金额合计为102.11万元。

【注资办学及人才服务】2020年，继续为东湖幼儿园、青少年宫幼儿园提供全勤保障服务。教育人才公寓全面启用，第一期共24位引进人才入住。

【学校后勤大宗物品采供】教育后勤配货中心实行“阳光操作、统配集送”，对全市学校的食用油、簿本、纸张等大宗物品进行集中招标采购、统一配送供应。2020年，重视学生校服和床上用品的质量与安全，根据《关于进一步规范全市中小学校服和床上用品管理的通知》精神，在学生及家长自愿的基础上，成立由各校家委会为主体的采购工作委员会，负责招投标相关工作，同时收缴各校采购的相关资料、合同、检测报告等。11月，邀请专业检测机构对10所学校的26个校服和床上用品样本进行质量检测，共涉及7个供货企业，检测结果全部为合格。（杨均武）

语言文字工作

【主题活动】2020年，根据上级语委文件精神，精心组织开展“我与好书为伴，追逐强国梦想”为主题的诸暨市第十一届中小学阅读文化节和以“同讲普通话 携手进小康”为主题的第23届全国推广普通话宣传周活动。

【普通话测试】受新冠肺炎疫情影响，2020年上半年全市普通话测试工作暂停，下半年测试工作正常开展，总计635人通过测试，其中一级乙等1人、二级甲等214人、二级乙等398人、三级甲等18人、三级乙等2人、不入级2人。（宣奇琴）

文 化

群众文化

【概况】2020年,诸暨市继续以“我们的文化”系列群文活动为载体,举办第十届“唱响诸暨”十佳歌手大赛、第十一届“舞动诸暨”舞蹈大赛、第十二届群文创作大赛、第八届“梦想诸暨”团队秀等大型演出活动。开展“文明实践 好美诸暨”文化下乡巡演100场次、文化走亲10场次,书画、非遗下乡展览50场次,送电影下乡7296场次,送书下乡19次。完成文明实践示范带12个村的村歌创作、教唱工作,成立乡镇文艺达人宣讲团23个、成员282人。新建大唐街道馆和诸暨中学馆2家浣江书房,全市城市书房总数达15家,且实现门禁系统人脸识别全覆盖。西施大剧院从7月恢复演出,全年完成各类演出活动102场,接待观众约48400人次。

【书画展】“潮涌浣江”系列书画展览。“潮涌浣江”书画展览为诸暨市特色群众文化活动品牌。2020年,举办诸暨市美术教师比武成果展、大风起兮大作品展、天地玄黄——郑文卿书法临帖展、田间地头——毛康乐花鸟画作品展等16个。参展作品近1000件,观众达2万人次。同时,通过浙江新闻客户端、诸暨发布、西施号、美术报、诸暨市文化馆等媒体和微信公众号的发布展示,阅读点击量达40万人次。

“文明实践 好美诸暨”文化志愿服务队书画作品进基层巡展。根据市委宣传部提出的“让书画艺术走进农村文化礼堂”的要求,诸暨市文化馆以文明实践好美诸暨、清廉文化为主题开展书画作品进文化礼堂巡展活动。7月7日,首场展览在浣东街道盛兆坞村启动,至10月底,完成在全市23个文化礼堂的展出,观众近5000人次。

田间地头——毛康乐花鸟画作品展。10月2日,诸暨书画家毛康乐的画展“田间地头”,在五泄镇西皇村开展。本次展览由绍兴市文化馆主办,诸暨市文化馆、何水法美术馆、绍兴画院、诸暨画院、五泄镇文化站承办,五泄镇西皇村执行承办。毛康乐以田间地头的果蔬禽兽、乡村农家熟悉的花草鱼虫为素材创作,并精选127幅近年作品用画框支在田间地头,创造性地举办一场走出场馆,走近百姓,“接地气”的展览。

浣水流长——诸暨市第十届书画大赛作品展。浣水流长——诸暨市第十届书画大赛,自7月初启动,征稿两个月,共收到769位作者的1103件作品,参与人数、作品数量创新高。评委会选出50件优秀作品,98件入展作品,131件入选作品。展览于11月6日开展,展出作品体裁多样,内容丰富,以艺术的角度、绘画的视窗集中展现诸暨奋力打造小康标杆县市、全面推进乡村振兴、努力促进文旅融合的时代篇章。

美哉诸暨——诗书画作品展。11月6日至12月6日,由市文化广电旅游局主办、市文化馆承办、市博物馆协办的“美哉诸暨——诗书画作品展”在寿崇德艺术馆展出。展览共80幅作品,涵盖诗词、书法、国画。

“我们的展厅”线上展览。疫情期间市文化馆推出磐如南山——王可为抗疫主题西画作品展,各美其美画家乡——诸暨市一镇一画美术作品微信展,三月芳菲苎萝女史——第三届美术作品微信展,漫画战“疫”——周建成水墨漫画作品微信展,“疫”消云散春暖花开——“三八”妇女节市书协女理事三人展等线上展览10个,展出作品300件,市文化馆微信平台点击浏览近2万人次,浙江新闻客户端、国画家、学习强国等微信平台转发阅读达30万次。

【赛事及获奖情况】3人在绍兴市戏曲折子戏大赛中获奖。6月30日晚,为期2天的2020年绍兴市戏曲折子戏大赛在浙江绍剧艺术中心落幕。绍兴地区6个专业院团的41名青年演员参赛,诸暨市文化艺术中心的青年演员获银奖1人、铜奖2人。

王越兴获“新松计划”浙江省青年演奏员大赛三等奖。7月4日至5日,由浙江省文化和旅游厅主办,宁波市文化广电旅游局、浙江艺术职业学院、浙江交响乐团、浙江省音乐家协会、浙江广电集团音乐调频承办,宁波市演艺集团有限公司执行承办的2020“新松计划”浙江省青年演奏员大赛决赛在宁波天然舞台落幕。诸暨市文化艺术中心的参赛选手王越兴获得民族乐器(打击乐)三等奖。“新松计划”是浙江省贯彻“八八战略”、落实“文化人才工程”的重要举措。自2005年以来,在戏曲、声乐、器乐、舞蹈、话剧等多个艺术门类,累计实施各类青年艺术人才培养项目180余项。

【演出和系列文化活动】“文化进万家”新春送祝福活动。2020年元旦前后,为响应中宣部“文化进万家”号召,诸暨市书法家协会和基层书画社团成员在全市23个镇乡街道开展百人千村万副春联送万家活动,为市民百姓现场创作万余幅对联、吉祥“福”字,送出25000对印制好的对联。

“宅家文化不打烊”活动。疫情期间,为满足群众对文化艺术学习的需求,市文化馆利用抖音直播课程和微信平台推送微课视频及名家课堂链接等形式开展线上文艺培训工作。培训项目主要为舞蹈、健美操、国画、漫画、书法、插花等,共推出抖音直播课程、微信平台推送微课视频及文艺专家云培训等24期。

2020年1月14日,诸暨市文广旅游局组织书法家在陈宅镇枫树头村为村民书写春联(市文广旅游局提供)

文明实践好美诸暨——2020“我们的文化”系列活动暨西施大剧院“八喜·打开艺术之门”文艺晚会。7月4日晚,文明实践好美诸暨——2020“我们的文化”系列活动暨西施大剧院“八喜·打开艺术之门”文艺晚会在西施大剧院举行。这是疫情后西施大剧院的首场复工演出,也是一场公益晚会,实行1元制公益票价,实名制线上购票观看。晚会选取市文艺工作者在“抗疫”期间创作的《集结号》、歌颂“美丽诸暨”村歌联唱、西路乱弹小戏《梅花催春》等歌曲和具有诸暨本土特色的节目致敬一线战疫英雄。

第十一届“舞动诸暨”舞蹈大赛。2020年“文明实践 好美诸暨”诸暨市第十一届“舞动诸暨”舞蹈大赛自7月28日启动,10月23日在城市广场落幕,来自全市各镇乡街道的64支队伍参加比赛。经复赛、决赛,评选出活力组金奖队伍6支、银奖队伍6支、铜奖队伍14支;魅力组金奖队伍8支、银奖队伍8支、铜奖队伍22支;暨阳街道、暨南街道、大唐街道、山下湖镇、同山镇获本次大赛组织奖。本次活动通过西施号APP线上直播,观众达109.42万人次。

第十届“唱响诸暨”十佳歌手大赛。8月15日,由市文化广电旅游局主办,市文化馆、音乐舞蹈家协会承办的第十届“唱响诸暨”十佳歌手大赛决赛在西施大剧院开幕。两年一届的“十佳歌手”大赛是“我们的文化”系列活动的重头戏之一。比赛分设青年组、少儿高段组、少儿低段组三个组别，共有200余名选手报名参加，其中22名选手晋级决赛。经过激烈角逐，评选出三个组别的“十佳歌手”各10名，同时产生青年组优秀歌手11名、少儿低段组优秀歌手11名、少儿高段组优秀歌手10名。通过网络投票评选，产生最佳人气歌手9名。

“文明实践 好美诸暨”诸暨市第十二届群文创作大赛。10月29日晚，为期2天的诸暨市2020群文创作展演活动在西施大剧院结束，共有57个原创节目作为群文创作成果接受市民检阅。诸暨市2020年群文创作大赛历时5个月，共收到全市各文艺团队和业余作者创作的包括音乐类、戏曲类、语言类作品120余件，评出30件最佳原创奖作品，30件优秀奖作品。作品为全市1300余支文艺团队提供丰富的演出材料。

第八届“梦想诸暨”团队秀暨2020创作作品展演活动。10月28日至29日，第八届“梦想诸暨”团队秀暨2020创作作品展演在西施大剧院开幕。活动自4月初开始筹备，共收到创作类作品97件，经过筛选，来自全市各镇乡街道的30支文艺团队57个作品参加展演。共评选出语言类表演金奖3个、银奖5个、铜奖3个，戏曲曲艺类表演金奖3个、银奖5个、铜奖10个，声乐类表演金奖5个、银奖6个、铜奖10个，店口星韵文化艺术团、东和莲花艺术团等10个团队荣获“十佳团队”称号。现场展演通过西施号APP在线直播，点击量达50.05万人次。

浣水流长——诸暨市第十届书画艺术节。11月6日，诸暨市第十届书画艺术节全面启动。本届书画艺术节由市文广旅游局、全市镇乡街道人民政府主办，市文化馆、全市各镇乡街道文化站承办。书画节以市博物馆、寿崇德艺术馆为主会场，余任天纪念馆、各镇乡街道文化分馆书画展厅为分展厅，同时举办“美哉诸暨”诗书画作品展、“浣水流长”书画大赛作品展、“真善美”少字数书法作品探索展、“夕阳无限好”诸暨八旬文化老人十人书画微展，以及由23个镇乡街道的27个“乡村振兴·圆梦小康”基层书画社团作品展组成的千人联展共32个展览，展出书画作品近2000幅。本届书画艺术节另有书画专家门诊、“走出误区——书法若干问题讨论”讲座、小画家艺术创想空间DIY雨伞手绘等互动活动。

【西施大剧院演出模式创新】2020年，西施大剧院依托北京保利票务公司继续开展线上“云剧院”活动，包括著名歌剧、音乐剧、话剧、戏剧、舞蹈，以及NTIIVE和音乐节等共开展26期，通过云剧院观演的观众超过200万人次。推送的节目包括越剧《西施断缆》。同时，依托保利剧院平台与资源优势，西施大剧院与艺术培训机构合作开展葫芦丝、声乐、舞蹈、模特艺术公益班。

专业文艺

【市文化艺术中心】2020年，市文化艺术中心完成演出129场次，收入280万元。

【抗疫作品创作】2020年，全市文艺界人士创作抗疫作品，共470件次。作品包括书画作品368件、舞台本子15个、戏剧作品1件、歌曲9首等，择优结集出品《西子文艺》春季刊和夏季刊。其中，精选的21件优秀作品被绍兴市文化广电旅游局推荐到浙江省文化和旅游厅。

【主题文艺创演】2020年，围绕三大主题开展精品文艺创作和表演：围绕浙江“三个地”主题，创作《光辉的足迹》和组歌《楷模》；围绕全域旅游、文旅融合主题，创作组歌《好美诸暨》；围绕西施文化主题，创排舞蹈《浣纱》，并经绍兴选拔，参加全省舞蹈大赛。

【古筝协奏曲《越国西施》全球首演】2020年11月13日，中国著名民族交响乐作品《梁祝》的原创作者、作曲家何占豪（诸暨籍）作品交响音乐会暨《越国西施》全球首演在西施大剧院举行。古筝协奏曲《越国西施》是何占豪先生近年弘扬中华优秀传统文化的又一力作，该曲以憧憬、戏水、战乱、宫怨、挣脱五个段落演绎西施的传奇人生，散发出浓郁的诗意和深沉的浪漫气息，它继承何占豪之前作品中的特点，将西施赴吴的所见、所闻、所感通过乐曲表达得淋漓尽致。作为西施故里诸暨人的世界艺术大师，何占豪把交响音乐会暨《越国西施》的全球首演作为一份艺术大礼献给家乡人民。

【“2021诸暨越剧班”成立】2020年10月，市文化广电旅游局与浙江省艺术职业学院签订合作协议，成立“2021诸暨越剧班”，计划招收五年一贯制定向委托培养越剧演员20名，为市文化艺术中心的发展储备人才。

【参赛及获奖情况】《梅花催春》获2020浙江省新农村建设题材小戏会演金奖。8月6日，2020浙江省新农村建设题材小戏会演获奖名单公布，入围会演决赛的小戏共有13个，由诸暨市文化广电旅游局报送、诸暨市非遗中心的原创诸暨西路乱弹小戏《梅花催春》获得金奖。《梅花催春》是一部以文化振兴为乡村振兴“铸魂”，创编赋予浓厚地域文化为元素，运用国家级非遗项目“诸暨西路乱弹”、省级非遗项目“十里红妆”创作的传统戏剧作品。讲述文化专家指导石头岭村当地村民利用独特资源优势，通过非遗+，开展传统手工技艺创新带动文化产业，建设幸福家园，共同致福的故事。

《梅花催春》入选“中华颂”第十一届全国小戏小品曲艺大展。11月4日，由中国民间文艺家协会、深圳市罗湖区文化旅游广电体育局、深圳市民间文艺家协会共同主办的“中华颂”第十一届全国小戏小品曲艺大展公布入展作品并通过网络传媒展播，来自全国23个省(自治区、直辖市)25种表演艺术形式的42个作品参加，浙江省2个作品入选，诸暨西路乱弹小戏《梅花催春》名列其中，并获优秀节目和小戏类最佳人气节目奖。“中华颂”全国小戏小品曲艺大展秉承“弘扬中华优秀传统文化，传播优秀民间戏曲艺术，展示中国小戏小品曲艺创作成果，是知名的全国性群众文化和民间艺术品牌。

文化市场

【概况】2020年，全市共有文化经营场所934家，其中网吧88家，歌舞娱乐场所70家，游艺娱乐场所13家，印刷企业302家，出版物零售商329家，广播电视节目制作机构27家，电影放映团体21家，文艺表演团体49家，演出经纪机构1家，演出场所6家，新闻出版(企业报)单位17家，网络文化经营单位11家。全市全年日常巡查派出1814人次，检查经营场所2732家次，立案调查20件，办结案件10件，罚款49500元，收缴非法音像制品707张(盒)。推进“双随机”工作，开展文化市场“双随机”检查37次，共计抽取执法人员78人次，检查网吧、歌舞娱乐场所、印刷、出版物等经营单位(场所)共计667家次。

【文化市场法制宣传】疫情期间，督促文旅场所严格执行企业返工疫情防控举措，精准排摸各场所员工情况。深化企业“三服务”，企业咨询详细解答，支持企业纾困解难。结合文化市场安全日、全国旅游日、文化和自然遗产日等举办系列宣传活动，以防疫、平安创建、扫黄打非等为宣传核心，主动上门向经营单位分发宣传资料，增强执法宣传力度，加大执法工作的曝光度。

【广播电视安全播出保障】2020年，市文广旅游局联合公安局、市场监管局、各镇乡街道广电站在全市范围内开展2020年度非法卫星电视接收设施专项整治。全年共组织联合整治行动3次，参与执法的人员78人次，检查整治各类场所(含居民区)97家次，取缔非法销售点3个(含非法流动销售点)，收缴非法接收设备192套。落实2020年度有线广播电视运营服务质量评价工作，完成广播电视安全播出、网络安全和设施安全重要保障工作。

非物质文化遗产

【概况】2020年，共举办诸暨市2020年文化和自然遗产日系列活动、“西施传说”故事书场、“竹孟童心”庆六一等非遗活动160余场，线上+线下同步推动非遗宣传。承办“2020年绍兴有戏 非遗兴乡大巡游(诸暨站)系列活动”。先后组织棕编、越红工夫茶制作技艺、同山烧酒传统酿造技艺等非遗项目参加成都—绍兴周、西安—绍兴周、“越地国粹”主题展、“风雅南宋·物美绍兴”第六届绍兴非遗集市、“诗画浙江”夏日文旅推广暨湖州文旅消费试点启动仪式等各级各类展示展演活动。新增6个绍兴市级非遗项目和8个绍兴市级代表性传承人，公布第九批诸暨市非遗项目名录、第八批诸暨市非遗代表性传承人、第二批诸暨市非遗体验点、首批诸暨市非遗旅游景区。"西施传说"通过全国非遗记录工作与保护研究项目委托课题试点验收。《新时代戏曲文化魅力影像工程》之《诸暨西路乱弹系列集锦》被列入浙江省文化和旅游厅创作类重要课题。改编创排《三请樊梨花》参加"浙江好腔调"全省传统戏剧展演绍兴专场活动。出版《诸暨百样老家生》等系列文化丛书。7月，六峰同山烧、香榧衍生产品获评浙江省第二批优秀非遗旅游商品。11月，市非遗中心荣获第九届"绍兴师爷讲故事"——南宋故事大奖赛优秀组织奖。2020年浙江省非物质文化遗产保护发展指数诸暨市排第14位。

【省级非遗项目、传承人评估工作】5月，诸暨市开展传统技艺、传统美术及传统医药类省级非遗项目及代表性传承人的评估工作。7月，完成棕编、同山烧酒传统酿制技艺、香榧采制技艺、青口杨氏皮纸制作技艺4个省级非遗项目和杨志义、沈牡琴2位传承人的评估验收工作。推进非物质文化遗产保护体系建设，提升非物质文化遗产保护传承能力和水平。

【"文化和自然遗产日"系列活动】6月13日上午，由市文化广电旅游局、市卫生健康局和市教育体育局主办，市博物馆、市非物质文化遗产保护中心和市文化馆承办的"2020文化和自然遗产日"系列活动启动仪式在市博物馆举行，线上直播同步进行。诸暨市2020年文化和自然遗产日系列主题活动启动。启动仪式上，进行第七批绍兴市级非遗项目、第六批绍兴市级非遗代表性传承人授牌、颁发证书等议程。以非物质文化遗产手工技艺创作的艺术品展开展。同时，系列活动推出非遗薪传——云游"诸暨非遗影像"、"诸暨西路乱弹经典剧目兴乡大巡演"等活动。

【绍兴有戏——非遗兴乡大巡游暨"西施故里 好美诸暨"主题活动】9月29日，2020年绍兴有戏——非遗兴乡大巡游暨"西施故里 好美诸暨"主题活动在五泄镇十四都村举行。开幕式上，先后举行诸暨非遗专家委员会专家颁发聘书，《诸暨百样老家生》新书首发式，健康诸暨——非遗兴乡文艺表演，非遗兴乡大巡游踩街，西施故里·自然造物——非遗旅游产品展示推广，诗画浙江·百县千碗——诸暨老味道推广等系列活动，网络直播观看量达9万多人次。

【"西施传说"通过全国非遗记录工作与保护研究项目试点验收】11月，由文化和旅游部民族民间文艺发展中心主办的"非遗记录工作与保护研究"项目委托课题验收会在诸暨召开。全国非物质文化遗产记录与保护研究项目工程的试点工作是由文化和旅游部民族民间文艺发展中心于2019年6月立项启动，作为国家级课题，该项目以非遗保护传承突出的浙江省(诸暨市和象山县)为试点，诸暨的国家级非遗项目"西施传说"作为民间文学类试点。历时一年半，"西施传说"在完成资料收集、全面记录、建档保存和传播利用的基础上，完善记录体例，明确记录

2020年7月1日晚，诸暨市因疫情影响而暂停的农村电影放映工作重新启动。图为影业公司放映队员进村放映(市文广旅游局提供)

要素，最终形成时长60分钟的非遗影像志《西施传说》、10万字文本、300余张照片及60余小时的影像素材，综合图、文、音、像等全媒体方式记录"西施传说"。"西施传说"通过验收，为今后全国做好民间文学类的非遗项目保护工作提供范本。

【《新时代戏曲文化魅力影像工程》之《诸暨西路乱弹小戏集锦》拍摄】《新时代戏曲文化魅力影像工程》之《诸暨西路乱弹系列集锦》被列入浙江省文化和旅游厅创作类重要课题。2020年完成《梅花催春》《一袋药》《三请樊梨花：巡营》《最后的值日》《居住好环境》5部诸暨西路乱弹小戏的微电影拍摄。

【非遗传承人抢救性记录工程】2020年，市非遗中心深入开展绍兴市级非遗代表性传承人抢救记录工程，完成70周岁以上斯根坤、骆建松、吴伟良、孟南生、陈祖明5位传承人的抢救性记录工作。

【省级以上非遗项目短视频拍摄】2020年，启动西施传说、诸暨西路乱弹、草塔抖狮子等10个省级以上非遗项目的短视频拍摄工作，为新媒体宣传推广提供最新素材，完善省级以上非遗项目的高清影像资料。

【《诸暨百样老家生》出版】9月29日，诸暨市文化系列丛书《诸暨百样老家生》首发式在五泄镇十四都村举行。该书由市博物馆、市非物质文化遗产保护中心编撰，书中对诸暨民间普遍使用的老物件进行集中介绍和呈现，为诸暨地方传统文化的深入研究提供参考价值，为传统手工技艺发展提供佐证。

【新增非遗代表性项目及传承人】3月26日，火烙画葫芦、次坞打面制作技艺、豆腐包制作技艺、紫阆黄公糕制作技艺、越红工夫茶制作技艺、吴氏中医经脉挑治法6个项目被列入第七批绍兴市非物质文化遗产代表性项目名录。4月1日，何夫明、王继达、戴剑、徐苗法、斯根坤等8人被列入第六批绍兴市非物质文化遗产代表性项目代表性传承人名录。11月27日，公布枫桥台阁市等23个项目为第九批诸暨市非物质文化遗产项目。12月11日，公布方火平等24人为第八批诸暨市非物质文化遗产项目代表性传承人。11月11日，公布云雾山葫芦阁等9处为第二批诸暨市非物质文化遗产体验点。12月11日，公布同山镇、东和乡十里坪村等4个镇村为首批诸暨市非物质文化遗产旅游景区。

博物馆

【概况】2020年，市博物馆以公共文化服务为导向，利用馆藏资源，加强馆际合作，以引进展览、联合办展等形式，全年举办临时展览23个。继续开展流动展览巡展活动，全年送展览到学校、农村文化礼堂、社区巡展30场次。完善、充实馆藏体系，全年新增文物3件。加强社会教育工作，利用浙江省爱国主义教育基地和浙江省科普教育基地阵地优势，开展第二课堂等宣教活动，全年接待观众15.98万人次，未成年人6.8万人次。7月，诸暨市博物馆被评为"诸暨市首批中小学生研学实践教育基地"。10月，诸暨市博物馆被命名为第五批"绍兴市社科普及基地"。

【展厅建设安全防护】2020年，市博物馆先后投入122.1万元用于安全管理，包括对重要文物展柜进行改造提升、消防设施专项整改、书画库房监控设备升级改造、消控及保安等人防保障、展厅屋面清理补漏等项目。全年市博物馆共计举办应急演练2次、文物安全大检查4次、文物安全专项督查12次，365天全时段巡查。

【陈列展览】中国木版年画·诸暨特展。2020年1月1日，由诸暨市文化广电旅游局指导，诸暨市博物馆、诸暨市非物质文化遗产中心和杭州市西湖博物馆共同主办的"中国木版年画·诸暨特展"在诸暨市博物馆开展。作为"春禧浣江"主题系列活动的重头戏之一，本次展览首次集中全国不同地域、不同风格的8种年画，作品共45组，总计76幅。

若非有想——刘艺东先生国画作品全国巡展之诸暨站。6月2日，在2020年文化和自然遗产日之前，由市委宣传部、市文化广电旅游局、市文学艺术界联合会主办，市博物馆承办的"若非有想——刘艺东先生国画作品全国巡展·诸暨站"开展，画展共展出刘艺东先生国画作品近百幅。作品大多以山水、怪石、嘉木、奇草为背景，描绘古代翁叟"士大夫"式生活，刻画翁叟在琴棋书画茶与酒，茶通六艺为主题的生活场景中微妙而丰富的不同神态。

幸得有“你”，民安泰来——诸暨市抗击新冠肺炎疫情实物展暨艺术作品展。6月13日，“幸得有‘你’，民安泰来——诸暨市抗击新冠肺炎疫情实物展暨艺术作品展”在市博物馆开展。展览分为三大篇章，展现诸暨人性格的“石板道地掼乌龟”的实干精神、“小布衫里脱出”的担当精神、“三不相信试试看”的挑战精神。展出52件(套)见证实物、155份纪实照片及影像记录、53件书画作品。其中包括医务工作者的一线请战书、战“疫”日记、首批援鄂医疗队员出征机票等，《劳模赵林中的微博日记》以及民间艺术爱好者创作的各类战“疫”主题作品和纪实照片。展览持续至8月12日结束。

“诸、义、浦、桐”四地书画联谊会成立十周年暨第十届书画联展。9月9日，由市委宣传部、市文学艺术界联合会主办，市博物馆、大唐街道办事处、五泄诗画研究会承办的“‘诸、义、浦、桐’四地书画联谊会成立十周年暨第十届书画联展”在市博物馆启动开幕式。本次联展共征集到四县书画作品155幅，其中，诸暨47幅，义乌35幅，浦江38幅，桐庐35幅。

文心连社稷 翰墨颂小康——迎国庆书画作品展。9月25日，由市文化广电旅游局主办，市博物馆、古越书画院承办的“文心连社稷 翰墨颂小康——迎国庆书画作品展”在市博物馆开展。本次展览共推出约110件书画作品，或浓墨重彩，或淡雅写意，体现创作者们对伟大祖国的美好祝愿，对幸福生活的向往追求，对家乡故园的热情赞颂。

浙操徐门之后——四百年来浙江古琴史巡礼展。10月17日，“浙操徐门之后——四百年来浙江古琴史巡礼展”开幕式在市博物馆举行。本次活动由市文化广电旅游局主办，市博物馆、邻鹤斋、市古琴协会、暨阳阅读联盟协办，共展出16世纪到20世纪浙江古琴史的文献资料40余件和诸暨籍斫琴师、诸暨市级非遗传承人郑磊修复和制作的古琴10余张，文献资料主要呈现400多年间浙籍琴人的琴谱、书画、手札等遗存，用丰富的实物资料，为观众全面展示浙江古琴400年来的发展史。

只留清气满乾坤——三贤风诗书画作品展。11月29日，由市委宣传部、市文化广电旅游局指导，市博物馆、市三贤研究会主办的“只留清气满乾坤——三贤风诗书画作品展”开展。展览主题取材于王冕的诗句“不要人夸颜色好，只留清气满乾坤”。共展出三贤研究会顾问、会员作品，以及“三贤”复制品等百余件作品。

2020年6月13日，“幸得有你，民安泰来”——诸暨市抗击新冠肺炎疫情实物展暨艺术品展在诸暨市博物馆开展。图为市民在抗疫实物展柜前参观(市文广旅游局提供)

【博物馆专题讲座】沈坤荣“强化监管责任，确保文物安全”专题讲座。8月24日，市博物馆特别邀请浙江省文物局一级调研员沈坤荣到诸暨“文博讲坛”课堂作“强化监管责任，确保文物安全”专题讲座，市博物馆工作人员、各镇乡街道文化站长、文保单位协管员等100多人参加本次专题讲座。

【“烈酒一杯家千年”主题直播活动】“5·18”国际博物馆日，市博物馆利用数字化展示和网络化传播，创新结合“线上+线下”服务，推出“烈酒一杯家千年”线上主题直播活动，以诸暨酒文化为切入点，以文物和非遗为线索，向观众展示暨阳大地的千年文明，共有近20万人参与线上互动。

【文化纪录片《诸暨三贤》开拍】9月6日，由中央电视台戏曲和音乐频道、诸暨市人民政府主办的文化纪录片《诸暨三贤》开机仪式在西施故里景区举行，全国政协常委、中国书法家协会主席苏士澍受聘为《诸暨三贤》文化顾问。该纪录片旨在通过翔实的史料展示三位先贤的文化价值、精神风骨和历史贡献，为中国文化历史留下一份影像资料。共摄制15集，每位先贤5集，每集6分钟，11月29日在中央电视台戏曲频道播出。

【《诸山毓秀　浣水流芳——诸暨市博物馆文物藏品图录》出版】11月，由市博物馆编著的《诸山毓秀　浣水流芳——诸暨市博物馆文物藏品图录》出版发行。该书从博物馆3000多件文物藏品中，精选具有代表性和时代特色的272件藏品汇编而成。图录以史为线，按各时期重点和特色分为“史前文明”“古越遗珍”“汉唐风华”“宋元文昌”“明清物阜”“近代撷英”6个篇章，全方位展示诸暨六千多年的悠久历史和一脉相承的地域文化。

【诸暨三贤研究会成立】11月29日，市博物馆牵头组建的诸暨三贤研究会成立。其宗旨是坚持文化自信，发掘和整理三贤文化史料，研究三贤思想，传承三贤艺术，弘扬三贤精神，服务诸暨社会文化建设。并将围绕三贤主题，组织理论研讨、举办诗词讲座、开展书画教育和展览、出版相关研究成果等。

图书

【概况】2020年，诸暨市图书馆图书总藏量110.5万册，总服务人次110万人次，浣江书房到馆人次达31.2万余人次，借还图书9.7万册次，共办理借阅证40527张。在全民抗击新冠肺炎疫情的背景下，市图书馆结合线上线下开展战“疫”系列阅读活动。全

2020年诸暨市浣江书房分布情况表

表22

馆名	地址
西施大剧院馆	诸暨市浣东街道东旺路67号
樊登书店馆	诸暨市人民中路198号3栋1层
心旅书苑馆	诸暨市友谊路118号22-23
暨阳小学馆	诸暨市暨阳街道江东新村暨阳小学门口
社科之家馆	诸暨市滨江南路19号
友谊社区馆	诸暨市陶朱街道王家湖东路12号友谊社区内
东福社区馆	浣东街道东福社区旁(人口文化公园内)
梦想小城馆	诸暨市暨阳街道江新路1号(城南国际商贸城东侧)
东旺大厦馆	诸暨市暨阳街道东旺路28号
浣纱小学馆	诸暨市暨阳街道南庠路3号(浣纱小学门口)
融媒体馆	诸暨市滨江中路24号
八一社区馆	诸暨市荷花路(荷花小学对面)
大唐华海馆	诸暨市大唐街道开元东路65号
唐韵广场馆	诸暨市暨阳街道浣东中路9号唐韵广场二楼

民读书节期间，举办长三角地区2020年“我的战疫”阅读马拉松（诸暨站）线上快闪赛、《阅读中成长》讲座直播、“众志成城 抗击疫情”主题连环画线上展览、“世界读书日—全民阅读知识竞赛”知识问答有奖活动、第十六届浙江省未成年人读书节讲座、“悦享童年”亲子系列少儿绘本故事分享会等活动。全年共开展阅读推广活动144场，组织各类讲座23场，举办展览46场。持续拓展阅读阵地，至年末，共有浣江书房15家、浣江书吧9家、流通站20家。

【地方文献征集利用】2020年，征集地方文献189种615册，并形成完整目录。共参加3场地方圆谱活动，征得家谱11种342册，其中《诸暨郭氏宗谱》236本。作为绍兴市社科普及示范基地，开展“社科普及周”系列活动，并获得“绍兴市人文社科讲堂”称号。依托暨阳阅读联盟、暨阳朗诵团、诸暨市宗谱研究会、诸暨市浣纱读书会等社会团体，建立广泛的地方文献联系网络，扩大社会影响。主办发行《诸暨谱牒文化》《越读》等期刊共六期。

【智慧图书馆建设】2020年，为适应常态化疫情防控情况下的图书馆建设，市图书馆以现代信息技术为支持，推动图书馆的智能化转型，打造管理先进、服务一流，现代化、数字化、个性化的“智慧图书馆”。全市15家“浣江书房”均以自助图书馆形式全年无休对外开放，馆内配备自助借还机和电子书借阅机、无人值守门禁以及监控系统，实现人脸识别全覆盖，读者只需刷脸就可以进门体验办证、借阅、续借、还书等全自助功能，凭借身份证就可以实现“零押金”办理读者证，免收图书逾期费。通过“信阅”线上服务平台，市民可以足不出户，在手机上像网上购物一样，方便地借阅图书，并免费快递送到读者手中，实现借阅图书“零次跑”。

【新增2家浣江书房】2020年，新建大唐华海馆、唐韵广场馆2家浣江书房并投入使用。至年末，全市浣江书房开放达14家。

【农家书屋提档升级】2020年，为全面推进公共文化服务示范区建设，市图书馆对全市117个农家书屋进行提档升级，改善农村居民阅读环境。购置图书流动车（即汽车图书馆）两辆，全年开展“文化惠民”送书下乡活动19次，共计51800册，为历年最高。

【阅读服务志愿者队伍】2020年疫情期间，为保证浣江书房顺利安全运转，市图书馆牵头与相关社区、学校联合面向社会招募一批责任心强、积极性高的志愿服务者，主要从事浣江书房和图书分馆的日常管理、阅读推广活动的策划组织等志愿服务工作。全年开展144场阅读推广活动。

【书香暨阳“悦读”系列活动】2020年，市图书馆通过“线上＋线下”的形式，举办“悦读·书声”“悦读·月读”等书香暨阳“悦读”系列活动。暨阳朗诵团通过与广播电视台等单位合作，开展朗诵团进学校、进社区、进部门、进礼堂等活动，通过有声阅读，生动营造氛围、推广阅读。统筹越书房读书会、浣纱文学读书会、樊登书店读书会等阅读联盟成员单位，每月推荐阅读书目，通过读书讲座、阅读分享等方式结合开展活动。与诸暨日报合作开设《诸暨日报·文化周刊》“月读”专版，每月一期，在推荐阅读书目的同时，刊发读后感。

【2020年“我的战役”阅读马拉松线上快闪赛】2020年3月5日晚上，市图书馆开展“我的战疫”阅读马拉松线上快闪赛。本次线上快闪赛是对阅读马拉松的展示，通过网络分发电子书籍，把阅读马拉松比赛变得更为轻量和快速，并容纳更多阅读者的参与，从而以更多元的方式向社会集中展示阅读好习惯。

【“书香抗疫”线上读书月活动】2020年4月14日开始，市图书馆推出“书香抗疫”线上读书月活动。市图书馆参与由浙江图书馆和全省各级公共图书馆联合主办的“书香浙里，云享阅读”世界读书日主题活动，以“书香抗疫”线上读书为主要活动内容，推出“码”上阅读、21天阅读打卡、听书马拉松、青少年演讲大赛、“诗画浙江——行走阅读”短视频征集大赛、“世界读书日——全民阅读”有奖知识问答、“天籁浙江 印象诗路”朗诵大会、“晒书房 荐图书 共阅读”等一系列线上阅读活动，设置有声书籍共读、阅读习惯引领、线上交互式体验等，让读者足不出户共享线上阅读盛事。

【我们战“疫”的事——主题征文大赛】2020年5月20日，诸暨市图书馆举办“我们战‘疫’的事——主题征文大赛”，面向全市初中以下学生，征集记录关于身边的一线医护、记者、物流、社区等服务岗位工作者的感人事迹及积极贡献，以及在战“疫”过程中自身的感悟和体验，尤其关注亲情、友情、邻里情，记录下平凡的“疫”事，使其成为大家刻骨铭心的记忆。经过专家评委的评选，中学组、小学组共计 36 篇作品分别获得一、二、三等奖和优秀奖。

【第四季童声读书会】2020 年 5 月 31 日上午，2020 诸暨市全民读书节暨第四季 FM98.2 童声读书会决赛在陶朱街道友谊社区王家湖公园圆满落幕。活动将 2020 诸暨市全民读书节与第四季 FM98.2 童声读书会决赛相结合，通过优秀阅读推广人和阅读之星等书香暨阳建设成果表彰、《夜读的萤火虫》新书首发、童声亲子阅读等多种形式，营造全民阅读的氛围，推动“书香暨阳”建设。30 组优秀选手参加亲子朗读决赛，并通过现场视频直播。

【“你选书，我买单”主题活动】2020 年 11 月 6 日，市图书馆联合市新华书店、市实验小学教育集团城东小学在诸暨书城开展“你选书，我买单”活动。市实验小学教育集团城东小学的学生在工作人员和老师的带领下进行选书，共选购文学类、历史类、科技科学类、哲学与心理类、艺术类等方面的图书 500 余册。

【“文学进校园”捐赠活动】2020 年 11 月 9 日，由市图书馆与市作协联合举办的“文学进校园”书籍捐赠活动走进庆同小学。本次捐赠的书籍涉及历史文学、世界地理、科普读物、诸暨本土地方文化等多个方面。庆同小学在校园内开设“阅读角”，此次捐赠书籍全部用以丰富“阅读角”。

【“书香抗疫”线上展览】2020 年，市图书馆共推出“众志成城　抗击疫情”主题连环画系列图片展，浮光阅影——胶片摄影展，书香伴我成长——中国儿童文学作品展，五月榴花照眼明——端午诗词特展，历久弥新——中国共产党历届党代会图文展，穿越千年的凝眸——云冈石窟艺术线上展等各类展览 46 场次，总参观人次约 42000 人。

【暨阳讲坛系列讲座】2020 年，共开展暨阳讲坛两期，分别为第十四讲《阳明心学及其当代价值》、第十五讲《现代人与中医养生》。“暨阳讲坛”是市图书馆推出的重要阅读推广品牌，总共办讲 15 场。

诸暨市西路乱弹小戏《梅花催春》剧照（摄于 2020 年 7 月，供市文广旅游局提供）

影视

【概况】2020年，全市有电影放映单位21家，其中民营电影院(城)20家。诸暨市影业有限公司为国有电影放映单位，至年末，共有干部职工23人，电影放映队5支，有18名电影放映员，拥有数字放映机器33套。公司所属苎萝影城全年放映电影1272场，组织观众5340人次，票房收入14.7万元；公司放映队在全市526个行政村(社区、居委会)、企业、学校、养老院、机关企事业单位进行数字电影公益放映，全年完成农村电影放映7296场，向社区、敬老院、武警、消防大队、市特殊学校免费送电影150场，放映学生电影596场，观众总人数15.08万人次。配合市委、市政府中心工作，放映"新冠防疫""全国文明城市""平安诸暨""健康诸暨""反诈骗""交通安全治理""垃圾分类"等专题宣传片、LED宣传标语5000余条次，累计播放公益广告2500场次。

【首届生态文化旅游视影大赛】2020年，为展示诸暨市生态旅游资源保护和发展成果，挖掘诸暨文旅资源，助力全域旅游发展，由市文广旅游局、绍兴市生态环境局诸暨分局主办，市影业有限公司、市摄影家协会承办的"好美诸暨 旅动金秋"诸暨市首届生态文化旅游视影大赛于9月开始征稿，收到作品311件。经过2个多月的征集评比，评出一等奖2组、二等奖4组、三等奖8组、入围奖30组、最佳人气奖2组，5个镇乡街道分获优秀组织奖。作品用镜头记录诸暨市生态旅游、生态修复、人文景观、古村风情、乡村振兴等发展景象，用小视角展示大美景，讲好"诸暨故事"，推广诸暨生态旅游品牌。

【露天电影放映】8月，"西施露影"西施大剧院城市厅固定放映点上线，开展"缤纷夏日 品味经典"西施露影城市厅优秀电影展映活动，每天观影人数达300余人。9月，唐韵广场放映点开始试点，累计放映10场观众2300人次。（石　飞）

诸暨日报社

【概况】2020年，诸暨日报社加快媒体融合、推动转型突破、从严规范管理，加强新闻宣传、舆论引导、产业拓展、品牌提升等方面建设。

4月27日，中共诸暨市委发布关于建立诸暨市融媒体中心委员会的文件。6月10日，《诸暨市融媒体中心主要职责、内设机构和人员编制规定》下发，整合诸暨市广播电视台、诸暨日报社组建诸暨市融媒体中心。诸暨市融媒体中心是市委直属的公益一类事业单位，机构规格为正科级，归口市委宣传部管理。10月，浙报集团与诸暨市委签订《诸暨日报有限公司股权转让协议》。浙报传媒控股集团有限公司将持有的51%股权转让给浙江浣江传媒集团有限公司。诸暨日报有限公司于12月底完成股权变更、法人代表变更、章程变更等事宜。诸暨日报有限公司取消董事会、监事会，设立执行董事、监事，免去原组织机构成员及职务，重新选举吕力为执行董事，为法定代表人职务，重新选举赵丹华为公司监事；聘任吕力为公司经理。股东诸暨市国有资产监督管理委员会办公室更名为诸暨市人民政府国有资产监督管理办公室。根据中央加快建设县级融媒体中心的要求，落实省委关于实现融媒体中心全覆盖的任务要求，12月4日，浙江日报报业集团和中共诸暨市委签订《诸暨日报社资产转让协议》，诸暨日报举办单位由浙江日报报业集团变更为中共诸暨市委并于2020年12月底将《诸暨日报》管办权责移交至中共诸暨市委。

2020年，共发出外宣报道254篇，中央媒体56篇，其中新华每日电讯头版2篇、人民日报海外版头版1篇、中国青年报头版1篇，人民日报头版组稿1篇。浙江日报50篇，其中头版8篇，头版头条2篇；绍兴日报头版30篇，其中头版头条12篇。浙江日报半版以上深度报道5篇。报送市级内参12则，获领导批示12次。获得2019年度浙江新闻奖作品3件，中国县市区域报新闻奖作品28件。获浙江日报报业集团2019年度效率奖和浙江日报报业集团媒体融合活力奖；掌上诸暨客户端获"新媒20强"。西施号APP(计算机应用程序)2020年5月20日上线，至年底总装机用户为96638人，注册用户数104218人；诸暨西施号微信粉丝达62.6万人，10万人次以上阅读量篇目共计21条(诸暨日报爱诸暨16条+诸暨电视台视听诸暨5条)。2020年,《诸暨日报》发行近5万份,发行费突破1400万元,其中《诸暨日报》多媒体电子报约8000份。

【重大主题报道】2020年,《诸暨日报》相继开设“两会”“用心用情三服务”“聚焦聚力‘三大工程、七项行动’”“文明实践 好美诸暨”“‘三改’攻坚100天”“走向我们的小康生活”“建设重要窗口 展现诸暨风采”“一起学习”“不负所爱CBA(中国男子篮球职业联赛)独家报道”等一系列重大主题报道栏目,做强鼓与呼,发力量与质。特别是“迎难而上 砥砺前行”大型融媒体新闻行动,通过“一个现场”“一串数据”“一个声音”“一个关键词”的组合方式,承载各镇乡部门在“三大工程、七项行动”的聚力聚焦,折射其在“六稳六保”中的用心用情。10月,西施号APP开设CBA专题频道,营造CBA联赛常规赛承办城市的浓厚氛围,报道诸暨市为迎接CBA在场馆改造、疫情防控、安保服务、环境布置等各方面所做的努力,围绕“为什么是诸暨”,深入挖掘本市篮球文化、产业发展、人文环境等方面的优势,成立特派报道小组,全方位呈现精彩赛事,记录疫情下不一样的CBA,不到1个月,推送各类新闻超150篇。

【抗击疫情专题报道】2020年1月21日国家卫健委发布1号公告后,诸暨日报第一时间成立融媒体团队,通过诸暨日报爱诸暨微信、浙江新闻客户端浙江频道、诸暨日报官方微博等新媒体平台每天推送疫情相关新闻20余条,日平均总点击量超50万人次。形成广泛覆盖、立体高效的传播体系,在诸暨营造万众一心众志成城抗击新冠肺炎疫情的舆论氛围。根据疫情发展的不同阶段,各平台聚焦疫情最新进展,回应关切、回答疑问,发挥舆论导向作用,生产出许多爆款,推动诸暨防疫工作发展。《航拍|当诸暨安静下来……》在诸暨日报爱诸暨微信平台推出当日,引发全市共鸣,点击超20万人次。2月19日,全市复工复产与防疫抗疫两手抓的阶段,按照全省统一部署,诸暨高速公路撤卡,同时公交恢复。诸暨日报社融媒体团队组织力量,写下“撤卡不是撤防线”的时评,把“今天下午2点,诸暨撤出所有高速公路出入口管控卡口”的硬新闻“隐藏”其中,并以此为题作为微信头条推出。旗帜鲜明地表达态度,呼吁市民不能辜负28天的坚守。抗疫期间,微信10万人次以上点击量的报道5条,最高点击为22.7万人次,连续数周新榜指数(由原始数据参照基数通过计算公式推导出来的标量数值,用以衡量原始数据在其所属维度的相对表现)超870,最高一周达900,周最高总阅读数为119万人次;客户端20万人次以上点击量的报道20余条,推送浙江新闻客户端头条10余条。

【西施号APP和“诸暨西施号”官方微信号上线】2020年5月20日,西施号APP正式上线、融媒体指挥中心启用是诸暨市媒体融合、媒体能级跨越的重要标志。西施号APP由诸暨市融媒体中心倾力打造,是继广播、报纸、电视后的诸暨第四主流媒体播报平台,致力成为即时播报新闻、一键办理政务、全天服务生活的新媒体旗舰、治国理政新平台。7月,“诸暨日报爱诸暨”微信和“诸暨市广播电视台视听诸暨”微信合二为一,强强整合为“诸暨西施号”作为诸暨市融媒体中心官方微信号,兼具手机电视、掌上阅报、在线缴费等功能。

【“直播+”新形式助推“三服务”】2020年,新冠肺炎疫情对全市商贸企业包括报纸的经营产生直接负面影响。为助推“三服务”,有序推动商贸服务业的复工复市,诸暨日报社开创“直播+”的新传播形式。打造线上直播IP。3月2日至6月底,推出本土化全产业直播29场(汽车7场、餐饮4场、房产18场),累计观看流量超400万人次,有效助力企业复工复产、回笼资金。

【智慧城市建设助力】2020年,诸暨智慧停车收费管理项目运行稳定,覆盖面进一步扩大,智慧停车收费管理区域为:艮塔东路沿线、雄风永利商圈、行政服务中心周边、城东新区CBD、城西二手车市场、福田大酒店商圈、大润发商圈、行知小学商圈、城市广场周边、八一横路周边、印象城商圈等,至2020年年底,全市停车收费泊位为2080个,含3个停车场152个泊位。该项目有效缓解部分区域“停车难”现象,推动诸暨智慧城市建设。诸暨好停车APP实现支付宝、微信等智能化收缴费,至12月底,APP注册用户达

11万人次。已注册用户只通过诸暨好停车APP,便可绑定车牌,实现自助缴费、使用停车位数量查询、停车诱导等功能。

【所获集体和个人荣誉】2020年,诸暨日报社两件作品分别获得第六届全国县市区域报经营成功案例金奖和银奖(中国县市报研究会2020年9月颁发);报社员工所获得的绍兴市级以上个人荣誉有:杨镔斌被浙报集团评为集团优秀人物(浙江日报报业集团2020年1月颁发);马青华被评为2020年“浙报先锋”(浙江日报报业集团2020年6月颁发)。郭斌、金其威被授予第五届全国县市区域“百佳优秀报人”称号(中国县市报研究会2020年9月颁发)。

【获奖新闻作品】2020年颁发的2019年度诸暨日报社获奖新闻作品如下。　　（陈颖清）

2020年诸暨日报社获奖新闻作品一览表

表23

2019年度中国县市区域新闻奖(中国县市报研究会2020年8月颁发)		
一等奖9件	“退二线”干部 上“一线”助企	马青华
	回家拜年,“顺手”救了个大出血病人	应柳漪
	营商环境堵点困扰外来企业家	杨凌燕
	从“诸暨岛”看接沪融杭新路径突围(上、中、下)	胡子昂、周飞腾
	独腿老人三年捡十万废弃农药瓶	郭　斌
	诸暨时评	集　体
	解放,让土地歌唱	宣浩军、郭斌
	浅谈县市报全媒体融合改革人员转型	许　斐
	《追梦七十年》系列短片	费晓笑、蔡东森、姚铭阳 吴佳媛、杨勤业、许斐
二等奖15件	店口搭建第三方人力资源平台 江西员工“包邮”到企	周雨文
	诸暨26家企业上榜2019诸暨袜业区域品牌 价值达1100亿元	周　旦
	为老区人民谋幸福诸暨传家宝千里送金川	陈伯渠、吕力
	萧山坐不住了,诸暨坐得住吗?	倪　钰
	2019年11月18日要闻版	宣浩军、马青华
	柬埔寨网红男孩的“中国梦”	周升蓉、郭斌
	离家70载92岁老人杜水发最挂念的是家乡	楼　婷
	我和你从此是至亲 诸暨市第四例造血干细胞捐献成功	倪夏子
	千里缉捕诈骗团伙	郭　斌
	巡回法庭上山断家务	郭斌、陈伯渠

续表 23

2019 年度中国县市区域新闻奖(中国县市报研究会 2020 年 8 月颁发)		
二等奖 15 件	提灯女神 照亮心间	蒋力奔、郭斌
	围绕着 1600℃的日与夜	周升蓉、郭斌
	昨晚,诸暨全城抓“老赖”!欠钱还住别墅!现场视频来了!	郦海洋、吴帆
	诸暨阳光民警詹文锴,一路走好!他曾参与破获浙江第一悬案	倪夏子
	梦开始的地方	费晓笑、蔡东森 姚铭阳、吴佳媛
三等奖 4 件	“这是我给故乡的‘母亲节’礼物”	杨凌燕
	陈家村的两本账	王益均
	掘金之路	集　体
	教室装空调了	骆少华
浙江省县市区域报新闻奖(浙江省县市区域报 2020 年 6 月颁发)		
一等奖 6 件	《追梦七十年》系列视频	费晓笑、蔡东森、姚铭阳 吴佳媛、杨勤业、许斐
	与杭同城好美诸暨《诸暨之春·与杭同城》系列融媒体作品	费晓笑、蔡东森 姚铭阳、吴佳媛
	这个草塔人回老家,干了一件事!花了 1 个亿!	杨凌燕、倪夏子
	《萧山坐不住了,诸暨坐得住吗?》	倪钰、马青华
	独腿老人三年捡十万废弃农药瓶	郭斌、倪钰
	辉煌诸暨大型发展成就展	蔡东森、翁均飞、夏德飞 陈少杰、宣栋瀚、陈金伟
二等奖 6 件	《再见,暨阳路!!刚刚,诸暨这里 100 多间店铺全部关门!改造正式开始……》	郭斌、姚铭阳 吴佳媛、费晓笑
	《从“诸暨岛”看接沪融杭新路径突围(上、中、下)》	胡子昂、周飞腾、马青华、倪钰
	《诸暨传家宝千里送金川》	陈伯渠、吕力、黄柳苞、倪钰
	《营商环境堵点困扰外来企业家》	杨凌燕、黄柳苞、倪钰
	《掘金之路》(上 中 下)	石坚钢、陈伯渠、杜萌颖、郭斌 周雨文、赵仙芳、马青华、杨勤业
	赶晨	费晓笑、蔡东森、姚铭阳 吴佳媛、费晓笑

广播电视

【概况】2020 年，诸暨在中央电视台《新闻联播》播发稿件 9 条，其中单条 2 条，央视其他栏目播发稿件 6 条，新华社播发视频通稿 7 条。浙江卫视各栏目播发稿件 522 条，其中《浙江新闻联播》单条 61 条。绍兴电视台各栏目播发诸暨稿件 2411 条，《绍兴新闻联播》播发 621 条，其中头条 27 条。广播宣传方面，中国之声累计用稿 12 篇，浙江之声累计用稿 213 篇，绍兴新闻综合频率用稿 232 篇，其中头条 20 篇。绍兴外宣总分位列第一。

【2020 年春节联欢晚会】2020 年 1 月 20 日，广播电视台会同市委宣传部联合举办诸暨市 2020 年春节联欢晚会，100 余名演员，10 多个原创节目为诸暨百姓提供别具一格的除夕大餐。

【防疫公益宣传片制作】2020 年，诸暨广播电视台制作《如何戴口罩》《如何摘口罩》《不拜年不串门》《联防联控 复工复产》等宣传片。携手兄弟县市电视台共同发起倡议推出《让爱传递 众志成城抗击疫情》宣传片。元宵节推出原创 MV《因为有你在那里》，并在新华社客户端播出。

【一起战“疫”客厅朗读】2020 年 1 月底，广播电视台与浙江之声联动，邀请全市朗读爱好者居家接力朗读，为“疫”情发声，为中国加油，传递正能量。

【《诗文风雅》广播配乐类朗诵栏目】2020 年，广播电视台利用运行两年的“夜读的萤火虫”节目朗诵资源，按不同关键词串起时长 20 分钟的节目，成为“萤火虫悦读计划”的一个延伸。全年按不同关键词整理制作 70 多期节目。

【“爱在春天，一起战役”栏目】2020 年 3 月开始，广播电视台在早交通节目中邀请相关部门、镇街领导，及时回应社会关切，助力复工复产，传递服务讯息。至 3 月 19 日，完成 17 期直播连线访谈节目，推出微信 17 条，涉及公安、公交、医院、人社、车管、农业、商务、供电等部门以及陶朱街道等相关镇街。

【“疫”散花开 春暖暨阳——诸暨市商贸服务业促消费提信心大型公益活动】4 月 10 日，由市广播电视台发起，市委宣传部、市商务局、市市场监督管理局、市供销合作总社联合主办的“‘疫’散花开 春暖暨阳——诸暨市商贸服务业促消费提信心大型公益活动”在万风新天地启动。4 月 18 日，首站直播活动“万风新天地 奢享之光”在“视听诸暨”公众号平台推出，在线观人数达 14.8 万人，一小时直播，线上商城销售火爆，热门单品销量过百。

【“迎难而上 砥砺前行”主题宣传活动】2020 年 5 月 21 日起，广播电视台邀请部门镇街、企业的相关负责人，采用直播连线或走进直播间的形式，深度宣传，为诸暨奋力跑出发展加速度营造舆论氛围。主题宣传活动以每周 2 ~ 3 期的节奏推进。

【非遗纪录片《西施传说》】由市文旅局、市博物馆(市非遗中心)、市广播电视台联合拍摄的非遗纪录片《西施传说》(100 个故事)自 2019 年 10 月开机后，诸暨电视台记者先后在诸暨、绍兴、萧山、杭州、嘉兴、湖州、无锡、苏州等地寻访西施踪迹和美丽传说。2020 年 8 月拍摄完成，在记录拍摄 100 个西施传说的基础上，编辑制作 1 小时的《西施传说》非遗纪录片，上报文旅部。

【《诸暨三贤》纪录片启动】2020 年 9 月 6 日，由中央电视台、诸暨市人民政府、诸暨广播电视台共同拍摄的 15 集文化纪录片《诸暨三贤》，在西施故里举行启动仪式。全国政协书画室副主任、中央文史馆馆员、中国书法家协会主席苏士澍，浙江省文学艺术界联合会副主席、浙江省书法家协会主席赵雁君，绍兴市委常委、诸暨市委书记徐良平，绍兴市委宣传部副部长、文联主席魏建东，诸暨市委副书记、市长胡华良等领导参加启动仪式。

【人文纪录片《王冕》】2020 年，广播电视台制作的 3 集人文纪录片《王冕》，经省委宣传部 6 次评审，被评为 2019 年度浙江文化艺术发展基金首批扶持优秀项目，奖励 30 万元，填补诸暨市在影视艺术作品项目上的空白。10 月 20 日，该片获得绍兴市精神文明建设“五个一工程”资助项目。

【双向网改】2020 年，投资 1.5 亿元，按照广电网络光纤入户全覆盖要求，实施全市镇乡广电机房改造及分机房建设项目。完成全市乡镇网络规划审核、36 个机房踏勘和设计(25 个改造、11 个新建)，形成全市

《王冕》剧照(摄于2020年2月,融媒体中心提供)

机房改造及分机房建设方案。完成全市41个机房业务标准化架构、割接和动环系统接入。双向入户从100兆提升到1000兆,提升广播电视业务、数据业务及其他业务的传输承载能力,为智慧交管、雪亮工程等各类智慧项目落地,提供更优质的新型信息化基础网络,加强智慧广电与智慧公共服务互联互通能力。 (周 霞)

著作书目提要

【《哲学启示录:哲学的终结》】哲学理论研究,王其光著。本书通过对艺术本质——诗的研究实现了哲学的第一次完成,并以相应的知识梳理了既有的哲学思想史,其中诗学篇与自然法学篇是基础。如在"自然法学篇"中,论述了道德与法律之间的关系,用超越现有法律存在于人的内心中的自然法则,来维护人性、理性、正义、自由、平等、秩序等标准,坚持正义的绝对性。本书还梳理分析了中外文明和华夏文明中的神学、佛学、儒学、道学、心学等学说之间的相互关系,以及它们的传承和缺陷等等。全书100千字,开本880毫米×1230毫米,1/32平装本,2020年7月第一版,九州出版社出版,定价45元。

【《老赵的记事本》】散文集,赵智国著。全书共分三辑,即江南夜雨、时光不老、人间况味,收入了作者不同时期的48篇散文。文章记录了作者人生思考的点点滴滴,其中有对诸暨这座小城里的亲情、亲人的回忆,有对曾经的岁月时光的怀念,带着暖意与寒冷,柔软与疼痛,在岁月的仆仆风尘中,守着一份本真与怜悯。全书217千字,开本880毫米×1230毫米,1/32平装本,2020年9月第一版,长江文艺出版社出版,定价42元。

【《会开花哪能不结果:生命中的66个他》】散文集,梅芷著。全书辑录了作者心中记忆最深的66位男性的故事,文中的男主人年龄跨度非常大,上至作者的高祖父,下至五六岁的男童,涉及作者的老师、同学、偶像邻居等各色人物。作者以平实的笔触,向读者展示了一种独特而又平凡的人生。全书1885千字,开本145毫米×210毫米,1/32平装本,2020年7月第一版,团结出版社出版,定价200元(全九册)。

【《徐道政传》】人物传记,胡正武著。本书作者以徐道政一生当中主要的生平经历和事迹作为一条纵向的"经线",贯穿起与徐道政相关的人物事略,包括"徐道政传"和"徐道政年谱简编"两个部分。作者在叙写过程中,贯穿了自己的探究和论说。全书160千字,开本710毫米×1000毫米,1/16平装本,2020年5月第一版,浙江工商大学出版社出版,定价80元。

【《唐代诗人咏杭州》】文学作品集,叶正明编著。全书编辑整理了338首唐代诗人吟咏杭州的诗歌。这些诗歌来自李白、孟浩然、白居易、加到、宋之问等70位诗人,描写的对象包括钱塘湖、西湖、钱塘潮、樟亭驿、天竺及诸寺等。全书400千字,1/16平装本,2020年7月第一版,中国文艺出版社出版,定价58元。

【《过去的日子》】回忆录,周文良著。作者通过回忆,重构了自身旧时的温情时光,详尽地讲述了那些来自血缘与地缘的亲情与乡情,年少时发生过的窘迫与追悔,以及山川鸟林带来的回响与和鸣。作者在书中大量地描绘了岭北的山水风物、人情世故,将岭北的乡俗与他内心的情感融为一体,从个人的悲欢中折射出岭北的发展变迁史。全书134千字,1/16平装本,2020年7月第一版,华夏文学出版社出版,定价36元。

【《戴思恭传》】人物传记,边建松著。全书从明代医学家戴思恭家族的流变,戴思恭对医学的探索与研究,戴思恭在江湖与庙堂之间的穿梭与飘荡出发,深

2020 年诸暨市广电省级获奖新闻作品一览表

表 24

评奖单位	获奖作品	作者
浙江省广播电视局	《新闻特写 :一场民情大比武》浙江省新闻奖、浙江省广播电视新闻奖电视消息三等奖	胡正涛、叶京取、钱春园等
浙江省广播电视局	世界的《梁祝》难忘的乡音——对话著名音乐家何占豪浙江新闻奖、浙江省广播电视新闻奖电视消息三等奖	康伟、胡正涛、叶京取、章怀峰、袁迪凯、钱旭峰等
浙江省广播电视局	《每时每刻我们都在你身边》浙江省广播电视公益广告作品电视类三等奖	胡张伟
浙江省广电局	浙江省广播电视对农节目服务工程建设考核电视类中《“杜鹃村”还能走多远》对农节目二等奖	王冬牛、胡正涛、叶京取等
省新闻工作者协会残疾人事业新闻宣传促进会	《慈善助残 爱满暨阳》浙江省残疾人事业好新闻三等奖	康伟、傅铁飞、周芝兰、赵婷、袁源等
中国电视艺术家协会	《浣江纪事》“第七届全国市县级电视台推优活动”电视栏目最佳作品一等奖	王冬牛、朱坚定等
中国电视艺术家协会	《德润暨阳—2018 诸暨市第五届“身边的道德模范”颁奖典礼》的“第七届全国市县级电视台推优活动”中荣获综艺晚会最佳作品一等奖	孟繁博、朱坚定、陈言
中国电视艺术家协会	《“我和我的祖国”诸暨市庆祝新中国成立 70 周年文艺晚会》“第八届全国市县级电视台推优展播活动”综艺晚会最佳作品一等奖	陈仲明、朱坚定等
中国电视艺术家协会	抗击疫情 MV 短视频《因为有你在那里》“第八届全国市县级电视台推优展播活动”短视频最佳作品一等奖	陈仲明、朱坚定、康伟、孟繁博、陈言
省广播电影电视局 省农业和农村办公室 浙江省新闻出版广电局	《广播对农栏目》2020 年度浙江省广播电视对农节目服务工程建设考核二等奖	侯月飞、毛萍霞、俞飞烽、钟晓红、赵卫明、潘宇婷
浙江省广播电视局 浙江省广播电影电视学会	《枫桥经验的外嫁女》2020 年度浙江省广播电视对农节目政府奖三等奖	侯月飞、俞飞烽、钟晓红、赵卫明
浙江省广播电视局 浙江省广播电影电视学会	《世界的〈梁祝〉难忘的乡音——对话著名音乐家何占豪》2019 年度浙江省广播电视新闻奖三等奖	陈仲明、胡正涛、叶京取、章怀峰、袁迪凯
浙江省广播电视局 浙江省广播电影电视学会	《保障房冷遇的背后》2019 年度浙江省广播电视新闻奖三等奖	章怀峰、陈婕、钱毅君

续表 24

评奖单位	获奖作品	作者
浙江省广播电视局	《金萧支队》 2020 年度浙江省广播电视节目技术质量金鼎奖三等奖	翁平锋、赵卫明
浙江省广播电视局 浙江省广播电影电视学会	《鸟语密码》 2019 年绍兴市广播电视节目奖文艺类广播长篇连播一等奖	侯月飞、赵卫明、俞飞烽
浙江省广播电视局	《王冕》 2020 年度广播电视节目技术质量金鼎奖高清专题类三等奖	章利军、毛建新、斯赵飞
浙江省广播电视局	《浙江浣江传媒集团有限公司示范区智慧斑马线项目》 基层优秀科技创新类(县级)一等奖	周海荣、吴天飞、宣国富、张镠亮、斯赵飞、刘勖、严杭炯、俞佳作
浙江省广播电视局	《数据中心机房建设项目》 基层优秀科技创新类(县级)一等奖	周海荣、寿哲男、俞伟柯、袁杰锋、宣建军、周梁惠、牛静、吴铭宇
浙江省广播电视局	2020 年全省广播电视技术能手竞赛有线网络类三等奖	施苗红

度呈现了历史深处的国医——戴思恭的传奇一生。全书 120 千字,开本 710 毫米 ×1000 毫米,1/16 平装本,2020 年 5 月第一版,浙江工商大学出版社出版,定价 28 元。

【《暨阳人杰》】人物传记,边中法著。全书选取了四十余位诸暨古代、近代、现代杰出的历史先贤,客观地叙述了他们特殊事迹,展现了这些贤达身处的特殊时代背景和相关人事,是一部融思想性、学术性、知识性于一炉的综合性人物传记。全书 280 千字,开本 880 毫米 ×1230 毫米,1/32 平装本,2020 年 12 月第一版,北京文艺出版社出版,定价 68 元。

【《浙操徐门之后——四百年来浙江古琴史巡礼展》】古琴器乐史,郑磊编。本书分为上、中、下三卷,上卷集结了浙江古琴史的文献资料,主要呈现四百多年间浙籍琴人的琴谱、书画、手札等遗存;中卷辑录了现代几位古琴大师对浙江古琴史的文稿。下卷以图片的形式展现了古琴的研修。全书意在用丰富的实物资料,为读者比较全面地展示浙江古琴四百年来的发展史。全书 520 千字,开本 889 毫米 ×1194 毫米,1/16 精装本,2020 年 9 月第一版,西泠印社出版社出版,定价 520 元。

【《杨维桢志》】志书,徐晓钢编纂。本书汇集了关于元代著名文人杨维桢的一些原始材料,主要分为四个方面:传记篇选录了元明清三代类著述中的杨维桢传记性材料,以及与杨维桢有关的几个专题性介绍;版本篇介绍了杨维桢著述存世的主要版本和部分总集、丛书中的杨维桢作品;书画篇介绍了杨维桢书法、绘画存世的主要作品;述评篇选录了古人著述中对杨维桢其人、其作品的记述和评论,以诗话、笔记,类为主。本书通过大量原始文献的梳理归类,解读了那个时代文学史、艺术史上许多鲜为人知的关键细节,还原了一位文化史上艺术名家大师的鲜明形象。全书 2000 千字,开本 889 毫米 ×1194 毫米,1/16 精装本,2020 年 3 月第一版,浙江古籍出版社出版，定价980元。

【《醒来》】长篇小说，海飞（陈海飞）著。本书讲述了抗日战争时期，一名照相师因缘际会成为隐秘战线特工，为信仰而战的故事。照相师陈开来目睹身为共产党特工的师父被日本人杀害后，怀揣秘密信息来到上海。在阴差阳错地卷入一场军统刺杀行动后，成为日伪高官苏门的照相师，并获得了杜黄桥的帮扶，与赵前兄弟相称，受到金宝的爱慕……在一次次行动中，逐渐发现赵前、苏门等都是共产党唤醒计划的成员。其后，经历多人牺牲，协作盗出日军情报，锄杀日伪高官杜黄桥。在完成阶段性任务后，陈开来继续“沉睡”，等待再次醒来。小说悬念重重，层层反转，展现了黎明之前多方势力的角逐和暗战。全书145千字，开本710毫米×1000毫米，1/16平装本，2020年8月第一版，浙江文艺出版社出版，定价39.8元。

【《阻击英雄沈树根》】纪实文学，顾志坤著。本书以纪实文学的笔法，真实、立体地再现了被授予“一级战斗英雄”“鹫峰阻击英雄”等光荣称号和受到朝鲜领袖金日成亲自颁发国旗勋章的抗美援朝英雄排长沈树根传奇、精彩的一生。特别是详细记述了他在担任志愿军排长时率领全排33名战士，在朝鲜五次战役的鹫峰阻击战中与敌鏖战2天3夜，击退敌人30余次轮番进攻、击毙敌人300余人，最终以全排仅牺牲1人、受伤3人的代价，突破了敌人2个营的重重包围；开创了在抗美援朝中志愿军以少胜多的战绩，并被树为志愿军引以为豪的典型战例。全书220千字，开本710毫米×1000毫米，1/16平装本，2020年10月第一版，人民出版社出版，定价79元。

【《天候》】当代叙事诗，周生祥、周喆鸣父子著。本书通过故事—诗歌—童话“三位一体”式创作手法，描写一年四季中的二十四个节气，将神话故事与现实生活中的风土人情相结合，具有很强的画面感，树立了众多个性鲜明的人物形象。本书歌颂了浙江各地的美好河山，点赞了中国改革开放的伟大成就，宣传了浙江生态文明和生态文化，让读者们认识到保护生态环境的重要性。全书550千字，开本700毫米×1000毫米，1/16平装本，2020年6月第一版，江西高校出版社出版，定价88元。

【《冬季里的春闱：1977年恢复高考纪实》】纪实文学，陈侃章著。本书梳理了恢复高考的史实，讲明了恢复高考的来龙去脉，厘清了恢复高考决策过程中邓小平与华国锋的定位和作用，具有丰富的文献信息含量。恢复高考为百端待举的中国吹来阵阵春风，中国教育的复苏，改革开放的推进，几乎都以此为出发点。本书史实可靠准确，文字鲜活生动，是兼具科学性和文学性的好书。全书228千字，开本710毫米×1000毫米，1/16平装本，2020年4月第一版，浙江古籍出版社出版，定价75元。

【《乘法的初步认识教学研究》】中小学数学教学研究，蒋高崎著。本书围绕小学数学“数与代数”领域的一节课（或者是相关的一类课）进行多视角系统研究而形成。研究的内容主要是根据一线老师的课堂教学实践和理论水平提高的需求来确定。作者从一线小学教师的视角来对于数学教育的理解，用自己熟悉的话语方式进行表达，并根据一线数学老师的需要写成的专著，为一线教师开展教学活动提供方便，促进数学教师的专业发展。全书173千字，开本700毫米×1000毫米，1/16平装本，2020年6月第一版，江西教育出版社出版，定价36元。

【《美人殇》】长篇小说，商迪骅著。本书以春秋时的西施和郑旦两大美女为主角，以吴越之间的国仇家恨为主线，讲述了荡气回肠的英雄美人的爱情故事与报国情怀。西施和范蠡，郑旦和缥缈子，有情人相思相望，却不能相守。西施和郑旦性格迥异，姐妹情深，最终的归宿也是截然不同。全书583千字，开本720毫米×1020毫米，1/16平装本，2020年2月第一版，中国文史出版社出版，定价86元。

【《诸暨百样老家生》】生活用具介绍，诸暨市博物馆，诸暨市非物质文化遗产保护中心编。诸暨传统民间常用的生活、劳作、手艺、娱乐等用具，诸暨方言称之为“老家生”。本书介绍了这些曾经存在了上百年甚至数千年的老家生在人们生活、劳作、渔猎、百工、童趣等方面的个性特点及作用，在这些老家生身上曾经留下了一代又一代人的汗渍、泪痕，甚至血印，也默默见证了人们的悲欢离合。老家生具有极鲜明的地域特色，是诸暨地方传统文化的重要标志之一。全书283千字，开本710毫米 ×1000毫米，1/16平装本，2020年9月第一版，浙江人民美术出版社出版，定价58元。

【《有情月色》】散文集，玉兰儿著。本书从“江南印象”“有福读书”“山居·花草月令”“老月光”“红笺情”等五个方面讲述了作者对周围世界的所见、所闻、所感、所思。字里行间见性情、气格、理趣、文采，可以从中窥见江南的明亮，阅读抵达内心，敬爱植物与月光，珍惜平淡如水的日常。全书216千字，开本850毫米 ×1168毫米，1/32平装本，页码356，2020年7月第一版，北京十月文艺出版社出版，定价42元。

【《是程堂集》】（点校本）古典诗歌，清代屠倬著，诸暨店口镇乡贤文化研究会主编。本书是清代嘉庆年间诗人屠倬的诗文集，忠实反映了诗人读书从政的经历。古载全集共14卷1127首诗、词。全书204千字，开本787毫米 ×1092毫米，1/32平装本，2020年4月第一版，浙江古籍出版社出版，定价100元。

【《2019诸暨社科集粹》】文集，章飞燕主编。全书辑录了诸暨人文社会科学相关文章十六篇，从文史角度诠释了诸暨地方人物、历史、风物、民情等。全书165千字，开本710毫米 ×1000毫米，1/16平装本，2020年12月第一版，中国文史出版社出版，定价42元。

【《战春秋》】长篇小说，海飞著。本书讲述的是吴越争霸战云背后的故事，在惊人想象力的支撑下，重述我们耳熟能详的历史故事，重塑历史人物，重新构建一代女谍的旷世情感，以全新角度展现越王勾践、吴王夫差、美女西施之间的爱恨情仇，以及两国谋臣范蠡、伍子胥在特工战线上的巅峰对决，风起云涌，杀机深重，谍海中步步都是命悬一线的生死抉择。全书122千字，开本880毫米 ×1230毫米，1/32平装本，2020年2月第一版，北京十月文艺出版社出版，定价39.8元。

【《前生前世：诸暨老城记录》】城市史，张振东编著。本书分为“类述篇”“块说篇”“旧文辑录”三大部分，辑录史料和访谈材料，从“时间”和“空间”的角度记录了诸暨老城旧事，梳理了诸暨老城兴亡沉浮过程，是一部具有鲜明特色的地方文史资料书。全书420千字，开本710毫米 ×1000毫米，1/16平装本，2020年8月第一版，浙江古籍出版社出版，定价76.8元。

（以上由文广旅游局提供）

档案

【概况】2020年，档案工作突出服务经济社会发展的重要功能贡献“档案力量”，配合政府数字化转型中互联网＋政务服务相关工作，完善事项细则，优化材料清单。继续完善“最多跑一次”和部门间“最多跑一次”事项具体内容，协调配合做好“司法拍卖一件事”等事项。配合大数据发展管理中心做好数据归集工作，共提交农权档案条目、山林档案条目、查档登记信息等合计约136万条。助力“接沪融杭”发展战略，落实长三角区域民生档案“异地查档、便民服务”合作事项，配合做好全省“一网查档、百馆联动”，拓展与周边省份档案共享利用。通过浙江档案服务网、电话等方式，全年接待查阅利用群众8663人次，利用卷数10481卷，复印9030张，打印20600页。

【市档案陈列馆展厅建设】2020年6月，投资799.82万元，启动建设诸暨市档案陈列馆展厅。展厅共三层，面积近2000平方米，一层为临展厅，二层为“西施故里、华彩越章”主题厅，三层为“兰台鉴证、浣水流芳”主题厅。同时，市档案馆在全市征集到诸暨各历史时期各方面各种载体的档案资料4000余件。

【“国际档案日”宣传展览】2020年6月9日“国际档案日”，市档案馆举办主题为“诸暨美丽乡镇建设档案展”展览，精选23个镇街205张照片，制作图文并茂的展板，展示全市全面建成小康社会的成果。

【档案接收征集】2020年，市档案馆共接收全宗17个，共计28639卷，185905件，人事档案482卷，照片23卷，奖牌等实物档案668件。征集杨赵宣毛周黄孟陈8个姓氏宗谱140多卷，其中公元1670年康熙年间的宣氏宗谱，距今350年历史，使诸暨市档案馆最早馆藏品年代前推130年。

【档案编研】2020 年，完成《诸暨记忆之名人档案——王冕》《钱希均等捐赠图库目录》《诸暨战疫 100 天》3 本编研书籍。

2020 年 3 月，市档案馆将钱希均之女周幼勤捐赠的革命精英钱希均、钱之光、钱萍、周沛然、钱光一、钱光亮、滕敏灿、钱申夫、钱生辉、张侠、钱宛正、钱纪昌等名人档案，包括实物照片 210 张和照片图册进行系统整理归集成册，出版《钱希均等捐赠图库目录》。并分别寄赠书中英烈的后人和八路军驻乌鲁木齐办事处遗址纪念馆、八路军驻西安办事处遗址纪念馆等 16 家国内纪念馆。

2020 年 5 月，完成《诸暨记忆之名人档案——王冕》编研印刷。全书分“序、轶、诗、书、画、印、迹”七部分，收录《竹斋集》和《竹斋诗续集》（四库全书影印本）3 卷，书法作品 11 幅、梅花画作 9 幅、印拓 18 方，有“元章”“会稽外史”“方外司马”等。

2020 年 11 月，市档案馆在抗击新冠肺炎疫情期间征集到大量相关的实物档案，计 50 个门类 200 余件，包括手册、宣传板、标语、肩章、通行证、单据等。并从前期征集的关于抗疫的 5.8 万张图片中，挑选跟进，耗时 5 个月编辑出版全省首部抗疫主题画传——《诸暨战疫 100 天》。

【档案抢救保护】2020 年，市档案馆开展馆藏民国档案抢救和保护（三期）项目，完成馆藏民国档案修裱 23474 页。做好特种载体档案整理，对 8 个撤销乡镇和 1 个撤销机关移交进馆的 1700 块牌匾和 2186 枚印章进行规范化整理和数字化工作。开展馆藏档案质量整改（二期）项目，完成馆藏档案库址的核对和整改、案卷与卷盒封面及脊背信息核对整改、全宗的架长测量、密级档案条目摘录、档案保管状态检查、补充备考表、重新装订等工作。

【档案信息化建设】2020 年 5 月，组织实施馆藏档案数字化加工（十期）项目，对馆藏纸质档案、照片以及声像档案进行数字化加工。至年底，共完成档案扫描 46491 卷，计 4863042 页，录入条目 674200 条。继续开展 2019—2020 年全市行政事业单位、镇乡（街道）档案整理和数字化加工项目，全年共完成诸暨市各机关、镇街 2018 年、2019 年文书档案和业务档案整理并数字化 77221 卷、687577 件、1473256 条、74002490 页。投入 16.8 万元对机房空调系统进行改造，完成机房容灾数据和系统备份。（祝媛媛）

医疗卫生

综述

2020年，全市有市级医院8家，其中三级乙等综合医院1家、三级甲等中医医院1家、二级甲等综合医院2家、二级甲等妇保院1家、二级乙等综合医院3家；有乡镇卫生院（社区卫生服务中心）17家；社区卫生服务站79家，村卫生室426家。全市镇乡（街道）社区卫生服务中心中医科、中药房设置率100%，5家中医药综合服务区完成升级改造。全市有中医门诊科室114个、中药房39个。全市医疗机构实际开放床位7225张，平均每千人口6.08张；执业医师和执业助理医师4454人，平均每千人口3.75人；注册护士4170人，平均每千人口3.51人；门急诊10995996人次，出院148822人次；医疗业务总收入32.52亿元，县城内就诊率90.37%，基层就诊率67.41%。2020年，全市购买基本医疗和基本公共卫生服务总资金达13300.6万元，比2019年增长6.93%。

2020年，卫生健康系统在职人员7821人，其中在编4954人。卫技人员8624人，其中在编4549人。中高级职称3404人，其中卫技高级职称1214人，中级职称2190人。全年招聘医学类硕士研究生28人、应届本科生108人，面向社会公开招聘医务人员54人，其他人员27人。首次开展“新村医”定向委托培养61人，其中本科13人，大专48人。

诸暨市卫生健康局下辖卫生健康行政执法队、疾病预防控制中心、卫生健康宣传教育中心、计划生育协会秘书处、预算会计核算中心卫生健康分中心、中心血库、急救中心、流动人口计划生育管理服务中心和绍兴护士学校各1家。

全市新冠肺炎疫情防控。疫情发生前，诸暨市始终把强化公共卫生体系建设作为保障人民群众身体健康和社会和谐稳定的大事来抓，切实提高公共卫生服务能力，构建资源配置合理、反应快速灵敏、运作协调高效、保障严密有力的公共卫生服务体系，在全市范围内初步形成由疾病控制、卫生监督、妇幼保健和医疗救治体系为支柱，以各类医疗机构、社区卫生服务机构为依托的比较完善的市、乡镇、村三级公共卫生服务网络。

医疗机构信息化改造。2020年，全市27家儿童预防接种门诊完成浙江省疫苗和预防接种综合管理信息系统上线工作。30家医疗机构完成慢性病数据交换、传染病报告数据交换信息化改造，正式上线联网运行。市人民医院、市四院完成职业健康检查机构信息化改造。从业人员健康体检系统实现电子证领取，全年完成体检41330人，办理健康证明55835本。

民生实事项目。70周岁以上老年人免费流感疫苗接种22600人。重点人群结直肠癌筛查55955名，筛查任务完成率103.62%；结肠镜检3162人，镜检任务完成率118.25%，病理检查1191人，发现结直肠癌

42 例，癌前病变 281 例，其他良性病变 1127 例。

市卫生健康局 2020 年新增“托育机构备案”等四个行政权力事项，全部政务服务事项 100% 实现“网上办”“浙里办”“跑零次”和即来即办。“公共场所卫生行政许可”等 8 个行政许可事项以直接下放的形式赋权店口镇。推进二级及以下医疗机构设置审批与执业登记“两证合一”。全年共办理各类卫生许可事项 3445 件次。社会抚养费征收 3 例，审核涉及较大数额罚款、吊销及听证等卫生行政处罚案件 35 件。上报失信“黑名单”信息 3 例。（蒋辰佶）

疾病预防控制

【概况】2020 年，全市报告发病乙、丙类传染病 18 种 9337 例，死亡 2 例，无甲类传染病报告。其中乙类 13 种 1085 例，报告发病率 91.35/10 万，与上年相比下降 22.16%。无甲类传染病报告，无乙、丙类传染病暴发疫情。

【免疫规划疫苗接种】2020 年，完成 247788 剂次国家免疫规划疫苗接种，以镇乡（街道）为单位国家免疫规划单苗接种率达 95% 以上。

【高血压糖尿病综合防治】2020 年，全市登记建档高血压患者 165086 例，检出率 15.24%，规范管理率 74.01%，血压控制率 77.45%；登记建档糖尿病患者 56353 例，检出率 5.20%，规范管理率 71.31%，空腹血糖控制率 58.55%。

【窝沟封闭】2020 年，学生窝沟封闭覆盖率 99.14%，封闭率 99.81%，完好率 95.7%。

【死因及慢性病监测】全年共报告四类慢性病 28953 张，报告及时率 97.24%，审核率 100%。户籍死亡人数 7914 例，估算年粗死亡率为 7.17‰，网络报告率为 100%，审核率 100%，无死亡漏报。前五位死亡病因顺位依次为恶性肿瘤 208.93/10 万（29.04%），脑血管病 129.29/10 万（17.97%），损伤与中毒 104.00/10 万（14.45%），心脏病 84.07/10 万（11.68%），呼吸系统疾病 61.83/10 万（8.59%）。

【严重精神障碍患者管理】2020 年，全市发现登记重性精神障碍患者 6231 人，检出率为 5.27‰，规范管理率 100%；服药率 99.37%。落实患者救治救助政策，在管患者免费药品发放和严重精神障碍患者的门诊、住院治疗报销规范开展。

【卫生监测调查】2020 年，采集食品安全风险监测样品 1223 份，完成年度采样计划的 102.3%（1223/1195）。全市饮用水情况调查采样监测，采集农村饮用水 96 份，总合格率 89.58%；采集城市饮用水 20 份，合格率 100%。全市从新中国成立至 2019 年报告的职业性尘肺病患者随访和回顾性调查，共 190 例，随访到 181 例病人，随访率 95.3%。职业病危害现状调查 2811 家，完成率 100.1%。（陈　华）

妇幼保健

【孕产妇系统管理】2020 年，全市接产机构共 8 家。接产活产数为 7797 人，户籍活产 5985 人，孕产妇系统管理率为 95.69%。高危孕产妇筛查管理 5189 人，占产妇总数的 86.7%，高危孕妇管理率和住院分娩率均为 100%。产前筛查率 95.44%，产前诊断 188 人。继续开展孕产妇免费建册，免费艾滋病、梅毒、乙肝筛查检测率为 100%。

【出生一件事“掌上办”】2020 年，继续开展优生促进和母婴健康促进工程工作，新增产前筛查、产前诊断、先天性心脏病筛查三个免费出生缺陷预防项目。推广出生一件事“掌上办”，实现手机上办理出生医学证明、预防接种、公安户籍申报，新生儿医疗保险等证件。（金挺美）

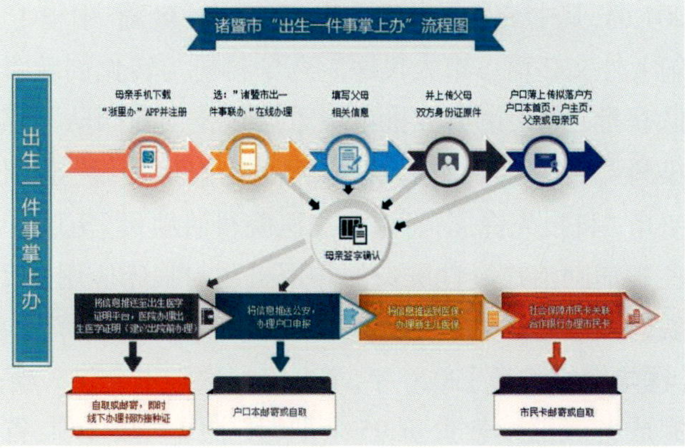

诸暨市“出生一件事掌上办”流程图

医政管理

【概况】2020 年，全市公立医院门急诊人次同比（下同）减少 12.7%，出院人次减少 21.8%；总医疗收入减少 12.8%；门诊均次费用 235.5 元，增长 3.9%；出院均次费用 8530.7 元，增长 5.6%；西成药占比 29.9%，下降 2.9 个百分点；医疗服务收入占比 30.6%，上升 1.6 个百分点。

【区域信息化建设】2020 年，完善医学影像、心电、超声、病理、远程会诊五大共享中心，服务 155013 人次。市级医院入驻省互联网医院平台全覆盖，949 名医师、113 名护士、304 名药剂师入驻，开展“互联网 + 医疗”“互联网 + 药事”“互联网 + 护理”等服务 56100 人次。

【社会资本办医】2020 年，诸暨暨阳德中口腔医院、诸暨暨阳康复医院通过执业验收，新核发个体诊所 98 家。

【惠民医院惠民医疗】2020 年，有 16211 人持有惠民医疗优惠证。惠民医院共收治门诊病人 225774 人次，住院病人 6710 人次，减免总医疗费用 2295.5 万元。

（张赟华）

医教科研

【科技成果和论文】2020 年，获批厅局级科研计划 17 项、诸暨市科研计划 48 项、省医学会临床科研、省药学会临床科研及高校教学研究项目共 11 项，取得国家发明专利 1 项、实用新型专利 29 项，共发表论文 201 篇，其中 SCI 收录论文 80 篇、一级 38 篇（中华 13 篇），外文 2 篇。市人民医院药学科研与转化创新团队获批“绍兴市第五批市级重点科技创新团队”，感染科“新冠病毒感染及疑似病人筛查诊疗组”获绍兴市“科技先锋岗”。市人民医院科研项目《五味子乙素辅助治疗慢性肝炎的作用机制与临床应用》荣获诸暨市创新奖三等奖。

【医学继续教育】2020 年，举办高层次学术会议 3 场；完成各级继续教育班 95 余期（其中国家级 2 项、省级 18 项）。举办中医知识培训班和适宜技术推广培训班各 1 期。

【重点学科建设】2020 年，新增名医工作室 26 家，被列入新一轮绍兴市重点学科 4 个。

（张赟华）

卫生监督

【概况】全年出动卫生监督员 3.6 万余人次，实施监督执法 1.7 万余家次，承办卫生行政案件 884 起，其中一般程序 436 起，简易程序 448 起，大要案 35 件，罚没款共计 218 余万元。

【卫生监督双随机抽查】2020 年，开展双随机（随机抽取检查对象、随机选派执法检查人员）抽查 1289 项，其中国家级 495 项、省级 794 项，发现问题后续处置 220 家，完成率 94.03%，监督监测信息全部通过移动执法终端录入。

【行医监管】2020 年，查处非法行医 29 起，罚没款 58 万余元。

【公共场所卫生监管】2020 年，推进公共场所卫生监督量化分级管理，管理率 100%。全年共评定卫生信誉度为 A 的单位共 5 家，B 级 72 家，C 级 2718 家。游泳场所水质抽检，共采集水样 92 份，合格 82 份，合格率为 89.13%，作出行政处罚 13 起，其中警告 4 起，立案处罚 9 起。

【学校卫生监管】2020 年，对全市 61 所学校开展教学环境和生活饮用水卫生检测，检测不合格的 11 所学校立案处罚。做好中高考安全保障。对城区 7 个高考考点和 6 个中考考点学校开展以传染病防控和生活饮用水为重点的卫生监督检查，出具卫生监督意见书 5 份。对 12 家托幼机构开展病媒生物防控专项监督检查，对责令改正后密度仍超标的 4 家托幼机构行政处罚。

【生活饮用水和涉水产品卫生监管】2020 年，对全市 9 家集中式供水单位及部分二次供水设备每季度实施监督监测，共抽检水样 216 份，合格率 100%。检查涉水产品生产企业 178 家次，采检产品 86 只，对 11 家立案查处。

【职业卫生监管】2020 年，对 269 家企业开展职业卫生分类分级监督执法，向 203 家企业下发执法文书，提出整改意见281条，全部完成整改。行政处罚共计71家，其中警告47家，一般程序罚款24家（放射类企业6家），共处罚83.91万元（放射类企业0.66万元）。职业病危害项目申报新申报系统完成审核、备案460家；开展职业健康检查的企业634家次计12826人次，发现疑似职业病6例和诊断职业病病例4例；开展检测、评价企业524家，其中现状评价76家。开展职业病防护设施三同时（建设项目职业病防护设施必须与主体工程同时设计、同时施工、同时投入使用）71家次（企业49家），其中预评价40家，设计专篇12家，控评（职业病危害控制效果评价报告）19家。（陈 华）

城乡社区卫生服务

【概况】2020年，全市每个镇乡（街道）均有一家政府办的卫生院（社区卫生服务中心），下辖社区卫生服务站256家，紧密型管理村卫生室100家。

【基层医疗机构标准化建设】2020年，实现镇乡卫生院住院病房、中医药综合服务区全覆盖；深化开展国家“优质服务基层行”活动，所有镇乡卫生院达到国家“基本标准”，其中应店街镇中心卫生院达到“推荐标准”。行政村卫生室达到规范化要求263家，规范化率61.7%。

【个性化签约服务】2020年，财政落实签约经费1039万元。125名医共体牵头医院专科医生加入签约服务团队，629位医生开展签约服务工作，共签约468193人，规范签约率43.2%。落实“10+1”“签约服务包”使用，开展出诊、家庭病床等个性化签约服务，十类重点人群签约覆盖率86.47%。璜山镇中心卫生院获得省签约服务培训基地称号，暨南街道社区卫生中心为省签约服务示范点。

【基本公共卫生服务】2020年，落实国家基本公共卫生服务项目，人均基本公共卫生服务项目经费65元。全市65岁以上老年人健康管理率71.09%，全人群规范化电子健康档案建档率90.84%，65岁以上老年人中医健康管理率68.06%，0 ~ 3岁儿童中医药健康管理率66.96%。（金挺美）

爱国卫生

【国家卫生城市复审】2020年5月，国家卫生城市复审通过省级明察。全市卫生户厕和无害化卫生户厕普及率均达100%。

【卫生镇乡卫生村创建】2020年，63个村创建成浙江省卫生村。13个镇乡通过国家卫生乡镇考核，国家卫生乡镇覆盖率为72%。（阮维彬）

优生优育

【概况】2020年，出生6755人，出生率和自然增长率分别为6.23‰、-0.85‰，计划生育率96.68%，出生人口性别比106.29。女性初婚人数3479人，已婚育龄妇女人数172440人，一孩妇女数92178人；采取各种节育措施人数145062人，综合避孕率84.16%；总和生育率1.05%。办理生育登记服务4322例，再生育审批203例。完成34个公共场所母婴设施建设。落实奖励扶助对象34010人（新增4652人），发放扶助金3264.96万元；特别扶助对象1824人（新增213人），扶助金1589.88万元；独生子女特殊家庭关爱对象1832人，发放关爱金1081.349万元；3888名享受城镇职工养老保险补助201.5万元；独生子女父母城乡养老保险补贴4.45万多人，补助267.68万余元。（徐幼萍）

【计生协会活动】2020年，承接省青春健康教育项目，举办“沟通之道”师资培训、学生“成长之道”教育培训、农林大学“同伴之道”活动及“成长之道”网络直播大讲堂等共64场，服务青少年及家长11万余人次。继续实施国家暖心家园项目；继续落实两性安康和失独家庭疾病保险。（黄婉红）

【流动人口生育管理】2020年，全市流入人口348285人，其中育龄妇女116821人，流动育龄妇女登记管理率大于95%；流出人口为101128人，其中育龄妇女36493人、已婚育龄妇女27081人，流出已婚育龄妇女信息接收反馈率100%。2020年4月13日，诸暨市流动人口卫生和计划生育管理服务中心改名为“诸暨市流动人口卫生健康管理服务中心”。（张雪梅）

体育

综述

2020年，诸暨市围绕“建设现代体育强市、打造运动休闲城市”目标，以满足人民群众对美好生活的向往和日益增长的体育需求为出发点，推动精品体育赛事和全民健身运动的协调发展，不断提升公共体育服务水平，持续打响诸暨赛事品牌，彰显城市活力与魅力。发展体育彩票、体育运动休闲项目、体育产业生产经营和体育旅游业，鼓励建设体育旅游精品项目，致力实现“体育+”繁荣发展。

体育设施建设。推进基层场地设施建设和维护管理，完成2020年度省、绍兴市体育民生实事项目共51个，其中省体育民生实事项目43个、绍兴市体育民生实事项目8个。至2020年年底，全市人均体育场地面积达2.98平方米。开展健身素养进农村文化礼堂活动，向全市110个文化礼堂配送体育器材，包含乒乓球桌、豪华动感单车、篮球等10余件体育器材。

体育组织建设。发挥各部门组织协调作用、各类体育社会团体的纽带作用和社区、乡镇、学校、企业的阵地作用，加强体育组织建设，至2020年年底全市共有体育协会28个。坚持“重在基层，面向全体”原则，借助各体育社团力量，开展武术、健身球、体育舞蹈、钓鱼、桥牌、气排球项目的社会体育指导员培训。定期开展教练员培训，着力提高教练员、社会体育指导员的执教水平、指导能力，不断壮大体育骨干队伍建设。定期开展体育下乡服务，扩大社区和农村等基层群众体育活动的指导范围，提高群众体育锻炼积极性，引导体育人群科学锻炼、有效锻炼，促进市民身体素质提升。

全民健身。以“健康诸暨”建设为主题，坚持政府主导、社会参与，倡导“社会体育社会兴办，全民健身全民参与”，推进全民健身活动，全年举办各类全民健身活动205余场，参与人数达14.5万人次。支持体育社团发展，采用政府购买服务方式，充分调动全市各社会体育组织承办或参与赛事活动的积极性。开展国民体质抽测、体育骨干队伍培训。

承办CBA篮球比赛。引进2020—2021赛季CBA篮球比赛，比赛时间2020年10月至2021年5月，历时197天，共19支球队、519场比赛，成为CBA联赛历史上唯一承办全赛季所有比赛的城市，进一步擦亮诸暨市“篮球城市”金名片。按照CBA篮球联赛的要求，暨阳学院和海亮教育园为CBA比赛场地，市体育中心等四个场地作为CBA的训练场地。

（戴振华）

学校体育

【概况】2020年，诸暨市开齐开足上好学校体育课，落实每天体育锻炼1小时，加强阳光体育四大赛事，加强学生体质健康工作，在2020年绍兴市学生体质健康测试中，总平均分从绍兴市第6位升至第3位，总合格率升至第2位。推进校校建体训队工作，形成“田径+”模式，培育“一校一品”或“一校多品”特色运动项目。2020年度全市中小学生体质健康抽测，因新冠疫情影响暂停。

【学生体质健康工作】2020年，诸暨市通过《诸暨市教体局关于进一步加强高中学校学生体质健康工作的补充意见》，把学生体质健康状况、测评结果等纳入学校年度集体工作考核，实行基本分倒扣分制和学校评先评优考核一票否决制。制订2020年中小学生抽测方案，加大检测和考核力度，2020年全市《国家学生体质健康》上报率100%，其中优秀率23.74%、良好率32.81%、及格率40.27%，全市总合格率为96.82%，合格率与2019年相比略有提升。在2020年绍兴市学生体质健康测试中，诸暨市获绍兴市团体第三名，在高一新生公布的成绩中诸暨中学获全省第14名。

【阳光体育四大联赛】2020年，田径、篮球、足球、乒乓球等各项赛事活动纷呈。举办诸暨市第十六届中小学生体育节，参加绍兴军体运动会、阳光体育四大联赛等赛事，各项成绩优异。10月26日，海亮中学队夺得2020年全国U15男篮总决赛冠军；海亮初中、浣纱初中在2020—2021年全国初中生篮球联赛（浙江赛区）中分别夺得总冠军和总季军；实验小学夺得2020年浙江省小篮球联赛总决赛（U10组）季军；在“2020肯德基校园青春健身操大赛”暨绍兴市第七届中小学（幼儿）健美操、啦啦操比赛中，诸暨市共斩获八项第一、一项一等奖，创造参赛人数和获奖成绩的新高；诸暨市入选2020年全国青少年校园篮球“满天星”训练营，系全省唯一。

【传统学校体育发展】2020年，利用全市教体结合新优势，以培养学生体育意识和体育兴趣为重点，以增进学生体育技能和体质达标为抓手，加强体育课和课外体育活动锻炼。坚持以校园篮球、足球为引领，校校建体训队，积极推进“田径+”建设。开展多层次、多形式的学生体育竞赛活动，共同营造校园体育文化氛围。发挥体育传统项目学校在促进校园体育普及、推动学校运动队和校园文化建设等方面的示范作用，提升竞技体育后备人才输送数量和质量。

（俞旭平）

群众体育

【概况】2020年，市教体局贯彻《全民健身条例》，以“健康诸暨”建设为主题，开展全民健身活动，全年举办各类全民健身活动205余场，参与人数达14.5万人次。承办和参加全国、省、绍兴市级比赛活动，组织体育骨干队伍培训、国民体质抽测，开展全市基层场地设施建设和维护管理，完成年度新增体育场地调查统计。

【全民健身活动与培训】7月28日，诸暨市第十六届篮球联赛拉开序幕，本次篮球联赛共有来自乡镇、企事业单位的54支球队、656球员参赛，比赛历时39天，9月5日结束。其间，举办篮球协会会员篮球赛和诸暨市首届幸福家庭趣味篮球赛。

8月8日，诸暨市第十三届全民健身节启动仪式在陶朱街道联合村文化礼堂举行，启动仪式后举办联合村第二届村运会，特色项目有跳大绳、踢毽子、斗鸡等。诸暨市老年人体育协会在市城市广场开展健身展示和健步走活动，诸暨市武术协会和健身气功协会在市体育中心田径场举行了武术和健身气功展示活动。

10—12月，开展诸暨市“全民健身 健康诸暨”

2020年6月23日，浙江省第三届女子体育节启动仪式暨趣味定向比赛在西施故里举行。图为开幕式节目表演（市教体局提供）

全民健身大会系列活动。10月11日，在市体育中心田径场举行诸暨市全民健身大会暨"最美风景线 你我暨阳行"开幕仪式，同时举行由市自行车协会、长跑协会、徒步协会和足球协会会员参加的骑行、跑步、音乐徒步和足球比赛。11月8日、11月19日，在诸暨二中体育馆分别举行诸暨市健身气功站点联赛和诸暨市机关干部健身大赛太极拳、工间操比赛。11月21日，在市体育中心田径场举办由市级体育协会会员参加的诸暨市《国家体育锻炼标准》达标测试赛。12月26日，诸暨市"迎亚运 攀新高"迎新登高活动在陶朱山公园举行，全市登山爱好者、市级机关干部和暨阳街道中心学校教师共约600人参加。

10月22日，诸暨市老年门球协会在市体育中心体育场举办协会成立三十周年庆典活动，并举行百队千人门球大赛，邀请绍兴、义乌等市外3支球队与诸暨市97支球队同场竞技。协会编印纪念协会成立三十周年(1990—2020)《西施故里门球潮》纪念册。

10—11月，诸暨市教体局委托诸暨市武术协会送体育展示进文化礼堂8次，参与人数约450人次。

11月29日，诸暨市自行车协会举办第三届环诸暨自行车骑游大会，在陶朱街道诸暨领克汽车中心鸣枪出发，活动设置120千米全程组、80千米半程组和14千米体验组，吸引全省各地500余名车友参加。

12月19日，为期两天的第三届江南100诸暨东白山越野赛在东白湖镇鸣枪开跑，吸引了来自全国18个省、8个国家的464名越野跑职业运动员、爱好者参加。本次比赛由诸暨市越跑体育公司承办。

2020年11月29日，诸暨市第三届环诸暨自行车骑游大会举办。图为选手比赛中(市教体局提供)

【承办全国和省市级体育赛事活动】2020年6月23日，由浙江省体育局主办，绍兴市体育局承办的浙江省第三届女子体育节启动仪式暨趣味定向比赛在西施故里举行，全省12个地市和1个省行业系统代表队共151名运动员参加，最终绍兴、衢州、温州3个代表队获得比赛一等奖。

7月20日至24日，在诸暨二中和滨江小学体育馆承办浙江省第三届女子体育节篮球比赛，全省10个地市代表队139名运动员参赛，温州、杭州、绍兴分获前三名。

7月12日，在诸暨市体育中心田径场举行浙江省亲子趣味三人制足球嘉年华活动，全省约200名运动员参加。本次活动由浙江省体育局主办，浙江省足球协会和诸暨市教体局承办，诸暨市足球协会协办。

7月23日至24日，在新世界大酒店举办浙江省第30届"浣纱杯"桥牌邀请赛，全省100余名运动员参赛。本次比赛由浙江省桥牌协会主办，诸暨市教体局承办，诸暨市桥牌协会协办。

11月4日至6日，在滨江初中体育馆举办2020年浙江省老年人太极拳(剑)展示交流大赛，全省约130名运动员参赛。本次比赛由浙江省老年人体育协会主办，诸暨市老年体育协会主办。

11月27日至29日，在新世界大酒店举办浙江省教育体育系统"腾飞杯"桥牌比赛，全省180余名桥牌爱好者参赛。本次比赛由浙江省体育总会和浙江省桥牌协会主办，诸暨市桥牌协会承办。

9月2日至3日，诸暨市老年人体育协会在大唐街道杨家楼村承办绍兴市老年人气排球(女子)交流活动，绍兴地区约100名运动员参赛。

【组队参加全国和省市级比赛】2020年5月，诸暨市钓鱼协会周立峰参加中国·上犹全国职业俱乐部百万联盟杯钓鱼拉力赛，与400余名全国参赛者角逐，在两站比赛中分获冠军、季军。

10月10日至16日，诸暨篮球协会组队参加在金华永康举行的2020年华东地区暨浙江省第四届长青杯篮球赛，分别夺得男子40～50岁组第三名、50～60岁组第一名、60岁以上组第二名和女子组第三名。

7月，诸暨市老年人体育协会组队参加中国·岱山岛气排球精英赛，获男子老年组第一名和女子老年组第六名。9月，参加浙江省老年人健身球操交流展示活动，获团体规定套路双球第一名和团体自编套路单球第四名。10月，参加浙江省老年人迷你气排球交流活动，获第一名。10月，参加浙江省老年人地掷球交流活动，分获男、女县级组B组第一名。11月，参加浙江省老年人气排球（男子）交流活动，获第一名。

8月，在2020年浙江省青少年门球锦标赛中，山下湖镇詹家岭小学代表诸暨参赛夺得甲组金奖、乙组银奖。本次比赛由浙江省体育局主办，浙江省门球协会、诸暨市教体局承办。

【社会体育指导员培训】2020年，借助各体育社团力量，开展武术、健身球、体育舞蹈、钓鱼、桥牌、气排球等项目的社会体育指导员培训，全年共培训各级社会体育指导员131名，其中国家级社会体育指导员2名、二级社会体育指导员11名、三级社会体育指导员118名。

【健身素养进农村文化礼堂活动】2020年，为全市110个文化礼堂送体育器材，包含乒乓球桌、豪华动感单车、篮球等10余件体育器材，提升农村文化礼堂体育健身功能。

【体育场地建设】2020年，建设小康体育村提升工程18个、社区多功能运动场5个、五人制笼式足球场2个、拆装式游泳池2个、百姓健身房16个、体育公园2个、体育设施进公园6个。新增体育场地调查统计：至年末，全市体育面积3540393平方米，按118.7万常住人口计，人均体育场地面积达到2.98平方米。

【国民体质测试】2020年12月初，为配合浙江省第五次国民体质监测，在全市700名市民中，分年龄段开展2020年度诸暨市国民体质测试工作，其中农民300名、城市居民400名。现场向市民提供体质测试报告，并针对每位测试对象的不同体质定制科学运动处方。

【体育社团管理】2020年1月，诸暨市空手道协会成立。12月，诸暨市排球协会成立。11月，诸暨市自行车协会举行第三届换届大会。12月，诸暨市网球协会举行第二届换届大会。（张建琴）

竞技体育

【概况】2020年，加快体教融合，健全完善校、镇、市三级体育人才培养体系和训练项目布局工作，加强训练质量检测，完善考核评估，引进高水平教练与运动员，确保优势项目更强、潜在项目更好、薄弱项目提升。全市业余训练布局项目共15项（田径、游泳、射击、乒乓球、跆拳道、柔道、摔跤、篮球、排球、足球、击剑、空手道、技巧、羽毛球、网球），共有教练员38人，其中，专职教练12名、聘用教练13名、兼职教练13名，在训运动员共750余人。

【2020年绍兴市青少年锦标赛】2020年，组织参加绍兴市青少年锦标赛田径、游泳、柔道、散打、沙排、击剑、棋类、皮划赛艇等18个项目，共获金牌157枚。

【2020浙江省青少年锦标赛】2020年，组织参加浙江省青少年锦标赛田径、篮球、摔跤、跆拳道、水上项目、射击、排球、空手道、沙排、马术10个项目的比赛，共获金牌20.4枚、银牌21枚、铜牌23.9枚，金牌数位列绍兴市第三。

【2020年运动员引进、输送】2020年，输送到绍兴市少体校集训25人、省体育职业技术学院集训6人，引进高水平篮球运动员13人。（魏福灿）

体育产业

【概况】2020年，依托诸暨自然资源和区域优势，坚持“宜融则融，能融尽融”的工作思路，推动“体育＋旅游＋健康”三者有机融合，不断扩展体育旅游融合发展内涵，带动诸暨全域体育旅游产业互动发展。

【体育产业发展专项引导资金】2020年，全市体育产业发展专项引导资金256万元，其中省级产业发展资金项目库入库项目2家，共获补助140万元；体育服务业补助51.24万元；品牌赛事补助60.15万元；精品线路补助5万元。

【体育彩票】2020年，销售体育彩票1.9亿元，销售门店196家，市场份额49.78%。

【规上体育增加值】2020年，全市规上体育企业数493家，规上体育增加值3.13亿元。（王　曾）

人力资源·社会保障

人才引育

【概述】2020年，诸暨市坚持“人才强市”战略，转变引才方式，更新人才政策，力争打造人才生态最优县市。通过开行专车专列助力复工复产，推行线上“云招聘”提高引才效率，实行“一校一码一专场”解决大学生招引问题，组织“十万职工大轮训”提升一线技能，为全市发展提供人才支撑。全年组织394家次企业赴20所高校开展招才引智活动，新增就业大学生23911名，其中硕士910名、博士167名。

【招才引智春秋专列】2020年5月和9月，赴江苏、山东组织招才引智“春季专列”“秋季专列”。以南京、济南为核心，辐射周边城市。在“春季专列”期间，举办诸暨市大学生就业见习实习推介会和山东高校对接洽谈会，现场发布60家企业的1783个岗位需求。在“秋季专列”期间，组建7个引才小分队到近百所高校开展人才招引工作，线上对接高校60所，实地走访高校49所，组织线上招聘会49场、空中宣讲会5场、线下宣讲会39场、线下高校招生就业处负责人座谈会2场，线上招聘会浏览量197000余次，收到简历5454份。

【首届HR能力提升暨精英挑战赛】2020年10月10日至10月25日，在诸暨“人才科技创新周”系列活动期间举办首届HR能力提升暨精英挑战赛，全市20多个行业的120多名规上企业人力资源从业人员报名参加。历时一个月，对参赛人员开展集中培训、导师培训、考察交流、拓展训练等，提升人力资源从业人员的整体素质。在决赛阶段，华纬科技股份有限公司赵盈、浙江万安科技有限公司周薇薇、浙江华才检测技术有限公司孙铭利、海亮股份有限公司杨旦女、浙江露通机电有限公司卓丰萍、荣怀后勤管理集团有限公司杨钰婷、浙江浙农茂阳农产品配送有限公司叶雪琴、艾依诺科技有限公司边丽敏、创新医疗管理股份有限公司楼琪福、南华大学诸暨研究院何再瑜成为首届HR精英。

【百名硕博士诸暨行】2020年8月6日，来自国内外52所高校的107名硕博士人才参加诸暨行活动。全市10家企事业单位参与人才洽谈，提供岗位126个，年薪最高50万元，达成意向106人。活动中复旦大学、浙江大学、南京大学、西安交通大学等知名高校的30名诸暨籍硕博士受聘成为诸暨市“引才大使”。

【人才政策及奖励兑现】2020年6月，发布《关于高水平建设人才强市工作的若干政策意见》的实施细则，为加快集聚创新创业人才提供政策保障。受理2020年度人才奖励（补贴）项目申报，发放人才安家补贴3440人2163.78万元，人才购房补贴103人1497.5万元，企业自主培养奖励22家21万元，引才引智奖励7人122万元，博士后工作奖励9人110万元，柔性引进领军人才奖励1家14.2万元，新引进人才薪酬补助4人48789.3元，自主申报入选省高级人才奖励3名70万元。全年办理人才公寓入住97套、人才积分13人、人才绿卡18本，按月审核发放暨阳学院特殊津贴185.4万元。

【人事档案管理】2020年，组织干部人事档案专项审核，共审核全市82家事业单位（教体和卫健系统除外）和3家国有企业中层干部总计2601卷档案。10月中旬启动全市国有企事业单位档案专项审核“回头看”，全年完成26家企事业单位642卷干部人事档案专项审核“回头看”阅档。办理新进人员档案接收102卷，转出档案21卷，审核人事主管单位移交的各类档案材料3万多份，收集归档各类档案资料2.5万余份，服务查（借）阅档案业务850余人次（专项审核阅档除外），提供政审（考察）服务170余人次，审核并录入原管档单位移交的事业在职档案456卷，事业退休档案180卷。

人力资源市场

【概况】2020年，诸暨市的主要人力资源市场有诸暨市人力资源市场、店口镇智杰人力资源市场、大唐街道云众人力资源市场、永新人力资源市场等。诸暨市人力资源市场主要从事人才就业政策咨询、人力资源交流开发、职业介绍、就业指导及公共就业信息发布等相关就业服务，是实现人力资源供需双向交流的主要场所。

2020年，各镇乡街道人力资源市场内分公共职业介绍服务和民办职业介绍服务两种。公共职业介绍服务是以举办各类招聘会、开展“周六人才集市”小型专场招聘、为企业免费提供招聘摊位、免费发布企业招工信息及援助就业困难群体为主要内容的公共服务；民办职业介绍服务则按照市场统一管理制度个体经营，开展有偿职业介绍服务。

【专车专列接返员工】2020年2月20日始，为保障新冠肺炎疫情后的企业复工复产，诸暨市在落实企业用工监测的基础上，整合各人力资源市场力量，开行“就业专列”。按照“一车一方案”的要求，落实专人一对一跟进，组织员工有序返程，全年开行复工复产“就业专车专列”近2000趟，累计接返外地员工超3万人。

【就业大篷车】2020年，为盘活本地劳动力资源，在疫情防控要求下，全市范围内开行“就业大篷车”，将企业岗位送至劳动者家门口，让他们不出村就能获取就业信息。全年在东和乡、东白湖镇、马剑镇等地组织开展11场“就业大篷车”活动，提供就业岗位1703个，协助531名有就业意愿的劳动者牵线企业。

【人力资源服务产业园建设】2020年年底，启动建设诸暨市人力资源服务产业园，围绕“集聚产业、拓展服务、孵化企业、培育市场”四大核心功能，配设一站式社保人才就业公共服务大厅、产业集聚区、产品交易区、信息服务区等功能区和会议室、展厅、多功能厅等辅助设施。采用市场化运作模式，为入驻企业提供专业化服务，引入专业的管理运营团队，构建全方位、多层次的产业服务链，线上线下同步打造人力资源服务产业生态圈，搭建诸暨市公共人力资源“一站式”服务平台。该项目计划2021年8月完工。

就业创业

【概况】秉承“大众创业、万众创新”的就业宗旨，通过政策扶持、市场招聘、职业培训、广泛宣传、提升服务等系列措施，形成运行规范、竞争有序、调控有力的创业就业促进机制。2020年，新增城镇就业人员46810人，城镇失业人员再就业32742人，其中就业困难人员实现再就业4496人；城镇登记失业率控制在2%以内。

【稳岗返还社会保险费】2020年，根据省委省政府《关于坚决打赢新冠肺炎疫情防控阻击战全力稳企业稳经济稳发展的若干意见》（浙委发〔2020〕4号），省人社厅、省财政厅《关于做好2020年失业保险稳岗返还政策执行有关问题的通知》（浙人社发〔2020〕10号），市人力社保局、财政局《关于失业保险稳岗返还工作有关问题的通知》（绍市人社发〔2020〕14号）精神，落实稳岗返还失业保险费和稳岗返还社会保险费政策，助力企业渡过难关。全年全市社会保险费共返还8016家企业9816.38万元；失业保险费共返还1236家企业738.28万元。

诸暨市复产复工就业专车整装待发(摄于2020年3月,人社局提供)

【企业用工信息监测】2020年,对本市233家开复工企业开展动态用缺工情况调查,开展省级用工监测信息数据调查填报,在对部级、省级228家企业开展失业动态监测和用工监测的基础上,对本市贸易出口额在300万元以上的402家外贸企业和1620家重点、规上工业企业开展用工情况电话抽样调查、系统问卷调查以及用工监测数据填报。为接返员工和上级决策提供依据。

【东西部扶贫和山海协作】2020年,强化劳务对接,安排专职扶贫干部吴益忠到四川省金川县,开展劳务协作、技能培训、政策宣讲等就业扶贫工作,建立诸暨—金川直接沟通渠道。全年组织诸暨—金川线上线下就业专场招聘会3场,为金川县输送60余家诸暨企业1200余个用工岗位;吸纳西部22个省的贫困人口到诸暨市稳定就业,共核实9650人,其中结对帮扶的4个省核实3892人,完成目标任务的1408%;拨付建档立卡人员一次性稳岗补贴、用工单位社保补贴和爱心岗位补贴等共计15.3万元。分别在对口金川县和遂昌县采用委托培训方式开展东西部扶贫培训和山海协作工作,到8月底,完成对口帮扶地区贫困人口就业培训数争先创优指标1370人次,核拨补贴资金210380元;组织山海协作培训226人次。

【创业担保贷款】2020年,会同人行诸暨支行开展创业担保贷款工作,鼓励和支持高校毕业生、就业困难人员、残疾人员等重点群体实现创业。全年共资格认定16人,贴息33.1万元。历年累计发放贷款500万元、累计贴息63.8万元。

【农村就业困难人员就业援助】2020年,加大对农村富余劳动力的就业援助,鼓励用人单位招收本市农村户籍就业困难人员,对符合条件的按规定给予社会保险补贴和岗位补贴。全年招用258名就业困难人员,发放社保补贴83.4万元,岗位补贴257.7万元。10月16日,组织东白湖镇"农民工专家服务团"下乡活动,现场发放各类宣传资料200余份,为东白湖村民带去318个符合当地实际就业需求的工作岗位,共150余名村民参加活动,与企业签订就业意向31人。组织农村实用人才培训3263人次、残疾人培训483人次。

专业技术管理

【专业技术岗位设置】2020年,全市纳入岗位设置管理的事业单位共276个,共设置专业技术岗位17189个,共聘用专业技术人才16203人,其中正高级岗位聘用433人,副高级岗位聘用3237人,中级岗位聘用7299人,初级岗位聘用5234人。2020年全市专业技术职务任职资格评价共5351人,其中初级3238人,中级1639人,副高级417人,正高级57人。

【职称改革】2020年5月,根据《浙江省人力资源和社会保障厅关于做好2020年度职称改革工作的通知》(浙人社函〔2020〕36号),全市职称申报工作启用"浙江省专业技术职务任职资格申报与评审管理服务系统"。

职业资格管理

【职业技能提升行动】2020年,面对新冠肺炎疫情,推出职业技能线上培训服务,共为38家企业开展线上培训4366人次。按照"按需培训,人数不限,贯穿全年"的要求,创新实施项目制培训,组织全市"十万员工大轮训",助力企业渡过难关。全年累计组织各类培训鉴定73858人次,使用职业技能提升行动专账资金 6468.7 万元。

【重点就业人员培训】2020 年，完成职校学生鉴定 3007 人次，“两后生”（毕业后未升学、未就业的初中毕业生和高中毕业生）培训 125 人次，大学生就业创业培训 527 名(其中获证 492 名)。

【职业技能比赛】2020 年，组织各类职业技能比赛，全年共主办电工、焊工、评茶员、茶艺师、中式烹饪等全市性大型比武竞赛活动 10 场(其中绍兴市级竞赛 2 场)，吸引 2900 余名选手参赛。

【企业岗位练兵活动】2020 年，继续鼓励企业开展岗位练兵，诸暨市盾安轨道交通设备有限公司、诸暨市公共交通有限公司、菲达集团等企业组织各类企业技能比武、岗位练兵 3100 人次。

【技能等级认定试点】2020 年，推进企业技能等级认定和技工学校职业技能等级认定工作，首批评估同意海亮、盾安、露笑、富润、申发、万安、伊思灵等 7 家行业龙头企业和技师学院开展职业技能等级证书认定试点。

【高技能人才培育】2020 年，在诸暨技师学院开设电竞专业班，在浙江农林大学暨阳学院等组织电商直播技能培训，通过视频分享模式组织开展数字化专项培训，累计覆盖 3116 人次。继续推行企业新型学徒制，新增企业新型学徒 120 名。开展诸暨工匠评定工作，入库人数达 537 人。全年新增高技能人才 3220 人。

【职业培训机构】2020 年，新审批利民职业技能培训学校、剑桥职业技能培训学校、表叔云服职业技能培训学校 3 家民办职业培训学校，全市正常运行的民办职业培训机构达 8 家。开展数字工匠、电商直播等新业态职业技能培训试点，审核批准浙江夜猫子网络科技有限公司为新业态培训定点机构。2020 年，职业培训机构组织育婴员、中式面点、电商直播培训等社会人员技能培训 3501 人次。

劳动保障监察

【概况】2020 年，全市两级劳动保障监察机构共处理各类劳资纠纷案件 1481 起，为 2124 名劳动者追发工资 2221.97 万元，基层工资案件化解率达 97.3%。市劳动保障监察大队共立案查处行政处罚案件 14 起，其中涉及非法使用童工案件 13 起、违法延长劳动者工作时间 1 起。大队共处理网络舆情、信访局交办及省统一平台流转信访件 198 件，“110” 社会应急联动警情 172 件。

【根治欠薪示范区】2020 年，按照属地管理和 “谁受益，谁监管” 原则，压实主体责任，从源头预防和化解欠薪问题，进一步落实在建工程项目监管特别是对政府投资项目的监管。会同市住建局、市水利局、市交通局和高湖建管办等行业主管部门对辖区内建设工程领域尤其是政府性投资项目农民工工资支付治理情况，进行定期和不定期督查检查，全年共计检查在建工程项目 300 余家次，下发限期改正指令书 58 份，对 5 家落实 “六项制度” 台账不到位的单位进行处罚。

【人力资源市场秩序清理整顿专项行动】2020 年 5 月 7 日至 6 月 5 日，对全市审批登记的职业中介机构、劳务派遣公司及重点镇街、重点行业的劳动用工情况进行监督检查。专项行动期间，各相关部门联动出击，人力社保部门派出 85 人次，市场监管部门派出 9 人次，其他有关部门派出 13 人次，共检查用人单位 1541 家次，其中人力资源服务机构 5 家，劳务派遣机构 74 家。

【劳动合同和集体合同签订】2020 年，全市共有 19.27 万名劳动者与用人单位签订劳动合同，合同签订率为 99.15%；有 819 家单建工会企业签订集体合同，涉及职工 7.6 万人。

【和谐劳动关系创建】2020 年，诸暨市企业薪酬调查工作，共调查统计 37 家抽样企业人工成本情况和 181 家企业在岗职工工资数据。培育诸暨市级劳动关系和谐企业 15 家，绍兴市级劳动关系和谐企业 12 家。

【根治欠薪冬季专项行动】2020 年 11 月至年底，在全市范围内开展 2020 年度根治欠薪冬季专项行动。各镇乡街道担负根治欠薪主体责任，组织力量对辖区内用人单位特别是受疫情影响的企业的生产经营和工资支付情况进行 “地毯式” 全面摸底排查。各行业主管部门对行业内用人单位工资支付情况进行集中排查，督促在建工程建设项目落实“六项制度”。专项行动期间，全市共排查用人单位 11758 家，涉及劳动者 13.17 万人次，共处理工资纠纷案件 309 起，为 1052 名劳动者追讨工资 1876.495 万元。

【劳动保障书面审查】2020 年 3 月 20 日至 5 月 20 日，开展 2020 年度用人单位劳动保障书面审查工作。全市共审查各类用人单位 11033 家，27 家用人单位被评选为 AAAAA 级诚信示范企业。

劳动人事争议仲裁

【概况】2020 年，诸暨市劳动人事争议仲裁委员会共受理劳动人事争议仲裁案件 917 件，比上年度 1045 件降低 13.96%，案件涉及劳动者 1165 人，其中集体案件 13 件，比上年度 23 件降低 43.48%，集体案件涉及劳动者人数 242 人。全年办结案件 978 件(含结转案件 120 件)，结案率为 94.5%，其中调解 664 件、裁决 161 件、决定 153 件，调解撤诉率为 83.54%。审结案件之经济标的额为 3110.03 万元。

【工资维权“一件事”改革】2020 年 8 月 27 日，全市 12 个部门单位联合开展工资维权“一件事”改革，在大唐街道、店口镇、枫桥镇率先开展试点。在镇乡街道设置工资维权“一件事”综合受理窗口，全面整合调解、监察、仲裁、诉讼等职能，优化内部流转程序，减少资料提交，压缩办理时限，实现当事人“最多跑一地”，实现非诉领域工资争议案件 100% 基层化解。全年下沉办理工资案件 34 起，涉及劳动者 83 人，其中 10 人以上集体案件 2 起，涉及劳动者 51 人，除 1 起以仲裁裁决结案外，其余均以调解或撤诉结案，调解撤诉率 97.06%，结案金额 80.12 万元。

【“三标”仲裁院试点验收】2020 年，诸暨市劳动人事争议仲裁院(2019 年 10 月 21 日被省人社厅列为全省劳动人事争议仲裁“建标准院、开标准庭、办标准案”工作试点单位)通过制度完善、软硬件提升、办案流程优化，在原有基础上进一步固本强基，打造仲裁品牌。同时，发挥“枫桥经验”发源地的基层资源优势，依靠乡镇基层调解组织，推行工资争议“速裁庭”办案机制，创新推进工资维权“一件事”改革。12 月 31 日，市仲裁院通过省厅试点工作验收，成为全省首批、绍兴市首家“三标”仲裁院。

“三标”仲裁院——诸暨市劳动人事争议仲裁院开庭现场(市人社局提供)

工资福利

【全部单位从业人员年平均劳动报酬】2020 年，根据《浙江省人力资源和社会保障厅关于发布 2019 年浙江省全社会单位就业人员年平均工资的通知》(浙人社发〔2020〕32 号)，确认 2019 年浙江省全社会单位就业人员年平均工资为 71523 元。根据绍兴市统计局《关于公布 2019 年度绍兴市劳动工资数据的函》，确认 2019 年绍兴市全社会单位就业人员年平均工资为 69475 元。根据诸暨市统计局 2019 年劳动工资统计结果，确认 2019 年诸暨市全部单位从业人员年平均劳动报酬为 63312 元。

【非营利性行业从业人员劳动报酬统计】2020 年，市人社局指导督促海亮集团等各样本单位做好数据统计，2020 年一季度增长 13.8%，排名绍兴市第 3 位；二季度增长 14.5%，排名绍兴市第 2 位；第三季度增长 17.6%，排名绍兴市第 2 位。

社会保险

【医疗保险参保情况】2020 年，全市医疗保险参保

107.31 万人，户籍参保率达到 99.84% 以上。城乡居民医疗保险参保 68.36 万人，基金累计结余 41704.9 万元。2020 年 1 月 1 日，生育保险与职工基本医疗保险合并实施，全绍兴市统一落实。职工基本医疗保险参保 38.95 万人，基金累计结余（含生育保险）28.01 亿元。

【医保监管】2020 年，共查处违法违规定点医药机构 38 家，约谈定点医药机构负责人 20 人，终止 7 家定点零售药店医保服务资格(3 家主动退出)，暂停 2 家定点零售药店医保服务资格 3 ～ 4 个月，责令整改 4 家，办理行政处罚案件 9 件，追回违规医保基金支出 967.7 万余元。（医保局黄佳丽提供）

【养老保险参保情况】2020 年，企业职工基本养老保险参保 51.54 万人，机关事业养老保险参保 3.49 万人，城乡居民基本养老保险参保 33.56 万人。

【失业保险和工伤保险参保情况】2020 年，失业保险参保 23.16 万人，工伤保险参保 31.52 万人。

【社会保障水平】2020 年，完成单位新参保 15392 家，社会保险职工参保登记业务 85713 笔，完成全市 9.33 万名被征地农民参加基本养老保险规范工作。养老待遇逐年递增，城乡居民基本养老保险待遇提高至人均 273 元 / 月，企业退休职工月人均增发 125.72 元，实现 17 年连涨。

【社保费用减免】2020 年，为应对新冠肺炎疫情，落实稳岗政策，阶段性减免企业社会保险单位缴费费用。2—12 月，全市累计减免养老保险 87130 万元，减免失业保险 3196 万元，减免工伤保险 1895 万元，涉及企业 24803 家。

【退休人员社会化管理】至 2020 年年底，全市共有 18.07 万企业退休人员纳入社会化管理，新增退休人员养老保险待遇核准 1.71 万人，新增城乡居民基本养老待遇核准 0.63 万人。

【社会保障卡工程】2020 年，继续推广社会保障卡（电子社保卡）的建设与应用，协同 8 家合作银行做好社会保障卡制卡补卡工作，全年新发市民卡 21955 张，补换卡 21792 张，签领电子社保卡 332362 张；全市累计持实体社保卡 1212589 张，电子社保卡 495707 张。

【社保系统省级集中】2020 年 8 月，社保省集中系统切换上线，参保征缴、转移、工伤待遇、养老待遇等业务统一到社保省集中系统办理。8—12 月，全市在社保省集中系统累计办理业务 17 万笔，其中窗口经办量 108707 笔，网上经办量 57529 笔，APP 上经办量 4614 笔，自助机经办量 207 笔。

（以上内容由人社局何夏萍提供）

住房保障

【概况】2020 年，全市住房保障工作平稳推进，出台配套政策，落实有效措施，住房保障信息系统与绍兴市民政数据共享对接，实现公租房申请以及年检对象收入核对“跑零次”。同步开通公租房网上申请受理业务，推广政府购买公租房运营管理服务模式和公租房智能门锁改造，完成项目招标并确定中标单位。

【公共租赁住房】2020 年，全市公租房统一实行政府购买服务的运行管理模式，实施公租房智能化改造，实现保障对象动态监管。全年公租房新增 118 套房源，装修项目于年底交付使用。同时，对已取得保障资格的公租房轮候家庭给予每户每月 100 元租赁补贴。

【危旧房治理改造】2020 年，全市公共房屋安全大排查累计排查城乡公共房屋 3412 幢，新增录入 1638 处，鉴定确定 25 处危旧房屋（医院 3 处、学校 22 处）并按要求处置。修订城镇房屋安全应急预案，完成浙江省城镇房屋安全信息系统危房业主信息模块，共计录入 248 幢 5795 户基本信息。做好“浙江安全码”城镇危房转移人员基础信息排查和赋码工作，首次完成“安全码”使用及浙江省自然灾害风险防控和应急救援平台应急演练。落实农村困难家庭危房改造工作。全市摸排出存量和新增危房 1121 户（C 级危房 833 户、D 级危房 288 户），至 9 月 15 日全部按要求完成治理改造任务，并落实统一销号验收。

（徐雨婷）

社会·民生

社区和基层政权建设

【城市社区建设】2020年，市民政局做好社区疫情防控指导工作，通过发布《关于激励关爱疫情防控一线城市社区工作者的通知》落实专职社区工作者关心关爱措施。完成1055名城乡社区防疫工作人员基础信息采集，做好城市社区“五星达标，和美家园”的创建社区民主星业务指导工作，发布专职社区工作者招考公告2期，新招专职社工94人。

【农村自治组织建设】2020年，做好“村级五件事”“清廉诸暨”“五清村居”创建指导工作。继续梳理简化村务公开流程，规范村务公开程序。指导大唐街道6个五清村居创建村的村务公开、村规民约、村便民服务中心建设等工作。

【村社调整】2020年，完成暨阳街道部分城市居民区撤居改社区工作，全市村社建制调整为397个行政村，109个社区，7个居民区。

【村社换届】2020年11月，经姚江、同山镇试点，完成全市492个村(居)民委员会换届选举工作。共选举产生村(居)委会成员(含主任)2003名，书记主任“一肩挑”实现应挑尽挑;共推选产生村民代表24789名，其中党员代表10296名，妇女代表10254名，代表结构得到优化。 （郦剑宇）

民族·宗教

【少数民族概况】2020年，全市共有少数民族39个，属于少数民族散杂居地区;现有少数民族常住人口4734人，女性占比约85%，比例高于男性;有外来少数民族人口64660人，涉及44个少数民族，约占总外来人口数的17.6%，主要为务工人群。

【宗教概况】2020年，全市有佛教、道教、天主教、基督教四大宗教。有宗教团体4个:诸暨市佛教协会、诸暨市基督教三自爱国运动委员会、诸暨市基督教协会、诸暨市道教协会。已登记宗教活动场所132处，其中佛教75处，道教4处，天主教1处，基督教52处，另有穆斯林临时聚会点1处。确定登记编号的民间宗教场所286处;经备案宗教教职人员223人，其中佛教156人，道教46人，基督教21名(牧师4名，教师2名，长老15名)。各类信徒超2万人。2020年开展平安宗教场所建设、民间信仰场所提质控量与普法教育等工作。 （俞钢阳）

社会事务

【殡葬管理】2020年，建设完成15个节地生态安葬点，组织1次集体海葬活动。推进殡葬相关事项“一站式”服务，全市身后“一件事”联办累计办理5002例。

【婚姻登记】2020年，诸暨市结婚登记5214对，其中再婚 1771 人;离婚登记 2427 对。25 ~ 29 岁登记结婚 4339 人,占结婚总人数的 41.6%。男女初婚年龄在 30 ~ 34 岁的比例逐年增加,30 ~ 34 岁结婚的男性占到结婚登记男性总数的 21.37%。继续推进“婚育户一件事”多证联办,累计办理 2860 起。

【地名管理】2020 年,全市共依法命名住宅小区 23 个、度假村 3 个、公园 2 个、城市道路 23 条、其他建筑物 5 个,批复命名枫桥镇 3 条、东和乡 2 条道路。新装城区路名牌 195 块、门楼牌 1284 块(不包括更新的农村门牌)。为企业、群众编制门牌号 400 多个,出具地址证明 200 多个。在“浙江区划地名综合平台”添加 32888 条门牌信息。

【收养登记】2020 年,做好收养评估调查,依法开展收养登记工作,共办理收养登记 32 起,解除收养 4 起。

【福利彩票公益金支出】2020 年,诸暨市福利彩票公益金支出合计 965.63 万元,其中诸暨市级福利彩票公益金支出 331.13 万元,省级补助的福利彩票公益金支出 634.5 万元。福彩公益金主要用于社会公益事业,重点用于老年人、有特殊困难及遭受自然灾害等特殊群体的社会福利、公益设施的建设、运行补助和受助对象直接受益的项目。（张伟恩）

社会福利与救助

【儿童福利】2020 年 1 月 1 日,上调孤儿基本生活费标准,机构养育孤儿 2008 元 / 月,社会散居孤儿年基本生活费 1606 元 / 月,全年为 761 名孤儿和困难儿童发放补助 832.48 万元。2020 年“六一”儿童节累计发放节日慰问金 22.2 万元;“福彩圆梦——孤儿助学”活动向全市符合条件的 9 名孤儿和困境儿童发放 1 万元 / 人助学金;5 月 29 日至 6 月 5 日,开展“童心筑梦 · 暨社同行”2020 年社会工作主题宣传周活动,继续联合社会组织走近困境和留守儿童开展“牵手行动”,帮助全市 761 名孤儿和困境儿童解决成长教育、心灵关怀等问题。

【最低生活保障】2020 年 1 月,提高最低生活保障标准至 850 元 / 月。5 月,制定《关于调整最低生活保障等社会救助对象认定标准的通知》,全市全年城乡低保共 8291 户 10685 人,低保边缘 797 户 2032 人,发放低保救助金 9839.28 万元。

【特困人员救助】2020 年,继续实施特困人员救助工程,提高生活不能自理特困人员集中供养水平,全市共有特困人员 316 名,234 人入住敬老院,入院率达 74.05%,发放资金 641.79 万元。

【临时救助】2020 年,继续加大困难群众临时救助力度。急难型临时救助着重提高救助时效性,开展“先行救助”。支出型临时救助严格执行办理程序。全年临时救助 287 户 539 人,累计发放救助资金 125.13 万元。

【疫情防控期兜底保障】2020 年,疫情防控期间困难群众临时价格补贴发放采用按月启动、发放的快速响应机制。临时救助各类困难群众,特别是到诸暨务工的困难人员。1—9 月,累计发放各类物价补贴 1584.28 万元。3 月,采购价值 30 万元的大米、食用油等慰问品,联合志愿团队,慰问 2000 户困难对象。4 月,向全市困难群众每人发放价值 500 元的“爱心消费券”,共惠及 13914 人,金额 695.7 万元。

【救助对象探访关爱机制】2020 年 6 月,为加强对救助对象的主动发现、动态监管和探访关爱,开发“智慧民政走访系统”,镇乡驻村(社区)干部、网格员,每季度走访一次在册重点困难群众。第三、四季度网格员、驻村干部对困难群众的走访率及民政助理员预警处理率均达 100%。6 月以后新纳入低保救助 48 户、低保边缘 14 户,临时救助 67 起,注销低保 404 户、低保边缘 103 户,做到“应保尽保、应退尽退”。（周　滔）

社会组织

【社会组织规模】截至 2020 年年底,诸暨市登记在册社会组织 1094 家,其中社会团体 310 家,民办非企业单位 787 家,基金会 3 家,另有全市备案的社区社会组织 3767 家。

【社会组织管理】2020 年 5 月,制定绍兴市首个《社会组织行为规范》,完善社会组织监督管理机制。持续推进社区社会组织“1+5+X”建设,开展社区社会组织微公益创投,立项资金 130 余万元,发挥社区社会组织提供服务、反映诉求、化解矛盾的作用。在疫情防控中社会组织作用发挥明显，诸暨市各类社会组织参与疫情自防自控累计5万余人次。在7个镇乡街道探索实施乡镇社工站建设，枫桥镇于5月22日建成绍兴市第一个乡镇社工站。

移民安置

【移民规模】2020年，做好移民人口年度复核和直补资金一卡通发放工作。利用民政数字信息平台和数字财政平台，实时复核移民身份信息，实现动态化管理。全市共有大中型水库后扶移民34724人，其中，直补移民25958人，项目扶持移民8766人，发放移民直补资金1554.195万元。

【移民扶持救助】2020年，落实移民扶持项目，做好移民创业致富工作。共下达水库移民后扶项目32个，补助资金2343.45万元。通过慈善总会救助平台开展水库移民大病救助66人，发放救助金100.5万元；移民临时困难救助55人（户），发放救助金12.6万元。同时完成诸暨市大中型水库移民后期扶持“十四五”规划编制工作。（吴光文）

关心下一代工作

【概况】2020年，诸暨市关心下一代工作以落实立德树人为根本任务，发挥“五老”作用，倡导“大关工”理念，精准关爱青少年健康成长。

2020年8月，被中国关工委、中央精神文明建设指导委员会办公室联合评为“全国关心下一代工作先进集体”。2020年11月，被浙江省关工委评为“浙江省关工委工作先进集体”。

【主题教育】2020年，会同市委宣传部、教体局、市团委、妇联、总工会等部门，搭建教育平台，组织各类活动，认真参加评比，共同构建家庭、学校、社会“三结合”的育人格局。9月17日，在浬浦中学召开全市劳模工匠精神进校园活动，邀请全国及省级劳模进校宣讲。全年，宣讲团组织各类宣讲112场，受教育人数4.59万人。2239名基层“五老”参与抗疫工作。各镇乡街道关工委组织祭扫、讲解等活动70余次，参加活动的青少年学生3000余人次、“五老”人数达600余人。

【助学助困】2020年，精准化助学助力圆梦。精准关爱，扶贫扶志并重。5月，完成绍兴福彩25人，诸暨福彩41人的困境儿童专项资助活动，共计12.2万元。获得“炉峰慈联 天天向上”奖学金的共140人，奖金总额23.75万元，革命老区爱心营养餐受助学生450人，金额共36万元。暑期直接资助59名大学生39.5万元，系统助学415人次，金额264.5万元。为21名边缘困境儿童（未纳入民政低保、困境儿童行列但实际生活困难的儿童）送上2.73万元爱心款。为19名家庭困难的特殊学校送教上门学生送上3.8万元助学金。10月，在继续摸排边缘困境儿童的基础上，启动全市重病患儿的摸排，建立重病患儿库，同时联系慈善总会、民政局，为患儿和政策牵线搭桥，使没有申请过民政救助、慈善总会补助的重病患儿得到政策帮助。年终为15名重病患儿赠送价值3万元的慰问金，为3名年花费在20万元以上的重病患儿家庭争取1.5万元上级慰问金。

【“幸福之家”项目】2020年，通过市政府、教体局、民政局、司法局、法院、检察院、市政协企业家之友社等筹集关爱青少年健康成长基金43万元，免费为患有抑郁、躁狂、严重网瘾等心理问题的青少年提供危机干预和个案辅导。10月29日，启动“幸福之家”项目。整合教体局、卫健局、心理协会等力量，组建个案专家团队，以关爱特殊家庭为重点，用个案辅导等方法，着力挽救心智失衡的未成年学生。共为45名特需青少年个案辅导105次。

【“五老”关爱未成年人】2020年，完善刑事案件涉案未成年人关爱帮教的制度，明确持证上岗，规范关爱帮教工作。持证“五老”全年共参与公检法审理234人次。重新摸排出初中毕业未升入高一级学校的学生25名，落实“五老”结对，形成“五老”结对闲散青少年的关爱制度。

【关心下一代教育基地建设】2020年，全市在原有259个市级基地（258个文化礼堂和越红茶文化教育基地）基础上，2020年新命名28个市级基地，加上诸暨市青少年“枫桥经验”传承基地、诸暨市青少年乡村教育体验基地，全市命名市级基地达289个。（周巧琴）

镇乡街道

暨阳街道

【概况】暨阳街道地处诸暨市中心，是全市政治、经济、商贸、文化、交通中心，2001 年 11 月前为城关镇。暨阳街道交通便捷，浙赣铁路、绍大线、诸东线、浦阳江穿境而过。辖区总面积 74.9 平方千米，2020 年户籍人口 16.1 万人，常住人口 27.4 万人，下辖 28 个行政村（居），23 个社区。

2020 年，暨阳街道统筹推进疫情防控和经济社会发展，财政收入 22.2 亿元，规上工业总产值实现 54 亿元，工业固定资产投资 15.9 亿元，服务业固定资产投资 10 亿元，规上工业增加值增速达 12%，服务业指标增速均超过 20%。

【产业升级培育】2020 年，持续深化企业上云，上云企业达 1350 家。不断推进科技创新，完成街道科技技术市场交易额 1.6 亿元，申报高新技术企业 13 家，科技型中小企业 32 家，实现企业科技成果转化 3 个，数字化车间改造 5 个，摸排工业机器人 26 台，助力企业加速从“制造”向“智造”转型。新培育市场主体 2.3 万家，实现“个转企”（个体工商户变更成公司）79 家，“小升规”（小微企业规范升级为规模以上企业）5 家，“下升上”（规模以下工业企业升为规模以上工业企业）31 家，“产转法”（产业活动单位变更为法人单位）18 家，新设立股份制企业 3 家，省股交中心挂牌 4 家。出台激励政策，打造特色品牌，长弄堂商业街已招引 13 家教育培训机构入驻，朗臻文化创意产业园已局部建成投运。

暨阳街道鸟瞰（摄于 2020 年 8 月，暨阳街道提供）

【项目建设】2020年,强化产业链精准招商,引进5亿元以上项目1个,5亿元以上落地建设项目3个,“与杭同城”项目10个。新增生产性服务业企业5家,引进实到外资1225万美元。全力以赴推进项目建设,抓开工、抓进度、抓投运,其中总投资5000万元以上的工业项目24个,服务业项目8个,诸暨数字安防产业园建设项目、希尔顿酒店项目与全兴精工新能源汽车电控助力转向系统总成项目有序建设。

【人才引育】2020年,把人才引进工作纳入村(居)、社区考核,充分挖掘乡贤资源,建立“人才管家”队伍,为引进人才提供全流程服务。对重点育才企业实施常态化联系和走访机制,借力引才机构为企业量身打造人才培养计划。成功申报绍兴市海外工程师2名、绍兴“海内外英才计划”人才6名、“名士之乡”英才计划人才3名、乡贤回归26名。

【服务优化】2020年,“最多跑一次”持续深化。坚持优化村级代办员队伍,强化日常考核,办件数量和质量均稳步提升。第二、三批共19个“示范型”村级便民服务中心顺利通过验收。推进“身后一件事”和“政务2.0”改革落到实处,组织村(居)、社区进行线上+线下业务培训,累计培训205人次,为2万余人办理失土农民保险相关业务。“三服务”活动成效显著。树立“基层一线磨炼出真功”的工作导向,25个“三服务”走访组全方位开展走访服务,累计上报各类问题1218项,其中跨部门协调解决类77项,办结73项;市级层面协调解决类1项,办结完成。

【环境综合整治】2020年,基础设施日臻完善。以建设美丽城区为目标,加大力度实施城中村雨污分流改造,完成诸东村(天车罗)、城郊村(暨东路,暨东路两侧)雨污分流建设工程。投资1300万元实施道路大中修及联网工程,6条道路均完工。投资519万元,完成邱村、双福村、赵石新村、赵家村4个村的高标准农田建设项目。土地空间有效管控。积极参与市2020年“三改”专项行动,对荷花塘区块、大云头区块、望云路38号实施房屋征收工作,共完成签约383户,为老城区腾出发展新空间。打好治危拆违攻坚战,累计改造农村C级危旧房15户,D级危旧房12户。共拆除违法建筑614起,建筑面积6.3万平方米,占地4.8万平方米。人居环境明显提升。以“一分两清三化”为目标,深入推进“五星”系列创建,创新推广智能化系统,对二环线外的人居环境与垃圾分类工作进行跟踪评分。开发“美丽暨阳”APP,突出“智能”概念,实现垃圾投放有源可溯,街道4个小区创成2020年度省级高标准生活垃圾分类示范小区。投资663万元,完成28个行政村(居),共计6.8万平方米的裸露地面整治。

【民生实事】2020年,新冠肺炎疫情防控精细高效。防控新冠肺炎疫情战役打响以来,街道高度重视,全面排查重点人员,落实居家隔离、复工复产复学相关工作。共核查数据7万余条,走访10万余次。抓好常态化疫情防控工作,成立联合督查小组,每周一次督查重点区域守小门情况,确保“亮码测温”落到实处。严查“冷链”筑牢防线,扎实做好“重点产品”和“重点主体”的全链条管控工作,积极推广“浙冷链”食品追溯系统应用。民生事业普惠共享。新建社区文化家园1家,村级文化礼堂7家,A级家宴中心1家,成立暨阳益家人志愿者联盟,有志愿者3.6万人,顺利通过全国文明城市复审迎检。深入推进家校合作共育,街道中心学校邀请北师大边玉芳教授开设“暨阳家长云课堂”讲座。既有住宅加装电梯工作成果丰硕,2020年底有21台投入使用,11台在建。社会保障日趋完善。主动发现辖区内低保重残户34户,做到应保尽保。慰问各类困难群体929户,慰问金额69.6余万元。实现无障碍进家庭29户,适老化改造21户,新创建避灾场所5家。建成“枫桥式”退役军人服务站31个,打通服务退役军人“最后一公里”,发放各类优抚资金500余万元。

【社会治理】2020年,基层党建活力焕发。新建两新党组织4个,新增覆盖非公企业4家、社会组织2家。圆满完成村社组织换届,实现村社书记、主任“一肩挑”,选出两委干部193名,社区两委干部185名,其中,村(居)、社区两委干部平均年龄分别较上届下降8.35岁和6.5岁,大专以上学历人数分别提升至55人和175人。打造“长弄堂商圈党建联盟”,加强区域互联互动、共享共建,促进党建引领商圈融合发展。坚持从严治党,全年党纪立案30件,办结案件

41件,谈话提醒42人次,营造了风清气正、干事创业的良好氛围。社区治理探出新路。2020年,街道以凤凰社区为试点,探索实践"1+1+N"网格党建模式,结合矛盾纠纷调解、小区治理议事等功能,以网格"小区域"激发党建"大活力"。探索推进"共享社区"建设与三方协同治理,提升社区治理效能。综合治理成效突出。化解国家级交(督)办件3件,省级交(督)办件2件,绍兴市级积案27件,诸暨市级积案8件,总化解率达93%。实现赴京零走访登记,去省走访登记数量同比下降34.7%。坚持发展新时代"枫桥经验",打造街道大调解工作平台,建立人民调解委员会84个,全年共调处矛盾纠纷1724起。

(王千亦)

陶朱街道

【概况】陶朱街道位于浦阳江西侧,东邻暨阳街道,南连大唐街道,西接应店街镇,北靠姚江镇。区域面积94.98平方千米,辖5个城市社区、21个行政村,户籍人口6.35万人,流动人口6.24万人。三条城市环线贯穿东西,浙赣铁路、杭金衢高速穿境而过,境内设有诸暨火车站、杭金衢高速互通口、新亭埠码头,高铁通勤列车往返杭诸,形成"三环两纵一港口"立体交通格局。2020年,街道生产总值98.66亿元,增速6.9%。规上工业总产值186.3亿元,财政收入12.33亿元;完成工业投资25.5亿元、其他服务业投资4.7亿元、公共设施投资9931万元、农业投资2034万元;实到市外境内资金12.8亿元、境外资金1704万美元。

2020年12月11日,长弄堂商圈党建联盟社区公益课堂现场(暨阳街道提供)

【双招双引】2020年,坚持抓项目扩投入,新引进5亿元以上项目1个,1亿~5亿元以上项目9个,总投资超20亿元。坚持抓管理强服务,完善优化企业星级管理机制,实施"一对一"项目跟踪服务,推动项目早开工、早投产、早见效。

【企业培育升级】2020年,以"陶朱发展指数"为载体,做好经济运行监测,强化面上动态分析,加强服务针对性。推进企业上云860家;改造数字化车间9间,建设数字化示范车间2间;新增工业机器人50台;1家企业工业互联网平台被列入省级创建名单;时尚袜艺、铜材精密制造等行业规上企业智能化改造率累计达到70%。全年新增"小升规"工业企业6家,"下升上"服务业企业15家;引进生产性服务业企业4家;推进企业股改及新三板上市,新设股份公司4家,股交中心挂牌4家。全年完成高新技术企业认定20家,科技型中小企业42家,促进科技成果转化3件,发明专利拥有量净增71件。

【民生实事】2020年9月,诸暨规模最大的公办小学——明德小学开学,城西教育体系进一步完善。通过挖掘村级资金资产价值、扩面激活闲置农房、入股市级联建项目等方式,因地制宜实现资源利用与村级增收双赢,其中城山社区、龙山社区、张乐社区等村级集体经营性收入超100万元。试点"身后"一件事,将事项延伸下放至村级便民服务中心,实现街村联办。全年街村便民服务中心累计办件量达89304件。专项攻坚"三改"遗留问题,除险加固仙菇殿水库,综合整治猪茄坞山塘、唐山溪唐山村段,推进浦阳江苍象湖段、道仕湖段三期治理项目。完善社区基础设施,加装住宅小区电梯8台。探索共享社区建设,以友谊社区为试点,整合社区医疗、居家养老、社会组织等服务内容,实现党群综合服务、便民服务、综合治理、文化志愿、商业服务和康养"六合一"。

【平安建设】2020年,新冠肺炎疫情期间加强管控,组织网格员、流管员、楼道长、志愿者开展拉网式摸排,防范疫情风险。深化落实信访积案专案经营制,

华夏金石学馆鸟瞰（摄于2020年6月，陶朱街道提供）

梳理建立“一人一档”，严格执行初信初访班子和即时登记交办机制，全力打好防范化解重大风险攻坚战。重点管控评分较低、安全生产主体责任落实不到位、安全基础条件较差、易造成群死群伤事故的行业和领域，以点带面，运用挂牌督办、红色预警等措施，严管“违章作业”。2020年，共巡（复）查企业（店面）22589家次，排查整改隐患29874处，约谈企业负责人21人次；开展行政村企业隐患排查494家，排查整治隐患2080处，专项排查重点行业专家检查68家，排查整治隐患1124处。

【文化建设】2020年，发挥村规民约、红黑榜两级备案制度作用，持续倡导移风易俗，培育村级爱心基金。全年25个村社累计简办婚丧酒席611场，其中共有149户在响应移风易俗同时，向村级关爱互助基金捐献37万余元。至年底，村级关爱互助基金累计金额超过600余万元，为5980名困难人员、弱势群体提供帮助。以社区老年大学为主阵地，持续深化“陶朱老同志”系列志愿品牌项目，新培育“益元爱心菜”等20多个志愿服务项目。

【村社换届】2020年，做好村社组织换届工作，建立“四张清单”，对标整改选情复杂村，有序推进换届，优化村干部队伍结构，新任党组织书记8人，新进党组织班子成员43名，大专以上学历33人，占比39.28%。

【华夏金石学馆落成】2020年12月，位于宝兴路与丰泽路交叉口五泄江生态公园的华夏金石学馆落成，建筑面积6000余平方米，内设金文“青铜幻金”、碑版“秦汉魏唐”、砖瓦“泥石八重”和书画“国色添香”四个专题展厅，藏品以诸暨乡贤捐赠的书画、金石拓片、古砖、瓦当、书籍为主，共计24299件（张），是弘扬传统金石学的文化窗口，也是大中小学生开展金石文化传统教育的重要基地。

【“支部建在小区上”试点】2020年8月4日，在诸暨友谊社区鸿远小区开始筹建首个小区党支部。“支部建在小区上”改革试点工作，是诸暨市党建引领社区治理的一项新探索，也是“枫桥经验”在城市治理的延伸。至2020年年底，街道总计43个小区中，建成鸿远小区、景城嘉苑、锦绣苑等19个小区支部，覆盖25个小区。至年底，陶朱街道相关社区“12345”热线投诉量同比下降31%，“110”接警数同比下降36%。

（周春蕾　陈燕飞）

浣东街道

【概况】浣东街道西接暨阳街道，31省道绍大线、诸永高速、绍诸高速穿境而过。街道区域面积115平方千米，户籍人口5.5万人，下辖4个社区、20个行政村。

2020年，街道实现财政收入9.28亿元；实现工业生产总值51.75亿元；规上工业企业实现销售收入43.4亿元，利润总额3.8亿元；工业服务业投资50521亿元，实现自营出口27.96亿元；完成民间投资52606亿元；引入境外资金800万美元，市外境内资金3.8亿元。

【复工复产】2020年新冠肺炎疫情后，街道发扬驻企"店小二"精神，通过划分片区、组建帮扶小组，实行"一企业一团队"点对点服务，实现规上、限上企业复工率100%。通过返岗复工专列，帮助20余家企业接回员工200余人；帮助62家复工企业申请补贴2万元，39家企业获稳岗补贴21万元，278家小微企业获两直补助556万元，660余家企业返还社保费用723万元。

【企业升级】2020年，推进市场主体量质双升，完成小升规13家，下升上17家，产转法7家，个转企40家，完成企业上云602家，新培育市场主体2255家，注销"僵尸户"市场主体1665家。通过高新技术企业认定8家、科技型中小企业认定34家，新增股份公司2家。新增工业机器人13台，持续推进5家企业数字化车间创建工作。

【项目推进】2020年，先后完成绍诸高速诸暨浣东出口功能提升改造、建筑垃圾资源化利用、东江路延伸线建设、高湖蓄滞洪区建设涉及高压线路改造等工程项目政策处理。完成5个公路大中修、二期工业园区污水主管网提升改造等六项民生实事项目。

【乡村建设】2020年，推进14个村共计99处20984平方米裸露地面整治；打好"蓝天保卫战"，全年查处12起露天秸秆焚烧，罚款6000余元。6个村的文化礼堂建设工程至年底有4个村验收，其中双桥村被评为市级精品文化礼堂；10个集体经济薄弱村抱团联建东盛农产品自选市场参股分红，年经营性收入均达30万元以上。创建"一站式办理"村级便民服务示范平台13个，推进身后"一件事"业务升级试点工作村级全覆盖，全年办件量达269件。

【2020（中国）浣东电脑刺绣机网上博览会】2020年12月9日，2020（中国）浣东电脑刺绣机网上博览会开幕，本次展览会由诸暨市浣东街道、诸暨市电脑刺绣机行业协会联合主办，诸暨市商务局和印度纺织机械协会支持，浙江中浙国际展览商务有限公司承办。此次交易会将持续一周左右，产品涵盖刺绣机及其配件、电脑刺绣机、电脑绗缝机、自动剪线机、缝纫机械及配件。

【全市首个共享社区建成】2020年12月底，投资近1亿的诸暨市首个共享社区试点——东盛社区建成

浣东街道一角（摄于2020年5月，浣东街道提供）

运营，以“生活共享、数据共享、服务共享”打造共建共治共享基层社会治理新格局。该社区由君城、翡翠园、阳光花园、步升花园等9个中高端小区组成，占地面积0.77平方千米。有住户4946户，常住人口13100余人，实住党员606人。社区有志愿者之家、共享食堂、共享食堂基金、“蓓蕾计划”早教课程、共享家政、数字管家中心平台、社区矛盾调解组织等。

（周安迪）

大唐街道

【概况】大唐街道位于诸暨市西南，东接陶朱街道（诸暨市经济开发区）、暨南街道和暨阳街道、南毗牌头镇和同山镇，西邻五泄镇和浦江县，北连应店街镇。街道区域面积138平方千米，下辖11个社区、20个行政村和5个居委会，户籍人口7.66万人，“新大唐人”9.6万人。2020年，大唐街道实现国内生产总值171.56亿元，可比增速为4.3%；财政收入8.3亿元；规上工业总产值142.7亿元；自营出口93.8亿元。

【数字经济】2020年，开展“数字帮扶”专项行动，组织外贸袜企试点销售模式转型，开发运营移动端中国袜业城，协调阿里、京东等电商巨头下沉大唐袜业，累计帮助千余家袜企获得产业带资源。获得金融授信16.5亿元，用于推广“智能袜机贷”，建成数字化车间17个，创建数字化示范企业7家，入选浙江省首批“超级工厂”培育名单6家，占全省企业数的1/10。开展“数字基建”，中国针织原料市场“新零售”项目启动。全省邮政系统首条智能物流分拣线4月初运营。浙江蓝美技术股份有限公司蓝美数字植物工厂项目、浙江佰瑞拉农业科技有限公司珍珠贝数字渔场项目入选浙江省第二批数字农业工厂试点创建主体，蓝美股份获得“农业产业化国家重点龙头企业”称号。

【项目建设】2020年，累计实施千万元以上项目69个，累计完成工业投资2.97亿元，服务业投资3.56亿元，高新技术投资1.07亿元，骏宏袜业精品产业园得以顺利续建，沉香湖文化旅游和锦辉民宿等重大文旅项目加快推进。新引进招商项目7个，其中亿元以上项目5个，实到市外资金7.75亿元，华海氨纶新增年产6万吨卫生材料项目和袜业产业智能供应链项目启动建设。

【科技创新和人才引育】2020年，袜业创新服务综合体获评全省创新体建设十大标杆，新认定高新技术企业20家、科技型企业42家。实施企业内训提升工程，4000多名职工在岗参训，全年自主申报入围省级引才计划3人，入选省级海外工程师1人，入选绍兴“名士之乡”人才计划2人，获评“诸暨工匠”10人，建成浙江省博士后工作站1家。

【城乡建设】2020年，以“全面融入主城区”为目标，加快推进城市道路综合改造、雨污分流改造、断头路打通及河道、山塘水库整治等工程，完成惠风路、草塔工业园区道路等项目建设，箭路桥完工通车。完成G235国道征迁工作，萧义线天然气管道工程一批重点项目顺利推进。以国家卫生城市、全国文明城市复查为契机，开展全域环境大整治、大清底行动，累计清理乱堆乱放7000余处，拆除乱搭乱建5.4万平方米。以“一分两清三化”为重点，推进农村人居环境整治美化提升工程，开展农村裸露地面整治工作，召开全市第三批“五星达标”创建村现场观摩会，创建3A村1个、“五星达标”村5个和“诸暨市创建积极村”1个。诸暨袜艺小镇、诸暨庄余霞陈列馆红色教育基地入选首批浙江省职工疗休养基地。以长效管理为导向，严格落实“河（湖）长”“路长”“网格员”等机制。

【平安建设】2020年，在全市率先建成启用街道矛盾纠纷调处化解中心和“新居民”矛盾纠纷调处化解中心，全年受理调处各类纠纷350起，涉及金额400余万元，处置率、化解率分别达100%、95%以上。深化完善信访工作机制，“五年以上”5件信访积案全部化解，2020年度国家和省级督办件以及两级信访积案全部化解到位，实现赴京“零信访”，赴省信访同比下降93%。推进“扫黑除恶”专项斗争，街道刑事警情数、命案数、五类案件数等全部下降。深化全科网格建设，“四个平台”受理处置信息1.6万余条。

【民生实事】2020年，办好8项民生实事工程，城乡居民基本养老保险、医保提质扩面，饮用水达标提标均顺利完成。推进社会事业均衡发展，柱山小学获评“第八批全国民族团结进步示范单位”，上下文村、上余村入选浙江省文明村，庄余霞烈士陵园获授第11批“浙江省爱国主义教育基地”，大唐初中、树德学校获评诸暨市文明校园。红色中兴、红色庄余霞、浙东人民解放军金萧支队成立地3地入选首批绍兴市国防教育示范单位。新建4个村级文化礼堂，实现村级“关爱互助基金”全覆盖，基金总额达702万元，移风易俗成为街道“新风尚”。

【村社换届】2020年11月，完成村社组织换届，实现村社主职“一肩挑”，选举产生村社组织班子成员250名。组织开展村社组织班子成员上岗培训和“大走访、大服务、大落实”等活动，实行“治村兴社”顾问聘请制，推动两委班子实干担当。

【袜艺小镇建设】袜艺小镇区域规划面积2.96平方千米，重点建设“智造硅谷、时尚市集、众创空间”三大区域。“智造硅谷”是小镇的智能制造集聚区，主要包括海讯两创园、圣凯科技园、天顺精品园三大园区；“时尚市集”是小镇的智慧中枢和文化艺术旅游区，主要包括袜业智库、滨水休闲文化长廊、艺术村落等功能区；“众创空间”是小镇的电商群落生态区，主要有电商园、大学生创业园、中国针织原料市场、物流园区等项目。2020年，完成税收收入2.94亿元，规上工业总产值28.86亿元，完成特色产业投资33648万元；完成亩均税收14.1万元；亩均产出597.16万元；单位从业人员产出54.12万元；单位能耗17.42万元/吨标准煤；高端要素集聚度0.69；亩均特色产业投资575.02万元。7月1日，国家发改委办公厅发布《公布特色小镇典型经验和警示案例的通知》，其中“典型经验”中表扬全国两批共36个精品特色小镇的典型经验，浙江省共4个特色小镇入选，诸暨袜艺小镇位列其中。

【中国设计红星奖（诸暨）产品设计大赛】2020年4月20日，中国设计红星奖（诸暨）产品设计大赛——2020袜业大赛正式启动并面向全球征集作品。本次大赛由诸暨市人民政府主办，北京工业设计促进中心指导，诸暨2025创意产业园承办，共征集国内外设计产品4000余件，通过引入红星奖品牌，导入科技、设计、专家、推广等全方位红星奖资源，进一步提升大唐袜业在国内外的品牌形象，助力袜业品牌化数字化发展。12月18日，中国设计红星奖2020袜业大赛暨诸暨创新奖颁奖典礼举行，2家大唐企业包揽大赛一等奖。

（魏永杭）

暨南街道

【概况】暨南街道位于诸暨市南。东临东和乡、浬浦镇，东南接璜山镇，西南交牌头镇，西靠大唐街道，北依暨阳街道、浣东街道。街道面积140.9平方千米，辖5个社区和34个行政村，户籍人口6.91万，街道办事处驻暨南路7号。2020年，实现国内生产总值29.6亿元，财政总收入1.89亿元，实现城乡常住居民人均可支配收入42595元。

【双招双引和企业培育】2020年，暨南街道成功引进项目4个，总投资3.76亿元。浙江沣润电气科技有限公司新建大型电站设备生产项目开工建设。新型结构发电设备研发及生产线等3个项目拟落户三星畈工业园区，计划用地65亩，总投资2.68亿元。下派驻企服务员26名，解决疫情防控、复工复产等问题590个。开展17家单位减租贴息申报工作，新授权发明专利35件，发明专利拥有量达110件，完成申报省科技型中小企业14家、高新技术企业5家，引进工业机器人30台，完成数字化车间改造3个、企业上云284家。新增小升规8家、下升上4家、产转法5家、股份公司1家、个转企20家，新培育市场主体1699家，注销“僵尸户”733家。引进暨阳“533英才计划”1名、省海外工程师3名。培育市级以上龙头农业企业6家，发展以食用菌、猕猴桃、蓝莓、香榧等果蔬为主的特色农产品。创建成省级美丽田园、省级森林城镇，新建“稻田公园”“体验基地”830亩，建成特色农业观光旅游线2条。沿余家庭农场是省内首个采用无人机精准撒施缓释肥的家庭农场。

【城乡建设】2020年，全域环境整治整改点位8000余处，消除裸露地面47000余平方米。实施古村整体改造项目，投资500万元完成周村村古建筑修缮工作。完成“三改”面积20万平方米，拆除违建2万平方米。抓好污染源控制，完成“低小散”实体整治10家，完成VOCs（挥发性有机物）整治13家，淘汰落后产能2家。打响“蓝天保卫战”，全面严防秸秆焚烧。规范企业污水收集、处置和外排，投资1000万元完成污水零直排区建设项目12个，通过“污水零直排区”省级验收。总投资1040万元完成道路大中修三国道地至外陈段、香岩坞至花厅段，农村联网公路里杜至马家坪段以及张庄至董村段道路提升工程。

【民生实事】2020年，完成便民服务中心搬迁整合工作，持续推进“最多跑一次”改革，优化村级代办员队伍，提升政府办事效率，完成原征地农民养老保险衔接职工养老保险3071人。投资60万元完成养老服务中心升级改造，完成王家井和街亭敬老院的合并工作。推动移风易俗，倡导群众节俭办酒189场。加强农村文化阵地建设，新建宜联村、凉风洞村等文化礼堂5家，其中关湖村、许村村被列为精品文化礼堂。推进乡贤回归工程，完成“乡贤名医工作室”等项目20个。完成浦阳江排涝站宣家湖分站改造和里仁水库除险加固工程。完成花厅村5个自然村通自来水工程，重建、修缮困难家庭危旧房90户。

【社会治理】2020年，通过积案矛盾化解，“2211”信访工作闭环机制的运行，全年做到赴京零登记，赴省访较前一年下降71.2%，下降率排名全市第7位。化解五年以上疑难积案4件，2～5年积案5件，化解率达80%以上。完善“大调解”体系，创新社企联调体系，成立“老石”品牌调解室，全年共调解各类纠纷143件，其中疑难纠纷57件，涉及金额超1600万元。完善全科网格、四个平台和基层干部队伍管理的“三位一体”基层治理体系，推动网格员发现问题、干部解决问题、合力化解难题，统筹抓好食品药品、医疗卫生、消防安全，全年无重大事故发生。

【基层建设】2020年11月，村社组织换届工作，制定机关干部换届工作专项考核办法，列出7项考核重点、21条考核清单，全面压实责任，规范选举程序，37个村社完成组织换届工作，进一步优化村干部的年龄和学历结构。严格落实“三会一课”“主题党日”制度，规范党支部组织生活，巩固深化主题教育成果。启动青农N5直播，实行班子授课，选派优秀青年到部门锻炼。打造“乐爱有家”党建新品牌，实现街道楼宇党建“零突破”。强化效能建设，开展防疫、坐班值班、“三服务”、五星达标等督查24次，通报点名批评干部114人次。突出抓早抓小，对32名党员实施诫勉谈话、6名党员实施警示谈话。加强换届纪律监督，严把资格审查关，取消候选人资格10名。严肃查处贿选，对3名党员进行党纪立案审查。

（边　吉）

店口镇

【概况】店口镇位于诸暨市北部，东邻枫桥镇，南接山下湖镇、姚江镇，西靠次坞镇，北与杭州萧山区、绍兴柯桥区相连，距市中心33千米。全镇区域面积175.33平方千米，辖29个行政村、11个社区、3个城市社区居委会，户籍人口10.23万人，常住人口约18万人。2020年，全镇实现国内生产总值236.42亿元，同比增速7.5%；财政总收入22.78亿元，同比增速2.8%；工业产值485.7亿元，其中规上工业总产值329.39亿元；完成自营出口77.11亿元，同比增长7.4%。精准引才，全年共引入国家级领军型人才2名，申报入选省级人才3人，省领军型创业团队入围1支；绍兴市级人才11名、绍兴领军型创业团队1支、诸暨市级人才2名。

2020年，继续深化“放管服”和工程建设项目审批制度改革，落实一般投资项目，跟踪代办361个，新赋码投资项目“最多80天”实现率100%，全年新增市场主体2723家。第三产业活力增强，电商快递量突破5700万件，增长31.7%；限上零售、批发销售额超380亿元，同比增长均超20%。

新冠肺炎疫情后，首创“以大带小”全产业链联动复工模式，率先在全市实现规上工业企业全部复工复产目标，复产率达108.6%。为662家企业申报以工代训补贴，涉及1.6万余人，受理421家企业的社保费用退还申请，金额1500余万元。推动“政企银”“联盟助企贷”实施，累计为23家企业授信近5000万元，兑现各类政策资金8000万元，扭转负债超过100亿元，脱困涉险企业36家，不良贷款率较年初下降 1.73%。

【企业培育升级】2020 年，继续构建以铜材精密制造业、制冷配件、水暖管业、汽车配件、特色农产品加工业、纺织服装等六大行业和数字经济的“6+1”以及以铜材精密制造创新综合服务体为主的“政产学研金介用”赋能中心的两个“北斗七星阵”。店口镇拥有 7 家上市公司、4 家新三板挂牌企业，作为华东地区首个乡镇级金融安全小区，区内金融机构超 20 家。新增小升规企业 31 家，下升上企业 9 家，“企业上云”1313 家，数量占全市总量的 1/6。全国综合实力千强镇排名中，店口镇排名 50 位，省内排名第 8 位；海亮集团是绍兴首家世界 500 强企业。

继续推进数字经济转型提升，店口镇铜加工行业规上企业智能化改造率超 30%。新增 10 家数字车间，用工成本减少 25%，成材率提升 5%。全年完成机器换人 102 家，完成数字化改造示范企业 5 家。发挥人才核心作用，助力企业创新发展，全年申报高层次人才项目 56 个，对接海外高层次人才需求企业 35 家，投资 300 万元建设全省一流镇级人力资源市场，累计为 262 家企业输送人才 6513 名。

【镇乡建设】2020 年，省级美丽城镇标准化试点通过验收，“小城市指南”省级标准立项成功，1 个省级民族团结示范单位申报成功，店口镇综合行政执法改革入选省级试点，店口专职消防队获“2020 年浙江省 119 消防奖先进集体”称号，2019 年 12 月建成的全市首个镇级信访代办中心全年累计接待群众办理事项 396 批次，办结率达 99%。全年排查整治企业安全隐患 3239 条，累计安全培训 3.4 万人次。全年巡查用人单位 502 家，调处工资、工伤案件 141 起，涉案金额 476 万元。完成湄池老火车站及周边区域拆改项目一期工作；完成萧山至磐安公路（金浦桥至三江口大桥段）快速化改建工程的国有土地上房屋征收拆迁；完成湄池大桥重建工程 28.9 亩土地征用工作。完成“三改”专项行动，累计拆除违法建筑面积 67178.29 平方米，占地面积 51369.33 平方米，完成全年拆违任务的 105%。

2020 年 12 月 21 日，《美丽城镇建设与管理规范》成为全国首个地方标准。全年投资 1200 万元，启动三江口坝口湿地公园和河灯广场改造工程，完成金岭村坡地村庄主体建设；完成渔村湖电排站、石灿头水库、白渠加固项目等一批水利工程；投入资金 2000 万元完成农村裸露地面整治工作，整治点位 247 处，累计 6.6 万平方米。投资 2847 万元，完成 13 条农村公路大中修工程。创立店口镇农村发展基金，实现店口社区、何家山头村等 10 个村（社）年经营性收入超 100 万元目标。开展土地双保工作，优化土地治理，完成高标准农田开发、复垦和标农改建共 1400 余亩。打好集体经济“消薄”攻坚战，18 个村（社）经营性收入超过 50 万元，32 个村（社）超过 30 万元。

2020 年，“店口共同体”智慧党建平台获评市级年度十佳项目；9 个村（社）通过第三批“五星达标村”验收；2 家企业通过“五星示范·双强争先”验收。建成店口镇新时代文明实践所，累计开展志愿服务活动 57 次，村级关爱基金规模达 907 万元，实现 20 万以上规模关爱基金村（社）占比超 60%。以三江口抗日军民陵园、宣侠父故居等红色爱国主义教育基地为载体，提升红色教育内涵，建设完成“何文隆事迹馆”和“何赤华事迹馆”。

【民生实事】2020 年，实施店口镇教育均衡优质发展三年行动计划，累计投入 1.3 亿元完善基础教育设施建设，优化学校网点布局，提升教育特色品牌质量。建成运行“医联体”，投入 800 万元完成市第四人民医院行政综合楼改造。深化“双下沉、两提升”工作机制，与 4 家省市龙头医院建立协作关系，建成 3 个名医工作室。完成店口行政服务中心搬迁运营，“一站式办理”村级便民服务示范平台可办理事项增至 254 项，全年累计办理 8690 件。弱势群体定向帮扶，实现 40 个村（社）居家养老服务照料中心全覆盖，发放各类补助资金 868.1 万元，累计受惠 2296 人次。保障性住房惠及 2000 余人。完成城乡一体化供水和 3 个单村供水工作。

【浙江省诸暨铜材精密制造产业创新服务综合体】2020 年 11 月，位于店口镇店口文化体育公园西侧 380 号的浙江省诸暨铜材精密制造产业创新服务综合体被浙江省科技厅列入省级产业创新服务综合体创建名单，为该项目的最高申报标准。该综合体计划总投资7500万元，核心区域面积2万平方米，重点构建一馆（展览展示馆）、二平台（企业服务平台、科创平台）、三中心（金融服务中心、检验检测中心、大数据中心）、四院（铜材料、铜设备、铜工艺以及铜产品四个方向研究院）等十大平台。建成以自主知识产权创新为主，集关键共性技术研发、新技术孵化、检测标准服务、科技金融、人才培养、技术交流和科技成果转换等多种功能为一体的产业创新服务综合体。培育经济发展新动能，促进铜材精密制造产业集聚集约发展，将诸暨市店口镇打造成为融杭联甬接沪的杭州南翼智造基地。（祝利娟）

枫桥镇

【概况】枫桥镇位于会稽山西麓，诸暨市东北部，毗邻绍兴柯桥区，南连赵家镇、东和乡，西至浣东街道，北邻店口镇，距市中心约20千米。31省道、诸嵊公路、枫店线穿镇而过。绍诸高速贯穿全境，设南、北两个互通口。枫溪江、孝泉江、栎江三江汇流成的枫桥江穿境而过，是浦阳江主要支流。镇域面积165平方千米，镇人民政府驻中兴路1号。全镇辖23个行政村、8个社区，2020年户籍人口7.2万。2020年，全镇实现国内生产总值15亿元；财政收入2.3亿元；工业总产值36.8亿元，同比增长4.5%；规上企业工业产值37亿元；自营出口12.5亿元，同比增长8.8%；全体居民人均可支配收入47100元，同比增长8%。

枫桥镇是全国重点镇、全国文明镇、中国历史文化名镇、全国先进基层党组织，也是诸暨的地域大镇、政治重镇。以“枫桥经验”闻名全国，连续三次捧得全国综治最高荣誉“长安杯”。是农业农村部评定的“全国乡村治理示范乡镇”。2020年，获评2017—2019周期国家卫生镇、浙江省退役军人工作模范单位、省级小城市培育优秀试点单位，“枫桥式”退役军人服务站在全国示范推广，“枫桥式”基层监督相关做法得到中央政治局常委、中纪委书记赵乐际肯定。

【新冠疫情防控】2020年初，面对新冠肺炎疫情，坚持“两手抓、两手硬、两战赢”。第一时间落实一级响应，先后排查近万人次，严格落实“三清一管好”，在出现

枫桥镇退役军人服务站外景（摄于2020年8月，枫桥镇提供）

2例输入性病例的情况下做到了疫情零扩散、无恐慌，2名患者在30天内治愈出院，实现了“患者零死亡、医务人员零感染”。有效推动复工复产，全面深化“三服务”活动，累计走访企业2800余家次，帮助解决问题320余个。精准实施稳企助企政策，500家小微企业获得中央“两直”补助资金，117家小微企业获得贷款5.8亿元。2月底，复工复产率在全市同类镇街中排名第一。

【传统产业转型升级】2020年，纺织、汽配等两大支柱产业在经历年初困难时段后逐渐回暖。汽配产业以龙头企业为轴，进一步向“国企配套和外贸出口”精准优化。弹簧产业形成集群，构建通用零部件产业链条。纺织产业以窗纱为突破口，引领向高端方向发展。新培育市场主体622家，新增“个转企”31家、“小升规”11家、“下升上”4家。强化创新驱动，培育国家高新技术企业7家，省科技型中小企业15家，新获授权发明专利20件，R&D经费支出达1.23亿元。加快行业数字化改造，实施数字经济提升工程，投资3.3亿元实施工业技改，新建5G网络基站3个，完成6家企业数字化车间改造，新增机器人22台、企业上云491家，技术合同成交1.08亿元。深入推进“双招双引”，新注册3家生产性服务业公司，杭派服饰产业园项目完成主体建设，并启动招商工作。

【文旅产业】2020年，完成枫桥学院主体工程建设，预计2021年6月前通过验收。紫薇山开发项目有序推进，三贤文化馆正式开工，紫岩禅寺完成项目报批和政策处理。诸暨光大枫桥文旅基金项目编制完

成规划及基金组建方案。云溪九里建设顺利推进,白米湾中学启动修复,枫桥学院周边景观提升、王冕故居及隐居地改造基本完成,“尚客优品”快捷酒店完成改扩建,旅游业配套进一步完善,完成全域AAA级景区镇创建。

【城乡建设】2020年,启动美丽城镇建设新三年行动计划,以创建规范化执法中队为契机,市容管理机制不断优化。道路交通基础设施进一步完善。投资1.1亿元推动枫桥古镇三期项目收尾,对兴业路、尚义路、天洋路进行提升,完善工业园区路灯配套建设。新江桥—大溪等9个道路交通建设工程完工,集镇主要道路枫江桥历时3个月于12月完成危桥改造并恢复通车。农业农村短板加快补齐,在先进村启动农村保障房建设工程,对64户困难群众危旧房完成改造。完成“四好农村路”建设,实施青岭水库、姣岭山塘等6个水利工程改造提升工程。新增9个自然村实现城乡规模化供水,5个行政村新建体育设施。

【生态环境治理】2020年,打好污染防治攻坚战,集镇区域创建为“污水零直排区”,改造5个农村生活污水处理终端。推动征天水库上游企业搬迁,完成汽配企业废气整治工作,$PM_{2.5}$平均浓度同比下降10%。摸排650家工业固废企业,为900余家企业核发排污许可证,建成轻纺类固体废物集中收集点。第二轮中央生态环境保护督察反馈问题如期整改销号,顺利通过省环保督察“回头看”验收。完成黑臭水体专项整治,消灭农村裸露地面16万平方米。召开农村人居环境整治专项工作现场会议,抓实垃圾分类工作,创成市级垃圾分类智能化村1个、垃圾减量化村2个。

【乡村振兴】2020年,坚持三产融合激活乡村经济。全年完成3.85万亩粮食播种,实施2800亩“旱改水”项目、952亩标准农田建设项目和14亩土地开发项目,完成土地复垦60亩。与省农业农村厅、省级科研院所合作,建立农产品新品种、新技术示范基地2000余亩。引进投资5000万元的钟山社区万头猪场项目。激活闲置农房33幢,吸引社会资本2600万元,农村产权交易成交960万元,全部行政村(社区)经营性收入达30万元以上。推进文化惠民,举办文明实践活动170余次,全年移风易俗节省资金1100余万元。关爱基金捐款410万元,受惠3400多人次。

【社会事业】2020年,落实“六稳”“六保”政策,完成八项民生实事。进一步优化教育资源配置,实施洄村中心幼儿园改设教学点工程,补助100万元改建枫桥镇小食堂,新枫桥镇中完成主体工程建设,预计2021年秋季启动开学。医疗事业稳步发展,促成4名医疗类乡贤回归,新成立3家名医工作室,完成免费两癌筛查1081人次,实施心血管病人群早期筛查和综合干预工程,共计4643人受惠。在全市率先完成失土农民并轨职工养老保险工作,存量并轨4494人、新增办理929人。通过省级“残疾人之家”三星创建,建成市级生态公墓示范点,开展“身后一件事”联办试点工作。全年发放社会救助、居家养老等补贴1119万元,帮助困难群众1878人次。规范便民服务中心建设,6个行政村建成第三批村级“一站式”便民服务示范平台,政务服务“最多跑一次”满意率达99.5%。

【村社换届】2020年,坚持“五好两确保”换届目标,11月28日,29个村社选出两委干部200名,全面实现“一肩挑”。新当选的村干部平均年龄47岁,比上届降低4岁;所有村实现“一名40周岁以下村干部和大学生村干部”的目标;大专及以上学历47名,比上届提高13个百分点。换届过程平稳平静,换届完成后及时启动“讲政治、强担当、正规矩、善治理”,争当新时代“枫桥经验”排头兵专项行动,推动村两委班子打好五年任期“第一仗”。顺利完成2个社区居民委员会换届工作。

【“枫桥式”多品牌建设】“枫桥经验”连续两年被写入中央1号文件,2020年11月被写入十九届五中全会的“十四五”规划建议。继“枫桥式”公安派出所全国引领后,“枫桥式”司法所、“枫桥式”交警中队、“枫桥式”执法中队相继形成标杆,在全省各地掀起创建热潮。青少年“枫桥经验”传承基地创建为“省关心下一代教育基地”,枫桥镇离退休党总支被评为全省先进离退休党组织,“枫桥式”退役军人服务站全国示范推广。

【“枫桥经验”创新发展】2020年，推进基层治理标准化工程，与省标准化研究院合作编制全省首个《村规民约制(修)订工作规范》。以社会治理领域“最多跑一地”为理念，7月，高标准建成社会矛盾纠纷化解调处中心，建立初信初访隔月清零等机制，确保80%以上的矛盾纠纷在镇、村两级化解。完善“红枫居”旅馆总台建设，在杜黄新村试点推广“枫源式”基层治理模式。突出全科网格管理优势，组织网格员广泛参与镇域治理。实现村级社会组织“1+5+X”标准化建设全覆盖。与浙江师范大学合作成立实践基地，试点打造绍兴市首个农村社工站。5月，成立全省首家镇级社会组织党校，培训250余人次。社会组织成功申报市级微公益创投项目和镇级政府购买服务项目，探索农村社区、社会组织、社工“三社联动”取得突破。

【“枫桥式”基层监督治理模式】2020年，以诸暨市纪检监察规范化建设为载体，按照“定规范、建硬件、强软件、重实效”的总体思路，围绕“标准化、协同化、信息化、网格化”四化并举，用好基层公权力监督数字平台，建立村级监察联络站，试点运行“村级监察议事”制度，相关做法获得中央政治局常委、中纪委书记赵乐际的肯定。2020年11月10日，赵乐际在枫桥镇纪委监察办调研时指出：要坚持发展“枫桥经验”，推动监督下沉、监督落地，监督于问题未发之时，使监督规范化常态化，让干部感受到监督、习惯被监督，让群众知道有监督、参与监督，切实以监督促进基层治理、密切党群干群关系。

【“枫桥式”退役军人服务站】2020年，围绕“服务不缺位、保障全覆盖、尊崇有氛围、引领建新功”的目标，枫桥镇先行先试开展退役军人服务站创建，在建设过程中总结出了全科网格管理、全生命周期保障、全社会力量服务、全方位作用发挥等“四个全”经验体系。2020年8月24日，全国退役军人事务系统学习推广新时代“枫桥经验”现场推进会在绍兴召开，退役军人事务部部长孙绍骋在会上要求：大力学习推广新时代“枫桥经验”，不断推进退役军人事务治理体系和治理能力现代化。（吴　堃）

枫桥镇社会矛盾纠纷化解调处中心（摄于2020年11月，枫桥镇提供）

牌头镇

【概况】牌头镇位于诸暨市西南，东邻暨南街道和璜山镇，南与安华镇和义乌市接壤，西连同山镇，北毗大唐街道，距市中心14.5千米，杭金衢高速公路在牌头设有互通口，沪昆铁路、杭长高铁、03省道、诸安快速通道等纵贯全境，浦阳江由西南向东北流经。镇域面积87.8平方千米，镇人民政府驻站前路197号。2020年，辖26个行政村，2个社区，总人口47221人。全镇人均可支配收入48709元，增幅5.4%；工业总产值66.3亿元，比上年增加12.8%；生产总值50.95亿元，比上年增加9.2%；乡镇财政总收入188885万元，总支出188885万元，税收30853万元。

牌头镇为诸暨市三大古镇之一，境内有国家级风景名胜区斗岩风景区，有浙江省重点文物保护单位张秋人烈士陵园，是浙江省中心镇、浙江省百强镇、浙江省卫生镇、浙江省特色小镇培育优秀小镇、绍兴市小城市培育试点镇。

【企业培育升级】2020年，以“助力企业复产招工”为着力点，深入企业调研，组织机关干部为企业送宣讲、送政策、送红利，从2月12日开始，仅用12天便实现全镇企业复工复产。实现经济稳中向好、稳中有进。新增规上企业11家、限上企业5家，新增省科技型中小企业15家、高新技术企业4家。聚焦“三服务”活动，坚持问题导向，搜集各类问题1254个，完成率达 100%。

【项目引进】2020 年，着力于“与杭同城”工程，主动融入“G60 科创走廊”发展集群，拓宽招商思路，抓住园区整体招商和产业链招商的目标不松懈，引进 5 亿元以上招商项目 1 个、工业项目 5 个、服务业项目 5 个、生产性服务业项目 5 个。推动环保装备、高端纺织、再生资源及新型材料等新产业集聚发展，巩固传统产业优势地位，驱动“产学研用”深度融合。

【镇乡建设】2020 年，邀请上海德勤咨询公司和上海同济设计院，编制环保小镇规划，进一步完善镇域空间布局。高标准建成“污水零直排镇”，开展农村道路大中修，逐步实现“三横三纵”全镇交通网，完成“三改”2.6 万平方米，提升农村饮水管网 3.2 千米，激活闲置农房 30 幢。持续提升集镇和行政村人居环境，实现可回收和有害垃圾站点、农村卫生厕所和无害化厕所全覆盖，创建省级卫生村 3 个，新升村创成“3A 示范村”，金龙塔村等 8 个村通过“五星达标村”验收。

【民生实事】2020 年，社会保障实现应保尽保、应兜尽兜，全年基本民生预算支出达 232.8 万元，发放各项社会救助资金 50.4 万元。居家养老中心配送餐服务实现全覆盖。“一加一减”（全民减免住院费用、靶向增加体检项目）医疗惠民政策惠及 1 万余人，居家养老中心配送餐服务实现全覆盖。完成新乐完小教学楼改造提升工程，拓展“阳光—活力—尚德—品质”的同文教育理念。持续推进移风易俗活动，实现“村级关爱基金”村社全覆盖。

【社会治理】2020 年，建立健全镇村二级矛调中心联动机制，加强积案化解和源头防范，绍兴级督查件及积案化解率达 83.33%，诸暨级督查件及积案化解率达 100%，“大起底大化解专项行动”案件化解率达 75%。推进“雪亮工程”建设，集中整治交通顽疾，完善应急管理站和消防救援站联动机制，落实安全生产“红黄绿”三色管理体系。

【市级以上专项创建】2020 年，牌头镇被评为“2019—2021 年度国家卫生镇”“浙江省文化礼堂建设示范乡镇”，镇党委班子被评为“绍兴市五强好班子”。牌头派出所被评为“2019—2020 年度绍兴市级青年文明号”。牌头镇武装部被评为“绍兴市民兵整组先进单位”“绍兴市基层建设先进单位”。牌头镇便民服务中心被评为“在创业创新领域作出突出贡献的单位”。新五村被评为“2020 年度省级民主法治村”。越峰村、新升村、西山下村被评为“2020 年度绍兴市级民主法治村”。义井村、双高村、新升村、新乐一村、王劳军村、靖江村被评为“绍兴市健康村”。（宣品晶）

次坞镇

【概况】次坞，本作茨坞，因该地有山名茨峰，坞中多生荆茨而得名。次坞镇位于诸暨市西北部，东邻店口镇，南接应店街镇，西毗富阳区，北连萧山区，为诸暨、萧山、富阳交界之所，杭金公路、杭金衢高速公路、03 省道复线贯穿全镇，距市中心 21 千米。镇域面积 97.2 平方千米，镇人民政府驻育才路 1 号，下辖 2 个社区，20 个行政村。2020 年，全镇实现国内生产总值 47.4 亿元，财政总收入 4.3 亿元，规上工业产值 44.5 亿元，自营出口 13 亿元。次坞镇是共青团创始人俞秀松的故乡，有秀松故居、秀松纪念馆、秀松纪念碑等红色旅游景点，先后被评为国家级生态镇、省星火示范镇、绍兴市文化示范镇和绍兴市文化强镇。

【临杭产业园建设】2020 年，继续推进“杭绍同城”战略。自 2016 年全力打造临杭产业园以后，重点引进建筑、自行车、五金材料及配件等行业企业，打造新材料五金智能制造产业园、自行车健身制造产业园、现代建筑综合制造产业园等子版块。至 2020 年，临杭产业园累计供地 851 亩，基础设施实际投入 3000 万元以上，累计吸引 50 余家企业入驻，其中 40 余家投产，24 家入园企业达到规上标准，年产值在 18 亿元以上，年纳税额超过 2000 万元。2020 年，以产业转型发展为抓手，以补链优链强链为目标，探索建立“融杭先行者次坞云论坛”，问计于企业、问计于专业，举办论坛 2 期，吸引超过 100 家企业参与。

【企业培育】2020 年，广泛推动“数字经济 2.0”在制造业集群中的全方位、全角度、全链条应用。完成技改投资 4.7 亿元，高新投资 4.4 亿元，高新产值增速保持 8% 以上，实现技术合同额 11400 万元，创建西州将军、鸿海塑胶、高德机械3个数字化车间，完成企业上云239家；新增工业机器人10只，淘汰落后产能2项。实现R&D（研发费用）投入保持规上企业营收2.5%以上，创建省级科技型中小企业19家，国家高新技术企业4家。

【乡镇建设】2020年，以全域整治，完善基建，长效运维来丰富"美丽城镇"内涵。试点探索生态坡地村镇项目，与浙江省乡村振兴投资有限公司达成合作意向，依托溪埭村红色旅游资源，打造美丽乡村（精品村）建设，项目总投入将达2000余万元，发动乡贤认领项目，力争2021年5月前完成"初心广场"整治提升、村文化礼堂建筑改造、"仰望之路"道路建设等10项一期工程项目。强化小城镇长效管理，开展专项整改行动，累计拆违2.1万平方米，累计修理人行道板约800平方米，修理破损沥青板块约1000平方米，完成立面改造509户，改造面积120083平方米。乡村道大中修共计6条，约6.5千米，完成杭金线集镇段及集镇开放式小区雨污分流改造工程。全面摸排整治交通黑点路段，投入约50万元，安装警示桩、更换LED灯等设施，保障杭金线段亮灯率在98%以上；在行车视线欠佳处安装50面凸面镜，50盏爆闪灯，重点区域新安装红绿灯及抓拍系统，降低交通安全隐患。

2020年，完成粮食播种面积3.15万亩，建设高标准基本农田567亩。严格依托红色旅游资源，深度挖掘一、三产业融合发展新模式，完成土地开发557.42亩，建设用地复垦598.82亩，勾画4个地块约230亩，地块设计工作推进中。紧扣"率先实现全域提升"目标建设美丽乡村，完成第三批"五星3A"创建村创建工作，共开展6轮全面自查，整改问题点位1709处，6个村通过验收。通过"党建引领，认领同治"多种方式开展裸露地表整治，消除裸露地表110处，共计2.8万平方米。投资3000万元引进天植元生物科技有限公司；指导21个村（社区）分别制定村集体消薄"一村一策"，完成全年30万元集体经营性收入目标。

【民生实事】2020年，加快推进镇村两级"无差别受理"项目，成功创建5个村级"一站式办理"示范平台，"最多跑一次"实现率和满意率达到99%以上。精建惠民工程，扎实做好扶贫领域专项治理及社会救济工作，规范低保动态管理，投入8万元提升敬老院消防设施设备，完成适老化改造6户，残疾人无障碍进家庭14户。农村困难家庭危旧房改造持续推进，完成危旧房改造29户，排除危旧房安全隐患点1处。深化全科网格建设，推进基层社会治理"一张网"建设，实现网格专员专职，全年化解疑难积案1件，调处矛盾纠纷960起，越级上访下降57.1%，初访办结率达到100%。10月，成立"临杭园区调委会"和"企业娘家人说事室"，调处17起重大企业矛盾纠纷，涉及金额2800余万元。投资950万元，建设消防救援站，提升次坞镇及周边消防应急救援力量。持续打响"次坞打面"品牌规范化建设，次坞打面制作与技艺成功入选第七批绍兴市非遗物质文化遗产代表性项目名录。新建文化礼堂任务数5个，成功创建浙江省五星级文化礼堂3个，四星级文化礼堂4个。

【政务公开】2020年，不断加强政务公开和政府信息公开，全年通过政府信息公开网主动公开信息86条，接收并处理政府信息公开申请件2件。"三服务"累计办结企业、群众、基层反应强烈的突出问题590个，办结率达到100%。继续加强重点领域审计督察、财政预算绩效管理，"三公"经费支出持续下降。

【挖掘"秀松先锋"品牌】2020年，继续打响"秀松先锋"党建品牌，"党团合力"打造秀松党员志愿服

修建后的俞秀松纪念馆（摄于2020年12月，次坞镇提供）

务队和团员志愿服务队，“弘毅荟”年轻干部成长平台激发队伍正能量，累计投资351万元新建俞秀松纪念馆，该馆是绍兴市委理论学习中心组主题教育“初心之行”第一站，累计接待学习团队200余个、超5000人次。2020年7月17日，上海4家学术机构、11所高校组团在俞秀松纪念馆建立实践教学基地，30余位专家学者参加仪式并举行弘扬俞秀松精神座谈会，为建党百年提供秀松精神和次坞力量。

（柯凯宇）

山下湖镇

【概况】山下湖镇位于诸暨市东北部，东接枫桥镇，南邻浣东街道，西至姚江镇，北连店口镇，距市中心30千米，镇政府驻地诸暨市山下湖镇宝兴路63号。毗邻杭金衢高速、诸永高速，03省道东复线、诸涠公路穿镇而过，浦阳江支流江横穿东西。区域面积42.56平方千米，人口2.88万。辖9个行政村、3个社区居委会。山下湖镇是全国文明镇、全国千强镇、浙江省百强镇乡（第35位）、绍兴市五强镇乡、“全国小城镇经济综合开发示范镇”，是省级高新特色产业基地、省级服务业集聚示范区、“美丽浙江·强镇榜样”产业聚集示范镇、省级旅游风情小镇和美丽城镇样板镇。

2020年实现国内生产总值45.8亿元，同比增长10.1%；财政总收入1.96亿元；珍珠及珠宝销售额396亿元，同比增长25.3%。引进都市区项目5只，实到资金2.6亿元。完成小升规7家、产转法3家；新增下升上3家、股份公司1家；培育市场主体539家。2020年，全镇居民人均可支配收入65013元，同比增长8.5%。

【珍珠小镇建设】2020年，山下湖镇围绕“打造诸暨融杭发展的重要休闲旅游产业平台”目标，聚焦“珍珠”特色产业，深入对照“环境美”“生活美”“产业美”“人文美”“治理美”五美要求，统筹结合珍珠小镇建设项目，着力打造“商贸特色型”美丽城镇，于2020年10月通过省级美丽城镇样板镇验收。投资20亿元建设完成世界淡水珍珠博物馆、珍珠文化街区、珍珠创意工坊、珍珠广场、工业4.0、雷迪森庄园酒店等项目，小镇核心区如期向世人亮相，创造令人惊叹的“山下湖速度”。

【珍珠产业升级】2020年，聚焦争创数字经济引领示范区目标，着力构建“数字+珍珠”深度融合产业体系，全年创成数字车间1家，完成企业上云296家，美丽珍珠产业数字化成效提升。投资2500万元建立集珍珠研究院、珠宝创意设计、创新创业孵化和珍珠产业服务等7大中心为一体的省级科创平台，同步打造国内最大的数字珠宝交易平台基地。2020年，与淘宝、抖音、快手、阿里拍卖、百度五大直播平台合作，培育珍珠网络店铺5000余家，其中直播店铺3000家，全年实现线上销售额147亿元，同比增长22.5%，网络销售额最高一天超1亿元。加强人才引进和创新发展，2020年，引进省级海外工程师1人，引进国际级琥珀玉石雕刻大师4名。2020年6月，中国珍珠学院成立，11月完成首届首饰设计制作、市场营销、生态养殖开发等专业113名本科生招收，“政产学教研”一体化格局初步形成。新冠肺炎疫情后推进复工复产复市，做实做细稳定就业、畅通运输、保障供给等工作，全年发放企业补助奖励1500万元，惠及企业250余家。

【镇乡建设】2020年4月，争取省市乡村振兴产业发展专项资金1亿元，5月启动诸暨市珍珠产业发展示范项目建设，引进米果果瓜果种植园、芳香满屋花卉种植、智能清水养殖等3个规模化农业项目。8月，启动珍珠小镇放心市场建设，吸纳西杨龙、赐绯庙、东江、枫江、新长乐、泌湖6个村（社）集体经济入股，以市场化方式壮大村级集体经济，2020年全镇11个村社经营性收入均达到50万元以上。11月，完成珍珠湖公园建设，新增绿化和公共设施近10万平方米，新建改造道路10千米，创成浙江省AAA镇。抓实“五星3A”常态长效管理，实施西杨龙社区、新桔城村整体改造提升工程，枫江信誉银行投入运行，将文明建设和社会治理有机结合，激发基层治理活力。

【首届世界珍珠大会】2020年11月13日至15日，举办首届世界珍珠大会，吸引全球20多个珠宝资源国驻华使节、相关国际机构负责人、国际知名珠宝企业代表等832人参加，通过新华社、央视、浙江日报、腾讯等国内重要媒体吸引800余万人次关注，三天珍珠小镇游客量超30万人次。同时将世界珍珠大会永久会址落户山下湖，实现从“中国珍珠之都”向“世界珍珠小镇”的转变。区域品牌价值提升，山下湖当地15家企业入选“2020胡润全球珍珠企业创新品牌榜”50强，其中3家企业入选10强，山下湖淡水珍珠区域品牌价值估值达560亿元。 （赵叶叶）

璜山镇

【概况】璜山镇是诸暨东南部的门户，是绍兴市级中心镇，省道诸东公路、诸永高速穿镇而过，连接义乌、东阳、杭州及周边城市，区位优越，是旅游、商贸等第三产业南接金义地区的桥头堡。2020年璜山镇辖16个行政村（社区），镇域面积131平方千米，是国家生态镇、全国综合实力千强镇。2020年，璜山镇坚持“三服务”问题导向，以“三大工程、七项行动”为实干抓手，全力以赴稳企业、增动能、补短板、保平安，实现经济社会平稳运行。

【特色产业】2020年，璜山镇坚持做强特色产业，打造数字经济，挖掘有效投资，经济运行平稳向好，实现规上工业总产值23.6亿元，规上工业增加值6.7亿元，高新技术产业投资19778万元。培育轴承轴瓦科技、人才对接引进平台，总投资5亿元的德富电气年产20万套输配电设备制造项目一期已投产；捷速尔自主研发制造全国首台全自动穿综机；申科滑动轴承成为国内首家运用巴氏合金3D增材技术批量化生产滑动轴承的企业；精展机械与科研院所合作，成功研发军工产品1个，并批量生产。轴承轴瓦产业从制造迈向智造，与国内外重大装备生产企业建立供货合作关系，特色轴承轴瓦产业共创产值10.6亿元，实现主营业务收入8.5亿元。

【双招双引】2020年，不断通过信息和人脉资源，挖掘有效项目成为新一轮经济周期的发力点，引进内资3.19亿元，引进10亿元立邦漆生产基地、1亿元高分子功能母粒（纳米）新材料、5000万元香榧深加工延伸产业、5000万元城璜再生资源扩土技改、5000万元新上纺织品制造生产等项目6个。通过与杭州上城区南星街道结对和诸暨商会对接，吸引投资基金1家、企业管理类合伙企业3家，引进乡贤回归项目19个，招引如山汇盈投资舟山分公司回迁璜山，新增院士专家工作站2家。

【城镇环境整治】2020年，推进“无废城镇”建设，基本完成污水零直排建设工程，修建污水管网2.6千米，新建污水处理设施35处，整治问题75处；完成小微企业固废调查72家、排污许可证登记257家。盘活利用集镇土地，完成占地56亩的农村保障房建设项目土地交易。进一步落实“日常管理＋街长监管”长效机制，推进建新路精品示范街区创建，新增停车位70余处，处理机动车、电瓶车乱停600余起。统筹推进城乡基础设施迭代升级，完成大门、齐村2个村村通公交项目，以及双苑湾、凤林下、齐村、桐树林、巢勾山5个自然村农村饮用水提标达标工程。

【美丽乡村建设】2020年，深化“五星3A”全域创建，顺利通过第三批3个村创建工作，抓实抓好常态长效管理。纵深推进农村人居环境整治，制定完善《璜山镇农村人居环境长效管理考核办法》，深入开展厕所、垃圾、污水、围墙“革命”，整治农村裸露地面343处49776.14平方米，完成平原绿化300亩，完成垃圾中转站改造项目，打造全市首家浙江省“最美庭院”。用足用好农村危旧房权益保全政策，深入开展农村困难群众危旧房治理改造，排查全镇困难群众房屋470处，鉴定处置C、D级危房126处，全镇改造66户，兜底15户，落实镇级保障资金40

璜山镇一吊脚楼民宿（摄于2020年8月，璜山镇提供）

余万元。

【田园经济助力消薄】2020年,紧盯收入增长这一关键,制定完善16个行政村(社区)消薄计划,完成13个村(社区)年经营性收入30万元以上的消薄任务。围绕发展"全域旅游",启动"萃溪花谷"景观带建设,着手实施美丽公路、骑行绿道、一镇一花园、一村万树等项目。全面摸排梳理村级闲置资产资源,激活闲置农房20幢,土地复垦立项22.22亩;地票立项33.23亩;高标准基本农田建设立项881.2亩,完工440.6亩。大力发展休闲民宿经济,引进何庄晓居、浙江千越、学红等民宿3家,完成居凤有机养老项目12幢精品吊脚小木屋、晓居观景露营平台建设。加快重点项目推进,正欣标准化规模养殖场项目完成投资4191万元,一期项目完成地块清表、进场道路铺设工作。

【社会治理】2020年,深化文化惠民,构建和谐社会,新建投用齐村、读山文化礼堂2家,镇级文明实践所1家,溪北文明实践站1家,省级家宴放心厨房1家。开展医疗助民,健全完善《璜山镇医疗健康惠民补助实施方案》,实现救助720人次,补助21.5万元;通过乡贤回归项目,成立全市首家乡贤名医工作室。完善公共服务,完成璜山、桥下社区运动场建设,落实镇中、镇小校园运动场共享化改造。开展"无信访乡镇"创建,抓实抓好信访代办制,完成代办信访件12件;受理各类信访件700余件,结案率100%;化解信访积案13只,化解率100%;"12345"政务服务热线服务指数列全市第一。深化道路交通安全工作,建立平安畅通志愿者宣传队一支,劝导交通违法行为5100余起,保持头盔佩戴率90%以上,排查整改道路安全隐患140余处,诸东线穿镇段新增红绿灯3处,实现交通安全"五个一工程"全覆盖,交通事故死亡人数同比下降57.14%。

【基层基础巩固】2020年,持续推进"三服务"活动。进一步提升服务企业"五问三看一送"、服务基层"问题大起底"质效,创新"云桌会"机制,市镇两级服务员共上报"三驻三服务"手记930则,摸排上报问题894个,已解决881个,办结率98.54%。全力落实"高质量"换届。面对9名村党组织书记更换人选(2名重点村原党组织书记判刑),39名不符合年龄导向干部退出选举的复杂局面,精准摸排人选,全面掌控选情,及时消除矛盾,确保全镇16个行政村(社)党组织换届选举一次成功,"一肩挑"人选最高得票率97.37%,党组织班子成员平均得票率82.26%。

【民生实事】2020年,持续推进参保扩面,基本养老、基本医疗保险参保率分别达96%、99.4%。扎牢社会救助安全网,上报审批低保、低保边缘70户133人,办理大病救助114人次,补助91.51万元。持续发展老龄、残疾人、红十字和双拥优抚事业,投用镇级养老院、村级示范型居家养老服务中心及退伍军人服务中心,完成68名残疾人两项补贴申报工作,为159名无子女的独居老人投保个人意外伤害险。完善移风易俗长效机制,累计节俭办酒336场次;深化关爱基金,累计筹措基金168.8万元。（杨舟琳）

应店街镇

【概况】应店街镇位于诸暨市西北部,与富阳市接壤,东至陶朱街道,南至五泄镇,西至次坞镇,北至店口镇,距诸暨市中心16千米,临近次坞高速出口,至萧山国际机场40千米,G235国道穿镇而过,杭州第二绕城高速在应店街设立互通口。镇域面积117.97平方千米,下辖27个行政村(社区)和1个居委会,总人口46964人,2020年获评浙江省美丽城镇基本达标镇、AAA级景区镇。

全年实现地区生产总值39.72亿元,同比增长1.2%;工业总产值67.12亿元,同比增长5%,其中规上工业产值30.1亿元,同比增长10.3%;工业投资完成4.05亿元,服务业投资7214万元,高新投资完成1.8亿元;自营出口13.16亿元;财政收入1.8亿元,累计完成农业投资2520万元。

【企业培育】全年新增"小升规"3家,"下升上"2家,"产转法"3家;新增股份制公司3家、省股交中心挂牌企业3家;新培育市场主体510家,注销僵尸户5240家。推进"数字"赋能企业创新,申报国家高新技术企业2家、科技型中小企业6家;全年实现高新技术产业投资1.8亿元,高新技术产业产值10.36亿;

打造数字化车间2个，其中数字化改造示范企业1家；企业上云170家，新增工业机器人10台。

【镇村建设】2020年，投资5400万元实施美丽城镇建设，完成农贸市场改造提升、集镇污水零直排、应紫线改道便道工程等系列子项目建设，完成地质文化公园游步道建设和游客服务中心建设；G235国道改造征迁工作，完成集体土地上房屋征收129户，国有土地上企业9家，特殊青苗迁移178户，征收土地面积996.417亩。推进乡村治理，整治裸露地面33098平方米，拆除违章建筑14000余平方米，完成土地开发56.99亩、村庄用地复垦85.23亩、高标准农田建设700亩；成功争创6个"五星达标"村，紫阆村创成AAA景区村入选浙江省第九批历史文化传统村落保护利用重点村。

【民生实事】2020年，深入推进"一窗办""一证办""移动办"，全年共办理窗口审批事项2.3万余件，办结率100%，满意率100%。创建伍堡畈、诸阳、十二都、洋渔山、扎箕坞、上山坞6个村级"一站式办理"便民服务示范平台。全年发放低保资金达500万元，完成困难群众危旧房改造60户，新建镇级敬老院投入使用。

【文化建设】2020年，应店街、大石岭、留下庄、幸福、云溪文化礼堂完成建设，累计开展文化礼堂活动385余次；紫阆、仕坂坞、十二都村创成新时代文明实践所。完成第三批5个村的"五清"村居建设和1个清廉内涵示范村建设。

【平安建设】2020年，建成镇村两级矛盾调解中心，全年化解各级信访积案11件，回复办理"12345"、"96345"热线1122件；司法调解案件259起，涉及调解资金500万元；接报刑事治安纠纷类警情442起，同比下降30%，无安全生产死亡事故，无命案和五类重点案件发生。落实安全生产和环境保护工作，完成企业排污许可登记190家，完成一般工业固废排查136家，完成小微企业危废整治5家，开展工业废气专项治理10家，完成锅炉改造5个。组织各村(社区)、企事业单位安全管理员培训7次，开展安全生产应急逃生救援演练6场，培训人数达到1500多人次。

【村社换届】2020年11月，完成村(社)换届，选举产生村(社)两委干部187名、村民代表1350名，村(社)干部队伍的年龄结构、文化层次、党员比例比往届大幅度优化，村(社)主职干部100%实现"一肩挑"。创新实施"七彩工程"，深化乡村治理改革；推行"年轻干部成长接力计划"，开展村(社)组织换届"青蓝结对"、微讲堂、驻企服务等活动。 (俞　聪)

姚江镇

【概况】姚江镇南邻诸暨中心城区，位于市域发展主轴线上，北毗店口解放湖高新技术开发区，东濒山下湖镇，沪昆高速、杭州第二绕城高速及诸永高速穿过镇域，03省道东复线贯穿南北，珠宝支线和直埠支线东西向连结，临山建镇，浦阳江东江、西江穿镇而过，人民政府驻学院路200号。

全镇区域面积105平方千米，山水田占比约为4:1:5，辖23个行政村(社区)、1个城市社区居委会，总户籍人口5.55万人，流动人口0.93万人。2020年，全镇实现国内生产总值37.07亿元，规上工业产值33亿元，财政收入2.04亿元，自营出口7.3亿元；实现居民人均可支配收入3.53万元。姚江镇是国家卫生镇、新时代美丽城镇达标乡镇及省级果蔬花卉特色农业强镇。

【双招双引】2020年，深化项目招引"专班"服务，全年引进工业项目8个，总投资达12.7亿元。耀华铝塑模板智造项目完成前期工作筹备，星空航空项目一期及埃里斯克大型矿山设备研发制造项目开工建设。继续实施人才强企计划，引进乡贤回归项目18个。

【企业培育升级】2020年，完成土地征收及农转用报批600亩，盘活闲置农房25幢，吸引投资1500万元，整治"低小散"企业8家，淘汰落后产能企业1家。强化创新主体培育，累计完成个转企20家、产转法3家，新增市场主体833家。强化科技成果运用，新增国家高新技术企业2家、省科技型中小企业10家，完成科技成果交易额6750万元。滚动式、常态化开展企业走访服务，提升驻企服务员点对点精准服务、面对面解决问题的能力，破解要素保障、政策处理、岗位招工等问题518个。新冠肺炎疫情后,成立复工复产专班,通过“一企一策”全流程、精准化开展指导,搭建“点对点”招工平台,采用专车接送、“村企联盟”等形式,累计协助外来务工人员返诸暨706人次,申报返诸上岗人员补贴52.1万元。

【镇乡建设】2020年,以“土地双保”为抓手,完成土地开发500亩、建设用地复垦21亩,建成高标准农田104亩。深化巩固“无违建”创建成果,继续抓好“两路两侧”整治,累计拆除违法建筑1.9万平方米。接续推进赵源村24.95亩连片危旧房整治,全年签约拆除115户,拆除面积16亩。

巩固小城镇环境综合整治成果,累计整治“五乱”现象1500余起,修复破损道路58处。农村“裸露”地面累计整治点位54个、面积1.9万平方米。深化“五水共治”工作,协助做好浦阳江二期工程政策处理;投资547万元,完成红坞底水库除险加固工程。开展“无废城市”创建,打好蓝天保卫战,通过《工程渣土管理实施方案》累计查处违规渣土车167辆次,行政处罚102起,罚款116万元。投资106万元,实施“三位一体”道路保洁,抑制扬尘污染。推进“无废农业”建设,引进专业科技公司,统一回收全镇农业废弃薄膜、塑料制品300余吨。

【民生实事】2020年,叶晓北路改造、“村村通”公交项目完工,姚公埠、墨城坞村农贸市场改造提升工程基本完成,巨堂村等6个村农村保障住房建设推进,江藻社区等4个村联建公寓项目有序开展,建成镇居家养老中心,残疾人之家实现提档升级,顺利通过绍兴市级验收。抓好学校校舍设施改造、学生候车亭等工程建设。统筹推进健康事业发展,引进“名医工作室”1家,建成健康公园、社会心理服务站。

【社会治理】2020年,抓好“6+2”先锋预备队、“姚江好妈妈”等社会组织培育发展,唱响好声音、传递正能量。充分发挥基层治理“四个平台”作用,深化运用全科网格,健全完善“一个中心管治理、一支队伍管执法、一个网格管基础”管理闭环,累计完成5863件事件受理、流转、办结和督查。

【平安建设】2020年,强化“大安全”理念,严抓生产经营安全、食品药品安全等工作,全年累计排查工业企业2250家次,消除安全隐患3375处,查获食品生产企业大要案2件。开展五轮交通安全隐患排查和“一盔一带”安全守护行动,消除隐患点位300余处,劝导人员5000余次。完成消防救援站建设,构建“十五分钟”应急救援圈。 （杨天波）

安华镇

【概况】安华镇地处浙江诸暨、义乌、浦江三县(市)交界。杭长高铁、杭金衢高速公路、绍诸高速和G235国道(2019年下半年杭金线改名为G235国道)横贯全镇。全镇面积62平方千米,下辖16个行政村、3个社区,户籍人口3.4万,外来人口1.6万。2020年完成财政收入1.77亿元,同比增长17%,连续两年大幅上升。完成工业总产值36亿元,其中2000万元以上工业总产值20.8亿元,同比增长13%。完成工业性投资4.6亿元,完成任务数的102%;服务业投资2.1亿元,完成任务数的110%;农业投资0.27亿元,完成任务数的104%。完成自营出口11.4亿元,实到市外境内资金4.8亿元。

【项目建设】2020年,总投资10亿元占地160亩的万科智慧物流园项目建设如期交付,是当年万科集团交付的全国最大物流园区;总投资7亿元占地120亩的朗臻创业创新园一期项目完成交付,二期项目已完成建设的90%;总投资5亿元占地100亩的吉成创业园一期项目完成全部工程建设;总投资2亿元的悦朗广场项目基本完成开元曼居等主力品牌的招商入驻工作,物美超市等开始营业。

【双招双引】2020年,引进落地项目8个(工业项目7个,商业项目1个),其中3亿元以上产业项目3个,亿元以上产业项目2个。洽谈引进3亿元以上意向项目2个。完成乡贤回归项目18个。积极搭建人才引进平台,拓宽招才引智渠道,自主申报高层次人才3名。举办杭诸两地青年人才交流活动,积极推介诸暨3.0版“人才新政”,增强人才和项目引进吸引力。完成摸排诸暨籍重点院校毕业生178名,充实镇级人才储备库。

【产业转型升级】2020年,加大数字化改造,推动传统产业升级。1—12月完成高新技术产业产值4亿元，同比增速60%；完成科技型中小企业7家，完成率100%；完成数字化车间改造4家，诸暨市涧澜袜业完成数字化车间示范点改造；引进可产业化成果转换1件，完成技术市场交易额6750万元；新增工业机器人12家，完成率171%。引进新兴产业，优化安华产业结构。启动电工电器小微企业园建设，落户相关产业链企业10家。加大对小微企业的培育力度，完成“小升规”9家，“下升上”3家，产转法4家，个转企24家。新培育市场主体1050家，新增股份公司1家，注销僵尸户600家，清理家庭工业户438家，完成年度任务。

【商贸建设】2020年，立足“三产”良性互动和产镇融合发展，引入悦朗大型商业中心、开元曼居四星级酒店、24小时便利店等业态，填补了安华及周边乡镇的高端消费业态空白，形成了“一心二厅三街”消费型、休闲型、服务型、运动型多元“夜”组合，打造以“浙夜好·夜安华”“让乡镇生活更美好”为主题的“夜经济”特色小镇，致力建设诸暨、义乌、浦江三县（市）交界区域夜间消费中心。2020年，安华镇三产消费贡献占比明显上升，并启动申报省级商贸强镇。

【农业建设】2020年，完善农业基础设施建设，摸排、建设高标准农田建设项目地块540亩。稳产保供抓好粮食生产，落实百亩以上早稻示范方4个，完成早稻种植1503亩，晚稻种植9770亩，其他粮食作物种植5000亩，超额完成全年生产任务。聚力农旅产业融合发展，推进五指山、三联、新州等村稻田公园特色项目，以大陈江粮食功能区为依托，打造集观光、农旅于一体的“稻田公园”。

【城镇建设】2020年，积极实施“美丽一条街”“两江口”商住项目、万科物流园配套工程建设，着力提升城镇品位、完善城镇功能、拓展城镇发展空间。华新北路美丽街道建设，完成一期商住楼工程建设和二期项目主体建设；加快万科物流园配套工程建设；跨江西进，推进两江口商住地块规划建设，完成详细规划编制。攻坚克难，完成重点工程G235改造工程征迁，共征集体土地32万平方米，集体土地上房屋征收181户，国有土地房屋征收41户，房屋面积征收8.4万平方米，农村集体承包土地征收381户。

【蓝天保卫战】2020年，深化开展“国家卫生镇”创建，主动打好“蓝天保卫战”。加强建筑工地扬尘管控，开展“秸秆焚烧”专项整治，形成由村干部、网格员、执法队员组成的“5分钟”联合消防应急圈。持续深化园区废气治理，完成园区废气提升改造工程8家，在绍兴市“蓝天保卫战”排位中比上年提升10个位次。

【乡村建设】2020年，打赢打好村集体经济“消薄”攻坚战，完成18个村（社区）经营性收入达到30万元的年度任务。全面开展农村裸露地面整治，整治面积约1.2万平方米。持续落实水环境提升改善工程，成功创建大陈江（安华段）省级“美丽河湖”。常态化开展农村人居环境提升工作，以“一分两清三化”为标准，常态长效推进农村人居环境持续改善。成功创建“国家卫生镇”、省AAA景区镇，勾乘山村被评为省AAA景区村。积极申报非遗美食，打造安华全牛系列特色美食文化消费旅游地标，安华牛淘汤成功申遗。

【民生实事】2020年，大力推进“四好”农村公路建设，完成宣何到长林村村通公交工程、矿亭至勾乘山道路提升工程、球山村道路大中修工程。完成湖头涨墟复垦拆迁安置房主体工程建设。开展危旧房改造工程，完成21处C、D级危旧房改造，顺利通过市级验收。推进农村文化综合阵地建设，新建勾乘山村、丰江周村文化礼堂，完成勾乘山村小康体育村提升工程。投资200万元，建设镇级新时代文明实践所，完成3个村级新时代文明实践示范点建设。

【综合治理】2020年，依托“四个平台”建设，深化“信息化+网格化”管理，强化全域治理管控，打好扫黑除恶专项斗争，全年无恶性刑事案件发生。开展全科网格建设，配备专职网格员28名，流转处理信息3206条，有效办结率100%。完成镇村矛盾调解中心建设并全部投入使用，11月6日镇级矛调中心举办市级现场观摩会，蔡家畈和新州村被列为市级示范村。

【平安建设】2020年，深化实施信访代办制和信访治理“双提升、双下降”活动，实现赴京信访零登记，同比下降 100%；赴省越级上访同比下降 35.7%，连续两年大幅下降。全年共受理群众来信来访 1933 件，办结 1927 件，办结率 99.7%。积极开展信访积案化解专项行动，化解复杂疑难信访积案 4 件，完成率 100%，化解绍兴级信访积案 7 件，完成率 88%，化解诸暨级信访积案 2 件，化解统一政务平台信访积案 7 件，完成率均为 100%。

2020 年，安华镇紧紧围绕“安全第一、预防为主”的方针，严格落实安全生产各项法律法规和制度措施，定期开展消防、食品药品、安全生产、道路交通、出租房等重点领域执法检查和安全整治，有效控制各类安全事故和伤亡事故的发生。投资 500 余万元，加强交通安全基础设施建设，全年交通事故死亡人数同比下降 67%。

【新冠疫情防控】2020 年，制定《关于充分发挥基层党组织功能全力打赢疫情防控阻击战“清单八条”》，充分发挥全镇各基层党组织的政治功能和组织优势，组织发动镇、村党员干部 1600 余人充实到疫情防控和复工复产的关键点位，构建一条群防群控、群防群治的抗疫防线。发动全镇党员捐款 27 万元，用好专项划拨党费 6 万元，多名镇村干部及党员获得绍兴市抗“疫”好干部、诸暨市抗疫优秀党员等荣誉。在疫情相对稳定阶段，组织复工复产，发动企业党组织勇担防疫主体责任，发挥“红色动能”，向 39 家重点企业派驻镇级驻企服务员 10 名，复工复产率位居全市前列。

【村社换届】2020 年 11 月 28 日，完成村级组织换届选举，选出了新一届村社两委干部 125 名，实现 18 个村社“一肩挑”全覆盖。其中，新任村书记 12 人，占比 67%，新进村干部 55 人，占比 44%。做好换届后半篇文章，以集中授课 + 分线培训的方式，对全体村两委干部进行专题上岗培训，上好新任干部“履新第一课”。组织开展党组织书记“五个一”活动（“谈一次话”“进一次门”“帮一次困”“解一个难”“办一件事”），抓实两委干部领办“开门一件事”（做一件服务中心的大事、群众关注的实事、基层治理的难事、村社发展的要事）和履新起航“八个一”活动（组织一次新老交接、进行一次阵地规范、举行一次升旗亮相、开展一次对标亮诺、进行一次廉政谈话、组织一次任前培训、开展一次包网入户、领办一批实事项目）。（傅腾超）

浬浦镇

【概况】浬浦镇位于诸暨市东南部，东邻东和乡，南毗东白湖镇，西连璜山镇，北接暨南街道，距市中心 15 千米，诸永高速、省道诸东线穿镇而过。镇域面积 55.6 平方千米，下辖 11 个行政村、2 个社区，人口 2.05 万。镇人民政府驻地书院路 210 号。2020 年，全镇实现国内生产总值 81107 万元，财政收入 6503.07 万元；实现规上工业产值 12860 万元，工业增加值 4807 万元；实现工业固定资产投资 19978 万元，服务业固定资产投资 10520 万元，农业固定资产投资 4810 万元；实现居民可支配收入 30147 元。全镇完成 500 万元以上固定资产投资 30498 万元，新开工 500 万元以上工业项目 3 个，其中亿元以上项目 2 个；新引进 5000 元以上服务业项目 1 个。所有行政村（社区）集体经济经营性收入达到 30 万元以上，全面完成消薄任务。

【招商引资】2020 年，投资 2.8 亿元的浬浦垃圾无害化处理中心项目和投资 1.5 亿元的浙江中财田园综合生态旅游园区项目加快推进建设，投资 1.03 亿元的高档炒货生产项目落地运行。组队赴杭引进浬浦镇桃源湾高端康养类民宿项目 1 个。推进中草药全产业链项目，探索一、二、三产融合发展新理念、新路径，年初实施“稻药轮作”新型种植模式，“禾兮”大米被评为“诸暨好稻米”。

【环境整治】2020 年，围绕“三美”目标，整合力量推进全域美丽建设“大作战”，顺利通过 2020 年度省级新时代美丽城镇建设达标验收。全面推进“污水零直排区”建设，对集镇污水处理设施进行整体改造。以“一分两清三化”为重点，推进农村人居环境整治，每季度排名都位居全市前五位。改造提升集镇垃圾站房、公共厕所，新建集镇有毒有害垃圾回收点。采取“五个一点”的做法推进农村裸露地面整治工作，累计硬化、绿化裸露地面 21144 平方米。坚决打赢蓝天保卫战，认真做好日常巡查和污染源管控工作，建立镇村巡查信息实时共享机制，空气质量保持优良等级。严格落实“河长制”“路长制”“网格制”等长效管理机制，产镇融合度、百姓宜居度、风景靓丽度得到提升。

东白湖一角（东白湖镇提供）

【平安建设】2020 年 10 月，建成镇级社会矛盾纠纷调处化解中心，受理调处各类纠纷 13起，涉及金额 143.8 万元，处置率、化解率分别达 100% 和 98.6%。深化全科网格建设，“四个平台”流转各类事件 3755 条，办结率达 100%。开展“平安创建”，五美村创成省级民主法治村，上周坞村、白杜坞村、枫林村、梅西村创成绍兴市级民主法治村，梅西村创成绍兴市级“三治”融合示范村。

【民生实事】2020 年，加速推进全域整治试点工作，五美村全域整治实施方案通过省级审查。推进“四好农村路”建设，盘山—牛头岭联网公路、丁家坞—浬闸线联网公路完工。投资 190 多万元实施浬闸公路亮化工程，实现镇域内主要道路两侧路灯设施全覆盖。做实困难群众危旧房治理工作，完成危旧房治理 55 户，权益保全 71 户。推进村级文化阵地升级改造，完成外浦村、枫林村文化礼堂修缮工程，创成省农村文化礼堂建设示范乡镇。办好 6 项民生实事工程，城乡居民基本养老保险、医保扩面均顺利完成。探索“志愿服务 + 企业营销 + 闭环服务”的富农助农模式，投资 13.5 万元建成爱心驿站，帮助农户拓展自产农产品的销售渠道。强化窗口“无差别”受理，“最多跑一次”满意率、实现率均达 100%。

（葛梅芳）

东白湖镇

【概况】东白湖镇地处诸暨市东南部，东靠嵊州市竹溪乡、雅璜乡、通源乡和长乐镇，东南接东阳市虎鹿镇，西临陈宅镇、璜山镇，西北毗浬浦镇、赵家镇和东和乡，距市中心 20 千米。镇域面积 198.38 平方千米，镇政府驻新建路 97 号，下辖 18 个行政村，1 个社区。2020 年，共 13470 户，常住人口 36544 人，全年完成财政收入 2023 万元。

东白湖镇是全国环境优美乡镇、浙江省旅游强镇、省级生态镇、浙江省首批“风情小镇”。境内有诸暨最高峰东白山太白尖、省级大型水库陈蔡水库及东白湖生态旅游区；有国家级文物保护单位斯氏古民居千柱屋发祥居、华国公别墅；国家 AAA 级旅游景区裕昌号民间艺术馆；有省级文物保护单位上新居和新谭家古民居。2020 年，成功创建 AAA 景区镇，完成陈蔡村和斯宅村 AAA 景区村创建。完成 17 个村农业水价改革，被诸暨市评为优秀乡镇。“五水共治”（河长制）工作考核省级优秀。

【招商引资】2020 年，完成市外境内到位资金 5248 万元，工业投资 1150 万元，服务业投资 6058 万元，自营出口 16417 万元。引进农业项目 1 个，主要开展油茶种植，发展特色农业。与省农科院建立战略合作关系，开发“乡贤回归”项目 13 个，新引入税源企业 5 家。

【镇村环境综合整治】2020 年，设立环境卫生专职巡查员，科学制定全镇人居环境长效管理方案，继续实行村级通报排位亮牌制。通过“五星达标，3A 创建”

工作，大力开展以乱堆乱放、乱搭乱建、家禽散养、旱厕整治为主的农村环境卫生大整治。通过“百日行动”，以“一分两清三化”，对全镇19个村社区进行全面整治。拆除、整治固定垃圾站房、垃圾投放点共230余处，投入新式移动垃圾站房22座，基本实现一村一处集中垃圾投放点，垃圾不二次落地。

【文化建设】2020年，深化文化惠民工程，新建文化礼堂4个，在疫情好转后开展各类文化活动90余次。整合资源，装修新时代文明实践所。以陈蔡社区为示范点，斯宅村、上泉村、殿南村、雄踞村、日溢村为提升点，整合提升全镇农家书屋。深入推进新时代文明实践工作，持续推进关爱基金长效机制，全年累计捐赠108.80万元。继续推进移风易俗工作，各村(社区)共计办喜事15场，234桌；白事53场，589桌。

【民生实事】深化民生服务事项。2020年，创建特色项目“创新建立山区乡镇最多跑一次与四平台融合机制”，推进“社会救助一件事”服务，通过民政、残联、医保等多事项统一救助的工作机制，缩短群众办事周期20个工作日以上，实现“跑一次”变“跑零次”，办理各类“一件事”事项352件，其中“社会救助一件事”137件，惠及185名困难群众。“零次跑”服务重度残疾人418人、困难残疾人380人，每月发放残疾人两项补贴15.2万余元。推进惠民工程建设。验收完成农村生活污水设施提升改造斯宅2号池湿地改造。完成新建路污水管网改造工程，推进农村生活污水治理设施运维工作。打好蓝天保卫战，开展“无废城市”“污水零直排区”建设。投资582万元完成小东村、上泉陈里自然村等村的饮用水提标达标工程，落实好饮用水日常管理制度，使群众喝上安全又达标的放心水。加强基本保障落实。整修斯民小学操场围墙并配备校车。引进“名医工作室”一个，完成镇级老年人体育协会组织调整，增强管理力量。全年新增低保户50户，退出低保、低保边缘户、因病致贫人员、困境儿童75户，镇、村干部走访社会救助对象累计1596户，共救助21户，救助金额5.3940万元。完成33户低保户、低保边缘户CD级危房改造工作，全面落实农村公路大中修、“村村通公交”、道路边坡崩塌治理、屋后崩塌治理等民生实事工程建设。

【平安建设】2020年，定期巡查森林防火、消防安全、食品药品安全、道路交通安全等领域，全年没有发生安全生产责任事故。强化矛盾会商协调化解联动机制，信访积案全部化解，其他各类信访矛盾纠纷共423件，成功化解394件，化解率达93.1%。创建镇村“矛盾调解中心”，配齐22个网格成员，推进“全科网格”建设。通过微信公众号、宣讲会等途径，宣传发动扫黑除恶专项斗争。统筹各线办力量，建立健全应急管理组织体系，于6月上旬完成挂牌及基础建设。完成“安全生产月”“安全生产万里行”、千企万员安全技能大培训等工作。检查复工复产企业、沿街门店、小作坊等700余次，发现一般安全隐患300余处，重大消防安全隐患2处，稳步落实整改措施。

（杨婕妤）

五泄镇

【概况】五泄镇位于诸暨西部，以国家AAAA级风景名胜区“五泄”得名，距市中心15千米。镇域面积39.38平方千米，镇人民政府驻五泄镇五泄路136号。辖7个行政村、1个社区，常住人口1.55万人。2020年，全镇实现国内生产总值11.07亿元，财政收入4125万元。完成农业投资4032万元、工业投资8929万元、其他服务业投资6018万元，自营出口额4.26亿元。荣获绍兴市“闲置农房激活工作”先进乡镇、

裕昌号民间艺术馆一角(东白湖镇提供)

省“五水共治”考核优秀乡镇，成功创建国家卫生镇、省 AAA 级景区镇。

五泄镇是绍兴市组群中心镇，镇内有省级文物保护单位藏绿马鞍山古建筑群、藏绿周氏宗祠，省级非物质文化遗产青口皮纸。

【疫情防控】第一时间落实一级响应，实施闭环管控、精密智控、精准防控。动员镇村两级干部、党员群众、志愿者 800 余人，全镇无一例确诊和疑似病例出现。全力推进复工复产，开展机关干部驻企服务，2 月底工业企业全面复工。“一企一策”帮扶企业解决用工、物资等困难，兑现各类财政政策资金 131 万元。

【双招双引和企业升级】全年引进产业性项目 3 个，树女学堂（民宿项目）7 月投入运营。引进“绍兴英才”2 名、“暨阳英才”1 名。完成市外到位资金 6453 万元，规上工业增加值同比增长 13.9%。新增“个转企”9 家、“小升规”4 家、“下升上”6 家、“产转法”2 家，数字化产业提升 1 家。新增股份公司 1 家、国家高新技术企业 1 家、省科技型中小企业 3 家，省股交中心创新板挂牌 4 家。高新技术产业投资 2969 万元，完成科学技术交易额 3600 万元。

【镇村建设】2020 年，全镇所有村、社区创成“五星达标”村，完成“三改”1.7 万平方米，整治裸露地面 1.1 万平方米。完成村级集体经济消薄攻坚战任务。开展五泄镇第三届荷花节、麦田节系列活动，举办油画名家乡村画展，打造“三乡”农创园网红打卡点。深化与省农科院的合作，引进乡贤回归项目 14 个。启动十四都村新时代精品示范村建设，推进五泄社区气排球馆建设，西皇村创成绍兴市“3A 示范村”、省美丽乡村特色精品村，“三乡”风景线获评省美丽乡村风景线。

【民生实事】2020 年，完成狮青公路大中修、“残疾人之家”星级提升、山坞山塘整治、农村饮用水达标提标、五泄江五泄段二期等民生工程，基本建成综合应急消防救援站。完成被征地农民养老保险制度衔接工作，基本养老保险参保率、基本医疗保险参保率均达到 99.7%。深化危旧房权益保全工作，完成困难群众危房改造 12 户，发放困难群众救助资金 220 余万元。引进上海医疗专家 3 名，签约成立乡贤名医工作室。推进新时代文明实践工作，村级关爱基金规模达到 211 万元，惠及 3600 人次。打造“清荷志愿”服务品牌，开展邻里守望“帮帮亲”活动，结对帮扶特殊群体 100 余户。

【平安建设】2020 年，开展“枫桥经验”巡视专项整改，排查调处矛盾纠纷 133 起，赴省上访数下降 81.8%，赴京上访数下降 100%，信访积案、国家交督办件化解率均实现 100%，十四都村获评省“民主法治村”。2020 年开始开展第二轮安全生产综合治理三年行动，持续推进扫黑除恶专项斗争。

2020 年 10 月，五泄镇西皇村油葵盛开，成为网红打卡地（五泄镇提供）

【杭州西湖 · 诸暨西施荷花会暨杭州人免费游诸暨发布会】2020 年 7 月 11 日，杭州西湖 · 诸暨西施荷花会暨杭州人免费游诸暨发布会在五泄镇十四都村开幕。活动由诸暨市人民政府、杭州西湖风景名胜区灵隐管理处主办，诸暨市文化广电旅游局、诸暨市文化旅游集团、五泄镇人民政府承办。发布会推出“杭州人免费游诸暨”政策，自 7 月 1 日起，持有杭州市市民卡的人员在除黄金周和小长假外，可以免门票费游玩五泄风景区、西施故里旅游区、斗岩风景区、汤江岩风景区、白塔湖湿地公园五大国有景区。同时，“杭州西湖—西施故里”系列旅游套票、“与杭同城”荷（和）美之旅特色精品线路同步推出。

（沈维君）

岭北镇

【概况】岭北镇位于诸暨、东阳、义乌三市交界点，辖区面积66平方千米，耕地面积4420亩，山林面积73823亩，2020年辖7个行政村，1个社区，总人口12947人，是浙江省最中心点，距离诸暨市区53千米，距诸永高速陈宅出口20分钟车程。岭北森林覆盖率高达82.3%，是国家级生态乡镇、二级饮用水源保护区。2020年，实现国内生产总值49116万元，同比增加3.8%，财政收入4622.31万元，完成任务数的103.5%，人均可支配收入26926元，增速5.9%。

“苦竹鞭头出好笋，松明灯下出秀才，冷壳饼里有文章”是岭北最好的写照，三市交界形成的文化交融让岭北散发着独特的人文魅力。岭北1967年由东阳市划归诸暨市管辖，以东阳话为主，与诸暨方言差异明显。礼户棚灯、大莲花舞、舞龙民俗被列入省、市级非遗名录。岭北美食除盐焗鸡，还有土鸡钵、山海螺排骨钵、咸肉春笋钵等八大钵制美食，兼有玉米饼、豆腐包、炒粉丝等生态美食。

岭北镇域有100多千米的登山休闲健身步道和24千米环石壁湖骑行道，登山休闲步道以石东线为分隔，形成西线和东线两条支线，每条支线内各有以寺基坪、下院、灵岩寺、岭北山庄和泥泊岭等为中心点的若干个小环线，是休闲健身骑行的绝佳场所。

【村社管理】2020年，完成村级组织换届选举工作，全面实现书记主任“一肩挑”。选足村社两委干部56名，其中40周岁及以下干部8人，较上一届提高9个百分点；大专及以上学历10人，较上一届提高10个百分点。推进村干部“履行启航八个一”和“开门一件事”活动，共收集意见需求21条，解决民生事84件。创新建立“三个一”闭环管理体系，通过一份体验计划（群众体验计划），一张实绩榜单（村干部实绩进文化礼堂），一套评价指数（村主职干部综合评价指数），创新村社干部管理、考核、监督机制。创新开展年轻干部“活泉”计划，将镇所有年轻干部渗透到5个村进行蹲点调研，联系乡贤策划村集体经济增收项目。5个“活泉”小组均签订合作协议，2个项目成功落地。

【疫情防控】2020年，新冠肺炎疫情突袭，第一时间摸排管控，设卡口25个，设立集中隔离点，摸排重点地区返诸人员436人、外来入境人员112人。全镇党员干部签订战“疫”公约622份，卡口义务执勤1.2万人次，捐款捐物9.62万元。复工复产专班全流程、精准化、组团包片助力企业复工复产，累计解决企业各类实际困难36个。

【乡贤招商引才】2020年，通过乡贤大会鼓励和引导岭北籍乡贤回乡投资。在乡贤的助力下，成立岭北镇中国科学院（上海技术物理研究所）人才招引工作室，利用工作室引进中国科学院（上海技术物理研究所）的人才项目或通过其介绍引进人才及人才项目。2020年，共引进省级引才计划人才项目1个，绍兴“名士之乡”英才计划人才项目1个，国家引才计划青年项目1个。

【科技创新】2020年，共完成5个发明专利授权，完成1家省级科技型中小企业申报，完成1项科技成果转化。利用“飞地项目”（企业注册地与生产地分开，注册于岭北，生产于其他地区），突破岭北镇项目落地瓶颈，实现2个人才项目在诸暨市内的落地运营。

【乡镇建设】2020年，聚力休闲旅游农旅产业提档升级。全镇8个村社均成功创建浙江省A级景区村庄。持续推进梅坞筧竹溪漂流项目和金湾村叽哇农场“活泉”项目建设；岭北山庄“桃花谷”项目、岭北特色农副产品项目推进中。全镇8个村社在9月份提前完成30万元的年度消薄任务，全年全镇实现经营性收入518万元，同比增长74.86%。继续分步推进“五清”村居建设，2020年开展岭顶村、水带村“五清”村居创建。持续抓好“五星达标”长效管理工作，推进裸露地面整治，总投入31万元，整治面积7800余平方米。开展人居环境提升行动，成功创建国家卫生镇。全域推进农村生活垃圾智能化建设，总投资约150万元，创建诸暨市唯一一个绍兴市垃圾分类示范片区，推动大数据、云计算、人工智能在乡村治理中的发展。

【民生实事】2020年，以民生实事为工作落脚点，投资240万元实施道路大中修工程。落实政府兜底保障责任，健全社会救助体系，帮扶救助因病、因残致困群众1100人次，发放救助资金237.8万元。完成89户农村困难群众危旧房改造工作；完成被征地农民职工养老保险并轨工作。持续推进移风易俗工作，简办红白事，累计节省42万余元。坚持教育优先，协调引进校外培训机构1家，2020年中考成绩位列全市乡镇第二。搭建医疗回归平台，建立名医工作室，邀请省市级医疗专家签约岭北，组织健康活动20余次。加强饮用水源保护，总投资5500.36万元开展岭北镇饮用水源地截污纳管工程，将全镇污水管网接入市级管网。开展"污水零直排区"建设和长效运维管理，巩固"五水共治"成效，深化"河(湖)长制"管理，保持村(社区)断面和交界断面水质持续Ⅱ类及以上。开展农村饮用水标准化管理长效机制建设，完成农村饮用水提质升级，确保用水安全。

【平安建设】2020名，打好"两减一创"专项行动攻坚战，多途径化解社会矛盾，共受理群众来信来访266件，按期办结率达100%，满意率达98.12%。以矛调中心为阵地，"百事通"为平台，调委会、网格员为"触角"，将综治维稳和信访化解工作深入最基层，实现矛盾纠纷化解关口前移。11月6日，召开全市矛调中心"互学互比"工作现场会。

【"三大银行"建设】2020年2月8日，建立"土地银行"。4月7日，建立"农房银行"。6月19日，建立"文明实践银行"。全年"土地银行"开户356户，流转面积500亩，储备的土地吸引3名乡贤投资。"农房银行"共完成8个村社12个点的农户闲置农房和村集体公房的开发利用，累计激活闲置农房31幢，建筑面积10034平方米。通过"文明实践银行"，以文明评价指数为切口，制定文明积分管理办法，乡风民风得到整转，累计评定A级以上信用户20户，发放小额普惠贷款1900余万元。其中，"土地银行""农房银行"等两个"银行"工作被诸暨市推荐为"六稳六保"最佳实践案例，并获得副省长彭家学的批示，岭北镇被列入绍兴市农村闲置农房全域激活试点乡镇。

【"近邻帮帮团"志愿服务品牌】2020年6月，岭北镇在整合原有志愿团队的基础上，成立了包含"义演团""义诊团""义工团""义学团""义防团"的"近邻帮帮团"。并以百事通平台为基础，以群众需求为导向，以便捷服务为根本，构建高质量、个性化、专业化的志愿服务业态，打造志愿服务品牌，打造新时代文明实践工作山区乡镇的岭北样本。（薛　翔）

陈宅镇

【概况】陈宅镇地处诸暨市东南部，距市中心25千米，东接东白湖镇，南邻岭北镇和东阳市，西北连璜山镇，省道诸东线、诸永高速穿镇而过。镇域面积78.93平方千米，下辖10个行政村，1个社区，户籍人口18511人。境内有山林78128余亩，有作为饮用水源的总库量1.1亿立方米的国家大(2)型水库石壁水库。2020年，完成财政收入2400万元，规上工业产值8.04亿元，同比增长17.3%；限上服务业产值约4235万元，同比增长21.4%；自营出口3.02亿元，增长9%；全社会投资1.08亿元。疫情期间，全镇1072名党员累计捐款12.3万余元。

【招商引资】2020年，引进招商项目3个，实到资金8000万元。鼓励辖区企业"飞地发展"，牵线浙江鹏鸣游乐设备有限公司在开发区取得工业土地25亩，预计项目总投资2亿元。全年共实现高新技术产业产值5231万元，同比增长22.7%；完成R&D经费2536万元，有效发明专利6件，完成率为150%，完成规上科研经费投入556万元。

【农林产业】2020年，新建联片林下经济中药材基地400亩，实施陈宅特产"五个一"培育工程，注册具有地域特色图形商标9件，涉及农业、林业、养殖业、食

2020年3月春茶采摘（朱黎灵摄　陈宅镇提供）

品、食用农产品等领域。5月21日，成立全市第一个区域产业农合联——陈宅镇茶叶产业农合联，并通过开展陈宅镇首届品茶大会，拓宽陈宅镇农副产品销路。

【乡村建设】2020年，陈宅镇作为全市试点乡镇与诸暨农商银行签署共建战略合作协议，争取金融助力，实现可信贷户授信率超90%，完成试点任务。全镇11个行政村（社区）的经营性收入均达到30万元以上，东蔡村、东升村等6个村以联合成立物业公司的形式，投资新农都商铺，实现集体经济增收。实施乡贤回归“3+X”私人定制关心关爱计划，充分凝聚乡贤力量。2020年，7家公司落户陈宅，到位投资金额7781万元，乡贤爱心捐款56.88万元，完成乡贤回归任务22个。持续推进“五星达标、3A争创”工作，加强前两批五星达标村的长效管理，以督查促整改，共下发督办单4轮，整改问题点位1500个以上，2020年湖田村、巽迪陈村、开化村创建成功“五星达标村”，石壁湖村成功创建“3A精品村”。巩固“无违建”创建，拆除违章建筑面积6802.5平方米，拆后利用率达100%。

【民生实事】2020年，推进集镇污水“零直排”区建设，投资150万元完成集镇居民区改造和企事业单位、沿街店面、工业企业排污整治。投资80余万元完成湖田粮食功能区建设，投资20余万元采购水利防汛应急物资，完成水利防汛准备工程。高标准开展困难群众危旧房腾空及改造工作，完成低保户、低保边缘户共31户C级危房、5户D级危房兜底改造工程。加快城乡基础设施一体化建设，总投资约400余万元完成镇域公路大中修、危桥改造、山塘水库除险加固等一批民生实事工程。继续深化“最多跑一次”改革，公安户籍窗口入驻便民服务中心大厅，镇便民服务中心受理办理各类办件共计2651件，群众办事满意率和“最多跑一次”实现率双100%。推行“身后一件事”，实现“一证通办”村级延伸工程，完成镇便民服务中心标准化建设和三个村村级便民服务“一站式办理”示范平台建设。深化文化惠民工程，新建湖田村、大罗村农村文化礼堂2家，组织开展镇村两级群众文化体育活动及业务培训60余次，组队参加2020诸暨市文艺团队精品展演，2个节目获奖。深化新时代文明实践，持续发展壮大村级关爱基金，全镇关爱基金累计达121万余元，使用金额47.3万余元，惠及559人。

【社会治理】2020年，建立镇级标准化综治中心1个，村级标准化综治中心2个，镇级矛调中心1个。总投资1850万元，推进陈宅消防救援站建设工作，打造“15分钟应急救援圈”。健全“周末值班组必查安全生产10家以上”工作制，镇班子带队检查安全生产30余次，排查整改各类安全隐患180余处，全年未发生较大安全生产、食品药品监管和环保责任事故。

（王琴丽）

同山镇

【概况】同山镇位于诸暨市西南部，距市中心22千米，东邻安华镇，南接浦江县白马镇，西连浦江县中余乡，北邻大唐街道和牌头镇，距杭金衢高速公路郑家坞、牌头出口各15分钟车程。全镇面积55平方千米，下辖14个行政村（社区），总人口2.15万人，镇政府驻地为高城头社区。境内有国家级风景名胜区汤江岩风景区以及景区重要组成部分布谷湖、浙江省重点文物保护单位边氏宗祠，省级非物质文化遗产——同山烧酒传统酿造技艺和棕编技艺，绍兴市级非物质文化遗产——毛笔制作和板凳龙，以及诸暨市第一个农村党支部成立地丽坞底村。2020年，全镇实现国内生产总值8.5亿元，同比增长10%；财

同山烧传统酿制（同山镇提供）

政收入1.01亿元，首破亿元大关，同比增长29.87%；工业总产值5249.8万元；固定资产投资1.5亿元，同比增长45.7%；自营出口1.27亿元，同比增长39.8%；预计人均可支配收入2.9万元，同比增长10%。

【新时代省美丽城镇建设样板城镇创建】12月，浙江省城乡环境整治工作领导小组公布2020年度全省新时代美丽城镇建设样板城镇和达标城镇考核验收结果。同山镇投资1.65亿元总体完成美丽城镇项目建设40余个，被评为新时代省美丽城镇建设样板，诸暨市共2个。

【特色产业发展】2020年，着力推动“两红一绿”（同山烧、红樱桃和绿剑茶）特色产业发展。扶持酒企做强做大，支持小作坊做特做精，以“6S”管理法改造提升小作坊12家，向诸暨农商银行争取到产业授信1.16亿元。组织酒企、酒作坊在省农博会、绍兴市农博会集中亮相。“红粉池白酒”“老寿家白酒”“原锅高粱酒”“原锅原味精品高粱酒”被评为浙江省白酒优秀新品。“同山醉美（水晶七五零）”“勾践王酒（六瓶装木盒）”被评为浙江省酒类创新产品。“勾践王”酒非遗文旅产品入选省夏日文旅推广项目。果业和茶业协同发展，创成绍兴市精品绿色农产品示范基地1家，“绿剑”获评中国茶叶企业产品品牌价值20强，获评省首批正高级职称的“职业农民”1人，1家企业获省标准创新优秀贡献奖。

【全域旅游实施】2020年，深入实施醉美同山全域旅游“1135”计划，被评为省级旅游风情小镇、省AAAA级景区镇、省森林城镇。成功入选省首批山地休闲度假发展试点单位名单，为绍兴市唯一。

【美丽创建成效】2020年，深化美丽乡村建设，王沙溪村被评为绍兴市美丽乡村特色精品村，布谷村、绿剑村创成绍兴市AAA示范村，绿剑村创成省级AAA景区村，边村村入选省美丽宜居示范村创建名单。拓宽美丽载体内涵，创成绍兴市四好公路1条，省美丽生态牧场1家。提升酒乡形象，新建“同山赋”“三碗不过冈”等酒文化景观节点7个，浓厚酒乡氛围。

【项目“双进”】2020年，扎实做好省农村综合改革集成示范区试点项目扫尾工作，核心区获评省农业绿色发展示范区。和孝养老项目顺利落地并市场化运营，“六峰·天域”高端民宿完成主体建设，九月焐酒文化主题民宿即将进场施工，原锅二期、越庄系列等项目按计划推进。

【民生实事及社会治理】2020年，办好民生实事，实现农村自来水全域覆盖，完成3个村农村饮用水达标提标工程，建成4个制酒废水收集系统，创成绍兴市农村生活垃圾分类示范村1个，省级星级农村公厕2个，“污水零直排区”通过省级验收。优化公共服务，创建一站式村级便民服务中心3个，募集村级关爱基金约131万元，2个村获评2020年度关爱基金培育村，启动新时代文明实践所、镇文体中心建设，新建文化礼堂2家，提升农家书屋6家。维护社会稳定，调处各类矛盾纠纷86起，化解成功率为97.7%，督办件和积案化解率达100%，开展各类宣传活动14次。四个平台收集各类事件1345件，办结率100%。

【“消薄”攻坚战】2020年，激活农村闲置资源，所有村社完成集体经营性收入目标，湖山雅苑和越庄酒作坊入选绍兴市闲置农房激活优秀项目。

【同山烧开坛仪式】11月21日，同山烧开坛暨浙江网上农博诸暨馆启动仪式在萧山农都会展中心的浙江农博会举行，活动包括非遗主题纪录片播放、品牌展示、启封开坛等部分，多位省级、市级领导和嘉宾出席，数十家媒体参与。

2020年11月21日，同山烧开坛暨浙江网上农博诸暨馆启动仪式举行（同山镇提供）

【“全面小康看诸暨，长三角主流媒体摄影记者走进同山”活动】12月，同山镇开展“全面小康看诸暨，长三角主流媒体摄影记者走进同山”活动，新华社、中新社、浙江日报等20余家主流媒体参加，活动集中展示同山镇全面小康建设成果。（钟　超）

赵家镇

【概况】赵家镇是“中国香榧之乡”，地处诸暨市东部，会稽山脉西麓，东连绍兴市，南通绍兴嵊州市，西邻诸暨市枫桥镇，距绍诸高速枫桥南入口6千米，距绍兴市和诸暨市中心均为25千米，镇域面积96平方千米，镇人民政府驻地赵家镇镇南路208号，下辖1个居委会、1个社区、12个行政村，总人口3.17万人。2020年，全镇实现国内生产总值2.05亿元；全镇财政总收入5368.58万元，同比增长40.5%；500万元以上固定资产投资7155万元；自营出口总额3.07亿元，引进市外境内资金0.62亿元，全镇居民人均年收入32202元（订正：2020年版年鉴中2019年全镇居民人均年收入应为30552元）。2020年12月21日，赵家镇被浙江省城乡环境工作领导小组确定为2020年度新时代美丽城镇建设基本达标镇之一。

【疫情防控】2020年，镇党委政府以对人民群众身体健康高度负责的态度，严格落实应急响应相关要求，科学判断形势、精准把握疫情，联防联控、群防群控抓好各项防疫工作。累计摸排居民11523户，出租房55户，沿街店铺353家，全年动态管控经公安研判拟去过中高风险地区人员2277人，核查入境返浙人员37人。注重党员干部先锋模范作用，累计设立卡口34个，参与值守排查党员志愿者150余位。按照“全面走访、全员下沉、全力推动”目标，设立驻企服务团队，助力解决企业复工复产，推进项目落地，成功解决企业生产生活困难101个。

【双招双引和企业培育】2020年，新投产项目2个，盘活存量工业用地25亩，完成投资总额7980万元；引进各类乡贤项目16个；瞄准香榧规模化经营和深加工领域，引进注册资金1亿元项目1个。新增“小升规”3家，“下升上”4家，“产转法”1家，新增股份制公司1家，省科技型中小企业2家，省股交中心新科板挂牌4家，全年实现高新技术产业投资1090万元，企业上云90家，新增工业机器人1台。引进“绍兴海内外英才”1名、“暨阳英才”1名。

【镇村建设】2020年，投资2150万元实施美丽城镇建设项目，完成黄檀溪游步道景观工程、赵家社区住宅小区雨污管网改造工程、垃圾分类配套设施提升、便民服务中心新建工程等11个项目；新增“五星达标”村3个；投资290余万元，开展农村裸露地面摸排整治工作，完成整治186处，面积39020平方米；投资100万元用于集镇污水零直排工程，创建成省级污水零直排乡镇；投资635万元完成5个自然村饮用水达标提标工程；投资2000万元完成9条农村公路大中修提升改造，顺利创成绍兴市“四好农村路示范乡镇”；拆除违章建筑6041.5平方米，通过省级无违建乡镇复评。继续巩固小城镇环境综合整治，深化文明城市等创建成果，实施环境保洁制度和常态化巡查机制，分片包干开展国家卫生镇创建和农村人居环境综合整治行动，提升镇村面貌。

【民生实事】2020年，深化脱贫攻坚工作，13个行政村提前一个季度完成“消薄”任务；激活农村闲置农房25幢，吸引社会资本1930万元；投资250余万元，完成困难群众危旧房改造72户；深化文化惠民工程，创成上京村、东溪村等5个文化礼堂，泉畈、东溪2个文明实践点，累计开展村晚、“我们的节日”等各类文化活动100余次；深入发挥关爱互助协会作用，13个行政村全年累计关爱基金总额133万元，使用48.5万元，受惠9316人次。深化基层服务工作，新建3个村级便民服务中心，积极推进“最多跑一次”改革民生领域“一件事”落地，聚焦民生实事和短板不足，“下沉”服务6场，受理高频业务317件。

【社会治理】2020年10月至12月，全镇13个村（社）完成村级换届选举工作，全面推行“一肩挑”，大专以上学历占比提高9.48%，女性占比提高5.91%，实现选优配强、平稳有序的目标，聚焦部分村级换届选举期间突出问题，落实专项方案，帮助村理清思路、提出解决方案，涉及换届选举问题反映坚持优先受理、及时调查、快速答复，办理涉及换届选举信访件15件，提醒谈话7人。维护社会稳定，继续践行新时代枫桥经验，建立镇村两级矛调中心，全年成功化解积案 20 件，信访代办 41 件，调解矛盾纠纷 358 起；全年接受各类爆料 1811 条，网格报送信息 1970 条，累计办结事件 4096 件；全年无赴京信访，完成国家交办件 2 件，绍兴市积案化解 4 件，诸暨市积案化解 2 件，化解率 100%。利用“一中心四平台一网格”的网格优势参与矛盾调解，线上累计收集上报有效信息 300 余条，参加志愿者活动 100 余次，化解纠纷矛盾 10 余起。守好安全底线，深入开展食品、交通、消防等安全整治行动，全年各类安全生产隐患排查 1237 家次，处理举报投诉 45 件。

【2020 中国（诸暨）香榧节开摘暨千年古树香榧保护计划启动仪式】详见“旅游”类目“国家香榧森林公园分目 2020 中国（诸暨）香榧节开摘暨千年古树香榧保护计划启动仪式”条目。

【2020 赵家樱桃红了暨暖春乡贤恳谈会】2020 年 4 月 18 日，赵家镇举办 2020 赵家樱桃红了暨暖春乡贤恳谈会，共邀请枫桥镇、赵家镇等 40 余位乡贤开展座谈活动。（丁宇君）

东和乡

【概况】东和乡位于诸暨市东南部，距市区 19 千米，东邻东白湖镇，西起浣东街道，南毗浬浦镇，北与枫桥镇、赵家镇相接，是诸暨市唯一的建制乡。乡域面积 64.32 平方千米，乡人民政府驻地王家宅村，下辖 12 个行政村，2020 年户籍人口 22319 人，先后获得国家级生态文明乡、浙江省首届“我心目中最美生态乡镇”，2020 年成功创建国家卫生乡镇和 AAA 级景区乡镇。

2020 年，全乡实现国内生产总值 7.56 亿元，财政总收入 1366.98 万元；一般公共预算收入 693.76 万元。规上工业完成产值 1.33 亿元，增加值增速 8.3%；限上餐饮业营业额完成 3346.1 万元，同比增长 20.93%；引进税源经济 879.62 万元，完成自营出口 1.54 亿元。

【疫情防控】2020 年新冠肺炎疫情突袭，落实一级响应部署，执行“三清一管好”，迭代升级“源头查控＋硬核隔离＋精密智控”防疫机制，动员党员干部群众 2500 余人次投入“战疫”一线，摸排反馈疫情相关人员 1800 余人，配置防疫口罩 8 万余只，疫情防控 0 感染。落实“五减”“两直”稳企助企措施，辖区企业 4 月前全部实现复工复产。向困难家庭累计发放价值 24.1 万元的超市抵用券，为群众代买代办跑腿服务。

东和乡一角（摄于 2020 年 1 月，东和乡提供）

【项目推进】2020 年，祥生春风十里小镇二期经营性板块小镇客厅、野奢帐篷等全速推进。尧舜养心谷项目完成样板房、展示厅和游客服务中心主体建设。梅园坞农业园区项目累计完成投资 4636 万元，基础设施完成建设。

【招商引资】2020 年，完成民间投资 2.24 万元，同比增长 33.5%，其中农业投资 2399 万元，工业投资 1561 万元，服务业投资 1.72 亿元，水利投资 1270 万元。引进市外到位资金 1.93 亿元，同比增长 60.83%。成功吸引乡贤回归项目 20 个，其中人才回归 7 人，医疗项目回归 1 个，实事工程 12 件。

【企业培育】全年开展市场主体培育攻坚行动，完成产转法 1 家，个转企 6 家，新培育市场主体 216 家，完成企业上云 53 家。

【乡村建设】全年激活闲置农房 15 幢，激活（占地）面积 7.64 万平方米，完成投资金额 2195 万元，累计增加农户年收入 300 万元。大林、友谊、龙溪来料加工带动约 300 名闲置劳动力再就业。全乡 12 个行政村经营性收入均超 30 万元。成功创建国家卫生乡镇、AAA 级景区镇。祥生春风十里小镇被评为国家 AAA 级旅游景区。全力推进“五星 3A”全域创建工作，第三批 4 个创建村均通过绍兴验收。开展省级新时代美丽乡村达标村建设、十里坪村市级新时代精品示范村建设、十里坪村绍兴市垃圾分类示范村创建等 6 项 2020 年美丽乡村建设计划。全面落实小城镇长效管理机制，依法拆除新发违建及信访违建 6193 平方米。完成农污设施标准化运维 6 个。投资 80 万元完成冯蔡村、龙溪村农村生活污水改造工程。完成土地置换复垦验收 72 户，整治裸露地面 103 处，共计 1.23 万平方米。

【民生实事】2020 年，成功创建绍兴市优质均衡教育乡镇，完成东和乡春风十里至养心谷游步道建设。城乡供水、供气一体化建设推进，完成 3 个自然村饮用水达标项目，83 户低保户喝上放心水。完成 125 户困难家庭危旧房改造工作。完成汪家坞—浦里坞、枫谷线—朱坞农村公路大中修工程。完成新王线东和段和美路农村公路亮化工程。投入 1000 余万元完成卫星水库除险加固和冷湾山塘整治工程。完成施坞闹桥村、子和村文化礼堂建设，实现行政村文化礼堂全覆盖。持续深化“三服务”工作，全年累计走访农户 8700 余户次，解决各类问题 831 个。做大做实文明东和公益基金，全乡关爱基金累计收到捐款突破 160 万元，教育发展基金累计收到捐款 65 万元。

【平安建设】2020 年，开展安全生产专项整治工作，加强地质灾害点排查整治，完成 10 处风险防范区预防、登记工作，完成 2 处即查即治地质灾害治理工程竣工验收。完成十里坪村、大林村避灾安置场所规范化建设。坚持和发展新时代“枫桥经验”，充分发挥“5+X”社会组织基层治理作用，“和事佬”“和大姐”等志愿者队伍日益壮大，配齐配强农村发展“四大员”，村级“矛调中心”全面覆盖，化解省级信访交办积案 3 件，绍兴市级重点督查件及市级信访积案 3 件，成功创建无信访乡镇。枫桥人民法庭—东和巡回审判站成立运行。

【村级换届】2020 年，严格落实村级组织换届“五好两确保”的总体目标，明纪律、强宣传、严预防，严把村干部入口，11 月换届期间，印制“十严禁、十不准”宣传册 5000 余份，畅通信访举报渠道，确保换届风清气正。选举产生新一届村两委干部 83 人，其中“一肩挑”干部 12 人，副书记 12 人，党员干部 54 人，占比 65.06%；平均年龄 46 岁，较上届下降 13 岁，35 岁及以下占比 15%；大专以上学历 18 人，占比 21.69%。

（刘冠卿）

马剑镇

【概况】马剑镇位于诸暨市最西端，东接应店街、五泄两镇，南连浦江县，西至桐庐县，北邻富阳市，距市中心 32 千米，境内公路与富阳市、桐庐县、浦江县相连接。镇域面积 118 平方千米，驻地马剑村 18 号，下辖 12 个行政村和 2 个社区，总人口 19386 人。2020 年，财政总收入 1389 万元；实现地区生产总值 7.23 亿元，同比增长 8%；完成有效投资 1.1 亿元，同比增长 7.4%。

【双招双引】2020 年，马剑镇抓牢项目招引“牛鼻子”，做好“家小二”，完成乡贤回归17人次。全年完成工业项目投资818万元，服务业投资3407万元，公共设施投资619万元，农林投资3423万元；引入市外资金5200万元。全年新引进农业项目2个。新建标准化、规模化制种基地2个，绿色原料供应基地800亩。

【文旅融合】2020年，依托马剑古道、马剑美食、美景、美业三美，立足资源优势，推进旅游基础设施建设。围绕“六个一”总体发展思路，以状元研学、红色金萧、乐过小年、畅享美食等元素为抓手，提升乡村文旅内涵。完善秦皇古道沿线基建，串连景观节点，打造游览示范带。推进闲置资源激活，挖掘、修缮古驿道、古厅堂等特色历史文化资源，助推旅游品质提升。

【平安建设】2020年，完成1个镇级、14个村级矛调中心建设，全年共调解矛盾纠纷200余件，调解率100%。开展疑难信访积案“大起底、大化解”集中攻坚行动，化解重点积案5只。建立军警民联防巡防机制，开展联合巡查20余次。发挥四个平台作用，创新开展网格员帮忙团活动，确保流转交办问题第一时间解决。常态化开展各类安全大检查，全面开展重点场所、重点领域专项整治，严厉查处各类交通违法行为，强化道路交通安全风险隐患排查治理，未有较大安全事故发生。

【民生实事】2020年，农村医疗保险参保率和社会养老保险覆盖率稳步上升。社会救助体系不断完善，农村低保、扶贫济困、医疗救助等工作进一步加强。慰问各类困难对象841户，疫情期发放消费券20.2万元。完成困难老年人家庭适老化改造6户及困难家庭C级危房改造。镇残疾人之家成功升级为三星级。完成马剑社区、栗金村避灾安置点建设和石门村、双江村移民工程。全镇关爱基金累计募捐118万余元，累计使用28.4万余元。强化健康理念。开展健康知识讲座15次，受益群众700余人。开展无偿献血工作，完成下达任务的119%。完成上和村小康体育村升级工程，龙门村百姓健身房建设和双江村、状元村红十字会博爱家园建设。关爱未成年人，向30名学生发放教育奖励基金5.5万余元。配套AAA景区镇完成镇级游客接待中心建设、完成庆丰和等3个行政村农村饮用水达标提标工程、壶源江上施堰坝修复工程、新高坞山塘综合整治工程等基础项目；在重点路段设立交通信号灯、爆闪灯、安全护栏等道路安全设施，完成2个村的村村通公交建设和2条农村公路提升工程，全年修复破损路面1300余平方米；累计拆除违章建筑4500余平方米。

【环境整治】2020年，常态化开展农村人居环境督查行动，巩固“五星3A”创建成果，人居环境评分排名诸暨市第一。高标准开展垃圾分类工作，状元村创建成浙江省高标准垃圾分类示范村。推进垃圾分类普及教育，在石门村建立垃圾分类宣教中心的基础上，镇级垃圾分类研学基地启动建设。生态环境持续向好。常态化开展“蓝天保卫战”工作，加大秸秆焚烧巡查力度，$PM_{2.5}$连续2年保持绍兴市第一。马剑镇荣获省级森林康养小镇，石门村被命名为浙江省生态文化基地。农村生活污水运维管理，完成集镇截污纳管3600米。完成平阳社区等7个行政村社的污水提升改造工程。完成清淤2000立方米。

（赵丹荣）

人物

2020年新任市领导简介

【高　雷】中共诸暨市委常委、市人武部党委副书记、部长。江西上饶人，汉族，研究生学历。1978年10月出生，1996年9月参加工作，1999年1月加入中国共产党。1996年9月入海军广州舰艇学院就学。2020年3月，任中共诸暨市委常委、市人武部党委副书记、部长。　（市委组织部提供）

2020年全国劳动模范简介

【冯焕锋】男，诸暨市人，中共党员。1969年11月出生，1992年参加工作，2020年任浙江海亮股份有限公司铜棒项目总设计师。先后申请发明专利近70项，参与起草国家和行业标准近10项，荣获中国有色金属科学技术奖三等奖、浙江省科学技术奖一等奖等。2012年获第五届浙江省“金锤奖”杰出工匠称号，2020年被评为全国劳动模范。　（市总工会提供）

享受政府特殊津贴人员简介

【胡薇珊】女，临安人，中共党员，副主任护师，1952年8月浙江省高医护士专业毕业，现已退休。长期从事护理工作，中共十一届三中全会后，任诸暨人民医院护理部主任，主持建立各项规章制度，提高护理队伍素质，护理部先后被评为“三八红旗”先进集体、省劳模集体，在全省“四项”护理操作比武中获总分第一。先后被评为省优秀护士，全国模范护士，“白求恩式医务工作者”。享受1991年政府特殊津贴。

【梁焕木(1928—1996)】男，诸暨人，中共党员，高级工程师，1950年参加工作，毕生致力于农田水利建设与农村经济发展，先后完成青岭水库、郑宝山电站等十多项水利工程，兴建了征天水利机械厂等十余家企事业单位，成为全国水利系统的一面旗帜。梁焕木曾任征天集团名誉董事长、诸暨市水电局副局长等职；先后被选为全国第七届、八届人大代表，被评为全国水利战线特等、劳动模范、全国劳动模范、诸暨县社会主义建设功臣。著有水利专著《枫桥江的治理与开发》。享受1992年政府特殊津贴。

【傅圣勇(1935—2017)】男，诸暨人，1961年7月毕业于北京地质学院地质系。曾任诸暨市煤炭工业公司高级工程师，现已退休，主持的“石煤、铅锌矿、铜矿尾矿烧制特种水泥”项目，获省政府颁发的科技进步一等奖，省科技开发一等奖，被列为国家重点科技成果推广项目和国家技术出口项目。“低热值石煤预热层燃技术和装置”科技成果(第二发明人)，获1990年国家发明四等奖。“立窑水烧成节能新技术”项目(第二完成者)，获能源部科技进步二等奖。主持开发“小料球快速烧技术”和“立窑水泥节能新工艺”，分别获国家专利，并主持完成了“低热值石煤，工业废渣，超低煤耗烧制特种水泥”这一国家级星火计划项目。享受1992年政府特殊津贴。

【刘孔达】男，湖南人，中共党员，1958年9月长沙工业高等专业学校毕业，曾任诸暨市黄金公司经理、高级工程师。1991年主持的“氧化黄液直接电积提金新工艺”提高了黄金的回收率，并获省政府颁发的科技成果二等奖；“向下分层进路胶结充填采矿法”获省科技成果集体三等奖。还荣获“五一”劳动奖章和省劳动模范称号。享受1992年政府特殊津贴。

【郭承荫】男，诸暨人，中共党员，1952年浙江高级医士职业学校卫生管理专业毕业，曾任诸暨县卫生防疫站副站长，副主任医师。从事卫生防疫工作四十余年。1973年起主持“麻疹活疫苗免疫持久性研究”课题，历时15年，获得成功，各项指标达到国家和国内先进水平，1983年获卫生部甲级科技成果奖和省政府优秀科技成果二等奖，1992年又获卫生部科技进步二等奖。发表论文10余篇，其中有2篇在国外发表。享受1993年政府特殊津贴。

【石培根】男，诸暨人，中共党员，1970年毕业于浙江大学化工机械专业，任浙江电除尘器总厂总工程师，高级工程师。1979年以来，多次承担国家级重点工程电除尘器技术研究工作，为主研制的“天津军粮城电厂102M2电除尘器”获省科技进步二等奖，“450M2烧结系统大型电除尘器”获1993年机械部科技进步一等奖。还担任了国家重大技术装备“八五”科技攻关项目“除灰除渣系统关键设备研制”专题负责人，并研制、开发成功。主持电除尘器国家标准及行业标准的规划制订、修订、审查工作。享受1993年政府特殊津贴。

【郭凡林】男，中共党员，高级工程师，从事机械制造工艺和设备技术工作。历任诸暨水泥厂技术员、诸暨机床厂技术组长、主任工程师、研究所所长，1993年始任浙江凯达集团和诸暨机床厂总工程师。发表《谈数控车床的可靠性试验》《数控车床总体布局的发展趋势》等多篇学术科研论文。主持的CJK6136数控车床的研究与开发项目获省科技进步奖二等奖。先后主持开发省优秀新产品和省优产品各1项，有7种产品获国家出口产品许可证，多次评为绍兴市优秀专门人才，为绍兴市首批学术技术带头人。享受1996年政府特殊津贴。

【吴法理】男，诸暨人，中共党员，高级工程师。浙江菲达机电集团有限公司副总经理。1998年华中理工大学毕业，硕士学位，主要从事流体机械开发与研究。1989—1991年，从事浓相气力输灰系统的科研开发及试制，任技术负责人；1992—1996年，任国家重大技术装备“八五”科技攻关项目(85—302—05)技术负责人，项目负责人；1995—1997年，任国家火炬计划9423305018项目负责人；1998年起，任国家技术创新“300MW机组气力”项目负责人。主持编制了机械工业部《正压浓相气力输送系统》行业标准；研制并取得ZL97Z429360实用新型专利一项。主持完成的正压浓相气力输灰系统及关键设备获省政府科技进步二等奖。享受1999年政府特殊津贴。

【赵林中】男，诸暨人，大学文化，中共党员，高级经济师、高级政工师、副研究员职称。富润控股集团公司党委书记、董事局主席，浙江富润股份有限公司董事长。近5年，富润共创有国家级新产品9个，其中3个为国家级重点新产品。富润集团累计获省部级科技进步奖21项，其中以赵林中为主开发、作为第一排名的有5项(二等奖1项，三等奖4项)。富润集团控股的浙江富润股份有限公司于1997年6月在上海证交所上市，是中国针织行业第一股。赵林中为全国劳动模范，“五一”劳动奖章获得者，浙江省优秀共产党员，浙江省突出贡献企业经营者，第九届、十届全国人大代表。享受2002年政府特殊津贴。

【舒英钢】男，金华人，大学文化，中共党员，教授级高工。菲达集团党委书记、董事长。1982年大学毕业后，在诸暨机床厂历任设计工程师、厂办主任、厂长助理、副厂长等职。1993年起任浙江电除尘器总厂(菲达集团前身)党委书记兼厂长。在科技成果方面，作为第一完成人荣获国家科技进步二等奖一次，省部级科技进步一等奖一次，中国机械工业科技进步奖二次。舒英钢是中共共产党浙江省第十届、十一届代表大会代表，浙江省劳动模范，2003年批准为省有突出贡献中青年专家。

【冯永才】男，诸暨人，大学文化，农工民主党党员，高级技师。2008年起任诸暨绿康生物科技有限公司总农艺师。在林木种苗领域特别是薯类品种选育改良、标准化种植技术研究推广及产品深加工方面贡献突出。通过近20年潜心研究，取得亩产增加30%、加工性能和商品率提升20%以上成果，甘薯亩单产创“浙江之最”，制定浙江省《甘薯栽培技术规程》，成为全省甘薯标准化栽培的“模板”。承担《香榧籽油》标准的起草，出版《甘薯标准化栽培技术》等著作，先后获得17项国家专利，组织实施国家星火项目，成果推广获农业部丰收二等奖。全国五一劳动奖章获得者、浙江首席技师、浙江工匠、浙江“百千万”拔尖技能人才、浙江省劳动模范、浙江省致富带头人、浙江农业农村十大新闻人物、浙江农林大学、浙江农艺师学院创业导师，先后获得地市级荣誉50余项。

（市人社局提供）

附 录

文 存

深入学习贯彻习近平总书记考察浙江重要讲话精神全面展现建设“重要窗口”的“诸暨风采”

——在市委十六届十次全体（扩大）会议上的报告

（2020年7月21日）

徐良平

同志们：

在全市上下深入学习贯彻习近平总书记考察浙江重要讲话精神的浓厚氛围里，在“两个循环”新发展格局下收官“十三五”、谋划“十四五”的重要当口中，在疫情防控常态化条件下决胜全面小康、冲刺“第一个百年”奋斗目标的关键节点上，我们召开这次市委全会有着特殊而重大的意义。会议的主要任务是：高举习近平新时代中国特色社会主义思想伟大旗帜，全面贯彻党的十九大和十九届二中、三中、四中全会精神，深入学习贯彻习近平总书记考察浙江重要讲话精神，按照省委十四届七次全会、绍兴市委八届八次全会重大决策，系统研究部署为全省建设“重要窗口”作出更大诸暨贡献、展现更多“诸暨风采”的思路举措，讨论审议市委《关于深入学习贯彻习近平总书记考察浙江重要讲话精神，当好“重要窗口”维护者建设者展示者的决议》和《关于高水平建设人才集聚高地科技创新强市的决定》，进一步动员全市上下强化硬核担当，致力攻坚突破，奋力推动诸暨在建设“重要窗口”新征程上继续走在前列。

下面，我代表市委常委会，向全会作报告。

一、抓“两手”，稳开局

今年是极不寻常的特殊之年，突如其来的新冠肺炎疫情给诸暨市带来了前所未有的冲击。面对“大战大考”，市委常委会坚决贯彻习近平总书记重要指示精神和上级决策部署，坚持“两手都要硬、两战都要赢”，带领全市上下同心协力打好疫情防控人民战争、总体战、阻击战，坚定不移推进全面融、全力稳、全域美，经济社会发展经受住了空前考验，取得了高质量“两战赢”的阶段性战果。上半年，预计生产总值同比基本持平；实现一般公共预算收入50亿元，增长2.6%；全体居民人均可支配收入达31250元，增长3.1%。

——坚持一手抓“大战”，与病毒斗争。

一是筑牢疫情防线。疫情发生后，我们按照“疫情就是命令、防控就是责任”的要求，坚定信心、同舟共济，科学防治、精准施策，夺取了来之不易的阶段性胜利。我们以最迅速的行动抓实科学防控，高标准落实一级响应，统一指挥、专班运作，协同作战、科学调度，因时因势抓好防输入、防集聚、防扩散、防反弹等各阶段重点，做到毫不松懈、慎终如始。我们以最有力的措施落实严防严控，抓紧抓实“三清一管好”等各项防控措施，深化完善“一码一库一平台一指数”，坚决守牢“中门”“小门”，以“硬核隔离 + 精密智控”筑起疫情防控的“铜墙铁壁”。我们以最广泛的力量展开群防群控，深化运用新时代“枫桥经验”，创新推行“五共”边界管控新模式，切实形成了合力战“疫”的强大声势。尤其令我们感动的是，全市人民没有一位旁观者。各级领导干部闻令而动、冲锋在前；医务人员和公安干警坚定逆行、奋战一线；基层党员干部不惧风雨、日夜坚守；企业和在外乡贤慷慨解囊、无私奉献；社会组织和广大人民群众守望相助、团结奋战，共同谱写了打赢疫情阻击战的战歌。在此，我代表市委常委会向大家表示最崇高的敬意和最衷心的感谢！

二是兜住民生底线。我们坚持在保基本上下功夫，扎实开展防疫物资生产、采购、调配，全力做好“米袋子”“菜篮子”保供稳价工作，着力抓好春耕备耕和生猪生产，强化困难群众基本生活保障，安全有序抓好复学复课，确保疫情期间基本民生服务不断档。我们坚持在重普惠上下功夫，办实办好民生实事，深化推进民生领域“一件事”改革，基础养老、医保和最低生活保障提标扩面，长三角地区异地就医直接结算实现新突破。市级融媒体中心全面运作，成为全国新时代文明实践“先行试验区”。我们坚持在促均衡上下功夫，深入推进全域美丽建设，实施“三改”专项行动，加强老旧小区、农村危旧房改造，推进山下湖镇、同山镇美丽城镇省级样板镇建设，列入全国新型城镇化示范县创建名单。持续抓好第三批“五星达标、3A 争创”村创建，246 个行政村年经营性收入达30万元以上。坚决打好污染防治攻坚战，基本完成中央生态环保督察整改，生态环境不断改善。

三是坚守稳定红线。加强社会面管控，从快从重打击制假售假、传谣滋事、哄抬物价等行为，没有发生涉疫情重大不稳定事件。坚持和发展新时代“枫桥经验”，纵深推进扫黑除恶专项斗争，五类恶性案件、刑事警情和命案发生数分别下降 40.8%、57.1%、50%，成功夺得全省首批“一星平安金鼎”。统筹抓好经济金融、安全生产、消防安全、社会治安、网络安全，公共安全事故数和死亡人数分别下降 62.5% 和 66.7%，交通事故“一件事”工作模式得到省委主要领导肯定。全面深化社会治理领域“最多跑一地”，全力开展信访积案化解攻坚行动，5 年以上信访积案销号率达 84.3%。

——坚持一手抓“大考”，与时间赛跑。

一是有力有序抓复工复产。坚持动静结合、抢抓先机，建立复工复产工作机制，制定出台“三张清单”，全市规上工业企业、重点项目在 2 月底前基本实现复工复产复建。强化政策扶持，大力实施减税减费减租减息减支政策措施，制定出台帮助企业复工复产政策 16 条，全面落实共渡难关十项政策，累计兑现各类政策资金 19 亿元，减免各类费用 28.7 亿元。强化用工保障，进行万企外地职工大排查，开通运行“就业大巴车”“就业专列”，畅通“智慧招聘”线上服务平台，创新推行“订单共享”“员工共享”，累计招引外地员工 3 万余人。强化服务破难，全面开展深化“三服务”活动，组织“百团千员”干部驻企服务，切实帮助企业解决产业链联动难、资金周转难、保外贸订单难等现实难题，累计走访企业 12289 家，解决问题 2797 个，办结率达 99.3%。

二是全力以赴抓争先创优。扎实做好“六稳”工作，落实“六保”任务，全面实施争先创优行动，全力以赴把时间抢回来、把进度赶上去。更大力度抓投资，新引进各类项目 28 个、总投资 109.7 亿元，25 个重大项目集中开工，少海汇智能家居物联生态产业园、数字安防产业园等重大项目签约落地。强化要素保障，盘活存量土地 2050 亩，新增首批专项债券 33 亿元，8 个项目进入省重点建设项目笼子。更大力度拓市场，积极应对国外疫情带来的外贸冲击，大力开展网展拓市，引导外贸企业出口转内销，实到外资 1 亿美元，“义新欧”班列回程首开。更大力度促消费，开展消费提振专项行动，配合绍兴做好消费券投放工作,累计核销消费券2839万元,拉动消费1.5亿元,商贸服务业触底回升。

三是化危为机抓转型提升。项目化、清单式推进"三大工程、七项行动",努力实现稳中求进、稳中促新。突出数字赋能,扎实推进省制造业高质量发展示范县市创建,召开制造业数字化推进大会,加快时尚袜艺、美丽珍珠和铜材精密制造集群化、数字化、高端化改造,新增工业机器人327台,"上云企业"达8177家,509个5G通信基站投用。加快建设科技客厅,珍珠产业创新服务综合体列入省级创建名单,新增省科技型中小企业228家。举办2020"暨阳英才"创业创新大赛,新引进国家领军人才15名。突出融杭引领,加强与杭绍甬一体化规划方案对接,加快推进金浦桥至三江口大桥段快速化改建、杭州都市高速公路诸暨段工程,扩大诸杭高速双向免费通行范围,推出杭州人免费游诸暨政策,诸杭通勤时间缩短至19分钟。突出环境优化,制定出台优化营商环境60条,率先推出"营商环境监督卡",深化企业全生命周期"一件事"全流程"最多跑一次",启动运行"刷脸办"平台,创新推行"首违不罚"执法制度,1300家企业完成信用修复,3家上市企业"摘星摘帽"。

越是特殊时期越要强化党建引领,越要发挥基层党组织战斗堡垒作用和党员先锋模范作用。半年来,我们一以贯之坚持全面从严治党,制定实施贯彻落实习近平总书记对诸暨工作重要指示批示精神"四张清单",认真配合做好省委、绍兴市委巡视巡察工作,全面支持人大、政协依法履职,深化"五星"系列创建,落实落地"暖心八条",全面开展"三驻三服务"活动,扎实推进清廉诸暨建设,为"两手硬、两战赢"提供了坚强保证。

同志们,疾风知劲草,烈火见真金。这些成绩的取得,关键在于以习近平同志为核心的党中央和上级党委的坚强正确领导,关键在于集中力量办大事的制度优势,关键在于全市上下同频共振、实干当先。这场历时最长、标准最高、措施最严、参与战线最广的大仗硬仗,考出了我们的统筹能力,考出了我们的攻坚本领,考出了我们的斗争精神。实践证明,只要我们坚定信心、上下同欲,敢打敢拼、砥砺前行,就没有克服不了的困难,就没有跨不过去的沟坎,一定能够从胜利走向胜利!

二、塑"窗口",开新局

今年3月29日至4月1日,在统筹推进疫情防控和经济社会发展的关键时期,习近平总书记到浙江考察调研并发表了重要讲话,赋予了浙江"努力成为新时代全面展示中国特色社会主义制度优越性的重要窗口"的新目标新定位,这是浙江改革发展史上具有里程碑意义的大事。习近平总书记的重要讲话精神,立意高远、思想深邃、内涵丰富、指向鲜明,充分体现了习近平总书记对浙江的信任关怀一如既往、对浙江的期望期待越来越高、赋予浙江的使命责任越来越大,为浙江实现更好发展指明了战略方向、提供了战略指引。

最近,省委十四届七次全会就全面落实习近平总书记考察浙江重要讲话精神作出了系统部署,强调要全面深刻领悟建设"重要窗口"的历史意义、现实意义、全局意义,准确把握总体要求、具体内涵和着力点,明确提出要聚焦10个方面内容和13项重大标志性成果,为全省上下建设"重要窗口"明确了任务书、画出了路线图。绍兴市委八届八次全会也就为全省建设"重要窗口"作出绍兴贡献、展示"绍兴风景"进行了全面安排,要求牢牢聚焦"四个体系"建设,坚持打好以"两业经""双城计""活力城"为重点的高质量发展组合拳,奋力推动绍兴在建设"重要窗口"新征程上继续走在前列。

我们要认真学习贯彻习近平总书记考察浙江重要讲话精神和省委、绍兴市委全会精神,提高政治站位、保持行动一致、强化示范引领,进一步把建设"重要窗口"的新目标新定位贯彻到衡量标准上、融入思路举措上、体现到精神状态上、落实到工作成效上,以实际行动展现"重要窗口"维护者、建设者、展示者的风采和担当。

一要一张蓝图绘到底,当好"重要窗口"的坚定维护者。坚定不移沿着习近平总书记指引的路子走下去,始终把建设"重要窗口"的过程作为推进"八八战略"再深化、改革开放再出发的过程,作为实现维护意识、维护行动、维护能力、维护效果高度统一的过程，进一步找准诸暨在建设“重要窗口”中的定位、方向、使命和任务，步调一致向前进、坚持不懈抓落实，做到每一项重要工作都体现“窗口”标准，每一件重要事情都展示“窗口”形象，每一个重要举措都彰显“窗口”担当。

二要一以贯之抓落实，当好“重要窗口”的积极建设者。强化干在实处的不懈追求，对标对表10个方面内容和13项重大标志性成果，站位全省“大棋局”，下好发展“先手棋”，厚植优势、补齐短板，不断丰富诸暨高质量发展的举措和招式，着力夯实全面融、全力稳、全域美，加快打造开放诸暨、数字诸暨、活力诸暨、好美诸暨、幸福诸暨。

三要一马当先走前列，当好“重要窗口”的全面展示者。按照“全省域都是主角、全方位都要展示”的要求，聚焦高质量、竞争力、现代化，加快构建数字引领的现代产业体系，优化全域美丽的城市格局，提升共建共享的治理能力，打造百姓有感的品质生活，形成一批具有诸暨辨识度、影响力、个性化的标志性成果，走在前列、勇立潮头，为全省建设“重要窗口”探索诸暨经验、打造诸暨样板、展现“诸暨风采”。

三、重实干，破难局

服务建设“重要窗口”必须谋势而动，顺势而为，乘势而进。为此，我们要把握好“三对关系”：

——把握“时”与“势”，认清变革关键期，树立应变求变的全新理念。时不可失，势不可挡。当前百年未有之大变局正在加速演变，全球疫情流行之变、经济增长衰退之变、中美博弈斗争之变叠加发酵，“黑天鹅”和“灰犀牛”事件接踵而至。我们站在“两个百年”奋斗目标的历史交汇点上，要时刻胸怀“两个大局”，既善于积势蓄势谋势，又善于识变求变应变，坚持新发展理念，聚焦高质量主线，努力练就捕捉先机的慧眼，跑出先人一步的速度，使出独具匠心的招数，加快理念更新、改革创新、作风刷新，着力推动诸暨各项事业破浪前行、行稳致远。

——把握“危”与“机”，抢抓疫后窗口期，弘扬苦干实干的高效作风。克服了危就是机，失去了机就是危。我们要坚定信心、昂扬斗志，主动应对、负重奋进，积极抢抓新基建、专项债、国产替代等重大机遇，乘政策红利释放之机、破企业经营之困，乘线上消费迸发之机、破市场开拓之困，乘在线经济风口之机、破营销转型之困，打好危中寻机主动仗、踢好化危为机“下半场”，以最大努力争取最好结果。

——把握“稳”与“进”，聚力发展攻坚期，强化用心用力的硬核担当。不稳无法进，不进难以稳。面对当前严峻复杂的形势和艰巨繁重的任务，我们要强化“与其担忧、不如担当”的理念，坚持把别人做不成的事做成功，把大家都在做的事做得更好，抓实“六稳”“六保”，发力争先创优，进一步提升政策落地的效率担当、服务破难的有解担当、“绣花”功夫的创新担当、攻坚行动的执行担当，切实当好“保”的“守门员”、“稳”的“护航员”、“进”的“施工员”。

具体工作中，要突出五大重点：

（一）力求“稳”有力度，在争先创优中凸现更高质量的发展场景。咬定全年目标任务，统筹抓好“六稳”“六保”工作，坚持稳字当头，确保稳中有进。一要稳企业、稳生产。强化“稳企业就是稳经济”的理念，坚持政策支持、市场拓展、技术改造“三管齐下”，全力以赴帮助企业渡过难关。突出政策落地，坚持“上接下达、集成施策”，全面做好小微企业和个体工商户纾困工作，着力推动各项政策直达企业、直达基层，切实提升政策知晓率、执行率和落地率，做到税费应减尽减、兑现能快则快，政府要主动“过紧日子”，让企业日子过得好一点。健全完善金融风险防控长效机制，全力下好惠企助企的“及时雨”。突出市场联动，大力实施多向拓市、品牌提升、数字转型、供应强链、服务提质“五大工程”，积极参与绍兴跨境电商综合试验区建设，支持外贸企业出口转内销，千方百计稳市场、保份额。突出主体培育，持续打好“小升规、下升上、产转法、科孵高、规上市”组合拳，以政策支持、有效服务消除企业不想转、不愿转的顾虑，让更多小微企业破茧成蝶、茁壮成长。促进建筑业转型，推动房地产业健康发展。抓好粮食生产和生猪保供工作，推动现代农业提质增效。二要重创新、重人才。坚持人才强市、创新强市首位战略，加快推动制度创新和科技创新双轮驱动，进一步增强稳的底气、夯实稳的基础。全力提升创新平台，高水平谋划建设 G60（诸暨）创新转化港，扎实抓好科技客厅、军民融合产业园等重点项目建设，完善提升袜艺小镇，全面建设珍珠小镇，建成铜材精密制造大数据中心，加快构建区域创新体系。全力激发创新活力，深化与暨阳学院、南华大学等校地共建，加强与浙江大学等大院名所产学研合作，建立健全"揭榜挂帅"重点技术项目攻关机制，积极探索"沪杭研发—诸暨中试产业化"新模式，进一步深化创新链和产业链有效对接，着力打开科技成果转化的"绿色通道"。全力引育创新人才，抢抓国际人才加速流动的"窗口期"，探索实施学生招才、实习留才、院士领才、以企引才，创新推行"飞地"引才聚才机制，打响"智汇暨阳"品牌。做强做优企业家、暨阳工匠、青年创客"三支队伍"，建成人力资源服务产业园。三要抓项目、抓投入。持续深化"双招双引"和项目建设攻坚行动，全面聚焦项目、全力拼抢项目、全程服务项目，努力培育新增长点。要提升招商实效，积极推行"云招商"新模式，创新运用产业链招商、乡贤招商、以商引商，瞄准数字产业、生命健康、新材料等重点领域，加快招引一批建链、补链、强链项目，力争重大产业项目引进实现新突破。要加快项目推进，紧扣签约、落地、竣工、投产"四大环节"，深化项目容缺审批，创新推广项目"指导员"，全力以赴抓落地、抢进度、赶工期，加快推进清华启迪科技园等一批重大项目建设，不断增强有效投资"引擎力"。要强化要素保障，积极争取地方专项债券、土地审批权下放试点等重大政策红利，健全完善要素差异化供给，激活闲置存量，创新土地"点供"模式，全力保障项目落地推进。

（二）力求"进"有深度，在久久为功中展现更高起点的战略前景。紧紧扭住新发展理念推动高质量发展，坚持新旧协同、整体提升，努力壮大新增长极、培育新动能。一要推进"与杭同城"提升工程。主动融入杭绍甬一体化发展战略，深入实施"与杭同城"三年行动计划，努力赢得大湾区重要节点城市的有利位势。突出交通先行，坚持外快内畅、互联互通，高水平推进交通强市建设，加快启动一批以 G235 国道诸暨段、诸柯高速等为重点的融杭交通项目，建设一批以绍诸高速浣东互通改扩建为重点的功能提升项目，谋划一批以杭诸、绍诸等为重点的城际互通项目，全力打造"一主五网"大交通格局。突出产业对接，扎实推进"数字经济双城互动"计划，设立杭州—诸暨楼宇经济产业联盟，推行"诸暨岛"离岛孵化模式，加强西湖—西施文化旅游合作，全面导入人流、资金流、技术流、信息流，争取更多沪杭"大新"项目落户诸暨。突出服务同城，健全完善诸杭公共服务共建共享机制，加快推动文化、教育、医疗、运动等多领域跨区域合作，加强宜居环境建设，在互补互通中不断提升同城化水平。巩固提升与上海松江区等地战略合作关系，深化完善干部常态化挂职交流互访机制，探索在杭驻点办公模式，不断拓展融杭深度。二要推进数字诸暨提升工程。以省制造业高质量发展示范县市创建为重点，深入实施数字经济五年倍增计划，加快全市域、全领域应用推广，增创数字诸暨新优势。要在产业数字化上更进一步，以产业链现代化、价值链高端化为方向，加快推动以时尚袜艺、美丽珍珠和铜材精密制造为重点的产业集群化、数字化、高端化改造，努力在"五化"联动中激活转型动能。要在数字产业化上更快一点，把治理经验转化为治理经济，大力推动"枫桥经验"与数字安防产业深度融合，积极探索"产业园＋"模式，谋划召开高峰论坛，打造应用示范场景，使数字安防产业成为发展新蓝海。加快布局智能环保家居、文旅康养等新兴产业，扶持壮大直播带货、社交新零售等新经济，力争数字经济核心产业增加值增速达 15%。要在政府数字化上更广一些，加快推进"城市大脑"建设，提升完善大数据应用平台，推动智慧交通、智慧健康、智慧教育等提档提效，加快推进 5G 网络、数字大机房等新基建，着力打造掌上办事、掌上办公之城。三要推进营商环境提升工程。坚持以"最多跑一次"改革为引领，落实全省优化营商环境"10+N"行动，打造营商环境 2.0 版。围绕办事更便捷，深化推动"一件事"集成改革迭代升级、延伸扩面，真正让群众少跑路、体验更满意。围绕审批更高效，进一步推进投资审批制度改革，深化证照联办，加强中介监管，全面实现企业开办全流程"一日办结"。围绕竞争更公平，探索创新"掌上执法"综合响应模式，健全商事纠纷非诉讼解决机制，统筹整合公共信用平台，加强招投标市场治理，进一步消除壁垒、降低门槛，努力让企业呼吸更多“新鲜空气”。

（三）力求“美”有精度，在补齐短板中打造更高颜值的美丽风景。突出一体化、均衡性、高水平，推动人城景协同、市镇村联动、点线面并进，真正让城镇靓起来、乡村美起来、环境绿起来。一是城市功能要全面完善。聚焦全国新型城镇化示范县创建，全力提升城市综合能级。要增强承载功能，进一步优化城市空间布局，重点抓好城东生态高湖建设，加大城西七大客厅建设力度，为城市增添靓色。围绕“两新一重”领域，统筹抓好文化教育、运动健康、信息数字等一批重大基础设施建设，全力补齐城市功能短板。完善提升路网结构，改造老旧小区，建设未来社区，推进环境治理，加强精细管理，全面提升城市宜居度。要提高应急能力，健全城市安全预防体系，不断提高公共卫生、防汛救灾、高层消防等突发事件的应急应变能力。全面实施以城区与浦阳江为主的防洪治理，切实增强城市防洪排涝能力。要拓展消费功能，大力发展现代服务业，培育扶持夜经济、楼宇经济，加快打造网红街区、数字商圈，进一步丰富业态布局，聚人气、旺商气，让城市更有烟火气。二是美丽建设要全域提升。要增添美丽成色，坚持要里子、有味道、兴产业、少花钱、精细化，深入推进美丽城镇提升新三年行动计划，力争山下湖镇、同山镇率先创成省级样板镇，首批8个创建镇街通过验收。要补好美丽短板，注重乡村全面振兴，加强历史文化村落保护利用，开展农村危旧房整治，高质量补齐农村环境短板，全面完成“消薄”任务，力争创成省部合作共建乡村振兴示范县。要用好美丽成果，扎实推进省全域旅游示范县创建，加快“枫桥经验”文化旅游项目等“双十”工程建设，大力培育观光农业、休闲民宿等美丽经济，加快推动美丽价值转化，全力提升发展“含绿量”。三是生态环境要全链保护。坚决打好污染防治攻坚战，全面做好第二轮中央生态环保督察迎检工作，持续加强环境执法检查，力争创成国家生态文明建设示范市。加快推进“无废城市”“污水零直排区”创建，高水平治理生活垃圾，全力打好蓝天、碧水、净土“三大保卫战”，真正让诸暨天更蓝、水更净、空气更清新。

（四）力求“保”有温度，在提质提标中实现更高效能的治理愿景。对标对表高水平全面建成小康社会目标，全力以赴保基本、促均衡、强弱项，努力实现保一方平安、富一方百姓、美一方生活。一要抓紧平安要事。坚持和发展新时代“枫桥经验”，全面推广“5+X”社会组织微治理经验，创新发展网上“枫桥经验”，深化“枫桥式”派出所、司法所、人民法庭创建，加快建设共享社区，建成绍兴枫桥学院，努力让“枫桥经验”成为“重要窗口”中的“靓丽小窗口”。深化社会治理领域“最多跑一地”，完善市级矛盾纠纷调处化解中心运行机制，实现镇级矛盾纠纷调处化解中心全覆盖，深入推行信访代办制，进一步减存量、控增量、防变量，确保去京赴省信访继续下降。常态化加强社会风险防范，抓紧抓实抓细疫情防控工作，守牢安全生产、社会治安、防台抗旱、交通安全、食品药品等平安防线，坚决遏制重特大事故发生。持续深化平安诸暨、法治诸暨建设，纵深推进扫黑除恶专项斗争，联动开展跨境赌博、电信网络诈骗等专项治理，确保平安县市“十六连冠”。二要办实“关键小事”。坚持普遍普惠、共建共享，深入推进“三医联动”“六医统筹”改革试点，加快建设枫桥镇中、西子小学、城区幼托一体普惠园等工程，着力打造示范型居家养老服务中心，不断提升公共服务均等化水平。健全完善社会保障体系，稳步推进社保、医保提质扩面，确保全市基本养老保险参保率达95%以上。办实办好十大民生实事，扎实抓好农村饮用水达标提标等工作，全面完成自然村村村通公交，力争创成“四好农村路”国家示范县。大力发展社会救助、社会福利、社会慈善事业，压紧压实低收入农户帮扶责任，不断提升人民群众获得感。三要做优文明好事。高标准推进全国新时代文明实践“先行试验区”建设，深入开展“越”系列行动，持续深化“全城志愿”，健全完善移风易俗、关爱基金、文明实践银行长效机制，创新推广“市民文明行为十条”，力争通过全国文明城市、国家卫生城市复评复审。深入实施文化强市战略，扎实推进文化惠民工程，大力弘扬红色文化、西施文化、古越文化，深化“书香暨阳”建设，加快“三贤”艺术馆和暨阳金石书画博物馆建设，整合集成文化礼堂功能，进一步增强公共文化服务供给力。

（五）力求“谋”有高度，在对标对表中描绘更高水平的现代化美景。坚持把“十四五”规划作为服务建设“重要窗口”的路线图，站高立位，把握大势，打破惯性思维，摒弃传统路径，努力绘好诸暨高水平推进现代化建设新蓝图。一要突出唯新体现前瞻性。精准分析“十四五”时期的阶段性特征，深刻研判形势大变局、区域大融合、产业大分化、格局大调整的时代背景，科学认识以国内大循环为主体、国内国际双循环相互促进的新发展格局，主动抢抓历史机遇、时代机遇、战略机遇，进一步紧跟科技潮流、搏击数字风口、把握绿色方向、顺应消费趋势，努力开启诸暨现代化建设新时代。二要突出唯先体现引领性。按照“跳一跳摘桃子”的要求，始终聚焦建设“重要窗口”这一新目标新定位，突出“与杭同城”这一高质量发展的总牵引，从数字智造先行区、美丽宜居样板区、县域治理示范区三大维度出发，系统研究未来五年的战略目标、重点任务、实施路径、工作举措，进一步拉高标杆、创新作为、勇立潮头，全力当好高水平推进现代化建设“排头兵”。三要突出唯实体现操作性。坚持务实、求实、抓实的导向，正确处理好近期和长远、整体和局部、目标和措施、长板和短板的关系，把规划思想思路放得更开阔一些，把难点和复杂性估计得更充分一些，把各方面情况考虑得更周全一些，加快谋划一批重大机制创新、重大工程项目、重大平台建设、重大示范创建，使“十四五”规划既紧跟大势、又符合实际、更利于落地，坚决杜绝成为纸上画画、墙上挂挂的“样子货”。

四、强党建，揽全局

坚持党对一切工作的领导，突出维护力、引领力、担当力、服务力、廉洁力“五强”建设，纵深推进全面从严治党，努力以服务建设“重要窗口”的成效向建党100周年献礼。

一要突出政治方向，提升维护力。坚持把政治建设摆在首位，清单化落实习近平总书记对诸暨工作重要指示批示精神，健全不忘初心、牢记使命的制度和长效机制，全面推动习近平新时代中国特色社会主义思想往深里走、往心里走、往实里走，切实增强“四个意识”、坚定“四个自信”、做到“两个维护”。严格落实意识形态工作主体责任，大力弘扬社会主义核心价值观，真正让“喇叭响起来、红旗挂起来”。充分发挥市委总揽全局、协调各方的领导核心作用，全力支持人大、政协开展工作，扎实做好统战、武装、老干部、群团等各方面工作，做到上下一条心、画好同心圆。

二要突出基层所向，提升引领力。深化实施基层党建“五大引领”工程，有效推进支部标准化规范化建设，推动基层党组织全面进步、全面过硬。深入实施“组织力提升”工程，总结推广农村党员“五带头”和农村基层“四大员”经验，做强“村村联盟”“村企联盟”等区域化党建品牌。当前，重中之重要抓好村（社区）组织换届工作，高质量推进“一肩挑”，努力打造一支能带富、善治理、过得硬的基层干部队伍。统筹实施“两新”组织、城市社区等“五星”系列创建，创新推进城市社区“1+1+N”网格党建，深化在职党员服务社区“亮旗”行动，开创全领域建强的基层党建新局面。

三要突出实干导向，提升担当力。认真落实新时期好干部标准，坚持实战历练、实践标准、实绩依据，打造一支与建设“重要窗口”相匹配的高素质干部队伍。强化选人用人正确导向，坚持德才兼备、以德为先、任人唯贤，建立健全上下内外联动交流机制，在“战场考场”上锤炼干部、识别干部、选拔干部，推动能者上、优者奖、庸者下、劣者汰。大力培养选拔优秀年轻干部，严格落实“八项措施”，打造一支竞相奔涌的“后浪式”年轻干部队伍。全力打好管思想、管工作、管作风、管纪律的从严管理组合拳，深化完善“科学考核、客观评价”综合考评机制，制定出台党员干部政治纪律政治规矩10项规定，持续开展不担当不作为问题专项整治，完善容错纠错、澄清正名、精准问责等机制，做到严管与厚爱结合、激励与约束并重。

四要突出解决取向，提升服务力。持续深化开展“三服务”活动，做到主动跟进服务、全面升级服务、用心用情服务，用服务指数体现先锋指数、换取满意指数。坚持身入更要心入，带着感情沉下去，大力弘扬“大脚掌”精神，积极倡导广大党员干部进农村、进项目、进车间，做到“政策一口清、民情活地图、服务一刀准”。坚持接题更要解题，带着问题深进去，做到责任不推脱、办事不拖拉，分内的事马上办、分外的事合力办，不断形成从“主动接题”到“有效解题”的服务自觉。坚持常态更要长效，带着责任做下去，深化落实“三驻三服务”活动，开展市级重点部门关键岗位中层干部“三服务”综合评价，健全完善网格化服务机制，切实形成全覆盖全过程全天候的“三服务”工作格局。

五要突出作风标向，提升廉洁力。坚持以省委巡视反馈问题整改为契机，健全完善党委主体责任、党委书记“第一责任”、班子成员“一岗双责”、纪委监督责任“四责协同”机制。严格按照“六见”要求，项目化、责任制抓好省委巡视反馈问题全面整改。一体推进不敢腐、不能腐、不想腐，保持惩治腐败高压态势，持之以恒落实中央八项规定精神，深入纠治“四风”特别是形式主义、官僚主义，常态化运用监督执纪“四种形态”，开展重点领域专项治理，持续整治漠视侵害群众利益问题，健全小微权力运行规范监管机制。有效开展政治监督，抓好市委常规巡察和信访积案化解、优化营商环境专项巡察。深化纪检监察“三项改革”，推进“四个规范化”建设，有力促进纪律监督、监察监督、派驻监督、巡察监督衔接贯通。加强机关、企业、学校、医院、家庭等清廉细胞共建，大力打造“五清”村居，强化警示教育，深入推进“浣江清风”清廉文化建设，全面营造风清气正政治生态。

最后，我就全会决议稿、决定稿作个简要说明。考虑到决议相比于决定、意见等文种，文件规格更高、政治严肃性更强，更能体现市委贯彻落实习近平总书记考察浙江重要讲话精神的高度负责和坚定决心，市委决定以作出决议的形式作为这次全会的总成果。决议稿总体定位是一个管方向、管全局、管长远的政治纲领，一些具体工作没有面面俱到，重点围绕建设“重要窗口”的新目标新定位，从维护者、建设者、展示者三个维度来展开，对贯彻落实习近平总书记考察浙江重要讲话精神作出了部署安排，为接下来编制“十四五”规划特别是加快“两个高水平”建设提供指引。

决定稿紧扣“高水平建设人才集聚高地、科技创新强市”主题展开，锚定新形势下推进人才强市、创新强市的奋斗目标，既是对近年来实施的一系列人才和科技政策的整合集成，也有对事关人才和科技工作重点内容、企业和人才反映难点内容的创新突破，体现了工作的系统性、连续性和协同性。决定稿审议通过后，将成为当前和今后一个时期引领诸暨市人才和创新工作的重要文件。

同志们！非常时期当有非常作为，特殊使命亟须特殊努力。让我们更加紧密地团结在以习近平同志为核心的党中央周围，高举习近平新时代中国特色社会主义思想伟大旗帜，坚定信心、铆足干劲，勇挑重担、创优争先，为确保圆满完成各项目标任务、全面展现建设“重要窗口”的“诸暨风采”而不懈奋斗！

凝心聚力谋新篇　砥砺奋进开新局
在建设社会主义现代化先行省中
走在前列

——在市委十六届十一次全体（扩大）会议上的报告

（2020年12月22日）

徐良平

同志们：

这次全会的主要任务是：以习近平新时代中国特色社会主义思想为指导，认真学习贯彻党的十九大和十九届二中、三中、四中、五中全会精神，全面落实省委十四届八次全会、绍兴市委八届九次全会决策部署，回顾总结今年以来工作，审议通过《关于制定诸暨市国民经济和社会发展第十四个五年规划和二〇三五年远景目标的建议》，进一步动员全市上下紧扣忠实践行“八八战略”、奋力打造“重要窗口”主题主线，凝心聚力、担当作为，砥砺奋进、继往开来，努力在建设社会主义现代化先行省中走在前列。

下面，我代表市委常委会，向全会报告工作。

一、负重前行，再创新绩

今年以来，市委常委会认真学习贯彻习近平总书记考察浙江重要讲话精神，按照中央和省市的总体要求，统筹推进疫情防控和经济社会发展，全面抓好“六稳”“六保”工作，深入实施“三大工程、七项行动”，坚定不移推进全面融、全力稳、全域美，经济社会发展取得了极为不易的成绩，“十三五”规划主要目标任务即将圆满完成，高水平全面建成小康社会胜利在望，在大战大考之年交出了一份“两赢”答卷。

——我们打赢了一场“人民战疫”，大战大考更显担当。面对突如其来的新冠肺炎疫情，我们坚持人民至上、生命至上，坚定信心、同舟共济，科学防治、精准施策，有力有效抓好疫情防控和复工复产工作，取得了“两手硬、两战赢”的硬核成果。我们全力当好严防严控的“守门员”，第一时间落实一级响应，迭代升级“硬核隔离 + 精密智控”，严格实施“三清一管好”、冷链食品管理等各项防控措施，慎终如始抓好常态化疫情防控工作，医卫战线冲锋在前，全市上下同频共振，构筑起疫情防控的“铜墙铁壁”。我们全力当好复工复产的“服务员”，实行专班运作，健全“七大机制”，落实“三张清单”，强化用工保障，开通“就业专车专列”2200余趟，帮助企业较早实现了复工复产。全面开展深化“三服务”活动，组织“百团千员”驻企服务，累计走访企业1.7万余家，解决问题6509个。我们全力当好纾困政策的“快递员”，精准实施“五减”“两直”稳企助企措施，全面落实共渡难关十项政策，扎实做好小微企业和个体工商户纾困工作，累计兑现各类政策资金30.8亿元、减免各类费用39.4亿元。

——我们交出了一份“争先报表”，转型发展更有质量。以争先创优行动为抓手，全力以赴稳企业、增动能、补短板、调结构，经济发展呈现出“半年稳、三季进、全年赢”的良好态势。立足在数智赋能上争先，扎实推进省制造业高质量发展示范县市创建，加快传统产业数智化改造，珍珠、铜材精密制造产业创新服务综合体基本建成，成功举办世界珍珠大会、中国设计红星奖2020袜业大赛，数智安防产业园加快建设，新增数字车间53家、“上云企业”1133家，1129个5G通信基站投入使用。在线经济迅猛发展，现代服务业复苏回升，引进数字服务公司10家，4家企业入选中央服务业发展资金项目。举办“人才科技创新周”、“暨阳英才”创业创新大赛，开展首届创新奖评选，成立博士专家联谊会，创新创业团队引进培育实现零的突破，22名国家和省引才计划人才落户诸暨，新增国家高新技术企业122家、省级科技型中小企业324家。着力在融杭发展上争先，深入实施“与杭同城”三年行动计划，杭州都市高速诸暨段建成通车，金浦桥至三江口大桥段快速化改建工程顺利推进，G235国道诸暨段、诸柯高速、店口港开工建设，诸杭高速双向免费通行范围扩大。“义新欧”班列回程首开，海铁联运专列首发。出台优化营商环境60条，新赋码投资项目“最多80天”实现率达100%，100个以上事项实现杭绍甬三地可办，新引进沪杭项目64个。G60诸暨创新转化港加快建设，上海、深圳、杭州“诸暨岛”落地运行。重点在项目投资上争先，大力推进项目建设百日攻坚行动，新引进亿元以上项目44个、总投资达337亿元，42个重大项目集中开工，第三代半导体光电产业园、海亮生物科技、华为机器视觉联创中心签约落地。“个转企、小升规、下升上、产转法、科孵高、企改股”成效明显。

——我们补齐了一些“环境短板”，美丽建设更具特色。更加注重城市品质提升，城东生态高湖加快建设，城西“七大客厅”初具雏形，山下湖镇、同山镇通过省级美丽城镇样板镇创建验收。开工建设二环线快速路改造、绍诸高速浣东互通改扩建工程，统筹推进城市防洪排涝、老旧小区改造、陈蔡水库加固项目，浦阳江治理二期工程主体基本完工，完成“三改”353万平方米。建筑业和房地产业稳健发展。更加注重乡村振兴提效，深化省部合作共建乡村振兴示范县创建，创成第三批“五星达标村”80个、“3A示范村”11个，行政村年经营性收入30万元以上实现全覆盖。部署开展农村人居环境补短板行动，完成“四好农村路”建设，激活农房684幢。培育发展基础农业、特色农业、生态农业，抓实抓好生猪保供工作，全力保障“米袋子”“菜篮子”。更加注重生态环境提质，坚决打好污染防治攻坚战，高标准抓好中央生态环保督察反馈问题整改，建成浬浦垃圾焚烧、垃圾填埋场沼气资源化利用、餐厨废弃物综合处理等项目。打好蓝天保卫战，开展“无废城市”“污水零直排区”建设，加强渣土运输和生活垃圾治理，水质考核保持优秀，空气质量优良率达92.9%，创成国家生态文明建设示范市。

——我们办成了一批“关键小事”，全面小康更富成色。强化民生保障，高质量办好十大民生实事，城乡居民基本养老保险、医保提质扩面，饮用水提标达标工程顺利完成，拓宽低收入农户增收渠道，加强农村住房困难户保障，完成既有住宅电梯加装30台、职业技能培训5万人次。全面做好东西部扶贫协作和对口支援、对口合作任务。优化服务供给，深入实施文化惠民工程，成功举办西施文化节，“三贤”文化馆开工建设，华夏金石学馆即将开馆，新增文化礼堂74家、浣江书房3家。深化新时代文明实践“先行试验区”建设，通过全国文明城市复审。深入开展“教体质量提升年”三大行动，明德小学、城东初中建成投用，成为首个CBA联赛落户的县级市。加快“三医联动”“六医统筹”改革，健康诸暨建设富有成效。深化社会治理，坚持发展新时代“枫桥经验”，全面推广“枫桥式”派出所、司法所、退役军人服务站建设，与浙江大学合作共建新时代“枫桥经验”研究院，完成绍兴枫桥学院主体工程。高标准开展“枫桥经验”巡视专项整改，镇村社会矛盾纠纷调处化解中心实现全覆盖，信访秩序进一步好转。纵深推进“扫黑除恶”专项斗争，五类恶性案件、刑事警情分别下降17.6%、35.8%，法治诸暨、平安诸暨建设取得新进展。

——我们开展了一次“政治体检”，党的建设更加有力。突出政治导向，通过召开市委理论中心组学习会等方式，认真学习研讨习近平总书记考察浙江重要讲话精神、《习近平谈治国理政》第三卷等系列重要讲话、重要文章，全面落实习近平总书记对诸暨工作重要指示批示精神“四张清单”，有力地推动了“四个意识”“四个自信”“两个维护”往深里走、往心里走、往实里走。加强政治监督和政治巡察，扎实开展“一主三联动一专项”巡视整改，严格落实“六见”要求，不折不扣抓好问题整改，举一反三推进建章立制，不断推动全面从严治党向纵深发展。突出基层导向，深入实施组织力提升工程，坚持“五好两确保”目标，全程全面高质量完成村社组织换届，村社两委会主职实现“一肩挑”。统筹抓好各领域“五星”系列创建，开展在职党员“亮旗”行动，“先锋微家”获评全省机关党建工作最佳创新成果。突出担当导向，制定出台促进“两个担当”良性互动若干意见，扎实推进全省容错裁定试点，为8名党员干部澄清正名，查处诬告陷害1起3人。坚持正确选人用人导向，开展不担当不作为专项整治，组织跨部门中层干部交流，47名抗疫一线优秀干部得到提任或职级晋升。突出清廉导向，统筹推进“四个规范化”建设，推动纪律、监察、巡察、派驻“四项监督”有机贯通。开展基层微治理专项行动，深化“五清”村居建设，打造基层监督“枫桥样板”相关做法得到中央政治局常委、中央纪委书记赵乐际同志考察肯定。始终坚持“严”的主基调，持续整治基层“八多”问题，有力推动中央八项规定精神落细落小。精准运用监督执纪“四种形态”，专项开展警示教育活动，加强土地审批、工程建设、酒驾醉驾等领域治理，全市共立案547件、党纪政务处分524人，风清气正的政治生态不断巩固。

成绩来之不易，奋斗充满艰辛。同志们，以上这些成绩的取得，是以习近平同志为核心的党中央和省委、绍兴市委坚强领导的结果，是全市上下勠力同心、真抓实干、攻坚克难的结果。在此，我代表市委常委会，向大家表示最衷心的感谢和最崇高的敬意！

二、锚定方位，再度进发

党的十九届五中全会是在我国进入新发展阶段、实现中华民族伟大复兴关键时期召开的一次具有里程碑意义的重要会议。会议审议通过的《中共中央关于制定国民经济和社会发展第十四个五年规划和二〇三五年远景目标的建议》，提出了“十四五”时期发展的指导思想、遵循原则、主要目标和重大任务举措，是开启全面建设社会主义现代化国家新征程的纲领性文件和行动指南。全市各级党组织和广大党员干部要把学习贯彻党的十九届五中全会精神作为当前重要政治任务来抓，在深入学、广泛讲、扎实干上下更大功夫，进一步增强“四个意识”、坚定“四个自信”、做到“两个维护”，为“十四五”开好局、起好步注入强大动力。

最近召开的省委十四届八次全会全面贯彻落实党的十九届五中全会精神，明确了“争创社会主义现代化先行省”的目标，提出了新发展阶段浙江必须担负起的“五大历史使命”，谋划了具有引领性的“十三项战略抓手”，为全省上下高水平全面建设社会主义现代化画定了“坐标系”、绘好了“路线图”。绍兴市委八届九次全会也就贯彻会议精神作出了全面部署，提出要牢牢聚焦“四个率先”的目标要求，率先走出争创社会主义现代化先行省的市域发展之路。

我们要认真学习贯彻党的十九届五中全会和省委、绍兴市委全会精神，坚持正确的历史观、大局观和发展观，强化系统观念，认清大势趋势，全面把握当下与未来、全局与局部、战略与战术的关系，努力打牢高质量之基、激活竞争力之源、走好现代化之路。

——站位新发展阶段，在现代化建设上率先突进。提高站位才能找准定位。“十四五”时期是“两个一百年”奋斗目标的历史交汇期，是百年未有之大变局的加速演进期，也是新一轮科技革命和产业变革的叠加发力期。我们要准确把握“变与不变”的辩证关系，立足诸暨“有什么”“缺什么”“靠什么”，进一步看准风向、抓牢风口，保持奋进者姿态，激发创造性张力，率先在产业动能上拥抱现代化、在城市能级上对标现代化、在创新活力上迈向现代化、在干部能力上适应现代化，干在实处、走在前列、勇立潮头。

——融入新发展格局，在竞争力提升上率先突围。格局决定布局、引领新局。我们要胸怀“两个大局”，找准节点定位，更加主动抢抓以长三角一体化战略、全省“四大”建设为引领的区域循环机遇，把握以数字变革为核心的产业循环机遇，深耕以新基建、新制造、新消费为重点的市场循环机遇，打通堵点、补齐短板，全面推进高水平开放、深层次改革、保姆式服务，统筹联动“内贸外贸、线上线下、内资外资”，努力在服务融入新发展格局中增创诸暨竞争新优势。

——践行新发展理念，在高质量发展上率先突破。理念更新推动发展出新。我们要突破惯性思维、摒弃路径依赖，坚定不移贯彻新发展理念，牢牢把握高质量发展主题，强化“利民为本、法治为基、整体智治、高效协同”的理念，进一步锚定经济中心，聚焦创新关键，厚植环境基础，致力民生归宿，统筹发展与安全，抢机遇、防风险，优存量、扩增量，全面夯实稳的基本盘、激活进的动力源、形成新的增长极，切实提升发展的“含新量”“含绿量”“含金量”，着力推动诸暨高质量发展行稳致远。

三、创新实干，再谱新篇

“十四五”时期是诸暨市高水平开启全面建设社会主义现代化新征程、向第二个百年奋斗目标进军的第一个五年，也是以“八八战略”为统领全面展现建设“重要窗口”诸暨风采的关键五年。要聚焦“四个率先”的目标要求，找准定位，发挥优势，谋划实施一批具有牵动性、创新性、突破性的战略抓手，推动系统赋能、数智赋能、改革赋能、创新赋能、开放赋能，加快实现高质量发展、高品质生活、高效能治理，奋力谱写诸暨高水平推进现代化建设新篇章。在具体工作中，要重点围绕“一、三、五”展开：

——紧扣一个目标

就是要紧扣打造“融杭品质城、都市金南翼”总目标，对标绍兴率先走出争创社会主义现代化先行省的市域发展之路这一定位，聚焦高质量、竞争力、现代化，加快打造一批具有诸暨辨识度的标志性成果，努力建成县域高质量发展先行区、融杭接沪示范区、数智创新集聚区、文化文明实践区、全域好美样板区、县域治理窗口区、美好生活品质区，推动诸暨在建设社会主义现代化先行省中走在前列。

——打开三大通道

一要打开临杭城市向融杭城市跃迁的通道。坚定不移把“与杭同城”作为诸暨未来高质量发展的总牵引，进一步强化“先行”意识、“融入”观念、“同城”思维，全面融入大湾区，深度接轨大上海，加快推动区位优势向发展优势转变、县域经济向都市经济升级。一要突出交通无缝式对接，围绕都市区“半小时交通圈”目标，推动快速网、干线网、基础网全面互通，建成G235国道、诸柯高速、诸义高速等一批高速交通项目，谋划实施浙赣铁路诸暨至杭州段通勤化改造、杭诸城际铁路、绍诸市域列车等一批轨道交通项目，积极对接沪杭磁悬浮、沪绍金高铁等一批未来交通项目，争取全面改造高铁站，加快建设公铁水物流网，打造杭州都市区交通一体化先行区。二要突出产业互补式联动，健全完善与沪杭绍产业分工协作机制，深度参与长三角数字经济、智能制造、创意设计等产业链价值链分工，大力招引主导产业引领项目、新兴产业共建项目，努力在都市圈产业链中凸显诸暨优势。全力发挥开发区、高新区融杭“桥头堡”作用，积极对接杭州城西科创大走廊、滨江高新区、上海松江G60科创走廊办公室，谋划建设杭绍一体化萧诸绿色发展先导区，探索“区中园”“园中园”合作模式，扩面建设“诸暨岛”“高新岛”，力争创成国家级开发区。三要突出要素全链式承接，依托杭州“数字经济第一城”高地优势，进一步形成科技、人才、金融、市场、数据、检验检测“六大链接”，谋划建设进口珍珠保税仓，努力增强长三角高端要素资源吸附力。积极对接绍兴科创大走廊，高标准建设G60诸暨创新转化港，深化“飞地”引流模式，全面打造开放创新大平台。四要突出服务多元式共享，健全完善与沪杭优质公共服务资源共建共享机制，跨区域开展高端医疗、教体、文化、旅游合作，加强城市治理协同，努力实现服务同城、待遇同质。深化推进长三角政务服务一体化，扩面提升“一网通办”“一卡通行”，实现改革联动、数据联通、事项联办、治理联合。

二要打开传统产业向现代产业跃迁的通道。坚持把发展经济着力点放在实体经济上，加快推动产业基础高级化、产业链现代化，全面构建以二产为主体、三产为支撑、一二三产融合发展的现代产业体系。一要“有中出新”提能级。紧扣创成省制造业高质量发展示范县市目标，聚焦强链、补链、延链，大力实施产业基础再造和产业链提升工程，更加突出质量强市、品牌强市，重点抓好时尚袜艺、美丽珍珠、铜材精密制造集群化数智化高端化服务化改造，实现“加工制造”向“研发智造”“精工质造”整体跃升，再创诸暨工业强市新优势。二要“无中生有”拓增量。实施新兴产业培育发展五年行动计划，积极培育新技术、新产品、新业态、新模式，重点发展数智安防、生命健康、新材料“三大新兴产业”，加快培育文化旅游、商贸物流、培训会展“三大现代服务业”，布局拓展第三代半导体、智能环保家居、新能源汽车等新领域，努力打造战略性新兴产业集聚地。三要“新中提质”优业态。扶持壮大现代服务业，积极培育创新型、开放型、服务型、总部型、流量型“五型经济”，大力发展网红直播、新零售、“宅经济”，加快打造核心商圈、特色街区、体验场景，推动生活性服务业向多样化、品质化迭代。大力推广“制造+服务”新业态，探索创新共享制造、个性定制，全面拓展生产性服务业发展新“蓝海”。大力发展现代高效生态农业，加快建设珍珠小镇、同山烧小镇，促进农业“接二连三”，着力打造农业现代化示范区。

三要打开要素驱动向创新驱动跃迁的通道。坚定不移实施人才强市、创新强市首位战略，坚持主体链、平台链、人才链、金融链、生态链、服务链“六链协同”，真正让创新成为诸暨现代化建设的持久动力和鲜明标识。一要做大人才蓄水池。全面实施“鲲鹏行动”计划、暨阳“533英才计划”、“暨阳菁英”行动计划，聚力推进“乡贤回归”，力争到2025年，新引进各类顶尖人才15名、领军型团队25个、高层次创业创新人才250名。紧盯“高精尖缺”需求库，优化“引育管用”生态链，谋划成立联合研究生院，加快建成人力资源服务产业园，创成省级人才创业园，努力形成聚天下英才共建诸暨、发展诸暨的生动局面。二要建强创新主阵地。加强多层次集成、多主体协同，加速整合科技客厅、科创中心等一批公共创新平台，提升完善产业创新服务综合体、先进制造产业园等一批产业创新平台，谋划推进高湖众创平台、设计学院等一批协同创新平台，努力构建"从0到1、从1到N"的创新平台体系。充分发挥企业主体作用，深入实施科技型企业"双倍增"计划，设立企业创新联合体，实现规上工业企业研发机构全覆盖。三要提升成果转化率。突出企业主体、市场导向，深化推广"揭榜挂帅""赛马制"科技攻关机制，提升发展科技大市场、国际技术转移中心，与暨阳学院、南华大学、浙江大学、上海交大等高校院所深化产学研合作，加快路空一体研究院建设，培育发展科技中介机构，着力推动更多创新成果转化到企业、落实为项目、孵化成产业。

——聚力五项工程

（一）实施数字诸暨赋能工程，着力在推动高质量发展上出新出彩。以数字化引领、撬动、赋能现代化，加快形成与数字化变革时代相适应的生产方式、生活方式、治理方式，构建数字产业、数字政府、数字社会"三个闭环"。一要加快产业数智化改造。着力推动数字技术与实体经济深度融合，打造数字经济"一号工程2.0版"。坚持把数智化变革性力量注入传统产业改造提升全过程，加快装备自动化、生产智能化、管理信息化、市场网络化、数字产业化"五化联动"，确保"两化"深度融合发展指数始终位居全省第一梯队。建设一批无人车间、未来工厂、创意工场等智能化技改项目，打造一批行业级、区域级、企业级工业互联网平台，实现规上工业企业数字化转型应用全覆盖。二要加快党政数字化转型。坚持整体性转变、全方位赋能、革命性重塑，注重业务协同、系统集成、流程再造，高标准建设数字"驾驶舱"，加快实现谋划、决策、执行、督查、反馈等数字化协同，全面提升政府效能。深度对接省政务服务2.0平台，升级"浙里办"诸暨平台和"诸事通办"网上公共服务平台，深化网上办、掌上办、码上办、刷脸办，全面建成"掌上办事、掌上办公"县市。三要加快治理数字化提升。牢固树立整体智治理念，探索建立智治新平台新机制，提档升级"雪亮工程""智慧城管"，扩面建设智安小区、共享社区，建成"城市大脑""掌上治理"平台，加快构建市镇村三级贯通的社会智治中枢，实现基层"一网智治"。加快各领域数字化升级，形成即时感知、科学决策、主动服务、高效运行、智能监管的新型治理形态。

（二）实施营商环境优化工程，着力在打造高水准服务上出新出彩。对照世界银行标准，迭代升级优化营商环境"10+N"行动，制定出台营商环境评价指数，全面提升投资贸易、创业创新、产业发展、政务服务、公正法治"五大环境"，真正让本地企业放手经营、外地客商安心投资、优秀人才远来近悦。一要推动改革集成。纵深推进个人和企业全生命周期"一件事"全流程"最多跑一次"，全面实施企业投资项目审批验收、存量资产盘整、农民建房等"一件事"集成改革，努力实现市场有效、政府有为、企业有利、群众受益。深化商事制度改革，积极探索极简审批、联合验收模式，推动要素差别化配置，进一步在简环节、省时间、减费用、提效率上取得新突破。推进"大综合、一体化"行政执法改革，健全完善综合执法"首发响应"机制。大力实施信用建设"531X"工程，全面建设信用诸暨。二要推动服务破难。巩固深化"三服务"长效机制，常态化推进组团服务、区域服务、精准服务，进一步构建亲清政商关系。完善推动高质量发展的政策体系，健全"即验即兑、应减尽减"机制，做到集成施策、精准滴灌，让政策阳光普照企业、惠及企业。三要推动主体升级。打好"凤凰""雄鹰""雏鹰"等行动组合拳，持续加强"小升规、下升上、科孵高、规上市"市场主体培育，提升上市公司质量，打造一批"隐形冠军""单打冠军"，构建以上市公司为龙头、规上企业为主体、专精特新企业为支撑的雁形梯队。深化国资国企市场化转型，实现国有企业资产质量和收益能力"双提升"。

（三）实施花园城市建设工程，着力在塑造高颜值环境上出新出彩。坚持以全国新型城镇化示范县创建为引领，深入推进美丽诸暨建设，努力绘好具有诸暨范、西施味、江南韵的好美画卷。一要突出美丽建设全域化。坚持市镇村联动、点线面并进，一体推进美丽城市、美丽城镇、美丽乡村建设，努力为现代化建设增添美丽成色。完善城市功能，扎实推进城市“两新一重”基础设施建设，高标准打造城西“七大客厅”、城东生态高湖，统筹抓好暨南街道、大唐街道融合升级，扩面建设未来社区，加快花园岭“暨阳印记”改造，加强风貌管控、设施管护和安全管理，真正让城市更有韵味、更显活力。提升城镇品质，纵深推进“百镇样板、千镇美丽”工程，加快打造一批各具韵味的特色小镇、风情小镇、时尚小镇。擦亮乡村底色，全面实施新时代美丽乡村“六大行动”，分类打造历史文化村、特色精品村、美丽休闲村。二要突出美丽整治长效化。始终聚焦“天蓝地绿水清无废”全要素美丽目标，着力打好生态环境巩固提升持久战，持续开展“无废城市”“污水零直排区”创建，统筹抓好水、气、固废和垃圾治理，不断提升生态治理能力。加大生态环境监督执法力度，健全完善源头预防、过程控制、责任追究的生态环境保护体系，加强饮用水源地保护，坚决守牢生态环境底线。三要突出美丽成果经济化。坚持绿水青山就是金山银山理念，积极探索生态产品价值实现路径，创新发展高效生态农业、绿色制造业、生态服务业，不断做强高质量发展“绿色引擎”。提升发展全域旅游，聚焦生态康养、时尚休闲和文化研学“三大主题”，培育壮大文旅产业，谋划推进枫和里乡村公园等重点旅游项目，推动美丽成果向美丽经济转变。

（四）实施文化强市提升工程，着力在共享高品质生活上出新出彩。坚持以人为核心的现代化，不断推动文化惠民、服务便民、实事为民，加快实现共同富裕，努力让人民生活更富品质、更有体面、更加幸福。一是文化品牌要提档升级。深入推进新时代文化建设“八项工程”，扩面升级文化礼堂、浣江书房、社区文化家园，规划建设市文化中心，广泛开展群众性文化活动，着力提升百姓文化获得感幸福感。大力弘扬西施文化、“三贤”文化、古越文化，发掘建设西施故里二期，加快建设“三贤”文化馆等主题博物馆，进一步讲好西施故事，打响文化品牌。深入践行社会主义核心价值观，深化新时代文明实践“先行试验区”建设，打好理论传习、文化传播、文明传递系列组合拳，大力弘扬企业家、劳模和工匠精神，努力营造崇德向善、开放大气、重诺守信的文明新风尚。二是公共服务要提质增效。坚持“持续输血”和“加快造血”相结合，有效扩大多领域、多层次优质公共服务供给。健全完善社会保障体系，稳步推进基本养老保险、医保提标扩面。统筹抓好社会救助、社会福利、慈善公益、优抚安置，全力保障妇女、儿童、残疾人合法权益。坚持教育优先，统筹推动各类教育优质均衡特色发展，创成省教育现代化县市。全面推进“三医联动”“六医统筹”改革，打造更高水平的健康诸暨。开展全民健身行动，建设篮球馆体育综合体，支持发展赛事经济等体育产业，争创省级体育现代化县市。三是民生实事要提标扩面。实施更加积极的就业创业政策，全力拓宽居民增收渠道，确保低收入群体同步实现基本现代化。健全为民办实事长效机制，滚动推进十大民生实事，抓实抓好群众身边的“关键小事”，努力实现幼有善育、学有优教、劳有厚得、病有良医、老有颐养、住有宜居、弱有众扶。

（五）实施“枫桥经验”深化工程，着力在实现高效能治理上出新出彩。全面落实习近平总书记关于坚持发展“枫桥经验”重要指示批示精神，坚持系统治理、依法治理、源头治理，率先建成全国基层治理示范区，成为全国县域治理现代化的重要窗口。一要推动治理全景拓展。强化“枫桥经验”发源地的使命担当，加快形成党建统领的“四治融合”新型基层治理体系。深化“县乡一体、条抓块统”改革，创新推进“四个平台+”建设，构建一个平台、一个中心、一个网格、一件事“四个一”基层治理新格局。深化“枫桥式”品牌创建，创新发展“网上枫桥经验”“路上枫桥经验”“企业枫桥经验”，发挥绍兴枫桥学院、新时代“枫桥经验”研究院等平台作用，积极探索社会治理新途径新机制。认真贯彻落实习近平法治思想，加快建设法治政府、法治社会，争创全国法治政府示范县市。深化社会治理领域“最多跑一地”改革，提升社会矛盾纠纷调处化解中心运行实效，切实维护群众合法权益。二要推动风险全力防范。强化关口前移的超前意识，坚持底线思维，发扬斗争精神，牢牢掌握防范风险的主动权。加强预警监测和智慧防灾，构建源头防范、排查梳理、风险化解、应急处置的闭环管控机制。增强应急处突能力，全力化解处置政治、经济、社会等各领域风险，加强网络综合治理，确保"小事不拖大、问题不掩盖、风险不外溢"。三要推动平安全面提升。牢固树立"大平安"理念，持续深化平安诸暨建设，常态化推进扫黑除恶"六建"工作，切实解决好安全生产、道路交通、食品药品等方面的突出问题，坚决遏制重特大事故发生，确保平安创建"护鼎加星"，率先创成"平安中国先行示范区"。突出"大安全、大应急、大减灾"，建设应急指挥中心和应急管理综合应用平台，着力提升应急管理体系和能力现代化水平，全力保障人民生命财产安全。

四、唯实惟先，再显风采

开启新征程、再创新辉煌，核心在党，关键在人。要全面落实新时代党的建设总要求，突出"五个过硬"，聚焦"七种能力"，推动全面从严治党向纵深发展，加快打造一支堪当现代化建设重任的党员干部队伍。

一要筑牢政治引领之魂。牢固树立政治首位的鲜明导向，学思践悟习近平新时代中国特色社会主义思想，严格落实习近平总书记对诸暨工作重要指示批示精神"四张清单"，巩固深化"不忘初心、牢记使命"主题教育成果，进一步增强"四个意识"、坚定"四个自信"、做到"两个维护"。全面落实党委(党组)意识形态主体责任，牢牢掌握意识形态工作领导权管理权话语权。充分发挥市委总揽全局、协调各方的领导作用，支持人大、政府、政协和监委、法院、检察院依法依章程履行职能，做好统战、武装、老干部、群团组织等各方面工作，更好发挥咨询委智库作用，广泛凝聚起现代化建设的强大合力。

二要善积强基固本之功。坚持一切工作到支部，整体推动基层党建全领域建强、全市域提升。深入实施基层组织力提升工程，深化"整乡推进、整县提升"，全力整转软弱落后基层党组织，打造"五星"系列创建升级版。深入实施基层凝聚力提升工程，扩大各领域基层党建工作覆盖，深化城市"契约化"共建，提高"两新"组织党建工作水平，更好发挥基层党组织的战斗堡垒作用。深入实施基层战斗力提升工程，积极探索"一肩挑"背景下村社班子运行管理新模式，扎实开展基层带头人"领雁工程"，关心关爱村社普通党员，深化推广党员"五带头"和农村基层"四大员"建设，着力提高村社干部治理能力，打造一支敢担当、过得硬、会服务、善治理的基层铁军。

三要大兴崇尚实干之风。贯彻落实新时期好干部标准，健全干部成长选育管用全链条机制，倡导唯实惟先、善作善成的团队文化，营造争先创优、比学赶超的干事氛围。特别要敢抓善管、创新经营，主动"过紧日子"，努力提高驾驭高质量发展的能力和水平。强化实绩比拼，坚持正确的选人用人导向，依事择人、以干选人，健全完善立体式综合考评办法，做到能者上、优者奖、庸者下、劣者汰。强化实干导向，深化推进"干部为事业担当、组织为干部担当"良性互动，打好"精准问责、容错纠错、澄清正名"组合拳，推动党员干部想干事、能干事、干成事。强化实践历练，持续开展年轻干部能力提升工程，打造一支扛得起重活、打得了硬仗、经得住磨砺的"后浪式"年轻干部队伍。

四要恪守严实清廉之本。纵深推进清廉细胞建设，不断提升清廉诸暨建设水平。坚持党委主体责任、党委书记"第一责任"、班子成员"一岗双责"和纪委监督责任贯通联动、形成合力，推动全面从严治党走深走实。深化纪检监察体制改革，健全完善全面覆盖、权威高效的监督体系，强化对基层公权力运行的制约和监督，推动监督下沉、监督落地。锲而不舍落实中央八项规定精神，持续纠治形式主义、官僚主义，坚决防止"四风"问题反弹回潮。坚持惩治高压、权力归笼、思想自律三管齐下，一体推进不敢腐、不能腐、不想腐，深化运用"四种形态"，坚决查处重点领域和群众身边腐败问题，巩固发展反腐败斗争压倒性胜利。深化"浣江清风"清廉文化建设，形成新时代"清风廉路"，全面打造政治生态上的绿水青山。

最后，我就市委《建议》起草情况作个说明。"十四五"时期是事关诸暨现代化建设、事关百姓品质生活的关键五年，编制好"十四五"规划意义重大。市委对《建议》起草和规划编制工作高度重视，专门成立领导小组，深入开展专题调研，组织“十四五”规划金点子征集活动，开门问策、集思广益，广泛听取社会各界意见建议，于11月中旬形成了《建议》初稿。起草组又根据党的十九届五中全会、省委十四届八次全会和绍兴市委八届九次全会精神对初稿进行了多次细化完善，形成了《建议》征求意见稿，并通过召开专题会议和书面方式征求了各个层面的意见，累计收到意见建议300余条。按照“充分吸纳、能改则改”的原则，反复修改、数易其稿，于12月11日经市委常委会审议后再次修改，形成今天提交全会审议的《建议》讨论稿。在起草过程中，着重把握了以下三条原则：一是坚持上下贯通，紧扣忠实践行“八八战略”、奋力打造“重要窗口”主题主线，全面贯彻省委“争创社会主义现代化先行省”战略目标，切实将上级精神和诸暨实际贯通起来，做到“诸暨话”和“普通话”互补协调。二是坚持长短结合，在明确二〇三五年远景目标和未来五年发展总体目标的基础上，深刻研究诸暨发展的基础性、根本性、关键性问题，明确在新起点上推动高质量发展的路径和办法，锻长板、补短板、强弱项，努力增强发展的整体性和系统性。三是坚持统筹衔接，对《建议》和《纲要》以及市委常委会工作报告进行了有机统筹，做到紧密衔接、相辅相成。关于建议稿的具体内容，这里不再说明，请大家在讨论时充分发表意见，共同把《建议》修改好、完善好。

同志们！蓝图已绘就，奋进正当时。让我们更加紧密地团结在以习近平同志为核心的党中央周围，以习近平新时代中国特色社会主义思想为指导，真抓实干、埋头苦干，勇挑重担、勇开新局，为全面展现建设“重要窗口”的诸暨风采、推动诸暨现代化建设走在前列而不懈奋斗！

诸暨市人民代表大会常务委员会工作报告

2021年1月13日

在诸暨市第十七届人民代表大会第五次会议上

诸暨市人大常委会主任　姚汉松

各位代表：

我受诸暨市人民代表大会常务委员会委托，向大会报告工作，请予审议。

2020年，是极不平凡的一年。面对错综复杂的国际形势和艰巨繁重的改革发展任务，常委会高举习近平新时代中国特色社会主义思想伟大旗帜，在市委的坚强领导下，紧紧依靠全体代表，切实履行法定职责，共召开常委会会议7次、主任会议16次，审议工作报告15个，听取专题汇报6个，作出决议决定16个，组织执法检查、集中视察10次，任免国家机关工作人员70人次，补选代表4人，顺利完成了市十七届人大四次会议确定的各项任务，为统筹推进疫情防控和经济社会发展，圆满收官“十三五”作出了积极贡献。

一、政治建设统领思想行动

常委会始终按照“政治机关”的要求，把握方位、提高站位、准确定位，切实把政治建设贯穿于人大工作全过程。

持之以恒强化理论武装。建立常态化学习制度，深入学习贯彻党的十九届五中全会精神、习近平总书记系列重要讲话精神和习近平法治思想，以理论清醒保证政治坚定，进一步增强“四个意识”、坚定“四个自信”、做到“两个维护”。巩固和拓展“不忘初心、牢记使命”主题教育成果，筑牢信仰之基、补足精神之钙、把稳思想之舵。

坚定不移贯彻党的领导。紧扣市委决策谋划工作，坚持重大事项、重要工作请示报告制度，确保人大工作正确政治方向。坚持党管干部原则与人大依法任免相统一，确保党组织推荐的人选通过法定程序成为地方国家机关领导人员。深入贯彻落实市委人大工作会议精神，协助制定《主要任务分工方案》。配合省委巡视，主动开展“政治体检”，高度重视巡视反馈问题整改，对标对表、逐项落实。

驰而不息深化作风建设。针对重点热点问题，深入开展调查研究，全年形成项目“百日攻坚”、信访积案化解、融杭大通道建设等调研报告和督查专报34只，其中19只得到市委书记和市长的批示。贯彻落实全面从严治党主体责任，充分发挥党组的领导和表率作用，严格遵守中央八项规定精神，组织开展警示教育等活动，支持派驻纪检监察组工作，加强人大常委会机关政治监督，着力营造风清气正的政治生态。

二、主动作为服务中心大局

常委会始终与市委同心同向同行，围绕“全面融、全力稳、全域美”，自觉把人大工作融合在发展大局之中。

推动重点工作落地落实。助力“与杭同城”战略实施，视察高新区建设、融杭大通道建设，调研科技创新工作。助推“三大工程、七项行动”，制定专门方案，建立专项小组，由常委会领导带队逐月逐项开展监督，督促相关部门及时解决问题。主动配合村社组织换届选举、“三改”专项行动、“三驻三服务”“河长制”等工作，积极推动市委决策落到实处。

助力战疫复工“两战两赢”。面对突如其来的新冠疫情，常委会迅速行动，第一时间贯彻市委部署，执行上级人大决定，向在诸代表发出动员倡议。全市各级代表闻令而动，全体机关干部深入一线，参与群防群控，走村访企进社区，先后报送《关于加强疫情防控工作的建议》《关于企业复工复产的情况调研》《化危为机，推动诸暨经济转型提升的调研和思考》等专报，当好市委决策参谋助手，支持政府依法防控。

服务民营经济企稳回升。民营经济是诸暨的最大资源。在诸暨，稳经济，重点是稳民营经济。面对疫情的严重冲击，常委会跟踪促进民营经济高质量发展审议意见落实情况，审查批准地方政府债务限额和预算调整方案，支持政府减负降费、税收优惠等政策落早落细。组织视察营商环境，召开企业家专题座谈会，分析梳理民营经济发展堵点，收集问题103条，形成四个方面31条监督意见，助推民营企业共克时艰、稳健发展。

三、强化监督推动高质量发展

常委会始终突出主责主业，把提升监督水平作为工作的着力点，围绕重点领域和关键环节，依法监督，履职尽责。

聚焦经济社会发展。听取审议数字诸暨工作情况报告，监督审议意见落实情况，形成重点工作监督闭环。审议国有资产管理情况综合报告和专项报告，拓展监督的广度和深度，促进国企改革走深走实。高度重视经济运行态势和发展趋势，认真审议上半年全市经济社会发展情况和下半年政府工作的报告，调研外贸回流、税源回归工作，提出应对变局有定力、统筹兼顾有重点、谋划部署重落实等意见建议，推动“十三五”目标任务顺利完成。

聚焦“三大攻坚战”。关注风险隐患防范化解工作，强化预算编制和执行约束，调研政府性债务化解工作，加强政府债务监督。全力支持优化地方金融生态和企业“解圈断链”工作。跟踪审计发现问题的整改，听取整改情况汇报，2019年度审计发现问题整改率达96.1%。关注精准脱贫工作，审议村级集体经济“消薄增收”，调研“三农”服务、闲置农房激活、农业龙头企业发展等情况，推动农村集体经济健康发展，助力乡村振兴。关注污染防治工作，深化生态环境状况报告制度，推进“美丽河湖”建设，检查固废物依法处置，督查环境热点难点问题，监督“无废城市”创建，促进生态文明建设不断深入。

聚焦市域社会治理。坚持创新发展新时代“枫桥经验”，审议矛盾纠纷调处化解“最多跑一地”工作，开展三级联动专项督查，督办信访积案化解攻坚行动，完善人大信访办理，进一步畅通民意诉求表达通道。听取行政审判、城市综合执法工作情况报告，加强规范性文件备案审查，组织镇乡（街道）、部门负责人旁听行政诉讼庭审，推动行政机关负责人出庭应诉制度落实。审议公益诉讼检察工作，支持检察机关依法保护国家利益和社会公共利益。举办系列法制讲座，调研“枫桥式公安派出所”创建工作，督查青少年帮扶体系建设情况，在法治诸暨建设的探索实践中选准履职结合点。

四、以民为本增进群众福祉

常委会始终坚持以人民为中心的发展思想，在推动解决群众关切的热点问题中，体现人大温度，诠释为民初心。

解民之所忧。视察学前教育工作，调研职业教育和在诸高校办学情况，推动解决优质普惠资源相对不足问题，普惠性幼儿园建设大步推进。听取疫情防控和公共卫生体系建设情况汇报，调研县域医疗服务体系建设和院前急救工作，对健全重大疫情防控机制、加强公共卫生应急管理提出意见。听取和审议全域旅游工作，建议政府着力顶层设计，突出项目带动，打响旅游品牌，促进深度融合，推动“两山理论”新实践。

行民之所盼。民生实事项目事关群众切身利益。常委会将督查意见作为今年的一号文件，组建7个监督小组，一月一督查、一季一专报、半年一汇总，常态化开展监督。组织发动镇乡（街道）人大和广大代表就近就便实时监督。统筹安排专题视察，听取专项报告，开展满意度测评，有效推动项目顺利实施。2020年政府十方面民生实事项目已全面完成。

察民之所需。听取社会保障体系建设工作，组织《慈善法》执法检查，监督养老保险运行情况，织密幸福诸暨“保障网”。持续监督食品药品安全，检查审议意见落实情况，推动农产品快速检测体系建成运行。视察应急救援体系建设，提升公共安全保障和突发事件应对能力。调研视察高湖蓄滞洪区改造工程，推动政府大格局、高品位打造城市新地标。

五、依法履职彰显代表作用

常委会始终坚持人民主体地位，做深做实代表工作，充分发挥代表主体作用，不断夯实人大工作基础。

履职保障更落实。坚持和完善代表列席常委会会议、参与常委会活动机制，组织开展“局长·代表面对面”、助推“四大建设”助力“十四五”规划等主题活动，全年邀请代表参加各类履职活动1739人次。落实《人大代表履职考评办法》，优化代表履职管理，加强代表服务保障，激发代表履职热情。贯彻《浙江省街道人大工作条例》，制定出台《市人大常委会街道工作委员会工作规则》等12个制度规则，进一步规范街道人大工作和建设。

建议办理更扎实。探索建议内容、办理进度、评价结果全过程公开途径和办法，促使建议提得更好、办得更实。强化建议对口督办、重点督办、跟踪督办，专题审议政府办理工作情况报告，组织市长、副市长领办建议面商活动和建议办理落实“回头看”。代表在市十七届人大四次会议期间提出的258件建议已全部办结，满意率100%，问题解决和基本解决的达88%。在帮助解决群众的烦心事、操心事中，跑出了代表为民服务的“加速度”。

联系群众更深入。全面改造提升代表联络站，22个镇乡（街道）按计划完成改造任务。制定《人大代表联络站基本规范》，明确代表联系群众的机制、责任和要求，推动国家机关负责人进站听意见建议，更好地发挥代表联络站察民情、聚民智的平台作用。一年来，联络站开展活动169次，参与代表1470人次，接待群众和选民1749人次，收集各类意见建议588条，办结482条，办结率82%。

各位代表，过去一年常委会工作所取得的成绩，是在市委正确领导下，全体代表和常委会组成人员依法履职、积极作为的结果，是“一府一委两院”和镇乡（街道）人大支持配合、共同努力的结果，也是广大政协委员和社会各界关心关切、热情帮助的结果。在此，我谨代表市人大常委会表示衷心感谢！

同时，我们也清醒地认识到常委会工作存在的差距和不足，主要有：监督工作的针对性还不够强，监督实效需进一步增强；代表参与常委会工作的形式还不够丰富，代表主体作用需进一步发挥；人大工作数字化赋能相对滞后，常委会自身建设需进一步深化。对于这些问题，我们将高度重视，切实改进，努力把工作做得更好。

各位代表，2021年是建党一百周年，是“十四五”规划开局之年，也是本届人大的收官之年。“开好局”“收好尾”“献好礼”是新一年工作的主题。

常委会工作的指导思想是：高举习近平新时代中国特色社会主义思想伟大旗帜，全面贯彻党的十九届五中全会精神，深入学习贯彻习近平法治思想和习近平总书记关于坚持和完善人民代表大会制度的重要思想，按照市委十六届十一次全会的决策部署，团结和依靠全市人民，忠实践行“八八战略”、奋力打造“重要窗口”，依法全面有效履职，为推动诸暨在建设社会主义现代化先行省中走在前列贡献人大的智慧和力量。

总体要求是：紧扣市委“一三五”决策部署这条主线，突出服务“十四五”良好开局这个重点，抓住提升监督水平这一关键，坚持把加强党的全面领导作为履职之要，坚持把围绕中心、服务大局作为重中之重，坚持把以民为本、为民谋利作为初心使命，坚持把唯实惟先、注重实效作为工作追求，在保持定力和主动应变中把握好履职的着力点，以高水平履职助推高质量发展。

主要任务是：

一、聚力“十四五”开局，进一步加强和改进监督工作

聚焦发展大局和民生关切，用足用好法定方式，精准履行监督职责。围绕高质量发展，把打开创新驱动跃迁通道，实施数字诸暨赋能工程、营商环境优化工程、“枫桥经验”深化工程等，作为年度监督工作的重点，制定专门方案，组织专班力量，强化专项监督，推动市委重点工作落地有声。关注疫情防控常态化背景下的经济运行，听取审议全市经济社会发展情况报告，专项审议预算、决算、审计工作，严肃预算刚性执行，深化预算联网监督，完善国有资产监管，加强对政府重点支出、重大项目、重要政策的监督，着力打好监督“组合拳”，不断增强监督的刚性和实效性，在助推现代化建设中体现人大担当。围绕生态文明建设，深化生态环境状况报告制度，听取《城乡规划法》实施情况汇报，跟踪督查全域旅游审议意见落实情况、美丽庭院示范镇创建工作，在助推“美丽诸暨”建设中贡献人大力量。围绕基层社会治理，听取审议“七五”普法报告，作出“八五”普法决议，开展知识产权保护、宗教事务条例执法检查，调研法院民间借贷协同治理工作、检察机关法律监督工作、枫桥学院建设情况，举办系列法制讲座，健全完善规范性文件备案审查机制，推进法治政府、法治社会一体建设，在助推市域社会治理现代化中展示人大作为。围绕民生福祉改善，审议农村宅基地审批和闲置用房利用工作，听取医疗保障情况汇报，检查粮食安全保障条例执行情况，视察养老服务发展、文化遗产保护与传承，健全民生实事项目监督长效机制，调研饮用水安全、义务教育优质均衡发展、退役军人服务保障等工作，在满足人民群众对美好生活的新期待中彰显人大情怀。

二、着力作用发挥，进一步加强和改进代表工作

以优化代表履职服务保障为重点，提升代表工作水平，更加充分地发挥代表主体作用。密切代表联系群众。落实《人大代表联络站基本规范》，加快市代表联络总站规划建设，发挥联络站贴近群众联系群众的功能，引导代表深入群众听民意、察民情、聚民智。扎实开展“局长·代表面对面”等主题活动，支持和推动国家机关负责人进站听取意见建议、回应群众关切、处理解决问题。深化代表建议办理。加大《代表建议、批评和意见工作办法》执行力度，落实办理工作“一把手”责任制，坚持重点建议面商督办等制度，公开代表建议及其办理情况，进一步提高建议办成率。完善代表履职管理。加强服务保障，组织业务培训，提升履职水平。细化代表线上线下履职档案，健全代表履职考评机制，不断激发代表投身现代化事业的积极性和创造性。

三、致力守正创新，进一步加强和改进自身建设

围绕“唯实惟先”“善作善成”“更专更精”的目标要求，持续推进常委会自身建设，更好发挥“两个机关”作用。加强政治建设。深入学习贯彻习近平新时代中国特色社会主义思想和习近平法治思想，不断提高政治判断力、领悟力、执行力，始终坚持党对人大工作的全面领导，严格落实全面从严治党主体责任，确保市委决策部署落实到人大工作各方面、全过程。加强能力建设。对照现代化建设的新部署、新要求，拓展战略视野，创新思维方式，突出数字赋能，找准人大工作的结合点，落准人大工作的着力点，坚持和完善专项监督、跟踪监督、联动监督机制，积极探索靶向监督的途径办法，增强监督“精度”，提升监督水平，提高监督实效。加强团队建设。围绕

"融杭品质城、都市金南翼"总目标,紧扣改革发展中的重点热点问题,加强统筹谋划,深入调查研究,深耕监督主业,深化"三服务"活动,增强工作的系统性协调性能动性。密切与镇乡(街道)人大的联系联动,增进与"一府一委两院"的沟通协调,提升人大工作整体合力和集成效应。坚持严管和厚爱相结合,激发机关干部队伍始终保持奋进者姿态和创造性张力,更好地凝聚实干担当的精气神。

各位代表,为者常成,行者常至。让我们更加紧密地团结在以习近平同志为核心的党中央周围,在市委的坚强领导下,只争朝夕,不负韶华,为推动诸暨现代化走在前列尽责尽力,以优异成绩献礼党的百年华诞!

政府工作报告

2021年1月13日

在诸暨市第十七届人民代表大会第五次会议上

诸暨市市长　胡华良

各位代表:

现在,我代表市人民政府向大会报告工作,请予审议,并请市政协委员和其他列席人员提出意见。

一、"十三五"发展成就和2020年主要工作

"十三五"时期,市政府坚持以习近平新时代中国特色社会主义思想为指导,在市委坚强领导下,在市人大、市政协监督支持下,团结依靠全市人民,攻坚克难、锐意进取,有效应对外部环境深刻变化,较好完成了"十三五"规划目标任务。2020年生产总值预计达1360亿元,年均增长6.6%,人均生产总值超12.5万元;实现财政总收入145.5亿元、一般公共预算收入90.3亿元,均是"十二五"末的1.3倍。预计五年累计完成固定资产投资2676.8亿元、社会消费品零售总额2131亿元、自营出口261.8亿美元,分别是"十二五"的1.1倍、1.5倍和1.1倍。经济综合竞争力提升至全国百强县第11位,全面小康指数提升至全国县级市第10位。

这五年,我们坚持转型提质,产业层次稳步攀升。开展工业领域省级试点9项,全市数字化车间、在役工业机器人、上云企业分别达110个、2155台和8200家。开发区、高新区、特色小镇产业集聚效应凸显,工业强市排名全省第三。建筑业年产值保持千亿规模,建筑工业化考核全省优秀。旅游收入年均增长13%,成为省全域旅游示范县市。商贸物流、现代金融、工业设计、楼宇经济发展实现新突破。农业"两区"建设成效显著,获评省级放心粮油示范县,创成国家现代农业产业园。

这五年,我们坚持融杭发展,开放水平持续提升。诸暨"与杭同城"纳入《浙江省推进长三角区域一体化发展行动方案》。杭金衢高速拓宽工程、绍诸高速延伸线、杭州都市高速诸暨段建成通车,诸暨至北京始发高铁、"西施号"通勤高铁和诸杭、诸义城际公交开通运营。教育、医疗、旅游等联通共享不断加强,100个以上政务服务事项杭绍甬三地可办。"义新欧"诸暨号中欧班列、"诸暨—宁波舟山港"海铁联运专列相继开行,"十三五"期间进出口总额年均增长8.7%。

这五年,我们坚持统筹协调,城乡面貌加速改变。部分行政区划和行政村规模调整顺利实施,常住人口城镇化率达61%。城东高湖初具雏形,城西客厅展现新貌。全域通过小城镇环境综合整治省级验收,获评省新时代美丽乡村示范县,成为全省首批"无违建"县市。城市三环线全线贯通,新增二级以上干线公路116.3公里,创成省"四好农村路"示范县。污染防治取得阶段性胜利,连夺治水"大禹鼎",获评国家生态市、中国人居环境奖,跻身全国"绿水青山就是金山银山"发展百强县第3名。

这五年,我们坚持改革创新,发展动能加快转换。"最多跑一次"改革纵深推进,市镇村三级便民服务体系全面构建,政务服务"掌上办"实现率达98.8%。供给侧、投融资、营商环境评价等省级改革试点取得实效,新赋码投资项目"最多80天"实现

率达 100%，累计新增市场主体 12.3 万家。国家级农村集体产权制度改革试点顺利完成，行政村年经营性收入 30 万元以上实现全覆盖。3 家产业创新服务综合体进入省级创建名单，连续获评全国科技进步先进县市。

这五年，我们坚持共建共享，百姓生活更加幸福。累计投入 398.4 亿元用于民生，是"十二五"的 1.6 倍。预计 2020 年城镇和农村常住居民人均可支配收入分别达 70000 元和 42100 元，年均分别增长 7.2%、8.6%。基本实现全民医保，户籍法定人员基本养老保险参保率达 99.7%。困难群众兜底保障逐年加强，累计发放各类救助资金 6.6 亿元。社会事业全面进步，创成省教育基本现代化县市，实现县域医共体全覆盖、城乡居家养老服务全覆盖。西施马拉松、环法自行车等赛事成功举办。每万人拥有社会组织超 40 个。"七五"普法全面完成，平安创建实现"十五连冠"。新时代"枫桥经验"写入党的十九届四中全会《决定》，成为推进国家治理体系和治理能力现代化的有机组成部分。

这五年，我们坚持自我革新，政府建设不断加强。深入开展"两学一做"学习教育、"不忘初心、牢记使命"主题教育，认真落实巡视反馈意见整改。顺利完成新一轮政府机构改革，加快推进政府数字化转型。坚决执行市委决策部署，坚持重大事项向人大报告和政协通报制度，累计办理建议提案 2369 件。加强府院、府检联动，有效预防化解行政争议。坚持人大代表、政协委员、社区干部旁听政府常务会议制度，实现镇街合法性审查全覆盖。全面落实党风廉政建设责任制，强化审计监督，保持正风肃纪高压态势。加强国有资产、政府债务、预算绩效管理，"三公"经费年均下降 18.3%。重视发挥民主党派以及工商联、工会、共青团、妇联、红十字会等人民团体作用，对口支援、山海协作、国防、民宗、外事、统计、地方志、气象等工作得到有效加强。

2020 年是"十三五"收官之年，这一年极不平凡。面对突如其来的新冠肺炎疫情，我们沉着应对、砥砺前行，深入推进"三大工程、七项行动"，着力防疫情、稳企业、增动能、补短板、保平安，取得了"全年赢"的胜利战果。重点抓了六方面工作：

一是慎终如始抓好疫情防控。我们建立全域覆盖的防控体系，因时因势调整防控重点和应对举措，迭代升级"源头查控 + 硬核隔离 + 精密智控"的"战时"机制和常态化防控措施，打好疫情防控的人民战争、总体战、阻击战，以有效管控力跑赢疫情传播力，筑牢了"外防输入、内防反弹"的"钢铁长城"。全市实现确诊患者全治愈、医务人员零感染，成为全省较早纳入低风险管理的县市区之一。

二是精准施策助推复工达产。我们建立复工复产工作机制，开展"百团千员"驻企服务，开通就业专车专列。出台复工复产 16 条政策、共渡难关十项政策，实施财政奖补按季预兑现等一揽子措施，着力畅通人流、物流、资金流，打通务工链、供应链、产业链。累计兑现各类财政奖补资金 13.1 亿元，减免各类税费 57.4 亿元，争取专项再贷款 58 亿元。2 月底，工业企业全面复工，餐饮商贸有序复业，各类项目迅速复建，守住了经济发展基本面。

三是争先创优抓好六稳六保。我们不断优化"六稳六保"工作机制，大力推进营商环境、数字诸暨提升工程，开展项目建设、双招双引、主体培育攻坚行动，以稳保进、以进促稳，预计全年 GDP 增长 5%。全市引进 10 亿元以上项目 15 个，其中 50 亿元以上项目 3 个，固定资产投资增长 7%。新增规上企业 150 家、限上企业 106 家、高新技术企业 122 家，入选省制造业高质量发展示范县市创建名单。粮食、生猪稳产保供。世界珍珠大会成功举办并永久落户山下湖。

四是主动对接推进与杭同城。我们深入实施"与杭同城"提升工程，萧诸一体化协同板块、市域（郊）铁路等更多诸暨元素纳入都市区建设计划。G235 诸暨段、诸柯高速连接线、店口高架和综合港区全面开工。总投资 100 亿元的数智安防产业园启动建设，"诸暨岛 · 杭州港"获评省级双创示范基地。扩大诸杭高速双向免费通行范围，出台杭州人免费游诸暨政策，举办西湖 · 西施荷花会。赢得 CBA2020—2021 赛季比赛承办权，成为 CBA 联赛历史上唯一承办全赛季所有比赛的城市。

五是内外兼修建设好美诸暨。我们统筹推进美丽城镇建设和农村环境补短板攻坚行动，打好污染防治攻坚战，做好国家卫生城市复评迎检工作，加快美丽建设、美丽生态、美丽经济、美丽人文“四美”融合。完成“三改”353万平方米，获评美丽城镇省级样板2个。建设“污水零直排小区”40个，启动陈蔡水库加固改造工程，提升农村饮水管网24.2公里，激活闲置农房694幢。抓好中央、省生态环境保护督察问题整改，创成国家生态园林城市、国家生态文明建设示范市。蝉联全国文明城市，成为全国新时代文明实践中心建设“先行试验区”。

六是持之以恒增进民生福祉。我们坚持把民之所望作为施政所向，加大民生补短力度，提升高水平全面小康成色。全面完成十方面民生实事项目，有序推进“三医联动”“六医统筹”省级试点，建成绍兴枫桥学院主体工程，投用城东初中、明德小学，全年财政民生支出达88.7亿元。高质量完成村社组织换届工作，深入开展第二轮安全生产综合治理三年行动，加强行政争议和信访积案化解，捧得全省首批“一星平安金鼎”。

各位代表！过去五年，成绩来之不易。这是全市人民共同努力的结果。在此，我代表市人民政府，向全市人民，向各位人大代表、政协委员，向所有关心、支持和参与诸暨发展的同志们、朋友们，致以最崇高的敬意和最真诚的感谢！

在取得成绩的同时，我们也清醒看到：经济企稳向好的基础尚不牢固，传统产业提升不够快，新兴产业占比不够高，市场主体实力不够强，重大平台和项目支撑不足，土地等资源要素制约加剧，创新能力不适应高质量发展要求；人口老龄化压力加大，基础设施、环境质量、公共服务等离群众期待尚有距离；金融、安全生产等领域潜在风险隐患还不少；政府职能转变与发展要求还有差距，个别部门法治意识、服务意识、担当意识不足，少数干部学习力、创新力、执行力有待提升，等等。对于这些问题和不足，我们在以后的工作中，一定采取有力措施，努力加以解决。

二、“十四五”发展主要目标和二〇三五年远景目标

根据《中共诸暨市委关于制定诸暨市国民经济和社会发展第十四个五年规划和二〇三五年远景目标的建议》，我们编制了《诸暨市国民经济和社会发展第十四个五年规划和二〇三五年远景目标纲要（草案）》，提请大会审议。

“十四五”时期经济社会发展的总体要求是：以习近平新时代中国特色社会主义思想为指导，深入贯彻党的十九大和十九届二中、三中、四中、五中全会精神，坚持党的全面领导，坚持以人民为中心，坚持新发展理念，坚持深化改革开放，坚持系统观念，坚持稳中求进工作总基调，以推动高质量发展为主题，以深化供给侧结构性改革为主线，以改革创新为根本动力，以满足人民日益增长的美好生活需要为根本目的，紧扣打造“融杭品质城、都市金南翼”总目标，主动服务和融入新发展格局，全力打开临杭城市向融杭城市跃迁、传统产业向现代产业跃迁、要素驱动向创新驱动跃迁的通道，推动高质量发展、打造高品质生活、实现高效能治理，努力在忠实践行“八八战略”、奋力打造“重要窗口”中展现更多诸暨风采，高水平全面开启社会主义现代化建设新征程。

“十四五”时期经济社会发展的主要目标是：聚焦高质量、竞争力、现代化，推动系统赋能、数智赋能、改革赋能、创新赋能、开放赋能，率先破解发展不平衡不充分问题，加快实现更高质量、更有效率、更加公平、更可持续、更为安全的发展，努力形成具有诸暨辨识度的标志性成果，在建设社会主义现代化先行省中走在前列。重点打造七大目标新区：

——打造县域高质量发展先行区。生产总值、人均生产总值力争分别达2000亿元、20万元。先进制造业与现代服务业双轮驱动、数字经济与实体经济两翼齐飞，产业基础高级化、产业链现代化水平显著提升。以二产为主体、三产为支撑、一二三产融合发展的现代产业体系全面构建，成为全省县域经济向都市区经济转型的先行示范。

——打造融杭接沪示范区。加快推进交通无缝接轨、产业互补联动、要素全链承接、服务多元共享，初步形成全方位、一体化、高质量的都市区深度融合发展格局，“与杭同城”取得全面突破。积极对接上

海“四大功能”“五个中心”建设，打通要素联接、市场联通、创新联动的战略通道，成为长三角一体化发展重要节点城市。

——打造数智创新集聚区。数字诸暨和创新型城市的牵引作用更加明显，数字经济增加值占GDP比重超过50%。科技强市、人才强市建设取得重大进展，全社会R&D经费支出占GDP比重达到3.3%，科技创新综合实力保持全省前列，成为杭州都市区数字智造发展重心。

——打造文化文明实践区。社会主义核心价值观融入社会发展各方面，文化事业更加繁荣、文化服务更加充分，文化产业增加值突破90亿元，市民道德素质和社会文明程度全面提升，形成具有古越底蕴、西施韵味、诸暨气派的文化强市新格局，率先成为新时代文明实践先行区。

——打造全域好美样板区。国土空间开发保护格局持续优化，资源能源利用效率持续提高，生态环境质量持续提升。美丽城镇、美丽乡村建设走在全省前列，全域旅游系统推进，力争创成“绿水青山就是金山银山”实践创新基地，“好美诸暨”全域大景区大花园格局基本形成。

——打造县域治理窗口区。以新时代“枫桥经验”为内涵特色的县域治理制度体系更加完善，“县乡一体、条抓块统”的高效协同治理格局全域覆盖，“整体智治、唯实惟先”的现代政府基本建成。重大风险防范化解能力、突发公共事件应急能力、防灾减灾救灾能力显著增强，率先建成平安中国先行示范区、全国基层治理示范区，成为全国县域治理现代化的重要窗口。

——打造美好生活品质区。常住人口城镇化率达66%左右，城乡区域发展更加协调。居民收入增长和经济增长基本同步，城乡收入差距进一步缩小。健康诸暨和高质量教育体系基本建成，社会保障和养老服务体系更加健全，基本公共服务率先实现均等化，全市人民在共建共享发展中有更多获得感，努力建设全国最具幸福感城市。

二〇三五年远景目标是：基本实现高水平现代化，综合实力争取进入全国百强县前十，培育若干国家级产业集群，形成经济高效运行、社会和谐富足、全民健康幸福、全域整体智治、区域高度融合的发展新格局，成为全国经济高质量发展强市、全国数字服务共享城市、全国美丽生态示范城市、全国美好生活样板城市、全国治理现代化标杆城市。

各位代表，绘就并实现“十四五”发展蓝图，是时代赋予我们的责任和使命。我们坚信，在中共诸暨市委的正确领导下，在全市人民的接力奋斗下，“十四五”宏伟蓝图、“二〇三五”远景目标一定能够成为美好现实！

三、2021年主要工作安排

今年是“十四五”开局之年，是本届政府完成任期目标的决胜之年，做好今年工作，意义十分重大。综合分析，建议今年全市经济社会发展主要预期目标为：生产总值增长7%以上；一般公共预算收入增长7%；固定资产投资增长10%；外贸出口保增长稳份额；城乡居民收入增长与经济增长基本同步，收入比持续缩小；城镇登记失业率控制在3%以内；全员劳动生产率增长8%，研发经费支出占GDP比重2.35%左右；节能减排完成上级下达的目标任务。

具体工作中，我们必须全面落实市委十六届十一次全体（扩大）会议精神，紧扣“一个目标、三大通道、五项工程”，一以贯之、久久为功，推动高质量发展、竞争力提升、现代化建设。一要坚持系统观念。加强前瞻性思考、全局性谋划、整体性推进，吃改革饭、走开放路、打创新牌，实现发展质量、结构、规模、速度、效益、安全相统一。二要坚持底线思维。既要坚定必胜信心，也要充分估计今年面临的困难与挑战，用大概率思维应对小概率事件，以确定性措施战胜不确定性变化。三要坚持争先创优。加强生成性学习，保持创造性张力，奋力争一流、创先进、走前列。四要坚持为民情怀。始终把人民利益放在最高位置，做到问政于民、问需于民、问计于民，推动发展成果全民共享。

围绕上述目标和要求，重点抓好六项工作：

（一）致力开放融入，服务双循环发展格局。发挥区位交通、产业市场等比较优势，加快融入长三角一体化发展，推动县域经济向都市区经济、城市群经济转型，在服务构建新发展格局中实现自身高质量发展。

深化融杭接沪。以沪杭为主方向推进与长三角区域城市全方位、深层次合作，办好杭州都市圈第十二次市长联席会议。做深重大交通、重点平台、重要配套等布局研究，强化与萧山、柯桥等毗邻地区规划衔接和实施协同。加快G235诸暨段、诸柯高速、绍诸高速浣东互通、店口高架和综合港区建设，争取开通诸杭通勤列车。加快绍诸市域铁路、杭诸城际铁路、诸义高速、诸暨至浦阳快速路前期工作，加速对外交通的联网和融通。谋划建设杭绍一体化萧诸绿色发展先导区。大力发展离岛式科创孵化器，投运上海、深圳"诸暨岛"。与更多沪杭名校、名院建立合作关系，推动更多政务服务事项异地可办、结果互认，在更广领域实现创新链产业链服务链高效循环。

扩大有效投资。聚焦"333"为引领的产业体系，开展产业链精准招商，引进市外境内资金100亿元以上，实际利用外资2.25亿美元以上。全力攻坚重大项目建设，确保四个结构性投资指标均增长10%以上，争取数智安防项目列入省特别重大产业项目库。做深项目前期，提高政府投资计划和省市重大计划申报项目成熟度，确保20个以上项目进省级笼子。持续深化"亩均论英雄""标准地＋承诺制"改革，全面强化项目用地保障，优先保证重大项目的能耗、用能权交易及排污权储备指标。优化国企业务布局，提升资产质量和收益能力，探索混合所有制改革，为产业发展储备和提供项目资源。大力实施营商环境优化工程，深化一般企业投资项目审批"最多80天"改革，纵深推进"证照分离"改革，加快形成市场主导的投资内生增长机制。

拓展内外市场。推进数字生活新服务示范县建设，举办"消费促进月""金秋购物节"等活动，加速传统市场向"新批发＋新零售"转型，确保社会消费品零售总额增长9%。积极参与浙东唐诗之路文化带、古越文明文化带建设，谋划建设西施故里二期，加快五泄景区、枫桥古镇二期、同山烧小镇、珍珠小镇等项目建设运营，推进省级文旅消费城市试点，旅游收入增长10%以上。支持建筑企业转型升级、创优夺杯、开拓市场，加快融入长三角建筑业一体化高质量发展。出台支持出口转内销若干措施，助力适销对路的出口产品开拓国内市场。积极营造对外贸易政策环境，主动对接绍兴跨境电商综试区、市场采购贸易试点，运营海关监管场所，支持企业线上线下融合开拓多元化国际市场。深度融入"一带一路"，改扩建货运东站铁路物流基地，力争"义新欧"班列诸暨始发。精心举办国际袜业博览会、世界珍珠大会，打造内外贸有效贯通的市场节点。

（二）致力稳企赋能，打造高质量产业体系。把稳企业放在经济工作首位，突出数字赋能，促进实体经济、科技创新、现代金融、人力资源高效协同，让企业活力更足、产业竞争力更强。

厚植实体经济。坚持休养生息、放水养鱼，制定实施一批新的降本减负措施，营造更好发展环境，支持企业做精做强。深化市场主体培育攻坚行动，实现小升规100家、下升上50家，新增上市辅导报会企业2家，40家企业入选省"放水养鱼"行动计划。实施上市公司提质工程，健全现代企业制度。大力支持企业数智改造，创建数字化车间70个、示范企业30家、省级工业互联网平台1家，确保数字经济核心产业增加值增长10%以上。实施传统制造业改造提升2.0版，加快推动时尚袜艺、美丽珍珠、铜材精密制造等产业数字化集群化服务化转型。启动新兴产业培育新三年行动，加快发展数智安防、智能环保家居、新材料等产业集群，拓展第三代半导体、新能源汽车、生命健康、电子通信等新领域，战略性新兴产业增加值增长8%以上。深化"三强一制造"，支持企业争创中国质量奖、省政府质量奖，新增"浙江制造"标准10项、"品字标"企业6家。推进开发区"一核一廊五园"建设，壮大"4+2+1"产业集群。支持高新区拓展"一核三廊五区"空间布局，发展"3+N+1"产业集群。

加快科创赋能。做大科创企业"成长库"，实施"科孵高"培育工程，确保新增高新技术企业65家、科技型中小企业230家，高新技术产业投资和增加值均增长10%以上。做强科创载体"加速器"，建设G60诸暨创新转化港，打响长三角中试基地品牌，优化众创空间、孵化器等多主体协同创新系统，新增省级企业研发机构12家以上、高质量产业创新研究院1家，创成省级产业创新服务综合体1家，实现规上企业研发机构全覆盖。做精科创成果“转化器”，推广“揭榜挂帅”等科技攻关模式，发布企业技术需求300项以上，落地授权发明专利产业化项目35项以上，入选省级以上科技项目10只以上，完成技术市场交易额15亿元以上，让科创成为实体经济高质量发展的基因。

优化金融环境。实施融资畅通工程升级版，完善项目、人才、金融对接机制，引导金融机构增加首次贷、信用贷和无还本续贷，确保金融机构存贷款余额增长10%以上。提升新金融大厦创投改革试验效应，开展与深创投、上创投、中关村股权投资协会的深度合作，整合现有银行、证券、保险等金融资源，谋划建设数字化产融园区。推进文化金融改革先行区建设，创建文化金融专营支行2家。实施信用“531X”工程，深化调解金融矛盾增进银企互信试点，加强企业风险防范化解，确保年底不良率控制在1.5%以内。加大互联网金融风险整治和非法金融行为打击力度，守住不发生系统性金融风险的底线。

集聚人力资源。实施民营企业家培育计划，加快新生代企业家培养和传承。建设人力资源服务产业园，建成人才服务综合体，集成提供城市融入、政策推介、创业辅导、资本对接等全周期人才服务。开展企业引才、产业聚才、院士领才，新建引才工作站5个，入选省级领军型创新创业团队1个。加强与市内外高校战略合作，建设集成电路产教融合基地、电子商务产教融合研究院，构建产教训融合、政企社协同、育选用贯通的培育体系，提高人才与产业匹配度。深入实施职业技能提升行动，完成技能培训2.5万人次，新增高技能人才3000名以上，打响“智汇暨阳”品牌。

（三）致力全域提升，构建一体化城乡格局。高质量编制新一轮国土空间规划，统筹推进全国新型城镇化示范县和部省共建乡村振兴示范省先行创建县建设，塑美形象、补齐功能、留住记忆，不断彰显花园城市的活力、魅力与韵味。

推进产城融合。加快花园岭“暨阳印记”建设，打造以老城印象为主题的商业区。改造老旧小区8个，争创省级未来社区试点1～2个。启动高湖景观建设，推进高湖村改造。发展商贸物流、金融保险、教育培训，壮大楼宇经济、总部经济、首店经济，城东新城新增楼宇入驻面积8万平方米以上。加快城西七大“城市客厅”建设，投运宝龙广场。加强商贸城一期市场“二次招商”，探索发展会展经济。支持大唐街道“一心双城三廊”、暨南街道城市花园首选地建设。深化店口、枫桥省级小城市培育试点。推进环保特色小镇、安华“夜经济”小镇培育。加强城镇精细化管理，再创新时代美丽城镇省级样板2个、达标镇4个。推进新时代文明实践中心“先行试验区”建设，确保通过全国文明城市复评。

深化乡村振兴。推进农业供给侧结构性改革，强化耕地用途管制，抓好高标准农田和国家现代农业产业园建设，确保粮食播种面积稳定在50万亩左右，生猪产能达28万头，农林牧渔增加值增长2%。创建省级数字农业工厂1家，主要农作物耕种收机械化率达80%以上。打造农产品区域公用品牌，扶持茶叶、香榧、同山烧等特色产业发展。深化新时代美丽乡村建设，探索十四都、紫阆、溪北、斯宅等历史文化村落活化途径，创建省级美丽乡村精品村35个。实施山下湖、五泄马剑等片区新时代精品示范村及枫和里乡村公园项目，组团式、片区化打造“让城市更向往”的美丽村庄群。统筹推进“两进两回”和新时代乡村集成改革试点，培育青年农创客30名、省级“青创农场”1家、省级农业科技示范基地3个。稳慎推进农村宅基地制度改革，探索宅基地“三权分置”方法路径。巩固提升“消薄”成果，推动村级集体经济可持续增长。

优化基础配套。完成官弦线、高湖大桥建设，推进石东线、茅渚埠景观桥等项目，开展交通堵点快速化改造，优化调整10条公交线路，新建75公里“四好农村路”，争创全国城乡交通运输一体化示范县市。推进安华水库扩容工程前期工作，启动浦阳江治理三期工程，加快陈蔡水库和15座小型水库加固改造，完成通天渠和18座山塘综合整治。推进农村供水工程提档升级，加强农村饮用水长效管理。开工建设110千伏城北变，建成绍兴换流站500千伏调相机工程，新建改造10千伏线路250公里。加快萧义线天然气长输管道及综合供能服务站建设。实施天然气利用二期工程，实现燃气"镇镇通"。开通500个5G基站，加快20个数字诸暨信息化项目建设，打造"城市大脑"。

（四）致力标本兼治，建设高水平生态文明。坚持生态优先，加强系统治理、依法治理、综合治理、源头治理，确保通过省级生态文明建设示范市复核，使美丽生态从外在颜值转化为内在气质。

打好治理持久战。推进全市生活污水"厂网一体"项目，实施8家污水处理厂扩容提标改造，加强农村生活污水处理设施运维管理，完成工业园区和城中村雨污分流改造，实现镇街"污水零直排区"省级创建全覆盖。开展9个乡镇级以上饮用水水源地勘界立标与规范化建设。持续打好蓝天保卫战，确保空气质量优良天数比例达到90%，$PM_{2.5}$平均浓度控制在30微克/立方米以内。实现浬浦垃圾无害化处置中心正常运行，全市餐厨垃圾应收尽收、危险废物动态清零，创成省级高标准垃圾分类示范村（小区）12个，通过全域"无废城市"省级验收。加强土壤环境全过程风险防控，确保污染地块安全利用率达到92%。

推动发展绿色化。推进绿色制造，鼓励企业开发绿色低碳产品，新增绍兴市级以上绿色工厂5家。更新新能源公交车66辆。推动绿色建筑发展，新建装配式建筑占新建建筑比例达到35%以上，城镇新建建筑实现一星级绿色建筑全覆盖。完成建筑垃圾资源化利用项目一期工程。发展绿色生态农业，推广测土配方施肥85万亩次，畜禽粪污综合利用率达到95%以上。推进生活垃圾再生资源回收体系建设。实行新项目认定准入和要素差别化配置，打好零增地技改、落后产能淘汰组合拳。抓好生态环境保护督察问题整改。

构建生态文明建设长效机制。编制《新时代美丽诸暨规划纲要》，加快构建系统完备、运行有效的生态文明制度体系。完善浦阳江、壶源江流域上下游协同共治机制，全域推行"河湖长制"标准化管理，争创3条（个）省级美丽河湖。深化24小时生态环境监管执法机制，畅通环境问题发现渠道，强化环境信访案件办理。探索生态产品价值实现机制，完善生态补偿机制，健全排污权、用能权交易制度。实施生态环境损害赔偿、环境污染责任保险试点。开展国土绿化行动，新增国土绿化4500亩，创成国家森林城市，让蓝天白云、绿水青山成为"好美诸暨"的鲜明底色。

（五）致力民生改善，促进全社会共同富裕。坚持人民至上，围绕满足群众全生命周期美好生活需要，加大民生投入，补齐民生短板，让发展更有温度、幸福更有质感。

更加突出公平保障。提升就业创业服务，确保城镇新增就业2万人以上。深化"根治欠薪示范区"建设，加快工资维权"一件事"改革。持续推进参保扩面，全市户籍人员基本养老保险、基本医疗保险参保率稳定在95%、99%以上。深化医保支付方式、药械集中采购、医疗服务价格改革。统筹推进"1+8+X"大救助体系建设，用好智慧救助平台，确保困难群众"主动发现、及时救助、应救尽救"，低保月标准提高到890元。做好城乡危旧房改造、保障性住房分配管理、公积金制度扩面等工作。支持工青妇组织开展工作，有效发挥残联、红十字会、关工委等群团作用，切实推进老龄、慈善、移民、双拥优抚等事业健康发展。

更加突出优质供给。实施文化强市提升工程，谋划建设市文化中心，新建社区文化家园2家，改造高标准农家书屋129家，实现农村文化礼堂行政村全覆盖。优化教育资源配置，完成8所学校基建项目，再开工8所学校新建、改扩建工程。实施教育质量提升行动、心理健康"幸福行动"，争创全国学前教育普及普惠县市、全国义务教育优质均衡发展县市。深化健康诸暨建设，启动市疾控中心、第六人民医院易地新建工程，推动医共体向村卫生室延伸医疗服务，确保通过"三医联动""六医统筹"改革试点评估、国家卫生城市复评。发展智慧养老、医养结合、康养联合体等新业态新模式，建成市级养老服务中心，完成生活困难老年人家庭适老化改造200户以上。提升改造市体育中心场馆，办好CBA、环法自行车、西施马拉松等精品赛事。

更加突出平安稳定。坚持人防、物防、技防并重，严格抓好“外防输入、内防反弹”各项工作，健全突发公共卫生事件应急体系，坚决防止疫情反弹。深化坚持发展新时代“枫桥经验”七大行动，推进“枫桥式”公安派出所、司法所、退役军人服务站建设。提升违法犯罪打击质效。提升居民小区物业管理水平，推进共享社区试点，加强专职社区工作者队伍建设，实现镇街社工站建设全覆盖。积极开展“八五”普法，实现市场主体法律顾问服务网格化全覆盖。持续推进第二轮安全生产综合治理三年行动计划，培育发展社会应急救援力量，完善“15分钟应急救援圈”建设，守住治危防患、安全生产、防汛防台、食品药品、道路交通等各领域安全底线，坚决遏制各类重特大事故发生，确保平安创建实现连冠。

（六）致力整体智治，提升高效能政府形象。重任千钧惟担当。新一年，我们将按照整体、智治的理念，深化自身建设，推动政府职责明确、依法行政、协同高效，提升行政质量、行政效率和政府公信力。

讲政治强担当。学思践悟习近平新时代中国特色社会主义思想，增强“四个意识”，坚定“四个自信”，做到“两个维护”，自觉在思想上政治上行动上同以习近平同志为核心的党中央保持高度一致。强化整体理念，建立健全跨部门、跨业务高效协同的工作推进机制，实行工作项目化、清单式、销号制管理，加强政务督查和行政问责，确保上级和市委各项决策部署不折不扣落实到位。全力推行“三服务”2.0版，沉下去了解民情、静下心研究政策、出真招破解难题，实实在在为企业纾困，为群众解难。

讲法治促规范。推行重大行政决策目录化管理，开展镇街合法性审查标准化建设，规范重大行政决策制定和执行。加强诉源综合治理和行政复议工作，推动行政诉讼案件总量和败诉率双下降。加快“大综合一体化”行政执法改革，构建全覆盖的整体政府监管体系和全闭环的行政执法体系。严格落实政务公开制度，自觉接受人大法律监督和工作监督、政协民主监督、司法监督、舆论监督。办实办好人大代表建议意见和政协委员提案。

讲智治提效能。以“浙政钉2.0版”为依托，实施一批政府数字化转型项目，实现决策辅助、督查督办等移动办公，加快打造“掌上办公之城”。以“政务服务2.0平台”为依托，按“一件事”要求推进多业务协同流程再造，确保办件线上受理率达80%以上，着力打造“掌上办事之城”。以“城市大脑”为依托，在公共交通、城市管理、卫生健康、基层治理等领域创建一批场景化多业务协同治理应用，发布创新、活力、开放、惠民、平安等指数15个以上，全面打造“掌上治理之城”。

讲严治守底线。纵深推进政府系统全面从严治党，认真贯彻中央八项规定及实施细则精神，切实抓好巡视反馈问题整改。坚决落实政府过“紧日子”要求，今年一般性项目支出再压减10%以上，“三公”经费再压减3%以上，集中财力为发展添后劲、为群众谋福利。坚决把纪律和规矩挺在前面，强化重点领域、关键岗位全过程管控和审计监督，支持监察机关履行职责，坚决整治查处不正之风和腐败问题，让干部更清正、政府更清廉、政治更清明。

各位代表！为民办实事是市政府长期坚持的重要工作。根据民生实事项目人大代表票决制的要求，市政府通过广泛征集、仔细遴选、充分论证，确定了13项民生实事候选项目，提请各位代表票决。市政府将精心安排，确保全面完成票决确定的10项民生实事。

各位代表！美好蓝图已经绘就，崭新征程已经开启。让我们更加紧密地团结在以习近平同志为核心的党中央周围，高举习近平新时代中国特色社会主义思想伟大旗帜，在中共诸暨市委的坚强领导下，实干当先、奋勇争先，为胜利完成“十四五”规划目标任务，全面展现建设“重要窗口”的诸暨风采，推动诸暨现代化建设走在前列而努力奋斗！

中国人民政治协商会议
诸暨市第十四届委员会常务委员会
工作报告

2021年1月12日在政协诸暨市第十四届委员会第五次会议上

郭浩良

各位委员：

我受政协诸暨市第十四届常务委员会委托，向大会报告工作，请予审议，并请列席同志提出意见。

2020 年的回顾与总结

过去的2020年，市政协在中央和各级党委政协工作会议精神和《意见》的指导下，紧紧围绕市委“全面融、全力稳、全域美”的工作目标和打造“开放诸暨、数字诸暨、活力诸暨、好美诸暨、幸福诸暨”的工作任务，全力助推“三大工程、七项行动”，各项履职工作规范有序、扎实有效。

工作定位上，牢牢把握“一纲”“两目”——

“一纲”，就是全面加强党对政协工作的领导。主要把握了三点：一是旗帜鲜明的立场。把“四个意识”“四个自信”毫不含糊、不折不扣地落实到“两个坚决维护”上。二是思想理论的武装。持续深入地学习、领会、贯彻好习近平新时代中国特色社会主义思想、关于政协工作的重要论述，尤其是围绕“十四五”学习领会好党的十九届五中全会精神，把“人民日益增长的美好生活需要”尽可能落实到政协工作的方方面面。三是制度规矩的执行。恪守党领导政协工作的一系列制度和规矩，特别是重大事项请示报告、年度协商计划与市委市政府协商拟定等制度，确保政协一切重要工作都在党的领导下进行、一切重要安排都报请党委批准后实施。

“两目”，就是体现“专门协商机构”的作用、发挥“双向发力”的效果，以此作为政协履职的“一体两面”，实现政协工作的“双轮驱动”。重点把握了四个方面：一是把“专门协商机构”作用的发挥着重体现在规范化运作上，核心是搭建有效的协商平台，建立规范的协商机制，并集中体现在“请你来协商”平台上。二是把“双向发力”效果的发挥着重体现在针对性履职上，核心是履职内容与议题的确定。坚持党委政府“出题目、交任务”，对协商计划在源头上提出明确要求，有效解决了履职行为与党政意图、中心工作的一致性问题。三是在发挥“专门协商机构”作用和体现“双向发力”效果的过程中，始终秉持政协工作的真谛在于“同心同德同步”，在于“合心合力合拍”，始终强调与党委政府走在同一条道上，与中心工作、发展大局、民之所盼处在同一格局上，努力追求不处“一线”胜在“一线”的状态和用心。四是面对新时代的政协工作，始终强调各项工作唯有勤勉，才能不落后于时代，不落后于职责担当。与此同时，倡导政协工作还要甘居幕后——对于党委决策而言，更多扮演建言者、参谋者的角色，不越位；对于政府行政而言，更多扮演助推者、助力者的角色，不替位；对于党政交办一些前瞻性、敏感性议题，注重把握好内外有别，做好幕后配合。

履职行动中，强化“三大理念”、突出“四个抓手”——

“三大理念”，就是履职活动坚持“提质增效”，坚持“帮忙不添乱”，坚持“不调研不履职”，以此体现本届政协的一贯要求。

在此基础上，突出“四个抓手”，即协商的议题、委员的提案、深入的调研和专门的平台。

议题方面。我们坚持把议题作为政协履职的“牛鼻子”。在面向市委重大决策部署方面，分别就“关于当好‘重要窗口’维护者建设者展示者的决议”“关于高水平建设人才集聚高地科技创新强市的决定”“关于制定‘十四五’规划和2035年远景目标的建议”等事关诸暨长远发展的战略性决策，开展制度性政治协商。在精准对接党政中心工作方面，先后围绕“开放诸暨”建设，就“与杭同城”规划融合、产业对接、交通建设、海关监管场所运行等议题开展了调研视察；围绕“活力诸暨”建设，就项目投入情况、市场主体培育、全域旅游发展、新零售业态下袜业转型升级等议题开展了调研协商；围绕“好美诸暨”建设，就城市品位提升、美丽城镇建设、环境治理深化、农村环境补短板、香榧产业高质量发展、西施故里改扩建项目等议题开展了协商监督；围绕“聚焦大治理，争当排头兵”，就应急管理运行机制、社会治理领域“最多跑一地”改革、大数据应用平台提升完善、农村法律顾问作用发挥等议题开展了协商议政。在积极回应民生关切方面，分别就老旧小区加装电梯、公共卫生服务体系建设、学前教育服务体系建设、职业教育产教深度融合、加强小区物业管理、规范家政服务业、农村裸露地面整治等议题开展了调研视察与协商监督。与此同时，还制度化地开展了政协“五送下乡”及企业家之友社“帮困助学”活动，主动把服务送到百姓家门口，把温暖送到群众心坎上。

提案方面。我们坚持把提案作为委员履职的“生命线”。按照“数量适中、质量提高、降低集中度”的原则，要求委员提案量质并重、以质为要，倡导党派、界别、专委会集体提案和委员联名提案，加大立案协商和同案合并的力度，以提案数量的适中保证了办理精力的集中，以提案质量的提高推动了办理质量的提升。与届初相比，提案总数从 348 只大幅精简压缩到 123 只，办理集中度从单个部门最多 47 只下降到 10 只，年办理 10 只以上提案的部门从 11 个下降到 1 个，委员对提案办理的满意率提升至 100%。委员所提的“优化‘诸暨岛’运营管理”“加快风险企业土地流转”“深化医保惠民”“农村危旧房治理改造”等一大批提案在承办单位和委员们的共同努力下，得到了解决落实或研究重视。此外，市政协还坚持把畅通社情民意作为一项基础性工作，全年共受理报送信息 144 篇，被省、绍兴市政协录用 9 篇，有效发挥了联接党政、联通民心的桥梁作用。

调研方面。我们始终坚持把调研作为政协履职的“基本功”。坚持“不调研不议政、不调研不协商、不调研不参谋、不调研不监督”的规矩，秉持“调研要‘真’、了解要‘实’、思考要‘深’”，通过增加调查研究的“研值”提高建言资政的“言值”，使“没有调查研究就没有发言权”真正成为上下共识和自觉行动，并最终体现在委员提案的质量、委员协商的发言和协商形成的意见建议上。一年来，共形成调研协商和民主监督报告 49 篇，市委市政府主要领导批示 21 篇次；表达更精准、建言更管用、委员更自信越来越成为政协有效履职的生动写照。

平台方面。我们坚持把“请你来协商”平台建设作为“龙头工程”，按照省委、省政协提出的“打造工作金名片”的要求，遵循“规范、务实、管用”的原则，重点抓好平台的延伸建设、充分运用和规范运作。延伸建设主要是将平台拓展延伸到了 23 个镇街工委、10 个界别、3 个提案承办重点单位和社会治理委员会客厅，探索开展了线上远程协商、线下微平台流动，构建起了立体化全覆盖的协商平台体系。充分运用主要是充实协商内容、增加协商频次，实现年度重点议题全部进平台协商，全年共开展主平台协商 8 次、分平台协商 61 次。规范运作主要是建立机制、优化流程，配套出台了《“请你来协商”平台实施规则》和《“请你来协商”成果转化实施办法》，对协商范围、讨论原则、基本程序、交流方式、反馈跟踪等明确了操作规范，有效推动了协商民主向基层延伸、协商程序向成果转化。

一年来，在市委市政府的重视支持下，“请你来协商”平台为委员履职尽责搭建了舞台，为社会各界和市民群众有序政治参与畅通了渠道。党政主要领导不但亲自参加平台协商，而且持续关注平台建设，明确要求“聚力聚焦用平台、尽职尽责在平台、联动联合强平台”。省政协葛慧君主席到诸暨调研指导时，对工作给予了充分肯定和评价，认为诸暨市“协商平台形成了体系、协商流程形成了规范、协商工作形成了氛围”，走在了全省前列。

各位委员、同志们，在回顾工作的同时，我们肯定不会忘记，过去的 2020 年，真是极不平常的一年——就在年初，我们共同经历了新冠疫情的侵袭和冲击，见证了齐心战“疫”的艰辛和不易，此情此景，历历在目。面对突如其来的疫情，市政协与市委市政府同步，与全市人民同心，全系统迅速行动、全力投入，第一时间发出《倡议书》，动员广大委员切实扛起履职尽责的政治责任，从思想上、行动上广泛凝聚打赢疫情防控阻击战的强大合力。政协各界别、各参加单位、全体委员和机关同志响应号召，在各自岗位上积极参与疾病救治、卡口值勤、物资筹措、宣传摸排等工作，慷慨解囊捐资捐物，齐心协力共筑抗击疫情的坚实防线，用实际行动诠释了委员的初心和情怀，彰显了政协的责任与担当。据不完全统计，在疫情最严峻、物资最紧缺的那段时间，政协系统共捐助资金 395 万元、口罩 23 万只、防护服 2408 套、呼吸机 5 台，以及其他防疫用品。与此同时，还根据省政协和市委市政府的统一安排，第一时间承担了“两手都要硬、两战都要赢”重点调研任务，组织开展了“六稳六保”工作推进专题协商，深入责任领域持续开展“三服务”活动，为防控疫情、复工复产尽心助力。对于非常时期的非常作为，我谨代表常委会向大家致以敬意和感谢！

2021 年的工作与要求

2021 年是“十四五”的开局之年，也是本届政协履职的收官之年，更应成为全体委员的奋进之年——

开局之年就要聚焦新发展。党的十九届五中全会擘画了新时代新发展的宏伟蓝图，全体委员要胸怀“两个大局”，深刻认识“‘十四五’时期我国将进入新发展阶段”的重大判断，深入理解“新发展理念”“新发展格局”的丰富内涵，切实做到学深悟透、知行合一。

奋进之年就要追求新作为。要围绕市委既定的“融杭品质城、都市金南翼”总目标，紧扣“三大通道”“五项工程”，聚焦党政中心大事、改革发展要事、民生改善实事、社会治理难事，汇聚正能量，画好同心圆，双向发力助推诸暨高质量发展、竞争力提升、现代化建设。

收官之年更要树牢新样子。要始终秉持本届政协一贯倡导的“自身硬、处事公、作风实”的要求，持续打造聚智政协、为民政协、和谐政协、活力政协；因时而进、因势而新，善始善终紧跟时代步伐，善作善成画好履职句号。

具体工作安排如下：

一、关于协商计划

面向“十四五”、聚焦“一、三、五”，坚持党委会同政府、政协制定协商计划，制度性安排市委重大决策政治协商两次，政府工作大会协商和专题协商各一次。紧扣党政中心工作，以“出题目、交任务”的方式，围绕“临杭城市向融杭城市跃迁”，就融杭“半小时交通圈”、“飞地经济”合作模式、医疗服务共享等议题开展调研协商；围绕“传统产业向现代产业跃迁”，就传统产业改造提升、三大新兴产业培育等议题开展协商议政；围绕“花园城市建设工程”，就城西“七大客厅”建设、城东生态高湖建设、花园岭“暨阳印记”改造、美丽经济成果转化等议题开展协商监督；围绕“文化强市提升工程”，就文化建设“八项工程”、数字乡村建设、文明实践中心、历史文化村居保护等议题进行调研视察。助力民生“关键小事”，对“四治融合”新型基层治理体系、老小区加装电梯、饮用水源地保护、“四好农村路”建设、中小学体育工作强化、慈善公益事业发展等议题进行对口协商。上述议题共同构成 2021 年政协履职的主体内容。

二、关于双向发力

切实发挥政协作为专门协商机构在建言资政和凝聚共识中的作用，把议题协商的过程转化为委员高质量建言资政、高水平凝聚共识的过程。尤其要把凝聚共识作为新一年政协履职的中心环节，切实解决“往哪聚”“谁来聚”“如何聚”的问题。“往哪聚”，答案就在“十四五”，就在“一、三、五”，就在既定的年度协商计划。“谁来聚”，当然是政协各参加单位、党派团体、各界别、专委会和全体政协委员，这当中政协党组尤其要发挥好领导核心的作用。“如何聚”，首先要形成一个强烈意识，就是“千斤重担大家挑、诸暨事情大家干”。其次要发挥好“三大作用”：一是发挥好协商民主的作用。深度认识人民政协作为最广泛爱国统一战线的根本属性，深刻理解凝聚共识在团结和民主两大主题中的桥梁纽带作用，多做春风化雨、解疑释惑的工作，多做理顺情绪、化解矛盾的工作，妥善处理协商诉求的一致性与多元性关系，高度自觉地把政协的协商民主变成凝聚共识的过程。二是发挥好协商平台的作用。充分运用省政协倾力打造的“请你来协商”“委员会客厅”以及“同心”系列平台，将多元化的诉求表达纳入体制化的程序轨道，将平台打造成各方利益和观点充分表达、真诚倾听，各种关切和想法沟通融通、求同存异的有效载体，努力促成“政通”的效果，达到“人和”的目的。

三是发挥协商机制的作用。严格执行并不断完善“请你来协商”平台建设意见、平台实施规则和成果转化办法等制度机制，努力塑造“公正理性、求真务实、平等互信、开放包容”的协商文化，努力形成“有事好商量，众人的事情由众人商量”的良好氛围。

三、关于委员主体

一届政协人，一生政协情，各位委员是组成政协的细胞，是政协履职的主体。在本届政协履职的最后一年，常委会要求大家：一要持之以恒地把调研作为履职的基本功。恪守“不调研不履职”的规矩，以自己的深度学习、深入了解、深刻思考，实现建言资政的深入浅出，做到“建言建在需要时、议政议到点子上、监督监在关键处”。二要持之以恒地把提案作为履职的“生命线”。严把“数量适中、质量提高、降低集中度”的要求，大力倡导提案过程集思广益、群策群力，立案过程协商有方、并转有序，交办过程归口合理、责任清晰；更加注重提案的问题精准，建议的办法可行，办理的结果落地。三要持之以恒地把质效作为履职的“度量衡”。要把重调研、重思考、重提炼、重表达作为委员履职态度、履职能力、履职作风的检验标准，持续推动委员履职从“有没有做”向“有没有用”转变，从“做了什么”“做了多少”向“做出了什么效果”转变，努力交出高质量的“委员作业”。四要持之以恒地把状态作为履职的“试金石”。收官之年，不忘初心，各位委员当更加珍惜履职岗位，倍加珍惜委员荣誉，时刻不忘心中有党、心中有民、心中有情怀，履职责要只争朝夕，守规矩要始终如一，立形象要慎终如初，以每位委员的正能量厚植人民政协的新样子。

各位委员、同志们，放眼“十四五”，画卷已铺展；接续新发展，华章已开篇。让我们在中共诸暨市委的坚强领导下，为诸暨的发展、为美好的明天，共同努力、再创辉煌！

2020年诸暨市国民经济和社会发展统计公报

诸暨市统计局

2020年是“十三五”收官之年，面对突如其来的新冠肺炎疫情，全市上下在市委市政府的坚强领导下，沉着应对、攻坚克难、锐意进取，有效应对外部环境深刻变化，深入推进“三大工程、七项行动”，着力防疫情、稳企业、增动能、补短板、保平安，取得了“全年赢”的胜利战果。

一、综合

初步核算，2020年全市实现地区生产总值(GDP)1362.36亿元，按可比价格计算，比上年（下同）增长3.6%。其中，第一产业增加值50.91亿元，增长2.3%；第二产业增加值617.62亿元，增长2.4%；第三产业增加值693.83亿元，增长5.3%。按户籍人口计算，全市人均生产总值为125718元，增长3.7%，按2020年平均汇率1:6.8976折算为18226美元。三次产业增加值结构为3.8:45.3:50.9。

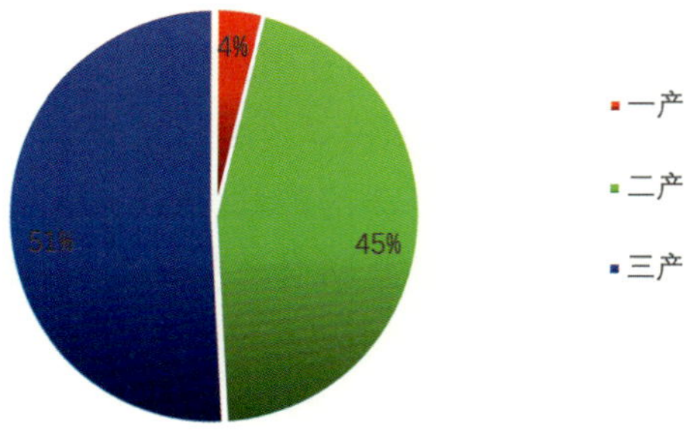

2020年GDP三产结构

全年实现财政总收入145.47亿元，增长2.4%；其中一般公共预算收入90.32亿元，增长0.6%，占财政总收入的63%；税收收入73.63亿元，下降1.4%，占一般公共预算收入的81.5%。全年一般公共预算支出117.65亿元，其中财政八项支出93.55亿元，民生支出88.65亿元，占预算支出的75.4%。教育、社会保障和就业、卫生健康等民生相关支出分别增长

6.3%、15.8% 和 42.8%。全市城镇新增就业 46810 人，新增就业大学生 22358 人，城镇登记失业率控制在 1.4% 以内。引进绍兴“海内外英才计划”人才 23 名，建成院士专家工作站 9 家。

二、农业和农村建设

按可比价计算，全年农林牧渔业增加值增长 2.4%，农林牧渔服务业增加值增长 11%。据粮食监测数据推算，全年粮食播种面积 50.87 万亩，粮食总产量 22.6 万吨。建设省级绿色防控示范区 2 个，绍兴市级 7 个，推广测土配方施肥面积 88 万亩次，回收农药废弃包装物近 90 吨，处置率达 100%，秸秆综合利用率达 96.5%。年末生猪存栏 10.3 万头，增长 4%；出栏 18.39 万头，增长 5.1%；年末家禽存栏 194.83 万只，增长 39.6%；出栏 193.03 万只，增长 62.6%。

深化美丽乡村示范创建，建设 2020 年新时代美丽乡村达标村 100 个、精品村 35 个，省级美丽乡村示范乡镇 1 个，省级特色精品村 3 个。开展农村裸露地面集中整治，消除农村裸露地面面积 83.17 万平方米。推进历史文化村活化利用，新增 21 个历史文化村落备选村，有序实施 25 个省级历史文化重点村和一般村建设项目。培育壮大农业经营主体，新增省级龙头企业 3 个，省级示范性家庭农场 8 个、省级农业产业化联合体 1 个；推进数字农业发展，建成数字化农业示范基地 12 个。探索农村金融改革，继续发展推行“产权 + 信用贷款”，累计发放各类产权贷款 8648 户，贷款余额 11.41 亿元，增长 30% 和 38.3 %。推进闲置农房激活。全市激活农房 694 幢，吸引各类投资 5.3 亿元。

三、工业和建筑业

按可比价计算，其中规上工业增加值 282.99 亿元，增长 6.4%，较一季度、半年度和前三季度分别提升 10.4 个、4.4 个、3.6 个百分点，居绍兴各区（县、市）第一。全市规上工业装备制造、高新技术、战略性新兴产业和数字经济增加值分别增长 15%、5.6%、2.5% 和 3.4%，占规上工业增加值的比重分别为 49.3%、43.6%、34.5% 和 3.4%。规上工业实现利税增长 7.7%。规上工业企业新产品产值 504.77 亿元，增长 4.9%。

从工业主导行业看，诸暨市环保新能源、智能装备制造、铜加工及新型材料、纺织服装、袜业和珍珠业等主导行业企业 996 家，合计产值增长 2.8%，占全市规上工业企业总产值的 77.5%，其中铜加工及新型材料业产值增长 18.4%；六大主导行业合计利润增长 12.5%，其中智能装备制造利润增长 10.6%。

全市实现建筑业上缴税收 14.29 亿元，增长 39.5%。全力做好疫情防控工作，展诚、诸安、万达、宏达 4 家企业获浙江省建筑业新冠肺炎疫情防控工作先进单位荣誉。创优夺杯获得新成果，全市建筑业共创省级及以上优质工程 10 项，其中鲁班奖 2 项；共获 QC 成果奖 22 项，其中省级 17 项。建筑工业化达到新高度，全面推进实施装配式建造和住宅全装修，新开工装配式民用建筑 175.7 万平方米，占新开工民用建筑比例达 52.26%；新开工住宅全装修面积 128.94 万平方米；获评 2019 年度全省建筑工业化优秀县（市、区）。

四、固定资产投资和房地产业

全市固定资产投资增长 7%，分三次产业看，第一产业投资增长 16.6%，第二产业投资下降 4%，第三产业投资增长 12.2%；从投资结构看，一、二、三产投资比例为 2 : 29 : 69；从重点领域看，其中民间投资下降 1%，交通投资增长 27.1%，生态环保和公共设施投资增长 20.3%，高新技术投资下降 6.5%。

全年实现房地产开发投资 147.22 亿元，增长 8.1%，其中住宅投资 115.14 亿元，增长 5.8%。全年实现商品房销售面积 263.13 万平方米，增长 17.3%，其中住宅销售 207.74 万平方米，增长 24.1%；商品房销售额 284.95 亿元，增长 44%，其中住宅销售 250.07 亿元，增长 46.2%。

五、商贸流通

全年实现社会消费品零售总额 462.46 亿元，下降 2.7%。其中限上社会消费品零售总额 128.24 亿元，增长 3.7%，按经营地统计：城镇市场消费品零售额 121.62 亿元，增长 5.4%；乡村市场消费品零售额 6.63 亿元，下降 19%。从限上批零贸易和限上住宿餐饮看：限上批发业实现商品销售额 758.15 亿元，增长 24.9%；限上零售业实现商品销售额 129.62 亿元，增长 11.4%。限上住宿业营业额 3.22 亿元，增长

24.2%；限上餐饮业营业额 7.35 亿元，增长 9.3%。

全市网络零售额 232.5 亿元，增长 6.5 %，总量继续保持绍兴各区（县、市）第一。成功运作“9610”“9710”首单，率先完成绍兴市下达的目标任务，并积极推进“9810”跨境电商首单相关工作（注：“9610”就是常见的 B2C 出口，即集货模式；“9710”适用于跨境电商 B2B 直接出口的货物；“9810”则适用于跨境电商出口海外仓的货物）。全年仅阿里国际站和中国制造网已净增跨境电商网店 164 家。8 家企业成为执御平台的稳定供应链商家，为绍兴地区唯一合作县市。全市有活跃网店 8220 家，其中活跃天猫旗舰店 884 家。天猫网店累计上架商品数达 301.6 万件，在绍兴市排名第一。绍兴市天猫平台服饰鞋包类目零售额前 100 强排位中，诸暨市 76 家网店入围。推进大唐街道邮政公共仓储项目建设，目前已形成日均发单 5 万左右规模。抢抓社交电商发展契机，企业纷纷与抖音、快手等直播平台开展全方位合作，全市日均直播达 2000 场次以上，卡拉美拉、浙江袜业、东方缘等一大批企业实现上千万直播销售。

六、对外经济

全市完成进出口总额 527.49 亿元，增长 8.1%，其中出口 449.79 亿元，增长 7.9%；进口 77.70 亿元，增长 9.1%。从出口产品看，纺织服装及面料出口 159.92 亿元，同比下降 16.1%，占比 35.6%，其中，袜子出口 69.67 亿元，同比下降 21.9%，占比 15.5%；提花布出口 22.11 亿元，同比下降 27.4%，占比 4.9%；服装出口 38.25 亿元，同比下降 25.6%，占比 8.5%；五金机电产品出口 169.47 亿元，同比增长 20.1%，占比 37.7%，其中，机电产品出口 147.96 亿元，同比增长 24.5%，占比 32.9%；化工塑料制品出口 38.88 亿元，同比增长 44.9%，占比 8.6%，鞋帽箱包家具产品出口 30.56 亿元，同比增长 39.4%，占比 6.8%。从出口市场看，进出口国家（地区）210 个，同比增加 7 个。出口超 1 亿元的国家（地区）64 个，比上年同期增加 1 个。出口前三位的国别地区是美国、越南、韩国，分别出口 74.51 亿元、23.02 亿元、19.08 亿元，增幅分别为 7.5%、109.9% 和 -8%；在 15 个主要出口国家和地区中，增幅排在前列的分别是越南、菲律宾和英国，分别增长 109.9%、43.6% 和 42.9%。

2020 年，全市实到外资 11254 万美元，内资到位资金 115.7 亿元。牵头举办“2020 全市招商引资重大项目集中签约仪式”，共 27 个项目上台签约，总投资额 188.86 亿元。发挥开发区、高新区等重大平台主力军作用，深化“与杭同城”发展战略，加大突破“大、新”项目引进短板。开发区聚力打造数智安防产业园，与华为合作建立华为机器视觉联创中心和新产品发布平台。举行集中签约形式，共有 20 个重点合作项目集中签约；高新区引进诸暨少海汇有屋智能家居物联生态产业基地项目，打造全国首个集生产、研发、展示、销售、运营于一体的专业物联网智能家居生产基地。全市共引进 50 亿元以上项目 3 个，10 亿元至 50 亿元项目 12 个，亿元以上项目 56 个。

七、交通运输和旅游

全市拥有境内公路总里程 2775.83 公里，其中高速公路 162.53 公里；2020 年客运量 122.65 万人，周转量 11879.74 万公里。全年货运量 2657.55 万吨，同比上升 5.3%；货运周转量 216849.85 万吨公里，同比上升 5.3%。全年水运客运量 13.3422 万人次，周转量 1332980 人公里；水运货运量 545.4902 万吨，周转量 115031.70 万吨公里。全年累计快递业务量 39813.2 万件，增长 45.1%。

杭州都市高速公路诸暨段建成通车。235 国道杭州至诸暨公路萧山河上至诸暨安华段改建工程项目、萧山至磐安公路（金浦桥至三江口大桥段）快速化改建工程、绍诸高速诸暨浣东出口功能提升改建工程、诸暨市店口综合港区建设工程等项目顺利开工并有序推进。完成高水平建设“四好农村路”（2018—2020）三年行动，2020 年完成农村公路新、改建提升合计约 137 公里；顺利完成 2 个“四好农村路”示范乡镇验收工作。现有 329 条公交线路，其中 48 条市内公交线路，城市建成区公交站点 500 米半径覆盖率达到 98% 以上；城乡公交线路 281 条，全市行政村城乡公交通达率达到 100%，完成“村村通公交”深化工程，实现全市 126 个较大自然村（常住人

2020 年末金融机构本外币存贷款情况表

表 25

指标	余额(亿元)	比上年末增长 %
各项存款	1837.03	9.9
住户存款	1101.45	9.9
非金融企业存款	438.07	10.3
各项贷款	1538.62	10.3
住户贷款	737.61	23.1
非金融企业及机关团体贷款	801.00	0.7

口 100 人以上)500 米范围内公交通达,城乡交通运输一体化发展水平保持 5A 级。

全年接待游客 2303.05 万人次,实现旅游总收入 249.25 亿元,分别恢复到去年同期的 84.6% 和 87.9%。今年诸暨市成功创成浙江省全域旅游示范县,主城区获评浙江省 AAAA 级景区城。同山镇创成浙江省首批山地休闲度假发展试点单位、浙江省第四批省级旅游风情小镇、绍兴市研学旅行实施标准试点单位。东和乡入选第五批浙江省旅游风情小镇培育名单。"百千万"景区创建工程在诸暨市全面铺开。12 个乡镇创成景区镇,其中山下湖镇、同山镇创成 AAAA 级景区镇,五泄镇、枫桥镇等 10 个镇创成 AAA 级景区镇,创成 AAA 级景区村 28 个。"云溪九里"文旅康养小镇、春风十里 2 只项目入选浙江省"四十百千"文化旅游重大项目四条诗路项目名单,枫桥经验文化旅游项目、珍珠小镇建设项目、秦皇古道开元度假村项目入选百张文旅"金名片"名单。组织开展 2020 诸暨市文化创意产品暨旅游商品大赛、全域旅游"产品研发推广奖"评选等活动,举办"同萍共振,荷力共赢"——2020 杭州西湖·诸暨西施荷花会暨杭州人免费游诸暨发布会,完成诸暨元素进杭州地铁宣传推广,开启"地铁之旅"。结合 CBA 联赛、世界珍珠大会等节会赛事,借助 FM93、FM104.5、地铁等平台,做好城市旅游推介。

八、金融和证券

年末全市金融机构本外币存款余额 1837.03 亿元,增长 9.9%,其中住户存款余额 1101.45 亿元,增长 9.9%;贷款余额 1538.62 亿元,增长 10.3%,其中住户贷款余额 737.61 亿元,增长 23.1%。全市累计运用 3000 亿元、5000 亿元及 10000 亿元再贷款发放的优惠利率贷款共 6589 笔,合计 58.6 亿元,为相关企业节省资金成本近 1.3 亿元。不良率、关注率为近五年来最低,不良率首次降到 1% 以内,为诸暨市营商环境优化提供强有力的支持和保障。

祥生地产在香港上市,募资 34 亿港元,实现诸暨市近 5 年来上市公司零的突破。新增辅导报会企业 2 家,新增股份公司 49 家。推动大股东股权质押率超 80% 的上市公司由年初 5 家下降至 2 家,减少数量居绍兴各区(县、市)第一。协调银企矛盾 120 家次以上,帮扶企业 180 多家次。建立"枫桥经验"多元化解金融矛盾纠纷机制,成功调解案件 43 件,调处办结率居绍兴各区(县、市)第一,2020 年度互联网金融无源发性案件。全年引进股权投资企业 23 家,超 5 亿元基金 2 只,较上年增加 43.75%,已实到资金 4.7 亿元,有力推动全市股权投资行业发展,为诸暨市产业发展提供强有力的资金保障。

九、科学技术和教育

全市一般公共预算支出中用于科学技术支出 1.01 亿元,占一般公共预算支出的 0.9%。国家高新技术企业净增 102 家,新增省科技型中小企业 324 家,全年实现规上研发费用 31 亿元;实现高新技术产业投资 63.14 亿元。签约成立诸暨市创新协同中心暨科技成果转移转化中心、浙江长三角路空一体研究院、浙江省新时代枫桥经验研究院；入选省领军型创新创业团队2家，省海外工程师11人，柔性引进海外工程师57人；新增省级企业研究院1家，省级高企研发中心12家，省级众创空间3家、绍兴市重点实验室2家，绍兴市级企业研发中心26家，绍兴市级众创空间5家，绍兴市级孵化器1家；获评国家科技进步二等奖1项，省科技进步二等奖1项、三等奖2项；列入省级产业创新服务综合体创建名单2家，省级重点研发计划项目4项，申报省级新产品试制计划234只，引进可产业化项目40项，全年实现技术市场交易额18.3亿元。

全市共有中小学（幼儿园）280所，其中普通高中17所、中职学校4所、初中37所、小学101所、幼儿园120所、特殊教育学校1所。在校中小学生153693人，在园幼儿29983人，在职教职工15000余人（其中在编教职工9158人）。教育现代化达成度超过80%，已连续三年位居全省第一方阵。实施初高中提质强校行动和中小学心理健康“幸福行动”，高水平大学录取115人，省中职“双高”建设项目入围7个。全国职业院校技能大赛师生斩获4枚金牌，占全省44.4%，第36届全国中学生数学奥林匹克竞赛斩获“4金1铜”，金牌数占全省五分之一，其中1人入选国家集训队。开展“与杭同城”浸入式挂职培训，组织7611名中青年教师专业素养大练兵大比武大提升活动。获评全国“最美教师”和正高级教师各1名，省、绍兴市优质课一等奖26个，入选浙派名师名校长培养对象9名、第二届绍兴名师19名。建成投用城东初中、明德小学，完成公办学校教室功能提升工程及52个基层体育设施升级改善项目。明德小学成为诸暨首个杭州高校附属学校。新增省、绍兴市现代化学校23所，省义务教育标准化学校和省等级幼儿园保持100%。

十、文化、卫生和体育

浣江书房全年到馆人次达22.49万人次，借还图书68851册次。大唐街道和华夏金石学馆新建2家浣江书房，全市城市书房总数达15家，圆满完成“书香暨阳”三年行动计划。开展“文明实践 好美诸暨”文化下乡巡演100场次、文化走亲10场次，书画、非遗下乡展览50场次、送书下乡19次，成立乡镇文艺达人宣讲团23个、成员282人。先后创作了书画、戏剧、歌曲等抗“疫”题材作品470件。西路乱弹小戏《梅花催春》获2020浙江省新农村建设题材小戏会演金奖，入选“中华颂”第十一届全国小戏小品曲艺大展。实施2020年诸暨市文物保护工程，共涉及9个镇（乡）街道，总计12个项目，投入资金1200余万元（其中民间资本900余万元）。西施传说记录工作与保护研究项目课题顺利通过文化和旅游部民族民间文艺发展中心和浙江省文化和旅游厅验收。“西施传说”入选首批“浙江文化印记”。举办第九届西施文化节，推出华夏金石学馆开馆仪式、枫桥三贤文化馆开工仪式、《诸暨三贤》文化纪录片开播仪式等九大系列活动。《新时代戏曲文化魅力影像工程》之《诸暨西路乱弹系列集锦》被列入省文旅厅创作类重要课题。

全市共有各级各类医疗机构879家。有市级公立医院8家，其中三级乙等综合医院1家、三级甲等中医医院1家、二级甲等综合医院2家、二级甲等妇保院1家、二级乙等综合医院3家，按二级甲等标准建设的精神专科医院1家，民营医疗机构15家，疾病预防控制中心1家、中心血库1家、急救中心1家，卫生行政执法大队1家，美沙酮门诊部1家，有乡镇卫生院（社区卫生服务中心）17家；社区卫生服务站79家，村卫生室426家。全市医疗机构实际开放床位7725张，有卫生专技人员8325人，市镇村三级医疗机构基本健全，医疗服务网络基本完善。全力抗击新冠疫情，派出抗疫人员（援鄂5人、援疆2人、援冀3人、赴绍8人），投资3000多万规范发热门诊设置，快速提升核酸检测能力建设（日检测能力18400多人次），开展复工复产复学健康指导（累计1300余名）。全面推动“三医联动”“六医统筹”改革试点工作，累计完成药品集中采购3145.83万元，腾出医保费用空间8747.56万元；调整13类、1410项医疗服务项目价格，让利药品联合采购567个品种50%的差价。加快数字化建设，上架医共体智慧医生平台、远程会诊平台、区域卫生健康信息平台，实现医疗机构检查检验信息在线调阅、市级医院入驻省互联网医院平台全覆盖、乡镇卫生院门诊一站式综合服务全覆盖、边远山区乡镇“云诊所”服务全覆盖、“出生一件事”掌上办、用血服务床边办。2020年首次开展“新村医”定向委托培养61人，其中本科13人，大专48人。

赢得CBA2020—2021赛季比赛承办权，成为CBA联赛历史上唯一承办全赛季所有比赛的城市。承办浙江省第三届女子体育节等绍兴市级以上各类体育赛事活动28场。2020年省青少年标赛勇夺金牌20.9枚、银牌19.5枚、铜牌24.7枚，居绍兴市前列。诸暨西施马拉松入选2020年浙江省重点培育品牌体育赛事名录库。成功入选2020年全国青少年校园篮球“满天星”训练营名单(全省唯一)。

十一、城市建设、与杭同城、特色小镇

深入实施城市基础设施三年建设行动，完成城市更新投资32.3亿元，增长24.3%。加快推进城市有机更新，完成6个老旧小区综合改造提升项目，完成既有住宅加装电梯30台；政府投资公租房保障覆盖率达1.2%；完成棚户区改造目标任务；累计完成“三改一拆”352.66万平方米，完成总量、完成率均居绍兴各区(县、市)第二，拆后综合利用土地率居绍兴各区(县、市)第一；新建、改造城镇供水管网28.62公里、污水管网27.81公里，完成农村饮用水达标提标工程三年行动清盘验收。改造城区路面6.9公里，加固浦阳江干流堤防27.95公里。全面推进美丽城镇建设，成功创建2个省级样板镇和6个省级达标镇，荣获全省2020年度新时代美丽城镇建设优秀县(市、区)。深入开展城区公园绿化养护、绿地修复工作，推进城市绿道网、舂江海绵公园、陶朱山森林公园工程建设，获评国家生态园林城市，系省内首个县级市；同时以全国第一名资格被住建部推荐参评联合国人居环境奖。全面推进水环境治理改造以及生活垃圾处置和分类工作，做好70个农污终端提升改造、城区58个封闭式小区“污水零直排”建设和6个城中村雨污分流改造工作；完成诸暨市丰泉浬浦垃圾无害化处理中心技改项目，新增垃圾焚烧能力350吨/日；餐厨废弃物综合处理和资源化利用项目已试运行，并初步建成餐厨垃圾收运体系；城区生活垃圾综合覆盖率为95%，无害化处理率100%，回收利用率45.4%，生活垃圾下降率3.3%；完成10个垃圾分类省级高标准示范小区建设，完成22座公共厕所设施设备加装和7座垃圾中转站改造提升工作，规范配置垃圾分类清运车辆182辆。抓好中央、省生态环境保护督察问题整改，创成国家生态文明建设示范市。蝉联全国文明城市，成为全国新时代文明实践中心建设“先行试验区”。

谋划杭绍一体化萧诸绿色发展先导区，提档升级滨江“诸暨岛”、余杭“高新岛”，设立投运义乌柔性“诸暨岛”，落地运行上海“诸暨岛”，深化“杭州孵化——诸暨生产”的科创产业培育模式，“诸暨岛杭州港”获评省级双创示范基地。出台诸杭高速通行免费政策扩面、杭州人免费游诸暨等政策，推出“与杭同城—荷(和)美之旅”等10条全域旅游精品线路。市内所有医疗机构开通异地就医直接结算，43个政务服务事项实现长三角“一网通办”。深化诸杭两地高层次教育人才共育共用，与在杭高职院校联合培养高技能人才189名。与拱墅区总工会开展职工疗休养协作，共35批次约2800名职工到诸疗休养。加快“两高三快”路网和店口港综合工程建设，织密诸暨市融入杭州、融入长三角的道路、水路网络。“杭二绕”诸暨段通车，柯诸高速、G235诸暨段、店口港开工建设。完善干部常态化挂职交流互访机制，选派百名镇街、部门干部赴杭跟岗学习，与拱墅区联合举办“诸暨—拱墅两地年轻干部‘融合提升’专题研修班”。电视台开设全年性新闻栏目—“与杭同城”进行时，开展跨区域大型主题采访活动——长三角调研行。

以省市政府批准的规划为基本框架，按照“国际影响，全省一流，精品工程”要求，全力打造特色小镇2.0版。袜艺小镇、珍珠小镇、环保小镇三个省级特色小镇全年完成投资23亿元。大唐袜艺小镇立足新空间、新业态，明确全国特色小镇标杆建设目标，优化空间布局，盯紧重点项目建设和招引，着力科技创新和人才引进；成功组织举办中国设计红星奖(诸暨)产品设计大赛—2020袜业大赛等活动，进一步提高小镇知名度和美誉度。牌头环保小镇以全

域环保为理念，结合先期产业规划，重新确定了小镇在产业引育、业态布局、落地措施上的新路径和新框架。大力引进环保特色产业项目，优化调整产业结构，促进旧动能转化和新动能培育，持续提升和补强小镇产业链。山下湖珍珠小镇投资20亿元建设世界淡水珍珠博物馆、珍珠文化街区、珍珠创意工坊、珍珠湖等项目；成功承办世界珍珠大会，成为其永久会址。小镇实现从“中国珍珠之都”向“世界珍珠小镇”的关键转变。

十二、生态环境、社会稳定

被生态环境部授予“第四批国家生态文明建设示范市县”称号。全市空气质量优良率为93.2%，上升4.4个百分点；$PM_{2.5}$平均浓度为29微克/立方米，下降17.1%；浦阳江诸暨段出境水质持续保持Ⅲ类及以上水质，出境水质持续优于入境水质，出境断面考核优秀；17个绍兴市控及以上考核断面达标率100%，全市集中式饮用水源水质达标率100%，生态环境质量稳定向好。牵头做好第二轮中央生态环境保护督察迎检和问题整改工作。围绕两个环境空气省控站点实施“一点一策”精准管控，完成低氮锅炉改造90台，完成汽配铸造、砖瓦等行业废气治理企业27家；完成老旧营运车淘汰补助272辆，重型柴油车OBD联网218辆，非道路移动机械编码登记3269辆，开展非道路移动机械尾气检测271辆。深入打好治水巩固战，实施工业园区“污水零直排区”建设提升行动，12个工业园区完成创建并通过验收。完成2个县级和7个乡镇级以上集中式饮用水水源地保护区范围确定与调整；建立全天候24小时生态环境监管执法机制，全年检查企业4639家次，立案116件，行政处罚80件，处罚金额663.248万元，查封扣押17件，涉嫌移送公安机关4件6人。深化生态环境损害赔偿制度，全年完成赔偿4件，赔偿金57.9万元。拓展环境污染责任险试点工作，全年参保企业63家，增长200%。开展排污许可清理整顿和发证登记工作，累计核发重点管理77本，简化管理144本，登记管理11255家。全年规上工业增加值能耗下降5.4%。

全市共发生各类生产安全事故18起（均为生产经营性道路交通事故），死亡11人，分别下降28%和45%；发生火灾173起，下降22.8%，未发生亡人火灾事故。未发生自然灾害伤亡事故，未发生较大及以上事故和有较大社会影响事故。坚持疫情防控和安全生产两手抓，组织开展服务企业复工复产保安全32154家次，完成隐患整改43862处。全面推进第二轮安全生产综合治理三年行动，开展企业安全风险管控体系建设，完成23家重大事故隐患企业挂牌督办整治工作。组织开展各类专项整治行动，累计检查企业45234家次，排查整改隐患67315项。组建专业救援队伍12支，培育提升社会救援队伍5支，成功承办绍兴市防汛防台应急演练，组织市级预案演练30场。

十三、人口、人民生活和社会保障

年末全市户籍人口108.3万人，其中男性人口54.04万人，女性人口54.26万人；城镇人口44.49万人，乡村人口61.81万人；人口出生率7.06‰，死亡率7.08‰，人口自然增长率–0.02‰。

抽样调查显示：2020年诸暨市全体居民人均可支配收入58771元，增长5.3%；城镇常住居民人均可支配收入70740元，增长4.2%，人均生活消费支出35046元，增长1.8%；农村常住居民人均可支配收入42296元，增长7.4%，人均生活消费支出25186元，增长2.4%。

全市参加养老保险人数达到89.7万人，其中参加企业职工基本养老保险51.3万人、城乡居民基本养老保险34.91万人、机关事业养老保险3.49万人，户籍参保率达99.76%。落实社保费缓缴返还政策，全市累计减免养老保险87130万元，减免失业保险3196万元，减免工伤保险1895万元，惠及企业24803家。正式上线省级集中的社会保险信息系统，打破各县市区社会保险系统“各自为政”的壁垒。按时足额发放养老待遇，城乡居民基础养老金标准从180元/月调整至215元/月，企业退休人员人均增发124元，机关事业单位退休人员人均增资273元。

年末全市共有最低生活保障对象10685人，其中城镇278人，农村10407人；全年最低生活保障资金支出 9219.25 万元，其中城镇 258.34 万元，农村 8960.91 万元。全市共有养老机构 48 个，床位 11790 张，在院人数 1823 人。

注：1. 生产总值、各产业增加值均为年度快报数据，绝对数按现价计算，增长速度按可比价计算。

2. 所涉的行业内容分别由农业农村局、发改局、经信局、教育体育局、科技局、公安局、民政局、财政局、人力社保局、交通运输局、水利局、商务局、文广旅游局、卫生健康局、建设局、绍兴市生态环境局诸暨分局、市场监督管理局、统计局、金融办、应急管理局、国家统计局诸暨调查队、人民银行等相关部门提供。

2020 年诸暨市环境状况公报

根据《中华人民共和国环境保护法》第 54 条规定，现发布《2020 年诸暨市环境状况公报》。

绍兴市生态环境局诸暨分局

2021 年 6 月 5 日

综述

2020 年，诸暨市生态环境保护工作准确把握高质量发展要求，以改善环境质量为核心，打好污染防治攻坚战，强化环境精细化治理，积极抢抓新机遇、主动适应新常态、沉着应对新挑战，努力使诸暨的天更蓝、水更清、土更净。全市空气质量优良率为 93.2%，同比上升 4.4 个百分点；$PM_{2.5}$ 平均浓度为 29 微克 / 立方米，同比下降 17.1%；浦阳江诸暨段出境水质持续保持Ⅲ类及以上水质，出境水质持续优于入境水质，出境断面考核优秀；17 个绍兴市控及以上考核断面达标率 100%，全市集中式饮用水源水质达标率 100%，生态环境质量稳定向好。

水环境状况

地表水环境质量

（一）省控及以上重点断面水质状况

2020 年街亭断面、浣纱桥断面、汤家村断面水质均为Ⅱ类水质，安华断面水质为Ⅱ类水质，湄池断面水质为Ⅲ类水质，安华断面水质由Ⅲ类上升为Ⅱ类，其他各断面水质均与 2019 年持平。2020 年浦阳江水质主要污染因子为高锰酸盐指数、总磷、氨氮，与上年相比，高锰酸盐指数年均值浓度、总磷年均值浓度有所上升，氨氮年均值浓度有所降低。

浦阳江安华断面　　Ⅱ类水质　高锰酸盐指数年平均浓度为 3.0 毫克 / 升，总磷年平均浓度为 0.08 毫克 / 升，氨氮年平均浓度为 0.29 毫克 / 升。

浦阳江浣纱大桥断面　Ⅱ类水质　高锰酸盐指数年平均浓度为 2.9 毫克 / 升，总磷年平均浓度为 0.08 毫克 / 升，氨氮年平均浓度为 0.25 毫克 / 升。

浦阳江湄池断面　　Ⅲ类水质　高锰酸盐指数年平均浓度为 4.0 毫克 / 升，总磷年平均浓度为 0.12 毫克 / 升，氨氮年平均浓度为 0.30 毫克 / 升。

开化江街亭断面　　Ⅱ类水质　高锰酸盐指数年平均浓度为 2.4 毫克 / 升，总磷年平均浓度为 0.06 毫克 / 升，氨氮年平均浓度为 0.14 毫克 / 升。

壶源江汤家村断面　Ⅱ类水质　高锰酸盐指数年平均浓度为 1.8 毫克 / 升，总磷年平均浓度为 0.04

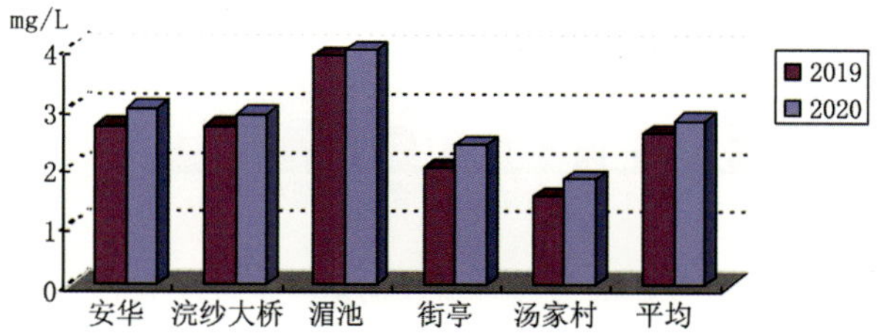

2019 年与 2020 年浦阳江水系各水域水质高锰酸盐指数年平均浓度对比示意图

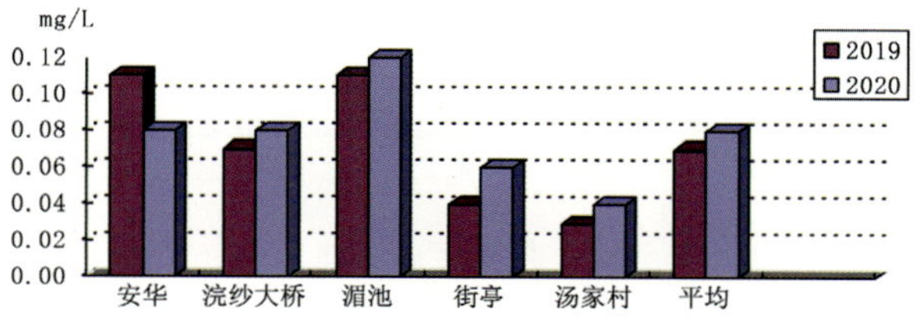

2019 年与 2020 年浦阳江水系各水域水质总磷年平均浓度对比示意图

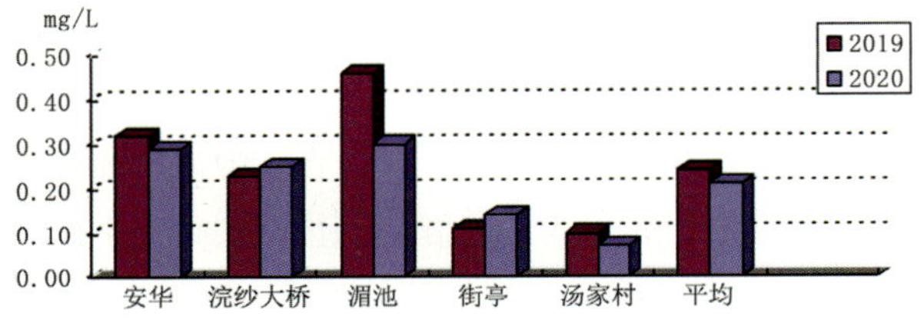

2019 年与 2020 年浦阳江水系各水域水质氨氮年平均浓度对比示意图

毫克 / 升，氨氮年平均浓度为 0.07 毫克 / 升。

（二）水库水质状况

根据 2020 年陈蔡、石壁、五泄、安华、青山、征天等六大水库水质监测统计结果，陈蔡水库、石壁水库、五泄水库为Ⅱ类水质，青山水库、征天水库为Ⅲ类水质，安华水库为Ⅴ类水质，陈蔡水库、石壁水库、五泄水库水质达到相应的水功能区划要求，青山水库、安华水库、征天水库水质未达到相应的水功能区划要求，影响水库水质的主要污染因子为总磷。与上年相比，安华水库水质有所下降，其余水库水质均保持稳定。安华水库营养化状况为轻度富营养，陈蔡、石壁、五泄、征天、青山水库营养化状况均为中营养。

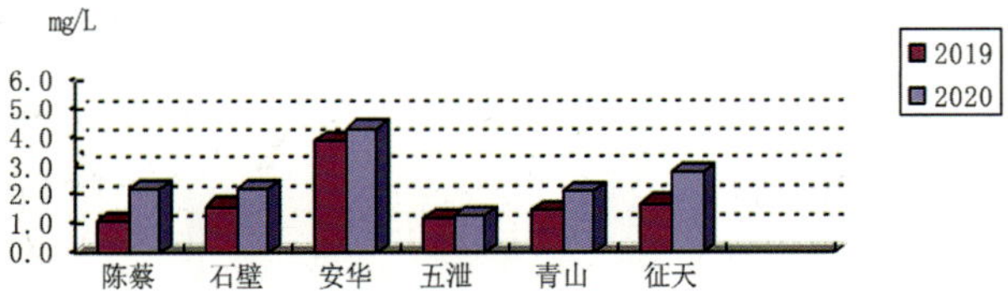

2019 年与 2020 年水库水质高锰酸盐指数年平均浓度对比示意图

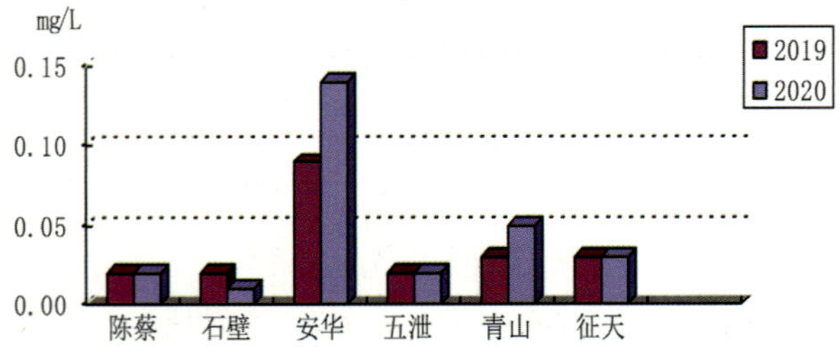

2019 年与 2020 年水库水质总磷年平均浓度对比示意图

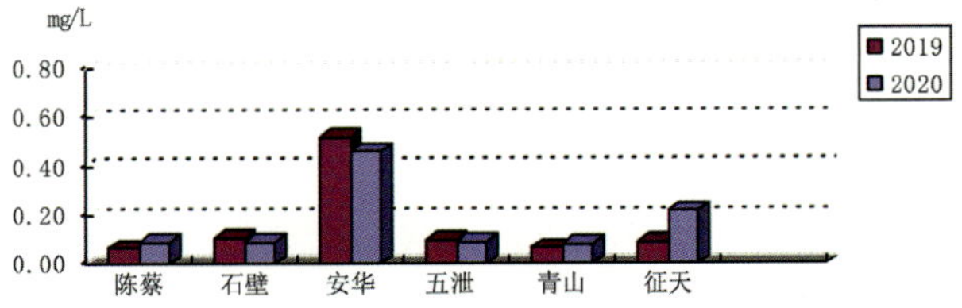

2019 年与 2020 年水库水质氨氮年平均浓度对比示意图

（三）饮用水源水质状况

根据对应店街镇（幸福水库）、应店街镇（上游水库）、岭北镇（岭脚水库）、五泄（里石坞水库）、东和乡（金家湾水库）、东和乡（卫星水库）、青山水库、石壁水库、征天水库、陈蔡水库等 10 个饮用水源地水质监测结果，2020 年全市饮用水源地水质均满足地表水Ⅲ类水质要求。

措施与行动：严格执行国家新产业政策、环保项目审批要求，全年共审批建设项目 562 只，其中报告书 40 只，报告表 522 只；申请排污权质押贷款的企业 6 家次，共涉及银行贷款 14273.27 万元。

加强涉水行业环境管理，整治提升“低散乱”企业 198 家，完成率 110%；淘汰落后和严重过剩产能企业 38 家，完成率 152%。完成强制性企业清洁生产报告编制 10 家；全面推进工业园区（工业集聚区）“污水零直排区”建设，完成 12 个工业园区的建设工作；完成陈蔡水库饮用水水源地生态环境保护实施方案；加快城镇污水处理厂建设，完成次坞镇污水处理厂清洁排放技术改造，完成新建和改造城镇污水配套管网 27.4 公里。

大气环境状况

城市环境空气质量

（一）城市环境空气

2020 年，在城东杨树畈和城西运管所分别设有一个环境空气质量自动监测站，对城市环境空气质量进行 24 小时自动监测，监测项目为 SO_2、NO_2、$PM_{2.5}$、PM_{10}、CO、O_3。2020 年诸暨市市区环境空气有效监测天数为 366 天，按照《环境空气质量标准》（GB3095—2012）评价，环境空气质量优良天数为 341 天（优 127 天、良 214 天），优良天数占 93.2%，较 2019

年提高 4.4 个百分点;轻度污染天数为 23 天,占 6.3%;

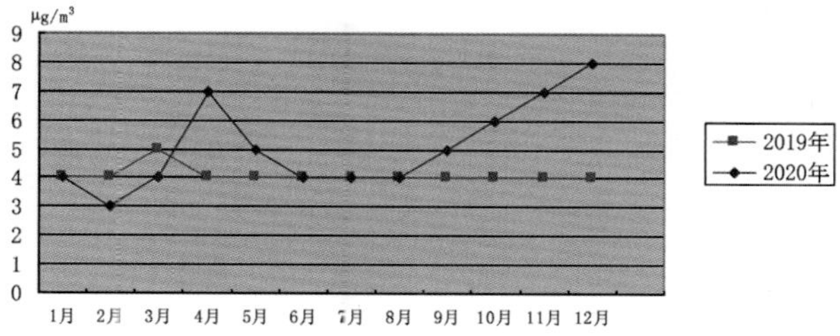

2019 年与 2020 年二氧化硫月均值变化图

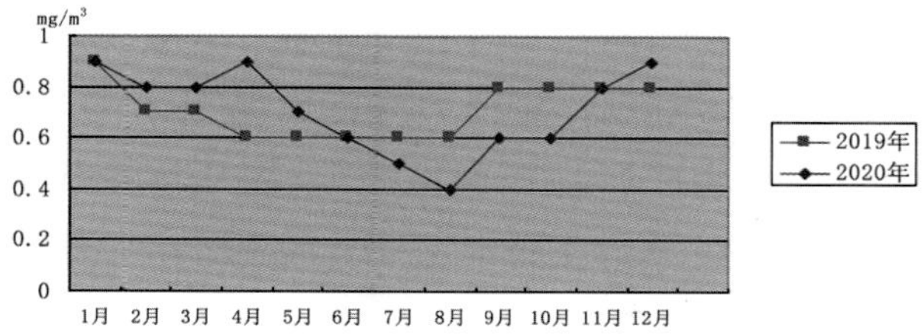

2019 年与 2020 年一氧化碳月均值变化图

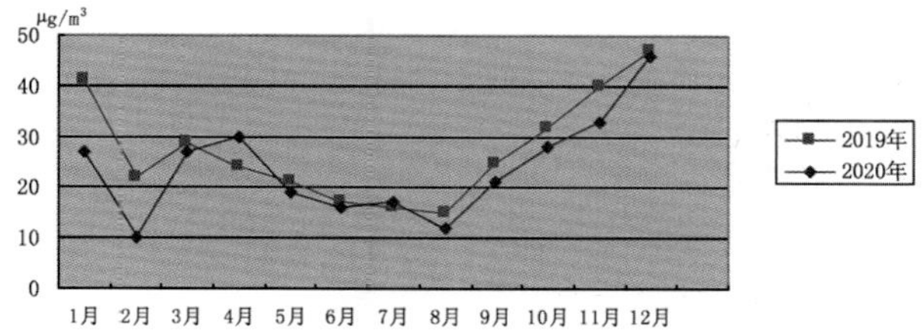

2019 年与 2020 年二氧化氮月均值变化图

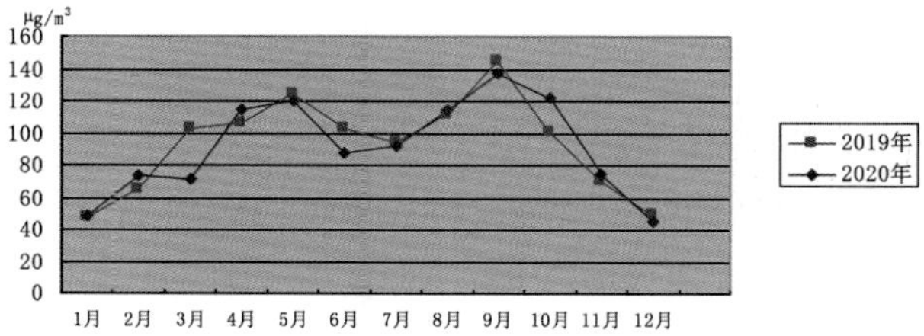

2019 年与 2020 年臭氧月均值变化图

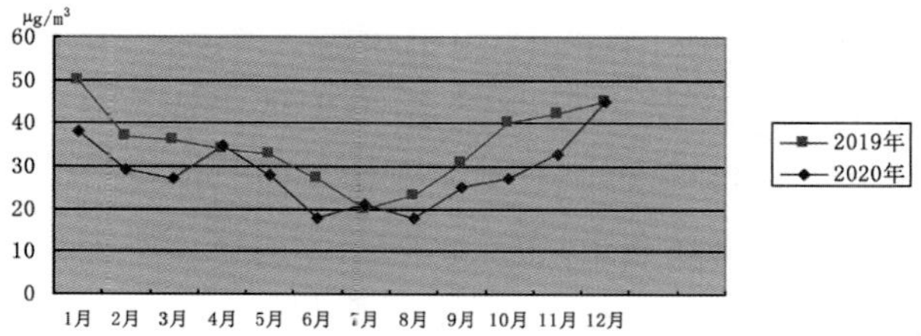

2019 年与 2020 年 $PM_{2.5}$ 月均值变化图

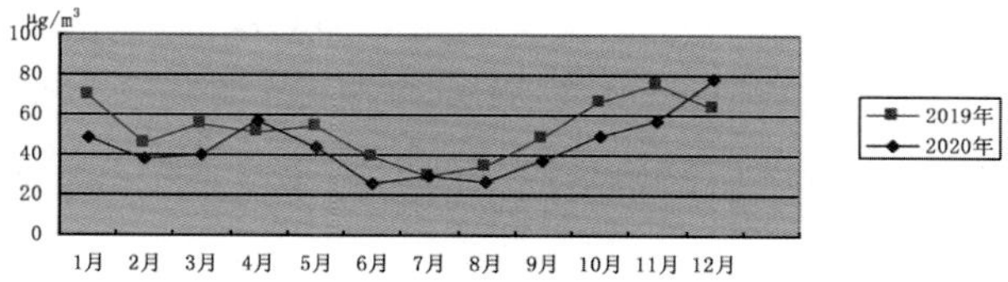

2019 年与 2020 年 PM_{10} 月均值变化图

中度污染天数为 2 天,占 0.5%;重度污染天数为 0 天。

(二)大气降尘

2020 年城区大气降尘月均值范围为 1.8 ~ 3.5 吨/平方公里·月,年平均值为 2.65 吨/平方公里·月,较上年上升 0.04 吨/平方公里·月,低于浙江省大

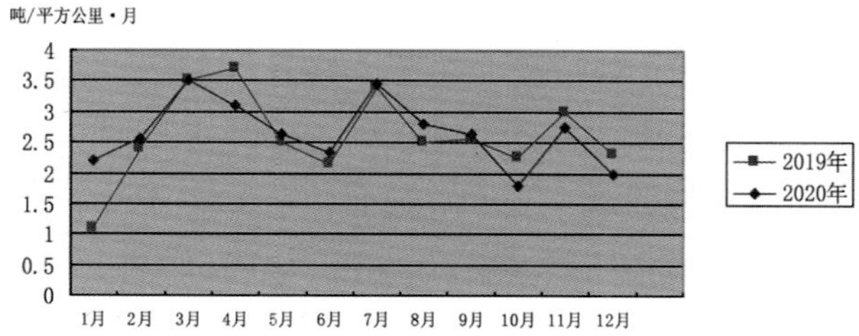

2019 年与 2020 年降尘月均值变化图

气降尘控制标准(8 吨/平方公里·月)。

(三)大气降水

2020 年大气降水 pH 值范围为 5.33 ~ 6.19,降水 pH 年平均值为 5.73,比 2019 年下降 0.14pH 单位。全

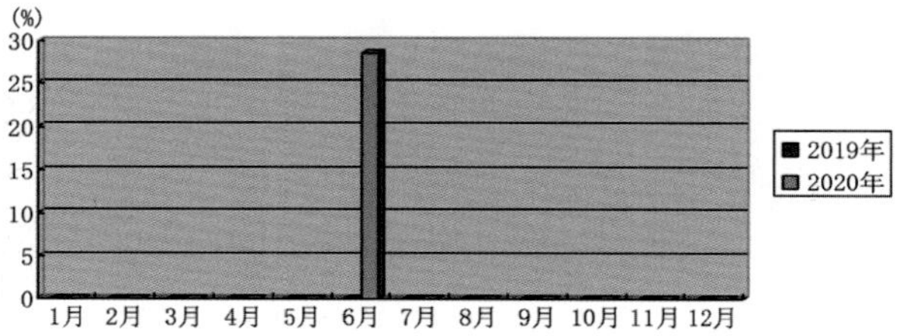

2019 年与 2020 年降水酸雨频率对比图

年酸雨频率为 3.8%,较 2019 年上升了 3.8 个百分点。

措施与行动:成功打赢蓝天保卫战收官战。一是成立治气工作专班,建立“日巡查日通报”机制,印发省控站点“一点一策”实施方案和细颗粒物和臭氧双控双减等方案,精准管控涉气主要污染源,全面提升诸暨市环境空气质量。二是推进工业废气污

染治理，开展低氮锅炉改造项目 90 台，深化 VOCs 深度治理，对汽配铸造、工业涂装、印刷包装、纺织印染、制鞋、化纤、橡胶和塑料制品等行业企业展开专项整治行动，大力推进源头替代、推行高效治理设施。三是开展机动车尾气污染防治，加强机动车检验机构监管，加大机动车排气道路联合执法频次，共检测车辆 245 辆，处罚 95 辆，推进移动机械污染治理，完成老旧营运车淘汰补助 272 辆，重型柴油车 OBD 联网 218 辆，非道路移动机械编码登记 3269 辆，非道路移动机械尾气检测 271 辆。四是做好应对气候变化工作，完成温室气体清单编制，组织报送 5 家重点企业碳排放报告和 17 家非碳交易企业碳排放报告。五是加强重污染天气应急预警管理，印发重污染天气应急预案，编制出台重污染天气应急减排措施清单。

声环境质量

（一）城市功能区噪声

2020 年城区居民文教区、混合区、工业区、交通干线两侧昼夜等效声级分别为 56.4 分贝、57.3 分贝、58.4 分贝和 59.3 分贝。与 2019 年相比，混合区、工业区、交通干线两侧等效声级有所上升，居民文教区等效声级有所下降。

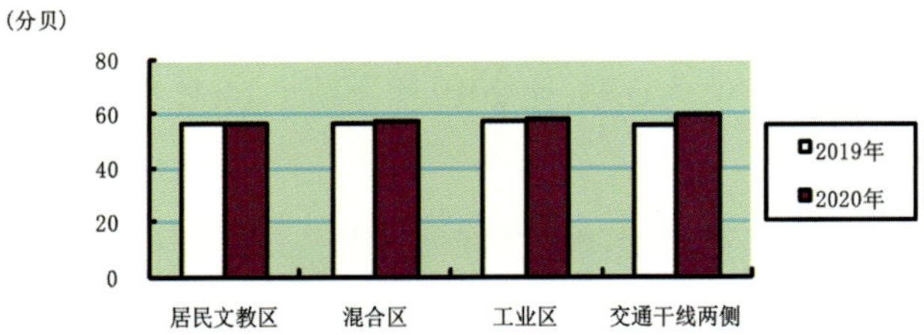

2019 年与 2020 年各功能区昼夜等效声级对比图

（二）城市道路交通噪声

2020 年交通噪声有效测点为 45 个，交通噪声等效声级平均值为 64 分贝，比 2019 年下降 1.7 分贝，2020 年道路交通噪声质量等级为好。主要超标道路为人民路。

（三）城市区域环境噪声

2020 年诸暨市城市区域环境噪声（白天）等效声级为 53.7 分贝，较 2019 年上升了 0.4 个分贝，等级为较好。83.7% 的面积处于 50 ~ 60 分贝等效声级下，其中分布在 50 分贝等效声级以下的面积占 11.9%，分布在 60 分贝等效声级以上的面积占 4.4%。诸暨市城区噪声源的构成状况和污染程度，五种声源中，影响测点最多，覆盖面积最广的是生活噪声，占 82.2%，其他依次为交通噪声、工业噪声、“其他”噪声和施工噪声。

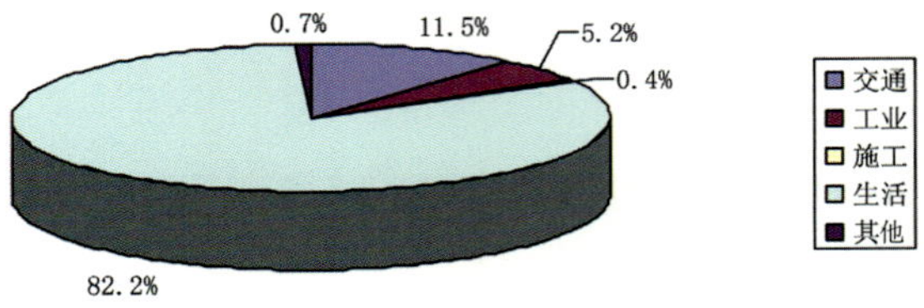

2019 年影响城区噪声主要声源构成图

措施与行动：严格执行排污申报制度，进一步巩固噪声达标区创建成果。多部门联动加强中高考期间的噪声专项整治；继续实施道路改造降噪工程；继续实行城区禁鸣喇叭和禁止拖拉机进城；划定烟花爆竹禁售禁放区域，春节期间开展多部门联合巡查工作。

土壤污染防治情况

（一）工业固废污染防治情况

2020 年，诸暨市工业固体废物产生量 29.54 万吨，其中危险废物产生量为 5.7 万吨。工业固体废物利用处置量为 29.59 万吨（含利用处置往年贮存量 0.17 万吨）。全市医疗废物产生量为 1019.78 吨，无害化处置率为 100%。

按照《绍兴市清废攻坚战 2020 年工作计划》和《诸暨市“无废城市”建设工作实施方案》要求，结合诸暨市实际，制定了《诸暨市清废攻坚战 2020 年工作计划》。以“无废城市”建设为引领，着力完善工业固体废物收运体系，着力提升工业危险废物环境监管能力、利用处置能力、风险防范能力，加快推进清废工作。结合“无废城市”建设方案，完成小微企业危险废物排查工作，确定诸暨市小微企业危险废物集中收集工作方案，建立小微企业危险废物统一收运体系。稳步推进危险废物利用处置设施项目建设，完成浙江兆山环保科技有限公司 3 万吨 / 年水泥窑协同处置扩建项目、浙江科超环保有限公司 2 万吨 / 年活性炭利用项目建成投运、浙江黑猫神环境科技有限公司 2 万吨 / 年废包装桶(包括废机油滤芯)、废乳化液处置项目建设。持续扩大浙江省固体废物管理信息系统覆盖面,实时填报工业固体废物产生、转移、利用和处置等数据,实现信息化监管,截至 2020 年 12 月底,已有 823 家企业完成在线申报工作。

(二)农业面源污染防治情况

化肥农药使用量控制情况。全面推进化肥减量增效工作,全年累计推广测土配方施肥技术 88.5 万亩,推广有机肥 1.92 万吨、配方肥 0.91 万吨,建立化肥定额制示范区 22 个,化肥定额制技术覆盖率 57.4%,减少不合理化肥折纯用量 310 吨。全面推广农业绿色防控、统防统治,开展绿色防控示范点建设,建成 1 个省级绿色防控示范区,全年实施绿色防控面积 21.8 万亩,统防统治面积 19.6 万亩,农药减量 15.5 吨。

畜禽养殖污染治理情况。通过畜禽养殖场排泄物治理设施的配套完善、农牧对接等措施,落实消纳地 3.89 万亩、林地 1.61 万亩。2020 年规模养殖场畜禽粪污产生量 61801.8 吨、规模以下养殖场户畜禽粪污产生量 18980.2 吨,畜禽粪污产生总量为 80782 吨;规模养殖场畜禽粪污资源化利用量 61582.4 吨、规模以下养殖场户资源化利用量 17987.8 吨,综合利用量为 79570.2 吨。畜禽养殖粪污综合利用率为 98.5%。

农药废弃包装物及废弃农膜回收处理进展情况。2020 年共回收废弃农药包装物 119.07 吨,处置 119.07 吨,处置率达 100%。2020 年地膜用量 251 吨,棚膜用量 994.5 吨,菌棒膜 7.1 吨。农膜总用量为 1252.6 吨。回收量为 1178.6 吨。回收率为 94%。

(三)土壤环境质量调查情况

制定实施《诸暨市土壤污染防治 2020 年工作计划》。根据省土壤污染状况详查实施方案及年度计划,完成农用地土壤污染状况详查及重点行业企业用地土壤污染详查工作,2020 年,诸暨市按省部级要求开展重点企业用地详查工作,共 7 个地块组织采样、检测实施。全市 32 家土壤重点监管企业完成土壤及地下水自行监测工作。

措施与行动:进一步加强固废监督管理工作,对重点固废产生企业开展定期检查,促使相关企业做到规范储存、运输、处置。开展全域“无废城市”建设工作,进一步巩固提升一般工业固废、危险废物、生活垃圾、农业废弃物、建筑垃圾等五大类固体废物管理水平,持续改善环境质量。同时发挥多部门联动作用,持续保持环境执法高压态势,严厉打击各类固废违法犯罪行为,坚决杜绝固废污染环境事件发生,全力保障诸暨市生态环境安全。

动态更新污染地块(含疑似)名录,加强对暂不开发利用污染地块风险管控,强化污染地块安全利用。做好宣传工作,组织《土壤污防防治法》《固体废物污染环境防治法》的宣传和培训,落实工矿用地、污染地块土壤环境管理的政策标准。

生态环境建设

坚持以习近平生态文明思想为指导,以“八八战略”、“两山”理念为引领,积极探索生态文明体制机制改革,深入推进美丽诸暨建设,推动生态环境高水平保护、促进经济社会高质量发展。发布实施《诸暨市“三线一单”生态环境分区管控方案》,作为区域内资源开发、产业布局、战略环评与规划环评落地、项目环评管理的重要依据。落实浦阳江流域上下游水环境补偿机制,充分调动上下游生态保护的积极性。开展生物多样性调查,开展浦阳江浮游生物调查。全面实施市、镇乡(街道)两级生态环境状况报告制度,依法落实属地政府生态环境保护职责。推进绿色矿山、绿色家庭、绿色学校等“绿色细胞”创建,2020 年创成绿色矿山 1 家、省级绿色家庭 2 户、省级绿色学校 4 家、绍兴市绿色家庭 10 户、诸暨市绿色学校 7 家。2020 年,被生态环境部授予“第四批国家生态文明建设示范市县”称号,跻身全国“绿水青山就是金山银山”发展百强县第三名,生态文明建设迈上新台阶。

污染事故与经济损失

全年未发生重特大环境污染事故。

环境管理与信访调处

(一)中央生态环境督察

做好第二轮中央生态环境保护督察期间综合调

度、资料调阅、信访办理等各项工作，累计办理督察组转办信访120件，并开展信访件后督察工作。

（二）环境监管

建立了全天候24小时生态环境监管执法机制，结合“双随机”抽查制度，全年累计出动执法人员10990人次，检查企业4639家次，立案116件，行政处罚80件，处罚金额663.248万元；查封扣押等行政强制措施17家次。累计移送公安机关4件6人，其中行政拘留移送2件3人，涉嫌环境犯罪刑事移送2件3人；申请法院强制执行23件。

（三）环境信访

坚持信访处理与行政执法、专项整治工作有机结合，2020年全年共受理环境信访539件，调处率100%。

放射性污染管理

至2020年底，全市有放射性同位素与射线装置的单位共64家，有放射性同位素12枚，射线装置189台。对核技术利用单位实行辐射许可证管理，对辐射单位实施双随机监督管理，确保所有辐射工作单位安全、合法运营。2020年度无辐射污染事故发生。

2021年六·五世界环境日中国主题：
人与自然和谐共生
绍兴市主题：
人与自然和谐共生

重要文件目录

2020年中共诸暨市委重要文件目录

1号　2020年市委市政府工作要点

2号　关于表彰奖励和通报表扬2019年度诸暨市各类突出贡献单位和个人的决定

3号　关于2019年镇乡（街道）、市级机关工作目标责任制考核结果的通报

4号　关于推荐优秀年轻干部初步人选的报告

6号　关于通报表扬疫情防控和复工复产工作“实干担当好干部”的决定

7号　关于印发《〈2020年镇乡（街道）工作目标责任制考核办法〉和〈2020年市级机关工作目标责任制考核办法〉》的通知

8号　关于印发《新时代文明实践中心建设“先行试验区”工作方案》的通知

9号　关于深入学习贯彻习近平总书记考察浙江重要讲话精神当好“重要窗口”维护者建设者展示者的决议

10号　关于高水平建设人才集聚高地科技创新强市的决定

11号　关于推进新时代民政事业高质量发展的实施意见

12号　关于增设诸暨市人民法院破产专业人民法庭的意见

13号　关于公布2020年度诸暨市创新奖获奖名单的通知

14号　关于十四届省委第九轮巡视整改进展情况的通报

2020年诸暨市人民政府文件目录

诸政发〔2020〕1号　诸暨市人民政府关于进一步加强全市所有市场禽类交易管理的通告

诸政发〔2020〕2号　关于重新明确市政府领导分工的通知

诸政发〔2020〕3号　诸暨市人民政府关于2020年政府民生实事有关事项的报告

诸政发〔2020〕4号　关于印发《诸暨市矿产资源规划〔2016—2020年）调整方案》的通知

诸政发〔2020〕5号　关于第七次人口普查的通知

诸政发〔2020〕6号　关于印发诸暨市“三改”专项行动涉及的城区集体土地上房屋征收补偿安置办法的通知

诸政发〔2020〕7号　关于印发诸暨市“三改”专项行动涉及的农村集体土地上房屋征收补偿安置

办法的通知

诸政发〔2020〕8号　关于对2020年度“三改”专项行动城中村改造和工程项目建设区域等国有土地上房屋实施征收的决定

诸政发〔2020〕9号　关于提请任免蒋宏伟等同志职务的议案

诸政发〔2020〕10号　关于表彰在疫情防控和复工复产工作表现突出个人的决定

诸政发〔2020〕11号　诸暨市人民政府关于表彰诸暨市劳动模范的决定

诸政发〔2020〕12号　关于给予孟超杰等136名同志记三等功的决定

诸政发〔2020〕13号　关于公布诸暨市征地区片综合地价的通知

诸政发〔2020〕14号　关于提请任免谢琦等同志职务的议案

诸政发〔2020〕15号　关于印发诸暨市突发事件总体应急预案的通知

诸政发〔2020〕16号　关于印发《诸暨市开展“证照分离”改革全覆盖试借口工作实施方案》的通知

诸政发〔2020〕17号　关于印发《诸暨市高水平推进交通强市建设的实施意见》的通知

诸政发〔2020〕18号　关于重新明确市政府领导分工的通知

诸政发〔2020〕19号　关于诸暨城区禁止露天烧烤的通知

诸政发〔2020〕20号　关于提请任命朱浩同志职务的议案

诸政发〔2020〕21号　关于对诸暨长城国际影视创意园有限公司国有土地上房屋实施征收的决定（市政府）

诸政发〔2020〕22号　关于公布诸暨市综合行政执法事项统一目录的通知

诸政发〔2020〕23号　关于划定诸暨市区禁止使用高排放非道路移动机械区域的通告

诸政发〔2020〕24号　关于公布第九批诸暨市非物质文化遗产代表性项目名录的通知

诸政发〔2020〕25号　关于追记胡建林同志个人三等功奖励的决定

诸政发〔2020〕26号　关于对诸暨原辰通环境工程有限公司、诸暨市布谷湾科技生态园有限公司等国有土地上房屋实施征收的决定

2020年中共诸暨市委办公室重要文件目录

1号　关于印发《关于高水平建设人才强市工作的若干政策意见》的通知

4号　印发《关于促进建筑业企业转型升级加快推进建筑产业发展的实施意见》的通知

8号　关于深化“服务企业服务群众服务基层”活动的通知

9号　关于印发《诸暨市政协“请你来协商”成果转化实施办法（试行）》的通知

11号　关于印发《开展“三大工程、七项行动”实施方案》的通知

16号　关于开展村级党群服务中心建设提升行动的通知

18号　关于深入学习习近平总书记重要指示批示精神传承弘扬驻村指导员、民情日记、社区党建“契约化”共建等制度高质量深化“三服务”的意见

19号　印发《关于充分发挥民兵和退役军人作用全面助力诸暨基层治理体系和能力现代化的实施意见》的通知

21号　印发《关于加快数字诸暨建设的实施意见〔2020–2022年〕》的通知

22号　关于印发《诸暨市2020年“双招双引”竞赛活动实施方案》的通知

23号　关于数字化赋能制造业高质量发展的若干政策意见

24号　关于印发《诸暨市创建省制造业高质量发展示范市三年行动计划（2020—2022年）》的通知

25号　关于印发《诸暨市数字经济2020年度行动计划》的通知

30号　关于印发《诸暨市优化营商环境的实施意见（试行）》的通知

33号　关于印发《〈2020年镇乡（街道）领导干

部实绩考查办法〉和〈2020年市级机关部门(单位)领导干部评议考查办法〉》的通知

35号 关于印发《坚持发展新时代“枫桥经验”加快推进基层社会治理现代化2020年度工作清单》的通知

36号 关于成立有关市级议事协调的通知

37号 关于高质量推进乡村振兴的政策意见

38号 关于印发《2020年度市场规模主体培育激励政策》的通知

40号 关于成立有关市级议事协调机构的通知

41号 关于印发《市委十六届十次全会〈决议〉〈决定〉重要工作任务分工方案》的通知

42号 关于印发《全市重大项目“百日攻坚”专项行动实施方案》的通知

43号 关于印发《全市党员干部警示教育活动方案》的通知

44号 关于明确2020年绍兴市对诸暨市工作目标责任制考核职责任务的通知

45号 关于印发《2020年党风廉政建设和反腐败工作组织领导与责任分工》的通知

46号 关于印发《诸暨市迎接第二轮中央生态环境保护督察协调保障工作方案》的通知

48号 关于印发《诸暨市上市公司质量提升工程实施方案》的通知

52号 印发《关于巡察期间同步开展选人用人工作专项检查的实施办法(试行)》和《关于巡察期间同步开展意识形态工作责任制落实情况专项检查的实施办法(试行)》的通知

54号 关于加强行政诉讼败诉案件过错责任追究与容错免责工作的通知

55号 关于高质量做好村(社区)组织换届选举工作的意见

56号 关于公布第一届市委市政府决策咨询委员会组成人员的通知

57号 关于印发《中共诸暨市委、诸暨市人民政府决策咨询委员会工作规则(试行)》的通知

58号 关于印发《市管领导班子和领导干部年度考核实施办法》的通知

59号 诸暨市突发事件和热点问题舆论引导工作应急预案

62号 印发《关于促进“干部为事业担当、组织为干部担当”良性互动的若干举措》的通知

63号 印发《关于落实省委、绍兴市委和诸暨市委人大工作会议主要任务分工方案》的通知

66号 关于有关政策条款修改的通知

67号 关于转发《浙江省党委(党组)意识形态工作责任制问责实施办法(试行)》的通知

2020年诸暨市人民政府办公室文件目录

诸政办发〔2020〕1号 诸暨市人民政府办公室关于周林武等同志职务任免的通知

诸政办发〔2020〕2号 诸暨市无废城市建设工作实施方案

诸政办发〔2020〕3号 诸暨市人民政府办公室关于建立新型冠状病毒感染的肺炎疫情联防联控工作机制的通知

诸政办发〔2020〕4号 关于促进建筑业企业转型升级加快推进建筑产业健康发展的实施意见

诸政办发〔2020〕5号 印发诸暨市防汛防台抗旱应急预案的通知

诸政办发〔2020〕6号 印发诸暨市职业技能提升行动实施方案〔2019—2021)的通知

诸政办发〔2020〕7号 印发诸暨市畜禽养殖禁养区限养划分与管理规定的通知

诸政办发〔2020〕8号 关于做好2020年度政策性农村住房保险工作的通知

诸政办发〔2020〕9号 关于印发诸暨市国土空间总体规划编制工作方案的通知

诸政办发〔2020〕10号 关于印发《政府工作报告》2020年主要工作责任清单的通知

诸政办发〔2020〕11号 关于加强镇乡应急管理基层基础建设的实施意见

诸政办发〔2020〕12号 关于加强“枫桥式”司法所建设的实施意见的通知

诸政办发〔2020〕13号 关于印发2020年全市

城乡道路平安畅通提升行动方案的通知

诸政办发〔2020〕14 号　印发市 2020 年打赢蓝天保卫战攻坚行动的实施方案

诸政办发〔2020〕15 号　印发市 2020 年度民兵整组工作的实施意见

诸政办发〔2020〕16 号　关于印发《诸暨市重特大交通事故应急预案》等相关应急预案的通知

诸政办发〔2020〕17 号　印发诸暨市财政性资金竞争性存放考评管理办法的通知

诸政办发〔2020〕18 号　关于印发《诸暨市成品油市场长效监管工作实施意见的》的通知

诸政办发〔2020〕19 号　关于完善被征地农民养老保险制度衔接的通知

诸政办发〔2020〕20 号　关于开展诸暨市 2020 年度 "三改" 专项行动的实施意见

诸政办发〔2020〕21 号　关于试地 "五位一体" 文化金融评估交易体系打造文化金融先行区的实施意见

诸政办发〔2020〕22 号　关于公布 2020 年度市政府重大行政决策事项目录的意见

诸政办发〔2020〕23 号　关于印发市政府领导领办市人大代表建议和政协提案的通知

诸政办发〔2020〕24 号　诸暨市人民政府办公室关于全域推进放心消费建设的实施意见

诸政办发〔2020〕25 号　诸暨市人民政府办公室关于印发 2020 年诸暨市食品安全工作要点的通知

诸政办发〔2020〕26 号　关于抓好 2020 年粮食生产工作的意见

诸政办发〔2020〕27 号　关于印发诸暨市两创园区建设若干 意见的通知

诸政办发〔2020〕28 号　关于印发《诸暨市高水平推进交通强市基础设施建设三年行动计划(2020—2022)的通知

诸政办发〔2020〕29 号　关于印发诸暨市工业固体废物污染环境防治工作规划(2020-2025)的通知

诸政办发〔2020〕30 号　关于印发诸暨市创建全域 "无废城市" 工作方案的通知

诸政办发〔2020〕31 号　诸暨市人民政府办公室关于印发诸暨市深化医药卫生体制改革 "三医联动" "六医统筹" 试点工作实施方案的通知

诸政办发〔2020〕32 号　关于进一步激励关授人民调解员的实施意见

诸政办发〔2020〕33 号　关于加快农业产业高质量发展的政策意见

诸政办发〔2020〕34 号　诸暨市人民政府办公室关于印发《诸暨市政府质量奖评审管理办法》的通知

诸政办发〔2020〕35 号　关于印发诸暨市涉外突发事件应急预案的通知

诸政办发〔2020〕36 号　诸暨市人民政府办公室关于印发市突发地质灾害应急预案等相关预案的通知

诸政办发〔2020〕37 号　关于印发进一步完善股权投资行业发展环境的若干意见

诸政办发〔2020〕38 号　诸暨市人民政府办公室关于印发诸暨市计划生育公益金管理办法的通知

诸政办发〔2020〕39 号　诸暨市人民政府办公室关于调整计划生育特殊家庭关爱扶助金发放标准的通知

诸政办发〔2020〕40 号　关于印发《全市预防道路交通事故大整治的行动方案》的通知

诸政办发〔2020〕41 号　关于培育支持社会应急救援力量发展的实施意见

诸政办发〔2020〕42 号　关于印发《诸暨市地质灾害防治专项资金管理实施办法(2020 年修订)》的通知

诸政办发〔2020〕43 号　诸暨市镇乡街道综合应急消防救援站运行实施方案的通知

诸政办发〔2020〕44 号　关于印发《诸暨市工程渣土(泥浆)处置管理办法》的通知

诸政办发〔2020〕45 号　关于支持检察机关加强行政检察工作的若干意见

诸政办发〔2020〕46 号　诸暨市人民政府办公室关于改革和完善医疗卫生行业综合监管制度的实施意见

诸政办发〔2020〕47 号　关于诸暨市消防救援队伍申请公租房租赁补贴的实施意见

诸政办发〔2020〕48 号　关于印发诸暨市加快推进水产养殖绿色发展实施方案〔2020—2022 年〕的通知

诸政办发〔2020〕49 号　关于进一步加强政府投资项目规范化管理的实施意见

诸政办发〔2020〕50 号　关于推进税收共治工作的实施意见

诸政办发〔2020〕51 号　关于印发《诸暨市生活垃圾再生资源回收体系建设行动方案》的通知

诸政办发〔2020〕52 号　关于印发《中国(绍兴)跨境电子商务综合试验区诸暨园区实施方案》的通知

诸政办发〔2020〕53 号　关于开展第一次全市自然灾害综合风险普查的通知

诸政办发〔2020〕54 号　关于印发诸暨市耕地保护责任目标考核办法的通知

诸政办发〔2020〕55 号　关于斯金洁等同志职务任免的通知

诸政办发〔2020〕56 号　诸暨市人民政府办公室关于印发《诸行政执法争议协调处理办法》的通知

诸政办发〔2020〕57 号　关于印发诸暨市地质灾害整体智治三年行动方案(2020—2022 年)》的通知

诸政办发〔2020〕58 号　关于印发诸暨市节水行动实施方案的通知

诸政办发〔2020〕59 号　关于印发《诸暨市政务信息化项目管理办法》的通知

诸政办发〔2020〕60 号　关于农贸市场新一轮提升发展的实施意见

索引

索引说明

一、本索引有主题索引和图表索引两部分。

二、标目按首字汉语拼音排序，汉语拼音声母韵母声调均相同的，比较首字的总笔画数。

三、标目后的阿拉伯数字为索引地址标示，数字后的字母 a、b 表示栏别。

四、索引范围不包括目录、凡例、重要文件目录。

主题索引

A

B

C

D

E

F

G

H

K

L

M

N

O

P

Q

R

S

T

W

X

Y

Z

图表索引

C

D

E

F

G

H

J

S

T

W

X

Y

Z